"后发赶超"论坛(第十一辑)
编辑委员会

主　任：
　　　　黄朝椿　张学立
副主任：
　　　　赵　普　索晓霞　陈应武　黄　勇
成　员：
　　　　谢忠文　杨雪梅　张　松　颜　强　杨雁麟

后发赶超论坛

【第十一辑】

『后发赶超』论坛编委会 编

贵州省社会科学院智库系列

Houfaganchao Luntan XI

中央民族大学出版社

图书在版编目（CIP）数据

后发赶超论坛. 第十一辑 /"后发赶超"论坛编委会编. --北京：中央民族大学出版社，2024.6.

ISBN 978-7-5660-2375-9

Ⅰ. F127-53

中国国家版本馆 CIP 数据核字第 2024JR5908 号

后发赶超论坛. 第十一辑

编　　者	"后发赶超"论坛编委会
策划编辑	舒　松
责任编辑	舒　松
封面设计	布拉格
出版发行	中央民族大学出版社
	北京市海淀区中关村南大街27号　邮编：100081
	电话：(010) 68472815（发行部）传真：(010) 68932751（发行部）
	(010) 68932218（总编室）　　　(010) 68932447（办公室）
经 销 者	全国各地新华书店
印 刷 厂	北京鑫宇图源印刷科技有限公司
开　　本	787×1092　1/16　　印张：41.75
字　　数	710千字
版　　次	2024年6月第1版　2024年6月第1次印刷
书　　号	ISBN 978-7-5660-2375-9
定　　价	168.00元

版权所有　翻印必究

本书获中国社会科学院—贵州省人民政府战略合作专项经费资助出版

贵州省社会科学院"甲秀文库"出版说明

近年来，贵州省社会科学院坚持"出学术精品、创知名智库"的高质量发展理念，资助出版了一批高质量的学术著作，在院内外产生了良好反响，提高了贵州省社会科学院的知名度和美誉度。经过几年的探索，现着力打造"甲秀文库"和"博士/博士后文库"两大品牌。

"甲秀文库"，因贵州省社会科学院坐落于甲秀楼旁而得名。该文库主要收录院内科研工作者和战略合作单位的高质量成果，以及院举办的高端会议论文集等。每年根据成果质量、数量和经费情况，全额资助若干种著作出版。

在中国共产党成立100周年之际，我们定下这样的目标：再用10年左右的时间，将"甲秀文库"打造成为在省内外、在全国社会科学院系统具有较大知名度的学术品牌。

贵州省社会科学院
2021年1月

目　录

在第十一届中国·贵州"后发赶超"论坛上的讲话 ………… 吴胜华（1）
在第十一届中国·贵州"后发赶超"论坛上的讲话 ………… 郭建宏（5）
在第十一届中国·贵州"后发赶超"论坛上的致辞 ………… 张学立（9）
在第十一届中国·贵州"后发赶超"论坛上的致辞………… 李　毅（11）

篇章一　新发展理念示范区与区域高质量发展

以新发展理念引领区域经济高质量发展 ………………………………
……………………………… 刘伯霞　刘泓伯　石红梅　谢晓娟（15）
数字经济推动区域经济高质量发展
　　——以广西为例 ………………………………… 蒙筱逸（28）
不断提高推动高质量发展的系统性、整体性、协同性
　　——兼对毕节建设"贯彻新发展理念的示范区"的三点思考建议 ………
　　　　　　　　　　　　　　　　　　　　　　　　杜　栋（38）
贯彻新发展理念　夯实福建生态强省建设 ………… 黄艳平（44）
推动河北省新型农村集体经济高质量发展对策建议 ………… 张瑞涛（51）
汇聚统一战线力量推动毕节示范区高质量发展 ………… 魏　霞（64）
试点政策对城市减污降碳的协同增效研究
　　——基于国家生态文明先行示范区的准自然试验 ………………
　　　　　　　　　　　　　　　　　　　胡剑波　张宽元（74）
因地制宜推动毕节高质量发展 ………… 蔡贞明　段剑洪（105）
高质量发展阶段贵州实施后发赶超的人才资源研究 ………… 陈玲玲（113）
基础教育高质量发展应是毕节推动人力资源开发的重要方面 … 龙希成（127）

企业高质量发展水平测度与评价
　　——以中国 A 股上市公司为例 …………………… 刘　英（139）
后疫情时代贵州旅游业的高质量发展路径 ………… 于开锋　蒋莉莉（156）
推动贵州基层社会治理高质量发展的实践探索 ……………… 王义飞（165）
切实做好赤水河流域生态环境高水平保护的"后半篇"文章
　　——以威信县为例 ………………………………… 肖歆益　肖世翔（176）
多党合作参与毕节建设贯彻新发展理念示范区的现代化新道路
　　………………………………………………………………… 林科军（187）
高质量建设贯彻新发展理念示范区　奋力谱写中国式现代化
　　毕节实践新篇章 ………………………………… 潘应付　黄云芹（196）
全面开启建设贯彻新发展理念示范区新征程
　　……………………………………… 余桂兰　龙昌江　谢易利（209）
高质量发展视角下健全完善贵州应急心理服务体制机制研究 … 王　子（217）
毕节高质量建设贯彻新发展理念示范区研究
　　………………………………… 刘克仁　吕　翔　蔡　谦　林科军（231）
统一战线服务毕节市经济高质量发展的路径研究 …………… 李玉香（243）
培育乡村人才的路径探析
　　——基于毕节建设贯彻新发展理念示范区的研究 ………… 严　琴（252）
新时代农村基层干部能力提升路径探析
　　——基于乡村振兴高质量发展视角 …………………………… 曾美海（266）

篇章二　中国式现代化的地方实践

青海以中国式现代化推进共同富裕的内涵、挑战与路径 ……… 杜青华（281）
新发展理念引领"四化"同步现代化建设的市域实践
　　——来自江苏宿迁与贵州毕节的新探索 ………………… 赵锦春（289）
中国生态文明建设与中国式现代化的内在逻辑探析 … 张兴亮　邹冬斌（308）
数字经济推动中国式现代化贵州实践研究 ………… 罗以洪　彭良玉（322）
毕节同心产业示范基地建设探析 ……………………………… 杨　毅（337）
社会治理现代化：为贵州"后发赶超"夯实基础 ……………… 周　素（347）

贵州织金县行政执法协调监督试点调研报告 …………… 胡长兵（358）
江西省推进乡村生态振兴的基础条件、主要问题与对策建议 ……………
　　　　　　　　　　　　　　　　　　　　 张宜红　万红燕（368）
浅析以生态文明思想推进乡村振兴实现高质量发展之路 …… 郭　莉（380）
巩固拓展脱贫攻坚成果与乡村振兴有效衔接的实践与启示 …… 刘月平（387）
推动湖南脱贫地区实现共同富裕的困难及对策分析 ………… 邝奕轩（397）
共同富裕背景下青海东部农村居民增收的制约因素与对策研究 ……………
　　　　　　　　　　　　　　　　　　　　 魏　珍　刘　畅（412）
宁夏发展生态产业助推乡村振兴的实践路径研究 …………… 宋春玲（421）
传统生产方式转变与乡村治理
　　——以鸬鹚捕捞渔业变迁为例 …………………………… 杨　舸（431）
乡村振兴视域下毕节市农村人居环境治理实践
　　——基于大方县六龙镇的调研 ……… 谢昌财　郑　伟　汪　锦（442）
乡村治理中政社互动的地方实践与经验启示
　　——基于贵州 C 村的调查 ……………………………… 丁　胜（456）
农业信息资源配置水平的时空特征与聚敛分析 ……… 时润哲　贾　铖（467）
贵州易地扶贫搬迁后续扶持工作品牌化打造的调查与思考 …… 陆光米（493）
共同富裕视域下贵州乡村数字治理的现实困境和优化路径 …… 周　舟（508）
六盘水市农业地理标志产品品牌化建设对策建议 …………… 陶　波（517）
乡村振兴背景下黔东南州农村干部廉政能力提升路径研究 …… 李昕玮（528）
谈乌江流域节日文化与乡村振兴 ………………… 张士伟　张　娜（540）
传统农村社会离婚影响因素研究
　　——基于全国 28 个乡镇调查数据分析 ………… 陈　讯　万　坚（550）
民主党派助推毕节试验区乡村振兴的思考
　　——基于优势治理的视角 ………………… 谭礼连　金　禹　李　颖（562）
机遇与挑战：乡村振兴战略下的相对贫困治理
　　——以毕节市为例 ……………………………………… 杨　成（576）
贵州乡村旅游的数字化转型路径研究 ………………………… 朱　薇（588）
毕节脱贫人口增收：成效、问题及对策 ……………………… 陈昊毅（601）

毕节试验区实现跨越式发展的实践与思考
　　——基于后发优势理论的视角 ………………… 金　禹　谭礼连（614）
区域公用品牌引领高原特色农业高质量发展的"云南模式"…… 陈晓未（624）
关于促进云南和西部地区高质量发展的十大对策建议 ………… 胡庆忠（636）

Contents

Speech at the 11th China · Guizhou Forum on "the Late Catch-Up" .... Wu Shenghua (1)
Speech at the 11th China · Guizhou Forum on "the Late Catch-Up" .... Guo Jianhong (5)
Speech at the 11th China · Guizhou Forum on "the Late Catch-Up" .... Zhang Xueli (9)
Speech at the 11th China · Guizhou Forum on "the Late Catch-Up" .... Li Yi (11)

Chapter One: Demonstration Zone of New Development Concept and Regional High-Quality Development

Guiding Regional Economic High-Quality Development with the New Development Concept .... Liu Boxia, Liu Hongbo, Shi Hongmei, Xie Xiaojuan (15)
Promoting High-Quality Development of Regional Economy with Digital Econom
　　——A Case Study of Guangxi .... Meng Xiaoyi (28)
Continuously Enhancing the Systematic, Holistic, and Collaborative Aspects of Promoting High-Quality Development
　　——Three Considerations and Suggestions for the Construction of "Demonstration Zones for Implementing the New Development Concept" in Bijie ....
　　.. Du Dong (38)

Implementing the New Development Concept to Consolidate the Construction of Fujian, an Ecologically Strong Province ·················· Huang Yanping (44)

Strategies to Promote High-Quality Development of New Type Rural Collective Economy in Hebei Province ·················· Zhang Ruitao (51)

Converging the United Front Forces to Promote High-Quality Development of Bijie Demonstration Zone ·················· Wei Xia (64)

Research on Pilot Policies on Synergizing the Reduction of Urban Pollution and Carbon Emissions
——Based on the Quasi-Natural Experiment of the National Ecological Civilization Pioneer Zone ············ Hu Jianbo, Zhang Kuanyuan (74)

Promoting High-Quality Development in Bijie in a Targeted Manner ················· Cai Zhenming, Duan Jianhong (105)

Research on the Human Resource Implementation of Leapfrogging in Guizhou During the High-Quality Development Stage ·················· Chen Lingling (113)

High-Quality Development of Basic Education Should Be an Important Aspect of Promoting Human Resource Development in Bijie ········· Long Xicheng (127)

Measurement and Evaluation of Enterprise High-Quality Development Level
——Taking A-Share Listed Companies in China as an Example ·················· Liu Ying (139)

Path of High-Quality Development of Guizhou Tourism Industry After the Pandemic era ·················· Yu Kaifeng, Jiang Lili (156)

Practical Exploration of Promoting High-Quality Development of Grassroots Social Governance in Guizhou ·················· Wang Yifei (165)

Effectively Implementing the High-Level Protection of the Ecological Environment in Chishui River Basin: A "Second Half" Article
——Taking Weixin County as an Example ·················· Xiao Xinyi, Xiao Shixiang (176)

Multi-Party Cooperation Participating in the Construction of Bijie Demonstration Zone for Implementing the New Development Concept: A New Path to Modernization ·················· Lin Kejun (187)

Building and Implementing the Demonstration Zone of the New Development Concept with High Quality Striving to Write a New Chapter in the Practice of Chinese-Style Modernization in Bijie ·················· Pan Yingfu, Huang Yunqin (196)

Fully Embarking on a New Journey to Build and Implement the Demonstration Zone of the New Development Concept ···
·························· Yu Guilan, Long Changjiang, Xie Yili (209)

Research on the Establishment and Improvement of Emergency Psychological Service System in Guizhou from the Perspective of High-Quality Development ············
··· Wang Zi (217)

Research on Building and Implementing the Demonstration Zone of the New Development Concept with High Quality in Bijie ···
················· Liu Keren, Lu Xiang, Cai Qian, Lin Kejun (231)

The Path of Unified Front Services to Promote High-Quality Economic Development in Bijie ··· Li Yuxiang (243)

Path Analysis of Cultivating Rural Talents
　　——Based on the Research of Implementing the New Development Concept Demonstration Zone in Bijie ·················· Yan Qin (252)

Path Analysis of Capacity Building for Grassroots Cadres in the New Era
　　——Based on the Perspective of High-Quality Development of Rural Revitalization ······································· Zeng Meihai (266)

Chapter Two: Local Practices of Chinese-Style Modernization

Connotation, Challenges, and Paths of Qinghai's Promotion of Common Prosperity through Chinese-Style Modernization ·················· Du Qinghua (281)

Urban Area Practice of Synchronized Modernization of "the Four Modernizations" Guided by the New Development Concep
　　——New Explorations from Suqian, Jiangsu and Bijie, Guizhou ··············
··· Zhao Jinchun (289)

Analysis of the Inherent Logic of China's Ecological Civilization Construction and Chinese-Style Modernization ………… Zhang Xingliang, Zou Dongbin (308)

Research on Guizhou's Practice of Chinese-Style Modernization Driven by the Digital Economy ……………………………………… Luo Yihong, Peng Liangyu (322)

Analysis of the Construction of Bijie Tongxin Industry Demonstration Base ………… ……………………………………………………………………… Yang Yi (337)

Modernization of Social Governance: Consolidating the Foundation for Guizhou's "the Late Catch-Up" ……………………………………………… Zhou Su (347)

Research Report on the Pilot Coordination and Supervision of Administrative Law Enforcement in Zhijin County, Guizhou ……………… Hu Changbing (358)

Basic Conditions, Main Problems, and Suggestions for Promoting Rural Ecological Revitalization in Jiangxi Province ……… Zhang Yihong, Wan Hongyan (368)

Analysis of Promoting High-Quality Development of Rural Revitalization with the Ideology of Ecological Civilization ……………………………… Guo Li (380)

Consolidating and Expanding the Achievements of Poverty Alleviation and Effectively Connecting with Rural Revitalization: Practice and Enlightenment ………… ……………………………………………………………… Liu Yueping (387)

Analysis of Difficulties and Countermeasures in Achieving Common Prosperity in Impoverished Areas of Hunan ……………………… Kuang Yixuan (397)

Constraints and Countermeasures for Increasing Income of Rural Residents in Eastern Qinghai under the Background of Common Prosperity ……………………… ……………………………………………… Wei Zhen, Liu Chang (412)

Research on the Practical Path of Ecological Industry Development to Promote Rural Revitalization in Ningxia ……………………… Song Chunling (421)

Transformation of Traditional Production Methods and Rural Governance
　　——A Case Study of the Transformation of Cormorant Fishing Industry ……… ……………………………………………………………… Yang Ge (431)

Rural Habitat Environmental Governance Practice in Bijie City under the Perspective of Rural Revitalization
　　——Research based on Liulong Town, Dafang County ……………………… ……………………………… Xie Changcai, Zheng Wei, Wang Jin (442)

Local Practices and Experience of Political and Social Interaction in Rural Governance
　　——A Survey Based on Village C in Guizhou ················ Ding Sheng (456)
Spatiotemporal Characteristics and Convergence Analysis of Agricultural Information
　　Resource Allocation ································ Shi Runzhe, Jia Cheng (467)
Investigation and Thinking on the Branding of Follow – Up Support for Poverty
　　Alleviation and Resettlement in Guizhou ························ Lu Guangmi (493)
Realistic Dilemmas and Optimization Paths of Guizhou's Rural Digital Governance
　　under the Perspective of Common Prosperity ······················ Zhou Zhou (508)
Strategies for Branding of Agricultural Geographic Indication Products in Liupanshui
　　City ·· Tao Bo (517)
Research on the Path of Anti – Corruption Ability Improvement of Rural Cadres in
　　Qiandongnan Prefecture under the Background of Rural Revitalization ············
　　··· Li Xinwei (528)
On the Festival Culture and Rural Revitalization in the Wujiang River Basin ·········
　　································· Zhang Shiwei, Zhang Na (540)
Research on influencing factors of divorce in traditional rural society
　　——Based on Analysis of Survey Data from 28 Townships Nationwide ··········
　　································· Chen Xun, Wan Jian (550)
Thinking on the Role of Democratic Parties in Promoting Rural Revitalization in the
　　Experimental Area of Bijie
　　　　——A Perspective of Advantage Governance ····························
　　································· Tan Lilian, Jin Yu, Li Ying (562)
Opportunities and Challenges: Relative Poverty Governance under the Strategy of
　　Rural Revitalization
　　　　——A Case Study of Bijie City ························ Yang Cheng (576)
Research on the Digital Transformation Path of Rural Tourism in Guizhou ············
　　································· Zhu Wei (588)
Income Increase of Poverty Alleviation Population in Bijie: Achievements, Problems,
　　and Countermeasures ································ Chen Haoyi (601)

Practice and Thinking on Achieving Leapfrog Development in the Experimental Area of Bijie
　——A Perspective of the Advantage of Backwardness ················
　·· Jin Yu, Tan Lilian (614)
"Yunnan Model" of Leading High – Quality Development of Plateau Characteristic Agriculture with Regional Public Brand ·················· Chen Xiaowei (624)
Ten Major Countermeasures for Promoting High-Quality Development in Yunnan and Western Regions ·· Hu Qingzhong (636)

在第十一届中国·贵州"后发赶超"论坛上的讲话

吴胜华

建宏副局长、学立院长,各位专家、各位领导、各位嘉宾:

飒然秋风起,乌蒙满地金。

在这秋高气爽、硕果飘香的美好季节,我们非常高兴迎来"建设贯彻新发展理念示范区与区域高质量发展学术研讨会暨第十一届中国·贵州'后发赶超'论坛"在"洞天福地·花海毕节"举行,这是全国社会科学界贯彻落实习近平总书记对贵州、对毕节工作重要指示批示精神的具体行动,是全国社会科学界支持推动毕节高质量发展、建设贯彻新发展理念示范区的有力举措。在此,我谨代表中共毕节市委,向建宏副局长及各位领导、各位嘉宾的到来表示热烈的欢迎!向中国社会科学院、省社会科学院和各级各界同仁长期以来对毕节的关心支持表示衷心的感谢!

1988年6月,在习仲勋同志亲切关怀、胡锦涛同志亲自倡导下,国务院批复建立毕节"开发扶贫、生态建设"试验区。试验区建立以来,在党中央的坚强领导下,在各级各界同仁的倾力相助下,在毕节各族干部群众的艰苦奋斗下,乌蒙大地发生了翻天覆地的变化,实现了人民生活从普遍贫困到全面小康的重大跨越,生态环境从不断恶化到明显改善的重大跨越,人口从控制数量为主到更加注重人力资源开发的重大跨越。特别是党的十八大以来,党中央、国务院和贵州省委、省政府持续加大对毕节发展的支持力度,全国统一战线、全国社会科学界等各级各界同仁持续加大对毕节的帮扶力度,毕节各族干部群众牢记嘱托、感恩思进、感恩奋进,推动毕节按时打赢脱贫攻坚战,与全国同步全面建成小康社会,推动毕节发展按下了"快进键"、驶入了"快车道",人民生活历史性改善,转型发展整体性跃升,人口素质大幅度提升,发展动力全方位增强，成为"贫困地区脱贫攻坚的一个生动典型"。

2022年，全市地区生产总值达到2206.52亿元，是2012年的2.6倍；城镇、农村居民人均可支配收入分别是2012年的2倍、2.7倍。森林覆盖率达到60%，绿色经济占比提升到40%以上。15岁及以上人口平均受教育年限提升了2.6年，人均预期寿命提高至74.76岁，教育、医疗、政务服务、社会治理等领域一大批堵点、难点得以疏解和破题，人民群众安全感、幸福感、满意度大幅提升。

毕节试验区取得的历史性成就、发生的历史性变化，最根本的在于习近平总书记和党中央的亲切关怀，在于习近平新时代中国特色社会主义思想和习近平总书记对毕节重要指示批示精神的科学指引。党的十八大以来，习近平总书记对毕节1次亲临视察指导、2次重大政策支持、3次重要指示批示、多次讲话关心关怀。特别是2018年7月18日，习近平总书记对毕节工作作出重要指示，强调"要着力推动绿色发展、人力资源开发、体制机制创新，努力把毕节试验区建设成为贯彻新发展理念的示范区"，赋予试验区新的主题内涵和重大使命。今年，在毕节试验区建立35周年之际，中央统战部印发了《关于统一战线"地域+领域"组团式帮扶毕节的工作方案》。这些，饱含着习近平总书记和党中央对毕节的如山厚爱和似海深情，为毕节改革发展提供了强大思想武器、宝贵精神财富、巨大前进动力。

试验区取得的发展成就，离不开全国统一战线、全国社会科学界、东部省市等各级各界同仁的倾情帮扶，是中国共产党领导的多党合作助力地方改革发展的生动实践，充分体现了中国特色社会主义政治制度和政党制度的巨大优越性。

扬帆起航正当时，砥砺奋进再出发。

党的二十大擘画了全面建成社会主义现代化强国、以中国式现代化全面推进中华民族伟大复兴的宏伟蓝图。毕节人口总量全省第一，辖区面积、经济总量全省第三，在全省推动高质量发展、推进中国式现代化的贵州实践中有着重要支撑地位。

可以说，没有毕节的高质量发展就没有贵州的高质量发展，没有毕节的现代化就没有贵州的现代化。建设贯彻新发展理念示范区，是习近平总书记指引毕节高质量发展的康庄大道，毕节现代化建设最首要、最关键的就是建设贯彻新发展理念示范区。新时代新征程上，毕节全市上下将始终坚持以习近平新时代中国特色社会主义思想为指导，深入贯彻落实党的二十大精神、习近平总书记视察贵州重要讲话和对贵州对毕节工作重要指示批示精神，完整、准确、全面贯彻新发展理念，坚持以高质量发展统揽全局，聚焦绿色发展、人力资源开发、体制机制创新"三大主题"和"两区一典范一基地"战略定位，抢抓统一战线"地域+领域"组团式帮扶机遇，发挥政策、资源、人口"三大优势"，推动"1+6+1"政策措施和"市场换产业、资源换投资"落地落实，全力在巩固拓展脱贫攻坚成果和推进乡村振兴、绿色发展、人力资源开发、体制机制创新上做示范，努力实现"年年有突破、五年上台阶"，加快把毕节建设成为百姓富、生态美、活力强的示范区，奋力谱写中国式现代化毕节实践新篇章。

集众智可定良策，合众力必兴伟业。

虽然我市改革发展取得了令人瞩目的成就，但起点低、家底薄、短板多的欠发达地区基本状况仍然没有根本改变，发展不足、质量不高的问题仍然突出。在现代化建设的征程上，我们与其他地区起点不一样、基础不一样、条件不一样，但要到达的终点是一样的，甚至有些方面还要做示范、要求还更高，这就决定了毕节现代化建设是一个多重任务叠加、多重约束并行、多重目标协同的共进过程。

各位领导、各位嘉宾理论功底深厚、实践经验丰富、对毕节饱含深情。我们真诚希望各位领导和嘉宾以这次论坛为载体，聚焦毕节推动绿色发展、人力资源开发、体制机制创新等示范区建设的重点任务，多提指导意见、多献宝贵良策，帮助我们提出一系列前瞻性、前沿性、创新性的新经验、新启示、新思路，为我们推动高质量发展、建设示范区提供更多理论支撑和智力支持。我们真诚希望全国社会科学界一如既往关心毕节发展，在战略咨询、课题研究、人才培养、学术交流等方面给予大力支持和指导，为毕节推动高质量发展、建设示范区贡献更多智慧和力量。

毕节参加此次论坛的各个单位、各位学者要以此次论坛为契机，全面学深悟透习近平总书记对贵州、对毕节工作的重要批示精神，积极主动学习其他地方的好思路、好经验、好做法，认真学习领会各位领导和嘉宾讲话和发言的好精神，全力推动第二批主题教育走深走实，切实做到以学铸魂、以学增智、以学正风、以学促干，着力在理论研究、学术研讨、建言咨政等方面取得新突破，更好担当起推动毕节改革发展的"智囊团"和"好参谋"。

我们将充分吸收运用好本次论坛的丰硕成果，把各位专家学者的真知灼见落实好、转化好，聚集众智、凝聚众力建设好贯彻新发展理念示范区，奋力谱写中国式现代化毕节实践新篇章。

最后，预祝本次研讨会和论坛取得圆满成功！衷心祝愿建宏副局长及各位领导和嘉宾身体健康、万事如意！

作者简介： 吴胜华，贵州省委常委、毕节市委书记。

在第十一届中国·贵州"后发赶超"论坛上的讲话

郭建宏

尊敬的吴胜华书记，各位领导、专家，各位来宾：

大家上午好！

今天我们相聚在美丽的毕节，在习近平总书记对毕节建设贯彻新发展理念示范区作出重要指示5周年之际，召开"建设贯彻新发展理念示范区与区域高质量发展学术研讨会暨第十一届中国·贵州'后发赶超'论坛"。在此，我谨代表中国社会科学院科研局向前来参加论坛的各位来宾表示热烈的欢迎。向为本次论坛召开付出辛勤努力的贵州省社科院、毕节市委、市政府以及毕节市委党校、毕节市委政策研究室等单位的领导和同志们表示诚挚感谢。

中国·贵州"后发赶超"论坛是中国社科院与贵州省人民政府战略合作的主要内容之一，也是根据时任贵州省委书记栗战书同志的指示举办的全面总结和宣传贵州经济社会发展和哲学社会科学事业成就的全国性高端的学术论坛。从2013年起，至今已经成功举办了10届，取得了一系列重要成果，向社会各界展示了贵州的发展成就。

贯彻新发展理念是新时代我国发展壮大的必由之路。2018年7月，习近平总书记对毕节试验区工作作出重要指示，要求：确保按时打赢脱贫攻坚战，做好同2020年后乡村振兴战略的衔接，着力推动绿色发展、人力资源开发、体制机制创新，努力把毕节试验区建设成为贯彻新发展理念的示范区。从"试验区"到"示范区"，不仅是一种称呼的转换，更为重要的是它标志着毕节这一特定区域随着形势的变化，在指导思想、发展定位、工作重点、发展目标等方面都将发生根本性变化。

5年来，毕节在新发展理念指引下，通过思路转换、模式转换、动能转换和优劣势转换,持续推动绿色发展、人力资源开发和体制机制创新,不仅实现了从普遍贫困到全面小康的跨越,也逐步走上了高质量发展的新路。

一是按时打赢了脱贫攻坚战,彻底撕下绝对贫困标签。2018年以来,毕节在习近平总书记的亲切关怀和党中央领导下,实现了从"试验区"到"示范区"的转变,开启了治山、治水、治穷、治愚探索实践的新征程。脱贫攻坚以来,毕节市7个国家级的贫困县全部摘帽,1981个贫困村全部出列,207万农村贫困人口全部脱贫,城镇和农村的居民人均可支配收入年均增长8.3%和10.1%。脱贫人口数居全国第一,书写了中国减贫奇迹的毕节篇章,成为贫困地区脱贫攻坚的一个生动地区。

二是巩固拓展脱贫攻坚成果,打造乡村振兴新典范。2018年以来,毕节持续加大农村公共设施、农业基础设施、人居环境等建设力度,建成了通村油路、水泥路1.12万公里、"组组通"硬化路1.46万公里,30户以上的自然村寨100%通硬化路。实施饮水安全工程,基本解决了149万人的安全饮水问题。此外,毕节还加快推动特色田园乡村振兴集成示范试点建设,累计完成了697个农村环境综合整治任务,群众的幸福感、满意度得到极大提升。

三是践行"两山论",奋力建设绿色发展的样板区。毕节深入践行"绿水青山就是金山银山"的理念,科学推进石漠化、水土流失综合治理,推动传统煤电产业绿色转型,协同推进经济的高质量发展和生态环境高水平。从黔西市获颁贵州省第一张"林业碳票",到赤水河流域的"跨省协同保护",再到乌江流域的"系统治理",毕节以其显著的生态修复成效,生动诠释践行了"两山论"。

四是筑巢引凤,全力打造人力资源开发培育基地。毕节牢固树立"人力资源是第一资源"理念,把人力资源开发摆在经济社会发展突出位置,聚力补短板、缩差距、提素质、强技能,不断优化人才资源结构,持续提升劳动者素质,大力发展职业教育,提升人力资源服务水平,培养高素质劳动者,全力推进人力资源开发的各项工作。试验区人才资源总量从72.3万人提升到了105万人,同比增加了32万人,其中技能人才从17.85万人增加到31万人,不断汇聚的人才为毕节推动建设示范区的进程提供了强大的人才支撑。

五是精耕试验田,着力建设体制机制创新的先行区。毕节坚持事前登记便利化、事中监管规范化、事后服务精准化,深入推进商事制度改革,优化营商环境,有效激发市场活力。法治政府示范创建进入全国50强,行政执法三项制度改革获国家层面的肯定，商事制度改革获国务院的表扬。引进重点产业项目3800个，优强企业1167家，毕节经济开发区获批省级高新技术产业开发区。毕节试验区以其先行先试的改革气魄，形成了一批具有标志性、引领性的改革经验、改革案例，获得国家或省的肯定和推广。毕节优质的制度供给和公共服务，正不断塑造着毕节高质量发展的吸引力和竞争力。

当前，全国正值学习贯彻习近平新时代中国特色社会主义思想主题教育深入开展之际，广大哲学社会科学工作者要坚持以习近平新时代中国特色社会主义思想为指导，深入贯彻党的二十大精神和习近平总书记视察贵州重要讲话、对毕节工作重要指示精神，坚持以高质量发展统揽全局，必须紧跟时代步伐，乘势而上、积极作为，在更深的思想维度、更广的历史坐标、更大的发展格局中深入思考、深化研究，完整准确全面贯彻新发展理念，做到年年有突破、五年上台阶，加快把毕节建设成为百姓富、生态美、活力强的示范区。

下面，结合新国发2号文件赋能贵州高质量发展的指示精神，就牢固树立新发展理念、扎实推进区域高质量发展，我谈几点粗浅认识。

一是要坚持以新发展理念为统领，全力推动高质量发展。 5年来毕节完整、准确、全面贯彻新发展理念，坚持以新发展理念指导实践推动工作，始终围绕建设贯彻新发展理念示范区的总目标，推动毕节在发展理念、发展方式、发展定位、发展主题和发展模式上实现蝶变。毕节建设新发展理念示范区的实践表明，进入新发展阶段，要以新发展理念为统领，立足加快构建新发展格局，统筹促进发展的规模、速度、质量、结构和效益、安全相统一，推动经济实现量的合理增长和质的有效提升，以高质量的发展成果更好满足人民群众的高品质生活的需要。

二是坚持问题导向，着力补短板强弱项。 毕节全力破解发展约束和潜力的难题，在发展产业、保护生态、乡村建设、助农增收和基层治理等方面取得实效，得益于坚持问题导向，靶向发力，深入打好环境污染防治攻坚战，重拳治水、攻坚扩绿、铁腕治矿、科学治理石漠化以及水土流失，牢牢守住了发展和安全的底线；得益于推动巩固拓展脱贫攻坚成果同乡村振兴有效衔接，切实扛牢了防止规模性返贫的主体责任。只有强化问题导向，坚持系统思维，盯紧高质量发展的重点和关键，强化高位统筹，细化任务和聚力实施，通过补短板强弱项，实现破题、立题、解题，才能推动建设贯彻新发展理念示范区往深里走、往实里走。

三是坚持因地制宜，充分发挥比较优势，培育后发优势，形成竞争优势。5 年来，毕节坚持因地制宜、因事制宜、因时制宜，充分发挥自然资源、人力资源和政策优势，强化实干苦干和顽强拼搏的优势，努力创新探索出了一条欠发达地区现代化建设新路。实践证明，只有充分发挥比较优势，培育出后发优势，才能更好地转化为发展的竞争优势，走出适合欠发达地区经济高质量发展的道路。

各位领导，各位专家：本届论坛是承上启下的一次论坛，希望广大理论工作者结合自身科研、教学和实际工作，在本届论坛上紧紧围绕毕节绿色发展、人力资源开发、体制机制创新三大主题，深入研讨乡村振兴新典范、绿色发展样板区、人力资源开发培育基地、体制机制创新先行区的路径和对策，为毕节建设新发展理念示范区，再创下一个黄金 5 年，为新时代的西部大开发继续贡献智慧、建言献策。

作者简介：郭建宏，中国社会科学院科研局副局长。

在第十一届中国·贵州"后发赶超"论坛上的致辞

张学立

尊敬的胜华书记、建宏副局长,来自全国社科院的各位领导、各位专家、记者朋友们:

大家上午好!

今年是全面贯彻党的二十大精神的开局之年,新征程上满怀信心开新局展新貌,对于全面建设社会主义现代化国家至关重要,对于贵州高质量发展,奋力谱写多彩贵州现代化建设新篇章至关重要。

在这不同寻常的历史节点和时间节点上举办第十一届中国·贵州"后发赶超"论坛,百名专家共同研讨"迎难而上闯新路·后发赶超谱新章"中的若干重大理论与实际问题,这是中国社科院对我院的充分信任,也是全国社科院兄弟单位对我院的大力支持。在此,请允许我代表会议主办方之一,并代表贵州省社科院对各位领导和专家的莅临表示衷心的感谢。尤其是省委常委胜华书记在繁忙的工作中专门抽出宝贵时间莅会指导并作讲话,我们十分感动,深受鼓舞。同时,要特别感谢毕节市委、毕节市人民政府应允承办此次会议,并提供了精心、精细、精致的服务,让各位嘉宾有宾至如归的感觉。在此谨致以诚挚谢意!

党的十八大以来,贵州从长期靠后到奋起直追再到赶超进位,取得了骄人的成绩。贵州决战脱贫攻坚大踏步前进、实现历史性全胜,66个贫困县全部摘帽,923万贫困人口全部脱贫,192万群众搬出大山,减贫人数、易地扶贫搬迁人数为全国之最,书写了中国减贫奇迹的贵州精彩篇章。十年来,我们牢记嘱托、感恩奋进,初步走出了一条发展和生态两条底线齐守、发展和安全两件大事同抓、发展和民生两个成果共要的新路,推动多彩贵州精彩蝶变,创造了赶超跨越的"黄金十年",与全国同步全面建成小康社会、实现第一个百年奋斗目标。习近平总书记赞誉："贵州取得的成绩，是党的十八大以来党和国家事业大踏步前进的一个缩影。"

2021年习近平总书记亲临贵州视察，提出了贵州"在新时代西部大开发上闯新路"等"四新"要求，这是习近平总书记从全局中谋划贵州一域作出的战略指引，是在新时代赋予贵州的重大使命，为贵州立足新发展阶段、贯彻新发展理念、融入新发展格局指明了路径。今年是毕节试验区成立35周年，也是习近平总书记对毕节建设贯彻新发展理念示范区作出重要指示5周年。毕节从中国贫困的"锅底"，到努力建设贯彻新发展理念示范区的"高地"；从过去衣衫褴褛、食不果腹"苦兮兮"的日子，到今天眼界更宽、信心更足"乐呵呵"的新状态。35年来，特别是党的十八大以来，在习近平总书记重要指示精神指引和党中央坚强领导下，毕节试验区以具体生动的脱贫实践、发展实践创造了奇迹、书写了历史，证明了中国道路的实践价值与现实意义。

贵州社科院作为省委省政府智囊团、思想库，近年来围绕毕节建设贯彻新发展理念示范区，与毕节相关部门尤其是市委政研室、市委党校、政府有关部门共同合作开展了一系列工作。比如，跟市发改委、省发改委起草《推动毕节高质量发展规划（贵州稿）》，它是国家发改委牵头，贵州有一个版，最后是国函以65号文回函，全面实施。黄勇副院长是主笔之一。同时，今年在《光明日报》整版作了深度调查，整版刊发《感恩奋进的蝶变之路——贵州省毕节市建设贯彻新发展理念示范区的实践及启示》，得到了省委书记徐麟同志的肯定性批示。编制出版《毕节高质量发展报告（蓝皮书）》《贵州围绕"四新"主攻"四化"年度报告（2022）·毕节篇》。还和下面的县有若干规划，还有省领导若干关于毕节的批示，这里不一一点名。同时，在新华网、中新网、《贵州日报》、当代贵州等中央、省级主流媒体上刊发一批理论文章或调研报告。

毕节建设成为百姓富、生态美、活力强的贯彻新发展理念示范区，除了党中央的关怀，需要科技支撑，还需要社科界的各位领导和专家学者的智力支持。因此，希望社科界的各位领导和专家学者倾囊相授，不吝赐教，既务虚又务实，让会议成果转换成贵州迎难而上闯新路、实现后发赶超的有力的社科智库力量。

作者简介：张学立，贵州省社会科学院党委副书记、院长，二级教授，博士生导师。

在第十一届中国·贵州"后发赶超"论坛上的致辞

李 毅

尊敬的胜华书记、建宏副局长，各位领导、各位专家，记者朋友们：

大家上午好！

今年是习近平总书记对毕节建设贯彻新发展理念示范区作出重要指示5周年，在这秋高气爽、丹桂飘香的美好时节，由中国社科院科研局、贵州省社科院、毕节市委市政府联合举办的"建设贯彻新发展理念示范区与区域高质量发展学术研讨会暨第十一届中国·贵州'后发赶超'论坛"在毕节市召开。在此，我谨代表贵州省委宣传部向研讨会及论坛的举办表示热烈的祝贺，对与会的各位领导专家表示诚挚的欢迎，对中国社会科学院各位领导及全国各地的专家学者，长期以来给予贵州的智力支持表示衷心的感谢，谢谢大家。

过去10年，贵州创造了赶超跨越的"黄金十年"，经济社会发展发生了翻天覆地的巨大变化，被习近平总书记赞誉为"党的十八大以来，党和国家事业大踏步前进的一个缩影"。贵州取得的成就，充分彰显了习近平新时代中国特色社会主义思想的真理力量和实践伟力。

2021年2月，在开启现代化建设新征程的关键时刻，习近平总书记亲临贵州视察并发表重要讲话，赋予贵州"闯新路、开新局、抢新机、出新绩"的重大使命。2022年1月，国务院出台《关于支持贵州在新时代西部大开发上闯新路的意见》，明确了贵州"四区一高地"的战略定位、发展目标以及重点任务。这是新时代以习近平同志为核心的党中央支持贵州高质量发展的又一具有标志性意义的大事，我们倍受鼓舞、倍添动力，牢记嘱托，感恩思进、感恩奋进。

贵州全省上下正深入学习贯彻党的二十大精神和习近平总书记视察贵州重要讲话精神，坚持以高质量发展统揽全局，深入实施主战略，努力实现主定位,独立做中国式现代化建设后发追赶者,做西部欠发达地区推进中国式现代化的典型实践者,做中国式现代化建设的创新探索者,坚定不移沿着习近平总书记指引的方向前进,奋发有为,谱写中国式现代化贵州实践新篇章。

习近平总书记对毕节特别关心,特别厚爱。党的十八大以来,习近平总书记多次作出重要指示。特别是2018年7月,在毕节试验区成立30周年的重大时刻,习近平总书记专门作出指示:要努力把毕节试验区建设成为贯彻新发展理念示范区。这是习近平总书记赋予贵州、赋予毕节的重大历史使命,更蕴含了党中央对贵州坚持以高质量发展统揽全局,全力提升毕节高质量发展水平,在贯彻新发展理念上探索创新的期许和厚望。

站在新的历史线上,面对新征程、新目标、新使命,我们更加迫切需要强大的理论支持、厚实的智力支撑,迫切呼唤高质量的社科理论研究成果涌现,迫切期待社科理论界积极担负起创新理论、指导实践、咨政建言的职责。

在此,也恳请各位专家学者直抒己见,建言献策。相信有各位专家的鼎力支持,必将为加快建设毕节贯彻新发展理念示范区、奋发有为谱写中国式现代化贵州实践新篇章再添动力。

最后,预祝会议取得圆满成功。祝各位参会的领导、专家身体健康,工作愉快。

作者简介: 李毅,贵州省委宣传部二级巡视员。

篇 章 一

新发展理念示范区与区域高质量发展

以新发展理念引领区域经济高质量发展

刘伯霞　刘泓伯　石红梅　谢晓娟

摘　要：本文先后从"完整、准确、全面理解新发展理念与经济高质量发展的深刻内涵，新发展理念与经济高质量发展的相互关系、理论依据，新发展理念引领区域经济高质量发展的动力机制、运行机制、保障机制，以新发展理念引领区域经济高质量发展的实践路径与重要抓手"等四个方面论证了中心论点：如何以新发展理念引领区域经济高质量发展。文章重点提出了"建设现代化经济体系；构建新发展格局；统筹好供给侧结构性改革与需求侧管理；实施好创新驱动发展战略，解决'卡脖子'问题；实施好区域城乡协调发展战略，加快乡村振兴；实施好'碳达峰'和'碳中和'战略，推动经济绿色转型；构建高水平对外开放新格局，充分用足'两种资源、两个市场'"等实践路径和重要抓手。

关键词：新发展理念；区域经济；高质量发展

党中央在深刻总结国内外发展经验、精准把握世界潮流趋势的基础上，立足中国经济社会发展的新高度，解决不平衡、不充分发展的新矛盾，顺应经济增长约束条件的新变化，在十八届五中全会上创造性提出"创新、协调、绿色、开放、共享"的五大发展理念。"五大发展理念"已成为我国经济社会发展的基本遵循，引导我国取得历史性成就、发生历史性变革，被证明是科学的思想指引[1]。这次党的二十大报告又提出"高质量发展是全面建设社会主义现代化国家的首要任务"[2]。习近平总书记强调："高质量发展，就是能够很好满足人民日益增长的美好生活需要的发展，是体现新发展理念的发展，是创新成为第一动力、协调成为内生特点、绿色成为普遍形态、开放成为必由之路、共享成为根本目的的发展。"因此，促进区域经济高质量发展，必须完整、准确、全面贯彻新发展理念，以新发展理念引领区域经济高质量发展，把新发展理念贯穿到区域经济高质量发展实践的全过程。

一、完整、准确、全面理解新发展理念与经济高质量发展的深刻内涵

习近平总书记指出："党的十八大以来我们对经济社会发展提出了许多重大理论和理念。其中新发展理念是最重要、最主要的。"[3] 新发展理念，既是一个系统的理论体系，也是一个系统的规律体系，这个规律体系不是抽象的，而是与我国经济社会发展实践紧密结合的。

（一）要牢牢把握新发展理念的核心要义

创新是引领发展的第一动力，它决定发展速度、效能、可持续性，抓创新就抓住了牵动经济社会发展全局的"牛鼻子"。创新发展的核心是解决发展动力问题，其中科技创新居于关乎全局的重要地位；协调体现的是事物发展各部分之间的平衡关系，强调发展中避免出现短板，产生"木桶效应"[4]，这是普遍联系规律的必然要求[4]。协调发展注重解决发展不平衡问题，包括城乡、区域、经济和社会、物质文明和精神文明、经济建设和国防建设等各种不平衡关系；绿色是生态环境的集中体现，良好的生态环境是最公平的公共产品，是最普惠的民生福祉。绿色发展的核心要义是处理好人与自然和谐共生问题，在发展中尊重自然、顺应自然、保护自然；开放是顺应经济全球化潮流的必然要求，开放发展注重解决内外联动问题，通过高水平对外开放更好吸引全球资源要素，在互利共赢中形成国际合作和竞争新优势；共享是中国特色社会主义的本质要求，共享发展注重解决社会公平正义问题，在坚持全民共享、全面共享、共建共享、渐进共享中，让人民群众实实在在增加获得感。

"创新、协调、绿色、开放、共享"的五大理念是"五位一体的辩证统一关系"。其中，"创新发展"更多强调的是"生产力"，而协调、开放、绿色、共享强调的是生产关系、上层建筑和意识形态。如果把"创新发展、协调发展、绿色发展、开放发展、共享发展"比喻成新的动车组列车，虽然每节动车都自有动力，但"创新发展"是"火车头"，处于主导地位，其他动车处于从

属地位。发展动力决定发展的速度、效能和可持续性[5]。因此，创新发展更具有决定性意义，是摆在第一位的。这就要求在贯彻新发展理念的过程中，相关职能部门或一些地方基层政府要围绕更好地解放和发展社会生产力特别是经济建设这个关键，协同发力。

（二）要从"发展"这个本质要求出发理解新发展理念

习近平总书记所说新发展理念是指"创新发展、协调发展、绿色发展、开放发展、共享发展"五大理念[6]，后来为便于记忆简化为"创新、协调、绿色、开放、共享"。很显然，在新发展理念中，被简化了的这五个词都是"定语"，讲的是对发展的要求，最终都要落实在"发展"这个"主语"和本质上。没有必要的发展速度，没有经济总量的不断做大，创新、协调、绿色、开放、共享就失去了载体，这就要求在实践中要立足"发展"和"增长"来讲创新、讲协调、讲绿色、讲开放、讲共享，防止脱离国情、不惜代价的"跃进式"的创新、"齐步走式"的协调、"冲锋式"的绿色、"崇洋式"的开放、"杀富济贫式"的共享，一切都要从实际出发、因地制宜、实事求是。不要再以GDP论英雄，但绝不是不要GDP，必要的经济增长速度是保持优势并全面建成现代化强国的必要条件。因此，努力"做大做好蛋糕"还是第一要务。[7]

（三）新发展理念是经济高质量发展的思想内涵

理念是行动的先导，一定的发展实践都有一定的发展理念来引领。习近平总书记指出："新发展理念和高质量发展是内在统一的，高质量发展就是体现新发展理念的发展。"新发展理念是实现经济高质量发展的行动指南。创新、协调、绿色、开放、共享的新发展理念作为一个系统的理论体系，不仅回答了关于我国经济发展的目的、动力、方式、路径等一系列理论和实践问题，而且阐明了我们党关于经济发展的政治立场、价值导向、发展方式、发展道路等重大政治问题[8]，切中所有高质量发展的核心特征，是新时代我国经济发展需要遵循的"高质量发展规律"。因此，推动经济高质量发展，必须学懂弄通新发展理念，完整、准确、全面理解新发展理念的理论内涵和"规律属性"，不断提高推进经济高质量发展的理论自觉和实践自觉。

(四) 新时代新阶段的发展，必须是贯彻新发展理念的高质量发展

习近平总书记强调，"新时代新阶段的发展必须贯彻新发展理念，必须是高质量发展""高质量发展就是体现新发展理念的发展，是经济发展从'有没有'转向'好不好'"。在新发展阶段，推动高质量发展要围绕满足人民美好生活需要和高品质生活，构建新发展格局，以供给侧结构性改革为主线[4]，破解发展中的各种问题。比如，在创新发展方面，发挥新型举国体制优势，破除影响和制约科技核心竞争力提升的体制机制障碍，解决科技领域"卡脖子"技术问题，牢牢把握创新发展主动权；在协调发展方面，加快培育完整内需体系，健全区域协调发展、城乡融合发展体制机制，建立健全巩固拓展脱贫攻坚成果同乡村振兴有效衔接机制；在绿色发展方面，构建绿水青山转化为金山银山的政策制度体系，推动形成绿色发展方式和生活方式，建立健全绿色低碳循环发展的经济体系；在开放发展方面，深化商品、服务、资金、人才等要素流动型开放，推动建设更高水平开放型经济新体制；在共享发展方面，完善初次分配制度，健全再分配调节机制，扎实推进共同富裕。

二、新发展理念与经济高质量发展的相互关系及理论依据

经济高质量发展是一种以质量更高和效益更好为价值取向的发展模式。从国际经验看，经济发展从"高速增长"转向"高质量发展"是一个必然趋势，如美国利用庞大的国内市场实现创新驱动发展，德国构建完备的教育体系保持经济独特优势，日本依托动态的产业政策推动产业链高端化，韩国依赖从政府主导到市场主导跨越中等收入陷阱。目前，我国正积极构建以国内大循环为主体、国内国际双循环相互促进的新发展格局，升级服务以适应经济发展方式转变，突破国际科技围堵，激发内生创新活力，开启内需市场对冲逆全球化压力，防控系统性区域性经济风险，引领世界经济共赢发展，以避免陷入"过度消费/负债+过度生产/储蓄"经济发展陷阱。强调经济发展的整体平衡性、有效性和可持续性是经济高质量发展的重点[9]。以创新、协调、绿色、开放、共享为核心的新发展理念，就是针对当前我国经济发展转型时期的主要症结和深层次矛盾提出的经济发展理论。因此，从经济高质量发展的动力、结构、生态、开放和价值五个维度，指导和引领我国经济高质量发展意义重大、十分必要。

（一）创新发展理念为经济高质量发展提供增长的核心动力

习近平总书记指出："创新是引领发展的第一动力，是建设现代化经济体系的战略支撑。"[10] 优化创新发展体制环境，激发创新驱动发展活力是破解区域经济高质量发展难题的核心策略。经济高速发展阶段，我们依赖资源优势和人口红利，快速增加了经济数量和规模，但也导致了资源枯竭、环境破坏及技术依赖等问题。创新之所以能成为解决经济高质量发展动力问题的重要手段，是因为它包括理论创新、制度创新、科技创新、市场创新、资源配置创新、组织创新、文化创新等在内的各领域创新，催生了新的经济结构，重新配置和优化组合了生产要素，提高了产品和服务供给质量，提升了资源配置效率和生产效率[11]。就社会效益而言，创新发展还能减少经济发展对资源环境的破坏。党的十八大以来，创新驱动发展成为我国重要的国家发展战略，进而被赋予更多的时代内涵。经济高质量发展的创新必然是以建立与高新技术发展同步和相协调的创新体系为基础。

创新发展是引领区域经济高质量发展的重要动力，在创新发展理念引领下，技术创新、产品创新、产业创新以及制度创新等不断形成和发展，为区域经济高质量发展培育新的经济增长极，提高区域产业价值链和供应链，进一步推进产业创新升级。从熊彼特创新理论的核心思想出发，区域经济高质量发展最为关键的要素还是在于创新，通过技术创新带动产业创新从而推进经济发展模式创新，对于加快区域经济转型升级和提质增效起到了积极作用。所以，创新理论引领区域经济发展模式转变，培育区域经济发展新动能，是加快区域经济高质量发展的核心动力[11]。

（二）协调发展理念为经济高质量发展指明了解决不平衡发展的路径方向

社会系统中各要素间必须保持优化组合，维系动态平衡与良性互动，才能以有序稳定的结构推动经济发展[1]。协调发展就是处理区域发展不协调、城乡发展不统筹、资源分配不均衡等重大经济关系问题的主要举措，它要求在解决好经济、政治、文化、社会和生态领域协调问题的同时，消除发展不平衡、不充分等突出问题。协调在于结构的合理，即子系统与系统的协调统一。从结构维度来看，是优化经济发展结构，合理配置发展资源，促进经济发展要素自由流动。要从"大布局"角度整体看待中国经济的高质量发展，立足中国特色社会主义市场经济和现代化经济体系,不仅要完善基本要素市场化配置,还要构建"双循环"新发展格局。要从城乡区域协调发展层面推动资源要素自由流动,克服体制机制障碍,完善城乡区域要素流动机制,加快建设各领域协同发展的现代化城乡产业体系[10]。

优化协调产业结构发展,不断深化供给侧结构性改革,大力发展战略性新兴产业、壮大现代化服务业,优化农业生产结构和区域布局,在坚持发展和协调的基础上实现经济结构转型升级[12];优化协调区域发展,仍要坚持"以三大战略为引领、四大板块为基础、四类需要重点扶持的地区为补充"的空间区域协调发展战略格局,更好地促进发达地区和欠发达地区共同发展、东中西部和东北地区协调发展、海陆统筹发展;优化协调城乡结构,促进大中小城市和小城镇协调发展,实施城市更新行动,合理规划城市规模、人口密度和空间结构,完善户籍制度,增强农村基本公共服务保障,建设现代化都市圈,以中心城市经济圈或城市群带动周边小城镇建设。

(三) 绿色发展理念为经济高质量发展树立了生态文明建设的原则

自然是人类生存发展的前提,生态环境保护直接关系到政治、经济、社会、民生等各领域的发展,是一个地区、国家乃至世界实现可持续发展的基础,是实现人与人、人与自然和人与社会之间和谐发展的必然要求。要牢固树立保护生态环境就是保护生产力、改善生态环境就是发展生产力的理念,更加自觉地推动绿色发展、循环发展、低碳发展,决不以牺牲环境为代价去换取一时的经济增长。[4] 倡导绿色,构建绿色发展制度体系,是中国共产党人构建人与自然和谐共生的重要命题。绿色发展理念基于"经济—社会—生态"三位一体结构模式,与"五位一体总体布局"中的生态文明建设交相呼应,旨在化解经济发展与自然资源保护间的冲突。只有依靠强制性制度、激励性制度,将生态优势转化为经济发展的新动力,坚持构建绿色、低碳、循环、可持续的生产生活方式,才能找到经济发展和生态环境之间的平衡支点,保障经济高质量发展的可持续性。

(四) 开放发展理念为经济高质量发展拓宽了合作交流平台

开放发展就是要加强与国内外的经贸合作联系,形成多领域、跨地区、高层次区域贸易合作与交流,坚持内引外联,内外需协调,引进来和走出去相结合，实现区域经济一体化，形成新的对外合作贸易关系[11]。开放发展是经济全球化背景下全方位、多领域、深层次发展的系统性工程。"主动参与和推动经济全球化进程，发展更高层次的开放型经济"是我国应对经济全球化以及推动国家和民族长远发展的战略设计。在持续处理好"引进来"和"走出去"关系的同时，以全面推动"一带一路"倡议为契机，抢抓参与全球治理体系建设的新机遇。开放发展不仅要引进先进的资源要素、技术设备，而且要引进更多的先进人才、产业活动、理念及投资，同时还要优化出口结构，提升自主创新能力，引导中国品牌和国内要素有序向国外流动。在全球范围内拓宽伙伴关系网络，打造全新的普惠共享合作舞台，积极参与改善全球贸易治理，为全球经济高质量发展贡献中国智慧和中国方案，展示中国力量。未来中国必须坚持更高格局的开放，才能更好地利用国内、国际两个市场、两种资源，拓展我国经济发展空间。

（五）共享发展理念为经济高质量发展指明了价值趋向

共享发展理念包含全民共享、全面共享、共建共享和渐进共享四个方面，共享发展彰显"以人民为中心"的价值取向，更加强调效率与公平的统一。经济高质量发展是实现共享的根本动力，实现共享则是经济高质量发展的根本目的。"让广大人民群众共享改革发展成果，是社会主义的本质要求，是社会主义制度优越性的集中体现，是我们党坚持全心全意为人民服务根本宗旨的重要体现。"通过共享发展，加快社会公平，提高社会发展效率，促进共同富裕。通过共享发展，解决区域发展不平衡不充分发展的矛盾，满足人民日益增长的美好生活需要，推进社会公共资源要素的城乡自由流动，进一步消除城乡差距，推进基本公共服务均等化，完善社会保障制度，优化城乡产业结构，[9] 增强公共产品服务供给能力，进而推进区域经济社会高质量发展。如已实施的精准扶贫战略和乡村振兴战略，就是实现经济高质量发展成果的"共建共享"，全体人民在共同参与发展全过程、充分参与社会共建的基础上实现共同富裕，促进社会公平正义[9]。

三、新发展理念引领区域经济高质量发展的作用机制

新发展理念引领区域经济高质量发展，就是在创新、协调、绿色、开放、

共享发展理念的引领下实现区域经济高质量发展的过程,在这个过程中以下机制起关键性的作用。

(一) 动力机制

新发展理念引领区域经济高质量发展需要创新区域经济发展动力,形成新技术、新产业、新业态、新模式等新的动力,进而为区域经济高质量发展培育新的经济增长点,从而提升区域经济发展的质量和效益,提高产品和服务质量,提升企业竞争力。

通过创新发展理念的引领,新的技术不断形成和发展,为加快区域产业技术创新升级,提升产业发展质量效率等提供了有力保障,也是刺激和促进新的产品、新的产业发展模式的重要推手。熊彼特的创新理论提出了"产品创新、技术创新、产业创新、组织创新和制度创新"五种创新,而这对于区域经济高质量发展具有重要的引领作用,正是在创新驱动发展的条件支持下,企业研发实力和技术创新能力不断增强,技术创新能力的增强加快了技术体系升级,新的技术将进一步提升企业、产业发展质量和效益,从而形成新的主导产业部门,依托新的主导产业形成新的组织和发展模式,从而引领区域经济实现高质量发展,数字经济、电商等作为新型经济体对区域经济高质量发展发挥了重要作用。所以,区域经济高质量发展需要坚持创新发展理念,培育新的经济发展动力,依托新技术、新产业、新模式、新产品等"新"动力,进一步引领区域经济高质量发展。

(二) 运行机制

1. 发挥市场在资源配置中的决定性作用

通过市场作用机制,进一步加快新技术、新产业、新要素等高质量合理配置,既要注重区域内部之间与国内地区要素资源的跨地区跨部门合理配置,为区域经济高质量发展提供更多更优质的要素资源支持,同时也是提高区域要素供给能力,参与国内大循环的重要保障;要加快区域对外开放合作,合理利用国际市场,加快区域与国外要素资源的互补和跨境跨地区流动,加快跨境次区域合作,进一步引领区域实现高水平对外开放合作以及经济高质量发展。

2. 发挥企业带动作用

企业是区域经济高质量发展的重要推手,通过企业创新能够进一步提高企业生产能力和效益，提高企业的市场竞争力，从而吸引更多要素资源集聚，形成产业集聚，进而培育和壮大区域新产业发展。

3. 发挥社会组织的支持作用

通过社会组织的支持，新的技术、新的产品、新的产业以及新的发展模式才能得以有效推进，从而加快区域经济创新发展、绿色发展、协调发展，为区域经济高质量发展提供强有力的支持。因此，新发展理念引领区域经济高质量发展需要在市场作用、企业带动、社会参与等多方面力量的推动下才能得以实现。

（三）保障机制

新发展理念引领区域经济高质量发展需要政府政策支持，加强政策等制度性公共产品供给，从而为区域经济高质量发展保驾护航。通过政策的支持，在创新发展、协调发展、绿色发展、开放发展以及共享发展层面制定和实施合理政策，进一步引领区域经济创新发展、协调发展、绿色发展、开放发展和共享发展。从微观层面给予企业政策支持，促进其高质量产品研发投入，增强优质产品供给，进而引领企业高质量发展；从中观层面加快区域产业结构优化布局政策调整，不断优化地区产业结构，提高产业发展质量和效益，进一步引领区域经济高质量发展；从宏观层面，通过政策创新，进一步构建区域经济高质量发展的创新发展引领机制、协调发展引领机制、绿色发展引领机制、开放发展引领机制和共享发展引领机制，进而加快区域经济高质量发展。

基于以上作用机制，新发展理念引领区域经济高质量发展有了新的思路及方向，应该坚持以创新发展为引领培育区域经济新动能，以协调发展为重点推进区域经济高质量发展，以绿色发展为手段推进区域经济绿色升级[11]，以开放发展为途径加快区域间合作，以共享发展为引领推进区域经济高质量发展。

四、以新发展理念引领区域经济高质量发展的实践路径与重要抓手

（一）建设现代化经济体系

习近平总书记指出："推进高质量发展，就要建立现代化经济体系，这是我国发展的战略目标。""国家强，经济体系必强。只有形成现代化经济体系，

才能更好顺应现代化发展潮流和赢得国际竞争主动,也才能为其他领域现代化提供有力支撑。"[13] 因此,要建设"创新引领、协同发展"的产业体系,实现实体经济、科技创新、现代金融、人力资源协同发展;要建设"统一开放、竞争有序"的市场体系,实现市场准入畅通、市场开放有序、市场竞争充分、市场秩序规范,加快形成企业自主经营公平竞争、消费者自由选择自主消费、商品和要素自由流动平等交换的现代市场体系;要建设"体现效率、促进公平"的收入分配体系,实现收入分配合理、社会公平正义、全体人民共同富裕,推进基本公共服务均等化,逐步缩小收入分配差距;要建设"彰显优势、协调联动"的城乡区域发展体系,实现区域良性互动、城乡融合发展、陆海统筹整体优化,培育和发挥区域比较优势,加强区域优势互补,塑造区域协调发展新格局;要建设"资源节约、环境友好"的绿色发展体系,实现绿色循环低碳发展、人与自然和谐共生,形成人与自然和谐发展的现代化建设新格局;要建设"多元平衡、安全高效"的全面开放体系,发展更高层次的开放型经济,推动开放朝着优化结构、拓展深度、提高效益方向转变;要建设"充分发挥市场作用、更好发挥政府作用"的经济体制,实现市场机制有效、微观主体有活力、宏观调控有度,从而形成让各种创造财富的源泉充分涌流和让"国企敢干、民企敢闯、外资敢投"的高水平市场经济制度环境。

(二)构建新发展格局

习近平总书记指出:"贯彻新发展理念,必然要求构建新发展格局,这是历史逻辑和现实逻辑共同作用使然。"经济活动需要各种生产要素的组合在生产、分配、流通、消费各环节有机衔接,从而实现循环流转。在正常情况下,如果经济循环顺畅,物质产品会增加,社会财富会积聚,人民福祉会增进,国家实力会增强[14],从而形成一个螺旋式上升的发展过程。构建新发展格局的关键,在于经济循环的畅通无阻;构建新发展格局最本质的特征,是实现高水平的自立自强。

(三)统筹好供给侧结构性改革与需求侧管理

供给侧结构性改革是实现区域经济高质量发展的重要抓手,也是建设现代化经济体系和构建新发展格局的主要措施。实现区域经济高质量发展,必须坚持以深化供给侧结构性改革为主线，用改革的办法深入推进"三去一降一补"，提高供给结构适应性和灵活性，使经济供给体系更好地适应需求结构变化。同时，要以实施需求侧管理为重要抓手，实施扩大内需战略，充分发挥我国超大规模市场优势，尤其要加强现代流通体系建设，着力打通生产、分配、流通、消费各个环节堵点，优化需求结构，引导和创造新的需求，形成释放内需潜力的可持续动力，实现更高水平的供需动态平衡[15]。

（四）实施好创新驱动发展战略，解决"卡脖子"问题

创新作为推动发展的第一动力，不仅是建设现代化经济体系和构建新发展格局的战略支撑，而且是实现经济高质量发展的根本手段。因此，要全面加强对科技创新的部署，集合优势资源，有力有序推进创新攻关的"揭榜挂帅"体制机制，加快克服重要领域"卡脖子"技术，加强创新链和产业链对接，推动产业链供应链优化升级。要深化科技体制改革，建立以企业为主体、市场为导向、产学研深度融合的技术创新体系，加大政府研发投入，加强对中小企业创新的支持，促进科技成果转化。尤其要培养造就一大批具有国际水平的战略科技人才、科技领军人才、青年科技人才和高水平创新团队[16]。

（五）实施好区域城乡协调发展战略，加快乡村振兴

区域城乡协调发展是实现经济高质量发展的空间载体。因此，要建立更加有效的区域协调发展新机制，要强化举措推进西部大开发形成新格局，深化改革加快东北等老工业基地振兴，发挥优势推动中部地区崛起，创新引领率先实现东部地区优化发展；要以城市群为主体构建大中小城市和小城镇协调发展的城镇格局，加快农业转移人口市民化；要以共抓大保护、不搞大开发为导向推动长江经济带和黄河流域高质量发展；尤其要支持资源型地区经济转型发展，加快边疆发展，确保边疆巩固、边境安全；尤其要下好乡村振兴这盘大棋，加快推进农业农村现代化，确保国家粮食安全[17]。

（六）实施好"碳达峰"和"碳中和"战略，推动经济绿色转型

"双碳"目标的提出，既是对全球可持续发展进程的有力推动，也是着力破解资源环境对我国可持续发展的制约，推动经济社会发展建立在资源高效利

用和绿色低碳发展基础之上，所必须迈出的决定性步伐。但是，实现"双碳"目标不可能一蹴而就，既要积极有为，更要有节奏有步骤稳妥推进。要考虑我国能源结构以化石能源为主，而且各地的资源禀赋、发展水平、战略定位和控排潜力不尽相同，不能一味搞"一刀切"，要促使各地科学制定"双碳"行动方案，以达到在全国层面如期实现"双碳"目标。

（七）构建高水平对外开放新格局，充分用足"两种资源、两个市场"

所谓高水平对外开放，就是指要实现国内规则与国际规则的有效衔接，从注重商品和要素流动型开放向规则、规制、管理、标准等制度型开放转变，有效提升我国对外开放的系统性、整体性、协同性。"制度型"高水平对外开放是畅通社会再生产过程，实现经济高质量发展的必由之路。从生产看，通过对外开放，可以引入高端生产要素和短缺资源，弥补国内生产所需，推动技术进步，提高全要素生产率；从分配看，通过对外开放，可以加速我国新型工业化、城镇化进程，提供就业，提高收入，既有利于做大"蛋糕"，又有利于分好"蛋糕"；从流通看，通过对外开放，可以促进效率提升，解决内部循环不畅等问题[18]；从消费看，通过对外开放，可以提供优质供给，助推国内消费升级，更好满足人民美好生活需要[7]。

参考文献

[1] 张辉，吴尚. 新发展理念引领高质量发展：成效、问题及推进方向[J]. 学习与探索，2021（12）：93-102.

[2] 姜琳，樊曦，严赋憬. 坚持以高质量发展为首要任务——在深刻领会新时代10年伟大变革中贯彻落实党的二十大精神之发展篇[J]. 工会博览，2022（35）：59-61.

[3] 卢刚，赵倩. 始终把人民放在心中最高位置[J]. 北京支部生活，2023（05）：16-17.

[4] 刘凤义. 以新发展理念引领高质量发展[J]. 中国军转民，2021（03）：14-16.

[5] 赵华林. 高质量发展的关键：创新驱动、绿色发展和民生福祉[J]. 中国环境管理，2018，10（04）：5-9.

[6] 张旭. 论中国式现代化道路的理论逻辑 [J]. 当代经济研究, 2022 (08): 5-15.

[7] 韩保江. 以新发展理念引领经济高质量发展 [J]. 中国金融, 2022 (19): 39-41.

[8] 谢慧. 把握时代大趋势回应时代新要求 [N]. 经济日报, 2022-10-04 (001).

[9] 何侍昌. 新发展理念引领重庆经济高质量发展研究 [J]. 长江师范学院学报, 2023, 39 (01): 29-35.

[10] 吕丹红. 五重维度理解新发展理念助推经济高质量发展 [J]. 南方论刊, 2021 (04): 26-29.

[11] 刘国斌. 新发展理念引领下东北经济如何高质量发展的思路及对策建议 [J]. 东北亚经济研究, 2021, 5 (05): 83-95.

[12] 李小坚, 邓光辉. 以新发展理念引领高质量发展 [J]. 湖南行政学院学报, 2021 (02): 30-37.

[13] 何磊. 习近平关于建设现代化经济体系的重要思想 [J]. 党的文献, 2018 (04): 27-33.

[14] 习近平. 新发展阶段贯彻新发展理念 必然要求构建新发展格局 [J]. 当代广西, 2022 (17): 4-9.

[15] 石建勋. 全方位推进现代化经济体系建设 [EB/N]. 经济日报, https://theory.gmw.cn/2022-06/07/content_ 35792360.htm, 2022-06-07.

[16] 李永涛, 苏晶, 朱靓等. 产学研结合实践育人机制的研究 [J]. 吉林省教育学院学报, 2019, 35 (01): 96-99.

[17] 韩保江, 李志斌. 中国式现代化: 特征、挑战与路径 [J]. 管理世界, 2022, 38 (11): 29-43.

[18] 叶静. 以高水平对外开放推动构建新发展格局 [N]. 中国社会科学报, 2023-04-11 (008).

作者简介：刘伯霞，甘肃省社会科学院区域经济所研究员、甘肃省农业大学硕士生导师；刘泓伯，甘肃省农业大学在读硕士研究生；石红梅，甘肃省农业大学在读硕士研究生；谢晓娟，甘肃省农业大学在读硕士研究生。

数字经济推动区域经济高质量发展
——以广西为例

蒙筱逸

摘 要: 数字经济已经成为推动经济高质量发展的重要抓手,在实现高质量发展的过程中,数字经济大有可为。近年来,广西数字经济发展比较快,但依然存在数字经济规模偏小、产业数字化转型乏力、数字经济发展生态不完善、数字基础设施建设滞后、科技创新研发经费投入不足等问题,因此,研究广西数字经济发展的现状,深入分析存在的问题,提出推动数字经济高质量发展的对策和建议具有十分重要的意义。

关键词: 广西;数字经济;高质量发展

习近平总书记指出,"发展数字经济意义重大,是把握新一轮科技革命和产业变革新机遇的战略选择"。随着科技的飞速发展,数字经济已成为推动地区经济转型和经济高质量发展的重要引擎。在这一背景下,广西作为中国西部地区的重要省份,数字经济的蓬勃发展也引起了广泛关注。本文以广西数字经济发展现状为出发点,从产业数字化转型升级、数字创新驱动力提升、培育复合型人才、数字基础设施建设等方面提出数字经济推动高质量发展路径。

一、广西数字经济发展现状

2022年,广西出台《加快数字化转型发展深入推进数字广西建设的实施意见》,按照"一核双引一底四驱"整体布局,加快推进数字广西建设,始终坚持把数字经济作为推动高质量发展的关键增量，数字经济高质量发展取得新的成效。

（一）数字经济规模持续扩大

2017年以来，广西数字产业化和产业数字化加快推进，数字经济增加值近五年来年均增长达到12%以上，增速位居全国前列。截止到2022年12月，数字经济规模超过9300亿元，占GDP比重达35.5%，信息和软件技术服务业产值增速排全国第二。广西数字企业队伍不断壮大，发展到1.5万家，其中规上数字经济核心产业企业1280家，培育认定南宁、桂林、北海、柳州4个数字经济示范区，建成中国—东盟数字经济产业园、北海电子信息产业园等一批重点园区，中国东信、数广集团、北投信创等一批本土龙头数字企业快速发展，建成国家级和省级工业互联网平台16个。数字技术与传统产业深入融合，跨境电商、直播带货等新业态新模式加快涌现。

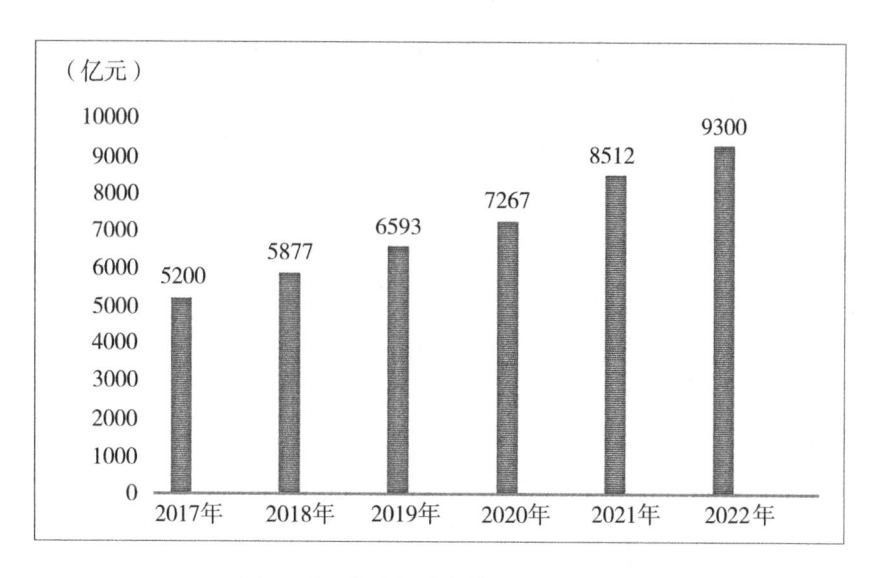

图1 广西数字经济规模（单位：亿元）

图2 广西数字经济占GDP比重（单位:%）

数据（2018-2022）：
- 2018年：数字经济占GDP比重 28.9%，其他占GDP比重 71.1%
- 2019年：31.1%，68.9%
- 2020年：32.8%，67.2%
- 2021年：34.4%，65.6%
- 2022年：35.3%，64.7%

（二）新型数字基础设施建设不断完善

截止到2022年12月，广西新建成5G基站2.4万座，累计建设5G通信基站数量突破6.7万个，建设密度（每平方公里5G基站数量）为0.28个/平方公里，高于全国平均水平（0.24个/平方公里），实现全区1279个乡级行政区以上区域和64%的行政村5G网络覆盖。移动电话用户总规模保持增长。2022年，全区移动电话用户数达到5790万户，同比增长5.1%，固定互联网普及率达到40.8%。固定宽带接入用户稳步增长。1000Mbps及以上固定宽带接入用户比重由2021年的15.9%提高到20.7%，高于全国5.1个百分点。广西14个设区市全部获评千兆城市，成为全国第一个所有设区市均达标的省份，通信网络覆盖范围全面铺开，"新基建"为广西数字经济更好更快发展提供坚实基础。

（三）数据要素融合应用成为"数实融合"新动能

2022年，广西深入实施数据要素市场化改革取得新成效。一是公共数据供给水平持续提升。全区公共数据开放总量26.04亿条，广西开放数林指数2022年排名全国第五位。汇聚社会数据1.85亿条；自治区电子证照汇集数据2.21亿条，汇聚类型数量排在全国第十名。二是数据融合应用不断拓展。持续实施数据要素融合应用"百千万工程"。全区累计投放"桂惠贷"5645.07亿元，惠及市场主体20.82万户，直接降低相关市场主体融资成本110.88亿元。三是数字化公共服务水平显著提升。推进"桂通办""智桂通"等平台上线运行，实现纵向全贯通、横向全覆盖；构建全国首个集政、商、民、客为一体的移动生态开放体系。数字化公共服务水平提升，助力消除市场壁垒，促进广西更好融入国内大市场。

（四）产业数字化水平不断提高

2022年，广西产业数字化规模超7800亿元，同比增速超5%，产业数字化稳定发展。从农业、工业、服务业数字化发展看，农业数字化发展相对较好。2022年，全区共有22个"淘宝村"，29个"淘宝镇"，农村电商经济发展向好，电商平台农产品销售额达65.9亿元，此外，广西跨境电商交易额达163.2亿元，同比增长60.8%，跨境数字贸易得到快速发展。工业数字化转型持续深化。全区制造业累计实施技术改造项目2869个，建成智能工厂242个、数字化车间137个，打造国家级试点示范项目54个、工业互联网示范园区11个，创建了一批工业互联网标杆应用场景。服务业数字化发展取得长足进步。2022年，全区网络零售额占社会消费品零售总额的比重为7.2%，网上支付业务量29万亿元；全区规上互联网和相关服务、软件和信息技术服务等新兴服务行业营业收入分别增长55.6%、45.3%，对增长的贡献率达73.5%。

（五）数字产业化不断推进

2022年，数字经济核心产业不断壮大，计算机通信和其他电子设备制造业投资增长29.0%，其中，电子及通信设备制造业投资增长67.4%。软件和信息技术服务业收入突破800亿元，增长30%以上，增速排名全国第二、西部第二，数字产业化活力持续增强。技术创新助力数字产业加速拓展。全区研发（R&D）经费增长15%左右，综合科技创新水平指数提高到54.8%，其中，涉及物联网技术的相关专利数量为706件，较2020年增长29.3%。

（六）数字经济国际合作不断深化

2022年，广西对中国—东盟信息港重点项目库实行动态管理，充实中国—

东盟远程医疗中心等一批重点项目,年度重点建设项目开工率91%。此外,广西持续拓展面向东盟数字化应用场景。加快建设中国—东盟时空中心,打造广西北斗CORS一张网,推动中国—东盟北斗/GNSS(海外)中心、BPC低频时码发播台落地东盟;推进北斗道路应急救援服务在泰国、老挝等落地;探索培育中国—东盟数据要素市场,开展数据要素流通试点;加强智慧城市、跨境旅游、跨境医疗、智慧教育等领域数字化合作,继续开展面向东盟的数字化标杆评选,在工业互联网、北斗、人工智能等领域挖掘一批面向东盟的数字化应用场景。

二、广西数字经济发展存在的主要问题

近年来,广西数字经济取得了可喜的成绩,但纵观全国的数字经济发展态势,广西数字经济发展仍存在一些较为突出的问题。

(一)数字经济总体规模较小

尽管近年来广西数字经济增速居全国前列,但数字经济的整体规模偏小,所占比重也很低,广西数字经济与一些地区相比仍有较大差距。2022年我国数字经济规模达50.2万亿元,广东省数字经济规模为6.41万亿元,江苏数字经济规模超5万亿元,安徽、江西突破万亿元,广西为9300亿元,远低于广东、江苏、北京、浙江、上海等地,也低于安徽、江西、贵州、湖南、陕西等省。广西数字经济规模占全国比重很小,仅为0.19%。2022年广西数字经济总量占GDP比重为35.3%,比全国平均水平的41.5%要低,比广东低了14.4个百分点。

(二)产业数字化水平有待提高

广西产业数字化水平相对较低,主要表现在以下几个方面:一是缺乏先进的信息技术基础设施和数字化管理系统,生产流程仍然依赖传统方式。许多企业在生产过程中仍然采用人工操作,缺乏自动化和数字化设备的应用,这导致生产效率低下,成本较高,难以满足市场需求的快速变化。二是信息化管理不足。许多企业在信息化管理方面存在滞后现象,生产数据、供应链信息、销售

数据等往往没有有效的数字化管理系统支持，导致信息获取和分析效率低下，决策缺乏科学依据。三是数字化营销程度不高。许多企业在市场营销方面仍然偏向传统模式，缺乏充分的数字化营销策略，导致企业难以准确洞察市场需求，也无法快速响应市场变化。四是供应链协同不足。在供应链管理中，数字化水平低意味着企业与供应商、分销商之间的协同不足，这会导致库存管理问题、交付延误等供应链风险。五是创新能力受限。数字化时代重视创新，然而产业数字化水平低的企业往往难以充分利用数字技术来推动创新，缺乏数字化平台和工具的支持，企业创新能力受到制约。六是技术人才短缺也是制约因素之一，限制了数字化技术的应用和创新发展。

（三）数字经济发展生态有待完善

广西数字经济发展取得了一定的成效，但数字化生态环境还需要进一步完善。一是法律法规体系滞后。随着数字经济的迅速发展，新兴业态和技术不断涌现，但法律法规跟不上步伐。缺乏针对数字经济的相关法律体系，使得数字经济中的一些问题难以有效监管和维护，包括数据隐私、网络安全等。二是数据治理不完善。数字经济的核心在于数据的获取、分析和应用，然而数据的合规性、隐私保护、共享机制等问题依然存在。缺乏统一的数据治理标准，导致数据流通不畅、数据安全风险上升。三是人才培养不足。数字经济需要各类人才，包括技术开发、数据分析、市场营销等方面的专业人士。然而，当前人才培养体系不够完善，缺乏与数字经济需求相匹配的综合型人才。四是创新生态不完整。数字经济的快速发展离不开技术创新，但创新生态体系尚未充分建立。包括科研机构、产业孵化器、投资机构等各方的协同合作不足，制约了数字经济创新的深入发展。五是市场环境不稳定。数字经济的快速变化导致市场环境不断变化，但政策支持和市场规则的制定不稳定，使得企业难以预测市场走向，增加了经营风险。

（四）数字基础设施建设滞后

第一，网络覆盖不足。广西地域辽阔，但在某些偏远地区，网络覆盖仍然不够完善。这导致了这些地区的居民和企业难以充分利用数字技术，无法享受到数字化带来的便利和机遇。第二，网络速度和稳定性问题。尽管已经推出了

5G 网络，但在一些地区，网络速度和稳定性仍然存在问题，这影响了数字化应用的效果，尤其是在需要大量数据传输和处理的场景下，用户体验可能会受到影响。第三，数字化设备普及率较低。广西的一些农村地区和边远地带，数字化设备如智能手机、电脑等的普及率相对较低，使得这些地区的居民难以参与到数字经济中，错失了数字化时代的机会。第四，数字支付普及不足。虽然数字支付在城市中得到广泛应用，但在一些偏远地区，现金支付仍然占主导地位，使得电子商务和数字金融等领域的发展受到一定限制，影响了数字经济的全面推进。第五，公共服务数字化程度有限。政府部门和公共服务机构的数字化水平相对滞后，导致了行政效率低下、公共服务不便利等问题，这限制了数字经济在提升政府治理和服务水平方面的作用。

（五）科技创新研发经费投入少

数字经济的发展需要依靠技术创新和科研投入，科研投入是数字经济发展的重要支撑，能够提高数字经济的技术水平、促进数字经济与实体经济的融合、推动数字经济的创新和技术升级。但广西科研投入相对不足，国家统计局数据显示：2022 年我国研发经费投入达 30870 亿元，占 GDP 比重为 2.55%；广西研发经费投入仅为 243 亿元，占 GDP 比重为 0.9%。研发投入太少，导致数字经济创新能力不足。

三、数字经济推动广西经济高质量发展的实现路径

（一）多项举措推进产业数字化转型升级

1. 加快推动工业企业数字化转型，大力发展工业互联网，打造工业领域 5G 应用场景。 一是出台一系列政策，包括产业政策、财税优惠、资金支持等，增强企业的数字化转型意识，鼓励工业企业加大投入，推动数字化转型。二是积极推广先进的数字技术，如人工智能、大数据分析、物联网等，应用于工业生产流程。通过数据分析，企业可以更好地了解市场需求，优化生产安排，降低资源浪费，提升产能利用率。三是鼓励企业加强与科研机构、高校的合作，共同研发适用于工业领域的数字化解决方案，这将加速数字技术在实际生产中

的应用，提高工业企业的技术水平和竞争力。

2. 推动农业数字化转型，加快数字乡村建设。一是加大数字农业技术的推广力度，借助物联网、大数据、人工智能等技术，实现农业全产业链的信息化管理，包括智能化的农田管理、精准的农药施用、智能化的灌溉系统等，提升农业生产的科学性和效率。二是数字乡村建设将着重优化农村基础设施和公共服务。推动数字化智慧农村建设，包括建设数字化农村电商平台、智能化的农村物流体系，以及提供在线教育、医疗等服务，让农村居民也能享受现代化的生活方式。三是加强农村人才培训，培养懂得数字技术的农业从业者，提升农业生产的科技含量。四是加大资金支持，引导农村企业和合作社投入数字化转型。此外，鼓励各类创新实践，支持数字化农业企业的发展，推动农村经济结构的升级。

3. 推动服务业数字化转型，加快新型智慧城市建设，发展数字商贸，夯实融合服务支撑。首先，在服务业数字化转型方面，要加强信息技术的应用，推动各类企业数字化升级，提升服务质量和效率。政府引导企业开展数字化改造，提供相关支持政策，鼓励技术创新和知识产权保护，以提升服务行业的竞争力。其次，加快新型智慧城市建设，通过大数据、人工智能等技术，优化城市管理和公共服务。智慧交通、智慧环保、智慧医疗等领域得到推广，提高居民生活质量。同时，推动数字化基础设施建设，如5G网络，为智慧城市提供坚实支撑。再次，积极发展数字商贸，搭建数字商务平台，促进线上线下融合。鼓励企业拓展电子商务渠道，提升商品和服务的线上展示和销售。政府加强电子商务监管，保护消费者权益，建立信用体系，促进数字商贸健康有序发展。最后，要注重融合服务支撑，强化跨部门、跨领域合作。加强政务服务数字化，提高办事效率，推动政府数字化转型。同时，推动产业融合，促进不同领域间的合作创新，实现资源优势互补。

推进产业数字化转型升级，还要加快推进数字化转型促进中心建设，建立一批行业数字化发展指引，为企业提供数字化技术的信息服务和支持，如数字化转型资源库、技术咨询、合作交流等。建立数字化技术应用的评估、认证机制。对数字化技术应用效果进行评估和反馈，引导企业不断改进和优化数字化技术应用，提高数字化技术应用的标准化和规范化水平。

（二）多渠道解决数字化人才缺乏问题

1. 鼓励支持高等院校和职业院校、技工院校开设数字经济相关专业，培养适应数字时代需求的优秀人才。创新校企合作模式，促进高校与企业合作，开展实践教学和产学研深度合作，帮助学生掌握实际应用技能，提升其数字化素养。

2. 积极引进海内外优秀数字化人才，通过人才政策、薪酬待遇等手段吸引高水平的专业人士。建立人才引进和培养机制，为他们提供发展平台和支持，从而提升广西数字化转型的人才储备。

3. 注重现有人才的培养和提升。组织开展数字经济干部培训，提升干部数字经济思维能力和专业素质。开展数字技能培训，加快人工智能、大数据、区块链、云计算、网络安全、智能制造等领域人才培养，在现有队伍中培养更多的数字化专业人才。尤其对领导干部，更要强化大数据思维和数字化意识，提升驾驭数据、运用数据的能力，最终提高运用数字化手段解决经济社会发展问题的能力。

4. 鼓励创新创业，激发人才的创新潜能。通过设立创新创业基地和科技园区，提供优惠政策和资源支持，吸引更多有创新思维的人才投身数字产业，推动创新驱动型发展。

（三）大力推动数字基础设施建设

1. 加快新型数字基础设施建设。稳步推进5G网络部署，提升以千兆光网和5G为代表的"双千兆"网络"进村入户"比重，加快IPv6的规模部署和应用，不断扩容省级、国际互联网出口带宽，提升广西与东盟的网络互联互通水平。协同推进5G和千兆光网建设，加快物联网在工业制造、农业生产、公共服务、应急管理等领域覆盖，深入推进移动物联网全面发展，打造支持固移融合、宽窄结合的物联接入能力。

2. 建设数据中心和云计算基地。设立大型数据中心，存储和管理海量数据，为企业和科研机构提供数据分析和处理服务。此外，发展云计算基地，统筹自治区、各地市建设云计算、边缘计算、人工智能、区块链等多元算力基础设施，优化完善"1+N+14"架构的"壮美广西·政务云"体系，提升超算中心、智算中心、边缘数据中心等规模和数量,为"城市大脑"提供算力支撑。

(四)提升数字创新驱动力

推动数据要素大开发,强化场景应用创新,促进公共数据供给,以应用场景开放为引擎加快释放数据要素价值。面向数字经济领域,推动建设数字科创平台,加快部署一批重点实验室、新型研发机构、技术创新中心、创新平台。优化数字经济创新生态,推进开源社区、开源项目建设,共享开源技术、软件代码、开发工具,构建开放、融合、共生的创新生态。鼓励企业和各类科研机构加强数字技术研究合作。出台相关政策,鼓励企业与区内外高校、研究院所等科研机构合作开展研究,促进科研成果的转化和应用。同时,提供科技服务和技术转让平台等支持。

参考文献

[1] 习近平总书记关于网络安全和信息化工作重要论述综述[N]. 人民日报,2018-11-06(5).

[2] 中国数字经济发展白皮书(2022)[R/OL]. 中国信息通信研究院,2023-07-08.

[3] 郝园,张智杰. 国内头部省份数字经济的发展经验分享[J]. 网络安全和信息化,2022(5).

[4] 刘飞. 破解数字经济发展难题,推动经济高质量发展[J]. 中关村,2022(5).

[5] 广西数字经济发展三年行动计划(2021—2023年)[EB/OL]. 广西壮族自治区数字广西建设领导小组办公室,2021-12-29.

[6] 杨桂琴,霍垒杰,鲍增军. 推动河北数字经济高质量发展对策研究[J]. 中小企业管理与科技,2023.

[7] 广西数字经济发展白皮书(2022)[R/OL]. 自治区大数据研究院、中国信息通信研究院,2023-07-18.

作者简介:蒙筱逸,广西社会科学院副研究员。

不断提高推动高质量发展的系统性、整体性、协同性
——兼对毕节建设"贯彻新发展理念的示范区"的三点思考建议

杜 栋

摘 要：在对高质量发展内涵和要义进一步解读的前提下，强调推动高质量发展要不断提高其系统性、整体性和协同性，指出这是我们推动高质量发展的工作方法。最后，就毕节建设"贯彻新发展理念的示范区"，提出几点思考建议。

关键词：高质量发展；新发展理念；示范区

党的二十大明确了高质量发展是全面建设社会主义现代化国家的首要任务。可以说，高质量发展，是当前备受关注的一个热点话题。大家都在谈高质量发展，全国各地、各行各业、从上到下都在提高质量发展，但究竟什么是高质量发展？其内涵和要义是什么？关于"高质量发展"的内涵及要义目前尚未达成共识。或者说，人们的认识还不够到位，甚至存在一些偏差，需要进一步解读，否则将会影响推动高质量发展的机制设计、策略选择和具体实践。更为重要的是，如何推动高质量发展？2023年4月3日，习近平总书记《在学习贯彻习近平新时代中国特色社会主义思想主题教育工作会议上的讲话》中指出，要"紧密结合实际，打破思维定势，转变思想观念，紧盯本地区本部门本单位影响和制约高质量发展的问题短板及其根源，开展靶向治疗，正确处理速度和质量、发展和安全、发展和环保、发展和防疫等重大关系，不断提高推动高质量发展的系统性、整体性、协同性"。这实际上给我们指出了推动高质量发展的思想观、方法论和路线图。特别是，只有不断提高推动高质量发展的系统

性、整体性、协同性，才能保障高质量发展走上健康发展的路子上来，也才能真正实现高质量发展的目标任务。最后，结合毕节建设"贯彻新发展理念的示范区"，提出几点思考建议。

一、要深刻认识高质量发展的内涵和要义

高质量发展是由"高质量"+"发展"两个词组合而成。"高质量"是对质量的评价和追求。质量最初是对微观的产品或服务的性能或满意度的衡量。高质量发展起初是针对"经济发展质量"而提出，可以说是发展经济学的范畴，它是对经济发展提出的新要求。而现在，我们谈高质量发展，已经将其泛化了，不局限于经济领域，已在社会的各个方面使用这一概念。所以，这里的"质量"内涵和外延已经从微观扩展到中观或宏观。不过，无论如何，高质量发展重在"发展"，要求我们对研究对象或考察对象的发展规律有所了解，要明确其发展的目标和任务，要探寻其高质量发展的路径，要给出其高质量发展的机制设计和策略安排。

本文认为，高质量发展，是生产要素投入少、资源配置效率高、资源环境成本低、经济社会效益好的发展，它是一个集成经济系统、生态系统、社会系统等的复杂系统工程。概括地看，当前，关于"高质量发展"的内涵与要义可以归纳为以下6点：

第一，高质量发展更加注重内涵式的发展，而不是以前的外延式发展。或者说，高质量发展强调的不再是规模和速度，而是质量和效益。它要求处理好发展规模速度与质量效益之间的关系。

第二，创新是引领发展的第一动力。当前，制约高质量发展的瓶颈主要是创新能力，因而必须把创新作为第一动力。需要说明的是，这里的创新不仅仅指科技创新，还包括管理创新、理念创新。

第三，协调发展是高质量发展的内在要求。不仅经济系统内部要实现相互协调，而且经济系统要与生态系统、社会系统相协调。特别要注意地区之间的协调、城乡之间的协调等空间协调。

第四，高质量发展离不开绿色发展。因此，要进一步在全社会树立绿色发展理念，加快形成促进绿色发展的政策导向、体制机制和法律法规，最终形成

人与自然和谐发展的现代化建设新格局。

第五，改革开放是高质量发展的武器和途径。 即要深入推动质量变革、效率变革、动力变革。基于此，必须全面深化改革，强化"系统集成"；进一步扩大对外开放，推动形成全面开放的新格局。

第六，共享是实现高质量发展的根本目的。 要让高质量发展的成果更多、更公平地惠及人民群众。要建成覆盖全民，多层次的社会保障体系，真正改善民生，实现国富民强，人民满意度提升。

综上可见，所谓"高质量发展"，就是"创新、协调、绿色、开放、共享"五大新发展理念在现实中的具体体现，其最大的特点就是质量效益要"上台阶"，简称"1+5"。这里的"1"就是质量效益，这里的"5"就是五大发展理念。

二、要重视推动高质量发展的系统性、整体性、协同性

要使五大发展理念落地，就要求我们深刻认识高质量发展系统的复杂性，坚持系统观念原则，关注推动高质量发展的系统性、整体性、协同性，运用系统工程的理论和方法推进各项事业走高质量发展之路。这实际上指出了推动高质量发展的工作方法。

1. 高质量发展的系统性

高质量发展的系统性前面实际上已经提及。要说明的是，系统性特别强调目的性，向同一目的行动。在这里，高质量发展是我们追求的。它可以用具体的目标来体现。因为高质量发展系统具备多个目标，因此，需要建立一个指标体系来描述系统的目标。为了实现高质量发展系统的目的，必须具有控制、调节和管理的功能。这个管理过程就是系统的有序化过程，使它进入与系统目的相适应的状态。

需要强调的是，高质量发展并不忽视规模和速度，而是注重规模速度和质量效益的有机统一。应该认识到，过去我们对规模和速度的重视本身并没有错，而是错在了对质量和效益的相对忽视上。今天我们需要纠正的，不是以往对规模和速度的重视，而是以往对质量和效益的忽视，做到既重视规模速度又重视质量效益，实现发展质量和速度的有机统一。

2. 高质量发展的整体性

整体性指系统是由两个或两个以上的要素（子系统），按照作为系统所具有的综合整体性而构成的。任何一个要素（子系统）不能离开整体去研究。研究任何事物的单独部分不能使你得出有关整体的结论。系统的整体性又称为系统的总体性、全局性。它强调从整体上认识和处理问题。比如，高质量发展要求大力发展科技创新，高质量发展要求提升生态环境质量，高质量发展要求进一步扩大开放水平，高质量发展要求区域协调发展，高质量发展要求收入差距的不断缩小，等等。这些都没错。但按照系统整体性的要求，就需要从大局出发，建立健全高质量发展的体制、机制。

另外，在谈高质量发展的整体性时，也要有时空观。首先，我们不要静态地看，而要动态地去看。高质量发展不是一时一事的要求，而是必须长期坚持和遵循的要求。其次，有人认为，高质量发展是部分地区（部门、单位）的事情，其实它不是只对经济发达地区（部门、单位）的要求，而是对所有地区（部门、单位）发展提出的要求。

3. 高质量发展的协同性

协同是协调的升华，是在协调的基础上，为了共同的目的而采取的行动。协调存在于系统整体之中，要素（子系统）间的联系和作用也不能脱离整体的协调去考虑。从另一方面讲，在一个系统整体中，即使每个要素（子系统）并不很完善，它们也可以协调，综合成为具有良好功能的系统。反之，即使每个要素（子系统）都是良好的，但作为整体却不具备良好的功能，也不能称其为完善的系统。简单地说，协同就是指系统中诸要素或各子系统间在运行过程中的合作、协调和同步。按照协同学的思想，协同性的实质在于强调事物或系统在发展过程中其内部各要素或各子系统之间保持合作性、集体性的状态或趋势。

目前我国出现了许多区域发展战略，如京津冀协同发展战略、长江经济带发展战略、长江三角洲区域一体化发展战略、建设粤港澳大湾区战略，以及乡村振兴战略等，但没有哪一个战略能够独自成为一个涵盖全国范围、涉及所有领域、统领各个方面的综合性高质量发展战略。而高质量发展战略，是一种更大范围、更广领域、更高层次的综合性重大战略，是对现有各区域发展战略的统领和提升，其他各项发展战略都需要服务于高质量发展战略。也就是说，每个区域的发展战略都要实现高质量发展，内部都要提高协同性。

总之，各地区、各部门、各单位要力争形成系统设计、整体谋划、协同推进的生动局面，朝着高质量发展目标迈进。

三、对毕节建设"贯彻新发展理念的示范区"的几点建议

发展是硬道理，但质量是发展的永恒话题。因此，应该深入贯彻新发展理念，追求质量发展水平的不断改进和逐步提升。20世纪80年代，在党中央亲切关怀下，国务院批准建立了毕节"开发扶贫、生态建设"试验区。30多年来，毕节坚持一张蓝图绘到底，试验区建设取得显著成效，2020年完成了脱贫攻坚任务。如今，毕节正朝着"贯彻新发展理念的示范区"这一目标迈进。因此，不仅要明确示范区目标，而且要明确其内涵和要义。2022年7月，国家发展和改革委员会印发《推动毕节高质量发展规划》。毕节应从本地实际出发，努力建设成为生态美、活力强、百姓富的示范区。

首先，绿色发展是毕节高质量发展的题中应有之义。毕节曾是西部贫困地区的典型。绿色是毕节最大的发展优势和竞争优势，所以，应紧密结合实际，牢固树立"绿水青山就是金山银山"的理念，守住发展和生态两条底线，紧抓"绿色发展"。特别是要接续推进乡村振兴，加快推进农业农村现代化。

其次，人口质量是毕节高质量发展的必须要求。"以人为本"，大力实施人才强市战略，加快推动人口规模优势转化为人力资源优势，为建设贯彻新发展理念示范区提供坚实的人才支撑和活力。特别是，要聚焦乡村振兴，结合本地资源禀赋、产业优势，不断提升各类人才队伍数量和质量。

最后，城乡协调是毕节高质量发展的必由之路。只有满足人们日益增长的美好生活需要，才是解决一系列社会矛盾和问题的钥匙。毕节虽然强调农业现代化，但是新型工业化、数字化、新型城镇化应齐头并进。所以，不仅要不断优化产业结构，而且要在城乡融合方面力争实现重大突破。

最后，特别需要指出的是，推动高质量发展首先要统一思想，凝聚共识。在思想上得到最大限度的统一、在共识上得到最大限度的凝聚，才能形成合力。统一思想—凝聚共识—形成合力，形象地再现了从思想意识到现实力量的

转化过程。还应该认识到，高质量发展是一种发展状态，更是一个持续不断的动态过程，是经济发展水平、层次、形态不断跃升的动态过程，是持续实现质量变革、效率变革、动力变革的动态过程，是持续实现更高质量、更有效率、更加公平、更可持续发展的动态过程。这意味着，推动高质量发展不是一朝一夕、一蹴而就的事情，需要持之以恒、锲而不舍、驰而不息。

作者简介：杜栋，河海大学系统工程与管理创新研究中心主任、教授，城市与区域高质量发展智库首席专家。

资助项目：2023年度河海大学中央高校基本科研业务费项目（人文专项）（项目编号：B230207031）。

贯彻新发展理念　夯实福建生态强省建设

黄艳平

摘　要：福建是习近平生态文明思想的重要孕育地和实践地。二十多年来，福建锚定生态强省建设目标，一任接着一任干，一张蓝图绘到底。持续深化生态省和国家生态文明试验区建设，不断深化改革，创新探索更系统、更多元的"福建模式"和"福建样板"，创造生态文明建设的"福建经验"。

关键词：新发展理念；福建；生态强省

党的十八大以来，以习近平同志为核心的党中央以前所未有的力度抓生态文明建设，开展了一系列根本性、开创性、长远性工作，大力推动生态文明理论创新、实践创新、制度创新，创造性提出一系列富有中国特色、体现时代精神、引领人类文明发展进步的新理念新思想新战略，形成了习近平生态文明思想。习近平生态文明思想作为习近平新时代中国特色社会主义思想的重要组成部分，站在人与自然和谐共生的战略高度，深刻回答了新时代为什么建设生态文明、建设什么样的生态文明、怎样建设生态文明等重大理论和实践问题，是新时代生态文明建设的根本遵循。党的二十大报告对生态文明建设提出了新的要求，提出必须牢固树立和践行"绿水青山就是金山银山"的理念，站在人与自然和谐共生的高度谋划发展。这是中国式现代化道路的重要特征，是顺应人类文明发展规律、实现中华民族永续发展和伟大复兴的必然选择。我们要坚定不移地以习近平生态文明思想为指引，接续努力夯实生态强省建设，奋力建设人与自然和谐共生的美丽福建，让绿水青山永远成为福建的骄傲。

一、谋篇布局，擘画生态文明建设的"福建蓝图"

福建是习近平生态文明思想的重要孕育地和实践地。2002年，习近平总书记在福建工作时提出建设生态省的战略构想，并在2002年对生态省建设作出部署，同年，福建成为全国首批生态省试点省份。二十多年来，福建按照生态省建设目标，一任接着一任干，一张蓝图绘到底。尤其是党的十八大以来，福建按照习近平总书记指明的方向，充分发挥福建的生态优势，持续大力推进生态省建设。自2016年成为全国首个生态文明试验区以来，福建紧扣生态文明体制改革"试验田"建设，大胆创新、先行先试，坚定不移沿着习近平总书记为福建擘画的"机制活、产业优、百姓富、生态美"的建设蓝图，探索生态强省之路。持续推进蓝天、碧水、碧海、净土工程，打赢污染防治攻坚战；全面推行河长制，实现省、市、县、乡、村五级治水全覆盖；统筹山水林田湖草系统治理，划定全省陆域面积的27.5%为生态保护红线，设立各类保护地369处，系统推进美丽城市、美丽乡村、美丽河湖、美丽海湾、美丽园区建设。生态文明指数连年位居全国前列，生态文明建设已取得显著成效：森林覆盖率66.8%，连续43年保持全国第一位；2020年，《国家生态文明试验区（福建）实施方案》26项重点任务全面完成，按期取得了38项重大改革成果，39项改革举措和经验做法向全国复制推广。福建以占全国约1.3%的土地，2.9%的能源消耗，创造了占全国约4.3%的经济总量。

2021年3月，习近平总书记来闽考察时再次对福建生态发展提出了殷殷期盼，强调"绿色是福建一张亮丽名片。要接续努力，让绿水青山永远成为福建的骄傲"，为新发展阶段美丽福建建设指明了前进方向，注入了强大动力。为深入贯彻落实习近平总书记对福建工作的重要讲话重要指示批示精神，福建牢记嘱托，持续深化生态省建设，打造美丽中国示范省。《中国共产党福建省第十一次代表大会上的报告》提出，福建省要加快推进生态文明建设，打造美丽福建；制定《福建省"十四五"生态省建设专项规划》，提出到2035年率先建成美丽中国福建示范区；制定《深化生态省建设　打造美丽福建行动纲要（2021—2035年）》，为未来15年美丽福建建设制定了路线图和时间表。

二、凝心聚力，打造生态文明建设的"福建经验"

围绕"如何把绿水青山变成金山银山"，福建已经开展了一系列创新探索和生动实践，创造出一批可复制可推广的典型经验。

着力提升治理效能，完善生态文明制度体系。福建围绕破解体制机制瓶颈制约，系统推进生态环境领域改革创新，在全国率先成立由省委书记任组长、省长任常务副组长的生态文明建设领导小组，严格落实"党政同责""一岗双责"。充分发挥立法对生态文明建设的引领推动作用，已围绕生态省建设先后制定了《福建省生态文明建设促进条例》等45部法规，批准设区市生态保护相关法规40部，率先将"坚持绿水青山就是金山银山"写入地方性法规，具有福建特色的生态环境保护地方性法规体系初步形成，有力推动了福建的生态文明建设。生态文明建设促进条例，将水土流失治理长汀经验、河长制、生态公益诉讼等我省走在全国前列的改革经验写入法规，巩固推广我省生态领域改革成果。同时，创新完善生态环境监管体系和治理体系，持续推广生态云应用、生态环境信用评价、环境监管网格等制度。创新完善市场化的环境经济政策体系。

全面推进绿色发展，构建生态经济体系。牢记习近平总书记嘱托，福建坚定不移走生态优先、节约集约、绿色低碳发展之路，正实现生态环境"高颜值"和经济发展"高素质"协同并进。坚持念好"山海经"、种好"摇钱树"，大力培育发展"生态银行"，深入推进生态产品价值转化。探索因地制宜的"绿水青山就是金山银山"转化路径，推行排污权、碳排放权等资源环境权益交易制度，建立"林票"制度，拓展林业金融产品，通过"绿盈乡村"建设走出了一条生态优势向经济优势转化的发展道路。作为国家生态文明先行示范区和全国首个国家生态文明试验区，福建生态省建设已进入发展快车道。十年来，福建单位GDP能耗下降了30.8%，清洁能源装机比重达58%，以占全国约1.3%的土地、2.9%的能源消耗，创造了占全国约4.3%的经济总量，所有地级市人均GDP均超过全国平均水平，生动诠释了"绿水青山就是金山银山"。统筹推进闽东北、闽西南两大协同发展区绿色发展。围绕实现碳达峰、碳中和目标，协同减污降碳，构建以产业生态化和生态产业化为主体的生态经济体系。

坚持以人民为中心，生态惠民持续先行。良好生态环境是最普惠的民生福祉。民之所好好之，民之所恶恶之。福建坚持生态惠民、生态利民、生态为民，探索美丽福建建设实践模式，以高水平保护推动高质量发展，满足人们对美好生活的生态需求。全省城市空气质量优良天数比例99.2%，主要流域优良水质比例97.3%；森林覆盖率66.8%，连续43年保持全国第一；九市一区全部获评国家森林城市。80%以上的建制村达到"绿盈乡村"标准，城市建成区绿地率40.8%，人均公园绿地面积超过15平方米，建成福道7000多公里。生态环境质量不断升级，老百姓获得了更多优质的生态产品，让生态文明建设成果切实转化为老百姓看得见、摸得着的美好生活。"高颜值"的生态环境带给老百姓实实在在的获得感、幸福感，公众生态环境满意率达到91.9%。

不断提升环境质量，生态系统持续优化。坚持精准、科学、依法治污，通过"1+7+N"污染防治攻坚计划，高质量实施"蓝天、碧水、碧海、净土"四大工程。坚持$PM_{2.5}$与臭氧的协同控制，在全国率先出台省级臭氧污染防控指南，推进实施大气环境精准减排"十百千"工程；率先出台比国家"水十条"更严格的省级工作方案，主要流域水质优良比例97.3%，全面消除了全省劣Ⅴ类小流域和"牛奶溪"；从2017年起全面推行河长制，实现省、市、县、乡、村五级治水全覆盖；建立土壤环境全生命周期管理体系，农用地和建设用地安全利用率100%；推进海湾综合整治，至2020年，全省近岸海域水质优良比例达82.9%。生态系统的稳定性、可持续性，生物多样性得到大幅提升，生态福建底色更绿更亮。福建也成为全国唯一的水、大气、生态环境保持全优和全省所有地级市人均GDP均超过全国平均水平的省份。

持续探索"福建模式"，改革成果凝聚"福建经验"。福建生态文明试验区建设取得重大进展，基本构建系统完整的生态文明制度体系，国家生态文明试验区福建"林票"制度、森林资源运营平台等改革成果向全国复制推广，为全国生态文明体制改革创造出一批典型经验。福建林改始终保持全国标杆，林长制是福建首个国家生态文明试验区建设的有力抓手和重要依托；重点生态区位商品林赎买等9项福建改革经验被作为国家生态文明试验区的第一批经验成果向全国推广；三明市成为全国首个"全国林业改革发展综合试点市"，首创具有交易、质押、兑现权能的林票，成为全国林业综合改革典型案例；龙岩市武平县林业金融区块链融资服务平台入选全国"两山银行"建设十大优秀案例;《长汀县水土流失综合治理与生态修复实践》入选联合国《生物多样性公约》第十五次缔约方大会生态修复典型案例;海上养殖综合治理"宁德模式",成为水产养殖高质量绿色发展典型在全国推广;木兰溪治理经验成为生态文明建设的全国样本;南平成为全国首个获批"自然资源领域生态产品价值实现机制试点"的地级市;生态保护补偿制度等,在推进生态文明治理体系和治理能力现代化道路上都走在全国前列,生态文明建设的"福建经验"正在不断凝练,为我国生态文明制度体系构建贡献更多福建智慧。

三、接续努力,建设人与自然和谐共生的美丽福建

习近平总书记在多个重要场合就"什么是高质量发展、怎样才能实现高质量发展"作出深刻阐释:"高质量发展,就是能够很好满足人民日益增长的美好生活需要的发展""高质量发展,就是从'有没有'转向'好不好'""高质量发展不只是一个经济要求,而是对经济社会发展方方面面的总要求"。下一步,福建应贯彻落实党的二十大决策部署,接续努力,持续深化生态省和国家生态文明试验区建设,把碳达峰、碳中和纳入生态省建设布局,深入打好污染防治攻坚战,统筹山水林田湖草系统治理,拓宽绿水青山向金山银山转化路径,把全方位推进高质量发展同建设人与自然和谐共生的现代化统筹起来,促进经济社会发展全面绿色转型,打造美丽福建,探索更系统、更多元的"福建样板"。

牢固树立"绿水青山就是金山银山"的理念。生态环境问题归根结底是经济发展方式的问题。绿水青山就是金山银山,既是重要的发展理念,也是推进现代化建设的重大原则。我国经济已由高速增长阶段转向高质量发展阶段,加快建立绿色生产和消费的法律制度和政策导向,建立健全绿色低碳循环发展的经济体系,促进经济社会发展全面绿色转型是解决我国生态环境问题的基础之策。保护生态环境就是保护生产力、改善生态环境就是发展生产力。绿水青山就是金山银山,是实现发展和保护协同共生的新路径,要把这一理念真正融入福建的经济、政治、文化、社会建设之中,把经济活动、人的行为限制在自然资源和生态环境能够承受的限度内,有效防止在开发利用自然上走弯路。生态

环境保护和绿色发展是相辅相成的，建设生态文明、推动绿色低碳循环发展，不仅可以满足人民日益增长的优美生态环境需要，也可以推动实现更高质量、更有效率、更加公平、更可持续、更为安全的发展，走出一条生产发展、生活富裕、生态良好的文明发展道路。

持续推动经济社会发展全面绿色转型。"十四五"时期，我国生态文明建设进入以减污降碳协同增效为重点、促进经济社会发展全面绿色转型的关键时期。推动经济社会发展全面绿色转型，是以习近平同志为核心的党中央敏锐洞察我国进入新发展阶段、进入中国式现代化道路建设的新时代，是适应我国社会主要矛盾变化作出的重大战略决策。就福建而言，首先，坚持推动经济结构调整。以源头防治为重点调整"四个结构"，即调整产业结构、能源结构、运输结构和用地结构。协同推进减污降碳。其次，优化国土空间开发格局。国土是生态文明建设的空间载体。按照人口资源环境相均衡、经济社会生态效益相统一的原则，整体谋划国土空间开发，统筹人口分布、经济布局、国土利用、生态环境保护，逐步形成城市化地区、农产品主产区、生态功能区三大空间格局。福建应进一步落实以"三线一单"为核心的生态环境分区管控体系，统筹推进闽东北、闽西南两大协同发展区绿色发展。再次，加大环境污染治理和生态保护修复。继续以大气、水、土壤污染等突出问题为重点，全民加强环境污染防治。坚持保护优先、自然恢复为主、深入实施山水林田湖草沙一体化生态保护和修复。持续推进以国家公园为主体的自然保护地体系建设，将武夷山国家公园打造成自然和人文兼备、保护和发展兼容、全民和集体兼顾、科研和游憩兼具，传承世界文化与自然双遗产，诠释人与自然和谐共生的典范。

加快形成绿色生产生活方式。绿色发展方式，重点在于调结构、优布局、强产业、全链条。调整经济、能源结构推动节能减排。培育壮大节能环保产业、清洁生产，发展绿色农业、先进制造业、现代服务业。全面促进资源节约集约利用，加快发展循环经济，提升绿色低碳发展水平。扩大绿色低碳产品供给和消费，倡导绿色低碳生活方式。加强生态文明宣传教育，强化公民环境意识，把绿色低碳发展纳入国民教育体系。倡导绿色低碳消费，推动形成节约适度、绿色低碳、文明健康的升华方式和消费模式。开展绿色低碳社会行动示范创建。凝聚全社会共识，加快形成全民参与的良好格局。

积极稳妥推进碳达峰、碳中和。我国力争 2030 年前二氧化碳排放达到峰值，努力争取2060年前实现碳中和的"双碳"目标，不仅是对国际社会的庄严承诺，也是推动我国高质量发展的内在要求。党的二十大报告强调指出："积极稳妥推进碳达峰碳中和，立足我国能源资源禀赋，坚持先立后破，有计划分步骤实施碳达峰行动，深入推进能源革命，加强煤炭清洁高效利用，加快规划建设新型能源体系，积极参与应对气候变化全球治理。"为实现碳达峰碳中和，进一步指明方向。"双碳"战略倡导绿色、环保、低碳的生活方式。福建在推进碳达峰碳中和工作要处理好四对关系：一是发展和减排的关系。坚持走生态优先、绿色低碳的发展道路，在经济发展中促进绿色转型、在绿色转型中实现更大发展。二是整体和局部的关系。既要增强全国一盘棋意识，确保形成合力，又要充分考虑福建区域资源分布和产业分工的客观现实。三是长远目标和短期目标的关系。把握好降碳的节奏和力度，实事求是、循序渐进、持续发力。四是政府和市场的关系。要坚持两手发力，推动有为政府和有效市场更好结合，建立健全"双碳"工作激励约束机制。

福建将继续牢记嘱托，坚持以习近平生态文明思想为引领，坚持贯彻新发展理念，融入新发展格局，努力探索人与自然和谐共生的福建之路，为建设美丽中国，全方位推进高质量发展贡献福建力量。

作者简介：黄艳平，福建社会科学院副研究员。

推动河北省新型农村集体经济高质量发展对策建议

张瑞涛

摘　要：党中央高度重视新型农村集体经济的发展，河北省第十次党代会强调："壮大农村集体经济，集体经济收入10万元以上的村达到80%以上。"我省农村集体经济发展已取得较为丰硕的成果。课题组调研发现，我省农村集体经济发展仍面临经营收入持续能力不够、发展新型集体经济形式相对单一以及可复制性不强等不足。本报告在结合河北省实情和借鉴省内外新型农村集体经济发展经验的基础上，从挖掘特色提升集体经济发展动力、分类指导增强集体经济持续性和多角度制定集体经济发展支持政策三个方面提出了推动我省新型农村集体经济持续健康发展的对策建议。

关键词：新型农村集体经济；经验借鉴；高质量发展

2021年年底基本完成的农村集体产权制度改革为新型农村集体经济发展壮大奠定了坚实基础，也为实现乡村全面振兴和共同富裕提供了内在动力。农村集体经济作为促进农业农村农民发展的重要力量，却在发展过程中存在治理机制不健全、农村"三资"利用不充分、落地农村项目少、部分制度与农村集体经济发展实际契合度不高等问题。党的二十大报告指出："巩固和完善农村基本经营制度，发展新型农村集体经济。"管理好用好农村地区丰富多样的集体"三资"并发展壮大农村集体经济显得愈发紧迫。河北省作为农业大省，地形地貌情况复杂、农村集体资产丰富、经济发展水平不同，应因地制宜选择发展集体经济模式，精准促进我省新型农村集体经济实现高质量发展。本报告研判河北省新型农村集体经济发展形势并梳理归纳河北省衡水市武邑县、邢台市临城县和浙江省台州市三门县等地区农村集体经济发展经验,结合我省实际情况,总结经验,为实现中国式新型农村集体经济高质量发展提供河北场景。

一、河北省农村集体经济发展总体情况

党的十八大以来,河北省委省政府召开的多次会议中提及发展农村集体经济的重要性,实践中各地区积极主动探索多种适应社会主义市场经济的新型农村集体经济发展形式,为实现中国式现代化提供河北场景。现阶段,我省农村产权制度已基本建立,农村家底已摸清,接下来的重点是激发农村要素活力,有效促进新型农村集体经济持续发展,扎实推进乡村全面振兴和实现共同富裕。盘活用好农村要素,以多元化和分类方式壮大集体经济,一方面多渠道增加农民收入,实现共同富裕,另一方面提升农村集体经济发展内生动力,持续巩固脱贫攻坚成果和实现乡村全面振兴。

集体资产总量不断壮大。2020年11月全省共清查资产账面数1860.8亿元,核实数2522.7亿元,增长35.57%;清查核实农村集体土地面积23886.8万亩。2020年全省集体资产总额2838.4亿元,较2015年增加3.3倍,是2017年的3倍。全省集体经营性资产总额已达到903.0亿元,其中村级集体经营性资产893.5亿元。

村集体收入呈增长态势。2015—2020年村级收入呈现波动性增长趋势,2020年村集体收入达到213.2亿元,年均增长4.22%。全省村集体平均收入43.5万元。当年无经营收益的村由2015年的22506个下降到2020年的9518个,降幅为57.7%。2020年经营收益100万元以上的村为825个,占总村数的比例为1.88%。10万—50万元的村有5192个,占比为11.8%。

表1 2015—2020年河北省村集体经济组织收益情况

年份	总收入(亿元)	当年经营收益10万—50万元的村(个)	当年经营收益50万—100万元的村(个)	当年经营收益100万元的村(个)
2015	173.4	3792	1031	565
2016	181.4	3679	975	555
2017	194.5	4413	980	624

续表

年份	总收入（亿元）	当年经营收益10万—50万元的村（个）	当年经营收益50万—100万元的村（个）	当年经营收益100万元的村（个）
2018	191.6	4687	1057	680
2019	206.6	4327	917	668
2020	213.2	5192	935	825

数据来源：2015—2020年《中国农村经营管理统计年报》（2019年改为《中国农村政策与改革统计年报》）。

村集体收入结构更加合理。2015—2020年除经营收入外，发包及上交收入、投资收入和补助收入呈现明显的上升态势。2020年经营收入48.8亿元，较2015年下降14.2%。2020年村集体发包及上交收入、投资收入和补助收入3项收入来源共实现收入89.1亿元，占总收入的比重为38.54%。河北省各级政府制定系列相关政策文件，财政支持力度逐渐加大，多途径激活集体经营性资产，创新探索资产投资运作模式。2020年与2015年发包及上交收入增长1.11倍、投资收入增长1.56倍和补助收入增长1.57倍，经营收入却下降14.23%。

表2　2015—2020年河北省村集体经济组织收益构成

年份	经营收入（亿元）	发包及上交收入（亿元）	投资收入（亿元）	补助收入（亿元）
2015	56.9	38.6	1.8	27.5
2016	58.8	37.0	1.9	29.7
2017	56.0	40.6	2.3	31.7
2018	55.5	36.5	2.2	33.2
2019	46.8	41.7	2.7	42.4
2020	48.8	43.0	2.8	43.3

数据来源：2015—2020年《中国农村经营管理统计年报》（2019年改为《中国农村政策与改革统计年报》）。

收支状况保持良好。2015—2020年，全省村集体经济组织收入均高于总支出，农村集体经济组织收支总体保持盈余；农村集体经济组织盈余呈现高位振荡波动。2015年全省农村集体经济组织年底盈余为47.7亿元，2020年农村集体经济组织年底盈余略有下降，但仍高于2019年盈余，为45.1亿元。2020年全省总负债952.7亿元，资产负债率33.57%，比2017年下降0.8个百分点，低于全国平均水平39.7%。

表3 2015—2020年河北省村集体经济组织盈余

年份	2015	2016	2017	2018	2019	2020
盈余（亿元）	47.7	50.1	57.4	55.5	43.3	45.1

数据来源：2015—2020年《中国农村经营管理统计年报》（2019年改为《中国农村政策与改革统计年报》）。

集体经济组织职能更加凸显。农村集体产权制度改革重新激活农村集体经济组织原有职能，逐渐理清农村三大基层组织职能边界。2020年全省村集体经济组织自身承担27亿元（不包含财政预算）的公益性基础设施建设支出（修建道路、水利、电力等），承担了2.3亿元的公共服务费用（公共卫生、教育、计划生育等和应对突发公共事件等），承担了5.9%的村组织正常运转费用。农村人均分红和福利分配109.7元，一定程度上推动我省农村产业和农村公共事业发展，拓宽农民增收渠道带动农民增收，稳定保障村集体日常运转。

二、河北省新型农村集体经济发展主要措施

提高农村基层组织能力，明确集体经济发展方向。基层党组织是发展壮大农村集体经济的重要组织。一是优选配强基层干部队伍。深入实施农村"领头羊"工程，持续开展基层干部"万人示范培训"，把乡贤、大学生村官、退役军人等作为"新鲜血液"注入农村基层干部队伍，塑造一支政治坚定、热爱农业、结构合理、善于管理、素质优良、担当作为的村党组织带头人队伍。二是提升干部带头致富本领。河北省多次长期组织开展针对村干部多项专题培训。2015年至今，河北省已累计举办省级培训班800余期，直接培训13.5万人次。培训工程实施以来，农村基层组织干部能力得到显著提升，农村党组织凝聚力明显增强，极大地提升了村干部当好"领头雁""带头人"本领。

深化产权制度改革，增强农村集体经济发展内生动力。河北省先后制发了

《整省推进农村集体产权制度改革的指导意见》等系列文件，着力在"清资产、定成员、折股份、建组织、强管理、促发展"上下功夫。一是清资产。完成清产核资后，各地区对集体资源性、经营性、非经营性资产分类建立管理台账。健全完善村党组织书记经济责任审计、村级小微权力清单制度，全面实行村级重大事项"四议两公开"制度。二是定成员。坚持"依法定条件、民主定成员、酌情定身份"原则，各村结合各自特点制定本集体经济组织成员身份确认的具体标准，精准识别确认成员身份，将成员身份确认纳入村务公开范围，对于特殊群体采取开证明信、发确认函等方式，民主协商确认，避免"两头占"或"两头空"。全省共确认5683.1万集体经济组织成员。三是折股份。综合考虑承包地面积、劳动积累贡献、脱贫攻坚、计划生育等多重因素，将896.1亿元集体经营性资产全部量化，因村而异增设土地股、村龄股、劳龄股、贡献股、美丽股、扶贫股等多种配股方式。2020年，全省农村集体分红2.4亿元，累计分红41.1亿元。四是建组织。农业部门或工商部门对集体经济组织进行登记赋码并赋予其管理集体资产、发展集体经济和服务集体成员职能。采用民主程序选举产生集体经济组织成员代表大会、理事会、监事会"三会"，建立健全民主决策、民主管理运行机制。全面推行农业农村部暂时制定的农村集体经济组织制式章程，从制度上规范农村集体经济组织运行范式。

激活农村集体资产，筑牢壮大集体经济基石。一是全面摸清集体家底。全省共清查资产账面数1860.8亿元，核实数2522.7亿元，增长35.57%；清查核实农村集体土地总面积23886.8万亩。丰厚的集体资产家底为发展壮大集体经济提供了坚实的基础。二是积极开发利用多类型农村集体资产。各地先后将各类资源进行了全面核实、价值评估、明晰产权，并探索多种激活农村集体资产方式，提高农民财产性收入。

提升乡村治理水平，增强农村基层组织治理能力。河北省共建立49034个新型农村集体经济组织，同时采用现代企业法人治理结构，成立由集体成员选举形成的成员代表大会、理事会和监事会，形成以党组织为中心、集体经济组织和村民自治组织三者共同发挥作用的乡村治理新结构。村民变为股东，"主人翁"意识和集体观念明显增强。通过阳光化、制度化、规范化管理集体资产，有效遏制了监督不到位、集体资产浪费、收益分配不公平、基层治理"微腐败"等阻碍农村集体经济发展的不足，有效保护了农村集体经济组织成员的合法成员权，促进了农村集体经济发展和农村社会和谐稳定。

发展特色产业，提升集体经济可持续发展能力。 一是做优做强传统特色农业产业。河北省将重点打造包括优质强筋小麦、优质谷子、精品蔬菜等12个特色优势产业集群。河北省石家庄市藁城区贾市庄镇马邱村（梨文化）、张家口市万全区高庙堡乡於家梁村（肉羊）等20个村镇入选第十一批全国"一村一品"示范村镇名单，唐山市乐亭县中堡镇等9个乡镇入选2021年全国乡村特色产业十亿元镇名单，唐山市遵化市西留村乡朱山庄村等12个村入选2021年全国乡村特色产业亿元村名单。二是创新发展农业新业态。将村集体经济与传统文化、休闲农业、智慧农业、农村电商等新兴产业相融合，拓宽农村增收渠道。三是一二三产业融合发展。拓展农业多种功能，重点向农产品精深加工、创意农业、农业社会化服务等村集体经济组织可直接参与的产业链条延伸，促进"三产"融合发展，打造产业链、价值链和利益链"三链同构"良性循环，增强农村集体经济组织、新型农业经营主体和农民参与分享产业链增值收益的积极性。

三、农村集体经济发展典型经验

近年来，全国各地区抓住乡村振兴和农业农村现代化新机遇，挖掘自身资源优势和当地发展特点，积极探索新型农村集体经济发展形式，推动农村集体经济实现由弱到强加速壮大、由单一"输血"向多元"造血"的转变。

（一）武邑县土地托管"两自五统"模式

武邑县为发展壮大集体经济，助力农民增收，创新探索出"政府引导+国企带动+村级组织+农户参与+保险托底"的农村土地托管"两自五统"新模式，即自主以技播种，自主以需灌溉，中国中化现代农业技术服务平台（Modern Agriculture Platform）统一提供良种、统一农资供应、统一田间管理、统一收割服务、统一粮食回收。实现了一托多赢。

发挥村集体"统"的功能，落实"两自"责任。 村集体经济合作社与中化集团签订托管服务合同，并及时组织农户参与做好自主播种、自主灌溉，组织农户参与，拓宽增收渠道。农户将土地的经营权和使用权托管到村集体经济合作社后，一方面通过土地托管保障种地收益；另一方面，有劳动能力的可以到合作社打工，参与播种、灌溉等工作。以小麦玉米轮作全程托管服务为例：农户每亩地两季交纳托管服务费970元，玉米为385元（托管费285元、保险费10元、播种费20元、浇地费用70元），小麦585元（托管费290元、保险费10元、管理费用285元）。每亩地单季1000元保底产值收入，产值超出1000元部分，由农户和村集体经济合作社分成。中化武邑服务中心与龙店镇北张庄村股份经济合作社开展农业生产托管服务，2021年夏粮面积525亩，售价1.27元/斤，比同期市场价高0.02元/斤，总收入73.5万元；平均亩收益1400元（每亩增收200元，增幅14.2%），村集体平均收益370元/亩，总收益19.4万元。有劳动能力的农民通过打工的方式参与到土地托管中或开展第二职业增加收入。

借助国企带动作用，做优"五统一服务"。中化MAP为全县土地托管提供优质的"五统一"服务，即统一提供种子、农资、管理、收割、粮食收购。

强化保险托底功能，保障农民利益。与武邑县人民财产保险公司合作，研发"农业生产产值险"新险种。每亩玉米、小麦产值收入分别保底1000元，由中化现代农业、财产保险公司、农户三方投保，产值保险合同由中化现代农业、保险公司、村集体经济合作社、农业农村局、乡镇政府五方签订，保障农民利益。

截止到2022年10月，"两自五统"托管模式已发展到23个村，托管面积达21000多亩，实现了每亩农业综合效益增加200多元，平均每个村集体经济组织收入每年增加3万—5万元，23个托管村集体公共积累达120余万元。

（二）武邑县闲置宅基地"三园一伏"模式

2020年武邑县被河北省农业农村厅确定为"农村宅基地规范管理和闲置宅基地闲置农房盘活利用"省级试点，结合人居环境整治、残垣断壁清理，以改善农村人居环境、建设美丽宜居乡村、盘活利用农村闲置资源为目的，因地制宜，在全县范围内提倡"三园一伏"建设，即：建设小果园，小菜园，小游园，光伏电站。

大力推广紫塔乡靳紫塔村"三园一伏"模式，靳紫塔村结合人居环境整治，清除残垣断壁32处，平整土地28亩，种植核桃、李子、柿子、冬青等果树和绿化树木，建成小果园、小游园。村集体充分用活宅基地使用权，利用闲置宅基地与清理出的土地，由村集体以宅基地所有权入股并负责前期投入、原住户以宅基地资格权入股、管理者负责日常管理，收益由宅基地原住户、村集体、管理者各分得三分之一的三方共赢模式。村集体巧用清理出的宅基地建设光伏电站，形成农户享受宅基地租金和村集体享有光伏收益的双方共赢局面。

截止到2022年5月全县共拆除、平整残垣断壁6000余处，建设"三园"3000余处，2022年全县共整合扶贫资金1560万元扶持76个村集体建设50千瓦光伏电站，村均年收入3万元左右。

（三）临城小小"微车间"谱写乡村振兴大文章

"微车间"一般是由县投资建设，或利用村集体闲置资源、农户闲置房屋改建而成的一种助力农村实现乡村振兴的形式。对于农村地区来说，"微车间"就业门槛低，工作灵活自由，可通过送岗上门、就近就业的方式为当地脱贫劳动力及留守妇女、老人提供切合实际的就业渠道，实现"务农、顾家、挣钱"三不误。对于企业来说，企业"拎包入驻"，既节省工期又使企业资产轻量化，大大降低投资压力和企业投入成本，提升了抗风险能力和产品竞争力。每个"微车间"培养一名管理人员负责日常培训和管理，缩减了企业管理和培训成本。"微车间"通过"公司+基地+农户"的方式，与基地、村集体、农户建立更加稳定的利益联结机制，形成群众就业致富、集体经济增收、企业做大做强互利共赢、多方共赢的良性循环发展局面。

经过多方考察，临城县西竖镇立足自身交通便利、富余劳动力较多优势，选定河北百泉丽人科技有限公司作为战略合作伙伴。该公司自主研发基地在杭州，主要研发妇婴蚊帐等用品，是集研发、生产、销售为一体的创新型公司，研发产品直接交由西竖镇"微车间"加工制作，产品订单持续不断，可保障就业群众常年有活干、全年有收入。2021年11月2日西竖镇产业振兴"微车间"培育基地在东营等村揭牌落成。该基地通过百泉丽人公司以工代训、岗前培训等方式，提高务工人员的技能水平，形成企业与群众共同发展的良性循环，让群众变身成为"上班族"。另外，西竖镇积极引导村集体以资源、资产、资金"三资"入股微车间，将引导村集体或农户通过投入资金、设备等方式，增加一笔长期固定收益。

截止到 2022 年已建成"微车间"54 个,"微车间"加工产品涉及毛绒玩具、服装、妇婴蚊帐、婴儿头枕、帽子等多个品类,发展势头良好。按照与百泉丽人公司协议测算,假如 1 名工人一天收入 100 元,公司就为村集体支付 30 元,假如一个"微车间"有 30 名工人,每月工作 30 天,一个月就将为村集体增收 27000 元,一年将增收 30 余万元。全部建成后可提供就业岗位 1500 个,带动脱贫户、监测户 112 户,有效解决农村脱贫户和富余劳动力增收致富问题,人均年可增收 2 万余元,也将成为推动农村集体经济发展重要的源头活水。

(四)三门县基金运作模式

基金运作模式是指由中央、地方等各级财政扶持资金及村集体自筹资金组成的用于发展农村集体经济的基金池,政府部门成立的国资公司负责运作该部分资金,在扶持范围内国资公司将盈利收入返还给经济薄弱村,助力经济薄弱村发展壮大的一种形式。

浙江省台州市三门县缺乏资源、村集体家底薄,发展村级集体经济以跨地区建造或购置物业为主。为促进经济薄弱村壮大集体经济,三门县探索推行基金运作模式,确保每个村集体持续获得稳定收入。三门县农村综合改革领导小组主要负责资金管理,其中基金池由中央和省级财政补助资金、县级配套资金、村集体自筹资金三部分构成,重点用于扶持由相关部门认定的经济薄弱村。首先,对于暂无发展项目的农村,经相关部门认定为资助对象的村集体纳入村级集体经济有限公司股东,基金暂存该公司,公司再将基金委托放贷给三门县国投公司,国投公司按比例给付股东红利,资助对象获得持续稳定收益;其次,已列入基金式扶持范围的农村,后期发展过程中出现较为成熟项目的,经有关部门审核同意,退回其投资款,退回资金用于专项项目建设发展。

基金运作模式适用于资源要素匮乏、无区位优势的农村地区。三门县基金设立以来,共获得 1100 余万元利息收入,其中 1025 万元用于扶持村分红,帮助 38 个村级集体经济实现"消零",扶持范围内的村集体每年有不少于 5 万元的稳定收入。

(五)"飞地经济"模式

"飞地经济"作为一种新的区域经济合作发展新型农村集体经济模式,有助于打破行政区划界限，对解决不平衡不充分问题、增强我国城乡发展的协同性、拓展区域发展新空间、推动农业农村现代化和实现共同富裕，具有重大战略意义。广西壮族自治区百色市那坡县为扎实推动村级集体经济高质量发展，夯实产业发展根基，创新"飞地经济"模式。针对村集体单一发展资金不足、山区产业发展难、规模小等问题，先行先试"飞地经济"抱团发展模式，统一整合村集体经济扶持资金，在发展基础好、产业潜力大的城厢、坡荷、德隆、平孟等工业（产业）园区，投资建设同益新厂房、永安养猪场、那怀养猪场、边境贸易扶贫产业园项目等10余个村集体"抱团发展"产业合作项目基地，先后同益新、德康、福喜乐、东贸等龙头企业联合经营，覆盖全县131个村集体。

"飞地经济"实现了资源要素优化配置，激发了农村要素活力，提升村集体"造血"能力，赋能乡村振兴新引擎和新活力。基地建成后，每年累计直接增加村级集体经济收入达900万元以上，建立了"基地建在园区、分红流向村集体"的共建共惠利益联结机制，开创了那坡县村级集体经济组织"飞地抱团"共谋发展的新局面。

四、河北省新型农村集体经济高质量发展的对策建议

我省新型农村集体经济已取得长足发展，村集体综合实力明显提升，但仍面临村集体经营收入持续力不够、发展新型集体经济形式相对单一以及可复制性不高、城乡要素流通不畅等不足。特提出：

（一）挖掘本地特色、尊重地方特点，差异化利用当地乡村资源，打造集体经济发展新动力

积极打造有辨识度的特色化乡村产业。 深入挖掘各地农村资源禀赋，探索培育具有河北特色、燕赵风格的乡村特色产业，并引导农业产业链更多留在农村。重点推动已有产业农村地区产业转型升级，接续提升农村产业优质化、绿色化和品牌化。按照"引导一产往后延、二产两头连、三产走高端"发展思路，在经济发达农村地区，探索推动传统农业向前后端延伸、向上下游拓展，构建从原材料到制成品、从农民到消费者的供应链体系。探索农产品初深加工

和综合利用加工，鼓励集体经济组织建设合适的乡村加工车间，农户建设家庭加工厂、手工作坊，实现农产品多元化开发、多层次利用、多环节增值。依托特色产业培育优质企业，带动优势产业发展，实现乡村资源的转化增值。引导集体经济组织与社会企业合作，延长特色产业链，提升产业价值链。

聚力创建抱团发展新集群。依托地理位置优势，保定、廊坊、张家口、承德等环京津地区，打造环京津1小时高端农产品供应圈和农业休闲空间，发展高效现代都市农业经济、休闲经济等高端经济业态。借鉴陕西高陵区"共享村落"模式，盘活廊坊市紧邻京津农村地区闲置房屋资源，吸引京津青年创新创业，打造科创新高地。各市郊区、交通便利农村地区盘活闲置资源，吸引城市各类人才创业、居住，打造创业孵化基地、健康养老新中心。针对位置相对偏远和资源匮乏的农村地区，借鉴"抱团发展"模式，打破村域限制，整合生产要素，集中发展杂粮、中药材等产业，创建区域公用品牌，助推区域优势产业高质量发展。依托现代农业示范园区、乡村振兴示范区，以特色优势农产品为主导，连点成线，连线成片，连片成群，推动特色产业形态由"小特产"升级为"大集群"。

拓展农业功能，发展"乡村文化+"融合经济。针对具有特色乡村文化的经济较发达农村地区，鼓励创建一批农业功能拓展先导区，积极培育发展乡村景观设计、绿色生态循环农业、乡村文化挖掘等新业态，激发农村产业新内生发展动力。生态环境优美、位置较远农村地区探索为游客提供与非遗文化相关的观光、体验、度假、健身等服务，挖掘文化产业，促进农村集体经济持续发展。聚焦技艺传承、形式创新、样式现代，寻求非遗文化遗产项目与市场经济新结合点，激发农村地区草编、剪纸、年画、内画、石雕等非遗新活力，挖掘农村集体经济发展新增长点。

（二）因地制宜、创新农村治理机制，增强新型农村集体经济发展的可持续性和竞争力

各地区创新乡村治理模式，提升农村集体经济可持续发展能力。结合我省农村集体经济发展存在的具体问题，因地制宜地探索乡村治理模式。整合开发传统特色资源，构建区域性经济优势，打造富有特色的优势产品。借鉴先进经验并内化为自身特色构建乡村治理架构，促进新型农村集体经济长足发展。如

日本的造村运动治理模式、韩国的自主协同模式、荷兰的农地整理精简集约治理模式等。

理清农村集体经济组织与村民委员会的职能边界，减轻集体经济组织的管理负担。 农村集体经济发展水平较高的农村推行村民委员会与村集体经济组织政经分开，鼓励灵活运用其特别法人资格，更好地发挥农村集体经济组织在管理、开发、运营集体"三资"和服务集体成员方面的功能。

（三）以追求实用性、适用性和创新性为目标，分类型、多角度制定新型农村集体经济发展支持政策

制定落实集体经济发展支持政策。 我省农村地区地形地貌情况复杂，集体经济发展水平存在差异。借鉴江苏省制定的《关于发展壮大新型农村集体经济促进农民共同富裕的实施意见》、湖南省制定的《关于进一步加快发展壮大农村集体经济的意见》和安徽省芜湖市印发的《推动新型农村集体经济高质量发展具体举措》等省市制定的支持政策，结合坝上高原、燕山和太行山、河北平原实际情况，着重分类从培养壮大集体经济组织、创新探索集体经济发展路径、涉农项目扶持方式、财税金融服务等方面加快制定我省《关于进一步推动新型农村集体经济高质量发展》的实施意见，助力我省农民农村实现共同富裕。

建立健全集体经济发展配套支持政策。 一应从人才、财政、金融支持和用地等方面，健全完善配套支持政策，为我省农村集体经济发展打造良好的制度环境。二应抓住疏解北京非首都功能机遇，补充完善落户我省尤其是雄安新区的央企、京部委高校和医院等方案政策体系，密切配合这一行动的同时，吸引和加强落户单位与我省发展的合作。

建立健全集体经济发展资金配套扶持政策。 瞄准资金短缺突出问题，发挥财政资金的引导和杠杆作用，带动金融资金和社会资本更多投入农村集体经济发展重点领域和薄弱环节。统筹安排省财政补助资金，整合性质相同、用途相近的财政资金，构建"资金池"，重点扶持和集中打造一批辐射带动能力强的集体经济示范村。优化金融服务，鼓励银行机构研发农村集体经济发展的金融服务产品。借鉴涞水县南峪村引入专业化市场经营者的成功经验，鼓励引导社会资本通过委托经营、联合经营等方式参与新型农村集体经济发展。构建经营

灵活、管理有效、运行稳健的集体资产、社会资本联合营运机制，调动农村集体经济组织、龙头企业和社会团体等参与农村集体经济发展的积极性，提高集体资产保值增值能力。

参考文献

[1] 于文军. 河北推进乡村人才振兴的举措与难点 [J]. 农村经营管理，2020（09）：21-23.

[2] 张红宇，胡振通，胡凌啸. 农村改革的第二次飞跃——将农村集体产权制度改革引向深入 [J]. 农村工作通讯，2020（09）：19-26.

[3] 蒋晓平，湛中林，赵云翔，等. 增强集体经济活力 发展新型集体经济 [J]. 江苏农村经济，2020（04）：18-23.

[4] 浙江村级集体经济发展10种模式 [J]. 农村财务会计，2020（09）：22-28.

[5] 罗维. 提升我国农村基层党组织建设科学化的对策研究 [D]. 长沙：湖南师范大学，2013.

[6] 沈费伟，刘祖云. 发达国家乡村治理的典型模式与经验借鉴 [J]. 农业经济问题，2016，37（09）：93-102+112.

[7] 赵阳. 深入推进农村集体产权制度改革的若干问题 [J]. 农村经营管理，2020（04）：14-17.

[8] 刘琨，刘学敏. 产业精准扶贫面临的困境和对策 [J]. 中国发展观察，2019（23）：43-44，36.

作者简介：张瑞涛，河北省社会科学院农村经济研究所助理研究员，博士。

汇聚统一战线力量
推动毕节示范区高质量发展

魏 霞

摘　要：毕节试验区建立35年来，在统一战线倾力帮扶下，毕节撕掉千百年来绝对贫困的标签，阔步走向乡村振兴。在这一历史进程中，统一战线充分发挥联系广泛、智力密集、人才荟萃的优势，尽心尽力帮扶毕节，为毕节建设新发展理念示范区注入了强大的动力。进入新时代，统一战线要深入贯彻落实习近平总书记对贵州和毕节工作的重要指示批示精神，完整、准确、全面贯彻新发展理念，继续发挥优势，广泛汇聚各方智慧力量参与和支持毕节试验区建设，努力把毕节建设成为百姓富生态美活力强的示范区，成为贯彻新发展理念示范区、成为统一战线助力地方改革发展实践展示窗口。

关键词：统一战线；毕节试验区；新发展理念示范区；高质量发展

党的十八大以来，习近平总书记多次就毕节试验区工作作出重要指示批示。2018年7月，习近平总书记再次对毕节试验区工作作出重要指示，指出：努力把毕节试验区建设成为贯彻新发展理念的示范区。作为中国第一个农村改革试验区，毕节试验区建立35年来，特别是习近平总书记对毕节建设贯彻新发展理念示范区作出重要批示5年来，全国政协、中央统战部、各民主党派中央、全国工商联、专家顾问组、国家有关部委以及对口帮扶城市和各级各有关方面，矢志不渝开展帮扶工作，推动毕节实现了人民生活从普遍贫困到基本小康的跨越、生态环境从不断恶化到明显改善的跨越，实现了全面建成小康社会的目标，阔步走向乡村振兴。在这一历史进程中，统一战线充分发挥联系广泛、智力密集、人才荟萃的优势，尽心尽力帮扶毕节。

一、广泛动员参与，为毕节示范区建设作出了重要贡献

1988年6月9日，国务院批准建立毕节"开发扶贫、生态建设"试验区。35年来，中央统战部、各民主党派中央、全国工商联等，广泛凝聚统一战线智慧和力量，凝心聚力，倾情倾力助力推进毕节建设贯彻新发展理念示范区，为毕节示范区建设作出了重要贡献。

（一）广泛参与，提供重大政策支持

作为中国第一个农村改革试验区，毕节试验区建立35年来，特别是习近平总书记对毕节建设贯彻新发展理念示范区作出重要批示5年来，中央、国务院持续关注毕节发展，出台专门文件给予专项支持。中央统战部、中央社院、全国工商联、贵州省委统战部、省社院、省工商联等分别出台支持毕节高质量发展政策措施，形成了一套机制化的科学系统，为毕节建设贯彻新发展理念示范区提供了制度保障。2022年6月，《国务院关于推动毕节高质量发展规划的批复》（国函〔2022〕65号）印发，中央统战部随即下发《关于统一战线助力毕节高质量发展的实施意见》（统办发〔2022〕7号），从搭建制度平台、加强智力支持、助力产业发展、提高教育质量、提升医疗水平、强化人才支撑、加强组织保障等7个方面作出安排部署。制定《统一战线助力巩固拓展脱贫攻坚成果和全面推进乡村振兴2023年项目计划》，牵头建立统一战线助力毕节高质量发展联席会议制度，组建"统一战线服务团"，成立"推动毕节高质量发展专家指导组"，组织实施产业、教育、医疗、消费、智力、公益"六项帮扶行动"。汇聚各民主党派中央、全国工商联、中华职教社等统一战线单位力量，倾力支持毕节试验区建设；协调教育部在毕节实施"国培计划"和"特岗教师计划"。协调中国红十字基金会，实施"县级医疗能力提升示范县计划"，将赫章县确定为西南五省首个"县级医疗能力提升项目示范县"。协调发达地区学校与赫章县中小学结对帮扶，推动组建"全国知名教育专家指导工作站"。协调中国泛海控股集团发起"泛海助学行动"，资助赫章县农村建档立卡贫困家庭大学新生。协调广州、四川等43所名校与赫章县47所中小学结对帮扶。整

合各民主党派中央、全国工商联、东部十省市统一战线和国家23个部委力量，实施"助推发展、智力支持、改善民生、生态建设、示范带动"五大工程；中央统战部、农工党中央帮助大方县编制医疗卫生事业发展规划、援建基础设施、指导科室建设、培训医务人员，帮助大方县研究出台有利于人才引进的政策措施，提出"特岗医生"计划；民建中央组织农业专家帮助纳雍县编制并实施生态农业发展总体规划；民革中央帮助纳雍县编制及实施生态农业发展总体规划，帮助核桃寨村制定《参与式村级扶贫开发规划》。

（二）广泛参与，协调重大项目支持

中央统战部、各民主党派中央、全国工商联充分发挥智力密集、人才荟萃、联系广泛的优势，围绕毕节经济发展、民生改善、生态治理等开展重大决策论证，充分发挥建言献策"直通车"作用，积极与国家有关部委沟通，协调推动实施重大项目，为毕节争取国家重大政策支持。中央统战部协调国家林草局在赫章县实施退耕还林和石漠化治理工程；全国工商联协调推动织金电厂、中石化织金"50万吨/年聚烃烯"项目获批建设；台盟中央协调推动国家能源局将威赫电厂首台660兆瓦（MW）超临界循环流化床燃用高硫无烟煤发电项目列为国家示范项目，协调国家林草局批复同意毕节市国家储备林项目建设方案；民革中央协调国家电力公司推动建成纳雍发电厂，协调推动纳雍县列为全国农业综合开发试点县，引进贵州省重点工程、贵州省"5个100工程"、中国市场"百城万亿"重点培育项目——"贵州同心商贸城"项目落户黔西县；民建中央协调推动国家林草局支持毕节市乌江重点生态区国土绿化试点示范项目，争取国家发展改革委、水利部、交通运输部、国家旅游局、中国绿色食品协会等支持，将黔西县列入"全国小型农田水利重点建设示范县""国家绿色农业示范区"建设单位；民盟中央协调推动水利部批复实施倒天河水库大坝加高改造工程，建设毕节飞雄机场、毕节发展村镇银行、七星关区广播电视台等重要项目；民进中央协调国家发改委、国家能源局，成功申报金沙经济开发区（茶园循环经济工业园）为第五批增量配电业务试点；致公党中央联引以LED光电产业为主导的企业建成"贵州致福光谷产业园"；农工党中央协调增设的成贵高铁大方站投入运营。帮助推动大方火电厂、毕节试验区同心食品药品产业园、岔河水库、朱仲河地下水工程等重大项目建设。邀请住房和城乡建设部到大方考察调研，帮助推动县城提质升级、传统村落保护等。

（三）广泛参与，提供长效机制支持

中央统战部、各民主党派中央、全国工商联等强化统筹协同，不断完善长效支持机制，为毕节建设贯彻新发展理念示范区提供长效机制支持。中央统战部牵头建立联席会议、定期沟通、干部挂职、项目推动等工作机制。在赫章建立统一战线挂职团队帮扶常态化机制，每年选派优秀干部赴赫章县挂职担任县、乡领导职务。协调全国工商联、中华职教社及民革、民盟、民建、民进、农工党、致公党、九三学社、台盟等各民主党派中央分别对口帮扶毕节市七星关区、赫章县、威宁县、纳雍县、织金县、金沙县、大方县、黔西县等8个县（市、区）。充分发挥统一战线社会服务工作领导小组、贵州省委统战部、相关市（州）、定点县、驻点村五级帮扶工作机制作用，推动形成了上下联动、左右协同、各负其责的"一盘棋"工作格局。统筹协调民盟中央、农工党中央、致公党中央、九三学社中央、台盟中央等党派力量，以及东西部协作广州市番禺区等帮扶资源，建立帮扶长效机制，积极探索"地域+领域"创新帮扶模式，在金银山等社区聚力打造易地扶贫搬迁幸福家园，依托"党建+积分"社区管理模式，配套建设搬迁老人社区"微田园"。

二、凝聚统一战线智慧力量，不断丰富中国共产党领导的多党合作和政治协商制度基层实践

中国新型政党制度适应中国历史传统、符合中国现实国情。多党合作的机制在毕节实践30多年来，中国共产党发挥总揽全局、协调各方的领导核心作用，把各民主党派和无党派人士紧密团结起来，凝聚共识、凝聚智慧、凝聚力量，达成思想统一、目标认同和行动一致，为着共同目标而奋斗，统一战线始终是中国共产党坚定的同路人，始终把参与毕节试验区建设作为重要事业，心系毕节的情怀始终不变。毕节试验区建立以来，全国政协、中央统战部、各民主党派中央、全国工商联、专家顾问组、国家有关部委以及对口帮扶城市和各级各有关方面，矢志不渝开展帮扶工作，使毕节发生了翻天覆地的变化，实现了人民生活从普遍贫困到基本小康的跨越、生态环境从不断恶化到明显改善的

跨越，最终实现了全面建成小康社会的目标。各民主党派把多党合作所长与中心大局所需结合，在毕节得到了生动的演绎。毕节试验区实践创造了中国共产党领导的多党合作助推贫困地区发展的成功经验，不断丰富了中国共产党领导的多党合作和政治协商制度基层实践。统一战线帮扶毕节的生动实践和成功的范例，进一步诠释和丰富了中国共产党领导的多党合作新内涵，彰显了中国共产党领导的多党合作和政治协商制度的强劲生命力。

（一）凝聚力量，提升多党合作制度效能

统一战线充分发挥中国共产党领导的多党合作和政治协商制度优势，广泛凝聚各方智慧力量，中央统战部紧紧围绕毕节高质量发展的战略定位，邀请统一战线专家作为组长和成员为毕节经济社会发展把脉问诊。各民主党派中央、全国工商联充分发挥协调引导各级组织联合联动的整体优势，上下结合、横向联动，把参与支持地方建设的社会实践与民主监督、参政议政统一起来，支持中央社会主义学院制定助力毕节高质量发展方案，从加强实践教学基地建设、统一战线相关教育培训项目适当倾斜、打造精品课程和教学线路等方面，支持毕节建设全国统一战线培训基地，推动毕节成为统一战线助力地方改革发展实践展示的窗口；民进中央多次组织教育专家深入金沙调研，帮助联引并促成北京师范大学教师教育研究中心与金沙县合作，共建金沙教育研究院，致力于培育金沙县优质学校和优秀实践型教师教育队伍开展精准培训；台盟中央协调国家林草局批复同意毕节市开展国家储备林项目，协调国家文物局将可乐夜郎古遗址公园建设项目列入首批全国古遗址公园建设规划；全国工商联通过引资、捐资、集资等渠道，采取助学、助医、招工和教育扶贫、科技示范、实施同心工程、提供滚动扶贫资金、帮助招商引资、组织全国民营企业到织金捐款捐物等方式，助力织金脱贫攻坚，同步小康。多方筹措资金，建设织金智慧农业生态谷园区，采取农旅结合、云上农校、直播带货等模式，发展智慧农业；农工党中央号召全国30个省级组织、15个副省级城市组织、12个专委会结对帮扶大方县29个乡（镇、街道）和县直单位，与农工党四川、贵州省委积极推动，统筹推动"华西医院协作医院"在大方县人民医院签约挂牌。建立"专家—县—乡—村"四级医疗体系，采取诊疗与培训相结合的方式，医疗专家现场义诊、入户巡诊群众。

（二）凝聚力量，构建全方位立体化多层次工作格局

统一战线把坚持党的领导落实在具体的工作中，围绕中心、突出重点、服务大局，凝聚共识、汇聚力量，形成了党委统一领导，各民主党派、工商联和无党派人士把毕节的工作重点、难点作为自身工作的着力点。毕节试验区建立35年来，特别是习近平总书记对毕节建设贯彻新发展理念示范区作出重要批示5年来，统一战线充分发挥人才荟萃、智力密集、联系广泛、参政议政、民主监督的优势和职能作用，积极参与招商引资、脱贫攻坚等工作，都在毕节经济发展中尽心、尽力、尽责，构建全方位立体化多层次工作格局。统一战线参与试验区建设从最初单纯提供咨询服务、技术培训，到形成智力支持、政策扶持、招商引资、项目规划、人才培训等一整套帮扶体系，全方位、立体化、多层次参与试验区建设的格局基本形成。从"以定点扶贫为途径，以智力支持为主线"，到"以建言献策、协调联络为方式，项目推动为载体"，再到"坚持定点扶贫与定向扶贫并重，建言献策与办实事并重，各自行动与形成整体效益并重"，统一战线参与毕节试验区建设的工作思路不断完善，凝聚各方面力量推动毕节试验区跨越发展，形成了多党合作服务改革发展的"毕节经验"。

（三）凝聚力量，打造各具特色的"同心"品牌

各民主党派中央、全国工商联结合自身界别特点，发挥自身优势，以"助推发展、智力支持、改善民生、生态建设、示范带动"为主要内容的"同心工程"，形成了统一战线帮扶毕节的系列"品牌"，推动了帮扶工作步入了系统化、规范化、项目化轨道，为发挥统一战线系统参与毕节试验区建设搭建了平台。打造了一系列各具特色的"同心"品牌，如民进中央"同心·彩虹行动"、民盟中央"同心·烛光"行动、民建中央"同心·思源工程"、民革中央"同心·博爱行"、农工党中央"同心·助医工程"、致公党中央"同心·致福送诊"、九三学社中央"同心·智力行"、台盟中央"两岸同心·助学基金"、全国工商联"万企帮万村"行动、中华职业教育社"同心·温暖工程毕节项目"等。试验区建立35年来，累计减贫630多万人，特别是党的十八大以来，累计减少贫困人口约221.75万人，实现了人民生活从普遍贫困到基本

小康、生态环境从不断恶化到明显改善、人口从控制数量为主到更加重视人力资源开发的"三个重大跨越",被习近平总书记誉为"贫困地区脱贫攻坚的一个生动典型"。统一战线为助力毕节打赢脱贫攻坚战、全面推进乡村振兴作出了重要贡献。

三、发挥制度优势,推动毕节示范区高质量发展

2018年7月,习近平总书记对毕节试验区工作作出重要指示时指出,努力把毕节试验区建设成为贯彻新发展理念的示范区。从"试验"走向"示范",题中应有之义在于贯彻新发展理念的共同行动。统一战线深入贯彻落实习近平总书记对贵州和毕节工作的重要指示批示精神,完整、准确、全面贯彻新发展理念,充分发挥中国共产党领导的多党合作和政治协商制度优势,完善统一战线长效支持机制,坚持统战助力,广泛凝聚各方智慧力量参与和支持毕节试验区建设,推动毕节高质量发展。

(一)发挥制度优势,努力把毕节建设成为贯彻新发展理念示范区

中国共产党领导的多党合作和政治协商制度是我国的一项基本政治制度,毕节则是多党合作基层实践的一块"试验田"。统一战线参与毕节试验区建设的生动实践和毕节试验区发展取得的成就,展现了中国共产党领导的多党合作和政治协商制度的强大生命力。毕节试验区35年来的建设和发展实践证明,发挥中国共产党领导的多党合作和政治协商这一政治制度的优势,推动毕节改革发展,是中国共产党人与广大统一战线成员共谋经济社会发展的重要创举,是统一战线围绕中心、服务大局,助力全面建设社会主义现代化国家的成功范例。一是进一步完善统一战线参与机制,对标中央决策,紧跟贵州省委部署,充分发挥中国共产党领导的多党合作和政治协商制度优势,广泛凝聚各方智慧力量参与和支持毕节建设,推动毕节成为统一战线助力地方改革发展实践展示窗口。二是进一步发挥统一战线助力毕节高质量发展联席会议有事共同商量的平台作用,贯彻中共中央、国务院关于推进毕节高质量发展的有关决策部署,统筹协调统一战线帮扶毕节各项工作,指导、督促、检查有关政策措施的落实,及时协调解决统一战线参与毕节试验区建设中的重点难点问题和有关重大

事项，扎扎实实把各项工作向前推进。三是抢抓统一战线"地域+领域"组团式帮扶机遇，发挥政策、资源、人口"三大优势"，推动"1+6+1"政策措施和"市场换产业、资源换投资"落地落实的内在要求，以人力资源开发为切入点，在人才培训、人才引进、产业招商、项目资金等方面继续加大帮扶工作力度，发挥各民主党派智力密集和人才荟萃的优势，通过构建人才培训工作体系，助推人力资源开发，帮助培养一批高层次人才，推动人力资源开发、助推义务教育优质均衡发展，提高职业院校重点学科建设水平，助力毕节高质量发展。

（二）发挥智力资源优势，努力把毕节建设成为贯彻新发展理念示范区

把毕节试验区建设成为贯彻新发展理念示范区是习近平总书记赋予的重大使命，助推毕节贯彻新发展理念示范区建设是统一战线的光荣使命和政治责任。要深刻领悟加快建设毕节贯彻新发展理念示范区的使命之重、意义之深，进一步汇聚统一战线力量推动统一战线参与毕节建设贯彻新发展理念示范区。一是提高政治站位，统筹兼顾、多措并举、立足实际，抓住用好国发〔2022〕2号文件和国务院批复《推动毕节高质量发展规划》重大机遇，牢牢守好发展和生态两条底线，聚焦"绿色发展、人力资源开发、体制机制创新"三大主题和绿色发展样板区、体制机制创新先行区、乡村振兴新典范、人力资源开发培育基地"两区一典范一基地"战略定位，充分发挥中国共产党领导的多党合作和政治协商制度优势，广泛凝聚统一战线各方力量，坚持发挥统一战线助力改革发展的重要作用，完善长效帮扶机制，更好发挥政策优势、自然资源优势和人力资源优势，持续实施同心工程，扎实推动巩固拓展脱贫攻坚成果同乡村振兴有效衔接，加快推进新型工业化、新型城镇化、农业现代化、旅游产业化，努力把毕节建设成为贯彻新发展理念示范区。二是用实帮扶资金，用好专家指导组资源，在绿色发展、人力资源开发、体制机制创新等方面积极探索并认真总结好经验、好做法，形成智力支持、改善民生、生态建设、示范带动、助推发展帮扶体系，不断丰富新时代多党合作助力地方发展的毕节实践，深化拓展统一战线服务地方改革发展实践，更好服务贵州在新时代西部大开发上闯新路，为毕节建设贯彻新发展理念示范区作出积极贡献，为同类型地区以改革促发展提供经验。三是推动体制机制创新，充分发挥统一战线密切联系经济界特

色优势，找准各党派所长与毕节高质量发展所需的结合点，做深做实"地域+领域"组团式帮扶，在巩固地域帮扶成果的基础上，积极开展教育、人才、健康、产业、科技等领域组团式帮扶，助力毕节"年年有突破、五年上台阶"，建成乡村振兴新典范、绿色发展样板区、人力资源开发培育基地、体制机制创新先行区，不断汇聚起建设贯彻新发展理念示范区的磅礴力量。全力完善统战系统支持毕节的协同配合机制，用足用好帮扶资源。充分发挥中国新型政党制度优势，广泛凝聚统一战线各方面力量，继续完善长效帮扶机制，不断丰富新时代多党合作助力地方发展的毕节实践。

（三）发挥联系广泛优势，努力把毕节建设成为地方改革发展实践展示窗口

统一战线坚持在中国共产党的领导下持续发力，不断努力提高政治把握能力、参政议政能力、组织领导能力、合作共事能力，在产业、项目、政策、技术、教育、人才等方面找准切入点献计献策，多渠道引入外部优质资源，加强联动，助力毕节开启高质量发展新篇章，为毕节经济社会高质量发展注入强大动力，也为广大各民主党派建功立业新时代提供广阔舞台。一是全面贯彻落实国发〔2022〕2号文件精神，积极参与推进毕节高质量发展，充分发挥桥梁纽带作用，广泛引导、动员、组织各民主党派参与毕节建设，为毕节高质量发展作出贡献。二是切实增强使命感、责任感，充分发挥人才荟萃、智力密集优势，广泛团结凝聚各民主党派和广大党外知识分子，深入开展调研，提出高质量的政策建议，集智聚力，为毕节高质量发展献计出力。积极争取各民主党派中央全方位支持帮助毕节，发挥各民主党派中央举全党之力高位帮扶的优势，汇聚各民主党派中央全国力量，深入拓展各民主党派中央与东部省市帮扶机制，充分利用东西部协作资源，助力毕节经济社会高质量发展，推动毕节全面振兴。三是广泛联系党内外资源，全力在巩固拓展脱贫攻坚成果和推进乡村振兴、绿色发展、人力资源开发、体制机制创新上做示范，深入支持毕节发展特色产业，推进乡村全面振兴。积极引导"科技入黔"，助力毕节提升科技创新能力和生态环境质量，为推动毕节成为统一战线助力地方改革发展实践展示窗口贡献力量。

参考文献

[1] 李霓. 充分发挥统一战线强大法宝作用 [N]. 贵州日报, 2023-07-26 (11).

[2] 黄静. 倾情帮扶同心筑梦——统一战线助力贵州特别是毕节经济社会发展综述 [N]. 贵州日报, 2023-04-17 (1).

[3] 龙华. 同心共建结硕果——统一战线参与毕节试验区建设综述 [N]. 毕节日报, 2023-05-10 (1).

[4] 吕慎. 同心筑就脱贫路——全国统一战线系统32年帮扶贵州省毕节市 [N]. 光明日报, 2020-12-04 (10).

[5] 王星. 深耕试验田 建设先行区——毕节推进体制机制创新 [N/OL]. 贵州日报天眼 https://baijiahao. baidu. com/s？id＝1772897031019582719&wfr＝spider&for＝pc, 2023-07-31.

[6] 习近平对毕节试验区作出重要指示：脱贫攻坚的生动典型 [EB/OL]. https://baijiahao. baidu. com/s？id＝1606410321428118633&wfr＝spider&for＝pc, 2018-07-19.

作者简介：魏霞，贵州省社会科学院研究员。

试点政策对城市减污降碳的协同增效研究
——基于国家生态文明先行示范区的准自然试验

胡剑波 张宽元

摘 要：减污降碳的协同增效既能衡量环境效益，也能兼顾气候效益与经济效益，势必将成为我国生态文明建设中实现经济社会发展全面绿色转型的必然选择。国家生态文明先行示范区的设立作为新时期生态文明建设的主要平台和重要的政策抓手，研究其减污降碳的协同增效对于破解资源约束趋紧、环境污染严重、生态系统退化等现实困境具有现实意义。基于2006—2019年中国209个地级市数据，运用多期双重差分及扩展的空间形式评估国家生态文明先行示范区试点政策对城市减污降碳的协同增效。研究结果表明：（1）国家生态文明先行示范区试点政策显著促进了城市减污降碳的协同增效，该结论在一系列稳健性检验后依然成立。（2）通过 Bacon Decomposition 发现"好处理组"占98.33%，模型设定的有效性得到进一步验证。（3）试点政策在空间溢出上表现出"以邻为壑"的特征，对于不同技术水平禀赋、工业集聚规模、环境规制强度城市中存在显著差异。据此，本文提出推广试点有序扩散、优化政策空间布局、设计梯度发展战略等政策建议。

关键词：生态文明先行示范区；城市减污降碳；协同增效；准自然试验；多期双重差分

在世界各国积极应对气候变化、遏制全球变暖的时代浪潮中，中国顺势而为，积极履行大国责任与担当，相继提出碳达峰、碳中和目标，持续推进生态文明建设，并创造性地将其融入到"五位一体"总体布局和"四个全面"战略布局之中，以期实现经济和社会的绿色循环低碳转型。为进一步探索生态文明建设新模式，本着先行先试、改革创新的原则，国务院于 2013 年颁布《关于加快发展节能环保产业的意见》，提出将在全国范围内设立 100 个具有代表性的生态文明先行示范区。此举不仅适应了加快转变经济发展方式、提高发展质量和效益的内在要求，也是积极应对气候变化、维护全球生态安全的重大措施。

生态文明建设是一场广泛而深刻的系统性变革，涉及经济社会的方方面面，相关的环境政策相继涌现，而国家生态文明先行示范区的设立作为新时期生态文明建设的主要平台和重要的政策抓手，对于破解资源约束趋紧、环境污染严重、生态系统退化等现实困境具有现实意义。然而仍需注意到，我国在生态环境质量持续改善，碳排放及强度显著降低的同时，生态文明建设的不平衡、不充分问题依然突出，生态环境保护形势依然严峻，结构性、根源性、趋势性压力总体上尚未根本缓解[1]。关注的重心也大多向碳排放和碳强度的改善倾斜，对环境污染的防控和治理的关注不多，对减污降碳的协同增效更是少有考量，部分地区出现以牺牲经济发展换取环境改善的现象，这无疑将生态文明和经济发展的内在关系与发展逻辑本末倒置，与生态文明建设的理念相悖[2]。虽然我国在生态文明建设面临实现生态环境根本好转和碳达峰碳中和两大战略任务，但在生态环境多目标治理要求进一步凸显的情况下，推进减污降碳的协同增效作为环境政策评价的一体两面，既能衡量环境效益，也能兼顾气候效益与经济效益，势必成为我国新发展阶段经济社会发展全面绿色转型的必然选择。尤其在全球气候变化下国家间博弈与冲突的加剧、新冠肺炎疫情后经济复苏与环境保护矛盾的加深，以及中国实现生态环境改善和碳达峰碳中和两大战略任务的背景下，深入认识生态文明建设政策对减污降碳协同与增效的政策效果，明晰生态文明先行示范区试点的政策效应具有重要的理论价值，并且对于防范"双碳"进程中的伴生风险，兼顾经济效益和生态效益，不走"先污染后治理"的老路和"要环境弃经济"的歪路。

基于此，本文在分析国家生态文明先行示范区试点政策对城市减污降碳的协同增效影响的基础上，将国家生态文明先行示范区试点政策视为"准自然试验"，通过多期双重差分及其扩展的空间形式，检验了国家生态文明先行示范区对不同城市的影响和溢出效应。

一、文献综述和理论假说

本文的研究涉及环境政策对减污降碳协同与增效的影响,以及国家生态文明先行示范区试点政策的评估。为了梳理这两个方向的相关研究,将其研究进展分为两类进行评述。

(一)试点政策影响减污降碳协同与增效的研究进展

为了应对气候变化、改善生态环境,克服资源环境的非竞争性和非排他性,环境政策逐渐成为世界各国规避"公地悲剧""搭便车"的主要工具。由于环境污染物和二氧化碳排放同根同源的特征和减污降碳目标与路径的高度一致[3],对于环境政策效果的评估开始从空气污染物或二氧化碳的单一角度转向其协同和增效的二维视角,并逐渐成为环境政策效果研究的热点与重点,但是其相关研究并未达成统一的结果。(1)协同角度。张瑜等[4]基于2001—2019年省际层面数据,运用面板回归和中介效应模型发现中国减污降碳政策具有显著的协同效应。Wang等[5]以大气污染防治政策作为"准自然试验",发现该政策在减污的同时也具有降碳的协同效果。Gao等[6]基于环境保护税法发现没有列入应税项目的二氧化碳与空气污染物表现出了显著的协同减排效果,税率的合理控制将会强化协同效应。然而,也有些文献基于协同治理的区域性与外部性提出减污降碳的"逐底竞争",即地方政府治理的不合理分配与环境问题的空间溢出导致污染物和碳排放协同的"竞次"和"向下赛跑"[7],从而引起减污降碳协同失效的"绿色悖论"。另一些文献则认为环境政策对减污降碳的协同影响有限,Kou等[8]研究碳排放权交易政策下二氧化硫和二氧化碳的协同治理机制,发现该政策并不一定能带来协同效益,Chen等[9]也发现碳排放交易体系的减污降碳具有经济和区域异质性。狄乾斌等[10]则基于2010—2019年中国三大城市群面板数据,发现其减污降碳协同系统的水平较低且处于不稳定、不协调的状态。(2)增效视角。考虑到减污降碳推进过程中经济与环境的耦合协调是个较复杂的体系,绿色全要素生产率逐渐成为学者们研究环境政策绩效的重点[11],但是环境政策对其影响并未得到统一结论。第一种观点基于"波特假说",认为环境政策的增强会带来绩效的改善[12]。第二种观点则认为,对环境的大量投入降低原本的经济效益，并且由于技术进步回馈的相对滞后带来大量外部性成本，最终导致绩效的降低[13]。第三种观点则认为环境政策对于绩效的影响存在时效性，即在短期内实现了改善但在长期却表现为恶化[14]。

（二）生态文明先行示范区试点政策评估的研究进展

自2014年第一批国家生态文明先行示范区试点以来，该政策效果的评估已经受到诸多学者们的讨论，但主要集中于环境效益或经济生态效益的综合评估。（1）环境效益。谢晗进等[15]基于省级层面数据，运用合成控制法评估了生态文明先行示范区试点政策对空气质量的影响，结果表明江西、贵州和云南空气质量明显改善，福建和青海则不明显。Zhang等[16]发现该政策在改善空气质量的同时也提高了公众的健康水平，经济发达地区表现得更为明显。汪克亮等[17]基于省级层面数据发现该政策显著降低了试点省份的碳排放强度，具有较强的空间溢出效应，促进技术进步、发展绿色金融、优化能源结构和改善市场分割是其碳排放强度降低的主要路径。（2）经济生态效益。学者们主要研究了试点政策对生态全要素生产率[18]、生态经济耦合协调[19]、生态效率[20]的影响。其中，辛宝贵等[18]使用合成控制法从省级层面研究试点政策效果，研究结果表明该政策促进了生态全要素生产率提高，实现了经济、生态和社会效益的共赢。Meng等[19]通过构建生态经济耦合指标体系发现试点地区生态与经济明显改善，其共同影响因素是战略新兴产业带来更高的经济产出。梁琦等[20]基于2004—2019年204个地级市的数据从生态效率的角度考察试点政策的有效性，结果表明试点政策通过驱动技术创新和产业结构优化提高了城市的生态效率，实现生态与经济的改善。

通过梳理文献，目前关于环境政策减污降碳的协同增效与国家生态文明先行示范区试点政策的影响评估较为丰富，但局限于研究角度与问题的异质性，相关问题的探讨也一直争论不休。但综合来看，这些文献的研究仍需进一步完善。一是在研究内容上，现有文献大多割裂了协同与增效的辩证统一，仅从减排或效益的单一角度评估生态文明建设的成果是片面的。二是在研究层次上，大多文献从省级层面对政策效果进行评估，对于更加微观的视角缺少考量，其异质性分析也大多基于地理区位，少有对资源禀赋的进一步分析。因此，本文利用地级市的数据，重点考察了试点政策对减污降碳的协同和增效，并从技创新禀赋、工业集聚规模、环境规制强度方面，细致考察了试点政策的异质性，并补充了空间溢出效应的检验。

本文的边际贡献：一是从减污降碳的协同与增效视角，深入研究了国家生态文明先行示范区试点政策的影响，并从城市微观视角和协同增效的双重维度检验该命题，不仅有助于验证宏观视角下的结论和补充相关新发现，还在一定程度上深化和扩展了相关研究，对于充分认识国家生态文明先行示范区试点政策的实施效果和影响提供了依据。二是在模型有效性的估计与空间效应上进行了有益探究，即在初步得出结论的基础上，对多期双重差分的有效性进行了进一步探讨，并研究了国家生态文明先行示范区试点城市的空间溢出效应。三是分析了国家生态文明先行示范区试点政策影响的复杂性与可推广性，即通过对不同资源禀赋城市的划分研究其减污降碳协同与增效的不同影响，对于探索实践经验、提炼推广模式、总结政策机制，提高生态文明水平具有重要意义。

（三）理论假说

国家生态文明先行示范区试点政策是生态文明建设中创造性的体制与机制创新，旨在选取不同发展阶段、不同资源禀赋、不同主体功能区的地区，探索形成资源节约和环境保护相配合、经济效益与生态效益相协调的空间格局、产业结构、生产方式、生活方式，以期提高生态文明建设水平、促进高质量发展和美丽中国建设。而根据中国环境与经济政策研究中心对减污降碳协同效应的定义，减污降碳协同效应一方面是指在控制温室气体排放中减少其他污染物的排放（即降碳政策的减污效应），另一方面是指在污染物排放控制和生态建设中减少或吸收二氧化碳和其他温室气体的排放（即减污政策的降碳效应），而生态文明先行示范区政策兼具减污和降碳的双重任务，这在目标要求上进一步锚定了减污降碳的协同与增效。从具体实际来看，我国面临碳达峰碳中和与改善生态环境的两大战略任务，降低污染物浓度和减少二氧化碳排放既是立足新发展阶段、贯彻新发展理念实现环境治理和双碳目标的关键，也是促进经济社会发展全面绿色转型的重要抓手，而国家生态文明先行示范区试点政策作为生态文明建设中重要的政策安排，其主要任务一方面通过科学谋划空间开发格局、调整优化产业结构、推动绿色循环低碳发展，促进温室气体排放的降低；另一方面通过节约集约利用资源、加大生态系统和环境保护力度、建立生态文化体系实现环境污染问题的缓解，因而其目标导向势必带来减污和降碳的协同与增效。此外，资源消耗、环境损害、生态效益也被纳入试点政策的综合评价体系，体现出试点政策对于减污和降碳协同与增效系统性、指标性的要求与考核。就客观规律而言，环境污染物与二氧化碳排放高度同根同源，试点政策既可以在降碳进程中实现对生态环境质量改善的源头牵引，也可以在减污过程中实现温室气体排放减少的低碳协同，全面提高环境治理的综合效能，达到减污和降碳协同与增效的统一。其理论分析也表明，环境政策作为环境规制的手段，在政府主导下往往具有环境质量改善和效益持续增长的"双重红利"[21]，即通过提高企业生产率引发效益增长的正向激励，并在环境污染的负外部性成本加剧情况下持续改善环境质量。因此，本文提出：

假设1：国家生态文明先行示范区试点政策促进减污降碳的协同与增效。

此外，环境政策作为影响企业决策行为的重要因素，不仅会影响企业技术创新能力与水平，也会通过空间选址的变化对环境政策效果产生反馈，即所谓的"波特假说"和"污染避难所假说"，从而引起减污降碳协同与增效的空间效应，具体表现为污染物和二氧化碳排放与溢出的负外部性治理和技术创新与扩散的正外部性收益。由于试点政策的实施使得污染物和二氧化碳的排放带来更多的负外部性成本，增加了企业经营成本压缩企业实际利润，企业通常会选择加速企业的技术创新或选择将企业迁移到环境管制较弱的地区，以此来获得企业生产效益的改善。一方面，企业的技术创新也往往伴随着空间扩散与示范效应，引起周围城市的学习和模仿，有利于迁移地区发挥后发优势实现技术的革新与成本的降低，最终实现效益的改善[22]；另一方面，由于污染企业的空间转移，在一定程度上加剧了周围城市的污染物和二氧化碳排放，恶化周围地区环境状况造成环境污染的负向溢出[23]。因此，本文提出：

假设2：国家生态文明先行示范区试点政策减污降碳协同与增效具有显著的空间溢出效应。

在此基础上，环境政策的减污降碳协同与增效效果在空间的分布上也可能存在异质性。由于各地资源禀赋存在较大差异会导致同一政策发挥出不同的效果[24]，试点政策对于不同试点城市间存在差异性的影响，企业也往往基于技术创新、工业集聚、环境规制三重因素对环境政策做出不同的反应。一般而言，技术创新对于环境效益的改善具有正向影响，但其影响大小与技术水平和污染物种类有关[25]，而由于技术创新在相同部门和垂直部门引入与扩散，往往导致技术水平较高的区域或部门会有更高的效益[26]。工业集聚作为企业组织形式的空间模式，通过各要素流通与再配置对集聚进行再分工，促进资源循环利用的同时加强企业间知识与技术的互联互通，实现污染治理的规模效应与补偿效应[27]。然而过度集聚可能带来拥塞效应导致减污降碳协同与增效的失效，根据"集群生命周期"理论，不同集聚状态下带来的外部性差异引发其环境效益的变化通常也是非线性的，集聚与环境污染可能呈现倒"U"型关系[28]。此外，不同环境规制强度下引起环境政策的不同效果往往是政府在环境政策标准下形成的策略性行为，其在表现为逐底竞赛的同时也可能产生竞相向上的政策效果[29]，通过以上可能对试点城市政策效果产生差异性影响的因素分析，本文提出：

假设3：国家生态文明先行示范区试点政策对于不同技术创新、工业集聚、环境规制城市的减污降碳协同与增效存在异质性。

二、识别策略与数据来源

（一）识别策略

截至2015年，国家生态文明先行示范区已在全国范围内设立100个典型地区，但考虑到该政策对省、市、区县不同区划作用差异，借鉴梁琦等[20]的做法，对于相关省区市数据进行剔除，最终确定了46个地级市作为国家生态文明先行示范区试点政策的实验组，其他163个地级市作为控制组。此外，考虑到国家生态文明先行示范区试点政策于2014年、2015年的分批设立，借鉴刘瑞明等[24]，采用多期双重差分对国家生态文明先行示范区试点政策的减污降碳协同与增效进行评估。模型设定如下：

$$PM_{2.5it} = \alpha_1 + \theta_1 Policy_{it} + \lambda_1 X_{it} + \mu_i + \nu_t + \xi_{it}^1 \quad (1)$$

$$CO_{2it} = \alpha_2 + \theta_2 Policy_{it} + \lambda_2 X_{it} + \mu_i + \nu_t + \xi_{it}^2 \quad (2)$$

$$GNDP_{it} = \alpha_3 + \theta_3 Policy_{it} + \lambda_3 X_{it} + \mu_i + \nu_t + \xi_{it}^3 \quad (3)$$

其中，被解释变量 $PM_{2.5it}$、CO_{2it}、$GNDP_{it}$ 分别表示城市 i 在 t 年的空气污染物排放、二氧化碳排放和绿色发展绩效，X_{it} 为一系列控制变量，μ_i、ν_t 分别表示城市的城市固定效应与时间固定效应，ξ_{it} 为误差项。

（二）变量定义

1. 解释变量

$Policy_{it}$ 是本文核心解释变量，表示生态文明先行示范区试点城市的虚拟变量，若 i 城市在 t 年参加了试点则取为 1，反之为 0。

2. 被解释变量

（1）空气污染物排放（$PM_{2.5}$），以城市中细微颗粒物 $PM_{2.5}$ 浓度的对数值表示。长期粗放式的城市化发展模式带来的空气质量问题日趋严重，$PM_{2.5}$ 作为学界研究空气污染问题的重点，其不仅对人体健康产生威胁，还增加了人们的健康支出带来的额外经济损失[30]；国务院也发布了《大气污染防治行动计划》，明确提出降低 $PM_{2.5}$ 浓度的任务要求，因此选取 $PM_{2.5}$ 浓度对数值衡量城市空气质量。

（2）二氧化碳排放（CO_2），以城市二氧化碳排放的对数值表示。目前关于地级市二氧化碳的测算主要包括两种方法，一是基于 DMSP/OLS 和 NPP/VIIRS 的夜间灯光的测算拟合[31]，二是以液化石油气、天然气、电力消费的碳排放加总测算[32]。总体来看，前一种方法中 DMSP/OLS 数据大多集中在 2013 年之前，其数据相对滞后，对于碳排放的动态追踪缺乏时效性；NPP/VIIRS 由 2012 年持续更新，但却在空间分辨率等方面偶尔存在噪声，其异常值成为碳排放监测与估算的障碍[33]；此外，考虑到灯光降尺度模型反演的精度问题也使得该方法存在较大偏差。而基于城市主要能源消耗的碳排放测算不仅来源更加具体直接，而且更加符合城市碳排放的实际情况，借鉴吴建新等[34]的研究，选取天然气、液化石油气、电力消费和热能消耗产生的碳排放汇总得到城市碳排放。

（3）绿色发展绩效（GNDP），以城市绿色全要素生产率表示。基于 SBM 模型测算的绿色全要素生产率体现出资源环境投入与经济效益产出的动态关系，检验环境保护和经济发展综合生态效益。借鉴刘华军等[35]以劳动力投入、资本存量、全社会用电量作为合意投入，地区 GDP 为合意产出，$PM_{2.5}$ 与二氧化碳作为非合意产出的非径向 SBM 模型测算出城市绿色发展绩效。

3. 控制变量

为了控制其他潜在影响减污降碳协同与增效的因素，借鉴吴茵茵等[36]做法，选取以下控制变量：（1）经济发展水平（Pgdp），以城市人均生产总值的对数表示。（2）人口规模（Pd），以单位面积年末人口总数的对数值衡量。（3）开放程度（FDI），外商投资额占当期地区生产总值之比。（4）金融发展（FIA），金融机构当期存贷款额与当期地区生产总值之比。（5）人力资本（HC），每万人大学生人数比。

（三）数据来源与描述性统计

本文选取2006—2019年中国209个地级市作为研究样本。其中关于二氧化碳相关能源消耗、绿色发展绩效的相关指标以及控制变量数据均来自《中国城市统计年鉴》《中国统计年鉴》及各省市历年统计年鉴，$PM_{2.5}$数据来圣路易斯华盛顿大学大气成分分析组，通过将源数据（栅格数据）匹配中国的行政区划矢量数据，处理得到了2006—2019年中国地市级年度$PM_{2.5}$数据。描述性统计结果如表1所示。

表1 主要变量描述性统计

变量符号	变量含义	样本	均值	标准差	最小值	最大值
CO_2	二氧化碳排放对数	2926	6.158	1.123	2.117	9.208
$PM_{2.5}$	空气细微颗粒物浓度对数	2926	3.754	0.364	2.599	4.687
GNDP	绿色全要素生产率	2926	0.468	0.244	0.009	1
Pgdp	人均地区生产总值对数	2926	10.783	0.743	8.079	12.868
Pd	单位面积年末人口总数的对数	2926	7.961	0.777	5.513	9.908
FDI	外商投资额占地区生产总值之比	2926	0.052	0.060	0.000	0.884
FIA	存贷款占地区生产总值之比	2926	2.926	1.761	0.213	62.890
HC	每万人大学生人数比	2926	0.048	0.041	0.001	0.306

三、实证结果分析

（一）基准回归

表2汇报了国家生态文明先行示范区试点政策减污降碳协同与增效的基准

回归结果,(1)、(2)、(3)列是控制城市固定效应和时间固定效应的估计结果,(4)、(5)、(6)列则是加入控制变量的回归结果。可以发现,无论是否加入控制变量,试点政策均显著地降低了空气污染物,与二氧化碳的排放实现协同效应,且显著提高了绿色发展绩效,实现增效效果。这与既有文献的观点较为一致[15,17,20]。表明国家生态文明先行示范区试点政策实现了试点城市减污降碳的协同与增效,验证了假设1。

表2 国家生态文明先行示范区试点政策减污降碳协同与增效

变量	$PM_{2.5}$ (1)	CO_2 (2)	GNDP (3)	$PM_{2.5}$ (4)	CO_2 (5)	GNDP (6)
Policy	-0.129*** (0.0088)	-0.109*** (0.0343)	0.082*** (0.0142)	-0.131*** (0.0087)	-0.102*** (0.0339)	0.085*** (0.0137)
Pgdp				-0.027*** (0.0010)	0.330*** (0.0536)	-0.0049 (0.0223)
Pd				0.008* (0.0045)	0.026 (0.0183)	-0.0135* (0.0071)
FDI				0.074 (0.0474)	-0.734*** (0.2190)	-0.3609*** (0.0851)
FIA				0.005* (0.0030)	0.019*** (0.0057)	-0.0036 (0.0043)
HC				-0.031 (0.107)	-0.700 (0.7490)	-0.430** (0.1828)
Constant	3.766*** (0.0016)	6.168*** (0.0077)	0.460*** (0.0026)	3.979*** (0.1123)	2.413*** (0.6090)	0.671** (0.2511)
城市固定效应	控制	控制	控制	控制	控制	控制
时间固定效应	控制	控制	控制	控制	控制	控制
Observations	2926	2926	2926	2926	2926	2926
R-squared	0.954	0.900	0.734	0.954	0.903	0.739

（二）平行趋势检验

基准回归结果表明国家生态文明先行示范区试点政策对城市减污降碳的协同与增效起到了关键作用，但多期双重差分成立的关键条件是实验组和控制组在试验发生之前并不存在系统性差异，即满足平行趋势假设。具体而言，指在未设立国家生态文明先行示范区试点之前，实验组和控制组空气污染物和二氧化碳的排放与绿色发展绩效应具有相同的时间趋势。为此，借鉴Jacobson等[37]采用事件研究法进行检验其平行趋势，其公式表达如下：

$$Y_{it} = \alpha_{m(m=1,2,3)} + \sum_{-7}^{5}\beta_T A_{it} + \lambda_{m(m=1,2,3)} X_{it} + \mu_i + \nu_t + \xi_{it} n(n=1,2,3) \quad (4)$$

其中，Y_{it}代表$PM_{2.5}$、CO_2和$GNDP$，A_{it}是虚拟变量，若i城市在t年实施了国家生态文明先行示范区试点政策则取值为1，反之则为0；β_T为交叉项的估计系数，反映国家生态文明先行示范区试点政策实施第T年试点城市与非试点城市减污降碳协同与增效的差异，其他变量含义与（1）、（2）、（3）式相同。检验结果如图1、图2和图3所示，具体来看，在国家生态文明先行示范区试点设立之前，$PM_{2.5}$、CO_2和$GNDP$的交叉项估计系数均不显著，表明研究样本通过了平行趋势检验。

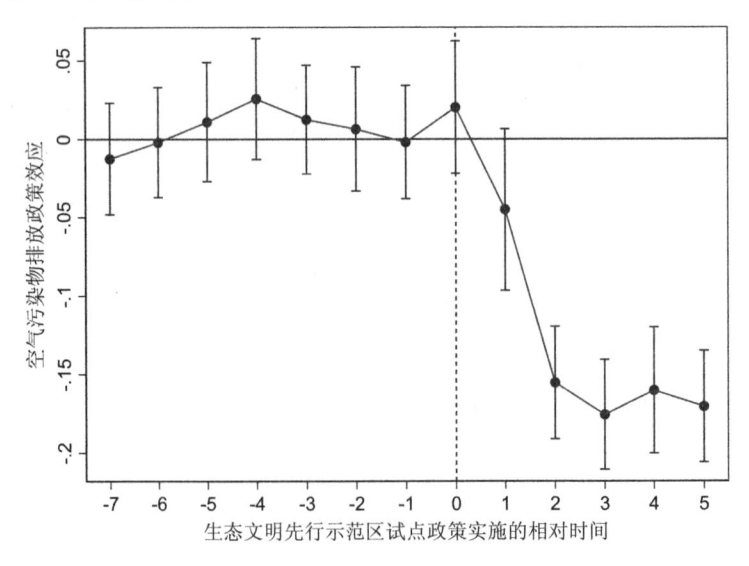

图1 空气污染物排放平行趋势检验

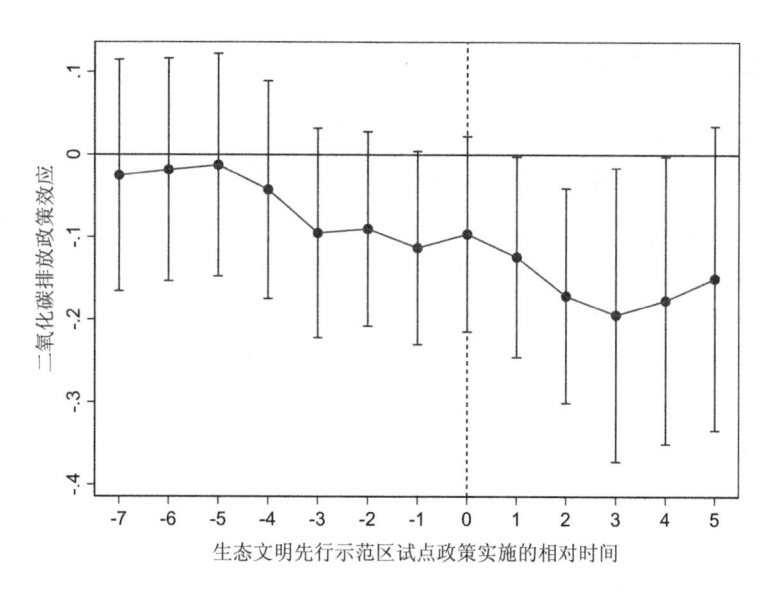

图 2　二氧化碳排放平行趋势检验

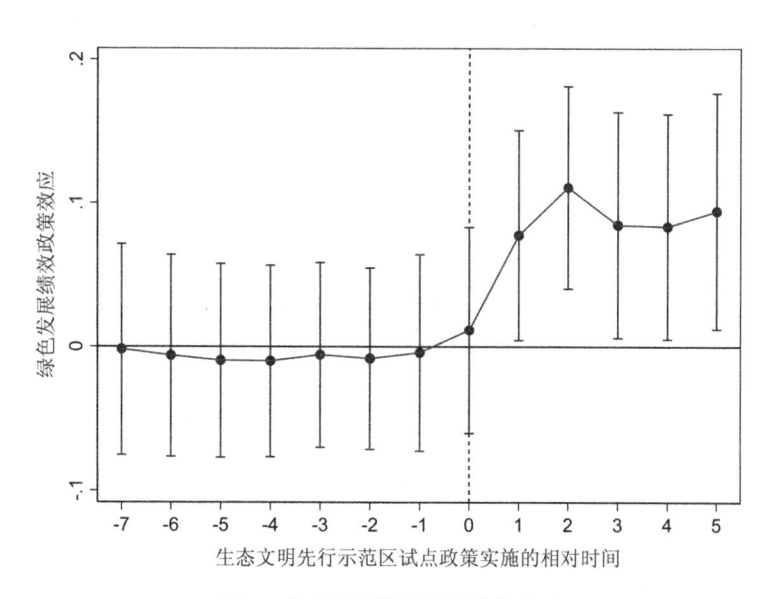

图 3　绿色发展绩效平行趋势检验

(三) 安慰剂检验

基准回归通过双重固定效应模型对政策效应进行了检验,但受不可观测变量的影响,基准回归仍可能存在偏误。为了得到较纯粹的回归结果,通过随机抽选 46 个城市构成"伪"处理组进行安慰剂检验。由于随机抽选的城市不会因为国家生态文明先行示范区试点政策对减污降碳的协同增效产生显著影响,所以其安慰剂检验的回归系数集中在 0 值左右,否则,则可以认为回归结果存在偏误。将上述过程重复 500 次,其安慰剂检验图如图 4、图 5、图 6 所示。可以发现"伪"处理组回归系数大多集中在 0 值附近且不显著。基准回归中系数估计值位于虚假回归系数分布的高尾位置,属于小概率事件。据此,可以认为本文的基准估计结果是稳健可靠的。

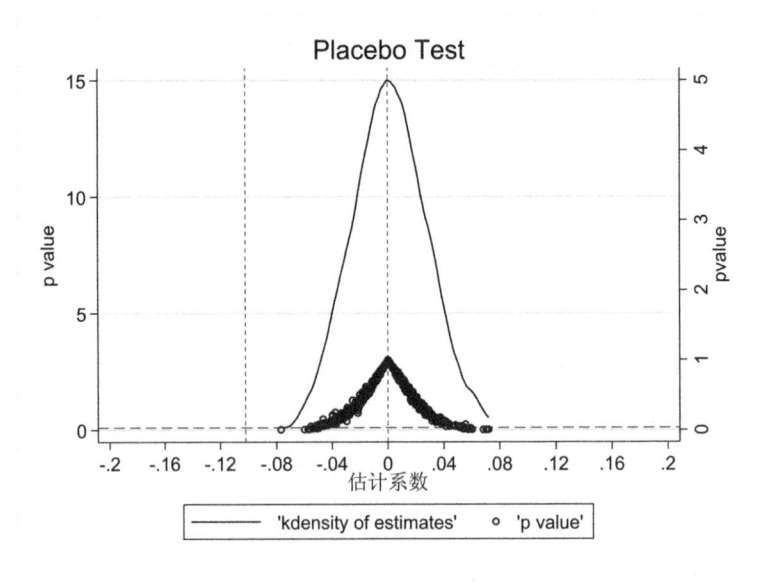

图 4 空气污染物排放的安慰剂检验

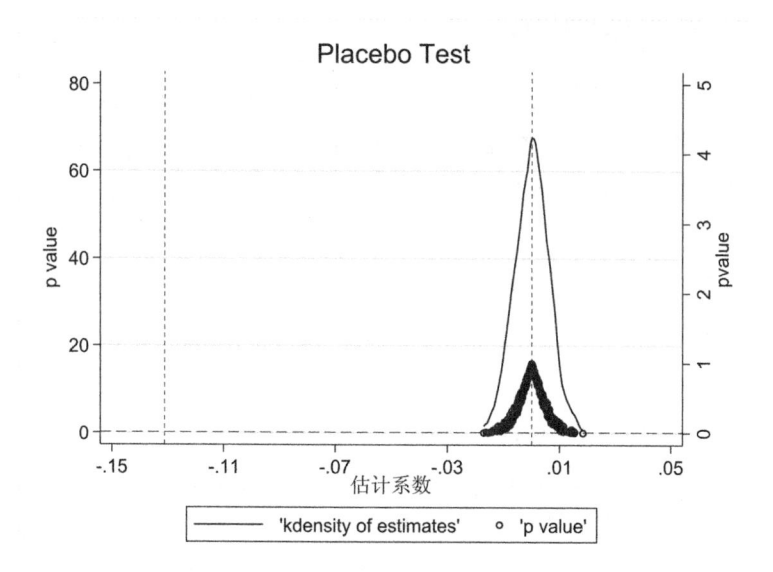

图5　二氧化碳排放的安慰剂检验

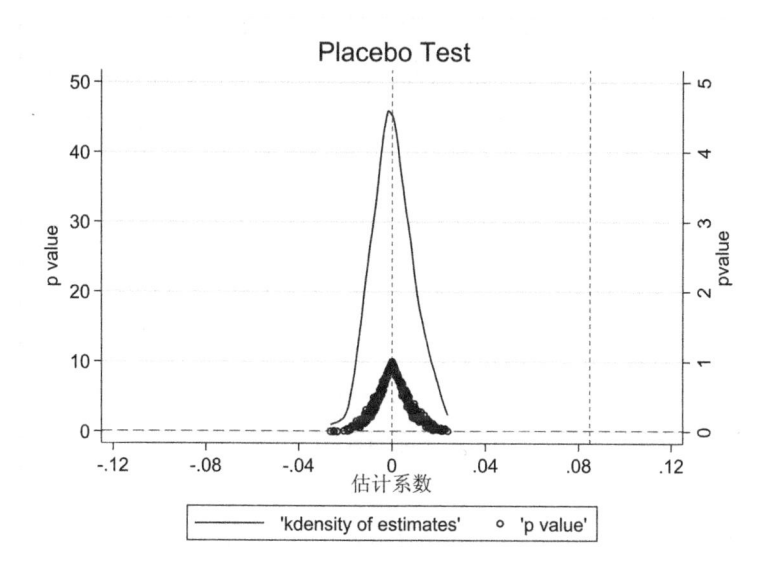

图6　绿色发展绩效的安慰剂检验

(四) 随机性问题处理

以国家生态文明先行示范区试点政策作为准自然试验，其进行双重差分的前提是试点城市的选择具有随机性。但是在实际情况中，国家生态文明先行示范区试点城市的选择可能与地理位置、现有的经济、社会发展水平等密切相关，而以上差异随着时间变化可能对于城市的环境产生不同的影响，从而对估计结果产生干扰[38]。为了控制这些因素的影响，借鉴 Edmonds 等[39]的方法，在回归中加入基准因素与时间线性趋势的交互项，构建如下估计方程：

$$Y_{it} = \alpha_{i(i=1,2,3)} + \theta_{i(i=1,2,3)}Policy_{it} + \lambda_{i(i=1,2,3)}X_{it} + D_c \times trend_t + \mu_i + \nu_t + \xi_{it}j(j=1,2,3) \quad (5)$$

其中，D_c 包括城市所在的地理区域与经济社会特征。具体而言，本文采用该城市是否是"两控区"试点、是否为经济特区、是否为省会以及是否位于胡焕庸线东侧作为这些先决因素的代理变量，$trend_t$ 代表时间线性趋势。因此，其交互项从线性的角度控制了城市之间原来固有的特征差异对于减污降碳协同与增效的影响，在一定程度上再度缓解了试点城市选择的非随机造成的估计偏差。表3展示了加入基准变量之后的估计结果，可以发现国家生态文明先行示范区试点政策的协同减排显著为负，增效效果显著为正，这表明在考虑到地区间固有差异可能的影响后，试点地区实现减污降碳协同与增效的估计结果依然稳健。

表3 加入基准因素与时间趋势项回归结果

变量	$PM_{2.5}$ (1)	CO_2 (2)	GNDP (3)
Policy	-0.136***	-0.097***	0.070***
	(0.0088)	(0.0314)	(0.0133)
Pgdp	-0.038***	0.316***	-0.011
	(0.0094)	(0.0512)	(0.0227)
Pd	0.008*	0.0257	-0.0169
	(0.0044)	(0.0170)	(0.0068)
FDI	0.027	-0.984***	-0.331***
	(0.0436)	(0.2380)	(0.0861)

续表

变量	$PM_{2.5}$	CO_2	GNDP
	(1)	(2)	(3)
FIA	0.003	0.009*	-0.005
	(0.0023)	(0.0053)	(0.0046)
HC	-0.042	-0.645	-0.470***
	(0.1060)	(0.6700)	(0.1756)
Constant	23.17***	93.48***	16.50***
	(2.725)	(15.02)	(5.856)
基准变量×时间趋势	控制	控制	控制
城市固定效应	控制	控制	控制
时间固定效应	控制	控制	控制
Observations	2926	2926	2926
R-squared	0.957	0.910	0.746

（五）稳健性检验

基准回归结果表明，国家生态文明先行示范区试点政策促进了城市空气污染物和二氧化碳的协同减排及绿色增效。为了验证结果的可靠性，本文将进行一系列稳健性检验。

1. 加入预期因素

由于国家生态文明先行示范区试点的设立从申报立项、考核审查到最终确立经历了漫长的准备过程，不同地区对试点政策进行充分准备与预期工作，可能会导致政策的非外生引起估计结果的偏差。为了避免预期对估计结果产生偏误，参考宋弘等[38]在回归方程中加入试点政策之前一年的虚拟项。结果如表4的（1）、（2）、（3）列所示，可以发现，核心解释变量依然满足协同减排与效益的提高，且预期的估计系数不显著，表明试点政策并不存在预期效益。

2. 联合固定效应

基准回归中控制了城市与时间的双向固定效应，但是各省份可能仍存在随时间变化的其他影响因素。在现实中，不同省份面临的减污降碳的实际情况与目标导向具有差异性，其对于相关政策的解读与具体实施方法也有不同，从而导致不同省份减污降碳水平变化趋势异质性，这些因素都将影响各城市的减污降碳的协同与增效。因此，在基准回归加入省份—年份的联合固定效应，用以捕捉各个省市随着时间变化的政策效应。回归结果如表4的（4）、（5）、（6）列所示，可以发现，核心解释变量回归结果与基准无明显差异，结论的稳健性得到验证。

表4 稳健性检验结果

变量	$PM_{2.5}$	CO_2	GNDP	$PM_{2.5}$	CO_2	GNDP
	(1)	(2)	(3)	(4)	(5)	(6)
Policy	-0.132***	-0.066*	0.079***	-0.136***	-0.108***	0.076***
	(0.0154)	(0.0399)	(0.0233)	(0.0064)	(0.0331)	(0.0132)
预期	0.0015	-0.0416	0.0064			
	(0.0141)	(0.0336)	(0.0216)			
Constant	3.979***	2.414***	0.6706***	3.798***	2.822***	0.148
	(0.1120)	(0.6090)	(0.2512)	(0.0706)	(0.7380)	(0.3164)
控制变量	控制	控制	控制	控制	控制	控制
联合固定效应	未控制	未控制	未控制	控制	控制	控制
城市固定效应	控制	控制	控制	控制	控制	控制
时间固定效应	控制	控制	控制	控制	控制	控制
Observations	2926	2926	2926	2926	2926	2926
R-squared	0.954	0.903	0.737	0.985	0.920	0.787

3. 倾向得分匹配双重差分

使用倾向得分匹配双重差分模型可以有效缓解内生性问题，选择最邻近匹配方式对样本进行匹配后，进行双重差分估计。回归结果如表5的（1）、（2）、（3）列所示，可以发现，空气污染物和二氧化碳排放显著为负，绿色发展绩效显著为正，本文结论进一步得到验证。

4. 更换样本数据

考虑到该政策对省、市、区（县）不同区划的作用差异，对相关省市区

（县）数据进行剔除可能引起估计结果的偏误，通过更改样本数据，将剔除省市区（县）纳入实验组考察国家生态文明先行示范区的政策效果。回归结果如表5的（4）、（5）（6）列所示，可以发现减污降碳协同与增效虽效果降低，但与基准回归结果并无本质差异，表明本文结论依然稳健。

表5 稳健性检验结果

变量	$PM_{2.5}$	CO_2	GNDP	$PM_{2.5}$	CO_2	GNDP
	（1）	（2）	（3）	（4）	（5）	（6）
Policy	−0.135***	−0.095***	0.084***	−0.098***	−0.088***	0.015*
	（0.0088）	（0.0337）	（0.0140）	（0.0058）	（0.0257）	（0.0080）
Constant	3.899***	2.891***	0.3874	3.863***	2.890***	0.572***
	（0.123）	（0.627）	（0.269）	（0.113）	（0.565）	（0.212）
控制变量	控制	控制	控制	控制	控制	控制
城市固定效应	控制	控制	控制	控制	控制	控制
时间固定效应	控制	控制	控制	控制	控制	控制
Observations	2863	2863	2863	3948	3948	3948
R-squared	0.955	0.898	0.746	0.949	0.913	0.780

5. 剔除其他政策影响

在基准回归中，国家生态文明先行示范区试点的设立对城市减污降碳协同与增效的政策效应可能受到其他相关政策的影响，造成基准回归结果的偏差。通过对相关文献和文件的搜集整理，发现三个可能影响减污降碳协同与增效的政策，分别是低碳城市试点、自贸区设立以及智慧城市试点，相关研究也探讨了其对减污与降碳的政策效应。通过在基准回归模型中加入政策的虚拟变量，其结果如表6所示，（1）、（2）、（3）列分别代表着加入低碳城市试点、自贸区设立及智慧城市试点的回归结果。可以发现：在剔除相关政策影响后，国家生态文明先行示范区试点政策显著实现了减污降碳协同与增效，政策效果依然十分显著。

表6 剔除相关政策回归结果

变量	$PM_{2.5}$	CO_2	GNDP	$PM_{2.5}$	CO_2	GNDP	$PM_{2.5}$	CO_2	GNDP
	(1)			(2)			(3)		
Policy	-0.130***	-0.091***	0.083***	-0.130***	-0.096***	0.085***	-0.132***	-0.102***	0.086**
	(0.0087)	(0.0337)	(0.0138)	(0.0087)	(0.0338)	(0.0140)	(0.0087)	(0.0338)	(0.0140)
Constant	3.978***	2.396***	0.673***	3.947***	2.133***	0.682**	3.994***	2.433***	0.632**
	(0.112)	(0.606)	(0.251)	(0.113)	(0.616)	(0.254)	(0.112)	(0.609)	(0.252)
控制变量	控制	控制	控制	控制	控制	控制	控制	控制	控制
城市固定效应	控制	控制	控制	控制	控制	控制	控制	控制	控制
时间固定效应	控制	控制	控制	控制	控制	控制	控制	控制	控制
Observations	2926	2926	2926	2926	2926	2926	2926	2926	2926
R-squared	0.955	0.903	0.717	0.955	0.904	0.739	0.955	0.903	0.740

四、进一步分析

上文的研究结果表明试点政策显著促进了城市减污降碳的协同增效，在一系列稳健性检验后依然成立。为了对模型设定与空间效应进行探究，仍需进一步分析。

（一）多期双重差分的有效性

对于双重固定效应的多期双重差分模型，Goodman-Bacon[40]指出，每期受冲击单位都可能在某个时段作为控制组，并且随时间的推移，渐进的处理效果可能使差分估计系数被错误的估计。最近许多文献对双向固定效应的多期双重差分有效性进行探讨，发现其有效性是基于同质性处理假设，即假设所有个体受到政策干预的时间完全相同[41]。而在处理组个体接受处理的时间不一致的情况下，双重交互项的估计值是不同处理组在不同时期平均处理效应的加权平均值[42]，但由于部分处理组的效应正负的不确定性，基于双向固定效应形式的估计结果可能造成严重的估计偏误。为此，借鉴Goodman-Bacon[42]提出的培根分解（Bacon decomposition），将双向固定效应估计量分解成新处理个体与从未处

理个体、新处理个体与尚未处理的个体、新处理个体与已经处理过的个体三种形式加权平均值,其形式为:

$$\sum_{t} s_t + \sum_{et \neq ut} \sum_{lt > et} (s_{et} + s_{lt}) = 1$$

$$\hat{\theta}^{Policy} = \sum_{t} s_t \hat{\theta}^{Policy}_{t,ut} + \sum_{et \neq ut} \sum_{lt > et} (s_{et} \hat{\theta}^{Policy}_{et,yut} + s_{lt} \hat{\theta}^{Policy}_{lt,et})$$

(6)

上式表示总的双向固定效应估计量是以上三种形式估计量的加权平均值,s 为权重,下角标分别代表新处理与从未处理、新处理与尚未处理以及新处理与已处理三类。第一组中是包含从未处理个体,此时处理组与控制组总能得到有效的估计量,属于好控制组;第二组不存在未受处理的个体,而控制组还没有受到处理变量的影响,此时的估计结果依然有效;但第三个控制组,即新处理个体与已经处理过的个体其处理效应可能并不是同质的,使得这一估计单元在估计时无法满足平行趋势假设,并不能很好地识别出平均处理效应[42]。因此,当其估计量的权重和系数值相对较小时不会产生太过明显的偏误,但如果其估计量权重较大,就会严重影响估计结果。表7展示了培根分解的检验结果,可以发现分解后的协同与增效结果依然显著,且较差处理组(Within)权重仅占1.6%,对估计结果影响较小,从而双向固定效应的多期双重差分有效性得到验证。

表7 培根分解结果

变量	$PM_{2.5}$	CO_2	$GNDP$
	(1)	(2)	(3)
Policy	-0.131***	-0.102***	0.085***
	(0.0074)	(0.0334)	(0.0189)
Never_vs_timing	-0.1332	-0.1122	0.0845
Total Weight		96.37%	
Timing_groups	-0.0108	0.0161	-0.0060
Total Weight		1.96%	
Within	-0.1498	0.3595	0.2110
Total Weight		1.67%	

（二）空间溢出效应检验

由于空气污染物与二氧化碳排放同根同源且具有高度负外部性,对于环境问题的治理往往影响周围地区,并且伴随着技术溢出的"波特效应"带来创新补偿来弥补遵循成本,即效益的改善。因此,环境政策的实施也通过引发关联地区学习、模仿和竞赛,从而进一步影响了空间关联地区的空间效应[14,22]。在基准回归的基础上扩展空间双重差分模型,检验生态文明先行示范区试点政策的空间溢出效应,其形式如下：

$$Y_{it} = \rho W \times Y_{it} + \delta_1 Policy_{it} + \delta_2 W \times Policy_{it} + \gamma_1 X_{it} + \gamma_2 W \times X_{it} + \mu_i + \nu_t + (1-\lambda W) - 1\xi_{it} \tag{7}$$

其中为 W 空间权重矩阵,本文选取地理邻接矩阵；ρ 为空间自相关系数。LR 检验与 Wald 检验以及 Hausman 检验判定双向固定效应的空间杜宾模型（SDM）为最优回归模型,空间溢出效应检验如表8所示。

表8 空间溢出效应检验

变量	$PM_{2.5}$ (1)	CO_2 (2)	$GNDP$ (3)
Policy	-0.137***	-0.105***	0.075*
	(0.0048)	(0.0364)	(0.0128)
W×Policy	0.029***	0.093***	-0.0185***
	(0.0024)	(0.0183)	(0.0064)
rho	0.303***	0.308***	0.307***
	(0.0008)	(0.0014)	(0.0013)
Sigma^2	0.003***	0.156***	0.019***
	(0.0000)	(0.0041)	(0.0005)
控制变量	控制	控制	控制
城市固定效应	控制	控制	控制
时间固定效应	控制	控制	控制
Observations	2926	2926	2926
R-squared	0.005	0.001	0.006

表8结果显示，国家生态文明先行示范区试点政策显著提高了本地区减污降碳的协同水平与增效能力，但是其对周围地区表现出明显的"以邻为壑"特征，也就是既提高了周围地区空气污染物与二氧化碳排放，且没有实现技术扩散补偿带来的周围城市效益改善。这在进一步验证假设2的同时，也表明国家生态文明先行示范区试点政策存在污染扩散转移的现象。

五、异质性检验

由于城市资源禀赋存在较大差异会导致同一政策发挥出不同的效果，通过对城市技术创新禀赋、工业集聚规模、环境规制强度的划分，进一步考察国家生态文明先行示范区试点政策对不同城市减污降碳协同与增效的异质性影响。

（一）试点政策对不同技术水平禀赋城市减污降碳协同与增效的影响

根据城市年均专利数量中位数对城市技术水平禀赋进行划分，基于低技术水平禀赋与高技术水平禀赋城市的空气污染物与二氧化碳排放、绿色发展绩效进行回归。表9展示了国家生态文明先行示范区试点政策对不同技术水平禀赋城市的减污降碳协同与增效的估计结果。在低技术水平禀赋城市中，空气污染物与二氧化碳排放显著降低，绿色发展绩效提高；而在高技术水平禀赋的城市，减污降碳的协同与增效更加显著，且协同与增效水平得到进一步提高。这表明国家生态文明先行示范区试点政策对于不同技术水平禀赋城市的减污降碳协同与增效存在差异，在技术水平禀赋相对落后的城市其绿色发展绩效较低，而在高技术水平禀赋地区得到充分验证。可能的原因是，环境政策可以倒逼技术创新使得企业部分或者全部抵消环境成本，带来减排的环境效益与增效的经济效益，高技术水平禀赋城市更具有先发优势，其减排力度与效益提高更可观；而对于技术禀赋相对落后的城市，其创新能力较弱、成果转换较慢，在一定程度上滞后了效益的改善。

表9 试点政策对不同技术水平禀赋城市的回归结果

变量	低技术水平禀赋			高技术水平禀赋		
	$PM_{2.5}$	CO_2	GNDP	$PM_{2.5}$	CO_2	GNDP
	(1)	(2)	(3)	(4)	(5)	(6)
Policy	-0.121***	0.083*	0.070***	-0.148***	-0.090**	0.094***
	(0.0137)	(0.0498)	(0.0198)	(0.0109)	(0.0408)	(0.0188)
Constant	3.9503***	1.1147	0.8946***	4.0811***	4.448***	-0.522
	(0.1330)	(0.7472)	(0.3270)	(0.1868)	(0.9750)	(0.3296)
控制变量	控制	控制	控制	控制	控制	控制
城市固定效应	控制	控制	控制	控制	控制	控制
时间固定效应	控制	控制	控制	控制	控制	控制
Observations	1638	1638	1638	1288	1288	1288
R-squared	0.945	0.842	0.720	0.959	0.910	0.784

（二）试点政策对不同工业集聚规模城市减污降碳协同与增效的影响

工业集聚内生动力在于实现基础设施共享、提高生产要素配置和促进技术溢出，其对于企业生产效率的提高已经成为广泛共识。然而，学界关于其对环境质量的影响并未形成统一意见，有学者认为工业集聚加速扭曲了要素配置，加大对环境和资源的消耗，从而导致一系列环境问题；另有学者认为，工业集聚作为一种紧凑型的空间经济行为，可以通过技术在相同部门和垂直部门引入与扩散，提高生产要素和资源配置的利用效率，产生环境的正向效应。为了考察国家生态文明先行示范区试点政策对不同工业集聚规模水平城市减污降碳协同与增效的影响，借鉴樊秀峰等[43]构建地级市的区位熵指数衡量工业集聚规模，按分位数将全样本划分为较小、适中、较大工业集聚规模城市分别进行回归。表10展示了试点政策的估计结果，可以发现不同工业集聚规模城市均实现了减污降碳的协同增效，但随着集聚规模的不断扩大其减排协同作用降低但其绿色发展绩效的显著性与系数均不断提高。这说明，国家生态文明先行示范区试点政策对较小、适中、较大工业集聚规模城市的减污降碳协同与增效存在差异。工业集聚规模的扩大一方面加速了资源配置速度与效率，可能引起能源使用的扩张带来排放物的增加，但是由于其较高的互联互通水平与资源利用效率，其带来经济效益的改善更大，最终通过经济发展驱动创新进一步优化资源及能源使用效率，循环往复驱动较高工业集聚规模城市表现出绿色发展绩效最大化。

表10 试点政策对不同工业集聚规模城市的回归结果

变量	工业集聚规模较小			工业集聚规模适中			工业集聚规模较大		
	$PM_{2.5}$	CO_2	GNDP	$PM_{2.5}$	CO_2	GNDP	$PM_{2.5}$	CO_2	GNDP
	(1)	(2)	(3)	(4)	(5)	(6)	(7)	(8)	(9)
Policy	-0.135***	-0.139***	0.037*	-0.136***	-0.114***	0.060**	-0.114***	-0.097*	0.134***
	(0.0152)	(0.0473)	(0.0223)	(0.0141)	(0.0677)	(0.0248)	(0.0174)	(0.0543)	(0.0236)
Constant	4.1544***	2.7556***	-0.1688	4.0478***	0.5626***	1.1805***	3.3821***	0.4899	2.0613***
	(0.1745)	(0.9091)	(0.3823)	(0.216)	(1.5632)	(0.4631)	(0.1874)	(0.6090)	(0.3971)
控制变量	控制	控制	控制	控制	控制	控制	控制	控制	控制
城市固定效应	控制	控制	控制	控制	控制	控制	控制	控制	控制
时间固定效应	控制	控制	控制	控制	控制	控制	控制	控制	控制
Observations	1190	1190	1190	826	826	826	910	910	910
R-squared	0.949	0.888	0.767	0.955	0.904	0.713	0.963	0.926	0.744

（三）试点政策对不同环境规制强度城市减污降碳协同与增效的影响

环境规制的环境效益一直以来也是学界讨论的重点，有学者认为环境规制的趋强将加速创新与高污染、排放企业的转移，从而产生积极的环境效益；另一部分学者则认为，环境规制的加强会导致"绿色悖论"与"杰文斯悖论"，即环境规制使企业对未来能源需求持悲观态度，从而引起能源开采的迅速提高和能源使用的回弹效应[44]。为了进一步检验国家生态文明先行示范区试点政策对不同环境规制强度城市减污降碳协同与增效的影响，借鉴陈诗一等[45]的研究，通过对地级市政府工作报告中环境保护相关词频的文本分析构建环境规制强度指标，并按分位数将地级市样本划分为较弱、适中、较强环境规制强度城市分别进行回归。表11展示了试点政策的估计结果，可以发现环境规制强度并未对减污降碳的协同减排产生明显的差异性影响,但仍需注意到在适中环境规制城市下的空气污染物和二氧化碳减排效果低于其他两组样本,从增效角度来看,随着环境规制的增强其绿色发展绩效也逐步提高,但其增长幅度也趋于平缓。可能的原因是,环境规制强度较弱城市对于试点政策的重心更多倾向于效果显著的减排问题,其绿色发展绩效提升较低。环境规制适中城市对协同和增效的平衡把握不够所以表现出减污降碳协同的降低与绿色发展绩效的提高;虽然环境较强的城市更好地兼顾了环境效益与经济效益的平衡,实现了减污降碳协同与增效的均衡,但是环境规制强度的提升对绿色发展绩效的作用趋弱表现出边际递减的特征,因而对于环境规制的加强要因地制宜才能获得较好的减污降碳效果。

表11 试点政策对不同环境规制强度城市的回归结果

变量	环境规制强度较弱			环境规制强度适中			环境规制强度较强		
	$PM_{2.5}$	CO_2	GNDP	$PM_{2.5}$	CO_2	GNDP	$PM_{2.5}$	CO_2	GNDP
	(1)	(2)	(3)	(4)	(5)	(6)	(7)	(8)	(9)
Policy	-0.145***	-0.132***	0.076***	-0.084***	-0.121**	0.094***	-0.118***	-0.182***	0.097***
	(0.0142)	(0.0509)	(0.0217)	(0.0171)	(0.0697)	(0.0306)	(0.0159)	(0.0585)	(0.0235)
Constant	3.7196***	2.9317***	0.1259	3.98***	1.0244	1.9073***	3.4423***	3.9977***	0.7669*
	(0.1614)	(0.9611)	(0.3630)	(0.1688)	(1.1127)	(0.3910)	(0.2665)	(1.2730)	(0.4046)
控制变量	控制	控制	控制	控制	控制	控制	控制	控制	控制
城市固定效应	控制	控制	控制	控制	控制	控制	控制	控制	控制
时间固定效应	控制	控制	控制	控制	控制	控制	控制	控制	控制
Observations	1428	1428	1428	910	910	910	588	588	588
R-squared	0.950	0.884	0.752	0.962	0.916	0.708	0.956	0.934	0.801

六、结论与政策启示

国家生态文明先行示范区试点政策是实现城市减污降碳的协同增效的重要举措。本文将国家生态文明先行示范区试点政策当作"准自然实验",在理论分析的基础上基于2006—2019年中国209个地级市数据，运用多期双重差分模型及其扩展的空间形式评估了国家生态文明先行示范区试点政策对城市减污降碳的协同增效，并进行了稳健性、有效性及异质性检验。

上述研究表明：（1）国家生态文明先行示范区试点政策实现了试点城市减污降碳的协同增效，即相对于非试点城市不仅促进了空气污染物和二氧化碳的协同减排，也实现了绿色发展绩效的提高。该结论在平行趋势检验、安慰剂检验及其他稳健性检验后依然成立，且在多期双重差分有效性检验后也依然稳健。（2）从空间溢出效应来看，试点政策有效提高了试点城市减污降碳的协同增效，但是对于周围城市的协同减排表现出"以邻为壑"的特征。（3）国家生态文明先行示范区试点政策对于不同技术水平禀赋、工业集聚规模、环境规制强度的城市，其减污降碳的协同增效存在显著差异性。在不同技术水平禀赋城市中，试点政策对高技术水平禀赋城市的协同增效作用更明显，低技术水平禀赋城市绿色发展绩效的改善较弱；在不同工业集聚规模城市中，试点政策的协同减排效果伴随集聚规模的扩大而降低，但绿色发展绩效却逐渐增强；在不同环境规制强度下，试点政策实现不同城市减污降碳的协同增效，但对于绿色绩效提高的效率却趋于平缓。

基于上述研究，本文提出以下政策建议：

第一，总结推广国家生态文明先行示范区试点政策的实际经验，推动试点城市的有序扩散。 国家生态文明先行示范区试点政策是我国生态文明建设的重要举措与平台抓手，其在实施过程中秉持"先行先试，改革创新"的渐进性方式，实现了城市经济效益与环境效益的兼顾。本文的研究结果表明，试点城市促进了城市减污降碳的协同增效，实现经济效益和生态效益兼顾的双重红利。因此，在总结和推广国家生态文明先行示范区试点经验的基础上，应持续推动试点城市的有序扩散，为实现全面绿色循环低碳转型、高质量发展和建设美丽中国作出贡献。

第二，整合优化国家生态文明先行示范区试点政策的空间布局，协同试点城市的空间辐射。 在肯定试点政策对城市减污降碳的协同增效基础上，仍需要注意到环境问题的治理需要多地区、多部门的协同推进与统一部署，城市间"以邻为壑"的现象在加剧环境负外部性的同时可能引发环境治理的逐底竞赛。因此，要进一步优化试点城市空间布局、加强城市间的协同治理，构建新时代生态文明建设体系机制，实现生态与经济效益的双赢。

第三，分类设计国家生态文明先行示范区试点政策的梯度发展，发挥试点城市的资源禀赋。试点城市在技术水平禀赋、工业集聚规模、环境规制强度方面存在差异，其对于试点政策减污降碳的协同增效成果也存在异质性。在为探索不同要素禀赋下城市的生态文明建设经验的同时，也为制定差异化的梯度发展战略做出启示，唯有因地制宜、因时施策，才能更好地将政策的有效供给与地区实际发展相结合，实现城市生态文明建设体系与能力的优化。

参考文献

[1] 张辉，徐越. 坚持和加强党的领导推动生态文明建设取得历史性转折性全局性变化 [J]. 管理世界，2022，38（08）：1-11.

[2] 王灿发. 论生态文明建设法律保障体系的构建 [J]. 中国法学，2014（03）：34-53.

[3] 王班班，齐绍洲. 市场型和命令型政策工具的节能减排技术创新效应——基于中国工业行业专利数据的实证 [J]. 中国工业经济，2016（06）：91-108.

[4] 张瑜，孙倩，薛进军，等. 减污降碳的协同效应分析及其路径探究 [J]. 中国人口·资源与环境，2022，32（05）：1-13.

[5] WANG W H, ZHAO C Y, DONG C, et al. Is the key-treatment-in-key-areas approach in air pollution control policy effective? Evidence from the action plan for air pollution prevention and control in China [J]. Science of The Total Environment, 2022, 843: 156850.

[6] GAO X W, LIU N, HUA Y J. Environmental Protection Tax Law on the synergy of pollution reduction and carbon reduction in China: Evidence from a panel data of 107 cities [J]. Sustainable Production and Consumption, 2022, 33: 425-437.

[7] 赵霄伟. 地方政府间环境规制竞争策略及其地区增长效应——来自地级市以上城市面板的经验数据 [J]. 财贸经济，2014（10）：105-113.

[8] KOU P, HAN Y, QI X Y, et al. Does China's policy of carbon emission trading deliver sulfur dioxide reduction co-benefits? [J]. Environment Development and Sustainability, 2022, 24 (5): 6224-6245.

［9］CHEN L, WANG D, SHI R Y. Can China's Carbon Emissions Trading System Achieve the Synergistic Effect of Carbon Reduction and Pollution Control？［J］. International Journal Environmental Research and Public Health, 2022, 19 (15)：8932.

［10］狄乾斌, 陈小龙, 侯智文. "双碳" 目标下中国三大城市群减污降碳协同治理区域差异及关键路径识别［J］. 资源科学, 2022, 44 (06)：1155-1167.

［11］陈诗一. 中国的绿色工业革命：基于环境全要素生产率视角的解释 (1980—2008)［J］. 经济研究, 2010, 45 (11)：21-34+58.

［12］MENG M, QU D L. Understanding the green energy efficiencies of provinces in China：A Super-SBM and GML analysis［J］. Energy, 2022, 239：12912.

［13］XIA F, XU J T. Green total factor productivity：A re-examination of quality of growth for provinces in China［J］. China Economic Review, 2020, 62：101454.

［14］金刚, 沈坤荣. 以邻为壑还是以邻为伴？——环境规制执行互动与城市生产率增长［J］. 管理世界, 2018, 34 (12)：43-55.

［15］谢晗进, 毛瑜芮, 李成. 国家生态文明建设与空气质量改善——来自合成控制法与 DID 的双重验证［J］. 生态经济, 2021, 37 (02)：209-215, 229.

［16］ZHANG Z F, XU H D, SHAN S S, et al. The Impact of Ecological Civilization Construction on Environment and Public Health-Evidence from the Implementation of Ecological Civilization Demonstration Area in China［J］. International Journal Environmental Research and Public Health, 2022, 19 (9)：5361.

［17］汪克亮, 许如玉, 张福琴, 等. 生态文明先行示范区建设对碳排放强度的影响［J］. 中国人口·资源与环境, 2022, 32 (07)：57-70.

［18］辛宝贵, 高菲菲. 生态文明试点有助于生态全要素生产率提升吗？［J］. 中国人口·资源与环境, 2021, 31 (05)：152-162.

［19］MENG F X, GUO J L, GUO Z Q et al. Urban ecological transition：The practice of ecological civilization construction in China［J］. Science of The Total Environment, 2021, 755 (2)：142633.

[20] 梁琦, 肖素萍, 刘玉博. 环境政策对城市生态效率的影响与机制研究——基于生态文明先行示范区的准自然实验 [J]. 西安交通大学学报（社会科学版）, 2022, 42 (03): 61-70.

[21] 范庆泉, 周县华, 刘净然. 碳强度的双重红利: 环境质量改善与经济持续增长 [J]. 中国人口·资源与环境, 2015, 25 (06): 62-71.

[22] 邵帅, 范美婷, 杨莉莉. 经济结构调整、绿色技术进步与中国低碳转型发展——基于总体技术前沿和空间溢出效应视角的经验考察 [J]. 管理世界, 2022, 38 (02): 46-69+4-10.

[23] 沈悦, 任一鑫. 环境规制、省际产业转移对污染迁移的空间溢出效应 [J]. 中国人口·资源与环境, 2021, 31 (02): 52-60.

[24] 刘瑞明, 赵仁杰. 国家高新区推动了地区经济发展吗？——基于双重差分方法的验证 [J]. 管理世界, 2015 (08): 30-38.

[25] COSTANTINI V, CRESPI F, Marin G, et al. Eco-innovation, sustainable supply chains and environmental performance in European industries [J]. Journal of Cleaner Production, 2017, 155: 141-154

[26] GHISETTI C, QUATRAR F. Green Technologies and Environmental Productivity: A Cross-sectoral Analysis of Direct and Indirect Effects in Italian Regions [J]. Ecological Economics, 2017, 132: 1-13.

[27] 陆铭, 冯皓. 集聚与减排: 城市规模差距影响工业污染强度的经验研究 [J]. 世界经济, 2014, 37 (07): 86-114.

[28] 李筱乐. 市场化、工业集聚和环境污染的实证分析 [J]. 统计研究, 2014, 31 (08): 39-45.

[29] 张华. 地区间环境规制的策略互动研究——对环境规制非完全执行普遍性的解释 [J]. 中国工业经济, 2016 (07): 74-90.

[30] 丁镭, 方雪娟, 陈昆仑. 中国$PM_{2.5}$污染对居民健康的影响及经济损失核算 [J]. 经济地理, 2021, 41 (07): 82-92.

[31] ZHAO J C, JI G X, Yue Y L, et al. Spatio-temporal dynamics of urban residential CO_2 emissions and their driving forces in China using the integrated two nighttime light datasets [J]. Applied Energy, 2019, 235: 612-624.

[32] 韩峰, 谢锐. 生产性服务业集聚降低碳排放了吗？——对我国地级

及以上城市面板数据的空间计量分析［J］．数量经济技术经济研究，2017，34（03）：40-58．

［33］杜海波，魏伟，张学渊，等．黄河流域能源消费碳排放时空格局演变及影响因素——基于DMSP/OLS与NPP/VIIRS夜间灯光数据［J］．地理研究，2021，40（07）：2051-2065．

［34］吴建新，郭智勇．基于连续性动态分布方法的中国碳排放收敛分析［J］．统计研究，2016，33（01）：54-60．

［35］刘华军，乔列成，郭立祥．减污降碳协同推进与中国3E绩效［J］．财经研究，2022，48（09）：4-17，78．

［36］吴茵茵，齐杰，鲜琴，等．中国碳市场的碳减排效应研究——基于市场机制与行政干预的协同作用视角［J］．中国工业经济，2021（08）：114-132．

［37］Jacobson L S, . LaLonde R J, Sullivan D G. Earnings Losses of Displaced Workers［J］. The American Economic Review, 1993, 83（4）：685-709.

［38］宋弘，孙雅洁，陈登科．政府空气污染治理效应评估——来自中国"低碳城市"建设的经验研究［J］．管理世界，2019，35（06）：95-108，195．

［39］Edmonds E V, Pavcnik N, Topalova P. Trade Adjustment and Human Capital Investments: Evidence from Indian Tariff Reform［J］. American Economic JournalApplied Economics, 2010, 2（4）：42-75.

［40］Goodman-Bacon A. The Long-Run Effects of Childhood Insurance Coverage: Medicaid Implementation, Adult Health, and Labor Market Outcomes［J］. American Economic Review, 2018, 111（8）：2550-2593.

［41］de Chaisemartin C, D'Haultfœuille X. Two-Way Fixed Effects Estimators with Heterogeneous Treatment Effects［J］. American Economic Review, 2020, 110（9）：2964-2996.

［42］Goodman-Bacon A. Difference-in-differences with Variation in Treatment Timing.［J］. Journal of Econometrics, 2021, 225（2）：254-277.

［43］樊秀峰，康晓琴．陕西省制造业工业集聚度测算及其影响因素实证分析［J］．经济地理，2013，33（09）：115-119，160．

［44］Smulders S, Tsur Y, Zemel A. Announcing climate policy: Can a green paradox arise without scarcity?［J］. Journal of Environmental Economics and

Management, 2012, 64 (3): 364-376.

[45] 陈诗一, 陈登科. 雾霾污染、政府治理与经济高质量发展 [J]. 经济研究, 2018, 53 (02): 20-34.

作者简介：胡剑波, 博士 (后), 贵州财经大学经济学院教授、博士生导师; 张宽元, 贵州财经大学大数据应用与经济学院硕士生。

因地制宜推动毕节高质量发展

蔡贞明　段剑洪

摘　要：毕节在完成脱贫攻坚艰巨任务、全面建成小康社会的基础上，正同全国人民一道阔步迈向全面建设社会主义现代化国家新征程。在从"试验区"向"示范区"转变的过程中，毕节要实现经济社会高质量发展，就必须坚持一切从实际出发，牢牢把握并切实贯彻创新、协调、绿色、开放、共享等新发展理念。同时，还必须充分发挥人的主观能动性，具体说来就是要做好树牢品牌意识推动产业全面振兴、强化系统思维实现文旅深度融合等方面的工作。

关键词：高质量发展；创新；绿色；主观能动性

一、一切从实际出发

2018年，习近平总书记对毕节试验区工作作出重要指示，要着眼长远、提前谋划，做好同2020年后乡村振兴战略的衔接，着力推动绿色发展、人力资源开发、体制机制创新，努力把毕节试验区建设成为贯彻新发展理念的示范区。上述指示为毕节未来发展指明了前进方向。从"试验区"到"示范区"，从表面上看好像只是换了一种表述，实际上并不简单，也绝非偶然。从"试验区"到"示范区"，不仅仅是一种身份转换，最为重要的，是它标志着毕节这一特定区域随着形势的变化，其职责定位、扮演角色、指导思想、努力方向、工作重点等都将发生根本性转变。

毕节位于贵州省西北部，四川、云南、贵州三省交界处，乌蒙山腹地，总面积2.69万平方公里。地势西高东低，山峦重叠，河流纵横，高原、山地、盆地、谷地、平坝、峰丛、槽谷、洼地、岩溶湖等地形地貌交错其间。其中，高原和山地比重很大，占93.3%，毕节分属长江流域和珠江流域两大水系，是乌江、赤水河、北盘江的重要发源地。毕节气候宜人，雨量充沛，矿藏资源丰富。其中，煤、铁、铜、铅、锌、稀土保有资源量位居全省第一，煤保有资源量占全省的40.78%，有"西南煤海"之称。毕节文化资源丰厚，有以中华苏维埃人民共和国川滇黔革命委员会旧址为代表的红色文化，有以撮泰吉、铃铛舞、滚山珠等国家级非遗项目为代表的民族文化，有以慕俄格古城、奢香故里等为代表的历史文化。毕节交通便利，区位优势明显。目前已经实现县县通高速，厦蓉高速、杭瑞高速贯穿全境，成贵、隆黄（四川隆昌至贵州黄桶）铁路也经过毕节。

20世纪80年代，毕节经济落后、生态恶化、人口膨胀，人民生活艰难，陷入了"越穷越生，越生越垦，越垦越穷"的恶性循环。在时任贵州省委书记胡锦涛同志的亲自倡导下，1988年6月，国务院批复同意建立毕节试验区。"试验区"其实就是"摸着石头过河"，意味着没有现成的模式和经验可供借鉴，意味着要不断探索摆脱不利处境的路子，意味着要敢为天下先并大胆地试和大胆地闯。作为全国唯一一个以"开发扶贫、生态建设"为主题的试验区，毕节的首要任务当然就是千方百计摆脱贫困和保护生态环境。

如今，毕节207.04万农村贫困人口全部脱贫，脱贫人口数居全国同级地区第一，创造了中国减贫史上的惊人奇迹，已实现脱贫攻坚与乡村振兴的有效衔接。毕节同全国人民一道，在完成脱贫攻坚艰巨任务、实现全面建成小康社会的基础上，正阔步迈向全面建设社会主义现代化国家新征程。

毕节拥有很多有利条件，也存在着不少不利因素。综合自然条件、社会环境、经济基础等多种因素，毕节尚属于欠发达地区。它既不同于贵州的其他市、州，也有别于省外的同级地区。既然是欠发达地区，就意味着不能安于现状，无所作为，而应积极创造条件，争取早日赶上或超过先进发达地区。当然，要实现后发赶超并不是一件轻而易举的事情。要赶上或超过先发地区必然面临着巨大压力，必须要解决许多前进道路上的困难和问题。但无论如何，"办法总比困难多"，只要毕节各族人民齐心协力，心往一处想，劲往一处使，后发赶超目标并非遥不可及。而要实现这一目标，问题的关键在于，毕节在制定经济社会发展规划时不能脱离自身的具体实际。不然，无论是近期、中期还是长期规划都不但会脱离实际，而且还缺乏应有针对性。因此，要在新的历史条件下实现经济社会高质量发展，毕节就必须坚持一切从实际出发。

二、切实贯彻新发展理念

（一）创新发展

所谓创新，就是对非现成存在物的生产及展现。创新不是对已有事物的简单复制和模仿，它是对流水线上大批量生产的拒斥，要求很高，难度很大。创新包括思维、方法、技术、制度等各个方面。而不管是哪一个方面的创新，都是对原有思维、方法、技术、制度等的突破和超越。毕节要实现经济社会高质量发展，沿袭陈旧的思维、方法、技术、制度是不行的，照搬照抄其他地区的现成模式和经验也没有出路。这就决定了毕节在经济社会发展的各个领域和各个方面都必须开动脑筋，想他人之未想，谋他人之未谋，最大限度地做到"人无我有，人有我优，人优我特"。如果没有创新的信心和决心，人云亦云，亦步亦趋，照样走别人走过的老路，毕节高质量发展的目标就难以实现。需要注意的是，强调创新这一新发展理念，绝不是把原有的仍然散发着生命力的思维、方法、技术、制度等通通抛到九霄云外。对于那些具有合理性的一切，仍然必须让其继续发挥作用。

（二）协调发展

所谓协调，就是无论是城市还是农村，无论是在物质文明方面还是在精神文明方面，无论是在第一产业、第二产业，还是在第三产业，都必须做到统筹推进，既不能顾此失彼，也不能顾彼失此。如果只专注于城市建设，而忽视了农村发展；如果只把时间和精力投入到物质文明创建，而忽视了精神文明建设；如果只注重第一产业、第二产业，而对第三产业不闻不问，发展就没有任何协调性可言。因此，在推动毕节经济社会高质量发展的过程中，必须坚持齐头并进，在重视城市发展的同时不能忘记乡村振兴，在加大物质文明建设力度的同时也同样重视精神文明建设，在下大力气抓第一产业、第二产业的同时也不能忽视第三产业。这样的发展才是全面的协调的发展，而不是片面的畸形的发展。需要说明的是，坚持协调这一新发展理念绝非同步发展，它与时时处处同等用力的想法和做法存在着本质区别。

(三) 绿色发展

绿色发展，就是在不破坏生态环境的前提下所实现的发展。贯彻绿色发展理念，就是要坚守发展和生态两条底线，也就是要做好"绿水青山就是金山银山"这篇大文章，山、水、林、田、湖、草、沙一体推进综合治理，人与自然和谐共生。毕节山高坡陡，峰峦重叠，沟壑纵横，土地破碎。一句话，毕节生态十分脆弱，水土容易流失。对此，毕节就更应把绿色发展置于更加突出的位置。通过多年的努力，毕节森林覆盖率已从1988年的14.9%上升到现在的60%。这一成绩的取得来之不易。尽管如此，毕节在绿色发展的道路上仍然不能止步，仍然应当持之以恒。需要注意的是，强调绿色发展，保护生态环境，并不是凡事都要谨小慎微，甚至畏首畏尾，裹足不前。坚持绿色发展的实质在于不能再像以前那样走先破坏后治理或者边破坏边治理的老路，而是在实施某一举措之前就首先要考虑究竟要保护什么，利用什么。

(四) 开放发展

毕节虽然属于"三不沿"（不沿海、不沿江、不沿边）的内陆山区，但毕节仍然必须加快开放的步伐。不仅要对国内开放，而且还要对国外开放。一方面，要实施"走出去"战略，不但要把自己具有市场竞争力的商品和服务推向省外，而且还要推向海外。另一方面，又要实施"引进来"战略，大胆引进全国各地的先进技术和经验，加大招商引资力度。一句话，要把开放的理念落实到实际行动中。既不能妄自尊大，故步自封，也不能妄自菲薄，自惭形秽。由于开放的最终目就是为了实现互通有无、互利共赢，因而在条件允许的情况下毕节要尽量加强与其他地区的一切经济文化交流和往来。

(五) 共享发展

与全国其他地区一样，毕节的发展绝不仅仅是为了个别人或少数人的狭隘富裕，而是为了毕节全体人民的共同富裕。发展的目的不是为了拉大贫富差距，而是为了更好地实现公平正义。基于此，在发展过程中，毕节各级党委和政府要把是否为民造福作为检验自身工作成效的根本标准。与此同时，还要一体推进"不敢腐不能腐不想腐",对一切形式的腐败行为说"不"。不然,在人民群众还没有享受到发展成果时,那些腐败分子就已经坐享其成了。

三、充分发挥人的主观能动性

充分发挥人的主观能动性,就是要最大限度地发挥人的积极性、主动性、创造性。以"人一之我十之,人十之我百之"的精神和作为,扬长避短,化害为利,转危为机。对毕节来说,要聚焦乡村振兴这一重大战略部署,应重点抓好以下工作。

(一)树牢品牌意识推动产业全面振兴

1. 化人口压力为人口红利

在贵州的市、州当中,毕节人口最多。从目前情况看,既超过省会贵阳,也超过邻市遵义。户籍人口 2019 年为 937.76 万人,2020 年为 950.29 万人,2021 年为 954.86 万人。常住人口 2019 年为 689.06 万人,2020 年为 690.28 万人,2021 年为 684.48 万人。从上述数据看,无论是户籍人口还是常住人口,毕节人口的基数与同级地区相比都很大。然而,关于人口问题,要用辩证和发展的眼光去看待。一方面,人是消费者,人口多自然就意味着消耗的生活资料相应就多。另一方面,人又是生产者,人口多就意味着劳动力相应就多,就意味着创造的社会财富相应就多。因此,不能简单断言人多就是坏事,就是沉重的负担,只要把数量较多的劳动者合理利用起来,让他们充分发挥自身的聪明才智,人多不仅不是坏事而且还是好事。在以劳动密集型为主的生产单位中,数量较多的人口更能满足其对于劳动力的巨大需求,人口红利就能得到最大限度的释放。同时,由于信息化(智能化)已经成为当今无法逆转的事实,因而加强对劳动人口的职业技术培训迫在眉睫。

2. 让传统品牌重现生机

要实现高质量发展,产业振兴是重头戏。毕节历史上曾经有过许多具有美誉度和知名度的品牌,这些品牌来之不易,至今仍然具有巨大影响力。比如威宁的黑山羊、马铃薯、黄梨、荞酥、火腿等,威宁可以在现有基础上大力发展养殖业、种植业和食品加工业。赫章曾被授予"中国核桃之乡""中国半夏之乡"等称号，有鉴于此，赫章可以继续加大经济作物和中药材的种植力度，把核桃和半夏产业做大做强。大方曾被授予"中国天麻之乡""中国豆制品之乡"称号，其天麻和豆制品（手撕豆腐、腐竹等）十分受消费者青睐，因而大方完全可以乘胜前进，加大品牌效应的释放力度，让中药材种植和食品加工百尺竿头，更进一步。油菜是金沙的传统经济作物。由于距离仁怀和习水等产酒基地较近，因而近年来成了赤水河流域白酒原材料之一的高粱的重要供应基地，目前发展势头很好。由此，金沙应当大兴种植业并尽力将其推向极致。此外，纳雍的高山生态有机茶和玛瑙红樱桃，七星关的汤圆，黔西的黄粑，织金的竹荪等等均远近闻名，应使这些品牌重现昔日生机。总之，应当大胆借鉴其他地区"一村一品一镇一业一县一特"的思路和做法努力壮大自身实力。

3. 着力提升产品附加值

重拾昔日品牌是使毕节产业兴旺的重要举措。但是，随着社会的快速发展和人们消费需求的升级，传统的种植业和养殖业也必须加以改进。不然，无论是种出来的植物性产品还是喂养出来的动物性产品，都属于初级产品。初级产品由于附加值低，因而难以获得较多的经济利益。经济利益过低不仅难以让群众的收入有较大幅度的增加，激发他们种植和养殖的积极性和热情，而且对于国家财税的增多也很不利。因此，应当把一、二、三产业有机衔接起来，延长产业链，拓宽产业幅，在产品中注入更多科技含量。同时，应加大力度，使产业真正实现规模化、专业化、标准化、精细化。如果仍然走从前的一家一户或者小作坊式的零散的随意性的老路，那么，经济效益就难以产生，产业兴旺的目标从而也就无法实现。

（二）强化系统思维实现文旅深度融合

1. 整合自然和人文旅游资源

近年来，贵州省委省政府对发展旅游业高度重视，在围绕"四新"主攻"四化"的决策部署中，将"旅游产业化"作为四个轮子中的一个轮子。2023年1月13日，在贵州省第十四届人民代表大会第一次会议上，省长李炳军指出，要"围绕'两大提升'，聚焦'三大要素'，深入实施'四大行动'"。"两大提升"是指提升旅游及相关产业增加值，提升游客人均花费。"三大要素"是指资源、客源、服务。"四大行动"是指大力推进市场主体培育行动、旅游业态升级行动、服务质量提升行动、项目提质增效行动。

贵州要推进旅游产业化，毕节当然不能例外。从系统论的视角看，系统与要素密不可分，系统离不开要素，要素也离不开系统。系统以要素的存在为前提，系统又为各要素注入活力。从游客的消费心理看，他们要去一个地方旅游，一般来说都会把那个地方所有有价值的景点"一网打尽"，不管是自然风光还是人文景观，都尽可能在一次出行期内全部完成，不可能今年去哪个地方的某一景点，明年又去哪个地方的另一景点，后年又去哪个地方的又一景点。如果那样，不仅浪费时间和精力，而且从经济学的角度看，投入太多而产出过少。一句话，就是不合算或者不经济。有鉴于此，当地政府及旅游主管部门在编制旅游规划时，应当通盘考虑，长远谋划，不能见子打子，朝令夕改。因为没有总体布局和全局眼光，既会耗费大量的人力和财力，又会造成社会资源的不必要浪费。毕节旅游资源丰富。既有美丽的自然风光，也不乏厚重的人文景观。如果能将二者有机地整合起来，使其形成"合力"，那么，这些宝贵的旅游资源就能得到最大限度的利用。威宁可以依托"高原明珠"草海景区对被誉为"戏剧活化石"的彝族撮泰吉进行展示。七星关可以将森林公园拱拢坪景区与红色文化资源（红二、红六军团于1936年2月创建的黔西北革命根据地中华苏维埃人民共和国川滇黔省革命委员会旧址）紧密结合起来并进行优化。赫章可以将阿西里西·韭菜坪、阿西里西·二台坡景区、洛布石林与彝族铃铛舞表演连在一起开发利用。大方可以把九洞天风景名胜区、油杉河景区与慕俄格古彝文化旅游景区、奢香古镇风景区加以整合，形成一个整体，让其尽情展现自身魅力。黔西可以设法把被誉为"地球彩带，世界花园"的国家5A级景区百里杜鹃与中果河旅游景区连接起来考量。织金则可以尝试把被誉为"中国溶洞之王"的国家5A级景区织金洞与宝桢故里结合起来谋划。概言之，就是要让毕节的所有旅游资源形成一个星罗棋布、血肉相连的系统，每一个旅游景点都是这个系统中其他景点无法取代的要素，从而最大限度地实现文旅深度融合。

2. 推动"门票经济"向"要素经济"转化

要推进旅游产业化，就应破除只把门票收入作为旅游业发展单一指标的思维模式，而应进行综合考察。因为旅游行为涉及面广。游客所到之处，观光、餐饮、住宿等都是不可或缺的内容，而并非只有游览一项。有鉴于此，要把以前那种只简单以门票收入多少作为旅游业是否兴旺的唯一评价标准的习惯改变过来，也就是要将"门票经济"转化为"要素经济"。众所周知，游客到了某个地方，除了要游山玩水，品味历史文化，还要在那个地方驻扎下来，尽情感知那个地方的湖光山色和风土人情。而在吃、住、行的整个过程中，游客的开支自然而然就增加了。因此，从表面看门票收入虽然不多，但三五天花费下来，实际上那个地方的收入并不少。这不但增加了当地的财政收入，而且也带动了就业，老百姓的致富目标也通过各种渠道得到了实现。从这个意义上讲，推动旅游业从"门票经济"到"要素经济"的转变势在必行。

需要强调的是，在推动高质量发展的整个过程中，毕节必须处理好整体与部分、全局与局部的关系。就贵州与毕节的关系而言，贵州是整体和全局，毕节是部分和局部。有就毕节与所辖各县（市、区）的关系而言，毕节是整体和全局，所辖各县（市、区）则成了部分和局部。有鉴于此，毕节作为行政层级中承上启下的一级，必须正确处理好这种上下级关系。对贵州来说，毕节实现了经济社会高质量发展目标，就是毕节一定程度上为贵州添了砖加了瓦，就是毕节作出了自己应有的贡献。而对毕节所辖县（市、区）来说，如果每一个县（市、区）在经济社会的发展过程中都加快了速度和进度，提升了质量和效益，就意味着每一个县（市、区）都为毕节经济社会高质量发展尽了一份力，都是毕节发展不可或缺的一员。因此，毕节在致力于高质量发展的过程中，要树立"一盘棋"思想，既要严格按照中央和贵州省委省政府的决策部署行事，又要结合本地区的实际，做好顶层设计并拿出切实可行的政策举措。毕节在实现经济社会高质量发展的过程中虽然任重而道远，但应坚信经过各级党委政府和各族人民的共同努力，毕节不仅能战胜前进道路上的各种风险和挑战，而且还能走前列、作表率，真正实现从"试验区"到"示范区"的华丽转身。

作者简介：蔡贞明，贵州省社会科学院文化研究所副研究员；段剑洪，贵州省社会科学院文化研究所助理研究员。

高质量发展阶段贵州实施后发赶超的人才资源研究

陈玲玲

摘 要：在高质量发展新阶段，贵州要实现后发赶超必须高度重视人才工作，突出人才的支持和引领作用。文章结合全省层面的相关调研，通过丰富的数据和案例分析了贵州在后发赶超实践中的人口结构和人才队伍建设方面的现状，并从人才总量、人才培育、人才创新能力、人才流失等方面分析了面临的困境，在此基础上提出了要坚持人才引进高端化、推进人才与产业协同发展、优化人才发展体制机制、坚持人才引进与培育并重和持续改善人才发展环境等方面的对策建议，以期为未来贵州在后发赶超实践中推进人才工作有所借鉴。

关键词：高质量发展；后发赶超；人才资源

一、引言

在贯彻新发展理念，推动高质量发展的新阶段，我国的发展理念、发展方式都发生了深刻的变化，也给贵州的后发赶超实践带来了前所未有的挑战。当前。国际形势、内外部环节都在发生深刻的变化，试图在新发展阶段，通过大规模的投资拉动、举债融资、外部帮扶和政策红利等实现后发赶超已捉襟见肘。而人才作为第一资源，具有战略性、基础性和全局性的作用，人才的规模、结构和素质是支撑和引领高质量、实现跨越式发展的内在动力和逻辑起点。在高质量发展新阶段，贵州要实施后发赶超，推动科技创新、品质优化和效率提升，需要充分发展"人"的使能作用和主动性，需要高度重视人力资源发展，通过人才资源的集聚开发和合理配置，不断提高劳动人口生产效率，将人口红利转变为人才红利，并持续发力，久久为功，才能实现困境中的突围。因此，从长远角度来看，加强人才资源保障是贵州推动高质量发展的动力源泉，也是贵州实现后发赶超的必由之路。

二、贵州后发赶超实践中的人才资源现状

(一) 人口结构分析

1. 人口规模持续增长，人口出生率和自然增长率高出全国平均水平

贵州省的人口自然增长率相对全国较高。至 2022 年末，全省常住人口 3856 万人，出生率为 11.03‰，人口自然增长率为 3.71‰。而 2021 年，贵州省常住人口为 3852 万人，出生率为 12.17‰，自然增长率为 4.98‰。横向比较来看，2021 年的出生率比湖南高 5.04‰，比广西高 2.49‰，比四川高 5.32‰，比云南高 2.81‰，比全国平均水平高 4.55‰；2021 年的自然增长率比湖南高 6.13‰，比广西高 2.1‰，比四川高 6.87‰，比云南高 3.85‰，比全国平均水平高 4.64‰，在周围省区中均排名前三。纵向比较来看，2018—2022 年，贵州常住人口从 3822 万增长到 3857 万，出生率和自然增长率均有一定程度的下降，出生率从 2018 年的 13.90‰下降到 2022 年的 11.03‰，自然增长率从 7.05‰下降到 3.71‰（见图 1）。2022 年我国人口的出生率和自然增长分别为 6.77‰、-0.6‰，这是我国首次出现人口负增长。通过对比可以发现，贵州省的人口出生率和自然增长率较大程度上高于全国平均水平。在全国生育意愿普遍低迷的情况下，贵州生育意愿依然维持在较高水平，这为贵州实施后发赶超奠定了基础。

2. 年龄结构相对较优，少儿抚养比是老年抚养比的 2 倍

贵州人口相较于全国水平较为年轻，劳动力供给有优势，但伴生着人口老龄化问题。劳动年龄人口数量逐年减少，人口抚养比逐步提高，产能相对过剩，劳动力成本上升，劳动力优势逐步消失。2018—2021 年，贵州省 65 岁及以上人口占比分别为 10.87%、11.23%、11.56%、11.76%，处于缓慢增长的过程。2018—2021 年；15—64 岁的人口占比分别为 66.17%、65.32%、

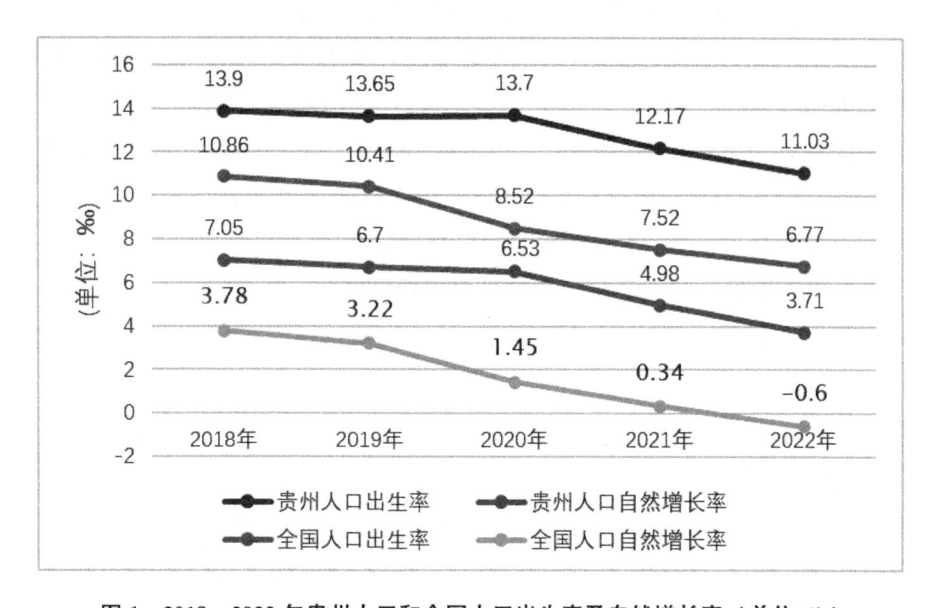

图1 2018—2022年贵州人口和全国人口出生率及自然增长率（单位:‰）

数据来源：《贵州统计年鉴》《中国统计年鉴》以及《2022年度贵州省国民经济和社会发展统计公报》。

64.47%、64.72%，0—14岁的人口占比分别为22.96%、23.45%、23.97%、23.52%，保持着相对稳定的占比。从2018年开始，贵州省的人口总抚养比超过50%。2018—2021年分别为51.13%、53.09%、55.11%、54.51%。人口学上，一般把人口总抚养比低于50%的阶段称为人口红利期，这意味着贵州的"人口红利"已经明显缩减。进一步分析发现，2021年贵州总抚养比为54.51%，其中少儿抚养比为36.34%，老年抚养比为18.17%，少儿抚养比是老年抚养比的2倍，这说明贵州在劳动力供给方面有一定的优势，或许仍有一波"人口红利"。但是由于贵州存在一定程度上的人口外流情况，且流出的基本是青壮年劳动力，在当前人口年龄结构下，虽然名义上贵州省的人口年龄结构相对于全国较为年轻，但留在本地的老年人口数量巨大，特别是在农村边远地区，这种现象非常突出，这给贵州带来了严峻的老龄化问题和抚养问题，这也成为贵州在高质量发展阶段实现后发赶超的人力资本困境。

3. 人口净流出问题依然严峻

将户籍人口与常住人口相减，能够大致得出人口的流入与流出情况。《贵州统计年鉴（2022）》的数据显示，2012—2021年十年间贵州省无论是户籍人口还是常住人口均呈现出稳步增长的趋势，户籍人口从2012年的4249.48万人增长到2021年末的4637.32万人，常住人口从2012年的3587万人增长到2021年末的3852万人。值得注意的是，户籍人口与常住人口之间的差值呈现出逐步增大的趋势。2021年，户籍人口与常住人口的差值达到785.32万人，占到了户籍人口的16.9%，人口流出问题日益严峻。

4. 教育发展滞后，国民受教育程度相对较低

教育水平是人力资源的重要指标，在一定程度上反映了一个地区经济社会发展的现代化水平。受历史文化、资源禀赋、经济基础等因素的制约，贵州的教育水平相对较为落后，无论是基础教育、职业教育还是高等教育都发展滞后。《中国统计年鉴（2022）》的数据显示，2021年末，贵州省文盲人口占15岁以上比重为7.18%，比湖南多出4.94个百分点，比四川多2.64个百分点，广西多出4.36个百分点，比云南多出2.25个百分点，比全国平均水平多出3.97个百分点。2021年末，6岁及以上人口的受教育程度方面，贵州省学历为研究生的比例仅为0.37%，全国学历为研究生的则占比0.97%。第七次全国人口普查显示，截至2020年11月底，15岁以上人口平均受教育年限8.75年，低于广西0.79年，低于云南0.07年，低于全国平均水平1.16年，全国排名30位（仅高于西藏6.75年）。每十万人中拥有大学文化程度10952人，排全国30位（仅高于广西10806人）。万人大专以上学历数排全国31位（见表1）。从每十万人中各级教育平均在校生人数来看，2020年，小学教育为10273人，初中教育为4665人，高中教育为3533人，高等教育为2593人，随着教育水平的提高，在校生人数逐渐降低。全国同期平均水平分别为7634人、3554人、2774人、3301人。可以看出，小学教育和初中教育每十万人平均在校生人数高于全国平均水平，而高中教育、高等教育低于全国平均水平。特别是高等教育每十万人中平均在校生人数低于周边省份，比湖南少894人、比广西少839人、比四川少332人，比云南少278人。从受教育程度的各项指标来看，贵州省大部分指标在不同程度上低于周边省份及全国平均水平，表明贵州人口教育水平仍需要提高。

表1　贵州及周边省份人口以及全国平均受教育程度基本指标分析

	2021年文盲人口占15岁及以上人口的比重（%）	2020年15岁及以上人口平均受教育年限（年）	2020年每十万人中拥有大专及以上学历人数（人/10万人）	2020年每十万人中拥有高中（含中专）文化程度人数（人/10万人）	2021年6岁及以上人口研究生比例（%）
贵州	7.18	8.75	10952	9951	0.37
四川	4.54	9.24	13267	13301	0.73
湖南	2.24	9.88	12239	17776	0.48
云南	4.93	8.82	11601	10338	0.39
广西	2.82	9.54	10806	12962	0.27
全国平均水平	3.21	9.91	15467	15088	0.97

数据来源：文盲人口占15岁及以上人口的比重数据来源于《中国统计年鉴（2022）》。15岁及以上平均受教育年限、每十万人中拥有大专及以上学历人数、每十万人中拥有高中（含中专）文化程度人数来源于第七次人口普查。6岁及以上人口研究生比例数据根据《中国统计年鉴（2022）》数据计算得出。

（二）人才队伍建设分析

1. 人才规模持续壮大，高层次人才数量较少

截至2000年底，贵州省人才资源总量560万人，比2015年末增加165.43万人，年均增速7.25%。每万人拥有人才资源1452人，比2020年高出334人。与2015年相比，不同类型人才均有不同程度的增长，企业经营管理人才从53.75万人增长到82万人，专业技术人才从115.13万人增长到142万人，技能人才从118.98万人增长到200万人、农村实用人才从83.08万人增长到115万人，其中增长最快的是技能人才，增幅达68.10%。全省拥有国家级专家85人，管理期内核心专家79人，省管专家398人、博士7400余人、硕士55000余人、高级职称13.6万人、持证高技能人才30万人，高级职称的高层次人才占专业技术人才总量的9.58%。2021年，全省拥有中国科学院院士3名，中国工程院院士2名，占全国院士总量的0.1%。长江学者特聘教授4人、长江青年学者6人。27名中青年科技创新创业领军人才入选国家人才计划。在重点行业、重要领域和行业遴选培养145名高层次创新型"十、百"层次人才、384名优秀青年科技人才、246个高水平科技创新人才团队。

2. 人才学历层次整体偏低，中青年人才是主力

《贵州省人才资源统计报告》数据显示，2020年，贵州省研究生学历人才占人才资源总量的2.2%；大学本科学历人才占29.3%；大学专科学历人才占20.1%；中专及以下学历人才占48.4%（见图2）。全省35岁及以下人才占人才资源总量的33.4%；36—40岁人才占22.2%；41—45岁人才占17.8%；46—50岁人才占12.7%；51—54岁人才占7.1%；55岁及以上人才占6.9%，从人才队伍的年龄分布上看，35岁及以下的中青年人才是贵州人才队伍的中坚力量（见图3）。

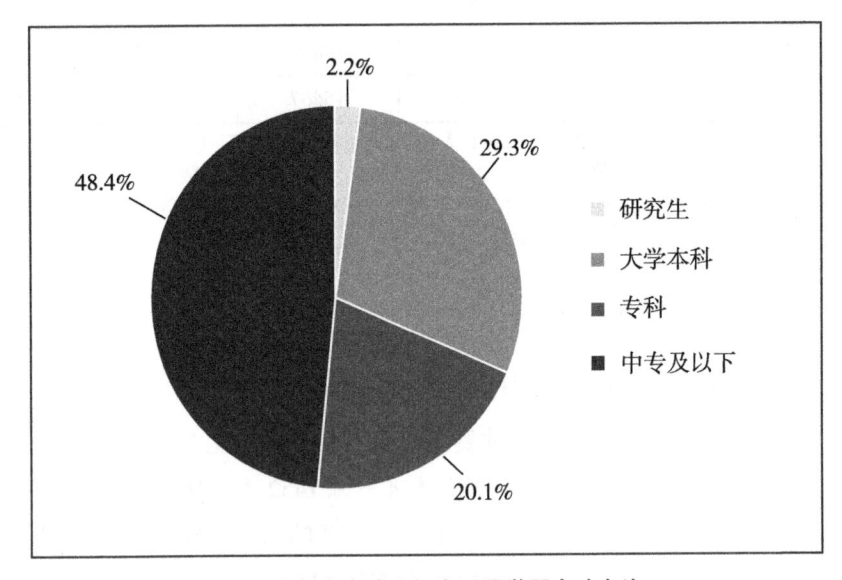

图2　贵州省人才队伍中不同学历人才占比

数据来源：《贵州省人才资源统计报告（2020）》。

经测算，贵州省五大类人才队伍中，党政人才、企业经营管理人才、专业技术人才、技能人才和农村实用人才的平均年龄分别为42岁、40岁、39岁、40岁和45岁，人才队伍平均年龄偏大，特别是农村实用人才是相对年老的一支队伍。在我省大力推进农业现代化，推动传统农业向现代农业转型的过程中，应加大对中青年农村实用人才的引进和培养。

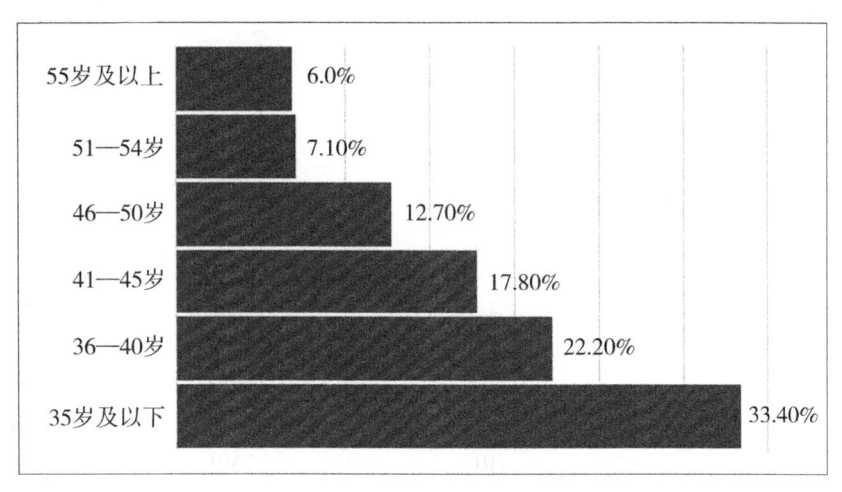

年龄段	占比
55岁及以上	6.0%
51—54岁	7.10%
46—50岁	12.70%
41—45岁	17.80%
36—40岁	22.20%
35岁及以下	33.40%

图3　贵州省人才队伍中不同年龄段人才占比

数据来源：《贵州省人才资源统计报告（2020）》。

3. 技能人才增长迅速，高技能人才占比大幅提升

技能人才，特别是高技能人才是支撑产业转型发展的关键力量。为适应加快推进新型工业化和产业结构优化升级的需要，贵州近年来加快建设技能人才队伍。《贵州省人才资源统计报告（2020年）》的数据显示：2020年贵州拥有技能人才198.8万人，比2015年末增加了79.82万人。其中高技能人才40.03万人，持证高技能人才30万人。高技能人才中高级技师6.29万人、技师9.16万人、高级工24.58万人，高级工占比61.4%。根据《贵州省统计年鉴（2022）》的数据，2021年共有154272人参加了职业技能鉴定，比2020年增加了55.12%，85901人获取证书，占55.68%，获取证书比例较2020年下降了34个百分点。获取证书人数中，高级技工19511人，技师为2457人，高级技师为630人，分别占比22.71%、2.86%、0.73%。从图4可以看出，近两年来贵州高技能人才占技能劳动者的比重大幅提升，2020年达到了20.1%，这一数据与国务院办公厅印发的《职业技能提升行动方案（2019—2021年）》中提出的"到2021年高技能人才占技能劳动者的比例要达到30%以上"的目标仍有较大差距，加大对技能人才特别是高技能人才的培养任重道远

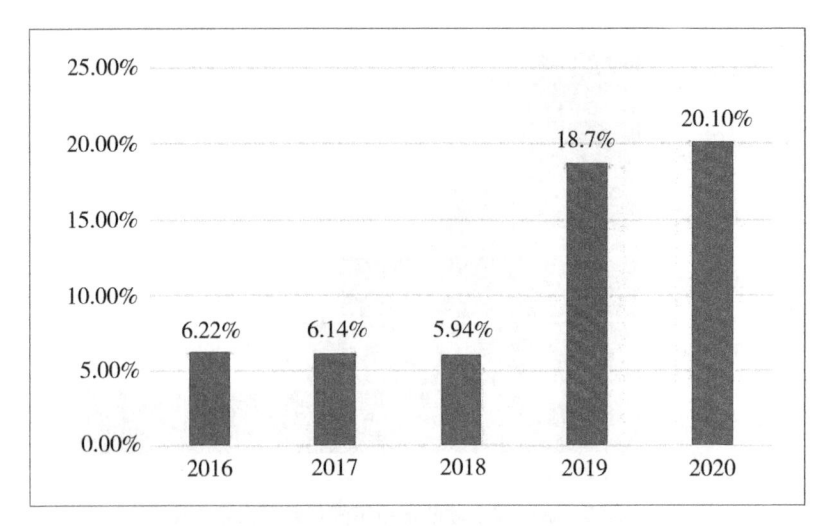

图4 2016—2020年贵州高技能人才占技能劳动者比例
数据来源：贵州省委组织部。

三、高质量发展阶段贵州实施后发赶超的人才资源困境

（一）人才总量依然较小，高精尖人才严重短缺

虽然贵州人才资源总量增长迅速，但人才总量依然较小，每万人中人才占有率与国内发达地区依然较低，特别是在一些重点领域高精尖人才短缺，且一些产业骨干人才难以适应产业升级和发展动能转换的需求，在学术研究、现代服务业等领域也面临领军骨干人才、创新创业人才短缺，农村地区和基层人才严重不足的问题。

（二）人才培养能力弱，高等教育机构数量少、规模小

本科生、研究生教育是服务本地方经济社会发展的重要支撑，也是科学研究和技术创新的重要人力资源。2021年，全省有研究生培养机构10所，普通高等学校75所，占全国的2.72%；中等职业学校183所，占全国的2.5%；普通高中478所，占全国的3.28%。普通高等学校数比湖南少53所，比广西少10所，比四川少59所，比云南少7所。中等职业学校数比湖南少303所，比

广西少 44 所，比四川少 200 所，比云南少 180 所。普通高中数比湖南少 208 所，比广西少 43 所，比四川少 328 所，比云南省少 138 所。高校特别是"一流"高校少（目前，全国有"世界一流大学"建设高校 42 所、"世界一流"建设高校 95 所，贵州省没有一所"世界一流大学"建设高校，仅有"世界一流学科"建设高校 1 所）。此外，高等教育投入不足，本科生、研究生教育尤其是博士研究生教育经费投入严重短缺，贵州省本科生生均拨款仅为 1.2 万/年，硕士研究生生均经费仅为 1.8 万/年，博士生生均经费仅为 2.4 万元/年，远远低于周边省份，一定程度上导致人才培养质量相对较低。

（三）企业科技创新人才创新力不足、贡献力不高，部分指标排名靠后

2019 年，贵州企业 R&D 人员占全社会 R&D 人员的比重为 65.03%，是研究主力军。数据显示，2019 年贵州科技人力资源指数为 50.24%，较 2017 年下降了 2.35 个百分点，排名全国倒数第 2；科学研究和技术服务业新增固定资产占比 0.42%，较 2017 年下降了 1 位，排名全国倒数第 3；R&D 经费支出与 GDP 的比值仅为 0.86%，排名全国第 25 位；高技术产业劳动生产率为 69.26%，排名全国倒数第 2；劳动生产率为 4.97，排名全国倒数第 1；等等（详见表 2）。这些指标在一定程度上反映了贵州科技人才创新能力不足，创新效率不高，成为制约贵州高质量发展的重要因素。

表 2　贵州综合科技水平指标排位靠后的指标情况

指标名称	2017 年 评价值	2017 年 位次	2019 年 评价值	2019 年 位次	变动情况
科技人力资源指数	52.59%	28	50.24%	30	下降 2 位
万名就业人员专利申请数	14.14	25	18.45	25	不变
科学研究和技术服务业平均工资比较系数	78.69%	25	77.72%	25	不变
科学研究和技术服务业新增固定资产占比	0.38%	28	0.42%	29	下降 1 位
十万人累计孵化企业数	1.58	31	2.27	29	上升 2 位
万人 R&D 研究人员数	3.83	30	4.92	29	上升 1 位

续表

指标名称	2017年 评价值	2017年 位次	2019年 评价值	2019年 位次	变动情况
R&D经费支出与GDP比值	0.71%	26	0.86%	25	上升1位
万人科技论文数	1.30	30	1.48	27	上升3位
新产品销售收入占主营业务收入比重	5.69%	27	8.39%	23	上升4位
高技术产业劳动生产率	68.08%	30	69.26%	30	不变
知识密集型服务业劳动生产率	42.78%	26	43.85%	25	上升1位
劳动生产率	4.21%	31	4.97%	31	不变
资本生产率	0.21%	25	0.23%	21	上升4位
综合能耗产出率	8.34%	26	9.3%	25	上升1位
万人博士生毕业数	0.21	30	0.32	30	不变

数据来源：贵州省科技厅。

（四）人才流失现象严重

人才流失一直是贵州人才工作的痛点，各行各业都不同程度的存在人才流失现象，特别是在教育医疗系统、科研机构等人才密集较大的行业。从人才流失的层次和年龄来看，主要是高层次人才和中青年人才流失严重。调研发现，人才流失的原因主要是发展平台不足，成长空间狭窄，薪酬增长受限，自身能力与岗位适配性不够。加之教育医疗配套不足、错综复杂的人际关系、竞争环境的不公平，致使人才"回流"。这些流失的人才通常具有高学历、高职称、高能力和高荣誉"四高"特征，这些骨干人才流走往往会带来多米诺骨牌效应，出现一批甚至一个团队集体跳槽的现象。以卫生健康人才为例，"十三五"期间，贵州省疾控中心辞职离职博士9人、硕士12人。7个市级、45个县级疾控机构专业技术人员不同程度减少；贵州省中医药医疗机构受编制、中医收费项目、中医诊疗收费、医保报销政策、硬件设施及工作待遇等影响，人才流失现象较为严重，仅贵州中医药大学第二附属医院硕士研究生以上学历人员流失10人（其中，流到省外5人、辞职读博3人）。一项针对贵州规上工业企业专业技术人才的问卷调查数据显示，收入偏低是人才流失的最主要的内部原因，占比为36.24%。而近半的专业技术人才离职后主要流向外省经济发达地区（44.46%），而在本省区域内流动的企业专业技术人才占比为64.01%，主要为流向本省（21.90%）、本市其他单位（18.79%）或是回老家（23.32%，见图5）。总的来说，专业技术人才外流的占比接近一半，全行业专业技术人才因收入、发展平台以及家庭因素流向外省经济发达地区占主导，外流现象较为明显的问题亟待解决。

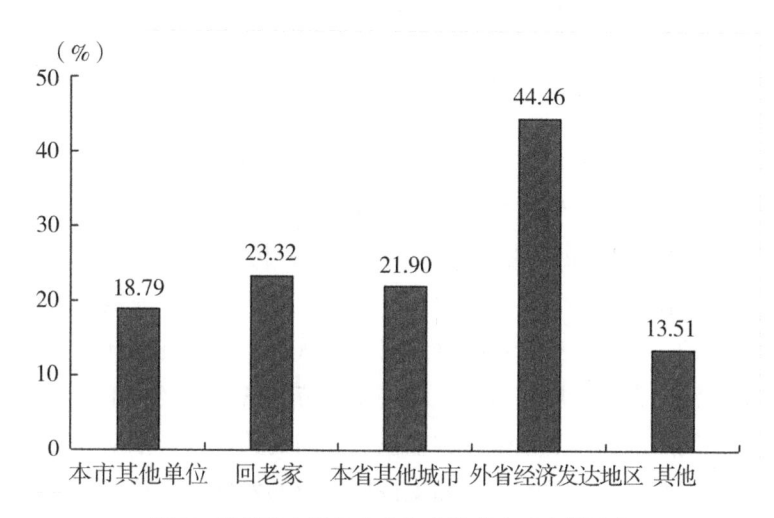

图5 贵州规上工业企业专业技术人才主要流向

数据来源：贵州省工信厅。

四、高质量发展阶段贵州实施后发赶超的人才资源管理对策建议

（一）坚持以人才队伍建设的高端化

高端人才对人才队伍建设具有引领带动作用。只有坚持高端带动，才能以高层次人才聚集带动各类优秀人才聚集，提升引才聚才质量，为贵州的后发赶超提供高层次人才保障。一是战略型、领军型人才。把握新一轮科技变革和产业升级的契机，立足贵州的十大工业产业和十二个农业特色优势产业，围绕新型工业化、新型城镇化、农业现代化、旅游产业化发展要求，引进一批急需的

战略性科技人才，企业急需的科技创新人才、经营管理人才、创业投资家等。重视外国专家的引进使用。把人才大厦的塔尖做高。继续用好"百千万人才引进计划""黔归人才计划"等引才项目，用好人博会、数博会等各类引才平台。二是高端制造业人才。聚焦工业特别是制造业人才需求，在现代化工产业、先进装备制造业、智能制药、生物医药、新材料、节能环保等领域引进一批高端制造业人才和技能人才。把握北京、上海等地疏解产业人才回流的趋势，为制造业创新发展引进一批高层次科技人才和技能人才。

（二）推动人才与产业协同发展

贵州核心竞争力培育的关键是要把特色产业和产品转化为具有竞争力优势的产业和产品，通过比较优势培育后发优势形成竞争优势。这就需要推动人才与产业的协同发展，在产业链上布局人才链，构建"人才链"与"产业链"双链融合发展模式。结合贵州产业发展基础，做长做深产业链，积极调整农产品结构，推动一、二、三产业融合发展。有重点、有效益地开发贵州的能源和优势矿产资源，大力发展精深加工制造业和劳动密集型轻纺工业。同时打造不同类型、不同层次的产业集聚区，重视产业间的关联性，推动与特色产业、专业化产业发展有关的相关性产业和支持性产业的发展，推动支柱产业及集聚企业合理、有序的发展和竞争，推动区域创新，进而改善就业结构，提高区域造血能力，为人才的省内流动创造平台。围绕产业链加大招商引资力度，建立招商引资与招才引智融合互动机制，通过项目发展引聚人才，实现平台、项目、人才、资金的良性互动。政府相关部门开展区域重点企业人才需求调研，编制发布人才需求动态目录，帮助企业制定引才工作计划，定期在国内外开展点对点、面对面、零距离才企双向对接活动，实现人才发展与产业发展的同频共振。

（三）优化人才发展体制机制

一是突出人才引进政策的创新度，找准人才引进的比较优势。立足贵州发展的战略定位，在人才的奖励性政策、发展性政策和保障性政策上合理分配政策注意力，善于挖掘贵州的比较优势，如针对贵州在发展速度、大数据产业、生态环境、交通枢纽、历史文化上的特色和优势，打造一批具有贵州特色的人才品牌工程，针对目标人群，可实行一人一策，实现错位引才、精准引才，努力将区域优势转化为引才聚才的竞争优势。二是以新时代西部大开发为契机，争取国家对贵州人才发展的支持。聚焦贵州特色优势产业和主导产业，开展东西部人才交流协作，发挥组织力量，确保急需紧缺人才的有效供给。三是改进编制管理方式、强化职称评聘基层导向、实行有利于基层的招录招聘政策；建立面向基层的人才项目支持、人才精准帮扶力度、人才教育培养、人才激励保障相协调的稳定投入机制。引导人才、技术等生产要素向基层流动。四是创新人才评价机制，坚持党管人才，破除人才评价中的"四维"倾向，突出品德和能力，改善人才评价标准、方法、过程和体系，着力形成民众和社会认可的人才评价制度。

（四）坚持以人才引进与人才培养并重

坚持引育并重是形成人才持续自我供给的必然选择，特别是对人才流失严重的贵州来说，自主培养的人才受本地文化的熏陶、具有稳固的本地社会关系，更有可能扎根和服务本土，这对于处在夺才劣势的贵州来说，显得更具可行性。一是扩大培养规模，提高人口受教育水平。加强教育经费投入，加大对包括义务教育阶段、高中教育、职业教育和高等教育等各级教育的投入力度，提高各级各类教师待遇，引进优质教育教学资源，改善教学环境，全面提升贵州的人口的受教育水平，尤其是广大农村人口的教育水平。高校要发挥基础人才培养主力军作用，培养具有国际竞争力的青年科技人才后备军，注重依托重大科技任务和重大创新基地培养发现人才，支持设立博士后创新岗位，提高博士、硕士和专业技能人才的培养比例。二是调整专业结构，优化人才结构。以市场为导向，围绕"四区一高地"主战略和"四新四化"主定位，调整高校和职业院校学科及专业设置以及招生比例结构，扩大自然科学、工程技术、急需紧缺技能人才招生比例，提高人才结构与经济社会的匹配度。三是加大对人才培训力度，推动知识更新。通过校企合作，建立实训基地，加大对存量人才的培养，推动知识更新和技能提升，壮大高水平工程师和高技能人才培养。

（五）持续改善人才发展环境

良禽择木而栖，优化人才发展环境是提升人才吸引力的重要手段。一是发挥好政府的协调引领作用。强化政府政策制定者以及执行者的角色和人才服务者的功能定位，避免政府在人才工作中的越位、缺位和错位，为企业成长、产业聚集、人才创新创业提供有力的外部条件。推进人才立法，探索建立与国际接轨的海外人才引进、管理法规体系。规范人才竞争中的无序行为，促进区域人才协调发展。各主流媒体发挥舆论引导作用，设立人才工作专栏宣传人才政策、人才工作业绩，提高人才政策的知晓度、人才工作的社会认知度和人才评选的社会参与度，在全社会营造尊才爱才、惜才用才的社会氛围。二是强化配套措施建设。加大对教育、医疗的投入，加快构建现代化的教育、医疗服务体系，帮助人才解决子女就学、配偶就业、安居住房、社会保障、养老医疗、文化娱乐等具体问题。采取超常规的措施，对高层次人才和团队实行特殊的保障政策，在住房、子女教育、医疗康养等方面开绿灯，满足人才之所需。建设"人才研修（疗养院）""青年人才社区"等人才活动阵地，为人才提供高品质服务。三是不断优化用人单位的人才发展环境。积极引导用人单位树立"人人皆是人才"的理念，创设一个绩效导向、人才与单位休戚与共的团队氛围和"以人为本"的组织文化，通过平台项目的支撑、组织文化的牵引和育、引、留相结合的模式，引导"人人尽展其才"。定期召集用人单位领导者开展有关领导力的培养与健康发展的学习培训，提高人才与领导者的适配性，并加大对用人单位的督促和考核力度。四是提升公共服务效率，简化办事材料和程序。加强政府基本公共服务的绩效评估和行政问责，确保为人才提供公开、透明、可预期的公共服务，打造有竞争力的法治化营商环境，以优越的人才发展技术生态、制度生态、服务生态，引导人才近悦远来。

作者简介： 陈玲玲，贵州省社会科学院社会研究所助理研究员。

基础教育高质量发展应是
毕节推动人力资源开发的重要方面

龙希成

摘　要：《推动毕节高质量发展规划》在推动人力资源开发上，注重发展现代职业教育和加大人才培养引进力度。本文则提出，基础教育高质量发展亦应成为毕节推动人力资源开发、建设贯彻新发展理念示范区的重要方面，为此，从三个方面来讨论：一是辨析规划本身即高度重视基础教育发展指标数据；二是毕节市贯彻落实习近平总书记在关于加快建设教育强国重要讲话中基础教育是"基点"与加强教师队伍建设是"基础"的精神和省委十三届三次全会精神、奋力建设贯彻新发展理念示范区谱写中国式现代化毕节实践新篇章，亦应推动基础教育高质量发展；三是为赋能教师、发展教育提出教育理念上的八条建议。

关键词：发展规划；职业教育；基础教育；教师发展；理念建议

一、毕节建设成为贯彻新发展理念示范区，基础教育高质量发展是重要方面

2018年7月18日，习近平总书记对毕节试验区工作作出重要指示，强调"着力推动绿色发展、人力资源开发、体制机制创新，努力把毕节试验区建设成为贯彻新发展理念的示范区"。这为毕节建设成为贯彻新发展理念示范区提供了明确方向、重要遵循。

（一）在国务院2022年6月24日批复同意的《推动毕节高质量发展规划》中，三个方面都高度重视毕节试验区基础教育高质量发展。一是"规划背景"

中提及：人口素质不断提升。2021年，15岁及以上人口的人均受教育年限提高到7.71年，学前教育三年毛入园率、九年义务教育巩固率、高中阶段教育毛入学率分别提高到91.9%、95.3%、92%，人均预期寿命提高到74.6岁。二是"基本原则"强调：坚持以人为本，增进民生福祉。增加公共服务有效供给，缩小收入差距，更好满足人民日益增长的美好生活需要，在社会主义现代化建设进程中持续增强人民群众获得感、幸福感、安全感。三是"主要目标"包括：到2025年，教育、文化、卫生、体育等公共服务更加均衡可及，人力资源开发水平显著提升，劳动年龄人口平均受教育年限提高到10.8年，人才资源总量达150万人以上；展望2035年，"人力资源红利充分释放"。

《推动毕节高质量发展规划》在"推动人力资源开发 强化高质量发展人才支撑"部分提出：坚持人才是第一资源，立足毕节人口规模和结构，以职业教育为重点，全面提高人口素质，培养造就高素质劳动者，建设西部地区重要的人力资源开发培育基地。

这包括两个方面：首先，把发展职业教育作为突破口，大力发展现代职业教育。主要举措，一是提升职业教育基础能力，二是推动职业教育产教融合，三是建设技能型社会。其次，强化人才支撑。一是加大人才培养引进力度，包括（一）自身培养造就高水平人才，其中涉及"深入实施教师'特岗计划'，完善公办中小学、中等职业学校等教师配置标准"，和（二）从外部多渠道引才聚才。二是完善人才服务保障体系，包括（一）加强医疗、社保、住房、子女教育等保障服务，健全人才综合服务体系，和（二）为人才搭建就业创业服务平台，综合提高人才服务保障水平。

（二）邓小平同志在1985年5月19日全国教育工作会议上所作重要讲话《把教育工作认真抓起来》中指出：我们国家，国力的强弱，经济发展后劲的大小，越来越取决于劳动者的素质，取决于知识分子的数量和质量。一个十亿人口的大国，教育搞上去了，人才资源的巨大优势是任何国家比不了的。有了人才优势，再加上先进的社会主义制度，我们的目标就有把握达到。现在小学一年级的娃娃，经过十几年的学校教育，将成为开创21世纪大业的生力军。中央提出要以极大的努力抓教育，并且从中小学抓起，这是有战略眼光的一招。如果现在不向全党提出这样的任务，就会误大事，就要负历史的责任。

我们认为，首先，毕节着力推动"人力资源开发"，紧紧锚定"全面提高人口素质，培养造就高素质劳动者"目标，不宜仅仅局限于"职业教育"，而应该着眼于"现在小学一年级的娃娃，经过十几年的学校教育"，将成为生力军，因此"从中小学抓起，这是有战略眼光的一招"。

其次，就《推动毕节高质量发展规划》自身言，它在述说"人口素质"不断提升时，特别援引"15岁及以上人口的人均受教育年限""学前教育三年毛入园率""九年义务教育巩固率"和"高中阶段教育毛入学率"，这都属于表征基础教育发展水平的重要指标，而就"目标"说，"教育"排在公共服务的第一位，它主要且首先是指公民所接受的义务教育、基础教育，而要把"劳动年龄人口平均受教育年限提高到10.8年"，对此作出贡献的学段也主要是在基础教育。

最后，《推动毕节高质量发展规划》提及，无论是培养造就人才还是引才聚才，均需要加强对人才的"子女教育"等保障服务，这主要指人才子女所接受的义务教育、基础教育。纵观全国各地人才政策，推动解决人才最关心、最直接、最现实的问题，加强对人才的服务关怀，优化人才工作生活环境，对各类人才的子女教育给予优惠往往排在第一位，当地教育部门主动与人才部门对接，细化工作举措，开通人才子女教育服务"绿色通道"，保障人才的子女接受优质基础教育权益，实现精准服务、靠前服务、跟踪服务，做到手续最简、环节最少、效率最高，为人才引领高质量发展注入新动能，营造良好营商环境生态。

二、基础教育高质量发展，有力推动毕节建设成为贯彻新发展理念示范区

（一）党的二十大报告在结构上首次把教育、科技、人才进行统筹安排、一体部署，单列一章着重阐述，具有战略意义和深远影响，强调教育、科技、人才是全面建设社会主义现代化国家的基础性、战略性支撑，必须深入实施科教兴国战略，人才强国战略，创新驱动发展战略，加快建设教育强国、科技强国、人才强国，坚持为党育人、为国育才。

教育是培养人才的基础和推动科技发展的先导，教育支撑人才，人才支撑创新，创新服务发展。在党的十八大报告、十九大报告中，教育均置于经济、

政治、文化之后，放在民生和社会部分进行部署，而二十大报告则将教育置于全面建设社会主义现代化国家的首要任务即高质量发展之后的突出位置进行部署，这实际上赋予了教育在现代化国家建设中新的职能、使命和价值。

（二）习近平总书记2023年5月29日在中共中央政治局第五次集体学习时强调，教育兴则国家兴，教育强则国家强，建设教育强国，是全面建成社会主义现代化强国的战略先导，是实现高水平科技自立自强的重要支撑，是促进全体人民共同富裕的有效途径，是以中国式现代化全面推进中华民族伟大复兴的基础工程。

习近平总书记特别强调建设教育强国，基点在基础教育，基础教育搞得越扎实，教育强国步伐就越稳、后劲就越足。强调强教必先强师，要把加强教师队伍建设作为建设教育强国最重要的基础工作来抓，健全中国特色教师教育体系，大力培养造就一支师德高尚、业务精湛、结构合理、充满活力的高素质专业化教师队伍；强调弘扬尊师重教社会风尚，提高教师政治地位、社会地位、职业地位，使教师成为最受社会尊重的职业之一，支持和吸引优秀人才热心从教、精心从教、长期从教、终身从教；强调加强师德师风建设，引导广大教师坚定理想信念、陶冶道德情操、涵养扎实学识、勤修仁爱之心，树立"躬耕教坛、强国有我"的志向和抱负，坚守三尺讲台，潜心教书育人。

这为我们在着力推动人力资源开发和体制机制创新、努力把毕节试验区建设成为贯彻新发展理念的示范区中，在进一步推动毕节改革创新和高质量发展布局和举措中，深化认识如何把"基础教育搞得越扎实"，怎样"把加强教师队伍建设作为建设教育强国最重要的基础工作来抓"，所具有的重要价值和意义。

（三）在中共贵州省委十三届三次全会《关于坚定不移沿着习近平总书记指引的方向前进　奋力谱写中国式现代化贵州实践新篇章的决定》所列九大方面决策部署中，第五方面"推动人口高质量发展，不断增进民生福祉"占有举足轻重的位置。一方面，党的二十大明确新时代我国社会主要矛盾是人民日益增长的美好生活需要和不平衡不充分的发展之间的矛盾，必须坚持以人民为中心的发展思想，发展全过程人民民主，推动人的全面发展、全体人民共同富裕取得更为明显的实质性进展；贵州推动人口高质量发展、不断增进民生福祉，正是落实党的二十大精神，坚持以人民为中心，把人口高质量发展同人民高品质生活紧密结合起来，促进人的全面发展和全体人民共同富裕的重要路径和有效举措。另一方面，人才是第一资源，全面提升人力资源开发水平，加快人力资本积累，把加快建设特色教育强省作为全省人口高质量发展的战略工程，全面提高人口科学文化素质、健康素质、思想道德素质，把人口工作重心放到提高人口整体素质上来，着力提升人均受教育年限，塑造高素质的现代化人力资源，以全省人口高质量发展来支撑中国式现代化贵州实践。

（四）当前，毕节全市上下正深入学习贯彻习近平总书记对毕节工作的重要指示精神，全面贯彻落实省委十三届三次全会精神，抢抓国发〔2022〕2号文件和全国统一战线"地域+领域"组团式帮扶毕节的重大机遇，发挥毕节政策、人口、资源"三大优势"，奋力谱写中国式现代化毕节实践新篇章。贯彻落实《关于统一战线"地域+领域"组团式帮扶毕节的工作方案》，主要是积极开展教育、人才、健康、产业、科技等领域组团式帮扶，如民盟中央推动东部省市民盟组织积极支持，组织实施对口帮扶毕节市七星关区义务教育高质量发展，为助力毕节高质量建设贯彻新发展理念示范区贡献力量。贵州全省着力以就业培训为重点加强人力资源开发利用，大力实施"技能贵州"行动，支持毕节建设人力资源开发培育基地。

截至2022年底，贵州全省拥有普通小学6470所，在校生391.54万人；初中学校1902所，在校生189.85万人；普通高中494所，在校生95.06万人；中等职业教育（学校）183所，在校生52.44万人；普通高等学校75所，在校生89.47万人。其中，毕节全市有各级各类学校4581所（其中：幼儿园2449所，小学1633所，初级中学297所，九年一贯制学校79所，完全中学38所，高级中学40所，十二年一贯制学校9所，中等职业学校15所，特殊教育学校9所，专门学校5所，高等院校6所，成人高等院校1所）；有教职工132580人，其中专任教师108160人；有在校生1836473人。

三、毕节基础教育高质量发展的关键是教师发展

教师是立教之本、兴教之源，是办好人民满意教育的第一人力资源。教育发展必先强师。全国加快建设教育强国、全省加快建设特色教育强省都对高素质专业化教师队伍建设提出了新的、更高的要求，这就需要把加强教师个体的

内在培养与社会整体的外在支持相统一，形成推动教师队伍建设的强大合力。

自2018年以来，全省教育系统认真贯彻中共中央、国务院《关于全面深化新时代教师队伍建设改革的意见》、全国教育大会精神，全面落实省委省政府《关于全面深化新时代教师队伍建设改革的实施意见》，相继实施"强师工程"、师资队伍建设保障提升工程，聚焦教师立德树人、专业提升、骨干培养、激发活力、体系建设等重要方面，切实打造高素质、专业化、创新型的教师队伍；深入贯彻省委省政府《关于深化教育教学改革 全面提高义务教育质量实施意见》和全省教育高质量发展大会精神，促使全省基础教育教师队伍建设取得长足进步。

但是，包括毕节市在内的全省基础教育教师队伍建设，依然存在着短板弱项，主要表现在：

（一）**师德师风建设工作体制机制亟待健全**。这包括学生入学择校、教育收费种类、课后服务实施、营养餐供应保障等工作环节需要加强监管和制约。加强党的领导，坚持全面从严治党部署要求，打造清正党风，正视教育系统存在的问题和不足，警惕教育系统存在的违纪违法问题和不正之风，抓住关键重点、突出精准施策，切实推进"清廉学校"建设，以党风促校风带教风正学风，办好人民满意的教育。

（二）**教师负担仍然过重、压力过大**。一是有些地方和部门在落实安全稳定、创优评先等工作时，经常向学校和教师摊派任务，各种创建、检查、考核等事项名目多、频率高，各类调研、信息采集等活动交叉重复，极大干扰了学校正常教育教学秩序，给教师增加额外负担。二是教育系统内部在经常性的工作安排中，也不断向学校和教师布置监测、考核、比赛、承担实施等各种任务，缺乏规划计划，让学校和教师没有预期，感到随意突然，增加压力和负担。三是课程教学负担重，课程繁多、内容偏难、考试频繁、学生难管，导致教师负担重。四是学生的安全责任无边界，无论校内安全或校外溺水，责任几乎全都由学校和教师承担。五是《中华人民共和国家庭教育促进法》明确规定，学生的父母或者其他监护人负责实施家庭教育，父母或者其他监护人应当树立家庭是第一个课堂、家长是第一任老师的责任意识，承担对学生实施家庭教育的主体责任，用正确思想、方法和行为教育学生养成良好思想、品行和习惯，应当培育积极健康的家庭文化，树立和传承优良家风，弘扬家庭美德，共同构建文明、和睦的家庭关系，为学生健康成长营造良好的家庭环境，但在现实生活中这些责任都难以落实，家长要么把本属于家庭教育责任的事项推给学校教师，要么对教师抱不切实际的希望、提过高要求，要求教师完全负责将其孩子培养成为人才。

（三）**教师的专业发展缺乏体系支持**。一是在师范院校教师培养环节，仅注重学生对教育理论和学科知识的学习，师范院校在培养学生过程中，缺乏跟地方教育部门、学校针对教育教学教研实务开展合作，导致师范院校毕业生较难适应学校对教师的教育教学需要、很难有效引领学生发展。二是国家和地方政府虽然花费大量经费人力物力用于开展对教师继续教育和专业发展的各类培训，但针对性和实效性不强，导致有些"学习培训"成了教师不得不应付的工作负担。三是教师专业发展缺乏集教研、培训、科研于一体的基础教育教科研体系的引领和支持，县级教研机构建设薄弱、经费人力都难以保障，培训活动缺乏针对性，教育科研工作实际上成了教师们"为职称而战"。

（四）**乡村学校教师队伍流动性大、不稳定**。乡村教师数量不足，一些学校没有配齐配足音体美专任教师，一名教师承担多门学科教学任务、教师结构老龄化等现象都比较普遍。农村学校进人难、留人难，乡村教师往往流向城区学校。城乡教育一体化、乡村学校教师待遇都有待提高。

（五）**教师职业缺乏吸引力**，教师实际社会地位不高，"**使教师成为最受社会尊重的职业之一**"难度大。很多教师一开始从教，自己的职业理想、个人奋斗目标鲜明、强烈，但工作一段时间后，由于与现实有很大差距，导致工作热情降低，逐渐失去往日的激情和冲动，对自己从事的教师职业感到倦怠，仅把教育教学当作一个谋生手段，敬业精神不强，缺乏精心从教的主动性与创造性。

四、赋能教师发展、发展基础教育理念上的八条建议

毕节基础教育人口多，底子薄，教育资源缺乏，但是有习近平总书记心系毕节发展、情牵毕节人民的亲切关怀，有党中央、国务院支持毕节高质量建设贯彻新发展理念示范区的决策部署，有全国统一战线的深情厚谊，有省委省政府的关心支持和推动毕节贯彻新发展理念示范区建设座谈会精神的政策支持，

有试验区建立35周年的坚实基础,毕节市在着力推动绿色发展、人力资源开发、体制机制创新中,同样可以着力推动基础教育高质量发展。

习近平总书记曾经强调,要激发内生动力,调动被帮扶地区人口的积极性,"只要有信心,黄土变成金",要让他们的心热起来、行动起来,要重视发挥广大基层干部群众的首创精神,支持他们积极探索,为他们创造八仙过海、各显神通的环境和条件。遵照习近平总书记关于培养造就充满活力的高素质专业化教师队伍,支持和吸引优秀人才热心从教、精心从教、长期从教、终身从教,使教师成为最受社会尊重的职业之一等重要论述,我们认为毕节基础教育高质量发展的关键是赋能教师发展,构建有利于教师职业发展、专业成长,能够让他们"八仙过海、各显神通"的环境、条件和平台。在赋能教师发展过程中,我们结合调研总结,具体提出如下八条建议。

(一)探求教育的本质

党的二十大报告强调"创新是第一动力"。习近平总书记在2018年9月10日全国教育大会上强调,教育对增强中华民族"创新创造活力"具有决定性意义。按照哲学家冯友兰的意见,每当一个学科、领域里的人开始对该学科、领域最基础、最核心、最重要概念进行重新追问,或用新的角度、范式探求其实质时,则该学科、领域往往呈现一番创新的气象。现实中,教师对少数民族所谓的"缺陷"孩子,用真实、鲜活的实例来理解、阐释,用心用情用功做教育,走进实践深处,追问教育的本质,帮助少数民族"缺陷"孩子实现有效成长。这种既行且思、直击问题核心的职业精神,值得每一位从事教育工作的人学习和拥有。贵州推动教育内涵式发展,已走出一条"穷省办大教育"的图强之路。我们认为拥有这种既行且思、追问教育本质的精神,能够激发基础教育领域的创新创造活力。

(二)帮助孩子能、会美好生活

有一个说法,教育要培养人才、提升人才供给质量,最终服务经济社会发展水平的提升。另一个说法,教育是社会竞争主航道之一,目的是让人不要"输在"起跑线上,而操作成本较低也较为公平的标准就是考试、分数、升学。能帮助少数民族、农村地区学生考上大学,外出学习知识、增强本领、扩展见识,当然好;但如果坚持用考试成绩、考上多少大学生来衡量教育,则这些少数民族、偏远地区的"缺陷"孩子很难成器,因此好的教育就变成帮助孩子们健康成长,帮助他们向往、能过、会过美好生活——朝着该目标,尽已所能帮孩子们哪怕有些许提升也好。诚然,各人对美好生活的理解千差万别,但党和政府已把人民对美好生活的向往当作自己的奋斗目标;这个奋斗目标落实到教育上就是帮助孩子追求向往、能过会过美好生活。

我们提出"有效教育"的概念。应试教育在少数民族、偏远山区亦"全覆盖":从小学一年级到初中、高中,每学期、每门课全都凭"考试成绩"说话。但这种"不留死角"的应试教育对偏远山区、少数民族孩子并不有效。所谓"有效教育"概念非指采取好的教育教学方法,让学生们在取得好的考试成绩上有效;而指在应试教育之外,有很多方面、很多资源、很多方式方法,帮孩子们得到成长、得到提升,这种教育可以很切合偏远山区、少数民族孩子的需求、特长、喜好,可以有效,而由此获得的这些成长和提升又有助于他们未来能、会美好生活。实际上,即便一个土里土气的山区孩子,一个憨憨少言的少数民族学生,他们对于自己在学校待一天是否过得充实,是否有收获,是否有趣,犹如一个人把手伸进水里而冷暖自知。老师和同学应尽可能不通过考试而通过感知、互动来帮助孩子们健康成长。应试教育之外,帮助孩子们健康成长的教育有着广阔、大可作为的空间。

(三)美好生活的人之首件:健全心灵

爱因斯坦说,教育要让人成为"一个和谐发展的人",不仅有专门知识,而且具有通识,对美和道德上的善有"鲜明的辨别力"。我们说教育的本质不是培养几个大学生,而是培养拥有完整心灵、热爱生活、阳光灿烂的人。党和国家对"立德树人"高度重视,一些部门把"道德"高举,像块大招牌、到处招摇。但据潘光旦的见解,中国道德的基石是《左传·隐公三年》所讲的信、明、恕、礼:"君子曰:'信不由中,质无益也。明恕而行,要之以礼,虽无有质,谁能间之?苟有明信,……而况君子结二国之信,行之以礼,又焉用质?'"但信、明、恕必须诉诸人的内心、心灵。要让人拥有美好心灵,就需要爱。习近平总书记 2014 年 9 月 9 日在北师大讲"做好老师,要有仁爱之心",并援引高尔基的话"谁爱孩子,孩子就爱谁。只有爱孩子的人,他才可以教育孩子"。爱心能够滋润浇开学生美丽的心灵之花。教师为了孩子们的心灵有温度、热爱生活，给孩子们的教育也是友善的、有温度的、热爱的。

（四）面向美好生活的教育必须培养良好行为习惯

也许是环境使然，也许是长期陋习结果，也许受制于家庭经济条件，农村、偏远山区、少数民族孩子普遍的一个特点是，不讲卫生，包括个人卫生和环境卫生，虽然"爱美之心人皆有之"，但爱美不仅属于"心"，更属于"行"。由此，帮助孩子们追求干净、整洁、香美，是我们开展教育的重心之一。而且一旦实施起来，主要涉及施教者和受教者的行为习惯，经济成本并不高。比如，一把理发推子，就可以大大"改善"男孩子"鸡窝头"形象，技术要求并不高；而要做到干净卫生和香美，主要就是常用水洗，加上超市廉价的"擦香香"。美好生活所要求的人良好行为习惯当然还有很多，但我们把对偏远山区、少数民族孩子教育重心之一放在帮助他们追求干净卫生、整洁、香美上，是非常有效的教育。这对帮助农村孩子未来创造和实现美好生活，丝毫不亚于学生的数理化考试成绩。

（五）发现、激发、展示每个学生身上的闪光点

应试教育之外，帮助孩子们健康成长的教育空间非常广阔、大可作为。我们的理念是，在这广阔地带上，用心设计、开发、组织一些活动或课程，比如体育竞技的、生活游戏的、智力情感的、团队合作的等等，鼓励、激发孩子们参与，目的是要发现、展示每一个学生身上的闪光点，让他铭记于心，以此为傲。

实际上，人的心能感、脑能想、目能视、耳能听、口能言、喉能歌、手脚身体能展众技，这都属于人的天赋材性；胡适认为"教育之宗旨"就在发展这些"人身所固有之材性"。在发展过程中，应当珍视其特长、强项，忽视其弱项、短板。这样，孩子们科目考试成绩虽然不怎么样，但在某一别样活动或课程中自己得过第一名，自信心就得到大增。自信心对人一生的发展都极端重要。况且人对美好生活的追求、创造和实现，主要靠把自己特长、强项发挥到极致。弱点、短板，只要不致命或造成阻碍，不足虑也。

（六）珍惜每一个生命的尊严和价值

《中华人民共和国宪法》第三十三条规定：国家尊重和保障人权。第三十八条规定：中华人民共和国公民的人格尊严不受侵犯。《联合国宪章》序言称各国人民共同决心"重申基本人权、人格尊严与价值"的信念，《世界人权宣言》第一句话也说"对人类家庭所有成员的固有尊严及其平等的和不移的权利的承认"是世界自由、正义与和平的基础。

我们认为，每一个生命的尊严和价值既是教育的珍贵起点，也是教育的终极目标。把作为工具和手段的考试成绩奉若神明，舍弃生命的尊严和价值，最终导致教育领域的诸多悲剧，是教育上的倒行逆施。教师在偏远山区、少数民族孩子中间，用温暖的心和灵活的技，去唤醒朴实孩子乃至"缺陷"孩子内心深处对生命尊严和价值的意识，那属于高贵的教育了。

（七）"世界那么大，我要去看看！"

带领贵州山区孩子到外部世界去经历一番，孩子们能获得积极的心理、见识上的变化。粗一看，你去一趟泰山游览，又回到原单位上班，钱花掉了，人还是老样子，但你"登高望远"、有了一番经历，见识不同了。我们说，知识、学识、见识，都属于认识，最重要的不是知、学、见，而是后面那个"识"；但要得到"识"，你须先去知、学、见。学校教育教学，主要是让你有知识；学识，我们理解，主要指你在社会上、生活工作中找资源、找方法、找问题自己学而获得的提升；见识呢？要靠见多才能识广，它需要有一些"去远方"的课程和活动。

知识、学识之外，见识之所以重要，不在于你"见"了一些新的地方、人物、东西，而在于你所见的这些地方、人物、东西，跟你原先生活、经历中的地方、人物、东西之间的差异和互动，这种不同元素的差异、互动、"碰撞"，会激发你的潜能、启发你的思维、唤醒你的热情，会触发你打开新的视野，看世界有新的角度，有新的发现。

（八）特别对待与特殊标签之间的区别

特别对待与特殊标签有区别。先说特别对待。你我都是普通人、正常人，但你我个个又都不同；这种不同，导致你我各有不同的需求，各应得到特别对待。习近平总书记2014年9月9日在北师大讲"世界上没有两片完全相同的树叶，老师面对的是一个个性格爱好、脾气秉性、兴趣特长、家庭情况、学习状况不一的学生，必须精心加以引导和培育，不能因为有的学生不讨自己喜欢、不对自己胃口就冷淡、排斥，更不能把学生分为三六九等"。你看，学生各个不同，按照因材施教原理，教师应该因应不同学生的不同情况和需求，而各给予他们特别对待、个别对待。

但是，你不能把这些各个不同的学生划分为"三六九等"，使他们成为被特殊标签的人。相反，我们应该按照习近平总书记指示，"一定要平等对待每一个学生，尊重学生的个性，理解学生的情感，包容学生的缺点和不足，善于发现每一个学生的长处和闪光点，让所有学生都成长为有用之才"。比如，一个孩子有自闭倾向，但教师仍把他当正常人看待，不给他贴上特殊标签，但针对他的特别情况而给予特别对待、个别对待，重点教他写作说话，鼓励他多表达、多展示自己，久而久之，他也就正常了。同理，教师也把他从特殊教育学校领出来，给予特别对待、个别对待，给他配助听器、教他发展用口舌喉咙说话的能力，久而久之，他也不再是聋哑人而成为正常人了。

特殊标签的做法是，一旦被认定为、列入、划分为某类人，被贴上特殊标签，就一律有一整套的特殊政策和对待给予他们；而且这种被认定为、列入、划分、贴上标签的行为一旦完成，往往就容易固化、难以改变。但教育的本质在于改变人、让人往真善美的方面持续渐进变化。

作者简介：龙希成，贵州省社会科学院对外经济研究所副研究员。

企业高质量发展水平测度与评价
——以中国 A 股上市公司为例

刘 英

摘 要：文章基于新发展理念和企业发展的自身特点，从创新驱动、绿色发展、开放合作、效益增长、社会共享五个方面选取了 23 项指标构建企业高质量发展评价体系，运用熵权-TOPSIS 法对我国 A 股上市公司 2007—2021 年的相关数据进行实证分析评价。结果发现：我国企业高质量发展水平处于波动上升之中，不同地区、不同行业的企业高质量发展水平存在显著的不平衡。从时间变化来看，企业高质量发展总体呈上升趋势，创新驱动是发展的第一动力。从区域层面看，企业高质量发展水平按东部地区—中部地区—东北地区—西部地区排序。从行业角度看，行业之间差异显著，位于第三产业的企业高质量发展水平较高。

关键词：企业高质量发展；测度与评价；熵权-TOPSIS 法；A 股上市公司

一、引言

党的二十大报告指出"高质量发展是全面建设社会主义现代化国家的首要任务"，在全方位推动高质量发展的大环境下，企业作为市场经济的基本组织和微观主体，对我国经济持续健康发展发挥着重要作用，也应该逐渐从高速发展转向高质量发展。"高质量发展"概念缘起于社会主义现代化国家规划，自这一概念提出以来，学术界充分认识到高质量发展水平测度的重要性。但目前关于高质量发展的测度研究中，鉴于量化目标和衡量范围的不同，不同学者对高质量发展的基础度量指标和具体测度方法存在一定差异。关于高质量发展的测度指标,一些学者采用单一指标,如全要素生产率(陈昭和刘映曼,2019)[1]、增加值率(陈丽姗和傅元海,2019)[2]、劳动生产率(王业斌和许雪芳,2019)[3]、人均实际GDP(陈诗一和陈登科,2018)[4]等来衡量高质量发展水平,从全要素生产率的角度看,仅从静态角度考虑生产要素带来的影响而忽略要素的长期效应,可能会造成高质量发展测度结果与实际存在较大偏差(郑玉歆,2007)[5]。从增加值率的角度看,如果仅从增加值的角度考虑增长质量而忽略指标的门槛上限也会造成与实际情况背离(范金等,2017)[6]。同样,其他单一经济指标虽然能单方面反映发展水平,但结果具有极大的片面性,难以达到全面测度高质量发展水平的效果。为了改善单一指标的局限性,不少学者选择从多维的角度探讨高质量发展内涵,通过构建多维指标体系来测度高质量发展水平。较为常见的是以新发展理念为指引,基于五大发展理念维度的基础性指标构建高质量发展指标体系(李梦欣和任保平,2019)[7]。部分学者将新发展理念与实际目标相结合构建高质量发展总指数,如刘亚雪等(2020)[8]构建的世界经济高质量发展指标体系,就是同时考虑了五大发展理念和稳定发展目标,最终结果显示,中国的经济高质量发展综合水平表现最为强劲,但相比其他国家,国内绿色发展和协调发展水平还相对不足,而绿色发展和共享发展是实现高质量发展不可或缺的重要维度(詹新宇和崔培培,2016)[9]。因此,要实现高质量发展我国还亟须补齐这些突出短板。还有学者从经济和社会两个基本面构建高质量发展测度体系(师博和韩雪莹,2020)[10],然而这只能反映经济和社会的基本情况,没有考虑其他方面的发展。除此之外,越来越多的学者基于对高质量发展内涵的不同理解,选择从其他层面构建评价指标体系(李金昌等,2019)[11],如赵涛等(2020)[12]从城市视角构建了包含产业结构、包容性TFP、技术创新、居民生活和生态环境等多维度的经济高质量发展评价体系。马茹等(2019)[13]提出要从供给、需求、效率、运行和开放五个维度,全面推进高质量发展,并从这五个方面对我国区域经济高质量发展总体和不同维度的情况进行了测度。也有学者以高质量发展测度的思想遵循为参考,注重全国一盘棋的系统观念,构建了宏中微观一体化测度体系(张涛,2020)[14],宏观的指标注重国民经济增长与分配、宏观调控等,中观的指标侧重产业结构、城乡与区域平衡,微观的指标着眼于产品质量、企业生产等(张丽伟,

2019)[15],但一体化测度指标涉及面广,数据不易获取,可行性不高。尤其是目前聚焦于微观企业测度的研究中,除了用单一指标替代外,大部分仍停留在多维体系的构建设想。就测度方法而言,目前学术界对高质量发展的测度主要使用主成分分析法(吕承超和崔悦,2020)[16]、熵权法(王静和方德斌,2022)[17]、均等权重法(杨耀武和张平,2021)[18]、纵横向拉开档次法(聂长飞和简新华,2020)[19]、BP 神经网络(李梦欣和任保平,2019)[7]和"VHSD-EM"组合模型(唐晓彬等,2020)[20]等,通过对指标进行赋权并计算相应的指数来展开对高质量发展的统计测度。

综上所述,学术界对"高质量发展"的测度研究大多从宏观、中观层面展开,鲜有基于微观层面对高质量发展水平进行测度与评价。实际上,无论是产业高质量发展还是宏观经济高质量均需要立足于企业高质量发展才能予以实现,厘清企业高质量发展内涵并对企业高质量发展水平进行多维测度与评价是全方位实现高质量发展的重中之重。基于此,本文借鉴已有成果,在梳理企业高质量发展逻辑主线的基础上,从创新驱动、绿色发展、开放合作、效益增长和社会共享五个方面构建企业高质量发展水平评价体系,运用熵权-TOPSIS 法对企业高质量发展水平进行测度,以期为企业未来战略规划的制订和相关政策的实施提供有利的价值参考,助力企业全方位实现高质量发展。

二、研究设计

(一)评价体系构建

1. 构建依据

企业作为重要的市场主体,在相关政策披露之后,会纷纷响应相关决策部署,从不同角度针对高质量发展做出相应的战略布局。由于企业高质量发展提法相对较新,目前对企业高质量发展的定义并不多见,未形成统一共识。本文认为对企业高质量发展的界定可以从两个方面进行分析,一是依据新常态下的经济高质量发展进行界定,二是从企业发展的自身特点进行探讨。一方面,从新发展阶段看,我国目前所处的高质量发展阶段与以往的高速增长是截然不同的两种经济发展方式,因而可以依据现阶段的发展目标,从新常态下的发展理念来理解企业高质量发展内涵。和宏观经济发展类似，企业发展也会随着时代的变迁而不断变化，在早期发展阶段，企业凭借传统的要素驱动以追求企业的大规模扩张，实现短期生产价值的提高，这种浮于表面的绝对经济价值的生产方式，更注重企业的发展"速度"。随着经济进入新发展阶段，传统粗放式的发展模式已经达到瓶颈期，对企业的发展要求也应从以往单一的经济追求转向更加多维的发展方式，这与新发展理念相契合，也就是说企业高质量发展应该朝着新发展理念的大方向发展。具体来讲，对于高质量发展企业，一是要注重创新和自主研发；二是要满足自身与社会的协调发展；三是要注重降低能耗，践行绿色理念；四是要具备发展内外联动的能力，开阔与外界联系的视野；五是要把开放合作作为企业发展的手段，做到组团发展，互利共赢。另一方面，企业高质量发展是企业发展的新状态，不能完全等同于经济高质量发展，应该根据企业自身特点，进行一定的改进。在顺应五大发展理念的同时，也要具有完善的运行机制、具备吸收新技术的能力，还应当践行更多的社会责任，树立良好的企业形象，以提升自身的综合价值。总的来讲，企业高质量发展应当是能够突破传统要素驱动的生产瓶颈，在追求经济价值增值的同时，兼顾"创新、协调、绿色、开放、共享"和"质量第一，效益优先"的发展理念，能够在持续成长和持续创造价值的过程中实现创新驱动、绿色发展、开放合作、效益增长和社会共享的一种新发展范式。

2. 评价指标的选择与说明

基于上述企业高质量发展的内涵，在遵循企业高质量发展评价体系的逻辑思路和基本原则的基础上，本文构建了包含5个一级指标、12个二级指标和23个三级指标的指标体系，如表1所示。创新驱动方面，本文从创新投入和创新产出，两个维度度量企业的创新驱动能力，其中，创新投入选取研发人员占比、硕士及以上人员占比和研发经费投入强度三项指标衡量，创新产出选取专利申请数和无形资产占比衡量。绿色发展方面，本文从环保投资、环境披露和环境意识三个层面进行刻画，具体以环保投资强度来反映企业的环保投资情况，以是否披露环境和可持续发展来反映企业环境披露情况，以是否受到环保处罚和是否重污染企业来反映企业环境意识。开放合作方面，本文以开放投资和开放成果表征，具体以对外投资金额表征开放投资情况，海外业务收入占比表征开放成果情况。效益增长方面，应该包括企业的盈利能力、营运能力和发展能力,因而本文具体以主营业务利润率和净资产收益率两个三级指标描述企业的盈利能力,以总资产周转率和资产负债率两个三级指标描述企业的营运能力,以营业收入增长率和净利润增长率两个三级指标描述企业的发展能力。社会共享方面,要求企业在保障员工权益的同时,也能反哺社会,对社会作出贡献,具体以薪酬差距、应付职工薪酬增长率和基层持股能力反映企业员工权益,以税负贡献水平、就业吸纳能力和社会捐赠水平反映企业社会贡献。

表1 企业高质量发展测度指标体系

一级指标	二级指标	三级指标	指标说明
创新驱动	创新投入	研发人员占比	研发人员人数/员工总人数
		硕士及以上人员占比	硕士及以上员工人数/员工总人数
		研发经费投入强度	研发经费投入/营业收入
	创新产出	专利申请数	专利申请数量
		无形资产占比	无形资产/资产总额
绿色发展	环保投资	环保投资强度	环保投资额/资产总额
	环境披露	是否披露环境和可持续发展	是=1,否=0
	环境意识	是否受到环保处罚	是=1,否=0
		是否重污染企业	是=1,否=0
开放合作	开放投资	对外投资金额占比	对外投资金额/营业收入
	开放成果	海外业务收入占比	海外业务收入/营业收入
效益增长	盈利能力	主营业务利润率	(主营业务利润/主营业务收入)×100%
		净资产收益率	净利润/〔(股东权益期初余额+股东权益期末余额)/2〕
	营运能力	总资产周转率	营业收入/〔(资产合计期初余额+资产合计期末余额)/2〕
		资产负债率	(负债总额/资产总额)×100%
	发展能力	营业收入增长率	(本年本期营业收入—上年同期营业收入)/上年同期营业收入
		净利润增长率	(本年本期净利润—上年同期净利润)/上年同期净利润

续表

一级指标	二级指标	三级指标	指标说明
社会共享	员工权益	薪酬差距	高管薪酬均值/员工薪酬均值
		薪酬增长率	(本年本期应付职工薪酬—上年同期应付职工薪酬)/上年同期应付职工薪酬
		基层持股能力	内部职工股/股本总数
	社会贡献	税负贡献水平	实际应纳税额/营业收入
		就业吸纳能力	(本年本期就业人数—上年同期就业人数)/上年同期就业人数
		社会捐赠水平	捐赠金额/营业收入

(二) 评价方法

在计算企业高质量发展水平时，其首要任务就是确定各指标的权重。现有的赋权方法主要包括主观赋权法和客观赋权法。主观赋权法一般为相关研究领域的专家学者根据自身经验对每个指标进行赋权，因此权重的合理性受到专家主观认识的影响，具有一定主观性，常见的主观赋权法有专家咨询法、层次分析法等。而客观赋权法是在原始数据的基础上通过一定的数学方法进行计算，从而确定不同指标的权重，其测度结果不依赖决策者的主观判断，具有较强的数学理论依据，客观性较强，常见的客观赋权法包括主成分分析法、灰色关联度法、熵权法等。指标权重确定后的重要任务是选择合适的评价方法计算企业高质量发展水平的综合得分。通过文献梳理可知，在高质量发展测度中出现频率较高的评价方法包括主成分分析法、纵横向拉开档次法、TOPSIS法等。TOPSIS法是多目标决策分析中常见的方法之一，通过度量评价指标与最优解和最劣解之间的距离进行排序分析，这种方法对数据要求较低，评价结果较为直观。由于本文建立的评价体系涉及指标较多，数据可获性和可操作性较强，在测度方法的选择上，将常用于确定指标权重的熵权法与常用于多目标决策分析的TOPSIS评价法相结合，从多个方案、多个对象中找出最佳方案，使得测度结果更为准确、合理与直观，能够有效减少主观赋权带来的偏差。

基于以上考虑，本文运用熵权-TOPSIS法对企业高质量发展水平进行测度，具体计算步骤如下。

第一步，构建初始数据矩阵。假设研究中被评价对象的数量为 m，所构建的指标体系中评价指标数量为 n，则原始矩阵 X 为。

$$X = (x_{ij})_{m \times n} = \begin{bmatrix} x_{11} & x_{12} & \cdots & x_{1n} \\ x_{21} & x_{22} & \cdots & x_{2n} \\ \vdots & \vdots & \ddots & \vdots \\ x_{m1} & x_{m2} & \cdots & x_{mn} \end{bmatrix} \quad (1)$$

第二步，构建标准化矩阵。为了消除评价体系中因不同指标单位量纲带来的不利影响，对正向指标数据和逆向指标数据均进行了线性标准化处理。

对于正向指标，标准化计算公式如下。

$$x'_{ij} = \frac{x_{ij} - \min(x_j)}{\max(x_j) - \min(x_j)} \quad i = 1, 2\cdots, m; j = 1, 2, \cdots n \quad (2)$$

对于逆向指标，标准化计算公式如下。

$$x'_{ij} = \frac{\max(x_j) - x_{ij}}{\max(x_j) - \min(x_j)} \quad i = 1, 2\cdots, m; j = 1, 2, \cdots n \quad (3)$$

其中，$\max(x_j)$、$\min(x_j)$ 分别表示指标 j 的最大值和最小值，经过标准化处理得到的标准化矩阵如下。

$$X' = (x'_{ij})_{m \times n} = \begin{bmatrix} x'_{11} & x'_{12} & \cdots & x'_{1n} \\ x'_{21} & x'_{22} & \cdots & x'_{2n} \\ \vdots & \vdots & \ddots & \vdots \\ x'_{m1} & x'_{m2} & \cdots & x'_{mn} \end{bmatrix} \quad (4)$$

第三步，计算信息熵及冗余度。

$$e_j = \frac{1}{lnm} \sum_{i=1}^{m} p_{ij} \ln(p_{ij}) \quad i = 1, 2\cdots, m; j = 1, 2, \cdots n \quad (5)$$

$$p_{ij} = \frac{x'_{ij}}{\sum_{i=1}^{m} x'_{ij}} \quad (6)$$

其中，e_j 为信息熵，e_j 越大，表示评价指标 j 的信息熵越大，其包含的信息越少。根据信息熵，计算得出指标 j 的信息冗余度。

$$d_j = 1 - e_j \quad (7)$$

第四步，计算 j 指标的权重。d_j 越大，所包含信息就越多，将 d_j 进行归一化处理，得到每个指标的熵权。

$$w_j = \frac{d_j}{\sum_{i=1}^{m} d_j} j = 1, 2, \cdots n \tag{8}$$

第五步，构建加权决策矩阵。

$$V = (v_{ij})_{m \times n}, v_{ij} = w_j \times x'_{ij} i = 1, 2 \cdots, m; j = 1, 2, \cdots n \tag{9}$$

第六步，确定最优解 V_j^+ 及最劣解 V_j^-。

$$V_j^+ = \max(v_{1j}, v_{2j}, \cdots, v_{mj}) \tag{10}$$

$$V_j^- = \min(v_{1j}, v_{2j}, \cdots, v_{mj}) \tag{11}$$

第七步，计算欧式距离。根据最优解 V_j^+ 及最劣解 V_j^-，确定各可选方案到最优解与最劣解间的距离 D_i^+ 和 D_i^-。

$$D_i^+ = \sqrt{\sum_{j=1}^{n} (v_{ij} - V_j^+)2} \tag{12}$$

$$D_i^- = \sqrt{\sum_{j=1}^{n} (v_{ij} - V_j^-)^2} \tag{13}$$

第八步，计算可选方案贴近度。根据式（12）和式（13）计算的可选方案到最优解与最劣解的欧氏距离，可以得出可选方案的贴近度值 C_i。

$$C_i = \frac{D_i^-}{D_i^+ + D_i^-} \tag{14}$$

第九步，可选方案的排序与综合评分。对贴近度值 C_i 进行排序，C_i 值越大，说明企业高质量发展水平越高。反之，C_i 值越小，说明企业高质量发展程度越低。

（三）数据来源

本文企业高质量发展水平测度主要选取 2007—2021 年的中国 A 股上市公司作为研究样本。数据主要来源为国泰安数据库（CSMAR）和万得数据库（WIND）。为保证收集数据的准确性和研究样本的完整性，同时为了确保数据的有效性，根据以下原则对初始数据进行预处理：考虑到各公司财务迥异，按照 2012 年证监会对不同行业的分类标准，将金融类和 ST 类的上市公司样本予以剔除；为了保证实证结果的准确性，剔除主要变量缺失严重的研究样本；对于缺失数据采用线性插值法进行补全。经过上述处理，最终得到 2577 个有效的企业样本，10538 家企业年度样本。

三、测度结果分析

（一）企业高质量发展的整体分析

表 2 为企业高质量发展总体及分项指标测度结果分布情况。研究期间企业高质量发展水平得分均值为 0.2434，最高得分为 0.6470，最低为 0.0077，标准差为 0.1021。从分项指标来看，创新驱动是五个分项指标中均值得分最高的，为 0.0964，但其标准差也最大，为 0.0404，说明企业的创新能力平均水平较高，但不同企业的创新能力存在较大差距，这一点从最大值与最小值之差也能进一步得到验证。创新是企业在市场竞争中发展壮大的制胜法宝，作为高质量发展进程中不可或缺的角色，企业必须不断提升创新能力，从而全面实现高质量发展。其他分项指标均值得分排名依次是开放合作、绿色发展、效益增长和社会共享。其中，社会共享是五个分项指标中均值得分最低的，为 0.0146，其标准差也最小，为 0.0061，说明各企业的共享发展水平相差不大，离散程度相对较小，企业的共享发展意识较弱。企业能够长期平稳健康发展并不是依靠单个群体的奋斗，而是通过拥有共同利益的各方组织相互协作，合作共赢。因此，在促进企业发展的同时也要维护社会的整体利益，遵循共享发展理念来处理好企业与社会之间的关系，才能早日实现可持续的高质量发展。

表 2　企业高质量发展测度结果

变量	均值	标准差	最大值	最小值
企业高质量发展	0.2434	0.1021	0.6470	0.0077
创新驱动	0.0964	0.0404	0.2562	0.0030
绿色发展	0.0460	0.0193	0.1222	0.0014
开放合作	0.0697	0.0292	0.1852	0.0022
效益增长	0.0168	0.0070	0.0446	0.0005
社会共享	0.0146	0.0061	0.0388	0.0005

（二）企业高质量发展的时间维度差异

从图1不同年份企业高质量发展的核密度来看，2007—2021年企业在经济由高速增长转为高质量发展的过程中，发展受到了部分影响，但总体上升趋势未变，企业高质量发展水平处于波动上升之中。相比其他年份，2007年企业高质量发展平均得分最低，为0.1618；2020年均值最高，为0.2801。2007年、2011年、2016年、2017年、2018年这五年核密度曲线偏向左侧，说明这些年份的企业高质量发展均值水平呈下降趋势。2008年、2009年、2010年、2012年、2013年、2021年这些年份的核密度曲线呈现右偏分布，说明企业高质量发展水平大部分聚集在峰值右侧，可以带动均值水平提升。而2014年、2015年、2019年、2020年这四年的核密度图更接近正态分布，说明其差异较小。

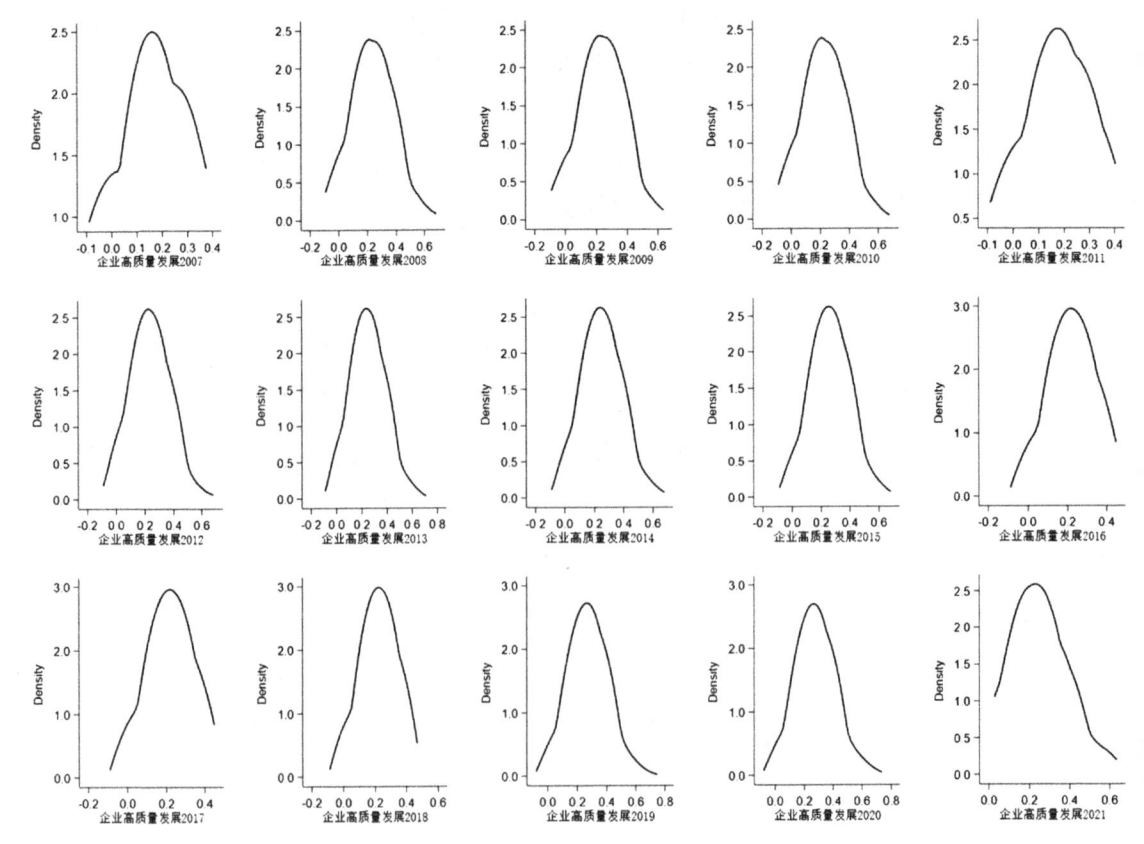

图1 2007—2021年企业高质量发展的核密度图

(三) 企业高质量发展的空间维度差异

从表3空间维度来看，企业高质量发展水平东部地区>中部地区>东北地区>西部地区，企业高质量发展水平存在明显区域差异。东部地区企业高质量发展平均值为0.2540，位列四大区域之首，其中，较高水平的省级行政区多位于我国东部沿海地区，企业高质量发展平均值排名前五的省级行政区依次是广东0.2646、北京0.2600、浙江0.2584、福建0.2576、江苏0.2531。究其原因在于东部地区作为我国经济发展的"动力源"，其发展韧性强、活力足，具有良好的经济基础，能够很好地发挥创新要素集聚优势，推动企业在创新引领上实现突破，进而不断夯实区域内企业率先实现高质量发展的基础。西部大部分地区企业高质量发展则处于较低水平，这与它们的地理位置、资源条件、发展方式等有关，虽然这些省级行政区能源储量丰富，受地理位置限制，能源利用率低，发展方式多为粗放式，企业高质量发展水平存在较大的上升空间。因此，从区域角度看，具有区位优势的企业应继续发挥动力引擎作用，而发展水平较低的企业要调整发展理念，加大投入和改革力度，从而真正实现企业健康持续地高质量发展。

表3 不同地区企业高质量发展测度结果

省级行政区	均值	标准差	最大值	最小值	排名
北京	0.2600	0.0814	0.6470	0.0133	2
天津	0.2429	0.0930	0.5617	0.0360	7
河北	0.1922	0.0871	0.4320	0.0126	25
上海	0.2505	0.1023	0.6151	0.0098	6
江苏	0.2531	0.1044	0.5614	0.0109	5
浙江	0.2584	0.1141	0.5833	0.0115	3
福建	0.2576	0.0998	0.5768	0.0103	4
山东	0.2391	0.1000	0.5699	0.0138	9
广东	0.2646	0.1072	0.5966	0.0106	1
海南	0.2054	0.0890	0.4079	0.0252	22
东部地区	0.2540	0.1037	0.6470	0.0098	①

续表

省级行政区	均值	标准差	最大值	最小值	排名
山西	0.1472	0.0698	0.3129	0.0114	31
安徽	0.2140	0.0914	0.5129	0.0106	20
江西	0.2172	0.0961	0.5200	0.0171	18
河南	0.2230	0.0968	0.4949	0.0116	16
湖北	0.2416	0.0910	0.4960	0.0143	8
湖南	0.2304	0.0881	0.5604	0.0148	14
中部地区	0.2205	0.0935	0.5604	0.0106	②
内蒙古	0.1822	0.0915	0.4278	0.0263	27
广西	0.2111	0.0969	0.4695	0.0121	21
重庆	0.2330	0.1083	0.4757	0.0077	13
四川	0.2362	0.0878	0.4957	0.0102	10
贵州	0.2343	0.0778	0.3918	0.0165	12
云南	0.1680	0.0620	0.2777	0.0121	29
西藏	0.1520	0.0596	0.3469	0.0226	30
陕西	0.2155	0.1021	0.5349	0.0120	19
甘肃	0.2220	0.0865	0.4480	0.0169	17
青海	0.1860	0.0782	0.2773	0.0203	26
宁夏	0.1723	0.0906	0.3957	0.0126	28
新疆	0.2267	0.0835	0.4379	0.0119	15
西部地区	0.2147	0.0927	0.5349	0.0077	④
辽宁	0.2345	0.0972	0.5231	0.0104	11
吉林	0.1946	0.0823	0.3504	0.0111	24
黑龙江	0.1967	0.0944	0.2973	0.0121	23
东北地区	0.2151	0.0943	0.5231	0.0104	③

（四）企业高质量发展的行业差异

从表4不同行业企业高质量发展测度结果可知，行业内部差异显著。排名前三的行业依次是卫生和社会工作 0.3147，科学研究和技术服务业 0.2978，批发和零售业 0.2916，它们均属于第三产业。近年来，我国积极推进基本公共卫生服务均等化，鼓励科技服务业企业持续加大研发经费投入，加快零售业、上下游、全链条、标准化系统建设等措施，推动经济逐渐步入"服务经济"时代，相关企业也着重从探索模式、建强队伍上下功夫，并取得了初步成效。位列后三位的行业依次是采矿业 0.1496，电力、热力、燃气及水生产和供应业 0.1666，制造业 0.2365，它们均属于第二产业，高耗能、高排放、低能效一直以来是制约这些行业发展的重要因素，尤其是以资源消耗型产业为主，对自然资源的依赖度较高的采矿业，这些企业在发展过程中对生态环境造成了一定程度的扰动，这些负外部影响反过来也会制约企业的高质量发展。因此，从行业角度看，传统行业应加快升级改造，朝着更高质量、更有效率、更可持续的方向发展，新型行业应加快培育壮大，为企业高质量提质增效注入澎湃新动能。

表4 不同行业企业高质量发展测度结果

行业	均值	标准差	最大值	最小值	排名
交通运输、仓储和邮政业	0.2834	0.0284	0.4922	0.2542	8
住宿和餐饮业	0.2856	0.0402	0.4452	0.2547	6
信息传输、软件和信息技术服务业	0.2861	0.0464	0.6151	0.2535	4
农业	0.2856	0.0373	0.4574	0.2539	5
制造业	0.2365	0.1107	0.6470	0.0098	15
卫生和社会工作	0.3147	0.0894	0.4971	0.2743	1
建筑业	0.2847	0.0343	0.6121	0.2538	7
房地产业	0.2791	0.0236	0.4866	0.2535	10
批发和零售业	0.2916	0.0596	0.5604	0.2538	3
教育	0.2714	0.0117	0.2896	0.2577	14
文化、体育和娱乐	0.2789	0.0246	0.4604	0.2536	11
水利、环境和公共设施管理业	0.2779	0.0104	0.3206	0.2536	12
电力、热力、燃气及水生产和供应业	0.1666	0.0794	0.3585	0.0077	16
科学研究和技术服务业	0.2978	0.0526	0.5680	0.2536	2
租赁和商务服务业	0.2753	0.0187	0.3927	0.2535	13

续表

行　业	均　值	标准差	最大值	最小值	排　名
综合	0.2808	0.0270	0.3703	0.2537	9
采矿业	0.1496	0.0662	0.5386	0.0133	17

四、结论与启示

本文通过对企业高质量发展概念的解读，从创新驱动、绿色发展、开放合作、效益增长、社会共享五方面构建了2007—2021年我国A股上市公司的高质量发展评价体系，通过采用熵权-TOPSIS法对这些样本企业的高质量发展水平进行了测算，并根据测算结果分析了企业高质量发展的时间、空间和行业变化特征。得出我国企业高质量发展水平处于波动上升之中，创新驱动是企业向高质量发展转型的第一动力，不同行业、不同地区的企业高质量发展水平存在显著的不平衡。从时间变化来看，2007—2021年企业在经济由高速增长转为高质量发展的过程中，虽然有部分年份处于波动状态，但总体上升趋势并未改变。从区域层面看，位于东部地区的企业高质量发展水平最高，而位于西部地区的企业高质量发展水平最低，我国区域发展不平衡问题仍然存在。从行业角度看，行业之间差异显著，位于第三产业的企业高质量发展水平较高，排名较前的行业如卫生和社会工作、科学研究和技术服务业、批发和零售业的高质量发展表现较好，与"服务经济"时代相符。

基于对企业高质量发展的测度与评价，笔者归纳了下述几条富有价值的政策启示：

第一，加快实现经济增长的动能转换，提高科技创新能力。 在快速变化的市场中，企业只有加快经济增长动能转换，不断追求创新才具备应万变的能力，不被时代淘汰。一方面，要强化企业创新主体地位，引导企业运用科技创新提高竞争优势，对于技术含量较高的企业，在提升自身发展能力的同时，要坚持创新驱动发展，学会通过应用迭代加速技术成熟，并尝试研发具有自主知识产权的智能技术。而对于技术含量较低的企业，应根据实际情况快速调整自身生产结构，加快推进智能化建设，从而实现经济增长方式的转变。另一方面，要加强对企业创新高端要素的供给，政府要加大对人力资本的投入，助力更多科技成果转化，为企业创新发展注入强劲动力。

第二，**坚持绿色低碳发展理念，履行更多社会责任。**企业高质量发展不同于以往的高速增长，要质量，还要环保，更要效益，这意味着减碳不减生产。企业不能依靠单打独斗，要突破个体行为模式，以更开阔的思路、更宽阔的眼界将社会责任融入企业发展之中，实现经济效益和社会效益双赢。一方面，要坚持降碳提质并举，对重点行业、重点企业进行技术改造，要彻底摒弃破坏生态环境的发展模式，以保护生态的大局观推动生态和经济的良性循环。另一方面，通过构建绿色绩效考评体系，对企业绿色发展情况进行定期检查，实行绿色发展奖惩机制，对于违背生态优先、绿色发展理念的企业要给予一定的处罚，也要重点奖励和大力扶持积极配合绿色转型企业，淘汰和改造落后产能的企业。

第三，**规范企业高质量发展的认定标准。**标准决定质量，只有高标准才有高质量，企业高质量发展首先要建立高质量发展的评定体系，但目前我国对企业高质量发展的认定还没有权威的标准口径，不同地区、不同机构对企业高质量发展的评价标准并不统一，因此，应该尽快规范企业高质量发展的认定标准。具体来讲，可以从三个方面着手，一是高质量发展评价应契合企业实际需求，要注重精准性，避免以偏概全，方便企业对症下药。二是高质量发展评价标准要注重整体性和协同性，方便政府和企业之间统筹协调，从而更好形成合力。三是指标选取应更加注重公平性，要对所有企业一视同仁、平等对待，从而形成示范效应，有利于增强企业高质量发展信心。

参考文献

[1] 陈昭，刘映曼. 政府补贴、企业创新与制造业企业高质量发展 [J]. 改革，2019（8）：140-151.

[2] 陈丽姗，傅元海. 融资约束条件下技术创新影响企业高质量发展的动态特征 [J]. 中国软科学，2019（12）：108-128.

[3] 王业斌，许雪芳. 减税降费与经济高质量发展——来自小微企业的微观证据 [J]. 税务研究，2019（12）：16-21.

[4] 陈诗一，陈登科. 雾霾污染、政府治理与经济高质量发展 [J]. 经济

研究, 2018, 53 (2): 20-34.

[5] 郑玉歆. 全要素生产率的再认识——用 TFP 分析经济增长质量存在的若干局限 [J]. 数量经济技术经济研究, 2007 (9): 3-11.

[6] 范金, 姜卫民, 刘瑞翔. 增加值率能否反映经济增长质量? [J]. 数量经济技术经济研究, 2017, 34 (2): 21-37.

[7] 李梦欣, 任保平. 新时代中国高质量发展的综合评价及其路径选择 [J]. 财经科学, 2019 (5): 26-40.

[8] 刘亚雪, 田成诗, 程立燕. 世界经济高质量发展水平的测度及比较 [J]. 经济学家, 2020 (5): 69-78.

[9] 詹新宇, 崔培培. 中国省际经济增长质量的测度与评价——基于"五大发展理念"的实证分析 [J]. 财政研究, 2016 (8): 40-53.

[10] [1] 师博, 韩雪莹. 中国实体经济高质量发展测度与行业比较: 2004—2017 [J]. 西北大学学报 (哲学社会科学版), 2020, 50 (1): 57-64.

[11] 李金昌, 史龙梅, 徐蔼婷. 高质量发展评价指标体系探讨 [J]. 统计研究, 2019, 36 (1): 4-14.

[12] 赵涛, 张智, 梁上坤. 数字经济、创业活跃度与高质量发展——来自中国城市的经验证据 [J]. 管理世界, 2020, 36 (10): 65-76.

[13] 马茹, 罗晖, 王宏伟等. 中国区域经济高质量发展评价指标体系及测度研究 [J]. 中国软科学, 2019 (7): 60-67.

[14] 张涛. 高质量发展的理论阐释及测度方法研究 [J]. 数量经济技术经济研究, 2020, 37 (5): 23-43.

[15] 张丽伟. 中国经济高质量发展方略与制度建设 [D]. 北京: 中共中央党校, 2019.

[16] 吕承超, 崔悦. 中国高质量发展地区差距及时空收敛性研究 [J]. 数量经济技术经济研究, 2020, 37 (9): 62-79.

[17] 王静, 方德斌. 基于"五位一体"的中国经济高质量发展指数研究 [J]. 宏观经济研究, 2022 (5): 22-34.

[18] 杨耀武, 张平. 中国经济高质量发展的逻辑、测度与治理 [J]. 经济研究, 2021, 56 (1): 26-42.

[19] 聂长飞, 简新华. 中国高质量发展的测度及省际现状的分析比较

[J]. 数量经济技术经济研究, 2020, 37 (2): 26-47.

[20] 唐晓彬, 王亚男, 唐孝文. 中国省域经济高质量发展评价研究 [J]. 科研管理, 2020, 41 (11): 44-55.

作者简介：刘英，江西省社会科学院助理研究员，博士。

后疫情时代贵州旅游业的高质量发展路径

于开锋 蒋莉莉

摘 要：当前，全球旅游格局深度调整，新冠肺炎疫情、消费升级、产业融合、数字科技等因素进一步打破传统旅游产业格局，贵州旅游业在市场结构、消费内涵、产品升级趋势等方面正经历一场严峻考验，有利于倒逼文旅行业变革，乘势推动贵州旅游迭代升级，促进现代旅游产业体系构建与成熟。新冠肺炎疫情过后，重新出发的旅游业需要对当前遇到的行业性问题进行重新评估和系统认知，抢抓扩大内需战略下旅游业的后疫情红利。

关键词：旅游业；后疫情红利；业态创新

三年新冠肺炎疫情给旅游经济带来重创，随着新冠肺炎疫情消散、我国经济稳盘复苏、高质量发展和中国式现代化的深入推进，国内经济正向稳步复苏转变，开启了旅游业强劲反弹的复苏大门。后疫情时期，全球旅游格局深度调整，疫情影响、消费升级、产业融合、数字科技等因素进一步打破传统旅游产业格局，更深更广地重塑观光、休闲、度假等旅游消费场景，催生新的旅游需求和潜能，为贵州旅游产业高质量发展提供了新市场新空间。新冠肺炎疫情过后，面对重新出发的旅游业，我们需要对当前遇到的行业性问题进行重新评估和系统认知，重塑贵州旅游场域、功能，是推动贵州旅游业高质量发展的前路。

一、文献综述

对于新冠肺炎疫情过后旅游业如何再出发，不少学者发出了振聋发聩的呼吁，强调应积极调整思路、因势利导，开辟文旅产业发展的新世界。董观志

(2023)认为,承受了三年全球性经济重压的旅游业在2023年应该具有高强度的反弹趋势。经过三年新冠肺炎疫情的深度冲击,旅游业面临五个难以为继:投资拉动型旅游业难以为继、资源粗放式旅游业难以为继、重资产旅游业难以为继、评级授牌式旅游业难以为继、地方全域旅游业难以为继。旅游业已经不再是疫情之前的工具性旅游业,将进入理性稳健发展的主体式新阶段,旅游业迭代重整,业态创新已蓄势成局。唐建(2022)认为疫情在给旅游业带来冲击的同时,也给旅游的发展带来了机遇,有利于重塑旅游产业竞争力格局、加速与数字经济融合、推动旅游产品创新、推动挖掘本地旅游市场潜力、提升旅游行业的危机意识和应对能力等。应更重视本地旅游市场的"口红效应",提供高质量的短途休闲和度假旅游产品,融合数字经济,发展智慧旅游,着力创新旅游产品,优化旅游产品结构。易舒心(2023)对河北省文化和旅游业的振兴障碍进行了分析,以心理学S-O-R模型实证研究发现外部影响因素负向影响旅游风险感知,但能正向影响外出旅游意愿,旅游风险感知负向影响外出旅游意愿,提出强化旅游管理、开发特色旅游项目、发展休闲生态旅游助力乡村振兴,建设智能化"云旅游"等发展路径。

二、贵州旅游发展现状和问题

近年来,贵州聚焦旅游产业化"两大提升""四大行动",持续提升旅游产业内生动力,持续扩大多彩贵州民族特色文化影响力,打造"双一流"目的地,加快建设多彩贵州民族特色文化强省和旅游强省,旅游业取得了来之不易的新进展、新成效、新突破。

1. 旅游业总体运行情况

贵州省接待游客数量情况:疫情前的2016—2019年贵州省接待游客人数持续井喷式增长,2019年达到疫情前最高的11.3365亿人次,年均增长28.9%,呈现出良好的旅游消费需求增长态势。2020年受疫情影响全省接待量降至6.18亿人次,降幅45.5%。2021年为6.44亿人次,较2020年略有增长。2022年接待游客为4.92亿人次,比上年下降23.6%。为2019年的43.4%。

贵州省旅游总收入情况:2016—2019年,全省旅游总收入从5027.54亿元快速增长到12318.86亿元,增速在全国名列前茅。2020年受疫情影响降至

5785.09亿元，降幅达53%，2021年全省实现旅游总收入6642.16亿元，恢复到2019年同期的53.9%；2022年，实现旅游总收入5245.64亿元，相比2021年下降21%。

2. 贵州旅游消费市场特征

一是传统观光产品仍然占据主导，但是乡村生态类产品需求增长较快。从在黔游客旅游目的占比来看，2022年1—8月，游客仍以传统观光休闲度假为主，占比59.31%；其次是乡村旅游生态类占比39.31%，纪念馆等红色旅游类占比5.22%，文博历史科教类占比5.58%，游乐园、绿道、城市综合体等娱乐类占比3.55%。从旅游目的接待人次来看，接待传统观光休闲度假类游客23773.28万人次，同比下降26.48%；接待乡村旅游生态类游客15757.63万人次，同比增长33.30%；接待纪念馆等红色旅游类游客2094.11万人次，同比下降65.92%；接待文博历史科教类游客2234.79万人次，同比下降48.54%；接待游乐园、绿道、城市综合体等娱乐类游客1424.87万人次，同比下降55.53%。

二是出游方式以短途游和自驾游占比较大。以短途游和周边观光休闲度假、乡村游为旅游目的的省内游客，多以一日游为主。2022年1—8月，接待一日游游客3.18亿人次，较去年同期上升3.11%，占接待国内游客总量的比重为79.26%；接待过夜游客8314.14万人次，较去年同期下降40.59%，占接待国内游客总量的比重为20.74%。

三是旅游花费构成总体上变化不大，休闲疗养费用成为增长最快的版块。2022年1—8月，过夜游客人均花费为1994.04元，一日游游客人均花费为810.22元，同比分别增长18.23%、24.51%；本省游客人均花费为754.99元，外省游客人均花费2047.22元，同比分别增长8.68%、29.19%。从游客人均花费构成情况来看，以交通、住宿、购物和餐饮为主的消费占比为84.28%。其中，交通花费占比最高，为23.61%；其次是住宿、购物两项花费，分别占国内游客花费的22.71%、21.32%；餐饮占比为16.64%。另外，景区游览、文化娱乐和休闲疗养费用占比相对较低，分别为7.07%、2.63%和2.99%。其中休闲疗养费用同比增幅为122.81%，成为各项花费中增长最快的版块。

3. 贵州旅游业高质量发展的测度

产品质量是资源利用有效性的前提，是产业发展质量的基础和根本。经济学上一般用产品合格率来衡量产品质量。旅游产品是旅游吸引及其提供过程综合作用的复合体，基于数据的可得性，可借用游客满意度指数及客房利用率指数评价贵州旅游产品质量。

表2 2015—2022年贵州旅游市场游客满意度指数和利用率指数表

年份	2015	2016	2017	2018	2019	2020	2021	2022
游客满意度	75.38%	76.76%	77.33%	82.79%	84.32%	85.52%	84.51%	83.42%
平均客房出租率	58.5%	61.7%	59.5%	57.4%	61.0%	39.1%	54.41%	41.84%

从对旅游者旅游服务质量满意度的统计结果来看，旅游满意度指数疫情前呈上升趋势，2020年疫情后略有下降，总体上服务质量普遍得到提升，意味着贵州旅游产品竞争力的提升。这主要归功于近几年贵州旅游业的发展以及旅游标准化建设和法制建设的成果，使得贵州旅游产业素质不断提高。饭店客房出租率疫情前保持在六成左右，与全国平均水平相当，2020年降至39.1%，2021年客房出租率回升至54.41%。总体来看，贵州饭店客房出租率相比东部城市还处于较低水平，说明贵州旅游业一直处于生产能力过剩阶段，产品利用率不足，影响了产业效益。

当前旅游业面临的困境来自三年疫情造成的冲击和旅游业地域性、季节性、敏感性、大众性和综合性特征。表现在：一是纾困措施虽然有一定成效，但市场主体经营困难、从业人员不稳定的困难依然存在。二是国有企业资产业务重组、完善法人治理结构和经营机制的步伐不够快，规模小、能力弱、机制僵化的问题还没有根本改变，还没有形成其他一些省份那样的文旅龙头企业。由于缺乏龙头带动，各地资源分散、各自为战的现象仍然比较突出。

三、推进多彩贵州旅游强省建设的战略思路

主动应对后疫情时代的新变化，积极调整思路，与时俱进，化危为机推动贵州旅游迭代升级，以凝聚四大共识为方向，统筹培育本地居民的休闲消费和外地游客的增量消费两个市场，从需求侧引导与供给侧改革双侧发力，推动旅游实体经济和旅游虚拟经济齐头并进，实现旅游需求多元化、供给品质化、区域协调化、成果共享化，全力推进贵州省旅游产业化高质量跨越式发展，推进

多彩贵州旅游强省建设。

一是凝聚主客共享双轮驱动的共识。重视省内市场价值，充分发挥疫情下省内市场稳定器、压舱石、先手棋作用，精准发力本地游、省内游，通过"贵州人游贵州"促进"贵州人识贵州"，做强做优做大省内旅游市场，加快构建以省内旅游市场为主体、省内省外双循环相互促进的新发展格局。整合跨区域资源要素，促进城乡、区域协调发展，统筹培育本地居民的休闲消费和外地游客的增量消费两个市场，创造主客共享美好生活新空间，持续提升主客"获得感"。

二是凝聚需求侧引导与供给侧改革双侧发力的共识。推进需求侧管理，克服疫情影响引导旅游消费推动旅游消费提质扩容，健全旅游基础设施和公共服务体系，推动旅游业跨界融合，扩大旅游促消费资金规模，加快推进智慧旅游建设，广泛开展文化旅游惠民，提升旅游服务和保障水平，增强居民的消费意愿和消费能力，努力拓展多元化流量。以旅游供给侧结构性改革引导供需匹配，激发各类旅游市场主体活力，加大优质旅游产品供给力度，扩大科技创新、基础设施建设和公共服务等领域的新投资新供给，以增量投资带动存量优化，增加有效供给在更高层次上满足消费需求，推动消费品质提升。

三是凝聚旅游产业旅游事业统筹发展的共识。坚持旅游为民、旅游带动。发挥旅游业综合带动作用，释放"一业兴、百业旺"的乘数效应，通过旅游产业在社会和产业两个领域的全面展开，跨界创新整合实现产业共荣，配置再优化实现共建共享，创造更多就业创业机会，更好服务经济社会发展。充分发挥旅游业为民、富民、利民、乐民的积极作用，更好满足大众特色化、多层次旅游需求，旅游业发展成果为百姓共享，不断实现人民对美好生活的向往，成为具有显著时代特征的幸福产业。

四是凝聚"好看的皮囊和有趣的灵魂"双桂齐芳的共识。推动旅游实体经济和旅游虚拟经济齐头并进。实现贵州旅游既有"好看的皮囊"但非千篇一律，又有"有趣的灵魂"仍是万里挑一。推动旅游环境优化，完善旅游基础设施，紧抓优质项目建设，盘活旅游闲置资产，打造特色鲜明、品牌突出、质量上乘的优质文旅产业。提升文化旅游创意优质能量供给，着重培育激活存量资源和市场潜力的新业态，扩大新技术场景应用，加大旅游物联网、娱乐品制造、数字孪生景区、景区数字藏品 NFT 等新兴业态的布局，提升整体文化旅游可参与性和体验性，推动贵州旅游产业由观光型向度假型转变、实景式向沉浸式转变、被动性向智慧型主动性转变、来客松散型向文化内涵型转变，丰富产品和服务渠道，推动旅游消费升级，实现我省旅游产业化高质量发展。

四、促进贵州旅游业复苏的对策建议

要深度挖掘基于资源的传统要素存量，提升扩大基于资产的发展要素增量，乘势推进基于资本的创新要素变量，既要做好"短小微高"旅游业，更要做好专业运营团队、精准数智赋能、特色产品服务和新兴业态模式的"专精特新"旅游业。

（一）深耕省内旅游消费市场保流量

1. 优化旅游消费环境。挖掘游客消费特点，引导供需匹配，更高效地获取游客、转化游客、服务游客。一是集中推出面向游客的旅游线路、景区（点）、节庆展会、演艺展览、文创产品等系列优惠文旅产品，繁荣省内旅游市场。二是推选一批品质优良的游览区（包括度假区、景区、乡村旅游区等）、饭店、度假村和乡村民宿等接待设施。三是取消"厚此薄彼"的差别化待遇政策，加大旅游消费券发放力度，开展流量奖补和消费补贴。四是鼓励干部职工分段休假、错峰休假，为促进旅游消费创造有利条件。

2. 拓展旅游消费领域。重视内容挖潜、文化创造、场景营造和数字化转型，孵化一批具有较高传播力、影响力和持续盈利能力的文旅新场景、新业态、新产品、新服务。一是加速产品和业态创新。重点加速乡村旅游、"夜间"旅游、研学旅游、文化旅游、康养旅游、桥梁工业水利旅游等产品业态创新。二是探索旅游消费新模式。发展基于积分体系的等级会员制、付费会员制，推出"贵州旅游积分卡"，对老年人、学生、现役军人、教师、医务工作者、疫情防控志愿者、东西部协作和定点帮扶省市游客等特定群体推出优惠政策。三是深入推动贵阳、遵义、安顺等国家文化和旅游消费试点城市、示范城市建设。

3. 提升旅游消费服务。大力营造"六心"共建旅游环境。一是让绿色餐饮护航"贵州味道"放心之旅。为省内外游客提供地道的贵州美食之旅及全球美食博览，提升"贵州礼物""贵州味道"在全国的影响力，加快黔菜"预制菜"、刺梨、猕猴桃、蓝莓、火龙果等生态功能饮品开发和生产力度。二是让特色民宿助推"田园贵州"安心之旅。以"山地民宿"为特色，精细化打造精品民宿、汽车旅馆、汽车营地、汽车俱乐部、房车营地、露营地、沉浸式度假主题酒店等，打造多层次住宿体系。三是让最美交通助推"通途贵州"顺心之旅。积极创造条件新建、改扩建停车场，布局充电桩，完善线下租车、驿站服务自驾游的线上服务平台。积极发展主题旅游巴士、光影地轨缆车、热气球、山地自行车、山地摩托车、山地越野车、滑翔翼、直升机、水上飞机、溜索、滑道等新型体验型旅游交通。四是让多元业态成就"多彩贵州"舒心之旅。策划并推出"微旅游""自驾游""乡村游""美食游""应季游"等系列产品。五是让名优土特满足"醉美贵州"称心之旅。打造线上商城，线上卖货、线下聚客两头抓，协力促进旅游消费。将民族服饰、饰品时尚化、时代化、生活化，融合科技手段，精心打造沉浸式消费新场景。六是让文化千岛助力"知行贵州"开心之旅。依托贵州数字产业基础，以数字娱乐、人机互动、电竞娱乐、社交娱乐等为体验特点，形成"一地一主题"的差异化发展格局，打造各具特色黔文化数字主题乐园。

（二）巩固拓展省外客源市场促发展

1. 进一步加大省外客源市场开拓力度。巩固重点市场、发展新兴市场、培育潜在市场。一是巩固和扩大省外一级客源市场。借鉴长三角地区"15+1"的无障碍旅游联合体发展经验，组建区域旅游联合体，针对川、渝、湘、云、桂等周边省区市旅游市场，共建跨省域旅游，合作打造"风景共同体"。利用荔波、赤水、桐梓、铜仁、兴义、盘州等门户城市的区位优势和旅游资源优势，打造"桥头堡"旅游经济。对广东、浙江等东西部协作省、市持续推出"贵有真情·感恩有你"等回馈游活动。二是积极拓展苏沪、闽鄂、京津冀等二级市场客源。加强京津、闽鄂、苏沪杭等主体市场的开拓和主要热点旅游城市的合作。三是深度开发国内高校学生旅游市场等其他客源，推出寻革命足迹、访绿水青山、看乡村发展等主题青年研学旅游"走读贵州"活动。

2. 打造贵州旅游物联网CBD+虚拟产业园。规划建设贵州旅游物联网CBD+虚拟产业园，推动旅游物联网CBD+虚拟产业和产业集群在内的新业态新模式发展。一是打造游客最受欢迎的"旅游目的地O2O体验中心"。推进虚拟景区、主题乐园、体验馆、商超以及空间定位与地图构建、AI 数字人、艺术品展示等产品内容供给，加速现有数字内容向虚拟现实内容移植，让贵州印象在游客心中成功"种草"。二是打造游客一站全享的新商业中心。线下以展会形式，为游客带来旅游 VR 体验、观光工厂博览汇、旅游创意集市等集文创、科技于一体的体验式嘉年华，线上以"云上体验+沉浸消费"方式打造国内领先的智慧旅游示范平台和元宇宙线上数字体验平台，打造永不落幕的贵州旅游资源交易会。三是打造文旅产业聚集发展的重要基地。培育孵化虚拟现实领域企业，吸引各类天使投资、VC 和 PE，为贵州旅游电商青年"创客"提供系统、规范、高效的孵化服务，打造成全国旅游物联网技术创新转化和文旅产业聚集发展的重要基地。四是打造国内文化旅游虚拟现实产业发展高地。布局虚拟现实整机、核心零部件制造及软件开发、内容制作应用等，搭建旅游虚拟现实增强现实技术及应用工程实验室，构建"研发创新+生产制造+内容制作+场景应用"于一体的全产业链生态，建设旅游物联网 CBD。

3. 加快培育体育旅游等全国知名新兴旅游产品。以"贵州村 BA 天亮文化"、贵阳花果园千人广场舞等草根文化为引领，充分发挥贵州丰富多彩的民族传统节日和传统艺术优势，大力开展划龙舟、摔跤、舞龙、押加、陀螺、射弩、蹴球等竞赛项目和跳竹竿、板凳舞、手拍鸡毛毽、打铜棍、丢糠包、毽球、荡秋千等民族体育活动，增强省内外游客吸引力。

（三）持续推动旅游业转型升级提质量

1. 以打造旅游空间新格局推转型。适应后疫情时代旅游市场结构变化，精准对接疫情后游客消费心理，加强空间组织秩序优化，提高空间运行效率，构建"旅游城市—旅游环线—旅游风景道"的圈层-廊道发展新格局。

2. 以闲置低效旅游资产盘活增潜能。以高质量为核心，构建科学合理的旅游项目评价体系。以共赢为目标，形成项目盘活有为政府、有机社会和有效市场的强大合力。以差异化为方略，构建精准有效的施策体系。聚焦"资金缺乏""手续办理""运营管理"等主要问题，创新闲置低效旅游资源盘活方式方法，综合运用"PPP""部门联动""瘦身缩减""增量点睛"等措施，变"包袱"为财富，将闲置低效旅游资源盘活作为实现省内省外市场"双轮驱动"产品业态升级转换的重要抓手。以市场化为导向，构建更加完善的要素体系。加快推动 REITS 在旅游领域的应用，积极探索资产证券化方式盘活闲置低效旅游项目。

3. 以竭力纾企解困促发展。持续推出涉旅企业纾困政策工具箱。全面梳理各级涉企优惠政策，主动适应疫情防控常态化下的市场需求变化，积极向"内循环""轻旅行""微度假""夜游"等旅游方式转型。进一步细化文旅行业重点企业项目及中小微企业融资需求库，针对不同地域、不同企业的特点创新"文旅贷""康养贷""全域旅游贷"等专属金融产品，探索推出文旅供应链金融，支持企业开展并购融资。

4. 以文旅国企改革改制激活力。聚焦国有景区存在的管理体制不顺、运营机制不活、内生动力不足、发展效率不高等突出问题，对国有景区体制机制进行系统性、重塑性改革。坚持"把标杆企业变为战略投资者"的做法，积极引入高匹配度、高认同感、高协同性的优质战略投资者。对文旅国企现有的固定资产中投资长期亏损项目、股权投资长期无收益项目、在建停缓建项目、建成停运项目，多措并举疏堵主要的"出血点"和"亏损源"；对扭亏无望的企业严控无效输血，加快出清止损。

参考文献

[1] 董观志. 扩大内需战略下旅游业的后疫情红利 [J]. 新经济，2023，561（01）：5-10.

[2] 严孟霞. 常态化疫情防控背景下邯郸市旅游业发展困境与突破路径研究 [J]. 河北旅游职业学院学报，2023，28（01）：51-54.

[3] 唐建. 常态化疫情防控下宁镇扬旅游业升级转型的思路 [J]. 现代企业，2023（05）：99-101.

[4] 易舒心. 疫情防控常态化背景下河北省文化和旅游业振兴障碍及路径研究 [J]. 经济师，2023（02）：120-121，124.

作者简介：于开锋，贵州省社会科学院工业经济研究所副研究员；蒋莉莉，贵州省社会科学院工业经济研究所所长、研究员。

推动贵州基层社会治理高质量发展的实践探索

王义飞

摘　要：在新发展理念指引下，通过对贵州省部分地区基层社会治理具体实践及探索情况的调研，总结分析其治理特点及问题短板，从而更有利于社会治理的成效向深度和广度发展，最终实现行之有效的"共建共治共享"的基层社会治理新格局，推动基层社会治理高质量发展。

关键词：贵州；基层社会治理；高质量发展

一、问题的提出

习近平总书记指出，"高质量发展，就是能够很好满足人民日益增长的美好生活需要的发展，是体现新发展理念的发展"。党的二十大报告提出，"高质量发展是全面建设社会主义现代化国家的首要任务"，并对"加快构建新发展格局，着力推动高质量发展"作出战略部署。当前，全省牢记习近平总书记的嘱托，把民生需求作为地方党和政府的重要任务，切实担负起巩固拓展脱贫攻坚成果同乡村振兴有效衔接重大政治责任，扎实抓好乡村建设、乡村治理、乡村发展，奋力打造乡村振兴新典范。

在从巩固拓展脱贫攻坚成果向乡村振兴的历史性转向过程中，基层社会治理的实践和做法，又会随着农村产业革命的深化、乡村振兴建设取得的阶段性成效，新的经济和社会发展格局，公共服务体系建设、不同社会群体的思想素质、权利意识和诉求等的变化，而进行不断的适应、调整和补充。因此，社会治理的具体实践也是开放的、具体的，因时、因势、因人而进行不断调整、适应和变化。实现巩固拓展脱贫攻坚成果和乡村振兴的顺利过渡和有机衔接，是未来基层社会治理发展的重要着力点和落脚点,从而更有利于社会治理的成效向深度和广度发展,最终实现行之有效的"共建共治共享"的社会治理新格局。

二、贵州基层社会治理的探索实践

在巩固拓展脱贫攻坚成果和乡村振兴的背景下,全省各地在开展基层社会治理具体实践的过程中,逐步探索和总结出行之有效的、富有地域特色和亮点的基层社会治理具体实践。

(一)余庆县"微治理"探索实践

1. 着力实施"微服务",点亮群众"微意愿"

一是关注"微民情"。通过入户访谈、问卷调查、座谈讨论等渠道和专家论证、部门评议等方式,广泛征集居民的"微意愿"。二是办理"微实事"。及时解决群众邻里、山水林间等小矛盾,帮助群众解决民生难题。三是实施"微项目"。有效整合生态移民、一事一议、小康六项行动等项目,建立红白事、环境卫生等议事小组,积极引导,组织发动群众实施通水、通电、通路、通电话、通网络等民生工程。

2. 着力搭建"微平台",整合社区"微联盟"

一是建立"微信圈"。由农村社区负责人建立微信朋友圈,把全部居民户加入其中,让群众通过智能手机在家中就能享受到公共服务。二是设置"微站点"。实行"一人多岗一站式"服务和代办代理服务,切实提供党务、政务、居务、电子商务等为民服务事项。

3. 着力健全"微机制",深化治理"微联动"

一是完善"纵向联动"机制。积极构建县、乡镇(街道)、村(社区)、组四级治理网络,将群众自治实践落实到农村社区,将社会服务管理触角延伸到群众身边。二是完善"横向联动"机制。加强统筹协调,形成了"工作事项一口子归拢、工作力量一盘棋统筹、工作落实一揽子推进"的农村社区治理新格局。

4. 着力培育"微组织",营造和谐"微形态"

一是积极培育草根组织。充分发挥杰出乡贤、经济能人、文体达人、公益热心人等农村社区能人的示范作用。形成了众多草根组织品牌。二是开展多元化主题活动。通过开展一系列形式多样、丰富多彩的主题活动，调动了群众参与活动的热情，增强了农村社区的凝聚力。

(二) 瓮安县"乡村网格化+四下沉"治理实践

1. 实行"网格化"治理，优化治理结构

由社区第一书记和社区党支部书记为一级网格员，派驻社区的干部和社区干部为二级网格员，村（社区）小组长为三级网格员，形成三级责任链条，将社会治理的"触角"真正延伸到了农村群众家里，打通了服务群众的"最后一公里"。

2. 实行"四个下沉"，下移治理重心

依托乡村网格，针对基层人才资源短缺问题，推动干部、服务、资源、考评下沉，切实把基层基础抓牢固。

(三) 湄潭县"群众会+"治理实践

湄潭县充分发挥群众会在社区治理中的作用，探索形成"群众会+"网格服务、村规民约、公共安全的治理新模式。

1. "群众会+网格服务"促精治

一是织网定"格"。运用村级指挥所、驻村小分队网格化运行机制，形成"基本网格（村、居、社区）—责任网格（村民组）—小微网格（5—10户）"三级网格体系。二是定员确"责"。形成以格定人、分格包干、责任到格、齐抓共管、上下联动的服务体系。三是用策统"治"。构建区域性、网络化、社会化、信息化、可视化的综合管理服务平台，推进社会治理网格化服务。四是解困为"民"。着力解决民生系列实事，不断满足群众对参与治理、提高村级治理绩效的需要。五是聚力促"谐"。开展"和谐社区、百姓网格"创建活动，统一受理、集中梳理、归口管理、依法处理和限时办理。

2. "群众会+村规民约"促自治

一是组织谋"约"。通过充分讨论、反复修改形成"村规民约"草案初稿，使之成为推动乡村治理的重要抓手。二是村民商"约"。通过大家谈、众人议、集体定等方式，力求村民认可的"最大公约数"。三是宣教明"约"。通过召开村民代表大会、群众会，聘请"村民组长""义务宣传员"等进行宣教。四是载体用"约"。依托"党建+",举办"农民丰收节"文艺汇演等活动,评选表彰先进典型。五是奖惩履"约"。对模范遵守"村规民约"的村民给予表扬奖励,对违反规定尚未触犯治安处罚和刑法的村民予以批评教育或者适当处罚。

3. "群众会+公共安全"促共治

一是宣教治"愚"。协会成员结合岗位职责坚持先学一步,然后把政策法规"翻译"成方言、土话,使群众听得懂、听得进、有收获,确保农村公共安全知识教育普及率达100%。二是信息治"怠"。建立动态监管、专项治理台账,动态采集农村公共信息,做到台账管理不漏项、不漏人,确保台账管理精准率达100%。三是排处治"患"。围绕重点路段、重要节点和重要领域进行排查,做到早提醒、早警示、早纠正,确保隐患反馈率达100%。四是劝导治"横"。注重抓早抓小,及时劝导制止,确保劝导及时率达100%。五是服务治"梗"。为群众提供"一站式"服务,确保服务效率、服务质量、群众满意度达100%。

三、贵州基层社会治理的突出特点

(一)"党组织引领示范"治理特点

1. 基层党组织示范引领

福泉市按照"七有"标准筑牢基层党组织,积极推动活动阵地建设向村民小组延伸,使活动阵地成为村民小组党员群众的"议事堂"、农业科技的"培训点"、农民致富的"信息库"、精神文化的"传播台"。湄潭县复兴镇两路口村从村民身边事说起,从大家的切身利益说起,形成了"稳住一个桩子、建好一个班子,团结一个圈子,找准一条路子,增加群众票子"的发展思路,基层党组织的组织力、凝聚力和向心力大大加强。

2. 基层党组织治理半径向下延伸

瓮安县通过在各村各支部创建"三支部+"的组织模式,发挥村支部的社会治理作用,形成村级党支部抓全村经济社会发展,企业支部帮助壮大村级集体经济、带动贫困户脱贫致富,驻村工作队临时党支部全力支持驻点发展,党小组抓村寨内部事务管理的农村基层治理新格局。威宁县石门乡坚持以党的领导为核心，村民自治为基础，探索出了以党支部为核心的"村委会+自管委+十户一体"的"三级自治模式"，把基层党组织与农民群众的心紧紧地凝聚在一起，实现了村庄有效治理。

3. 基层党组织治理新格局

福泉市组织村民小组召开户代表会议，成立村民自治小组和村民监督小组，实现"一人干"到"一帮人干"，构建党组织核心引领，村民自治小组、村民监督小组履职尽责，志愿服务组织等社会组织有效补充的治理体系新格局；湄潭县两路口村形成了"在民主决策中集中民智，在民主管理中顺应民意，在民主监督中凝聚民心"的基层社会治理工作新格局。

（二）"内生秩序"治理特点

1. 通过组规民约规范群众自治

福泉市村民小组召开户代表会议讨论制定《组规民约》等一系列制度并公示执行，实现农村基层有效治理。

2. 促进产业发展激励群众自治

安顺市平坝区、黔南州福泉市等地以村集体经济发展龙头企业带龙、村民自发组织合作社经营的方式实施农业产业化，强化村民内生动力，实现产业兴旺。

3. 化解民怨诉求创新群众自治

各地集中听取村民的诉求并及时反馈处理意见，集中审议村支两委工作计划、工作报告，集中评议村干部述职述廉情况，集中讨论事务、决策村务等，变民意、村务的"肠梗阻"为"直通车"。

4. 弘扬文明家风开展群众自治

册亨县秧佑村党支部与村中布依族族长、寨老等在基层社会治理中形成共商合议机制，并通过秧佑籍协会会商机制等实施乡村治理，成效明显。清镇市等地加强社会主义核心价值观和道德教育，以建立新时代文明实践中心（所、站、点）为平台载体，开展丰富多样的文明实践活动，教育引导群众"听党话、感党恩、跟党走"。

（三）"能人治村"特点

1. 乡村振兴的"塘约道路"

在村支书左文学的带领下，安顺市平坝区塘约村通过不断探索农村集体所有制的有效实现形式，探索出以"党建引领、改革推动、合股联营、村民自治"为主线的发展思路，形成了远近闻名的"塘约经验"，广大村民逐步走上了乡村振兴的"塘约道路"。

2. 岩博村"能人带动"促进产业兴旺

盘州市淤泥乡岩博村村支书余留芬带领村民走出了一条"党建引领、村企合一、能人带动、人才强村、股权合作、共同富裕"的路子，实现村集体经济"井喷式"发展。一位回到本村的大学生表示："这几年村里走出去的大学生都回来了，村集体经济发展得越来越好，我们都愿意为家乡的发展奉献自己的力量。"

3. 大坝村"村社合一"实现共同富裕

安顺市西秀区大坝村党支部书记陈大兴被誉为"小康路上追梦人"，他带领群众想在一起、干在一起，坚持"村社合一"，让群众在土地流转中有租金、在村集体中有分红、在就业中有收入，真正让村里的发展惠及村民。

（四）"精细化治理"特点

1. 便民服务"网格化"

瓮安县将全县11万余户农户按照30—50户为单元划分为3392个网格，由省州派驻的"驻村第一书记"、县下沉的2805名驻村干部及镇村干部担任网格员。广大群众对下沉的干部评价说："比自己的娃儿还好。"

2. 推进服务型政府建设

瓮安县在全省率先设立县级行政审批局，规范政府行政审批环节，大力推进"互联网+政务服务"，实现了县乡村三级政务服务网络全覆盖。

3. 便民利民服务"下沉到组"

福泉市按照户籍出生地将市内机关事业单位人员作为"特派员"派送回家乡参与和指导村民小组自治管理，在村级相对集中的村民小组联合设立村民便民利民服务点756个，将与群众生活密切的民生服务事项下沉到村民小组。

4. 建立完善"一站式"便民服务平台

福泉市、瓮安县等多地着力推进乡、村两级社区服务中心（站）标准化建设，通过远程申办系统，服务事项办结率100%，平均办理事项时限缩减70%，大大节约了时间和费用成本。

四、基层社会治理存在的问题

（一）"三治融合"基层社会治理亟待深化

一是"三治融合"具体机制尚未建立。三者有机衔接和相互融合的具体机制尚未厘清。二是"三治融合"发展不平衡。自治发展、法治发展和德治发展的融合效果有待提升。

（二）基层社会治理体系亟须完善

一是组织领导体系有待完善。当前，我省通过联席会议的方式，协调涉及农村基层社会治理的多个相关部门开展基层社会治理，统筹力度明显不足，难以适应新形势的发展需要。二是主体权责边界不够清晰。各地对社会治理各主体的权责没有较为明确的划分和约束。三是自治体系有待规范。在乡村基层社会治理中，引导人民群众依法行使民主权利等方面还有许多不足，自治体系亟待规范。

（三）基层治理机制有待完善

一是党建引领机制不突出。党组织在乡村治理中的政治引领作用仍然存在虚化、弱化、边缘化现象。二是村民组服务机制不到位。部分村民组区划范围过大，自然村寨分布较为分散，村民组提供服务难以到位。三是选人用人及监督机制不健全，人才队伍的专业化、专职化及个人能力素质有待提升，乡镇对村干部的监督管理机制有待加强。四是保障机制仍不完善。政府购买公共服务的规模较小，程序不够规范。

（四）基层社会治理技术有待改进

一是信息收集整理和应用不足。对数据的深度挖掘和应用仍然十分薄弱，数据挖掘流于表面化、简单化和形式化。二是信息安全存在隐患。高科技可视化、信息化方法对收集的数据安全、群众个人隐私保护等方面带来了挑战。

五、推动贵州基层社会治理高质量发展的对策建议

(一)"三治融合"促进乡村振兴

1. 深化村民自治实践

一是加强农村群众性自治组织建设。把强化政府治理主体责任、扩大社会组织参与、发挥居民自治主体作用作为创新基层社会治理模式的重点。二是发挥乡村能人的带头作用。吸引和凝聚社会各界成功人士反哺桑梓、回报家乡,带动群众共同致富,促进城乡融合发展。三是积极开展农村志愿者服务活动。组织广大志愿者开展对农村弱势群体开展服务、帮助农民群众致富增收的志愿服务活动。

2. 建设法治乡村

一是强化法治宣传教育力度。重点做好《宪法》《民法典》《村民委员会组织法》《义务教育法》等法律法规的宣传教育工作。二是强化法治保障。一要推动制定完善地方性法规制度;二要健全完善公共法律服务体系建设;三要全面落实村(社区)法律顾问制度,加大事前督导、事中、事后考核。三是持续开展扫黑除恶专项斗争。实施平安乡村建设工程,营造全民参与扫黑除恶斗争的浓厚氛围。

3. 提升乡村德治水平

一是强化道德教化作用。大力开展党的方针政策、社会主义核心价值观等宣传教育,提升群众的思想道德素质和科学文明素养。二是发挥村规民约作用。逐步构建教化与引导、激励与约束、自律与他律相结合的长效机制,强化村规民约的道德约束力。三是发挥新乡贤道德模范引领作用。以农村"五老"人员为依托,用他们的嘉言懿行垂范乡里,推动形成知荣辱、讲文明、促和谐的社会新风尚。

(二)构建乡村振兴基层治理新体系

1. 强化基层党组织建设

一是做好顶层设计。由省委、省政府牵头成立贵州省基层社会治理工作领

导小组，下设领导小组办公室，具体负责组织协调、督促指导和统筹推进相关工作，其他相关职能部门做好协同配合，形成工作合力。二是优化基层组织设置。以村党组织为领导核心全盘统筹、村委会抓服务事务、村民监督委员会履行监督职责、村级合作社抓集体经济发展。三是建强基层干部队伍。注重吸引高校毕业生、农民工、机关企事业单位优秀党员干部到村任职，配强配优党组织书记岗位。

2. 推进"三社联动"

一是积极加强社会工作专业人才队伍建设。重点面向基层社区工作人员广泛开展社会工作专业培训，引导和鼓励社区工作人员提升专业服务水平。二是建立健全政府购买社会组织服务机制。完善政府购买服务政策措施，按照有关规定选择承接主体。三是积极推进公益创投机制和设施项目外包机制。面向社会组织、社会工作服务机构、基层群众性自治组织等进行社区服务项目开发。四是不断完善"社会工作者+志愿者"服务机制。引导志愿服务规范化发展，为建立健全社会工作者和志愿者协同服务机制奠定坚实基础。

3. 厘清治理主体权责边界

一是加快政府社会管理职能转变。科学界定各职能部门在社会治理和公共服务中的职责任务，强化政府职责。二是依法明确基层群众性自治组织承担社区工作事项和协助政府开展的社区工作事项"两份清单"，清单之外的事项通过费随事转或购买服务等方式提供。三是整合县直各部门资源，梳理村级组织的为民服务事项和党委政府委托办理的服务事项，切实减轻基层组织的行政压力。

（三）围绕乡村振兴强化基层社会治理

1. 促进农村产业兴旺，奠定基层治理物质基础

深化农村产业革命，激发乡村治理主体内生动力。加快推动一、二、三产业融合发展，促进农民合理分享产业链增值收益。

2. 打造生态宜居新乡村，治理农村居住环境

建立健全县城周边"村收镇运县处理"、乡镇周边"村收镇运片区处理"和边远乡村"就近就地生态环保处理"的收运处理体系。探索政府支持与村民自治、市场化运作相结合的农村环保设施管理体制。

3. 建设乡风文明，营造良好社会风尚

一是加强农村思想道德建设，以人民群众喜闻乐见的方式践行社会主义核心价值观。二是注重文化教化。充分发挥民族特色文化凝聚人心、教化群众、淳化民风的重要功能。三是健全完善农村现代公共文化服务体系，不断提升广大农民的文明素质。

4. 激发乡村治理活力，实现基层有效治理

根据符合地方实际的乡村社会治理模式，把基层党组织与农民群众的心紧紧地凝聚在一起。构建平安乡村建设治理体系，完善矛盾纠纷多元化解机制，夯实基层平安基础，维护乡村风清气正、崇尚健康的良好社会风貌。

5. 提高农村民生保障水平，夯实基层治理基石

一是加快补齐农村民生短板，提档升级农村基础设施，提高农村民生保障水平，夯实基层治理基石。二是实施乡村就业创业促进行动，健全城乡均等的公共就业服务体系，不断提升农村劳动者素质。三是构建覆盖城乡、普惠共享、公平持续的基本公共服务体系。

（四）完善乡村振兴基层治理机制

1. 建立经费增长机制

健全以财政投入为主的稳定的村级组织运转经费保障机制，建立县、乡两级财政投入逐年增长机制，并向偏远村寨倾斜，因地制宜推进农村基层社会治理的协调发展。鼓励有条件的县（区、特区）、乡（镇、街道）、村（社区）建立农村基层社会治理专项发展基金。

2. 完善民主选举决策监督机制

一是全面推进村级民主选举，选出一个群众信赖、能够带领群众致富奔小康的村委会领导班子。二是全面推进村级民主决策，把重大村务的决定权交给村民，将涉及广大村民切身权利的村务提请村民会议或村民代表会议讨论；三是全面推进村级民主管理，切实加强村民的自我管理、自我教育、自我服务；四是全面推进村级民主监督。通过村务公开、民主评议村干部和村委会定期报告工作等形式，让村民拥有对村务的知情权和村干部的评议权。

3. 建立激励机制

一是对每年参加社区活动满五次以上的居民给予一定的物质奖励，激励群

众参与。二是提高社区工作者的各类待遇,建立健全农村基层社会治理考核评价制度,把推进农村基层社会治理具体工作情况纳入年度绩效考核。

参考文献

[1] 李友梅. 当代中国社会治理转型的经验逻辑 [N]. 中国社会科学报, 2018-11-30 (006).

[2] 姚远, 任羽中. "激活"与"吸纳"的互动——走向协商民主的中国社会治理模式 [J]. 北京大学学报 (哲学社会科学版), 2013, 50 (02): 141-146.

[3] 陈光金. 社会建设重点领域相关问题探析 [J]. 北京工业大学学报 (社会科学版), 2011, 11 (05): 1-7.

[4] 戴中亮. 脱贫村后续发展的治理路径 [J]. 人民论坛, 2020 (29): 94-95.

[5] 华姝. 党建引领 赋能乡村振兴 [J]. 当代贵州, 2020 (38): 14-15.

[6] 涂圣伟. 脱贫攻坚与乡村振兴有机衔接:目标导向、重点领域与关键举措 [J]. 中国农村经济, 2020 (08): 2-12.

[7] 耿虹. "后脱贫时代"的农村人居空间治理策略 [J]. 国家治理, 2020 (34): 39-45.

[8] 田建华. 加强脱贫攻坚与乡村振兴战略的有效对接 [J]. 中国政协, 2020 (14): 24-25.

作者简介:王义飞,贵州省社会科学院社会研究所副研究员。

切实做好赤水河流域生态环境高水平保护的"后半篇"文章
——以威信县为例

肖歆益　肖世翔

摘　要：赤水河流域是目前长江上游流域唯一没有筑坝保持着野性奔流的原始河流，是长江上游许多濒危野生动（植）物的最后栖息地，具有较高的生物多样性保护和经济价值。因此，习近平总书记和韩正副总理于2018年初就赤水河流域生态环境保护作出了重要批示精神；云贵川三省共同行动"不搞大开发、齐抓大保护"，几年来赤水河流域生态环境高水平保护取得了实质性的成效，基本上实现了"一江江水清澈明亮流入长江"；当前，我们要认真践行习近平生态文明思想，把习近平总书记的殷殷嘱托落地落细落实，切实做好赤水河流域保护的"后半篇"文章，把赤水河流域（云南段）建成为长江上游流域最美生态河，践行"两山"理论样板和典范，实现生态环境高水平保护与绿色高质量发展的先行区。

关键词：赤水河；威信；绿色发展

威信县地处赤水河流域上游和南广河、白水江县源头（均属长江上游流域三条重要支流）。当前，我们要围绕专项行动，聚焦作风革命建设、效能提升，坚持认真学习和准确把握习近平新时代中国特色社会主义思想和生态文明建设理论，学在深处、谋在新处、干在实处，深挖政策"富矿"，坚持新发展理念，坚持以人民为中心，全力以赴的推动习近平总书记和韩正副总理关于赤水河流域生态环境保护作出的重要批示精神在威信落地落细落实，提高政治站位，坚持问题导向，强化责任担当，奋力开创，切实做好赤水河流域生态环境高水平保护的"后半篇"文章,坚持科学保护利用,把加快生态环境修复和治理与加快构建现代化经济体系有机地结合起来,实现绿色高质量发展,建设贯彻新发展理念先行区示范县的新未来,成就"创新驱动、红色引领、绿色崛起、富民强县"梦想。

一、明确目标

我们要把习近平总书记的殷殷嘱托,全面洒在威信革命老区县1400平方公里的大地上,围绕省委、省政府确定的"把赤水河流域(云南段)建成为长江上游最美生态河,践行'两山'理论的样板和典范,流域高水平保护与绿色高质量发展的先行区"奋斗目标。做到把实现"流域生态环境高水平保护与绿色高质量发展"目标有机地统一起来,在继续认真做好赤水河流域(威信段)生态环境治理与修复工作的基础上,让县境内三条河流"水清澈明亮流出"威信,建设好"赤水河流域(威信段)珍稀特有鱼类自然保护区",处处都是"绿水青山",为构建长江上游地区生态安全屏障做贡献,全县犹如一座"多彩大公园、天然大氧吧、凉爽大空调";同时,还要大力发展现代工业,因为工业化是现代化的必答题,构建现代化经济体系,重点在工业,难点在工业,突破口也在工业;工业经济是实体经济的主体,是保持经济平稳快速健康安全发展的基石,是体现一座城市综合实力和竞争力的重要因素。威信"名气大、实力小、资源多、发展慢、工业弱、财政穷"的基本县情尚未根本改变。一个县域经济如果连基本的工业化都没有,就不可能有现代化;没有现代化,空谈生态文明,纯粹是"大跃进"自欺欺人。所以,要把握新发展阶段,贯彻新发展理念,融入新发展格局,围绕"信息技术、生命健康、智能制造"三个新兴产业抓,奋力推进威信工业和信息化在"十四五"时期实现大突破、大跨越,培植新产业,造就新财源,形成新增长;把赤水河流域打造成一条"红色河谷""绿色河谷""共同富裕的河谷",实现"宜居、宜业、宜游、宜乐",谱写出威信革命老区县实现全面振兴和创新发展新篇章,迎头赶上全省、全国的高质量发展步伐,与全国一道同步实现社会主义现代化。

二、加快调整优化县域产业空间发展规划布局

一定要"面向市场、立足资源、依靠科技、培植资源、发展产业、提升效益、打造品牌",遵循市场经济客观规律,围绕省委、省政府提出的打造"世界一流"绿色能源、绿色食品、大健康产业"三大品牌",实现市委、市政府制定的"六大战略",全面推进"农业现代化、新型工业化、旅游产业化、新型城镇化",聚焦实现"科教兴县、生态立县、农业稳县、工业强县、流通活县、旅游富县"目标,来加快调整优化县域产业发展空间规划布局,加快构建现代化经济体系,培育发展壮大县域经济实力。

必须明白赤水河、南广河、白水江是长江上游流域的三条重要支流,涉及滇川黔渝四个省市,需要流域内四个省市一起发力一致行动,做到"资源共享、规划共绘、基础共建、产业共抓、市场共拓、形象共塑、品牌共用、效益共分",不能"关起门来、闭门造车、单打独斗";威信段要充分发挥出"背靠云南、面向川南、融入成渝、联动黔西"的区位优势和特点,依托"隆黄铁路(国家西部陆海新通道之一)""成贵高铁"、宜毕等高速公路现代互联互通,来进行发展空间规划布局构建现代化产业体系,而不是仅局限于在利用"隆黄铁路"中只是规划布局建"中转(粮食、果蔬、木材、矿产品、百货家电五金机械等物资)站即物流园区",必须打破几千年来的"小农经济"思想,抛弃传统固化思维模式;要走"通道带市场、市场带经贸、经贸带产业"的发展路子,大抓大项目、大抓招商,大力发展"通道经济""园区经济""工业经济""民营经济""县域经济""旅游经济"。威信县拥有光荣革命传统,红色历史辉煌灿烂,红色文化积淀深厚,红色基因丰富多彩;资源禀赋支撑发展条件优越,且县域内拥有高铁、普铁、高速公路已经融入全国的现代互联互通,物流成本在市域内最低;区位优势独特;发展潜力十分广阔:是"西南地区最后一片投资热土";依托中老国际铁路,加快对接 RCEP 行动,融入"成渝地区双城经济圈"的时机和条件已经成熟,抓住机遇,找准位置,甘当配角,接受辐射,错位发展。

要充分发挥出"铁路作为国民经济大动脉"的作用,依托普铁、高铁、高速,在"隆黄铁路"威信马家、威信、罗坉和"成贵高铁"威信站、文兴备

用站及高速公路，进行县域产业发展空间规划布局，建设"现代产业园区"，加快发展"现代工业经济"，促进县域经济高质量跨越式发展。

1. 宜毕高速支线中的"双河偏岩农产品加工园园区"

（1）兴建"中国山葵高科技产业园"，即中国唯一、世界最大的有机山葵种植、山葵绿色智能制造（山葵绿色食品、山葵现代日化产品、山葵现代生物医药产品）、销售、出口、生态旅游基地，新建"中国山葵产业发展工程研究院""中国山葵博物馆"、长期举办"中国大连海鲜云南扎西山葵节"；实现中国山葵产业在威信集中发展，构建中国山葵产业链供应链创新链，把威信打造成"中国山葵之都"，增创国际经济竞争新优势；助力乡村振兴，巩固拓展脱贫攻坚成果。

（2）赤水河优食谷（畜禽牧肉食品、魔芋食品、熟食竹笋等绿色食品精深加工）。

（3）中药材食品（"6味正源散""天麻茶""人参茶""石斛茶""灵芝茶""参葛饮""杜仲叶茶"等代用茶和"速溶阿胶颗粒"等系列中药配方颗粒产品），带动中药材产业发展，推动建设"大健康生活目的地"。

2. "隆黄铁路"马家火车站

（1）火车站暨游客集散服务中心，即为"高田观斗山明清大型石雕石刻艺术宝库遗址保护公园（拟建）""观斗山宗教历史文化与生态旅游度假区（拟建）"（再现出"四川有一座峨眉山、云南有一座观斗山"的民谚）为主的旅游景区（包括毗邻川南泸州市叙永县白腊苗族自治乡、水潦彝族自治乡、枧槽乡、分水镇"罗汉林旅游景区"）游客和村民出行服务；且现一川商正开展借四川"罗汉林旅游景区"的"势"，在高田南广河源头（钨城、凤阳）规划建设一座"康养城（一万个床位、文体融合、农旅养生、文旅养心、医旅养老、旅游富民）"前期工作，探索出实现乡村振兴战略的成功路径。由此，带动"高田观斗山明清大型石雕石刻艺术宝库遗址保护公园""观斗山宗教历史文化与生态旅游度假区""天星国家森林公园"等旧城、罗布、高田三个乡镇"全域旅游"高质量发展，与川渝旅游景区相互贯通、彼此辉映，融入全国旅游统一大市场。

（2）依托就地（马家、新华）就近（鱼井、玉京山）砂石料资源十分丰富的优势，建设"大型砂石骨料生产供应基地"，通过铁路远销西南地区市场。

(3) 县域农产品（果蔬、粮食等）、木材集散运输。

(4) 畜禽饲料加工及冷链肉食品物流运输。

(5) 农产品加工（竹笋、桑葚果酒、刺梨果酒等）。

(6) 就近在罗布顺河（包括水田香树）规划布局"云南白酒产业集中发展区（暨生态工业小镇）"，打造出"云南茅台"白酒品牌，推动实现云南白酒产业转型发展升级，培植新产业，造就新财源，形成增长极。

3. 成贵高铁（隆黄铁路）威信火车站

主要承担客运业务。改扩建"威信县汽车客运中心站（包括农村客运、城市公交车、城市出租车停靠站）暨游客集散服务中心"，完善功能服务设施，建成现代商务"一条街"，满足乘客和游客需求。

4. 隆黄铁路罗坨火车站

(1) 畜禽饲料加工及冷链肉食品物流运输。

(2) 县域物资（粮食、百货、电器、机电、五金、果蔬等大宗农产品）中转站。

(3) 客运业务。

5. 成贵高铁文兴备用站

(1) 客运（天星国家森林公园等景区游客、滇川毗邻川南宜宾市兴文、珙县人员出行）。

(2) 高铁物资运输"中转站"。

（二）在生态环境修复和治理上

要彻底打破传统思维固化模式，绿化不能就生态修复而进行简单地生态修复，而是要站在认真践行"两山"理论的高度来认识和实践，不负青山、不负人民、不负时代，奋力推动林草事业高质量发展；所以，应实施"林业+"融合发展工程，延伸林草产业链供应链价值链，如栽竹子、猕猴桃等其科技含量不高、产业链短、经济效益不明显，辐射带动能力弱，且存在"初级农产品（桃、李和柑橘及猕猴桃等水果、竹笋）产能过剩"的窘迫现实。更不能简单追求"观赏价值"，如栽"紫薇""樱花"等绿化观赏苗木，只是单纯追求"生态效益"；威信实现"绿色崛起"和林草事业该怎么"破局"？因此，必须"面向市场、立足资源、依靠科技、发挥优势、延伸产业、精深加工、提升效益、打造品牌",加快调整优化林种结构,逐步减少杉木、柳杉等针叶树的种植面积,多选择具有本土特色优势的川黄柏、桃仁、杜仲、灯台、桐子等阔叶树,林下种植山葵、滇黄精、葛根、半夏、麦冬、白术、黑花生、豆类等寒温带道地中药材和经济作物;这样林草事业既为现代工业(如食品加工制造业、现代中药科技)提供长期稳定的"原料",又为文化旅游发展提供"景观(叶、花等)"资源,发展"眼球经济";达到实现"农村增绿、农民增收、农(林)业增效"的目的,这样才能体现出"现代农业、现代林业"的作用和价值,践行好"绿水青山就是金山银山"的思想,"靠山""养山""吃山","希望在山""潜力在山"。实现"农(林)业高质高效、乡村宜居宜乐、农民富裕富足"目的。

(三)在培育发展壮大旅游业上

一是要深入贯彻习近平总书记关于红色文化的重要论述,坚持新发展理念,坚持以人民为中心,围绕"扎西会议,永放光芒",唱响"红色扎西,赤水明珠",打造"壮美威信,心灵之旅",推动融合创新发展,用好用活红色资源,大力弘扬长征精神、扎西精神,努力打造世界知名、全国一流的红色旅游目的地和特色教育基地,让红色扎西旅游景区焕发出新的时代价值。因此,要站在现代旅游业发展的高度,推进"旅游产业化",实施"+旅游""红色旅游+乡村振兴""红色旅游+高速公路带您去旅游"、高铁"一小时生活圈""两小时经济圈"+旅游等融合发展;二是必须融入"滇川黔渝旅游一体化"高质量跨越式发展,特别是"赤水河流域""南广河流域"滇川黔渝结合部"共同行动"起来,完善旅游合作开发机制,共同加快推动建设"长征、长江国家文化公园赤水河流域重点段"。

如"赤水河"是一条"英雄的河""美景河""资源富集的河""淌酒的河"。"扎西会议"是"遵义会议"的继续、拓展和最后完成,从严格认真来分析"扎西会议"才是真正意义上完成落实了"遵义会议"决定的精神,实现了"中国革命实现了伟大的历史性转折,自此走向胜利,挽救了党、挽救了红军、挽救了中国革命"。因此,习近平总书记要求:讲好"扎西会议"改组党中央领导特别是军事领导,推动中国革命走向胜利新阶段的故事。"扎西会议"是党中央率领中央红军长征途中召开的四次重要会议之一,属于红军长征

34个重大历史事件。所以说：赤水河旅游云南段旅游项目规划一定要围绕"扎西会议"精神永放光芒，讲好"扎西会议"故事来进行策划、规划、实施。未来，威信是全国弘扬伟大长征精神，坚持红色教育，传承红色基因，赓续红色血脉，担当历史责任，开展赏风光、揽名胜、探民俗和从事科考、探险、休闲、消夏、纳凉、避暑、度假、户外健身运动、养生养老的理想之地。新时代下，威信红色旅游产业的高质量跨越式发展将成为云南21世纪文旅产业实现高质量发展中的一张亮丽新"名片"。

1. 滇川黔三省共同行动，追红色记忆，走红色足迹、悟红色精神，传红色基因，早日打造出一条从"转兵入黔""遵义会议""土城战役""一渡赤水""挺进川南"到"扎西会议""扎西整编""扎西扩红""中共川南（后扩称为川滇黔边区）特委""中国工农红军川南（后扩称为川滇黔边区）游击纵队""二渡赤水""攻克娄山关""重占遵义""三渡赤水""四渡赤水""强渡乌江"和"赤色乌蒙""红色滇川黔边"世界唯一、中国独有的国家级"黄金"红色文化与生态旅游精品线路，带动赤水河流域革命老区的开发建设。

2. 把威信打造成"滇川黔渝地区红色文化与生态旅游目的地""成渝地区休憩后花园"，这样才能够推动云南旅游业尽快地融入到西南乃至全国旅游统一大市场。

（1）坚持科学保护利用，以红色资源塑形，用革命文化铸魂，着力提升红色旅游的文化底蕴和特色魅力，打造优质红色旅游景区；抓好革命文物（特别是长征类）科学保护与合理利用，积极地争取国家和省的支持，早日完成对县域内革命文物遗址遗迹的修复工作，把"扎西会议"旧址、"中央红军总司令部驻地旧址""毛泽东、周恩来、朱德、刘少奇、张闻天、博古、陈云等中央领导长征路居旧址""中共中央长征路经院子旧址""扎西会议纪念馆""扎西红军革命烈士陵园""中国工农红军川滇黔边区游击纵队革命烈士纪念馆暨红山顶战斗遗址保护公园（拟建）""红军古栈道（即水田河坝至石坎老街、旧城龙马至罗布抱围山）""天堑—两合岩""铁炉红军标语屋""中央红军卫生部长征路居杨家寨旧址""中国工农红军川黔边区游击纵队云南游击支队革命烈士纪念馆（拟建）""扎西老街——红军长征历史文化街区"等申报批准为"国家级重点历史文物保护单位"，创建"云南扎西——全国历史文化名城"。

（2）深挖红军长征精神、扎西精神时代价值，着力实施红色扎西革命历史研究工程，全力塑造景区文化内涵，让红色旅游更具有时代性和独特性。所以，要抓住机遇，举全县之力推动建设"长征、长江国家文化公园云南威信重点段"，突出"全域旅游、红色扎西、绿色家园、赤水明珠、文体融合、农旅养生、文旅养心、医旅养老、旅游富民"主题，围绕"党中央率领中央红军兵分六路集结扎西"，推进实施乡村振兴战略，打造"威信县六条红色旅游精品线路"，构建威信红色旅游、乡村旅游网，夯实讲好"扎西会议"故事的基础，使"红色扎西、赤水明珠"文化旅游景区的吸引力和感染力不断增强。

（3）实施"红色旅游+古村（镇）+民族+宗教历史文化+移民文化+"融合发展，发展全域旅游，构建威信县旅游产业骨架，打造出"中国威信国家公园"。统筹整合，优先在政策和资金上实行倾斜，支持建设"观斗山明清大型石雕石刻艺术宝库遗址保护公园""天星国家森林公园""天堑——两合岩红色文化（包括扎西红军长征碑林文化公园）与地质公园""鸡鸣三省（果哈峡）大峡谷地质公园""西南第一洞——林凤天台山溶洞群地质公园""长安瓦石僰人悬棺地质公园""大河秋家沟大型肉食恐龙（扎西龙，现为北京国家博物馆馆藏文物）化石发掘地遗址（还有未发掘出的恐龙化石）保护公园""扎西小坝地下龙宫（即成贵高铁玉京山隧道溶洞群"世界奇观"）地质公园""大雪山天然动植物园""旧城观音寺（恢复）""水田湾子古苗寨""双河后房古苗寨""高田大湾苗寨新貌""罗布新庄苗寨新貌""水田香树彝家风情园"、旧城"稻花香古镇"和"森林人家""三桃鱼洞乡村旅游""扎西小坝等若干个有机山葵生态农场""旧城、水田等乡镇名优水果（东魁杨梅、金秋梨、樱桃、猕猴桃、冬桃、李、柑橘、葡萄、柿子等）采摘园""顺河白酒非物质文化遗产保护与传承发展地""簸箕醪糟非物质文化遗产保护与传承发展地""威信苗族蜡染、刺绣服装非物质文化遗产保护与传承发展"。建设一批中小学生研学游营地（如在"扎西会议"纪念馆、"扎西老街—红军长征历史文化街区""扎西小坝小学（即威信籍红军老战士肖发文团长在20世纪70年代中期"节衣缩食"捐款7500元修建的）""扎西干部学院""中国山葵博物馆""大河秋家沟大型肉食恐龙发掘地遗址保护公园""天台山溶洞地质公园""天堑—两合岩红色文化（包括拟建"扎西红军长征碑林文化公园"）暨地质公园"、旧城"万人坑""高田观斗山"等旅游景区）。打造出35个"红军村"，实现

"红色旅游+乡村振兴+"融合发展。增强文化旅游产品供给能力。

（4）优化旅游景区环境，坚持既抓红色，又抓绿色，既要精神美，又要生态美，着力实施景区品质提升工程，整体打造"云南扎西——全国知名红色旅游历史文化名城""中国威信国家公园"文化旅游品牌，不断完善景区配套服务设施，管理使用好"13个口袋公园"，打造"红色扎西小镇""赤水河、南广河、白水江威信段生态走廊"，优化旅游景区环境。强化"三防"建设，升级改造"扎西红色小镇""扎西会议纪念馆""扎西会议"旧址等消防、安防系统。着力抓好景区反恐防暴游客参观安全工作。进一步规范景区管理，实行红色旅游景区"网上预约"免费参观，建立"人工讲解+智能讲解"服务系统，观众的体验感、获得感和安全感进一步增强。

（四）在实现工业绿色发展、制造业高质量发展上

坚定不移地推进新型工业化道路，坚持新发展理念，围绕打造出"世界一流"绿色能源、绿色食品、大健康生活目的地"三大品牌"；推进"作风建设""效能革命"，大力改善营商环境，抓大项目，抓大招商，引智引才引资，围绕"现代农业、现代林业的需要办工业，办好现代工业促现代农业和现代林业，最后反哺农业和林业"，重点发展"现代食品加工制造、现代中药科技等消费品生活性服务业"和"页岩气绿色能源""新型建材（砂石骨料）"等现代工业，构建现代化经济体系，培植新产业，造就新财源，形成新增长，实现"工业强县"目标。

1. 把"小商品打造成大产业"，打造出"十大名品"，即：

（1）"一棵菜（学名山葵，俗名山蓊菜）"。

（2）"一瓶酒（云南茅台）"。

（3）"一袋茶（6味正源散、天麻茶、人参茶、石斛茶、灵芝茶、参葛饮、杜仲叶茶等代用茶中药材食品）"。

（4）"一味药（山葵胶囊现代生物医药产品）"。

（5）"一桶气（页岩气）"。

（6）"一块肉（小块腊肉）"。

（7）"一瓶水（山葵汁、山泉水、猕猴桃和刺梨果汁）"。

（8）"一包笋（鲜食竹笋）"。

(9)"一盒山葵现代日用化工产品(山葵美容化妆品、山葵灭米虫灵等)"。

(10)"一袋山葵零食(山葵花生、山葵豌豆、山葵马铃薯片、山葵天麻片、山葵饼干、山葵雪糕、山葵山药片等)"。

2. 打造出"四大地理性标志产品"

即中国"山葵绿色食品""山葵现代日化品""山葵现代生物医药""云南茅台白酒"。

(五)在解决旅游"导入性(即交通基础设施建设)"问题上

虽然,目前威信县在对外(出境)交通上已经实现了与国内外的现代互联互通,大大地降低了物流成本;但是,对内旅游公路网还没有形成,有的还是"断头路",如中央红军长征兵分六路集结扎西时,中央总部纵队(即党中央)路经(特别是召开"扎西会议"三次重要会议)的水田高坎花房子至石坎大河滩庄子上、扎西江西会馆至今还是"断头路",需绕行双河乡20公里左右;旧城天星国家森林公园至高田观斗山明清大型石雕石刻艺术宝库遗址两个旅游景区的最短公路距离(即高田马家至旧城马鞍)也是"断头路";还有,因扶贫资金有限,旧城镇回龙等村组(包括联户)公路还没有"硬化";乡村公路面临着"等级提升",涉及加宽等资金也不到位。希望省市在资金投入上,加大支持把威信围绕打造成"红色旅游六条精品线路",构建县域旅游公路网的力度,畅通县域内交通网;并支持加密"县城扎西至兴文"石海洞乡""县城扎西至遵义"高速公路。

(六)在推进新型基础设施建设上

按照大力发展"智慧旅游"的要求,打造"一部手机游威信"品牌,全面推进威信县域新型旅游基础设施建设,实现全县旅游景区现代通信网络技术"全覆盖"。

(七)在培育多元旅游市场主体上

支持"中国生态旅游集团(在香港上市公司)"等一批具有较强经济技术实力的"国"字号大型旅游集团投资落地威信,目前,该集团拟定先对"扎西红色小镇""县城环山（忆苦思甜）步道"景区等实行"先托管运营管理"，提升效益，打造品牌，迅速地提升威信旅游在国内外市场上的影响力、知名度和竞争力；然后，再参与威信发展全域旅游。

总之，生逢这个伟大的时代，赶上千载难逢的舞台，是我们的最大荣幸。我们当自强不息，自觉从我做起，把个人理想融入谱写好中国梦云南篇章的奋斗中，把心血和汗水、拼搏和奉献印刻在云岭高质量跨越式发展的大地上。水滴虽小，但可以汇成江海。我们以奋斗者的姿态，踏踏实实做好本职工作，争做实干家、实践者，讲究方法抓落实，忠诚履职、勤勉工作，竭尽全力把工作做好。特别是要永远牢记习近平总书记的殷殷嘱托，全面洒在威信1400平方公里的大地上；在新征程上，要始终以忠诚为核心，旗帜鲜明、态度积极坚决地衷心拥护"两个确立"，忠诚践行"两个维护"，让忠诚成为威信党员干部最鲜明的政治品格，成为政治生态最鲜明的政治底色；要始终不忘初心，牢记使命，自觉把人民群众放到最高位置，永远保持同人民群众的血肉联系，着力解决好群众"急难愁盼"问题；特别是期盼省市抓住赤水河（南广河、白水江）等长江流域的生态环境保护和绿色高质量发展以及"长征、长江国家文化公园"建设已经上升为国家发展战略的机遇，积极地向上汇报，争取把国家意志变成为"路径化""具体化""项目化"，以"真金白银"的投入，切实解决威信县长期以来存在着的一系列困难和问题，认真做好赤水河流域生态环境高水平保护的"后半篇"文章，实现绿色高质量发展；始终把招商引资作为关键抓手，努力用我们的"辛苦指数"不断提升广大人民群众的"幸福指数"；要始终坚定信心，发扬斗争精神，善于破解难题，坚决战胜前进路上的一切艰难险阻，把"十四五"确定的规划发展任务和目标落到实处，创造出不负历史、不负时代、不负人民的光辉业绩，构建现代化经济体系，培育发展壮大县域经济实力，夯实高质量跨越式发展的物质基础，迎头赶上全省、全国的发展步伐，为建设社会主义现代化强国而奋斗，以优异的成绩向党的二十大献礼。

作者简介：肖歆益，重庆大学经济与工商管理学院MBA研究生班；肖世翔，昭通市威信县工信局二级主任科员。

多党合作参与毕节建设贯彻新发展理念示范区的现代化新道路

林科军

摘 要：以新发展理念拓展中国式现代化道路。多党合作参与毕节试验区由"试验"到"示范"的改革发展，毕节试验区已成为全国的多党合作示范区。多党合作"争支持、塑品牌"，新三大主题的创新发展之路，"四化同步"现代化的协调发展之路，生态文明示范市创建的绿色发展之路，融入双循环的开放发展之路，体制机制创新先行区的共享发展之路，阐释中国新型政党制度效能，丰富了多党合作的实践形式。以政治现代化为全面现代化提供制度保障，为创造中国式现代化新道路、人类政治文明新道路贡献地方实践样本。

关键词：毕节试验区；新发展理念；中国新型政党制度

习近平总书记指出："中国共产党领导的多党合作和政治协商制度作为我国一项基本政治制度，是中国共产党、中国人民和各民主党派、无党派人士的伟大政治创造，是从中国土壤中生长出来的新型政党制度。"多党合作参与毕节从试验区到建设贯彻新发展理念示范区的基层实践充分彰显了中国新型政党制度的优越性，体现了探索以新发展理念拓展中国式现代化区域实现的守正创新。

一、顶层设计与基层实践的统一

贵州毕节曾是西部贫困地区的典型。为破解西南岩溶山区"人民贫困、生态恶化、人口膨胀"三大难题，1988年，在习仲勋同志的亲切关怀，胡锦涛同志的亲自倡导下，国务院批复建立毕节"开发扶贫、生态建设"试验区，为深度贫困岩溶山区生存发展探路子。这是全国以"开发扶贫、生态建设"为主题的试验区，也是多党合作服务改革发展的试验区，此后各民主党派中央长期结对帮扶毕节。毕节试验区的建立是党中央着眼于我国改革开放和社会主义现代化建设全局做出的重大战略决策。2018年，习近平总书记做出毕节试验区建设贯彻新发展理念示范区的重要指示，他强调，"现在距2020年全面建成小康社会不到3年时间，要尽锐出战、务求精准，确保毕节试验区按时打赢脱贫攻坚战。同时，要着眼长远、提前谋划，做好同2020年后乡村振兴战略的衔接，着力推动绿色发展、人力资源开发、体制机制创新，努力把毕节试验区建设成为贯彻新发展理念的示范区"。要求统一战线在党的领导下继续支持毕节试验区改革发展。30多年来，在中国特色社会主义伟大旗帜的指引下，党中央、国务院高度关注毕节试验区，省委、省政府高度重视试验区，各级各界倾力帮扶试验区，以"任何一个地区、任何一个民族都不能落下"为底线，以同步全面小康为目标，全力支持深度贫困的毕节创造性解放和发展生产力，推动900多万毕节人民实现全面建成小康社会。这是社会主义中国实现共同富裕的具体行动，这是改变千年闭塞落后面貌的伟大创举，这是社会主义本质属性的具体体现，这是社会主义制度有别于其他社会制度的有力证明。30多年来，中央统战部、各民主党派中央、全国工商联，全方位、全过程参与试验区建设，始终把支持毕节试验区改革发展和脱贫攻坚作为重要任务，充分发挥自身特色和优势，建立完善机制，创新帮扶模式，积极为试验区改革发展献计献策，促成了一大批重大项目落地，倾力打造了具有中国特色的"同心"品牌。这是执政党与参政党团结合作、共谋发展的生动实践，是统一战线围绕中心、服务大局的成功范例。毕节试验区的建设和发展，显示了中国新型政党制度的强大生命力。多党合作参与毕节试验区由"试验"到"示范"的改革发展，毕节试验区已成为全国的多党合作示范区。

二、多党合作"争支持、塑品牌"毕节实践的新动能

毕节是由全国政协、中央统战部、各民主党派中央、全国工商联、中华职教社、东部发达地区10个省市统一战线及全国统一战线各级组织共同参与建

设的地方，是全国的"多党合作示范区"，是中国新型政党制度服务改革发展、多党合作参与建设贯彻新发展理念的实践地。竭尽全力"争支持、塑品牌"，统一战线帮扶汇聚新动能。一是争取政策倾斜夯实基础。极力争取统一战线力量深度参与毕节试验区建设，率先推进7个民主党派组织建设实现市级组织、县级工委、发展地域"三个全覆盖"，统一战线副国级以上领导49人次赴毕节视察指导工作，推动帮扶毕节工作制度化、常态化、长效化。争取统一战线投入资金及捐赠物资折款合计5.92亿元，帮助培训各类人才22.98万人次。争取中央统战部、中央社会主义学院、全国工商联、省委统战部、省社会主义学院、省民宗委、省工商联出台差别化政策支持毕节试验区高质量发展。二是争取项目落地促发展。充分发挥统一战线参与毕节建设特殊优势，强化推动、对接协调，积极凝聚发展动力，进一步广泛凝聚统一战线力量持续助推毕节试验区建设。紧盯目标任务，加强协调联动，争取全国统一战线在毕节实施帮扶项目1768个。民建中央协调国家林草局支持毕节市乌江重点生态区国土绿化试点示范项目，获中央财政2亿元补助资金支持。台盟中央协调推动国家能源局将总投资约56亿元的"威赫电厂"项目列为国家首台660万千瓦超超临界循环流化床燃用高硫无烟煤发电示范项目；协调国家林业草原局批复项目规模280万亩、总投资242亿元的《毕节市国家储备林项目建设方案》。全国工商联积极协调推动总投资约110亿元的中石化织金50万吨/年PGA重大项目获批建设。此外，统一战线协调联引上海雪榕、北京居然之家等一批优质民营企业落户毕节，签约项目184个、签约金额878.66亿元。三是争取帮扶深化做示范。强化资源整合，聚焦示范建设，积极争取统一战线探索支持参与毕节新模式，打造统一战线参与建设示范点33个，其中较具代表性的有：民革中央通过"7+1+1+N"帮扶机制，调动民革各省市组织和企业家资源力量，举全党之力助力纳雍县巩固拓展脱贫攻坚成果同乡村振兴有效衔接。民盟中央协调中国农业大学与七星关区撒拉溪镇龙凤村共建科技小院，探索乡村治理、环境整治等乡村建设新模式。民进中央协调北京师范大学与金沙县合作共建金沙教育研究院及3所实验学校，探索助推西部地区教育高质量发展新路径。农工党中央协调四川大学华西医院在大方县挂牌成立四川大学华西医院协作医院，积极协调促成浙江省人民医院与毕节市合作共建国家区域医疗中心。致公党中央在朱昌镇双堰社区探索建设"数字小院"，实现产业发展、乡村治理数字化，与广州市天河区、毕节职业技术学院合作成立"乡村振兴数字化创新产业学院"，探索职业教育改革新途径。九三学社中央充分发挥"九三学社"科技界别资源优势，在九三中学援建科技馆、创客教室、科学家直播教室等，促进学生德智体美劳全面发展。

三、多党合作参与毕节建设贯彻新发展理念示范区的现代化路径创新

以新发展理念拓展中国式现代化道路。国务院以国发〔2022〕2号印发了《关于支持贵州在新时代西部大开发上闯新路的意见》，要求"深入推进毕节贯彻新发展理念示范区建设"，国务院又以国函〔2022〕65号发布了《国务院关于推动毕节高质量发展规划的批复》，毕节迎来了千载难逢的发展机遇期。新征程赋予新使命、新定位，增加了高质量发展新动力。近五年来，毕节试验区建设各项工作取得了新进展、新成效、新突破。新发展阶段在若干关键问题上进行了有益的探索。也为新征程上统一战线参与毕节建设贯彻新发展理念示范区创新实践、为构建中国新型政党制度理论体系作贡献提供重要的切入点、发力点、示范点。

（一）新三大主题：现代化的创新发展之路

毕节试验对推动生态脆弱地区、资源型地区等特殊类型地区高质量发展意义重大。"着力推动绿色发展、人力资源开发、体制机制创新"，是针对解决毕节现阶段产业结构单一、生态相对脆弱、人口素质不高、体制机制不活等问题提出的新任务新要求，是推进贯彻新发展理念示范区建设的关键环节和重要突破口。毕节发展的定位从"试验"升级到"示范"、主题从"开发扶贫、生态建设、人口控制"升级到"绿色发展、人力资源开发、体制机制创新"。这是探索落后山区推进贯彻新发展理念示范区建设的关键环节和重要突破口，开创新发展模式实现"变轨超车"的新路径、新跨越。

国函〔2022〕65号文件赋予了毕节建设"体制机制创新先行区"的战略定位，毕节市专门制定了实施方案，深入推进系统性制度创新，谋划了乡村振兴、绿色发展、人力资源开发等六个方面163项体制机制创新具体事项，力争

通过体制机制创新，形成一批比较成熟、影响广泛的"毕节路径""毕节经验"。当前全市发展动能已逐步从要素驱动型向创新驱动型转变。去年获省认定"专精特新"企业12家，数字经济占比达34%。我们聚焦建设"人力资源开发培育基地"，为创新提供有力支撑。深入实施职业教育攻坚、职业技能提升、智汇毕节、人才强企、乡村人才振兴、人口素质提升"六大行动"，加快提升人力资源数量质量；打造党政人才培育、职业教育、技能人才培育、人力资源服务、教育医疗服务"五类平台"，夯实人力资源培育基础；培育毕节鲁班、毕节织工、毕节乡厨、毕节康护、毕节农技"五大品牌"，壮大"毕节工匠"人才队伍。

试点示范初见成效。成功获批国家大宗固体废弃物综合利用示范基地、全国废旧物资循环利用体系建设重点城市、2022年度全国林业碳汇试点市。积极探索生态产品价值实现机制，率先发行全省前4张林业碳票，核定碳减排量27.3万吨。"交通+大数据"应用项目获得贵州省2022年第一批5G应用场景示范项目。毕节职业技术学院列入"省双高学校""省双高专业群学校"建设，与贵州工程应用技术学院联合开展职业本科试点。大方县特色农产品生产加工与农村生态环境整治一体化发展项目获批国家生态环境导向试点项目。金沙县农村宅基地使用权抵押贷款试点工作有序推进，累计发放农民住房财产权抵押贷款14.43亿元，惠及农户0.32万户。

（二）"四化同步"：现代化的协调发展之路

追赶式现代化，决定了毕节发展必然是一个"并联式"的过程，新型工业化、新型城镇化、农业现代化、旅游产业化是叠加发展的。"四化"的并联式就是"四化同步"。围绕"四新"主攻"四化"其明显效果是，在时间上大幅缩短进程，所付出的代价也要小得多。"战贫困、固成果"，探索"乡村振兴新典范"开创新局面，以补农业现代化的短板；重点贯彻落实国发〔2022〕2号文件、国函〔2022〕65号文件等，补后发地区现代化滞后的短板。

2022年全市预计地区生产总值达2240亿元，增长1.8%左右。从"四化"支撑来看：一是新型工业化，毕节工业底子主要形成了现代能源、优质烟酒、现代化工、新型建材、大数据电子信息、生态食品、先进装备制造、轻纺及健康医药"八大工业"。二是新型城镇化。目前全市常住人口城镇化率仅44.5%，正以提升市府所在地七星关区吸纳力、吸引力和首位度作为新型城镇化的重点来推进，出台了支持政策措施，市、区两级共同打造，进一步做强城镇经济、提升城镇品质，聚力打造黔滇川接合部区域中心城市和省域副中心城市。三是农业现代化。在守住粮食安全底线的基础上，主打蔬菜、茶叶、食用菌、中药材、马铃薯、核桃、肉牛、家禽等"八大特色优势产业"，深入开展种业振兴、山地农机化、科技创新、农产品加工转化、仓储物流、新型经营主体、农产品品牌创建、智慧农业"八大攻坚行动"，着力打造现代农业产业体系、生产体系和经营体系。四是旅游产业化。去年全市旅游产业累计接待游客5300万人次，织金洞成功创建国家5A级景区，毕节成为全省有两个5A级景区的市州。

（三）生态文明示范市创建：现代化的绿色发展之路

毕节从"生态建设"到"绿色发展样板区"，"护生态、优环境"，践行生态优先、绿色发展，是对"先污染、后治理"的传统工业文明的超越。严格落实河（湖）长制、林长制，全面实施长江流域十年禁渔，加强赤水河流域整治，全力建设长江经济带环境综合治理示范城市，创建国家生态文明示范市；大力实施两江上游生态保护修复、国家储备林基地建设、重点区域生态保护和修复等重大工程。将保护和改善生态环境提高到保护和发展生产力的高度。化屋基、百里杜鹃"绿水青山就是金山银山""两山"实践创新基地，更彰显了新的生态财富观。深入实施绿色经济倍增计划，成功获批国家大宗固体废弃物综合利用示范基地、国家废旧物资循环利用体系建设重点城市、国家长江经济带污染防治试点城市，大方县被确定为省生态产品价值实现机制试点县。"双碳"目标下的新能源发展和利用会带动科技和产业的革命性变化。

（四）融入双循环：现代化的开放发展之路

在开放中获取资源和市场，融入国内大循环为主体、国内国际双循环相互促进的新发展格局。深入实施职业教育攻坚、职业技能提升、智汇毕节、人才强企、乡村人才振兴、人口素质提升"六大行动"。推动义务教育优质均衡发展，提升人口素质。深入落实"保就业"政策，提升劳务输出组织化程度。倾力打造党政人才培育、职业教育、技能人才培育、人力资源服务、教育医疗服务"五类平台",夯实人力资源培育基础。培育毕节鲁班、毕节织工、毕节乡厨、毕节康护、毕节农技"五大品牌",壮大"毕节工匠"人才队伍。着力形成人才竞争的比较优势。

积极推进区域开放合作。开放平台加快建设,毕节飞雄机场列入贵州省"十四五"口岸发展规划暨贵州省口岸经济高质量发展行动计划,七星关、金沙经开区列为省级开放型经济示范经开区培育对象。公共服务体系不断完善,浙江省人民医院与毕节市合作共建国家区域医疗中心。东西部合作持续深入。统筹基础设施"硬联通"和规则标准政策"软对接",加快建设毕节国际陆港物流园,深度参与"1+9"国家级开放创新平台建设,开通毕节跨境电商直接出口业务。加强与粤港澳大湾区合作,强化市域与周边县市节点之间互联互通,加快融入成渝双城经济圈和泛珠三角地区,构建高水平开放通道。持续深化"贵人服务·毕须办"政务服务品牌建设,不断优化营商环境,激发各类市场主体活力,推动民营经济高质量发展。成功探索了"落实三个强化推进证照分离"等典型做法。

(五) 体制机制创新先行区:现代化的共享发展之路

中国式现代化是全体人民共同富裕的现代化。毕节试验区反贫困是中国特色社会主义制度优越性的成功实践。坚持以脱贫攻坚统揽经济社会发展全局,构建坚强有力的组织体系、指挥体系、责任体系、考核体系和监督体系,减贫人数在地级市中为全省之最、全国第二,成为贫困地区脱贫攻坚的一个生动典型。在历史性地解决了绝对贫困问题后,毕节后发现代化新征程要进一步克服相对贫困问题,在共享发展中推动共同富裕。克服相对贫困、与全省全国同步现代化,既需要改革,也需要发展,要在体制上实现效率与公平包容。

毕节打造推动体制机制创新先行区。统一战线参与机制不断完善。中央统战部出台了《关于统一战线助力毕节高质量发展的实施意见》,从搭建制度平台、加强智力支持、助力产业发展、提高教育质量、提升医疗水平、强化人才支撑六个方面给予支持。中央统战部、中央社会主义学院明确支持中央社会主义学院在毕节设立分院,支持毕节建成全国统一战线培训基地。民建中央组织在毕节举办了"2022中国（黔西）非公经济前沿圆桌会议"，协调引进5家企业与黔西市达成投资合作协议。农工党省委成功协调四川大学华西医院将大方县人民医院作为协作医院并揭牌。织金县获全国工商联确定为定点帮扶暨创建"万企兴万村"典型县。省委统战部建立了省统一战线助力毕节高质量发展联席会议制度，并组建了专家指导组。

积极推进区域开放合作。开放平台加快建设，毕节飞雄机场列入贵州省"十四五"口岸发展规划暨贵州省口岸经济高质量发展行动计划，七星关、金沙经开区列为省级开放型经济示范经开区培育对象。公共服务体系不断完善，浙江省人民医院毕节医院建设方案已上报国家发展改革委。

深入推进生态文明制度改革。"三区三线"划定成果已获国家批复同意。国家林草局将毕节国家储备林项目建设模式作为"十三五"期间基层林业工作亮点上报党中央、国务院，并印发全国推广。大方县特色农产品生产加工与农村生态环境整治一体化发展项目获批国家生态环境导向试点项目。云贵川三省就第二轮赤水河流域横向生态补偿协议达成一致意见，正与重庆市磋商制定乌江流域跨省横向补偿协议，威宁县国家生态综合补偿试点、大方县生态产品价值实现机制试点加快建设。出台《毕节市林业碳票管理办法（试行）》，颁发林业碳票4张，涉及林地面积6.68万亩，核定碳减排量27.3万吨，完成2笔林业碳票质押贷款、授信额度700万元。

政治现代化是中国式现代化的关键。正如习近平总书记殷切希望——"希望各民主党派把多党合作所长与中心大局所需结合起来"。统一战线参与毕节建设贯彻新发展理念示范区理论与实践，用制度凝聚发展合力、用制度拓宽合作渠道、用制度加强平台建设、用制度创新参与的方式，阐释中国新型政党制度效能，丰富了多党合作的实践形式，彰显了中国新型政党制度的优越性。这必将在新征程上，增强中国共产党领导的多党合作和政治协商制度优越性的解释力、话语权，为当代世界政党政治的发展贡献中国智慧、中国方案；为创造中国式现代化新道路、人类政治文明新道路贡献地方实践样本。

参考文献

[1] 江小涓，隆国强，王金照，等．学习阐释党的二十大精神笔谈［J］．中国工业经济，2022（11）：5-25．

[2] 韩保江, 李志斌. 中国式现代化: 特征、挑战与路径 [J]. 管理世界, 2022 (11): 29-42.

作者简介: 林科军, 中共毕节市委党校毕节试验区发展研究中心副教授、副主任。

基金项目: 本文系"毕节市建设贯彻新发展理念示范区研究人才团队"阶段性成果。

高质量建设贯彻新发展理念示范区
奋力谱写中国式现代化毕节实践新篇章

潘应付　黄云芹

摘　要：党的十九大报告中第一次提出高质量发展的概念，带动毕节进行更丰富的研究和生动实践。2018年7月18日，习近平总书记对毕节试验区作出重要指示：着力推动绿色发展、人力资源开发、体制机制创新，努力把毕节试验区建设成为贯彻新发展理念的示范区。党的二十大报告指出："从现在起，中国共产党的中心任务就是团结带领全国各族人民全面建成社会主义现代化强国、实现第二个百年奋斗目标，以中国式现代化全面推进中华民族伟大复兴。"本文拟从建设贯彻新发展理念示范区的角度，对标中国式现代化建设要求，围绕奋力谱写中国式现代化毕节实践，通过爬梳中国现代化视域下的高质量内涵，理性分析毕节当前存在的机遇与差距，深入为毕节高质量发展提供建议。

关键词：毕节高质量发展；新发展理念示范区；中国式现代化

毕节市总面积2.69万平方公里，高原山地面积约占总面积的93%，曾被联合国认定为"不适宜人类生存的地方"。1987年的毕节，人均GDP仅为322元，有315万人尚未解决温饱问题；全国每10个贫困户里就有1个毕节人，贵州每4个贫困户里就有1个毕节人。贫困人口多、贫困程度深、贫困面积广是脱贫前的毕节最典型的特征。1988年6月，经国务院批准，成立了全国唯一以"开发扶贫、生态建设"为主题的毕节试验区。经过一代又一代人的努力，毕节发生了翻天覆地的变化。2022年，毕节市抢抓国发〔2022〕2号、国函〔2022〕65号文件重大机遇，实现地区生产总值2240亿元，全市呈现出工业质效稳步提升、城镇建设扩容提质、农业发展步伐加快、旅游产业逐步复苏、民生事业持续进步的良好态势。

一、中国式现代化视域下的毕节高质量发展

党的二十大报告提出中国式现代化的理念，我们将其视为毕节高质量发展的一个新背景。中国式现代化的本质以及要求为毕节高质量发展指明了方向，提供了遵循，注入了强劲动力，从毕节自身发展来看，毕节高质量发展以人民对美好生活的追求作为根本的出发点、落脚点，实现物质文明和精神文明和谐的现代化，人与自然和谐共生的现代化，达到毕节市全体人民共同富裕的现代化，以期达到最后的全体人民共同富裕的中国式现代化。也就是说，毕节高质量发展是贯穿于中国式现代化的整个过程，也是中国式现代化进程的一部分。那么什么是毕节高质量发展？高质量发展又如何定义？

习近平总书记指出，新时代新阶段的发展必须是高质量发展。党的十九届六中全会明确要求：必须实现高质量发展，推动经济发展质量变革、效率变革、动力变革。高质量发展是适应新时代我国社会主要矛盾变化的必然要求，是新征程全面建设社会主义现代化国家的首要任务，同时也是我国在社会主义发展过程中不断推进马克思主义中国化时代化的重大创新成果，我们必须紧扣新时代我国社会主要矛盾变化特别是不平衡不充分的发展这一我国社会主要矛盾的主要方面。因此，全面深刻理解和把握高质量发展的内涵至关重要。

党的二十大报告指出，"高质量发展是全面建设社会主义现代化国家的首要任务"。目前，我国已经迈上全面建设社会主义现代化国家、以中国式现代化全面推进中华民族伟大复兴的新时代新征程。高质量发展不仅是新时代我国经济发展的鲜明主题和新征程全面建设社会主义现代化国家的首要任务，而且是我国在社会主义发展过程中不断推进马克思主义中国化时代化的重大创新成果。首先，高质量发展提出的背景是源自物质资料生产方式的转变。高质量发展是立足于经济社会发展全局、顺应时代发展潮流的生产方式转变，并不是侧重于生产力或者生产关系的某一个方面，推动高质量发展必须协调好二者的关系，实现生产力发展和生产关系变革的有机统一。随着社会生产力水平的变化，生产关系相应地也要有所变化，马克思主义经典作家

在对未来社会更合理的社会经济制度的设想中，提出通过合理的资源配置方式来实现社会主义经济发展的有序运行。高质量发展是对生产关系顺应生产力发展方向的合理调整，"高"就是要求生产关系与生产力的高度适应、高度融合。推动供给侧结构性改革，在减少供给端生产剩余的前提下实现供给体系的新均衡，从而达到生产关系高度适应生产力发展要求的最佳效果。

马克思主义认为："物质生产力是全部社会生活的物质前提，同生产力发展一定阶段相适应的生产关系的总和构成社会经济基础。生产力是推动社会进步的最活跃、最革命的要素，生产力发展是衡量社会发展的带有根本性的标准。"换言之，社会主义的本质就是解放和发展社会生产力，同时，社会生产力的不断提高又一定会对生产关系提出新的要求。因此，按照生产关系一定要适应生产力水平的马克思主义基本原理，"社会主义生产关系的发展并不存在一套固定的模式，我们的任务是要根据我国生产力发展的要求，在每一个阶段上创造出与之相适应和便于继续前进的生产关系的具体形式"，也就是说在社会主义基本制度确立以后，还要从根本上改变束缚生产力发展的经济体制。综上，毕节高质量发展就是要从生产力方面转变，使之转型为新的能够赋能经济的新形势，比如现在贵州提出的大数据经济，毕节利用现有的红色文化旅游资源进行经济的带动，拉动本地收入，打造"洞天福地，花海毕节"的旅游生态品牌，现在又响应数字经济的计划模式，利用大数据将毕节本地的旅游景点进行汇总整理，赋予新形态的"3D+游客体验"的鉴赏新模式，走出一条因市制宜的生态旅游新路。

"贵安和毕节，两个截面，生动展现了贵州牢记嘱托、感恩奋进的生动局面。"其中切实把握好贵州高质量发展的内涵是毕节高质量发展的前提。示范、样板、高地、创新、先行，每一个关键词的标准明显更高，体现了在新起点上对贵州发展更高的要求，也给予了毕节市如何高质量发展的标准。这些都是站在西部乃至全国赋予贵州毕节的重大责任，竭尽全力做好每一个关键词，又在做好每一个关键词的基础上进行再提高。

终上，中国式现代化视域下的毕节高质量发展，不仅要解决欠发达地区发展矛盾，使群众享有高品质生活，还要为全国探索经验，在全面建设社会主义现代化国家新征程中贡献更大力量。

二、中国式现代化推动毕节高质量发展

毕节高质量发展目前是差距与机遇并存，如何处理好二者的关系，这是推动实现高质量发展的前提所在。差距与机遇乃是对立统一的关系，二者共同存在于毕节高质量发展的大局之中，就对立统一关系而言，一方面，差距引来机遇，机遇消解差距；另一方面，机遇与差距共同协作运动，以此赋能毕节高质量发展。

当前，第一个百年奋斗目标已经圆满完成，正向"以中国式现代化全面推进中华民族伟大复兴"的第二个百年奋斗目标奋进。徐麟书记深刻分析了贵州在中国现代化建设中的"三者""五期"定位：中国式现代化建设的后发赶超者，西部欠发达地区推动中国式现代化的典型实践者，中国式现代化建设的创新探索者；2023年2月，徐麟书记在毕节调研时强调：要"高质量建设贯彻新发展理念示范区，全力推进中国式现代化在贵州落地落实"。这些要求，深刻揭示了贵州、毕节的现代化历史定位。推动中国式现代化毕节发展蓝图变成幸福实景，确保毕节与全省、全国同步实现现代化，我们要把市情县情放在新坐标体系中去审视，对照全国大局、全省定位找准方位，努力走出一条把握时代大势、符合发展规律、体现发展质量、服务国家全局的多彩贵州现代化建设毕节实践篇章。

差距：（一）工业化处于初期向中期转型。2022年，贵州省工业化进程综合评价指数比全国低35.5个百分点，排全国第29位，总体处于工业化中期阶段，正处于由中期向后期转型推进期。而毕节市工业化进程综合评价指数低于全省平均水平。（二）信息化处于开局期。贵州省信息化处于动能释放期，2022年，数字化综合发展水平排全国第20位，数字经济增速连续7年居全国第一。但毕节只是全省数字经济的一个支点，总体上数据服务经济社会发展和社会民生还处于开局期，赋能千行百业还处于布局阶段。（三）城镇化处于快速发展中期。从城镇化进程看，毕节市2022年城镇化率44.46%，低于全省全国平均水平，处于快速发展中期。（四）农业现代化处于转型发展加速期。从农业总产值、农产品加工转化率、主要农作物耕种收综合机械化率来看，毕节市低于全省平均水平。（五）旅游产业化处于优质转化提升期。毕节市旅游资

源丰富，但旅游业态种类单一，宣传推进和服务配套有差距，以旅游带动生产性服务业和生活性服务业潜力没有完全释放。

机遇：（一）叠加的利好政策。特别是2022年6月国务院以国函〔2022〕65号文件批复的《推动毕节高质量发展规划》，赋予毕节建设"乡村振兴新典范、绿色发展样板区、人力资源开发培育基地、体制机制创新先行区"的战略定位，毕节建设"两区一典范一基地"的前景向好、潜力释放。（二）补短板是扩大有效投资的机遇。如数据赋能教育转型、煤矿污染治理绿色转型等。

现在的毕节今非昔比。党的十八大以来，毕节市努力将机遇融入差距之中，消弭二者的不兼容性，成功做到了以下提升。

（一）工业质效稳步提升

2022年，预计八大产业完成规模工业总产值790亿元，新上规入统工业企业70户。生产煤炭5430万吨，供应电煤3000万吨，发电516亿千瓦时。优质烟酒实现产值101亿元。引进劳动密集型产业项目187个。获省认定"专精特新"中小企业12户。风力和光伏发电装机总量、发电量居全省第一。数字经济占比34%。毕节高新区体制机制改革取得重大进展。

（二）城镇建设扩容提质

2023年，预计常住人口城镇化率提高到44.46%，增加1.17个百分点。围绕提高中心城区首位度，谋划实施城市更新项目100个、公共服务项目151个，七星关—大方中心城区建成区面积达108平方公里。完成棚户区改造1.5万户、老旧小区改造1.6万户、背街小巷改造130条，地下管网改造（新建）535公里。在全省率先出台地灾威胁区群众进城购房支持政策。开工建设商品房1000万平方米、销售520万平方米。

（三）农业发展步伐加快

2022年，预计农林牧渔业总产值增长4%。粮食播种面积和产量超额完成省下达任务，食用菌、肉牛、家禽、马铃薯等产业规模居全省第一。农产品加工转化率53.1%，提高2个百分点。培育省级农业龙头企业12家。申报认定粤港澳大湾区"菜篮子"基地19个。新建高标准农田26.22万亩、机耕道319

公里，农业机械化率46%。

（四）旅游产业逐步复苏

2022年，预计实现旅游综合收入518亿元。百里杜鹃鹏程社区获评全国乡村旅游重点村，黔西化屋村荣获全国非遗旅游村寨，"花海毕节·露营管家"成为全国首个露营业态区域公共品牌，大方、织金进入"2022中国县域旅游综合竞争力百强县市"。织金洞成功创建国家5A级旅游景区，毕节旅游迈入"双5A"时代。

（五）脱贫成果有效巩固

2022年，"3+1"保障问题动态清零，易地扶贫搬迁后续扶持扎实推进，脱贫人口家庭人均纯收入达1.27万元，守住了不发生规模性返贫底线。建设（改造）农村户用卫生厕所4万户。实施特色田园乡村·乡村振兴集成示范试点项目348个，创建国家级美丽休闲乡村5个，乡村振兴迈出坚实步伐。

（六）内需潜力不断释放

2022年，预计631个重大项目完成投资731亿元、建成55个。工业投资占比33%、居全省第三，民间投资占比53%、居全省第一。赫六、镇赫高速正式通车。建成中小型水库6座。投运电网项目373个，建成5G基站3700个、新能源汽车充电桩650个。"六网会战"完成投资234.5亿元。在全省率先系统出台稳增长"1+N"方案。开展"促销惠民·乐购毕节"促消费活动，拉动消费16亿元以上。新增限上商贸企业182家。

（七）绿色发展成效明显

中央、省生态环保督察等反馈问题整改取得积极成效。2022年，县级以上城市集中式饮用水水源地、主要河流出境断面水质优良比例100%。预计完成国家储备林项目建设131.86万亩、营造林76万亩，治理石漠化150平方公里。入选全国林业碳汇试点市。林下经济产业利用森林395万亩，实现产值55亿元。

（八）改革开放蹄疾步稳

2022年，谋划推动改革事项38个。"贵人服务·毕须办"品牌创建持续深化，实现3635个事项"全省通办"、275个事项"跨省通办"。市场主体总量居全省第三。推广运用"贵商易"平台、发布政策569项，推动助企纾困政策落地，留抵退税38.98亿元。成功列入中央财政支持普惠金融发展示范区。市国有资本投资公司信用评级升至AA+。实施科技项目24个。引进产业项目571个、到位资金599.6亿元。跨境电商实现零突破。

（九）民生事业持续进步

2022年，"十个方面民生实事"全面完成。城镇新增就业6.8万人，农村劳动力转移就业12万人。发放创业担保贷款2.97亿元，"降缓返补"社保费4.79亿元。全体居民收入增长7.3%，居全省第二。新（改、扩）建各类学校60所，学前三年毛入园率、义务教育巩固率、高中阶段毛入学率达全省平均水平。省总工会批复成立毕节工匠学院、毕节乡村振兴工匠学院。争创国家区域医疗中心迈出实质性步伐。建成县域医疗次中心8个、中医馆279个。建成医疗保险+商业保险"一站式"即时结算平台，实现定点医药机构省内、跨省异地就医直接结算"县县通"。长征国家文化公园项目加快建设，8个文化馆获评国家一级馆。实施《毕节市居家养老服务条例》。新增婴幼儿托位1万个。特殊困难群体应保尽保。

（十）社会大局和谐稳定

成功创建全国法治政府建设示范市。"打非治违"专项行动成效明显，生产安全事故起数和死亡人数实现"双降"。公安交警信息化项目获全省公安机关第三届改革创新大赛第二名。全力化解债务风险，守住了不发生系统性区域性金融风险底线。"一中心一张网十联户"机制持续深化。扫黑除恶专项斗争常态化推进。刑事发案下降25.6%，现行命案连续6年下降。电信网络诈骗犯罪立案数下降24.38%，破案数提高31.58%，挽回损失金额上升311%。毒情治理取得历史性成效。

三、中国式现代化进程中的毕节发展短板

依据中国式现代化的内容，我们可知毕节目前存在了些许发展短板，这些短板是制约毕节高质量发展的关键因素。

（一）从实现人口规模巨大的现代化来看，我市人口规模大，任务艰巨

毕节市常住人口700万人，占全省的五分之一。2022年，毕节市人均GDP为32305万元，为全省的61.7%、全国的27.9%。按照2035年人均GDP达到中等发达国家定义的底线2万美元计算，我市需要后发赶超。对照优质教育、医疗、养老供给，对照人均受教育年限、千人拥有执业医生数、人均预期寿命等指标，我市整体低于全省、全国平均水平。毕节高质量发展是不落下一人的现代化发展，是全体毕节人的现代化高质量发展。

（二）从实现全体人民共同富裕的现代化来看，我市短板多、任务艰巨

截至2022年底，仍有建档立卡脱困户178.36万人，民政兜底保障人口70.5万人、约占全省的三分之一，10.89万监测对象，易地扶贫搬迁人口32万人。就乡村振兴而言，这是实现毕节高质量发展之一的必然要求，《乡村振兴战略规划（2018—2022年）》明确指明实现全体人民共同富裕。

（三）从实现物质文明和精神文明相协调的现代化来看，打造示范区形象任务艰巨

文化事业基础设施薄弱，文化产业与群众需求相比欠账大。部分干部群众存在"等靠要"顽疾。一些媒体片面报道，影响了示范区发展形象。经济发展了，文明更不能落后。在马克思看来，经济基础决定上层建筑，上层建筑又反过来影响经济，因此，中国式现代化的高质量发展就是必须实现两个文明的共同进步。更具体的是，此二者落实到人的本身，使人成为自由而全面发展的人，这是人的本质力量化的具体体现，是使人真正成为人自身的发展途径。

(四) 从实现人与自然和谐共生的现代化来看，毕节高质量厚植绿色底线，紧扣绿色优先低碳发展

协同推进降碳、减污、扩绿、增长任务艰巨。污水治理、煤矿生产、绿色创建、绿色转型点多面，推动绿色发展转型的任务任重道远。把绿色化贯穿于"四新""四化"各方面和全过程，加快建立绿色低碳循环发展经济体系。同时，毕节既解决点上的问题和面上的问题，又下大力气解决体制机制等深层次生态问题，不断推进低碳绿色经济循环发展。此外，毕节在建立健全生态保护补偿、生态环境损害赔偿和生态产品价值实现机制上付出了不少努力，不断推进畅通"两山"转化通道，推动产业生态化、生态产业化。良好的生态环境正不断转化为毕节发展优势和竞争优势，成为毕节市人民的生态福祉。"绿""美""富""兴"的共鸣曲正在毕节这片土地上奏响。"两山论"就是最好的证明，绿色就是经济，也能创造经济。于此而言，在自然的人化与人化的自然进程中实现二者和谐共生的发展。

(五) 从实现走和平发展道路的现代化来看，统筹发展和安全任务艰巨

作为示范区，是全省、全国乃至国际关注的地方，但受限于地理条件和发展水平，开放合作不够。作为社会面普遍关注的示范区，各种"黑天鹅""灰犀牛"事件随时可能发生，政治、经济、社会稳定安全风险隐患多、挑战大。

综合来看，在党中央的关注关怀下，毕节市干部群众坚持把高质量发展和高品质生活，高颜值生态，高效能治理一体推进，毕节如期"撕掉了绝对贫困标鉴"，与全省、全国同步建成小康社会。但对比其他发达地区，毕节发展短板多，推动发展任务艰巨。总体上，机遇和挑战并存，但机遇大于挑战，前景可期。

四、奋力谱写中国式现代化毕节实践新篇章建议

党的二十大报告指出，建设中国式现代化是前无古人的伟大事业。高质量建设贯彻新发展理念示范区、奋力谱写中国式现代化毕节实践新篇章的接力棒传递到了我们手中，我们要始终坚持稳中求进工作总基调，以高质量发展统揽经济社会全局，紧紧围绕"四新"主攻"四化"，聚焦毕节"两区一典范一基

地"建设，以转求变、以转促改，在迎变局中育新机，在开新局中稳发展，以改革创新推动各项工作落实落地落细。

（一）继传统，自信自立展新颜

在革命、建设、改革各个历史时期，毕节都涌现出无数精神财富和优秀传统。海雀村老支书文朝荣"艰苦奋斗、无私奉献、愚公移山、改变面貌、造福子孙"的精神，堪称现代"焦裕禄"。20世纪50年代的七星关区生机人民战天斗地、无中生有，仅仅靠着一锤子、一铲、一绳、一手，历时20余年，牺牲11人，在悬崖绝壁上开凿40多条沟渠，总长309.1公里，结束了生机十年九旱、水如油贵的困难历史。这些山渠仿如挂在绝壁、缠绕在山间的带子，人们形象地称为"绝壁天渠"。

（二）扬优势，三大主题谋新绩

毕节作为建设贯彻新发展理念的示范区，我们坚持以创新、协调、绿色、开放、共享的理念为引领，紧紧围绕习近平总书记批示的"绿色发展、人力资源开发、体制机制创新"三大主题进行生动实践。我们充分立足市情，发掘支撑毕节现代化建设的政策、资源、人口"三大优势"，瞄准高端化供给市场，坚持把比较优势转化为胜势，并汇聚成发展的强势。毕节的矿产资源得天独厚、旅游资源大气磅礴、民族文化别具特色、人力资源优质丰富（毕节人口平均年龄31岁，比全国、全省分别年轻7.8岁和5岁），加上2022年出台的新国发2号、国函〔2022〕65号文件，更是给予了多层叠加的优势加持，为我们扩大内需、推进"四化"升级发展提供巨大动能。

（三）转方式，守正创新谱新篇

我们将用好改革关键一招，纵深推进"放管服"改革和"毕须办"营商环境品牌建设，稳慎推进农村宅基地制度改革试点，深入推进国资国企改革，统筹推进绿色金融、教育等改革，通过赋能赋势，激发高质量发展活力动力。我们将大力推进"市场换产业、资源换投资"战略行动，努力"换"出工业大突破、城镇大提升、农业大发展、旅游大提质。当前，很多企业十分看好毕节的"两换"政策来落户，如：金沙通过科学谋划，发挥资源禀赋，培育打造出煤电、白酒、新兴产业"三个百亿级"产业集群；威宁长通新能源通过资源换投资，今年在毕节就能预计实现产值115亿元，带动就业600余人；毕节高新区清华同方计算机项目通过市场换产业，成功投资4.5亿元，预计年产值50亿元，税收2亿元。另外，多党合作、东西部协作在毕节"两换行动"中也展现出良好的创造力，金沙教育研究院、大方—华西医院、浙江省人民医院（毕节市第一人民医院）等民生项目落地，让现代化建设成果更多更公平惠及广大群众，"两换行动"的硕果正在不断开花结果。

（四）强基础，基层治理建新功

基层社会治理现代化是中国式现代化建设的重要组成部分。"一中心一张网十联户"机制是发源于毕节的基层社会治理创新实践，通过综治中心、网格、十联户集点成线、连线织网，不断提高了社会治理现代化水平。2021年以来，毕节先后建成"全国法治政府建设示范市""全国民族团结进步示范市"，社会治理取得显著进步。另外，我们充分发挥党组织作用，通过推进党组织领办集体合作社，进一步把群众发动起来、组织起来，带动融合自治强基、法治保障、德治教化的工作中来，探索出"一核带三好促三治"等管用模式。目前全市村集体资产达70余亿元，村集体经济累计15亿元，激发了创新基层社会治理的动力和活力，探索出的"党建+积分""群团工作站""乡村治理辅导员"等一批成功经验，为全面推进乡村振兴创造出一套高效管用的基层治理体系，推进了乡村治理体系和治理能力现代化发展步伐。

（五）守底线，稳中求进迈新步

习近平总书记在2023年"两会"上强调"稳中求进、积极作为"，面对国际国内环境发生的深刻复杂变化，稳中求进工作总基调是新时代治国理政的重要原则，也是推进中国式现代化的方法论。当前，毕节与其他地区一样，面临的安全稳定风险、债务风险、财税金融风险、网络舆情风险等问题矛盾较为突出，这是"事物都是在矛盾中发展"的规律所决定的，是与现代化建设相伴相生的。我们始终树牢风险意识、危机意识、忧患意识，保持定力、坚定信心，脚踏实地，通过发展化解矛盾、通过矛盾化解推动发展，在守底线中推进毕节现代化建设笃定前行。

毕节曾是贵州脱贫攻坚的主战场，被习近平总书记誉为"贫困地区脱贫攻坚的一个生动典型"。30多年来，毕节市干部群众深化改革、锐意创新、埋头苦干、同心攻坚，实现了"三大跨越"，正在按照习近平总书记指引的建设"贯彻新发展理念示范区"奋力前行。新时代、新征程，在党中央、国务院的关心关怀下，在各民主党派中央、全国工商联、东西部支援城市的大力支持下，在省委、省政府的坚强领导下，我们将自信自强、守正创新、踔厉奋发、勇毅前行，继续发扬新时代贵州精神和毕节试验区精神，高质量建设贯彻新发展理念示范区。

推进毕节高质量发展的意义在于巩固脱贫攻坚成果，促进乡村振兴。处于乌蒙山区的毕节是典型的喀斯特地貌，地理环境恶劣，人口众多，曾是贵州脱贫攻坚的主战场之一，也是贵州乡村振兴的重要战场，任务艰巨，使命光荣，因此更需要持之以恒推进高质量发展。在发展的路上，更加注重经济社会发展的效益，扩大经济的总量，提升经济发展的质量，以高质量发展统揽经济社会发展全局，补齐经济社会发展的短板弱项，为巩固脱贫攻坚和乡村振兴奠立坚实的物质基础，促进乡村产业发展，提升乡村文化水平，全面推进乡村振兴事业，推进中国式现代化事业。还在于促进传统产业升级，打造发展新动能。毕节是贵州重要的能源基地，经济基础以煤电、农业等传统产业为主，生态环境优美，近年来新兴产业的发展取得了显著的进步。推进高质量发展对于毕节的产业转型和社会发展具有显著意义。推动高质量发展就是一方面要在新的起点上改造传统产业，提质增效，扩大存量，推动传统产业升级转型。另外则是在新的起点上，大力培育新的经济增长点，推动文旅融合、观光经济、现代山地高效农业，促进东部产业承接和高新技术等新兴产业发展，提高经济发展的质量和动能，为高质量发展提供新的引擎和动力。

它不仅能实现民生改善，促进共同富裕事业，而且巩固了民族团结，铸牢中华民族共同体意识。我们相信，中国式现代化的毕节实践篇章将更加熠熠生辉、宏伟富丽、彪炳史册。

参考文献

[1] 陈玲. 数字赋能"智"造绿色矿山 [N]. 贵州日报，2023-07-10 (008).

[2] 王远柏. 厚植绿色家底持续"生态领跑" [N]. 贵州日报, 2023-07-04 (002).

[3] 龙波, 罗康. 深入学习贯彻习近平总书记"七一"重要讲话精神和视察贵州重要讲话精神 以高质量工作服务高质量发展打造高品质生活 [N]. 黔西南日报, 2021-07-16 (001).

[4] 周真刚. 全面推进贵州乡村振兴高质量发展的建议 [J]. 理论与当代, 2021 (02): 16-17.

[5] 肖苏阳, 曾繁华. 推动贵州大数据产业高质量发展 [N]. 中国社会科报, 2023-03-22 (006).

[6] 贵州以高水平开放促进高质量发展 [N]. 人民日报, 2023-03-06 (012).

[7] 朱毅. 贵州融入长江经济带高质量发展的对策研究 [J]. 贵阳市委党校学报, 2023 (01): 1-6.

[8] 支持贵州文化和旅游高质量发展 [N]. 贵州日报, 2022-12-15 (004).

作者简介：潘应付，中共金沙县委党校教研室主任；黄云芹，中共金沙县委教师。

全面开启建设贯彻新发展理念示范区新征程

余桂兰　龙昌江　谢易利

摘　要：新发展理念作为中国特色社会主义进入新时代的重要理论创新，深刻回应了经济社会发展中的新问题新挑战，提出了创新、协调、绿色、开放、共享的五大发展要点。在这一背景下，各地积极响应国家号召，建设贯彻新发展理念示范区，旨在为全国探索适应新时代发展要求的模式提供有益经验。因此，本文主要对新发展理念的内涵与价值进行了分析，并对示范区建设的背景与意义进行了阐述，从而提出了相应的策略，以期促进教育行业的进步。

关键词：开启建设；新发展理念；示范区；新征程

一、引言

新时代呼唤新使命，新使命催生新发展理念，随着世界格局的演变和国内外环境的深刻变革，中国特色社会主义进入了一个崭新的发展阶段。在这一历史背景下，习近平总书记提出了创新、协调、绿色、开放、共享的新发展理念，为实现我国经济社会持续健康发展指明了方向。示范区建设作为贯彻新发展理念的具体实践，对于推动经济高质量发展、深化改革开放、加强生态文明建设具有重要意义。

二、新发展理念的内涵与价值

新发展理念是中国特色社会主义进入新时代的重要理论创新，它强调创新、协调、绿色、开放、共享这五大发展要点，这些要点蕴含着丰富的内涵和深刻的价值，对于引领中国经济社会持续健康发展具有重要意义。一是创新是新发展理念的首要要点，强调创新是发展的第一动力，创新不仅包括科技创新，还涵盖制度、文化、管理等各个领域，创新的目标是推动经济结构的升级，提高生产率，提高经济增长的质量和效益。二是协调，协调强调各个领域、区域、要素之间的协调发展，这是为了避免经济增长不均衡、资源浪费以及环境破坏等问题，协调发展强调经济、社会、环境等各方面的平衡，实现可持续发展。三是绿色，绿色强调生态环境的保护和可持续利用，在经济增长的过程中，必须保护生态环境，防止过度开发和污染，这对于保护生态系统、提高人民生活质量以及实现长期可持续发展具有重要作用。四是开放，开放意味着积极主动的参与国际合作和全球治理体系的建设，开放推动自由贸易、投资自由化，增强国际竞争力，通过开放，中国旨在实现共同发展，实现更高水平的互利共赢。五是共享，共享强调在发展过程中要追求社会公平和普惠，让发展成果更好地惠及全体人民，这涉及收入分配、教育医疗等各个领域，旨在缩小贫富差距，实现更加公平的社会。

新发展理念的内涵体现了对人民幸福和社会全面进步的关注，它强调经济发展要质量优先、效益优先，推动产业升级、创新发展，促进城乡区域协调发展，保护生态环境，加强国际合作，实现社会公平正义。这些价值与意义在习近平新时代中国特色社会主义建设中具有重要指导作用，为实现中华民族伟大复兴的中国梦提供了战略指引。同时，新发展理念也为中国在全球治理中发挥更大作用，构建人类命运共同体作出了重要贡献。

三、示范区建设的背景与意义

1. 示范区建设的背景

（1）新发展理念的提出：新发展理念为各级政府提供了新的发展思路和指导方针，要求以创新、协调、绿色、开放、共享为核心，引领经济社会发展进入新阶段。（2）全面建设社会主义现代化国家目标：中国在新时代明确了全面建设社会主义现代化国家的目标，示范区建设成为实现这一目标的关键举措。（3）深入推进改革开放：中国深入推进改革开放，示范区建设可以为探索新一轮改革开放提供创新范本[1]。

2. 示范区建设的意义

（1）政策实践的探索者：示范区建设作为新发展理念的实践试验田，可以探索适合不同地区特点的发展路径，为全国政策制定提供经验。（2）推动地方经济社会发展：示范区建设鼓励地方积极探索新模式、新领域，推动经济结构调整升级，带动地方经济社会全面进步。（3）优化资源配置与利用：示范区建设可以推动资源的有效配置和利用，促进产业升级和科技创新，提高资源利用效率。（4）引领改革创新：示范区建设鼓励在制度机制、政策措施等方面进行创新，为改革提供试验场，推动制度创新和改革深化。（5）国际合作与开放合作的窗口：示范区建设可以吸引国际资本、技术和人才，推动国际合作，提高国际竞争力，打造对外开放的新高地。（6）全局治理的参与者：示范区建设有助于中国更积极地参与全球治理，为国际社会提供中国方案，推动构建人类命运共同体。综上所述，示范区建设不仅是新发展理念的具体落地，更是实现中国梦、推动中国特色社会主义事业发展的重要举措，具有深远的历史意义和战略价值[2]。

四、全面开启建设贯彻新发展理念示范区新征程所面临的问题

全面开启建设贯彻新发展理念示范区新征程虽然具有重要意义，但也面临一些挑战和问题。以下是一些可能的问题：

（1）体制机制创新难题：在示范区建设中，需要对传统的体制机制进行创新和改革，以适应新发展理念的要求，然而，改革可能会受到既得利益者的阻碍，制度创新可能面临困难。

（2）产业结构调整难度：实施新发展理念要求进行产业结构调整，但在实际操作中，由于产业路径依赖等因素，可能会遇到困难，如何平稳推进产业升级与转型是一个挑战。

（3）生态环境保护与经济增长的平衡：绿色发展是新发展理念的重要组成部分，但在推动经济增长的过程中，可能会面临生态环境破坏的风险，如何在保护环境的前提下实现经济增长是一个复杂的问题。

（4）人才培养和引进难题：示范区建设需要大量高素质人才的支持，但人才培养和引进可能存在难度，吸引优秀人才并保持人才的流动性可能是一个挑战。

（5）政策协调与整合困难：不同部门的政策、法规和规定可能存在不一致或矛盾，如何实现政策的协调与整合，确保政策的一致性和有效性是一个问题。

（6）社会公众认知和参与问题：示范区建设需要得到社会各界的理解和支持，但在推进过程中，公众的认知和参与程度可能存在差异，如何加强公众参与，形成广泛共识，是需要解决的问题[3]。

五、全面开启建设贯彻新发展理念示范区新征程的策略

1. 整体规划和顶层设计

在全面开启建设贯彻新发展理念示范区新征程中，整体规划和顶层设计是确保示范区建设有序推进的关键，这需要从宏观角度出发，科学规划示范区的发展方向、发展目标和布局，同时确保规划与国家发展战略的一致性，以实现最大程度的综合效益。以下是关于整体规划和顶层设计的内容：（1）明确发展定位和目标：应该明确示范区的发展定位和发展目标，这可以包括示范区在推动新发展理念落地的角色、所要达到的经济、社会和生态目标等，明确的定位和目标有助于引导后续的规划和实施。（2）科学划定发展范围和布局：根据示范区的特点和资源禀赋，科学划定示范区的发展范围和布局，这可能涉及产业布局、空间规划、基础设施布局等方面，合理的布局有助于优化资源配置，促进经济发展。（3）综合考虑各要素的协同发展：在整体规划中，应综合考虑经济、社会、环境等多个要素的协同发展，例如，经济发展应与生态环境保护相协调，城乡发展应实现协调发展等。（4）制定具体政策和措施：基于整体规划，制定具体的政策和措施，以支持示范区的发展，这可能涉及税收优惠政策、创新创业支持、人才引进等方面，政策的具体性和针对性有助于推动示范区建设。（5）确保规划一致性与持续性：整体规划和顶层设计应与国家、地区、行业等各级规划相协调，避免矛盾和冲突，同时，规划也应具备可持续性，考虑中长期发展，避免短视和急功近利。（6）建立监测评估机制：在规划

实施过程中，建立监测评估机制，及时跟踪示范区的发展进程，评估规划实施效果，根据评估结果，及时调整和优化规划，确保规划的实施效果符合预期。综合而言，整体规划和顶层设计是示范区建设的基础和指导，它确保示范区在新发展理念引领下，能够有序推进，实现经济、社会和生态的可持续发展[4]。

2. 深化改革与创新

在全面开启建设贯彻新发展理念示范区新征程中，深化改革与创新是推动示范区实现高质量发展的关键。通过改革和创新，可以破除制度障碍，激发创新活力，为示范区建设注入新的动力，以下是关于深化改革与创新的内容：（1）制度创新与改革突破：针对示范区建设中的体制机制难题，需要深化改革，突破既有体制束缚，可以通过试点、先行先试等方式，在示范区尝试新的制度安排，为全国范围的改革提供有益经验。（2）政策创新与探索实践：在政策制定方面，示范区可以探索新的政策模式，以适应新发展理念的要求，可以对税收政策、财政支持、金融服务等方面进行创新，为发展提供更有力的支持。（3）激发创新创业活力：示范区应该鼓励创新创业，为创新型企业和初创企业提供更多的支持，可以设立创业基金、创新奖励等，吸引创新人才和项目，推动技术创新和产业升级。（4）加强科技创新与研发投入：鼓励示范区加大科技创新和研发投入，推动科技成果转化，建立科技创新支持体系，促进产学研合作，培育创新创业生态。（5）探索新型经济模式：在示范区可以尝试新的经济模式，如数字经济、共享经济等，以适应经济发展的新趋势。通过创新经济模式，推动产业升级，提高经济增长质量。（6）鼓励金融创新与支持：建立金融创新支持体系，推动金融服务创新。为创新型企业提供融资支持，拓展直接融资渠道，提高金融服务的效率和适应性。通过深化改革和创新，示范区可以在新发展理念的指引下，不断探索新模式、新路径，为全国提供有益的经验，推动经济社会的高质量发展。

3. 优化产业结构与创新驱动

在全面开启建设贯彻新发展理念示范区新征程中，优化产业结构与创新驱动是实现高质量发展的重要手段，通过优化产业布局、促进产业升级，以及激发创新活力，示范区可以提高经济增长的质量和效益。其主要体现在以下几个方面：一是制定产业发展规划：示例区应制定明确的产业发展规划，明确主导产业、支持产业和新兴产业的定位和发展目标，规划应与示范区整体定位相一致，避免盲目发展和重复建设。二是推动产业升级：针对传统产业，示范区可以推动产业升级，引导企业提升技术、质量和附加值，可以推动数字化、智能化改造，提高产业的核心竞争力。三是培育战略性新兴产业：示范区可以重点培育战略性新兴产业，如新能源、生物医药、人工智能等，同时，为这些产业提供政策支持、资金扶持，推动其快速发展。四是推进产学研合作：加强产学研合作，促进科研成果转化为实际生产力，并鼓励高校、科研机构与企业合作，共同解决产业技术难题，推动创新。五是引导创新创业：鼓励创新创业，为创新型企业提供支持，可以设立创业基金、创新券等，吸引创新创业者参与示范区建设。通过优化产业结构和推动创新驱动，示范区可以实现产业升级和增长模式的转变，从而实现高质量、可持续的经济发展[5]。

4. 加强生态环境保护

在全面开启建设贯彻新发展理念示范区新征程中，通过加强环境保护，保护生态环境，可以实现经济发展和生态保护的良性循环。其主要体现在以下几个方面：（1）制定严格的环保政策：示范区应制定严格的环保政策和标准，确保各类污染物排放不超标，可以设立环境保护目标和指标，对环保行为进行监督和评估。（2）推动绿色发展：倡导绿色发展理念，推动生产方式、消费模式的转变，鼓励绿色产业、绿色产品的发展，减少资源浪费和环境污染。（3）加大生态修复和恢复力度：对受损生态进行修复，如水体净化、土壤改良等，通过植树造林、湿地恢复等方式，提升生态系统的稳定性和恢复能力。（4）推进节能减排和清洁能源：鼓励示范区采用节能减排技术，推动清洁能源的应用，减少污染物排放，提高能源利用效率。（5）加强自然资源保护：加强对自然资源的保护，如水源地、森林资源等，通过建立自然保护区和生态保护区，保护生态多样性和生态平衡。（6）强化环境监测与治理：建立环境监测体系，实时监测环境指标，及时发现问题，对污染源进行严格管理和治理，防止环境污染扩散。（7）推动绿色金融和生态补偿：推动绿色金融发展，为生态保护项目提供资金支持，制定生态补偿政策，鼓励企业为生态环境的修复和保护出一份力。通过加强生态环境保护，示范区可以实现经济与生态的和谐共存，推动绿色发展，提升城市品质和人民幸福感。同时，也为全国的生态文明建设树立了积极的榜样。

5. 加强国际合作与开放

在全面开启建设贯彻新发展理念示范区新征程中，通过国际合作，可以融入全球资源，提升综合竞争力，实现共赢发展。因此，第一，要构建国际合作平台：建立国际合作平台，吸引国际资本、技术和人才，可以设立产业园区、自贸试验区等，为外国企业和投资者提供便利。第二，要加强与国际组织的合作：积极参与国际组织的合作与交流，如联合国、世界银行等，通过国际合作，借鉴先进经验，共同应对全球性挑战。第三，要拓展国际市场：鼓励示范区企业拓展国际市场，加强出口贸易，通过国际市场的开拓，增加企业的收入和国际影响力。第四，要促进人才国际流动：吸引国际高层次人才加入示范区建设，同时鼓励本地人才走向国际，推动人才国际流动，促进人才交流与合作。第五，要加强知识产权保护：加强知识产权保护，提升示范区在国际的信誉和竞争力，为知识产权创新提供保护，吸引国际技术和创新资源。第六，要积极参与全球价值链：加入全球价值链，发挥示范区的特色和优势，通过参与全球价值链，实现产业链的深度融合，提高产业附加值。通过加强国际合作与开放，示范区可以充分利用国际资源，吸收外部创新成果，实现产业升级和发展的跨界式增长。

6. 人才培养与引进

在全面开启建设贯彻新发展理念示范区新征程中，人才培养与引进是推动示范区发展的核心要素，优秀人才的培养和引进，能够为示范区提供智力支持和创新动力。因此，首先，可以建立完善的人才培养机制，包括教育培训体系、人才评价机制等，鼓励企业、高校等合作，开展培训和科研项目，提升人才素质。其次，可以积极引进国内外高层次人才，为示范区的发展注入新鲜血液，可以提供优厚的待遇、科研资源和创业环境。在此过程中，可以设立创新创业奖励制度，鼓励人才积极参与创新创业，为创新人才提供创业基金、孵化器等支持。最后，开展国际人才引进计划，吸引国际高层次人才加入示范区建设，为外国人才提供便利的签证政策和工作环境。通过人才培养与引进，示范区可以汇聚各类优秀人才，充实人才队伍，提高示范区的创新能力和竞争力[6]。

六、结论

总之，新时代的召唤使得新发展理念成为引领中国发展的明灯，而示范区建设则是这一理念在地方层面的生动实践。通过分析与总结，可以看出示范区建设在新发展理念的引领下取得了显著成效，为全国各地提供了宝贵的经验，然而，也不能忽视示范区建设面临的一系列挑战，展望未来，要不断深化改革，加强政策支持，着力打造更加开放、创新、绿色、可持续的示范区发展模式，以更高质量的发展实现中国梦的伟大目标。

参考文献

［1］罗恺．多党合作助推毕节建设贯彻新发展理念示范区的对策思考［J］．贵州社会主义学院学报，2022（04）：72-79.

［2］马丹．毕节努力建设贯彻新发展理念示范区［J］．当代贵州，2022（Z3）：148-149.

［3］本刊评论员，伍少安．全面开启建设贯彻新发展理念示范区新征程［J］．当代贵州，2022（29）：1.

［4］张剡．团结奋进笃行实干努力在全面建设践行新发展理念的公园城市示范区中彰显政协担当［J］．先锋，2022（06）：22-25.

［5］张静，王以尧，姚毅，等．创新生态环境与健康先行区助力建设践行新发展理念公园城市示范区［J］．中国生态文明，2022（02）：70-71.

［6］章英娇．继承和发扬天渠精神建设新发展理念示范区［J］．办公室业务，2022（02）：59-60.

作者简介：余桂兰，中共织金县委党校高级讲师；龙昌江，中共织金县委党校教研室主任，讲师；谢易利，中共织金县委党校讲师。

高质量发展视角下健全完善贵州应急心理服务体制机制研究

王 子

摘 要：为进一步完善我省心理服务体制机制，推动健康贵州建设，更好赋能公共卫生应急管理能力和水平高质量发展，对公众风险认知、政府信任和心理复原力进行了实证研究。采用简单随机取样对200名贵州公众进行问卷调查，结果显示：（1）政府信任下的政府能力、政府善意和政府正直、认知风险下的风险熟悉性和风险可控性与心理复原力存在极其显著的正相关；（2）政府信任显著正向预测心理复原力，风险认知也能显著正向预测心理复原力；（3）风险认知不仅能直接预测心理复原力，而且能够通过政府信任这一路径间接影响心理复原力。根据研究结果，提出完善贵州应急心理服务体制机制的路径：（1）完善风险防控体系，整合心理服务的管理路径；（2）加强相关法规建设，巩固心理服务的信任路径；（3）强化政策文化认同，联结心理服务的情感路径；（4）营造良性拟态环境，优化心理服务的信息路径；（5）组建专业救援团队，落实心理服务的执行路径。

关键词：应急管理；心理复原力；心理服务

一、研究背景

《国务院关于支持贵州在新时代西部大开发上闯新路的意见》国发〔2022〕2号文件中指出：要推进健康贵州建设，健全公共卫生应急管理体系，完善重大疫情防控体制机制，提高应对重大突发公共卫生事件的能力和水平。近年来国家安全思想已上升到重要的指导地位,当前我国已成为世界上各种事故灾害最严重的国家之一,面临巨灾风险的防范问题、公共卫生事件的挑战、社会安全类风险,灾害种类多,分布地域广,发生频率高,造成损失重。重大突发事件产生的诸多影响严重威胁我国社会稳定和人民生命财产安全。如何面对突发事件中的"看不见的伤痛",即如何做好应急心理干预,能否有效地处理危机事件后受灾群众的心理危机问题,已经成为衡量政府应急管理水平的关键因素。因此,构建应急心理服务体系,健全和完善应急心理体制机制,引导公众积极预防、减缓和控制突发事件导致的社会心理影响至关重要。本研究拟从风险认知、政府信任和心理复原力等几个角度入手进行实证研究,考察当前贵州应急心理服务体系的现状和公众需求,分析贵州突发事件心理危机干预有待改善的方面,为我省健全完善应急心理管理机制的高质量发展提供参考。

二、研究设计

(一)数据来源与研究样本

采用方便取样的方法选取来自贵州省的 200 名被试参与此次调查,问卷通过手机二维码的形式进行发放和填写。剔除问卷项目缺失等无效问卷 38 份,最终得到有效问卷 162 份。

(二)测量项目与研究工具

(1)风险认知。该问卷参考 Slovic[1] 的研究进行编制,将风险认知问卷划分为"风险熟悉性"和"风险可控性"两个维度。包括 20 个项目,项目采用李克特 5 级评分制,得分愈高,说明风险认知程度越高。在本研究中,风险认知问卷的 Cronbach's $\alpha=0.946$。

(2)政府信任。该问卷主要借鉴彭梦玲[2]制定的信任量表编制而成。问卷涉及"政府能力""政府善意""政治正直"三个维度,包括"您认为政府工作人员在他们应该做的工作上完成得如何"等 6 个项目,项目采用李克特 5 级评分制,得分愈高,说明政府信任程度越高。在本研究中,政府信任问卷的 Cronbach's $\alpha=0.845$。

(3) 心理复原力。该问卷参考 Yu Xiaonan 和 Zhang Jianxin[3]的心理复原力问卷，根据心理干预案例和公众访谈编制而成。项目采用李克特 5 级评分制，得分愈高，说明心理复原力越好。在本研究中，心理复原力问卷的 Cronbach's α = 0.933。

（三）数据处理与研究方法

本研究使用 SPSS 21.0 进行描述性统计和相关分析，采用 AOMS24.0 和 SPSS 宏 PROCESS 进行中介效应检验，$P<0.05$ 时差异具有显著性，结果有统计学意义。

三、结果及分析

（一）信效度检验和共同方法偏差检验

对编制问卷进行信度和效度检验，以验证问卷的可信度和有效性。通过 Cronbach's α 系数进行信度检验，通过 KMO 值和 Bartlett 球形检验进行结构效度检验。检验结果显示，总体调查问卷 Cronbach's α 系数为 0.949，此问卷的可信度较高；KMO 统计量为 0.901，Bartlett 球形检验中，P 值小于 0.000，此问卷的有效性较高。

因为同样的数据来源或评分者、同样的测量环境、项目语境以及项目本身特征所造成的预测变量与校标变量之间认为的共变，容易导致共同方法偏差。本研究虽然通过匿名测量、问卷施测的时间多样性和样本属性多样性等程序进行了事前措施控制，但收集到的数据依然是由被试一次性填答，因此可能存在共同方法偏差干扰。本研究根据 Podsakoff 等的建议[4]进行了事后检验，采用了 Harman 单因子法探索性因子分析，结果显示特征根大于 1 的因子有 5 个，最大因子方差解释度 42.277%。Podsakoff 和 Organ 认为符合特征根大于 1 的因子超过 1 个，用 EFA（未旋转）得到的单一因子方差解释度低于不超过50%的检验标准[5]，也低于国内一般认定单一因子方差解释度不超过40%的标准[6]。

（二）描述性统计和相关性分析

根据表 1 显示，可以看出政府信任下的政府能力、政府善意和政府正直、认知风险下的风险熟悉性和风险可控性与心理复原力存在极其显著的正相关（r=0.332、0.394、0.505、0.405、0.534，p<0.01）。这为本研究的论证假设提供了初步的方向和依据。

表1 政府信任、风险认知和心理复原力的相关性分析

	M	SD	1	2	3	4	5
政府能力	4.540	0.623					
政府善意	4.568	0.553	0.506**				
政府正直	4.395	0.660	0.625**	0.594**			
风险熟悉性	4.069	0.726	0.390**	0.380**	0.415**		
风险可控性	4.478	0.515	0.268**	0.374**	0.308**	0.676**	
心理复原力	21.890	2.982	0.332**	0.394**	0.505**	0.405**	0.534**

注：N=162；*p<0.05，**p<0.01；下同。

（三）政府信任的中介效应检验

本研究采用结构方程模型检验政府信任的中介作用，构建以认知风险各维度为自变量，政府信任为中介变量，心理复原力为因变量的假设模型。整个模型拟合良好，$\chi^2/df=26.482$，CFI=0.933，TLI=0.905，IFI=0.934，RMSEA=0.122。对政府信任的中介效应进行分析，图1为模型检验结果，结果表明政府信任显著正向预测心理复原力（β=0.31，p<0.001），风险认知也能显著正向预测心理复原力（β=0.40，p<0.001）。

本研究使用PROCESS程序[7]分析，采用Bootstrap（设为5000，置信区间为95%）检验政府信任在风险认知的两个子维度与心理复原力之间的中介效应。表2显示，在控制了性别、年龄等人口统计学变量后，风险认知正向预测政府信任（β=0.094，t=5.278，p<0.001）；政府信任能够正向预测心理复原（β=0.341，t=4.856，p<0.001）。心理复原力在政府信任与合作行为之间的中介效应为0.032，置信区间（Boot LLCI=0.015，Boot ULCI=0.055），不包含0，达到显著水平；中介效应量为0.313，假设H2成立。因此，政府信任中介了风险认知与心理复原力之间的关系。

接下来进一步，分别对政府信任在风险熟悉度和风险可控性之间的中介效

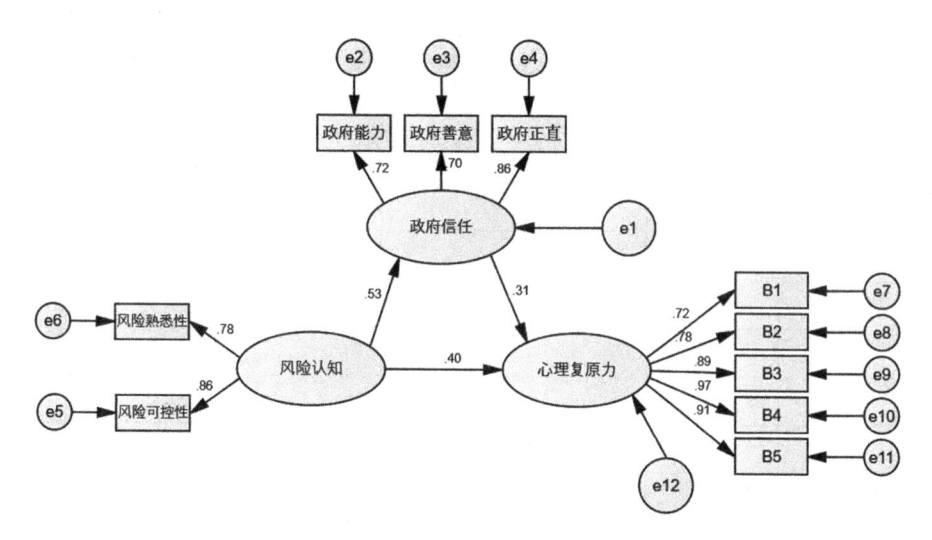

图1　政府信任在心理复原力和风险认知之间的中介效应模型

应进行分析。政府信任在风险熟悉性与心理复原力之间的中介效应为0.686，置信区间（Boot LLCI=0.329，Boot ULCI=1.120），不包含0，达到显著水平；中介效应量为0.396，假设H2a成立。政府信任在风险可控性与心理复原力之间的中介效应为0.102，置信区间（Boot LLCI=0.288，Boot ULCI=1.178），不包含0，达到显著水平；中介效应量为0.206，假设H2b成立。综上所述，风险认知不仅能直接预测心理复原力，而且能够通过政府信任这一路径间接影响心理复原力。

表2　政府信任在心理复原力和风险认知之间的中介效应检验

回归方程（N=162）		拟合指标			系数显著性	
结果变量	预测变量	R	R2	F	β	t
政府信任		0.444	0.197	7.564**		
	风险认知				0.094	5.278**
	性别				−0.818	−1.800
	年龄				0.041	1.583
	居住地状态				−0.470	−0.821

续表

回归方程（N=162）		拟合指标			系数显著性	
	个人状态				0.210	0.454
心理复原力		0.574	0.330	12.704**		
	风险认知				0.070	4.123**
	政府信任				0.341	4.856**
	性别				-0.707	-1.757
	年龄				0.013	0.582
	居住地状态				0.585	1.162
	个人状态				0.065	0.159
心理复原力		0.477	0.228	9.198**		
	风险认知				0.102	6.101**
	性别				-0.986	-2.313
	年龄				0.027	1.124
	居住地状态				0.424	0.790
	个人状态				0.136	0.314

表3 总效应、直接效应和中介效应分解表

		效应值	SE	Boot LLCI	Boot ULCI	效应量
风险熟悉性	总效应	1.732	0.306	1.128	2.336	
	直接效应	1.046	0.323	0.408	1.685	
	中介效应	0.686	0.203	0.329	1.120	0.396
风险可控性	总效应	3.172	0.394	2.394	3.951	
	直接效应	2.518	0.393	1.742	3.295	
	中介效应	0.654	0.229	0.288	1.178	0.206
风险认知	总效应	0.102	0.017	0.069	0.135	
	直接效应	0.070	0.017	0.036	0.103	
	中介效应	0.032	0.010	0.015	0.055	0.313

四、结论与讨论

（一）风险认知对贵州公众心理复原力的预测作用

研究结果表明，风险认知能够正向的预测心理复原力。也就是说，公众风险认知水平越高，其心理复原力也就越好，也就更容易恢复到正常的工作生活中去。所以，无论是提高风险熟悉性还是风险可控性，都能有效地提高公众的心理复原力。风险认知水平越低，其预防行为越少，风险认识水平越高，其预防行为也越多[8]。风险认知水平越高的个体，采取更多的预防行为，进而带来更充分的安全感提高了心理复原力。具体而言，风险认知强调了个体对于危机事件的熟悉性和可控性的把握和关注，这种积极主动的态度有助于公众及时获取外部有效信息和内部心理支撑。

（二）政府信任对风险认知和心理复原力关系的中介作用

研究结果表明，政府信任中介了风险认知和心理复原力之间的关系。这与以往研究结果相符[9]。政府信任本质上是公众对政府的情感态度和行为反应，是公众的一种主观感情色彩，是个体对于政府或者其执行人的信任[10]。显然，政府信任影响公众对外界环境和事物的心理感知和应对行为。当公众信任专家或相关部门时，他们对风险的容忍度则会提高，在心理上将风险纳入可接受的范围水平。由于公众的风险认知来源于对危机事件信息的整合和判断，其中，政府组织应急处突水平和问题解决能力、政府在危机事件中的公平性和政府制定政策措施的出发点是否以民为本，都直接决定了公众的政府信任水平。高政府信任水平背景下，公众对于风险的熟悉度更高、感受到风险更可控，其心理复原力水平自然更高。

本研究在已有研究的基础上建构了一个中介模型，得出以下结论：（1）心理复原力在性别、年龄、居住地状态、个人状态等人口学特征上不存在显著差异。（2）风险认知能够正向的预测心理复原力；其中风险熟悉性和风险可控性都能正向预测心理复原力。（3）政府信任在风险认知和心理复原力之间存在中介作用；具体而言，风险认知对心理复原力的影响随着政府信任的提高而增加。

五、健全完善贵州应急心理服务体制机制的路径

(一) 完善风险防控体系，整合心理服务的管理路径

应急心理服务体制机制的构建必须基于多种系统、多个部门联合协同的核心观念，推进风险防控能力和心理救援能力的不断提升。一是，从多元治理主体构成看，党的领导和政府主导是必不可少的。只有党和政府充分发挥其引领作用，才能形成稳固的心理救援合力和稳定的心理服务机制。当前我国面临的社会风险和突发事件具有突发性、冲击性和逐步灾难化的特点，影响程度深、面积广，需要协调和处理的关系复杂。必须将党的领导贯穿应急管理和心理服务的全过程，去应对单纯依靠个人能力和社会力量无法应对的冲击和破坏。面对各种各类风险，需要各级党委和政府推动政治责任的深度履行，充分发挥各级党委和政府在心理服务中宏观调控、微观把握和调节平衡作用，将中国特色社会主义的制度优势进一步转化为应急处突的战略优势，并使之转化为防范风险的心理服务效能。二是，从壮大治理主体力量看，加强社会组织建设是十分重要的。由于政府人员和资源有限，不断扩大的社会风险就要求心理服务主管部门的参与和社会风险协同的完善，充分发挥社会组织的纽带联结作用。社会组织在心理服务的过程中，表现出反应迅速、分工专业的主要特征。灵活的机构设置和机动的工作形式能够极大地弥补政府层层上报的响应速度不足。心理学会、心理协会和心理咨询中心等社会组织的专业分工还能够根据救援需求发挥各自的优势，针对性、精准化的提供一系列"软服务"，实现救援效率和服务目标的最大化。

(二) 加强相关法规建设，巩固心理服务的信任路径

构建应急管理体系法制路径作为预防、调控、处理危机的法律手段，是整个国家法律体系的重要组成部分，是国家或地区在应急状态下实施法治的基础。《"十四五"应急管理标准化发展计划》提出健全优化应急管理标准体系，完善构建"结构完整、层次清晰、分类科学、强标为主、强推互补"的应急管

理标准体系。构建应急管理体系法制路径是实施依法治国基本方略、坚持依法行政、建设法治政府的重要内容，是构建心理服务体制机制的信任路径。在突发事件爆发的背景下，社会总体信任指标下降，人际关系之间、不同群体之间，甚至是公众和政府之间的不信任加深，进一步导致社会的内耗和冲突加剧，社会风险进一步扩大。法制建设是信任的基石，只有构建公正高效权威的应急管理制度，把应急管理标准贯穿于心理服务工作的全过程，才能真正实现民心稳定、长治久安。一是健全心理服务法制体系。2006年《国家突发公共事件总体应急预案》和2007年《中华人民共和国突发事件应对法》先后颁布，明确了应急管理的综合性法律，同时配套的《突发事件应对法》《防震减灾法》《消防法》《防洪法》等相关单项法律法规已超过130余件[10]。但是对于心理救援和心理服务工作缺乏有效规范和统一保障的具体政策法规。所以，需要建立心理服务的救援和管理的制度框架，全面构建国家与地方相衔接、部门与行业相配套、政府与企业相协调的心理救援和服务管理法规体系。优化心理服务的体系结构，解决心理救援程序不标准的问题，通过对管理部门的明确要求，提高法制化水平，加强突发事件心理救援和服务的科学运作和法律效力。二是提高心理服务法制执行力。相关管理部门之间要协同高效、行动要专业精准，防治结合，注重日常，工作中要形成一套科学、完整、规范的制度机制。通过增加各部门之间的联动，建立健全应急协作制度、开展心理服务队伍系统作战训练演练、制定共享共通的应急通信与信息系统标准等途径，强化救援协作，建立心理救援和服务协调机制，提高救援协作的程序化、制度化和规范化水平。三是推动心理服务法制研究。针对实际工作中出现的不足和问题，利用各层次的智囊团体广泛搜集建设性意见和具有推广性经验做法，提高相关研究和立法立标的代表性和可操作性。召集心理学、管理学和法学领域的顶尖学者和专家开展具有前瞻性和贮备性的法律法规研究，加强国内外、区域间的战略合作，促进基础理论研究和实践经验的相互转换，实现优质资源和智力成果共享。

（三）强化政策文化认同，联结心理服务的情感路径

政策受众对自身利益和政策导向的判断和选择是风险危机下的安全感来源，是获得公众情感支持的关键环节。政府通过信息传递、医疗运作、需求满

足和利益协调，逐步强化公众和政府之间的情感联结，从而将政策认同的建构贯穿到心理服务中。情感联结越强，公众对政策的认同度越高，内在获得的安全感越充足。由此，在政策执行过程中强化政策认同，有助于提升公众在心理服务工作中的支持度和参与度，降低执行成本，提高政策执行的效率和效度。一是要提高政策制定合理性，筑牢公众的情感基础。要获得公众对应急处突政策的情感支持和行为配合，就是要在尽量减少公众成本和家庭负担的情况下保证防控政策的合理性和可操作性，消除防控政策非合作行为的制度性障碍。政策设计缺陷直接导致的就是政府信任丧失，公众不敢将自己生活和生命的保障交付于政府，只能依靠自身能力去寻求出路。政府的信任缺失是影响政策实施的主要障碍，要提高政府信任在公共卫生应急管理中的关键性作用，不可逾越的基础就是提升制度设计的合理性，完善政策制定的合法性。二是要增强政策宣传广度和深度，拉近公众的情感距离。各级政府应该加强有针对性的宣传和引导，让公众准确、深入地了解应急处突政策，意识到应急处突政策的初衷就是以社会大众的健康与生命为核心，是符合社会公众利益的，以此获得公众对该政策的理解、认同和支持。政府与公众本应是互惠互利的伙伴关系，通过政策宣传构建自律开放的执行文化，实现政府和公众之间的合作共赢。三是要加大政策实施执行力，强化公众的情感动力。高水平的服务并不必然导致高水平的政策合作行为，但是高水平的政策合作行为必然要求高质量的服务。如果一个政策制定宣布之后，其政策实施流于表面，不能够掷地有声地为民解忧，老百姓自然也是袖手旁观，难以共情共鸣。只有让公众切身感受到政府政策执行的雷厉风行和切实有效，才能激活公众内在的情绪感受和风险认知，认识到个体的支持也是促进政策落实的必要环节，每一个公众都是加强应急处突的重要支撑。四是要抓住政策监督关键点，保障公众的情感价值。从公共管理与公众情感关系的角度看，管理制度的不完备以及防控执法的有法不依、执法不严，会助长公众的侥幸心理和不公平感，影响对应急处突措施的配合。政策监督作为政策实施的重要环节，始终贯彻公共政策的整个过程。无论是政策的制定、宣传还是执行都离不开监督。如果政策监督环节失效就会损害政策过程的科学性、权威性和合法性，造成政策的合理性、认同度和执行力的降低。如果政策不能有效执行，就无法获得公众对政策的信任与支持。

（四）营造良性拟态环境，优化心理服务的信息路径

以信息技术为基础，信息资源为基本发展资源、以数字化和网络化为基本交往方式的信息社会使心理服务呈现出新的面貌。人们对于信息需求的无限膨胀和传播手段的发展变化，促使了社会构建拟态环境的不断深化。迫于生存和发展，人们为了克服自身局限性，不断借助媒介技术了解外部变化、把握客观环境。一是从时间维度来看，突发事件爆发初期属于公众对风险信息认知的爆发性增长阶段，该阶段应当对事实性信息进行快速、高频的权威发布和传播。根据风险认知理论，公众由于"损失厌恶"导致负性情绪体验会比同等大小的收益所带来的正性情绪体验更为强烈。所以需要进一步制定正面信息和负面信息的发布策略，避免引起公众恐慌和社会动荡。爆发中期，要加强对于各种不实信息的截断和辟谣。公众长期处于高度恐慌和不安中，居家隔离的特殊环境发酵，加上对于危机的认识处于感性阶段，这就为流言和谣言的发生创造了条件，网络的匿名性和高速传播性容易进一步导致极端化的集群行为。二是从空间维度来看，需要针对不同地区、不同风险划分、不同防控形势的公众进行不同的情绪引导。对于低风险区域的公众，应该加大宣传力度，使他们掌握科学防护知识和有效的消杀手段，去除恐慌心理，理性对待突发事件所带来的风险。对于高中风险区域的公众要加强生命安全保障教育的信息传递，同时杜绝麻木松懈情绪的滋生，防范"台风眼效应"的出现。三是从结构维度来看，需要扩展权威媒体信息的传播模式。在新媒体和自媒体平台为中心的语境下，官方主流媒体的信息的传播生态正在被逐渐弱化，应当加强官方媒体的平台化和主流化，提升其服务力和干预力，进而有效应对和掌控风险信息的真相环境和主导能力。同时，官方媒体不应当局限于单一平台，可以入驻抖音、快手、新浪、西瓜视频等短视频平台，扩大官方媒体的信息影响力，积极利用新平台占据舆论主阵地应对风险舆情。

（五）组建专业救援团队，落实心理服务的执行路径

1. 建立"上下协调+内外联动"的心理救援团队

通过不断优化顶层设计、整合各方力量、形成救援合力。突发事件心理救援的管理指挥机构应该由应急管理局领导同志负责，下设办公室。办公室工作

人员应是熟悉应急处突工作，并且经过心理健康和危机干预专门训练的专职人员。管理指挥系统负责解决体系运行中的人员设置、制度和规范建设等问题，保障突发事件心理救援工作的常规化运行；负责组建专门的突发事件心理卫生专业人员队伍，包括心理学、精神病学、社会工作等多种相关专业人员，并形成一套完整的管理制度，如组织管理人员职责、临床工作人员遴选标准、临床工作人员职责、专业人员培训计划等；统筹协调各个组织部门和人力资源，建立应急联动机制，及时调动多方资源为突发事件的当事人和救援人员提供心理救援服务。要建立上述救援团队首先要摸清底数建立人才库，其次要分级管理，数据运作形成多方联动参与模式。一是摸底了解贵州本土拥有多少拥有心理咨询、心理干预资质的专业人员和精神科医生，完善我省心理专业人才数据库。二是对相关人员造册登记并进行分级，分为督导、干预、志愿者三个等级。当遭遇突发事件时，通过数据库迅速成立多个心理救援团队，每个团队由相关单位主要领导牵头、一位精神科医生督导、三位心理咨询师干预、多名社会工作者和志愿者服务组成，形成协作配合、整体联动的工作格局。

2. 制定"前线筛查+后方干预"的心理救援方案

一是突发事件发生后，成立的多个心理救援团队不能够一次性全部进入到灾害现场，以免导致现场管理混乱。可选择一到两支队伍到前线进行心理危机状况筛查，对于心理应激进行及时的干预和处理。需要长期跟踪的受灾人群转移到后方，由后方心理救援团队进行后续干预。二是后方干预是一个长期的过程，灾后7个月情绪痛苦的发生率为65%，两年后情绪痛苦的发生率上升到78%，4年后情绪痛苦的发生率降低至31%。所以灾后心理危机干预至少需要持续两年时间。干预重点逐步从被动干预转向激发人的内生动力，发现和建立受灾群众的自身复原力。干预的重点不再是纯粹的心理治疗技术应用，转而更加关注家庭的作用及其功能的恢复，以及个人社会价值感的恢复。三是后方干预团队还需要承担社会心理危机的知识普及和宣传工作，运用线上线下的心理服务形式，持续开展心理健康知识科普宣传，提高公众的心理健康意识。

3. 运用"线上疏导+线下咨询"的心理救援形式

一是建立线下心理咨询阵地。心理咨询室是开展心理救援活动的重要场所，建议在应急管理局和贵州省心理咨询中心建立规范的心理咨询室，保证基本功能健全，再根据建设地点本身情况合理增加发展性功能模块。同时将心理咨询室的固定值班电话作为长期心理干预援助电话。二是引进热线电话智能系统。深入实施贵州心理救援体系和应急管理现代化建设，通过管理的精细化、服务的智慧化，促进心理干预模式从"传统式"向"智能式"转变。结合智慧城市建设，加强与科技公司的深度合作，引进心理热线的智能系统，当热线电话接入之后，系统会将电话自动转接给当时在值的心理干预人员。智能系统在应急处突的环境下，一方面可以解决线下阵地的限制性，一方面可保护团队人员的隐私安全和作息需求。

4. 形成"对象分级+分层治疗"的心理救援制度

心理救援应当采用多组成部分的方案，包括小团体危机干预、大团体危机干预、个人危机咨询（面对面、电话）、家庭危机干预、后续行动（转介正式评估和/或心理治疗）等。因此，在实施突发事件心理救援时应进行具体的对象分级和分层治疗，灵活运用多种危机干预技术和手段。根据中华人民共和国卫生部关于《紧急心理危机干预指导原则》，将心理危机干预的对象分为四级。对于受到突发事件影响较轻的第四级人群进行普及型干预；对于受到突发事件严重影响的二、三级人群开展团体辅导、强化支持系统；对于和突发事件密切联系的当事人实施指定性干预，开展个体危机干预和必要的心理治疗。

5. 平衡"人才引进+人才培养"的心理救援供需

一是加大高端心理专家的引进力度。在我省为相关部门和领域设置专门的心理人才岗位，开辟绿色通道，在人才落户、子女教育等方面给予倾斜支持。在管理期内，给予其科研平台、研发经费、人才奖励等政策支持。二是发挥本土领军人才的培养作用。建议我省建立心理干预创新研究平台，推动有心理学资源的单位、学校、社会组织、注册心理咨询室建设新培养模式，形成常态化培训机制，培养心理咨询、心理干预和沙盘治疗等专业技术人才。邀请各救援团队为我省心理学爱好者和志愿者进行常态化的专业培训和演练。包括相关理论知识培训、听指令后召集人员、人员配置、保证足够后备人员、现场干预模拟练习等应对突发情况。结合既往心理救援应急处置所面对的情况、设想未来出征可能会遇到什么情况、怎么应对等做详细的预案。

参考文献

[1] SLOVIC P. Perception of Risk. Science, 1987, 236 (17): 280-285.

[2] 彭梦玲. 公共危机事件中的政府信任破损及修复研究 [D]. 安徽: 中国科学技术大学, 2015.

[3] YU X, ZHANG J, YU XN, et al. Factor Analysis and Psychometric Evaluation of the Connor-Davidson Re-silience Scale (CD-RISC) with Chinese People [J]. Social Behavior&Personality: An International Journal, 2007, 35 (1): 19-30.

[4] PODSAKOFF P M, MACKENZIE S B, LEE J-Y, PODSAKOFF N P. Common method biases in behavior research: A critical review of the literature and recommended remedies [J]. Journal of Applied Psychology, 2003, 8 (5): 879-903.

[5] PODSAKOFF P M, ORGAN D W. Self-reports in organizational research: Problems and prospects [J]. Journal of Management, 1986, 12 (4): 69-82.

[6] 汤丹丹, 温忠麟. 共同方法偏差检验: 问题与建议 [J]. 心理科学, 2020, 43 (1): 215-223.

[7] HAYES A F. Introduction to Mediation, Moderation, and Conditional Process Analysis: A Regression-Based Approach [M]. New York: The Guilfold Press, 2012.

[8] 李婷婷, 田芯. 新冠疫情下公众的风险感知对预防行为的影响: 政府信任的调节效应研究 [J]. 大连海事大学学报（社会科学版）. 2021, 20 (03): 88-93.

[9] 刘方, 陈希, 袁丽. 公共危机事件中风险认知、政府信任、心理健康与消极应对行为的关系研究 [J]. 心理月刊, 2021, 16 (22): 7-9, 70.

[10] 刘建平, 周云. 政府信任的概念、影响因素、变化机制与作用 [J]. 广东社会科学, 2017 (6): 83-89.

[11] 黄世钊. 对涉及应急救援的法律法规进行清理整合修订 [N]. 广西法治日报, 2022-03-05.

作者简介：王子, 贵州省中共毕节市委党校文化与社会发展教研部副教授。

毕节高质量建设贯彻新发展理念示范区研究

刘克仁　吕　翔　蔡　谦　林科军

摘　要：毕节建设贯彻新发展理念示范区，坚持以高质量发展统揽全局，聚焦绿色发展、人力资源开发、体制机制创新"三大主题"和"两区一典范一基地"战略定位，抢抓机遇，发挥政策、资源、人口"三大优势"。全力巩固拓展脱贫攻坚成果，在推进乡村振兴、绿色发展、人力资源开发、体制机制创新上做示范，充分利用统一战线继续支持毕节试验区的有利条件，在改革、发展、创新方面探索出新路子，敢闯敢做。加快把毕节建设成为百姓富、生态美、活力强的示范区。

关键词：新发展理念；高质量示范区

毕节高质量建设贯彻新发展理念示范区，要坚持以习近平新时代中国特色社会主义思想为指导，深入贯彻落实党的二十大精神、习近平总书记视察贵州重要讲话和对贵州对毕节工作重要指示批示精神，全面落实好省委十三届三次全会、推动毕节贯彻新发展理念示范区建设座谈会精神。全面贯彻新发展理念，坚持以高质量发展统揽全局，抢抓机遇，推动各项政策措施落地落实，推动毕节经济社会健康、快速、可持续发展。

一、毕节高质量建设贯彻新发展理念示范区的机遇

（一）党和国家领导人的关心关怀

习近平总书记始终关注贵州、关注毕节的发展。习近平总书记对毕节试验区十分关心、特别牵挂，党的十八大以来1次亲临毕节视察指导、2次推动重

大政策支持、3次重要指示批示、多次讲话关心关怀。尤其是7·18重要批示，要求毕节注重"绿色发展、人力资源开发、体制机制创新，努力把毕节试验区建设成为贯彻新发展理念的示范区"。习近平总书记重要指示批示精神，体现了党中央对毕节发展的重视和关怀，为毕节试验区赋予了新的使命，提供了根本遵循，为毕节打造"三大高地"提供了精神动力，为毕节试验区建设贯彻新发展理念示范区指明了方向。毕节广大干部群众要始终牢记嘱托，把习近平总书记的关怀厚爱转化为建设毕节新未来的强大力量，推动毕节高质量建设贯彻新发展理念示范区。

（二）统一战线的持续帮扶

中央统战部、各民主党派中央、全国工商联、试验区专家顾问组、东部十省市统一战线，对毕节工作的长期支持，广泛参与。广州、深圳等发达地区对口帮扶协作。都是毕节推进示范区建设的一股重要力量。统一战线为毕节的发展建言献策、参政议政、政治协商，充分发挥自身优势，统筹安排、系统部署、协调推动，积极服务于毕节的改革发展，全面参与毕节试验区各项事业建设，凝聚各种社会资源，与毕节合力攻坚，帮助毕节试验区同步进入了小康社会。形成了多党合作参与试验区改革发展的"毕节经验"。统一战线是助推毕节经济社会发展的重要力量，新时代、新阶段，统一战线继续支持毕节试验区改革发展，全力推动统一战线"地域+领域"组团式帮扶，要牢牢把握这一重大机遇，继续用好统战帮扶资源，凝聚示范区建设的强大合力，把好经验好做法固定下来、传承下去，做深做实各领域组团式帮扶，努力建设中国共产党领导的多党合作示范区。

（三）毕节拥有的"三大优势"

政策、资源、人口是毕节高质量建设贯彻新发展理念示范区的"三大优势"，是毕节经济社会高质量发展的重要基础。

政策优势方面。2022年1月18日国务院出台的《关于支持贵州在新时代西部大开发上闯新路的意见》。新国发2号文件明确提出支持毕节建设贯彻新发展理念示范区，这是毕节示范区建设的重大政策支撑。2022年6月24日国务院批复同意《推动毕节高质量发展规划》，文件赋予毕节"两区一典范一基地"的战略定位，在国函〔2022〕65号文件的推动下，已争取到50家中央和省直部门单独出台政策措施支持毕节发展，为毕节出台了一系列的政策，毕节要充分利用好国家和有关部委的支持政策，推动经济社会高质量发展。

人口优势方面。毕节的人口优势潜力巨大。户籍人口超过950万，常住人口近700万，人口规模全省第一，常住人口在西部地级以上城市中排第六位。人口平均年龄31岁，比全国、全省分别年轻7.8岁、5岁。较大的人口规模和年轻的人口结构是毕节发展产业、扩大内需、拉动消费、提升城镇化水平的巨大潜力。毕节科学制定人力资源开发方案，创造性推进工作，大力发展基础教育、高等教育和职业教育，加快提高人口素质，能更好更快释放人口红利，拉动消费、推动发展、赢得未来。

资源优势方面。毕节有丰富的矿产资源，适宜于开发与保护并行，促进经济快速发展。毕节有得天独厚的气候条件，生态优势明显。山川秀美，民风淳朴，看得见山，望得见水，记得住乡愁，旅游资源丰富且很具特色，有"洞天湖地、花海鹤乡、避暑天堂"的美誉，适宜于打造全域旅游资源和具有特色的乡村旅游。毕节特色农业条件十分优越，"一山有四季、十里不同天"，体现了毕节市立体农业气候特征；有颇具地方特色的农特产品，可乐猪、黑山羊、滚山鸡、竹荪、天麻、核桃等特色农产品，"烟、酒、茶、药、食"颇具地方特色，可以提升品质，打造品牌。毕节区位优势十分突出，基本实现"综合交通枢纽、现代物流中心、大进大出、畅通无阻"，融入成渝、黔中、滇中2小时经济圈。随着各级政策倾斜，欠开发劣势逐渐转变为优势，毕节已经成为投资洼地、经商宝地。毕节广大干部群众苦干实干的精神风貌，思改革、谋发展的愿望强烈和对美好生活的向往，为毕节经济社会提供了强大的内生动力。

二、毕节高质量建设贯彻新发展理念示范区存在的挑战

（一）巩固拓展脱贫攻坚成果任务重

1. 防止返贫致贫风险任务重

毕节是贵州省脱贫人口最多的地区，脱贫人口基数大，防贫监测和帮扶工作压力大。由于毕节发展基础相对弱，脱贫人口比重大、总量大，毕节脱贫不

稳定人口和边缘易致贫人口多，导致防返贫风险任务非常重。首先，易地搬迁人口防返贫任务重。毕节有30多万易地搬迁人口，他们离开了原来赖以生存的土地，如果没有实现充分就业和更多政策持续扶持的情况下，就容易发生返贫现象。其次，脱贫人口易发生返贫现象。毕节脱贫人口全省最多，脱贫人口主要是发展生产即通过发展产业来实现脱贫的。但产业基础比较薄弱、产业项目同质化严重现象普遍存在。产业在规划、规模、特色等方面都存在一定的问题，抵御市场风险的能力不足，产业发展质量不高等，这些都是导致返贫致贫的一个重大因素。最后，致贫原因复杂，脱贫人口和边缘人口防致贫、返贫的能力弱。因灾、因病、因学致贫、返贫的问题仍然是防返贫风险面对的主要问题。

2. 就业水平低

脱贫人口和边缘人口主要通过外出务工来获取收入。由于人口文化素质低，缺乏技能或技能单一，从事的大多是脏累差的工作，不仅工资待遇低，而且从事的工作技术含量低，易被代替，往往存在就业风险。有的为了照顾家中老人和孩子，就近打零工，处于半工半农的状态，收入不高且不稳定。还有部分脱贫人口因为文化素质低，还存在"等靠要"的思想，仍然享受着社会保障兜底政策，不愿意就业。加上当前国内外的发展环境影响劳务输出，就业变得更加不稳定。整体而言，毕节脱贫人口的就业水平相对较低。

（二）生态建设有待加强

绿色发展的核心是实现人与自然的和谐共生。坚持绿色发展是时代的要求，是毕节试验区建设贯彻新发展理念示范区的现实要求。毕节人多地少，生态环境脆弱，森林覆盖率低于全省平均水平，且森林质量不高，退耕还林任务还比较重，石漠化仍需加大治理，生态环境主要指标与全国平均水平仍有很大差距。一是在工业方面，由于基础薄弱，发展滞后，缺乏资金、技术和先进的管理经验，毕节工业发展相对滞后，在节能、降耗、减污方面有待完善和加强，对废物的综合利用不够，绿色生产需要产业结构的调整与转型升级。二是在农业方面，毕节主要以农业为主，农业种植使用大量化肥、农药、除草剂，造成土壤质量退化和水体污染，农村生态环境污染比较严重。三是农村生活污水排放和生活垃圾造成的生态环境问题。农村人口环境意识不强，环境设施跟不上，垃圾处理简单且处理费用较高，导致农村环境卫生问题突出。毕节生态环境的脆弱性和生态环境的污染，制约着经济社会的健康发展。四是绿色理念还未深入民心。虽然居民生活质量和生活水平不断改善和提高，但绿色消费的观念和行为还未深入民心，生态文明理念需要加强。五是绿色制度有待真正实施。例如生态补偿制度方面，赤水河流域生态补偿实施双向补偿，即上游毕节市出境的优水质，下游受益的地区应缴纳生态补偿资金。生态补偿资金统一缴入省级财政，由省财政厅会同省环保厅按照定向使用原则进行分配。

（三）教育是突出短板

首先是人口素质相对较低，毕节是贵州省人口最多的地区，当前毕节市户籍人口已超过950万，15岁以上常住人口人均受教育年限仅为7.71年，比全省平均水平低1.04年，人口素质低，致富的内生动力不足。其次是人才匮乏，人力资源培养开发任务艰巨。农村空巢化、空心化、老龄化现象极为突出，青壮年劳动力大量流出，特别缺乏新型经营和管理人才及创新型人才。毕节市人才资源占比低，人才资源总量居全省第三，按照每万人人才资源数计算排在全省最后一位。发展才是解决一切问题的关键，发展问题首先要解决人的问题，只有有效提高人口素质，才能把现有人口压力转化为人力资源优势。再次是人力资源分布不均衡。人才分布会受到传统意识、经济发展、政治、文化等方面的影响。多数人的思想观念是往城市走才有发展前途，发展好的城市资源相对公平，发展机遇也较多，人才多数会向着经济发展好、就业等机会较多，教育、医疗条件好的城市流动。毕节各县区发展不均衡，也是影响人才分布不均衡的因素。最后是人力资源培训不够。由于职业院校专业设置与市场需求有差距，职业技能培训针对性有待加强。部分毕业生毕业后难以找到专业相符的工作，导致社会"重普教、轻职教"现象较为突出。短期技能培训也主要以农村种养殖业和家政护理等行业工种为主，生产制造类技能培训相对较少，已不能适应"四化"发展需要，职业教育水平有待提升。总体来看，毕节人口素质低与经济社会发展不相适应，人力资源开发的突出短板是建设贯彻新发展理念示范区必须优先解决的问题。

（四）体制机制创新不足

1. 推动产业提质发展的体制机制还需完善

从区域经济发展的角度看，毕节的差距在产业，潜力也在产业，希望更在于产业。但目前，促进产业提质发展的体制机制还未形成体系。产业发展政府主导的多、市场主体主抓的少，普通干部群众实施多、专业人才推动少，种养殖等低端零散产业多、工业化规模化科技化的中高端产业少，做得多、成得少，投入多、产出少。除了传统的煤电烟，从"一产"到"三产"，尚未培育形成新的产业支柱，没有创造出必要的就业空间和容量，青壮年劳动力只能大量外出务工，产业和就业效益水平偏低，群众增收不稳定。

2. 促进优势资源高效开发的体制机制不完善

毕节作为地级市，国土面积大，人口多，能矿资源丰富，具有自身特色优势和比较优势。但目前，促进这些优势资源高效开发、加快转化为发展优势和竞争力的体制机制还不健全。由于基础差、底子薄，经济发展仍以县域为主，从市域角度统筹全市资源打捆经营、推动集团化集约化发展的水平还比较低。

3. 人才引进难，培养、使用机制有待完善

经济社会的发展，人才是第一资源。缺乏人才，各项事业的发展就会受阻。一方面人才的引进难。由于与发达地区条件相差加大，发展机遇与发展空间有限，工资待遇低等原因，引进和留住高素质和高技术人才难度大，人才引进的体制机制需要完善。另一方面需要完善人才培养、使用机制。尤其是农村的人才主要是靠带出来，培养出来，因此需要培育出大量的"土专家"和"田秀才"。引进、培养人才还需要完善用人体制机制，出台能留住高端人才，培养乡土人才，用好用活现有人才的制度政策。

（五）统一战线参与示范区建设的力度有待加大

一是争取不主动。还存在"等、靠、要"思想，主动争取的意识不强，与对口帮扶单位或地区对接不够、联系少，不仅不主动争取项目，一定程度上存在统筹谋划不够、重视度不高、政策吃不透、需求不精准、要素不齐全等情况，导致指向性、针对性、可行性不强，有时甚至把帮扶项目当成负担。二是帮扶的力度不够。中央统战部、各民主党派中央、全国工商联等10家单位未在毕节全域定点帮扶，只有5家"定点帮扶"联系县在毕节，很大程度上减小了对毕节"对口帮扶"县区的帮扶力度。三是统一战线持续支持的体制机制还需完善。在联席会议召开次数方面，由中央统战部牵头，各民主党派中央、全国工商联、国家有关部委、东部十省市均安排有在毕节实施的帮扶项目，存在资源整合、沟通对接不够到位等因素。

三、贵州毕节高质量建设贯彻新发展理念示范区的对策建议

（一）巩固拓展脱贫攻坚成果，夯实示范区建设的发展基础

1. 建立完善巩固拓展脱贫攻坚成果长效机制

一方面，坚决防止返贫现象发生。严格落实"四个不摘"要求，抓好特殊对象的动态跟踪监测，掌握情况，摸清底数，建立健全防止返贫动态监测和帮扶机制，实现防贫监测动态清零。另一方面，促进就业，增加收入。强化劳动力转移培训，组织好"点对点、一站式"直达运输服务，加大劳务输出组织力度，推动更多富余劳动力外出务工，组织更多群众就近就业，不断增加群众工资性收入。

2. 推动巩固易地搬迁扶贫成果

通过稳定的政策扶持，推动创业和就业，让搬迁人口获取足够收入，获得自己的生活必需品。持续加大对易地移民安置点脱贫人口的各项政策支持，支持他们经商、创业，提供更多岗位，促进就业，让生活有保障。加快他们融入社会，享受到城市丰富便捷的生活，让搬迁人口真正"搬得出""稳得住""能就业""能发展""能致富"。

（二）强化生态建设，把绿色发展作为高质量建设示范区的底色

1. 转变发展方式，把绿色理念贯穿于产业发展中

转变发展方式，发展绿色产业。绿色产业包含了全部一、二、三产业。加强企业污染物排放监督约束，严格把控生态底线。加快绿色创新驱动，坚持"市场换产业、资源换投资"，推动完善协同有力的生态产品价值实现机制，大力推动新型工业化、农业现代化、旅游产业化，深入实施绿色经济倍增计划。在绿色产业发展方面，围绕"扩规模、优品种、调结构、提质量、强品牌、拓市场"，提高林下经济发展专业化、精准化、系统化、市场化、高效化水平，促进林业增效、农民增收、农村发展。持续开发生态旅游产品。坚持"绿色环

保"理念,大力开发旅游资源,着力打造集健康养老、休闲娱乐、文化传播于一体的生态旅游,以自然生态资源为依托、客源市场需求为导向,把森林旅游与观光旅游、休闲旅游、度假旅游有机结合,形成了一批有代表性的集生态养身、观光和度假为一体的复合型旅游产品。

2. 转变消费方式,树立绿色消费理念

绿色消费可以促进毕节经济社会的发展,促进人与自然和谐共生,促进人身心健康,绿色消费是消费方式、观念和行为的转变,是文明、节约、绿色、低碳的绿色生活和消费方式,营造绿色环保文化氛围,树立生态文明理念。通过宣传教育,倡导节能减排的生产生活方式,树立低碳、健康、文明、绿色消费生活理念和环境保护的主人翁意识。消费方面,树立绿色消费理念,合理、适度、健康消费,切实降低污染和浪费。完善绿色消费激励约束机制,运用财政补贴、消费税等手段,引导鼓励居民选择消费绿色低碳产品,完善配套服务。全面提高全民生态文明素养,引导全民养成绿色的行为习惯。

3. 创新绿色发展体制机制

积极探索森林生态价值提升机制。通过探索开发碳资产质押贷款、碳金融结构性的存款、债券、基金等绿色金融产品,不断完善相关金融支持政策,引导鼓励辖内银行机构开发碳资产质押贷款、碳金融结构性的存款、债券、基金等绿色金融产品,探索开展生态资源权益交易和生态产品资产证券化路径,总结提炼毕节林业碳票工作在项目开发、监测核算、金融支持、交易机制、管理等方面的经验做法,充分发挥资源禀赋,先行先试的经验优势,争取创建全国林业碳汇试点市,不断做好绿水青山就是金山银山这篇大文章,加快建设绿色发展新高地,建设生态文明建设先行区。

(三)全力推动人力资源开发,补齐示范区建设的短板

1. 办好人民满意的教育,提升人口素质

一是进一步加大财政对教育的投入力度,推动义务教育均衡发展。加大义务教育的财政经费投入,切实提高义务教育质量和水平。二是通过改革创新。深化普通高中教育改革,创新育人模式,优化资源配置,强化师资建设,加强城区普通高中扩容建设,做强做优县域普通高中。提高高中教学质量和水平,让更多的学生能够进入省外一流大学学习知识和技能,培养更多的人才。三是

提升高等教育质量水平。提升高等教育质量，扶持贵州工程应用技术学院优势学科和基础学科发展，推动扶持有条件的专科院校升格为本科院校。

2. 注重职业技能与创业型人才培训，培育人才

经济社会的发展，人才是关键，必须破解人才瓶颈制约。完善职业教育体系，构建以中职为基础、高职为主体、职教本科为龙头、中高本贯通的现代职业教育体系。构建"企校双师带徒、工学交替培养"的毕节技工培育机制，形成"校企双元，工学一体"的技工培养模式。

毕节劳动力人口平均年龄仅31岁，比全国、全省分别低7.8岁、5岁。充分发挥毕节人力资源年龄结构蕴藏的巨大优势，造就一支数量充足、结构合理、门类齐全的知识型、技能型、创新型技工人才队伍。重点围绕产业发展、乡村振兴、教育医疗等培育人才，注重提升党政人才、经营管理人才和专业技术人才技能水平，加强人才培育。

3. 精心引才留才用才，打造人才队伍

始终坚持人才是第一资源，把人才作为推动毕节试验区建设贯彻新发展理念示范区的第一要素。着力打造建设示范区需要的人才队伍，努力在引、育、用、留上做文章，努力营造拴心留人良好环境。一是要创新人才引进机制体制，营造良好的人才发展环境。探索多元化柔性引才机制，开辟高层次和急需紧缺专业人才引进"绿色通道"，通过灵活的方式吸引省内外高层次人才落户毕节。二是完善人才服务保障体系，精心用才。用人之所长，人尽其才、物尽其用。三是设法留才。坚持用事业留人、用感情留人、用平台留人、用适当待遇留人，进一步提高人才激励标准，加强医疗、社保、住房、子女教育等保障服务，对重点领域在毕节顶尖创新创业人才（团队）给予科研奖励，支持各类企业、职业院校、科研院所共建技能人才培训基地。让高端人才能够引进来、用得好、留得住。实施人才优先战略，鼓励人才交流合作，在更大范围内优化配置人才资源。

（四）全力推动体制机制创新，优化示范区建设的制度环境

1. 以市场为主导、政府引导，激发发展动力

首先是优化政府与市场的关系，建立有效机制。市场在资源配置中起决定性作用，综合考虑政府与市场的协同效应，处理好政府与市场的关系，科学调整利益结构与资源配置方式,建立健全经济发展的有效机制。加强党的领导,坚持党委统筹,引入市场机制和市场力量参与示范区建设的各项工作。其次是要优化营商环境。将优化营商环境作为重要工作来抓,制定出台优化营商环境实施方案。以供给侧结构性改革为主攻点,坚持问题导向、市场导向,简化办事程序,降低企业办事成本和时间成本,精心打造良好的营商环境新高地。最后是要完善持续脱贫与乡村振兴有效衔接的机制,激活内生动力。以推进农村综合改革,牢牢把握处理好"三农"问题为主线,突出抓好重大基础性、制度性改革任务落实,为率先实现农业现代化提供动力。以乡村振兴为契机,完善持续脱贫与乡村振兴有效衔接的机制,积极推进农村体制改革,培育新型农业经营主体和服务主体。完善农业支持保护制度和深化农业科技体制和农村综合改革,把更多的财政资金投向农村公共服务领域,建立城乡统一的公共服务制度,充分调动干部群众干事创业的主动性和积极性,激发发展的内生动力。

2. 完善干部激励机制和用人制度,提升政府服务能力

坚持以党建为统领,全力营造风清气正的政治生态。建立和完善各类激励考核机制。严格考核及奖惩机制。采取自上而下的不定期考核与自下而上的工作汇报相结合的工作机制,明确各职能部门负责人工作分工及绩效考核要求。确立和完善重点工作考核与激励机制,建立和完善民众反馈投诉机制和与之相匹配的激励机制。健全党政工作责任制,充分发挥党委在工作中的领导核心作用,形成党委统一领导、组织人事部门牵头抓总、职能部门各司其职、用人单位积极有为、社会力量广泛参与的工作格局。积极培养干部和任用有能力、能干事、干成事的干部,提升政府的服务能力。

(五)凝聚统战帮扶合力,助力示范区建设

1. 发挥统一战线优势,做好项目谋划

一是坚持同心共建,主动争取支持。在当前发展的重点领域和关键环节,存在的短板,急需支持帮助的项目,发挥统一战线各领域对毕节的支持,补齐发展中的短板问题。二是加强毕节新发展理念示范区专家顾问组建设。争取中央统战部支持,帮助协调毕节试验区专家顾问组的成员增补,充实专家顾问组的力量。三是用好中央统战部、各民主党派、全国工商联、省委共同参加的联席会议机制,争取建立全国政协系统帮扶的中央级协调机构和机制,实现汇报

沟通常态化、争取支持常态化、交流对接常态化。发挥多党合作和政治协商制度优势，不断总结统一战线参与毕节试验区建设的新实践和新经验，丰富和拓展中国共产党领导多党合作服务改革发展大局的理论和实践。

2. 完善协调联络机制，强化工作对接

完善统一战线长效支持机制。支持中央统战部牵头，各民主党派中央、全国工商联等参与，建立健全统一战线助力毕节高质量发展联席会议制度。用好统一战线助力毕节高质量发展联席会议机制，完善对上汇报联络机制。充分发挥专家指导组的作用，强化与统一战线紧密对接，实现沟通常态化，推动统一战线参与和支持毕节高质量建设示范区制度化、规范化、长效化。

3. 用好统一战线资源，打造示范基地

全力推动统一战线"地域+领域"组团式帮扶，继续用好统战帮扶资源，凝聚合力，做深做实各领域组团式帮扶。充分发挥统一战线人才荟萃、智力密集优势，用好用足党外院士工作站、专家服务团等人才团队资源，每年组织专家赴毕开展重大问题调查研究，帮助毕节推动有关重大政策、重大项目落地和谋划实施重大科技项目。毕节试验区建立30多年来，统一战线探索形成了多党合作服务地方改革发展的"毕节经验"，是向全国乃至世界展示中国新型政党制度优势理论联系实践的鲜活教材。《推动毕节高质量发展规划》中明确写入"打造统一战线社会服务实践基地、党外干部实践基地。毕节紧紧围绕《推动毕节高质量发展规划》提出的"推动毕节成为统一战线助力地方改革发展实践展示窗口"和建设"全国统一战线培训基地"的远景目标，以推动中央社会主义学院在毕节设立分院为主抓手，进一步加强毕节市社会主义学院基础设施建设和教学科研提质增效，依托毕节同心展览馆和统一战线参与建设示范点，打造一条精品研学线路、开发一批精品特色课程、培育一批骨干教学人才，积极协调争取全国、全省统一战线成员到毕节举办培训班或开展现场教学活动，更好地对外宣传展示毕节，吸引全国统一战线领域更多人才流、物流、资金流、信息流汇聚毕节，带动毕节地方经济发展，把毕节逐步打造成为统一战线社会服务实践基地、党外干部实践基地、全国统一战线培训基地。

参考文献

[1] 赵德虎. 学习贯彻习近平总书记重要指示建设新发展理念示范区

[J]．理论与当代，2019-03-10.

［2］周涛．贯彻绿色发展理念　开创农村经济发展新局面［J］．农业经济，2018（7）：51.

［3］曾美海．做好精准扶贫与乡村振兴的衔接［N］．贵阳日报，2018-10-06（3）．

［4］吴文灿．牢记嘱托闯新路满怀信心向未来［J］．当代贵州，2022（17）：5.

［5］包俊洪．同心共建贯彻新发展理念示范区［J］．中国政协，2018（20）：36.

［6］商莹，王振．贯彻新发展理念　打造毕节试验区升级版［N］．贵州日报，2019-11-13（11）．

［7］孔德文，赵德虎．以经济高质量发展引领贯彻新发展理念示范区建设［J］．贵州社会主义学院学报，2021（2）：73.

作者简介：刘克仁，毕节市委党校副教授；吕翔，硕士，毕节市委党校副教授；蔡谦，毕节市委党校试验区发展研究中心主任；林科军，毕节市委党校教授。

基金项目：本研究系"毕节市建设贯彻新发展理念示范区研究人才团队"阶段性成果。

统一战线服务毕节市经济高质量发展的路径研究

李玉香

摘 要：目前我国经济的发展已经从高速度发展转向了高质量发展阶段，毕节市作为一个典型的中西部地区发展相对滞后的城市，积极推动经济高质量发展具有重要意义，统一战线作为中国共产党凝聚人心、汇聚力量的政治优势和战略方针，在服务毕节经济的高质量发展过程中具有独特的政治优势、平台作用，其对于经济发展具有不可忽视的影响力。因而在毕节市的经济高质量发展中探究统一战线服务毕节市经济高质量发展的路径显得尤为迫切和重要。本文通过对统一战线服务毕节市经济高质量发展的路径研究，对于解决毕节市经济发展中存在的问题和推动其经济转型具有积极的意义。

关键词：统一战线；毕节市；经济发展；路径研究

在当前经济全球化和新一轮科技革命浪潮的推动下，中国经济高质量发展已成为一项重要任务。毕节市作为一个典型的中西部地区发展相对滞后的城市，积极推动经济高质量发展具有重要意义。统一战线在服务毕节经济的高质量发展过程中充分发挥人才荟萃、智力密集、联系广泛的优势，对助力毕节经济社会发展做出了重要贡献。因而在毕节市的经济高质量发展中探究统一战线服务的路径显得尤为迫切和重要。

随着经济全球化的深入发展，各国市场经济体系之间的竞争愈发激烈，政府单一行政手段已不足以应对经济发展带来的多元化挑战。统一战线机制以其凝聚社会各界力量、形成共识合力的特点，在中国社会主义现代化建设中发挥了重要作用。尤其是在毕节市这样的基础较薄弱的地区，如何充分利用统一战线资源，为经济高质量发展增添新动力成为摆在我们面前的重要课题。本文结合统一战线的基本理论和经济高质量发展的基本理论，对毕节市统一战线的发展现状和存在的问题进行分析，进而研究统一战线服务毕节市经济高质量发展的具体路径。希望通过本研究的开展，为毕节市经济高质量发展提供有益的启示和实践参考。

一、统一战线与经济高质量发展的理论依据

（一）统一战线的基本理论

中华人民共和国成立以来，马克思主义统一战线理论得到了较为充分的运用和发展。在中国共产党的领导下，马克思主义统一战线理论逐渐本土化、时代化，通过灵活运用统一战线理论思想和方法，有力地推进了社会主义现代化建设的进程。统一战线理论强调在特定历史条件下，各个阶级、各个社会阶层之间的联合和协调，这对经济高质量发展有着积极的推动作用。首先，统一战线能够聚集各种社会力量，在经济发展中实现资源的充分利用。统一战线的形成，是在一定历史背景下各种社会阶级和社会力量的共同行动，这将有效地聚集各方资源，为社会经济发展提供坚实的基础。其次，统一战线能够促进不同阶级之间的良性互动，增加经济发展的稳定性和可持续性。统一战线重视各个阶级和社会力量之间的合作与协调，实现各方利益的平衡，减少了阶级矛盾和社会矛盾的发生，为经济高质量发展营造了稳定和谐的社会环境。再次，统一战线能够发挥各类社会力量的专长，推动经济发展的创新和升级。统一战线的形成，意味着不同社会力量的融合和交流，这样的交流和融合将汇聚各方的智慧和能力，推动经济的技术创新和产业升级。总之，统一战线作为中国共产党凝聚人心、汇聚力量的政治优势和战略方针，作为全面建设社会主义现代化国家，实现中华民族伟大复兴的重要法宝，对毕节市经济高质量发展具有重要的理论指导和实践意义。只有充分发挥统一战线的作用，并提升统一战线的服务效能，才能更好地推动毕节市经济的高质量发展。

（二）经济高质量发展的基本理论

党的二十大报告指出"以中国式现代化全面推进中华民族伟大复兴"是新

时代新征程中国共产党的使命任务，"实现高质量发展"也成为中国式现代化的本质要求和全面建设社会主义现代化国家的首要任务。经济高质量发展是当今社会发展的重要目标之一，也是各地区各部门共同期望达成的共识。经济高质量发展的基本理论包括平衡、可持续、改革、创新和协调等多个方面。习近平总书记关于经济高质量发展的重要论述是根植于新时代经济发展，对如何做好经济工作进行的深刻理论思考，饱含丰富的科学内涵，是马克思主义政治经济学中国化的最新理论成果。

统一战线的发展与经济高质量发展之间有着深刻的理论内在联系。统一战线通过各种渠道和方式，将各方面的力量组织起来，形成集中力量办大事的良好局面。而经济高质量发展需要各方力量的共同参与和努力，统一战线正是能够在这方面提供有力支持的机制之一。

三十多年来，统一战线在毕节试验区建设、发展历程中长期倾情帮扶和大力支持，为毕节市经济社会发展注入了强劲的动力。而推动经济高质量发展，需要统一战线更加充分发挥优势作用，要立足当前，着眼长远，始终坚持党的领导，把统一战线各方面成员团结凝聚在党的周围，与我们党同心同德、同心同血、同心同行。立足"毕节所需"与"统战所长"高效衔接，健全同各民主党派、工商联和无党派人士合作共事机制与重大问题决策协商机制，进一步拓宽合作渠道、创新参与方式、加强品牌建设，继续推动帮扶项目落地落实。

针对毕节市经济高质量发展的路径研究，需要在政策引领和构建新型统一战线服务经济发展的模式上下功夫。政策引领是指政府通过出台相关政策和规定，引导各方面力量积极参与到统一战线中来，共同推动经济发展。新型统一战线服务经济发展的模式需要在团结协作、资源整合和创新服务上作出改进，以更好地满足经济高质量发展的需要。2023年7月中央统战部印发《关于统一战线"地域+领域"组团式帮扶毕节的工作方案》，标志着统一战线帮扶毕节进入了新阶段。

同时，统一战线的服务工作还应该以提升毕节市经济发展的内生动力为重点。内生动力是经济发展的重要推动力量，统一战线通过组织各方面的内生动力，推动经济高质量发展。基于毕节市的情况，统一战线服务工作可以通过搭建平台、培育创新、促进合作等方式，提升经济发展的内生动力，实现经济高质量发展的目标。

总之，统一战线服务毕节市经济高质量发展的路径研究是一项重要的课题。在经济高质量发展的基本理论指导下，统一战线的发展与经济高质量发展有着密切的联系。当前毕节市统一战线服务毕节高质量发展存在的不足需要得到解决，同时需要加强政策引领和构建新型统一战线服务经济发展的模式，提升毕节市经济发展的内生动力。这将为毕节市经济高质量发展提供强有力的支持。

（三）统一战线与经济高质量发展的关系

在我国社会主义现代化建设过程中，中国共产党领导的统一战线作为党的一项基本战略和重要法宝，对于推动经济高质量发展具有重要意义。统一战线的基本理论是党的统一战线政策和策略的基本原则与要求。其核心是通过统一战线的组织和动员，团结社会各方面的力量，形成共同奋斗的局面，实现各项事业的发展。

经济高质量发展的基本理论是指研究经济增长质量的经济学理论，旨在实现经济的全面、协调、可持续、高质量发展。经济高质量发展的核心要素是创新驱动、协调发展、绿色发展、开放发展和共享发展。这些理论指导了经济发展全过程中的问题解决和路径选择。

统一战线与经济高质量发展的关系在今天的中国具有特殊的意义。通过统一战线的形成和发展，我们可以建立合力推动经济高质量发展的良好局面。首先，统一战线能够整合各方面的资源和力量，形成协同效应，从而为经济高质量发展提供坚实的支撑。其次，统一战线能够通过政策引领，为经济发展提供合理的引导和支持，促进经济的创新和升级。此外，统一战线还能够为经济高质量发展提供广泛的社会支持和参与，实现全社会的共同发展。

然而，在毕节市的统一战线发展中仍存在一些不足。首先，统一战线的参与主体较为单一，缺乏广泛的社会参与。其次，统一战线发展过程中，政策和措施的执行不够到位，导致统一战线对经济高质量发展的支持力度不够。最后，统一战线的组织和协调机制相对薄弱，需要进一步完善和发展。

为了实现统一战线对毕节市经济高质量发展的服务，我们需要按照以下路径进行研究和实践。首先，政策引领要得到重视，构建新型统一战线服务经济发展的模式。通过制定和实施有针对性的政策，激发统一战线参与主体的积极性和创造力，推动经济高质量发展。其次，我们可以通过统一战线服务经济发展，提升毕节市经济发展的内生动力。通过优化产业结构，培育新兴产业，加强科技创新和人才引进，提高毕节市经济的竞争力和创新能力。

总之，统一战线与经济高质量发展的关系密切，其在推动经济发展中发挥的作用不容忽视。对于毕节市的经济高质量发展来说，我们需要理论研究和实践探索，进一步发挥统一战线的作用，构建服务经济发展的新路径，实现经济的全面、协调、可持续发展。

二、毕节市统一战线的发展现状

毕节市是一个经济社会发展相对较为滞后的地区，为了实现经济的高质量发展，统一战线的发展显得尤为重要。统一战线服务毕节市经济高质量发展的路径研究，对于解决毕节市经济发展中存在的问题和推动其经济转型具有积极的意义。

首先，我们首先需要了解毕节市统一战线的发展现状。毕节市统一战线的发展取得了一定的成就，各级政府加强领导，不断加大对统一战线工作的支持力度。统一战线依托党外知识分子和民主党派的力量，积极推动经济建设、社会稳定和民主法治建设。在推进脱贫攻坚、乡村振兴等方面，统一战线发挥了积极的作用，为毕节市经济发展做出了贡献。

然而，毕节市统一战线发展中仍存在一些不足。首先，单一的帮扶模式不适应经济社会的高质量发展。过去传统的对口帮扶模式，供需关系较为单一，用缺什么帮什么的方式为试验区全面建成小康社会打下了坚实基础。现在，发展步伐进入高质量轨道，如何更好助力毕节经济社会跟上质量发展要求，了解实际，强化调研，双向发力至关重要。其次，广大党外知识分子和民主党派对于党的方针政策了解不够深入，对于统一战线的意义和作用认识不足，需要加强宣传和教育工作。最后，统一战线各参与方之间的协同合作有待加强。目前，各参与方之间的沟通协作还不够紧密，在推动毕节市经济高质量发展方面还存在一些局限性。

针对上述问题，为了提升毕节市统一战线的服务能力，有必要研究相关路径。首先，政策引领是构建新型统一战线服务经济发展的关键。政府部门应该加强与党外知识分子和民主党派的沟通，听取他们的意见和建议，形成共识，并及时将政策和方针传达给各参与方。其次，以统一战线服务经济发展，提升毕节市经济发展的内生动力。党外知识分子和民主党派在各自的领域具有专业知识和经验，可以与政府部门加强合作，共同促进毕节市经济的发展。通过合作创新，挖掘潜力，提高经济发展的内生动力。

毕节市统一战线的发展现状与问题是研究统一战线服务毕节市经济高质量发展路径的重要前提。只有深入了解和解决了这些问题，才能为毕节市经济的高质量发展提供有力的支持和保障。同时，政策引领和内生动力的提升是推动统一战线服务经济发展的关键路径。加强沟通协作、促进合作创新，是实现统一战线服务毕节市经济高质量发展重要目标。

三、统一战线服务毕节市经济高质量发展的路径研究

（一）政策引领，构建新型统一战线服务经济发展的模式

在统一战线服务经济高质量发展的路径研究中，政策引领是构建新型统一战线服务经济发展的重要手段和路径。政策引领可以通过制定相关政策，为统一战线服务经济发展提供有力的支持和保障。

首先，政策引领可以在优化资源配置方面发挥重要作用。通过制定有效的产业政策，统一战线可以在毕节市经济高质量发展中发挥更大的作用。例如，针对毕节市的特色产业和优势领域，政府可以制定相关政策措施，引导统一战线参与其中，发挥各自的优势和作用，实现资源优化配置，提升经济发展的效益和质量。

其次，政策引领可以促进统一战线在科技创新方面的发展。通过制定创新政策，政府可以激励和支持统一战线加大对科技创新的投入和支持力度。例如，可以设立专项资金，支持统一战线在科技创新领域进行研发和应用，推动毕节市经济向高质量发展转型。

此外，政策引领还可以在人才培养和引进方面起到积极作用。政府可以制定相关政策措施，为统一战线提供人才培养和引进的支持。例如，可以设立专项基金，用于支持统一战线在人才培养方面的工作，同时还可以通过提供优惠

政策和吸引力的待遇，吸引更多的高层次、高素质的人才加入统一战线中来，为毕节市经济高质量发展提供强有力的人才支持。

综上所述，政策引领是构建新型统一战线服务经济发展的重要路径。通过政策引领，可以优化资源配置、促进科技创新和人才培养引进，为统一战线服务经济高质量发展提供有力支持。因此，在制定政策时，需要综合考虑毕节市的实际情况和发展需求，科学合理地制定相关政策，使统一战线服务经济发展的模式更加完善和有效。

（二）以统一战线服务经济发展，提升毕节市经济发展的内生动力

多年来，统一战线充分发挥理论指导、凝聚人心、联系广泛、人才荟萃、服务产业优势，对毕节经济的发展起着重要的推动作用。对于毕节市来说，统一战线的发展现状有待深入研究和解决问题，以进一步推动经济的高质量发展。

首先，毕节市统一战线的发展现状需要进行全面的调研和了解。统一战线的发展在毕节市已经取得了一定的成绩和经验，但仍然存在一些问题和障碍。例如，"毕节所需"与"统战所长"衔接不够高效、成员间的沟通和协作不够密切等等。这些问题制约了统一战线对毕节市经济发展的服务效能。

其次，针对毕节市统一战线服务地方经济发展中存在的问题，提出了一些路径研究。首先，政策引领是构建新型统一战线服务经济发展的重要模式之一。政府可以通过明确政策和政策配套措施，引导统一战线服务经济发展的方向和重点。其次，以统一战线服务经济发展，提升毕节市经济发展的内生动力是另一个重要的路径。通过发挥统一战线的广泛参与和合作优势，可以为毕节市经济发展注入新的动力和活力。

总之，通过全面了解毕节市统一战线的发展现状和问题，并提出相应的路径研究，可以进一步推动毕节市经济的高质量发展。政策引领和提升内生动力是两个重要方向，可以为毕节市经济发展注入新的活力和动力，推动经济高质量发展的目标的实现。

四、结语

本文从探索统一战线服务毕节市经济高质量发展的路径出发，通过对毕节

市统一战线和经济发展现状研究，深入剖析了统一战线在促进经济发展方面的重要作用，并提出了相关政策建议。

首先，通过梳理统一战线和经济高质量发展的基本理论，明确了二者的理论联系。统一战线作为一种多元主体参与的协同合作机制，在经济高质量发展中具有重要作用。其次，通过研究了毕节市统一战线的发展现状和存在的不足，发现统一战线在毕节市经济高质量发展中存在的问题和挑战。

为了构建适应毕节市经济高质量发展的路径，提出了政策引领和创新驱动的方式。具体而言，政策协调具有重要意义，在统一战线中起到了桥梁和纽带的作用。在资源整合方面，统一战线可以通过整合各类资源，提供有力的保障和支持。创新驱动则是推动毕节市经济发展的内生动力，统一战线可以通过创新方式，提升经济发展质量和效益。

对于毕节市及其他地区的政府部门和相关机构，在统一战线服务毕节市经济高质量发展的过程中，需要加强政策引领，优化资源配置，在创新驱动上追求突破和超越。统一战线的成功实施需要各方共同努力，建立健全的组织机制和协作体系，以实现经济高质量发展的目标和任务。

总之，本文通过对统一战线服务毕节市经济高质量发展的路径进行研究，发现了其在毕节市经济发展中的重要意义，并提出了相关政策建议。未来的研究可以深化路径研究，丰富研究视角，并注重实际推广应用，为促进经济高质量发展提供更加有力的理论和实践参考。

参考文献

[1] 吴抒洋. 统一战线服务黑龙江省民营经济高质量发展对策分析 [J]. 商业经济，2022（07）：18-19,40.

[2] 周明宽，张凯. 情系乌蒙践初心 携手共绘新蓝图——统一战线参与毕节建设贯彻新发展理念示范区工作纪实 [J]. 当代贵州，2021（47）.

[3] 中共贵州省委统战部，贵州省社会主义学院联合课题组. 统一战线参与支持毕节建设贯彻新发展理念示范区的思路与对策 [J]. 贵州社会主义学院学报，2023（S1）.

[4] 潘文富，李明山. 统一战线赋能毕节新发展理念的战略思考——基于地方实践与观察 [J]. 贵州社会主义学院学报，2023（S1）.

[5] 赵兴，宋琳. 发挥统一战线优势　助推丹东经济高质量发展 [N]. 丹东日报，2023-07-28 (002).

[6] 刘慧，白鹭. 全面建成小康社会背景下统一战线的职责使命——"统一战线与全面建成小康社会"研讨活动综述 [J]. 河北省社会主义学院学报，2021 (01).

[7] 刘颖. 统一战线助力河北经济高质量发展的独特优势 [N]. 山西科技报，2021-11-08 (A06).

[8] 王晓琴，董洪梅. 新时代统一战线服务地方经济高质量发展的独特优势 [J]. 学理论，2021 (03)：10-12.

[9] 佟孟华，褚翠翠，李洋. 中国经济高质量发展的分布动态、地区差异与收敛性研究 [J]. 数量经济技术经济研究，2022.

[10] 胡芬芳. 新的社会阶层人士助力经济高质量发展研究 [J]. 福建省社会主义学院学报，2021 (04)：33-41.

[11] 黄睿麒. 新常态下更好发挥统战优势　为经济社会发展稳定凝聚力量 [N]. 宜宾日报，2015-03-22.

[12] 李治邦. 毕节多党合作示范区建设：成就、经验与思考 [J]. 湖南省社会主义学院学报，2016，17 (06)：59-60.

作者简介：李玉香，毕节市委党校统战理论教研部。

培育乡村人才的路径探析
——基于毕节建设贯彻新发展理念示范区的研究

严 琴

摘 要：进入新时代，毕节被赋予了建设贯彻新发展理念示范区的新使命。发展定位已从"试验区"升级到"示范区"，发展主题从"开发扶贫、生态建设、人口控制"升级到"绿色发展、人力资源开发、体制机制创新"，离不开一代又一代人才的广泛参与。因此，要坚持把人才作为第一资源，扎实推进人力资源开发，把人口规模优势变成人力资源优势。聚人才之力补短板、缩差距、提素质、强技能，不断优化人才资源结构，持续提升劳动者素质，加速释放人口红利，为全市乡村振兴、建设贯彻新发展理念示范区提供强有力的人才支撑和智力支持。

关键词：毕节市；培育；乡村人才；路径探析

2018年7月18日，在毕节试验区建立30周年之际，习近平总书记再次对毕节工作作出重要指示，强调要"着力推动绿色发展、人力资源开发、体制机制创新，努力把毕节试验区建设成为贯彻新发展理念的示范区"。在习近平总书记的关心关怀下，毕节发展定位已从"试验区"升级到"示范区"，发展主题从"开发扶贫、生态建设、人口控制"升级到"绿色发展、人力资源开发、体制机制创新"。在市委、市政府的坚强领导下，全市各级部门持续提高政治站位，深入贯彻落实习近平总书记"7·18"批示精神和习近平总书记视察贵州毕节时的重要讲话精神，牢固树立"人力资源是第一资源"理念，始终将人力资源开发工作摆在经济发展的突出位置，通过"引进高端、强化中端、壮大初端"，扩大人才在社会各领域的覆盖面，为建成贯彻新发展理念示范区提供可持续人才支撑。

一、相关理论内涵及毕节市培育乡村人才基本情况概述

(一) 相关理论内涵

1. 乡村的内涵

乡村是与城市相对而言的，又名农村，是从事农业、林业、畜牧业、渔业等人群的安身立命之地。《乡村振兴战略规划（2018—2022年）》中指出乡村兼有生产、生活、生态等多重功能，并有自然、社会、经济特征的地域综合体，与城镇互促互进、共生共存构成人类活动的主要空间。乡村是中华民族根脉的延续存在，是国家发展之基石。它蕴藏着中华民族的历史与文化、经济与社会的内涵。人类的衣食源于农业，群众的衣食父母源自农民，农民的驻足之家是农村。乡村的面貌关乎国家的面貌，乡村的发展牵系国家的发展，乡村的安稳牵动国家的安稳。

2. 乡村人才的概念

2018年中央一号文件指出："实施乡村振兴，人才是关键，要开发更多的乡土人才，聚天下人才而用之。"还提到了"新型农民""农村专业人才队伍""科技人才""投身乡村建设的人"等全新类别的概念。其中列举要扶持培养一批农业职业经理人、经纪人、乡村工匠、文化能人、非遗传承人等。《乡村振兴战略规划（2018—2022年）》中指出，要实行开放又积极的人才政策，促进乡村人才的振兴，进而让各类人才在乡村建设中大施所能、大展才华、大显身手。其中也出现了"新型职业农民""农村专业人才队伍""社会人才"等关于乡村人才的表述。《乡村振兴战略规划（2018—2022年）》明确指出，乡村人才是指新型职业农民、农村专业人才队伍、投身乡村建设以及乡土人才等。乡村的发展需要本土地区的人才支持，对本土地区进行人力资本的开发才是一个地区发展的长效之策。在《中共中央　国务院关于做好2023年全面推进乡村振兴重点工作的意见》中要求，要开展培育农村创业带头人，积极引导人才入乡就业。

(二)毕节市培育乡村人才基本情况

1. 毕节市培育乡村人才的背景

大规模人口曾经成为毕节市脱贫的压力,现在人口正在成为毕节乡村振兴的动力,同时也是建设贯彻新发展理念示范区的优势资源。在新发展理念指导下,毕节将变人口压力为人力资源,实施育、引、留、用人才战略,挖掘内部人力资源潜力,推动人口资源向人力资源、人力资源向人力资本的转变。大力发展职业教育推行校企合作、实施劳动力全员培训计划和"雁归兴毕"计划等举措,扎实开展农村实用技术培训。截至2022年底,全市学前教育三年毛入园率为92.29%、九年义务教育巩固率和高中阶段毛入学率分别为95.85%、92.72%。2023年在全市高素质农民培育目标任务为3000人,已纳入市政府十件"民生实事"和农业强市考核内容。通过东西部协作举办劳务培训班1098期,培训了脱贫人口共5.67万人次,力争到2025年全市人才资源突破150万人。毕节市全力推动人力资源开发,打造人才队伍对于建设贯彻新发展理念示范区,接续推进乡村振兴战略实施具有突出的意义。

2. 毕节市培育乡村人才的主要做法及成效

近年来,全市各级部门持续提高政治站位,始终将人力资源开发工作摆在经济发展的突出位置,通过与全国多所大学签署培训协议,建立培训基地,实施农民全员培训,健全四级劳务市场化体系。打造"毕节工匠"技能人才品牌,推出"制造能手""种养能人""经营人才""贴心天使""家庭管家""自强先锋"等六大培训工程。通过东西部协作举办劳务培训班,培训脱贫人口带动脱贫群众5.27万人次实现省内就近就业,13.87万人次实现到帮扶省市就业。充分用好东西部协作机遇,持续育强用好乡土人才资源,促进人才工作取得明显成效。

2022年来培育培训技术技能人才达1.96万人,人才资源总量达105万人,比2018年增加31.68万人。通过实施百万薪酬引才、人才"蓄水池""银龄计划"等政策,共引进了各类人才3万余人,其中高层次急需紧缺人才有2571人、高精尖人才为135人。市级高技能人才培训基地2个,市级技能大师工作室8个。依托教育人才"组团式"帮扶、东西部协作,采取"职业教育+企业"的模式,毕节职院融入广东省"粤菜师傅、广东技工、南粤家政"三大工程，与广汽集团、广州港集团等多家企业合作开设52个订单班，惠及的学生超2000人。2023年3月，毕节职院牵头成立"穗毕人力资源开发协作产教联盟"，推动职教育人再上新台阶。

综上，人才资源总量呈现上升趋势，在部分重点领域与重点产业人才实现倍增，人才素质不断提升，人才资源占人力资源总量的比重快速提高，对毕节经济社会发展的贡献不断提升。毕节从"试验区"升级到"示范区"，脱贫攻坚取得决定性成就，2022年全市生产总值是2018年的1.26倍，全市城镇和农村居民人均可支配收入分别达到了39055元、13245元，三次产业结构更加优化，推动了毕节试验区向示范区跨越。这些成绩都与广大人才的辛勤付出、重要贡献是密不可分的。

二、毕节市培育乡村人才面临的困境

目前，毕节正处于建设贯彻新发展理念示范区的关键时期，亟须契合创新、协调、绿色、开放、共享的新发展理念的人才。根据现有乡村人才规模、分布情况，作用发挥等方面来看，不足以满足毕节发展的需求，尤其是现代农业发展以及城镇化水平的提高对人才要求也随之提高，这就同现阶段发展存在一定矛盾。

（一）乡村人才总量偏小

随着时代变迁，现代农业发展以及城镇化水平的不断提高，对乡村本土人才要求也随之提高。截至2022年，贵阳市人才总量超123万，新增人才总量在10万人以上，2021年贵阳农村实用人才为5.26万人，截至2022年底，农村实用人才新增了1.3万人。毕节全市技能人才总量达26.47万人、党政人才2.13万人、专业技术人才18.58万人、企业经营管理人才10.34万人、农村实用人才32.07万人。遵义市在2023年人才资源总量达105万人，其中专业技术人才26.16万人、企业经营管理人才15.83万人、农村实用人才21.07万人、党政人才2.54万人、技能人才39.65万人。与贵阳、遵义各类人才总量相比较毕节农村实用人才数量较客观，但其余人才分布多在贵阳且人才总量占全省人才的占比较高。而与遵义相比，多种人才总量均在毕节之上。综上，毕节全市人才规模与各类人才数量均偏少。

全市现有的农技人员大都身兼数职,且大多是非专业出身,难以满足农业技术专业化的需要。随着"绿水青山就是金山银山"发展理念深入人心,以及毕节发展主题从"开发扶贫、生态建设、人口控制"升级到"绿色发展、人力资源开发、体制机制创新",对契合创新、协调、绿色、开放、共享的新发展理念的人才需求显著增长,而就毕节人才统计数据显示,无论是乡村人才总量还是适合产业转型升级发展需求的技能人才数量均偏少。

(二) 乡村人才资源分布不均衡

随着城市间人才竞争日趋白热化,各市(县、区)之间"抢人大战"频繁上演,而毕节市在人才吸引力指标上仍处于相对劣势地位。从相关统计数据上看,人才多数会往经济发展好,教育、医疗条件好的地方流动。贵阳市和遵义市的城市较发达,机遇较多,是多数人才的首选之地。立足毕节全市的实际情况来看,也存在类似的情形,各县区发展的不均衡,也存在着人才资源分布不均衡的现状。

从毕节市第七次全国人口普查公报(第五号)——人口受教育情况的数据来看,各地区每10万人口中拥有的各类受教育程度人数(表1),七星关区每10万人口中拥有的小学受教育程度人数有32994人排在末尾,但高中包含中专有9064人,大学(大专及以上)的有9516人分别位居首位。织金县每10万人口中拥有的初中和高中受教育程度人数分别是25659、6798人,分别排在末尾。威宁县每10万人口中拥有的大学(大专及以上)受教育程度人数有5446人位居末尾。贵州省第七次全国人口普查公报(第四号)——人口年龄构成情况中,从各地区人口年龄构成来看(表2),威宁县15—59岁的人口占总人口的60.74%位居首位,60岁以上的人口占总人口的11.48%和65岁及以上的人口占总人口的8.00%均位居末尾。金沙县0—14岁的人口占总人口的24.62%,60岁及以上的人口占总人口的15.57%和65岁及以上的人口占总人口的12.52%均位居首位。15—59岁这一年龄阶段的人是劳动力最佳的阶段,多分布在威宁县,而金沙县则较多的是老年人。

综上,教育程度对人才资源的分布,青壮年的分布存在一定程度的影响,受教育程度高的区域,人才资源相对较多,人才资源素质也较高。各地受教育程度差距会使人力资源分布区域不均衡，结构不合理，由此影响各区域发展的不协调。经济形势好的区域人才越多发展越好，经济较差的区域人才较少越发展越落后，形成一种恶性循环，这种情形持续下去将会加剧各市州之间发展的不均衡，同时也不利于各区域的协调发展。

表1 各县（市、区）每10万人口中拥有的各类受教育程度人数

单位：人/10万人

地区	大学（大专及以上）	高中（含中专）	初中	小学
全市	6473	7794	28244	36116
七星关区	9516	9064	29602	32994
大方县	6212	8310	29879	36337
黔西县	5714	7232	28107	39840
金沙县	6275	8899	34327	36078
织金县	5529	6798	25659	37786
纳雍县	5561	7102	28082	34499
威宁县	5446	7423	25985	35421
赫章县	5944	7011	26292	38998

表2 各县（市、区）人口年龄构成

单位：%

地区	占总人口比重			
	0—14 岁	15—59 岁	60 岁及以上	其中：65 岁及以上
全市	28.33	57.84	13.84	10.31
七星关区	28.84	57.53	13.63	10.23
大方县	28.94	56.76	14.3	10.96
黔西县	26.01	58.81	15.18	11.25
金沙县	24.62	59.81	15.57	12.52

续表

地区	占总人口比重			
	0—14 岁	15—59 岁	60 岁及以上	其中：65 岁及以上
织金县	28.83	56.35	14.82	10.92
纳雍县	30.89	55.11	14.00	10.51
威宁县	27.78	60.74	11.48	8.00
赫章县	29.82	56.26	13.92	10.24

(三) 培育乡村人才的扶持政策尚不健全

关于人才毕节出台了诸多官方文件。例如，《毕节市加快推进人力资源开发工作的实施意见》《关于建立毕节市人才工作领导小组工作协调机制的通知》《毕节市"四不唯"人才引进管理实施办法》《毕节市人才团队建设管理实施办法》《毕节市人才引进与跟踪服务管理办法》以及《毕节市职业技能培训"提质行动"实施方案》等系列文件。这些政策的实施虽然对农村开发人力资源提供了政策保障和开发人才指明了方向，但现有政策的支持大多是停留在理论层面。从出台的政策来看，多数是关于高端人才建设队伍的政策，对于培育乡村人才的针对性不强，涉及如何培育乡村人才具有原则性和可操作性且有较高含金量的扶持政策还比较少。同时，培训停留在理论层面未关注培训效果，针对当前乡村人才的培育还没有形成系统且完整的体系。

三、毕节培育乡村人才面临困境的成因分析

培育乡村人才面临的困境受诸多因素的影响。一方面是客观原因，另一方面，还要从主观上找原因，主要有：思想还不够解放，教育程度存在差距等。

(一) 思想层面还相对滞后

坚持人才第一资源，各级相关部门都较好地牢固树立这一理念，但在实际的用才、育人、留才、惜才等方面存在"两张皮"的差距，尤其在基层，引进

人才，安排存在人岗不适，留走随意。人才队伍建设观落后。在基层党组织人才队伍建设上，尚未树立"大人才"观念，仍普遍存在"农村舞台小、发展受限"的传统观念。加之，乡村经济发展程度较低，公共服务供给不充分，生产生活、交通、医疗、卫生、教育及人文环境与城市存在差距，不能满足乡村人才对生活环境的要求。而公共服务供给一般是由地方政府承担，农村基层政府没有掌握相应的财权，缺乏供给的动力与实力，使得供给规模不足，部分居民群众意识薄弱，缺乏参与公共产品供给的主动性和责任感，现阶段的乡村基础设施与公共服务供给对人才不具有吸引力，也难以吸引人才扎根农村。乡村人力资源在全省的乡村总数量相对较少，特别是处在新发展阶段、贯彻新发展理念、构建新发展格局的毕节，乡村人才规模不足以满足发展需求，尤其是高端人才更加紧缺。

（二）教育程度存在差距

教育事关人才资源的素质和质量，既是提升人口质量，又是提高人才资源质量的重要途径。贵州省有九个市州，通过对九个市州人才发展情况的分析，得出的结果是各地之间发展存在差距，而各地拥有的人才则是导致这一差距的原因之一。从贵州省第七次全国人口普查公报（第五号）——人口受教育情况的数据来看，各地区每10万人口中拥有的各类受教育程度人数（表3），贵阳市小学有33855人，初中有29012人，高中（含中专）有14728人，大学（大专及以上）有23440人。六盘水小学有36285人，初中有29684人，高中（含中专）有9055人，大学（大专及以上）有8719人。遵义市小学有32851人，初中有34849人，高中（含中专）有10082人，大学（大专及以上）有9343人。贵阳市高中（含中专）、大学（大专及以上）的受教育程度均位列首位，毕节市则初中、高中（含中专）、大学（大专及以上）的受教育程度均处于末尾。分析以上数据可知，受教育程度人数多分布在省会城市——贵阳市，而毕节市受教育程度的人数排在九个市州的末尾，这也导致毕节乡村人才资源短缺且分布不均衡。然而，在这之中毕节市各个县区的受教育程度高于农村，农村的人力资源整体层次的表现也是不够的，多数处在偏低的状态。特别是从事涉农工作的大多数是本科以下的学历人员，这对乡村人才队伍的建设有直接的影响。

表3 各地区每10万人口中拥有的各类受教育程度人数

单位：人/10万人

地区	大学 （大专及以上）	高中 （含中专）	初中	小学
全省	10952	9951	30464	33432
贵阳市	23440	14728	29012	33855
六盘水市	8719	9055	29684	36285
遵义市	9343	10082	34849	32851
安顺市	8459	8432	31919	36116
毕节市	6473	7794	28244	32891
铜仁市	9680	10680	30952	31403
黔西南州	8819	8492	29628	33148
黔东南州	8889	9259	29154	21828
黔南州	10400	8947	30363	31921

（三）乡村人力资源培养体系不完善

通过实地走访调研的过程中发现，培训的效果有所欠佳。第一是培训内容与需求不吻合。培训内容和培训需求是解决乡村人力资本开发过程中的培训问题的关键因素。从当前培训的过程来看，培训的内容多数侧重理论，对于培训者来说难以理解与接受，多数受训者认为培训的内容不实用，对培训内容置之不理。而在乡村举办的职业培训往往是由政府主导，政府在培训方面作出的安排会对乡村培育人才产生直接影响，导致有关部门在安排培训内容的过程中很难立足于实际抓落实。第二是培育缺乏必要的指导。走访过程中发现，政府为乡村人力资本选择培训讲授专家存在不足，在培训过程中，讲授专家与受训者缺少沟通，培训过后，收获欠佳。对于较高的理论知识村民难以理解，未能立足受训者的实际传授一些实用的知识与技能。跟踪问效不到位，课后无相互沟通，受训者也未能主动发问，多数是上完课就离开。纵观整个培训过程未能真正的解决村民的实际问题，久而久之，对于这种职业培训会产生一种排斥的心理，不主动的接受培训知识。针对这种情况，由于安排部门通常是上级部门，反馈的内容会存在一些偏差或不及时，有关部门也无从得知有关培训的真实反馈的问题，致使培训质量未能达到满意的效果。

（四）认识不高落实政策不力

通过走访调研发现，人才重视程度逐级"降温"。中央、省、市等上级出台过大量关于人才的文件和政策，对人才吸纳和培养工作非常重视。但在调研中发现，一些乡镇存在把上级政策文件一学了之，没有扎实开展吸纳和乡村人才队伍建设工作，没有抓实、抓细人才工作，自上而下对乡村人才的教育培训不足，工作认识、工作责任层层递减，重视程度层层减弱。例如，在走访时问到当前如何建设一支乡村人才队伍时，大部分村干部都是一句话，既缺钱又缺人，工作无法开展，但是当问及他们有没有深入思考如何吸纳和培育乡村人才时，他们并没有具体的思考和方案，上级下发的文件流于形式，未能真正落到实处。此类情形在一定程度上制约了乡村人才的发展。

此外，有的地方虽采取一些措施和出台一些办法，吸引了懂经营、善管理、会招商、懂政策的人才，但是后续源于激励机制不健全，晋升渠道不畅通、人才培养上下力气不足，导致人才再次流失。

四、毕节培育乡村人才的路径探析

乡村人才队伍建设是一项复杂、系统、长期的工程，涉及各个领域、各个方面，并不是一朝一夕就能完成的。同时，培育人才需立足毕节乡村实际投入一定的经费与时间，培育适合不同村庄发展的人才队伍。习近平总书记在山东考察时强调："要积极培养本土人才，鼓励外出能人返乡创业，鼓励大学生村官扎根基层，为乡村振兴提供人才保障。"这一阐述为毕节乡村振兴提供了路径选择，为培育乡村人才指明了发展方向。当前毕节要解决培育乡村人才面临的困境，需进一步解放思想，把乡村人才资源聚起来、育出来、留下来为毕节建设贯彻新发展理念示范区注入力量。

（一）解放思想凝聚共识，把乡村人才资源"聚"起来

千秋基业，人才为本。人才是推动发展的决定性因素，乡村人才也是乡村

发展过程中的竞争因素之一。习近平总书记强调党和国家事业发展中最宝贵的财富是人才，这也是党执政兴国的根本性资源。我们要坚持党管人才的原则，在党组织的统领下，聚集大量人才，汇聚人才强大合力，充分发挥各类人才的创造性和智慧力量，积极助力毕节建设贯彻新发展理念示范区。

首先是头雁尽责。领头雁是一个乡村的引领者，对群众具有深厚的感情，时时处处事事都是为群众着想，具有敏锐的市场眼光，能有效带动群众闯市场、谋发展，促进乡村的发展变化。其次是能人尽其才。树立尊重人才、用好人才的导向，准确地把握人才对于促进"十四五"乃至更长时期毕节高质量发展的现实意义，充分发挥好基层人才的智力优势。在走访调研过程中了解到，一些乡村不论各类人才都守土不离村，他们从心理对乡村的未来充满希望，并且自觉自愿、积极主动地为乡村发展施展自己的才能。最后是乡贤尽其能。乡贤指的是乡里的贤达人士，具有高尚的道德品质，值得人尊敬和推崇的乡人。分别有离退休干部，德高望重的族长以及各行各业回乡的精英。党组织可以充分地发挥乡贤的作用，邀请村里的老干部、退休教师、德高望重的族长以及各行各业回乡的精英参与乡村管理和事务协调，并制定薪资报酬每月按照标准发放乡贤补贴，让乡贤们各尽其能，积极主动地为促进乡村和谐发展贡献力量。众人拾柴火焰高，切实的凝聚起各类人才的强大合力，共同致力于毕节建设贯彻新发展理念示范区。

（二）强化教育培训，把乡村人才"育"出来

习近平总书记指出："要推动乡村人才振兴，把人力资本开发放在首要位置，强化乡村振兴人才支撑。"而毕节建设贯彻新发展理念示范区，人才同样是关键，需加快培育新型农业经营主体，让愿留乡发展、建设家乡的人安心，让愿上山下乡、回报乡村的人更有信心，激励各类人才在广阔农村天地大施所能、大展才华、大显身手，打造一支强有力的乡村人才队伍，推动乡村形成人才、土地、资金、产业汇聚的良性循环。因此，要加大农村"乡土人才"的培训，创新培训内容与方式，完善培养体系等。

人才队伍建设，基础在培育，难点也在培育。培育人才的内容与方法应从深度的理论和专家、讲师唱独角戏转变为向通俗易懂、相互交流转变，让内容更加贴近培训对象，方式更加的接地气，让他们更容易了解并掌握讲解的知识

与技术。针对不同人才采取不同培养方式，如，培养产销经纪人，采取"专家讲座+模拟演练+座谈交流+上门服务"的方式；培养农业实用技术人才。通过依托农民科技培训中心、涉农职业院校、农业科研院所和各级农技推广机构资源，充分发挥农业专家、"土专家""田秀才"等人才在农村产业革命中的骨干作用，建立农民田间院校，结合新时代农业发展的内容，采取"理论+基地+实践"和"线上线下"的方式，把课堂设在田间地里，在现场一边实践一边讲解，专家或讲师在现场可以直接的传授技术，既能让培训对象直接的操作，也能使课堂不乏味，把先进的生产技术普及给更多人，发展壮大各类人才。

（三）强化培训管理，把乡村人才"用"起来

针对培育出的乡村人才，关键一环还需发挥其最大作用，使人尽其才，才尽其用，真正让乡村人才成为乡村发展的操盘手，扛起乡村振兴领跑者的大旗。

第一，构建乡村人才库。将培养出的各类人才，如：种养能手、能工巧匠、民间艺人、经营能人和致富带头人等各类"土专家、田秀才"等，按照不同类型，分门别类进行登记造册，建立完善乡土人才库。第二，建立长效培养机制。实行对口联系，定期组织乡土人才线上、线下学习培训，提升其综合素质和专业技能。第三，搭建人才交流平台。用好"组团式"帮扶力量，借助帮扶地区、帮扶单位、帮扶企业之间相互选派人才交叉挂职锻炼、交叉跟班学习、培训学习等方式来为人才搭建交流平台，可以积极地推荐培训人才与高校、职校、科研院所之间进行联合课题、项目的研发，让人才参与进去主动思考，这不仅能让培训对象向这些专家学到技术，也能使培训对象获得更多的机会与更多的人才相互交流。这既能培育出更高质量的乡村人才，也能促进专业人才发挥出更大的作用。

（四）完善激励机制，让乡村人才"留"下来

人才育出来、引进来，要想留下来，关键还需激励，确保人才留得住、沉得下。首先是榜样激励。在乡村宣传人才兴农的典型，提高乡村人才在广大群众心中的地位，增强乡村人才的自信心、自豪感、荣誉感，吸引更多的人才、群众积极主动参与乡村建设。其次是待遇上激励。主动对接相关部门，打通乡

村人才在职称职级评定、职业技能鉴定、评优评先等方面的优先权，鼓励乡村人才通过自我的成果转化获取更多的收益，以此，调动乡土人才工作的责任感和积极性。最后是政治上激励。采取组织"引"，党员"帮"的方式，把乡贤、致富能人、大学毕业生、退伍军人等及时吸纳到党组织内，把年纪轻、素质好、懂经济的党员乡村人才，纳入乡村后备干部人选，为基层党组织"造血"，把致富能力强、群众公认的党员选拔到村级班子中来，通过把党员培养成致富带头人，把致富带头人培养成党员，实现发展党员和发展经济"双赢"。切实做到对乡村人才政治上关心、发展上帮助、生活上照顾、事业上支持，帮助乡村人才协调解决好服务保障。总之，从把人才"育"出来，"用"起来"到多举并举的完善激励机制，确保人才留得住、沉得下，形成一个人才工作闭环模式，培养造就一支"懂农业、爱农村、爱农民"的"三农"人才队伍，真正为乡村建设注入源源不竭的活力，既能保证乡村的可持续发展，又能实现乡村人才在乡安身、安心、安业。

"功以才成，业由才广。"人才是推动发展不可或缺的资源和必备要素。进入新发展阶段、贯彻新发展理念、构建新发展格局，推动毕节高质量发展，首先要人才先行。通过探析毕节培育乡村人才面临困境以及其成因，要充分激发本土人才的内生动力，创新人才发展的体制机制，优化人才发展的环境，不断地提升乡村人才的素质与能力，打造一批能满足新时代毕节发展的乡村人才，为毕节建设贯彻新发展理念示范区提供坚强的人才支撑和智力保障，进而推动毕节高质量发展。

五、结语

自毕节试验区成立以来，在毕节市委、市政府统领下，人才队伍建设取得新进展新成效，促进了试验区跨越式的发展，给乡村建设注入了强劲动能，带动了百姓致富。毕节如期打赢脱贫攻坚战，巩固拓展脱贫攻坚成果同乡村振兴有效衔接的关键一招也是乡村人才。虽然毕节市乡村人才队伍建设已取得可喜的成绩，但也还存在一些问题，制约着建设贯彻新发展理念示范区发展的步伐。因此，对毕节市培育乡村人才面临的困境、成因及对策研究是十分有必要和有价值的。通过解放思想、凝聚人才合力，把人才育出来、用起来、留下来，共同致力于百姓富乡村美，携手共创乡村安居乐业的美丽家园，努力打造一批"毕节样板"，提炼总结一批"毕节经验"，为毕节接续推进乡村振兴，建设贯彻新发展理念示范区"充电续航"。

参考文献

［1］中共中央、国务院印发《扩大内需战略规划纲要（2022—2035年）》激发人才创新活力［J］.中国人才，2023（01）：7.

［2］陈芮.乡村人才振兴的现实困境及解决路径［J］.当代农村财经，2023（03）：51-54.

［3］孙志威.共青团毕节市委　促进人才汇聚　建功乡村振兴［J］.当代贵州，2022（16）：81.

［4］李辉.乡村人才振兴的现实困境与实施路径研究［J］.南方农机，2021，52（13）：84-86.

［5］张进华，赵敏，赵曼曼.产教融合背景下乡村电商人才培养的实践研究——以毕节职业技术学院为例［J］.农村经济与科技，2021，32（22）：258-260.

［6］刘康.完善体系强培训　不断激发技能人才创新活力［J］.中国人力资源社会保障，2022（10）：23-25.

［7］王世凤，李帮燕.深化毕节试验区建设贯彻新发展理念示范区的认识［J］.贵州社会主义学院学报，2021（04）：35-37.

［8］习近平在中央人才工作会议上强调　深入实施新时代人才强国战略加快建设世界重要人才中心和创新高地［N］.人民日报，2021-09-29（01）.

［9］毕节人民政府.2021年国民经济和社会发展统计公报［EB/OL］.https：//www.bijie.gov.cn/zwgk/zfsj/tjxx/tjgb/202204/P0202206，2022-04-11.

作者简介：严琴，中共毕节市委党校。

新时代农村基层干部能力提升路径探析
——基于乡村振兴高质量发展视角

曾美海

摘 要：实施乡村振兴战略，是全面建设社会主义现代化国家的重大历史任务。乡村振兴能否高质量推进，关键在人，关键在干。农村基层干部作为乡村振兴的实施者，需要其政治过硬、能力过硬和作风过硬。对照习近平总书记要求干部应具备的"七种能力"，农村基层干部还存在明显短板。为此，应加强思想淬炼以提升其政治能力，突出实践锻炼以提升其履职能力，强化专业训练以提升其创新能力，完善体制机制以激发其内生动力，凝聚社会力量以形成促进农村基层干部能力提升的合力。

关键词：乡村振兴；高质量发展；基层干部；能力提升

毛泽东同志曾说："政治路线确定之后，干部就是决定因素。"2017年10月，党的十九大报告首次提出乡村振兴战略，其总要求是"产业兴旺、生态宜居、乡风文明、治理有效、生活富裕"，并提出要"培养造就一支懂农业、爱农村、爱农民的'三农'工作队伍"。很显然，这支"三农"工作队伍就包含广大农村基层干部，乡村振兴能否实现高质量发展，自然取决于这支队伍能力素质的高低。因此，研究乡村振兴背景下农村基层干部能力提升问题，有重要的理论意义和现实意义。

一、乡村振兴高质量发展对农村基层干部的能力要求

关于实施乡村振兴战略的人才要求，总体上自然是"懂农业、爱农村、爱

农民"。"懂"是能力方面的要求，"爱"是情感方面的要求。2018年1月，《中共中央　国务院关于实施乡村振兴战略的意见》指出："实施乡村振兴战略，必须破解人才瓶颈制约。要把人力资本开发放在首要位置，畅通智力、技术、管理下乡通道，造就更多乡土人才，聚天下人才而用之。"具体而言，就是要培育新型职业农民、培养农村专业人才队伍（如乡村教师、农业职业经理人、乡村工匠、文化能人、非遗传承人等）、发挥科技人才支撑作用，并鼓励和吸引社会各界投身到乡村建设中去（包括企业家、党政干部、专家学者、医生教师、规划师、建筑师、律师等）。这些人才涉及乡村建设的方方面面，其中许多人会成为基层干部，其综合能力要求更高。2021年1月，中共中央、国务院出台了《关于全面推进乡村振兴加快农业农村现代化的意见》，对乡村振兴干部队伍建设提出了新的要求："加强党对乡村人才的领导，将乡村人才振兴纳入党委人才工作总体部署，健全适合乡村特点的人才培养机制，强化人才服务乡村激励约束。加快建设政治过硬、本领过硬、作风过硬的乡村振兴干部队伍。"这里对农村基层干部队伍的能力素质提出了明确的要求，即"政治过硬、本领过硬、作风过硬"。2022年1月，中共中央、国务院《关于做好2022年全面推进乡村振兴重点工作的意见》中，对加强乡村振兴人才队伍建设提出了具体的措施，诸如启动"神农英才"计划，深入推进科技特派员制度，实施高素质农民培育计划、乡村产业振兴带头人培育"头雁"项目、乡村振兴青春建功行动、乡村振兴巾帼行动等。这些项目的有效实施，自然离不开广大农村基层干部的深度参与。因此，习近平总书记强调："办好农村的事情，实现乡村振兴，基层党组织必须坚强，党员队伍必须过硬。"这里的"过硬"，也即前文提到的政治过硬、本领过硬和作风过硬。

（一）实施乡村振兴战略要求农村基层干部政治过硬

农村基层干部政治过硬，就要能够把握正确的政治方向，有一定的政治敏锐度和政治鉴别力，能严守党的政治纪律和政治规矩，能经常进行思想政治体检，同党中央要求对标，自觉在指导思想上、路线方针上和重大原则问题上同党中央保持高度一致。全面推进乡村振兴、加快农业农村现代化，是党中央着眼于中华民族伟大复兴战略全局和世界百年未有之大变局提出的重大决策部署，其各项政策，最终要靠农村基层党组织和基层干部来落实。这就要求，农村基层干部应提高政治站位，深刻认识到"三农"工作在新征程上极端重要，实施乡村振兴战略极端重要，必须以高度的政治自觉，担负起伟大历史使命，推进乡村振兴各项政策措施落地落实，促进乡村振兴工作切实见效。

（二）实施乡村振兴战略要求农村基层干部本领过硬

乡村振兴内容涉及"三农"工作的方方面面，包括产业、人才、文化、生态、组织等。习近平总书记指出："新发展阶段'三农'工作更加复杂，新情况新问题很多，要求更高。各级干部要加强理论学习和调查研究，增强做好'三农'工作的本领。要吸引各类人才在乡村振兴中建功立业。"[1]农村基层干部本领过硬，既有理论方面的要求，也有实践层面的要求。在理论方面，需要学好党中央关于乡村振兴的各项方针政策，深刻把握各级会议、文件精神，并使之及时转化为推进乡村振兴工作的指导力量。在实践层面，农村基层干部要在不断增加知识储备的同时，不断学习各项业务知识，在实践中加强锻炼，以新思路、新举措解决乡村振兴中面临的新问题。

（三）实施乡村振兴战略要求农村基层干部作风过硬

习近平总书记指出："乡村振兴，关键在人、关键在干。"这里的"人"，就是各类农村高素质人才和基层干部，所谓"干"，就是苦干、实干、撸起袖子加油干。作风是管根本、管灵魂的，因此，培养造就一批高素质的基层干部队伍，以推动乡村振兴战略实施，过硬的作风是重要保障。乡村振兴的主战场是广大农村地区。然而，部分边远的农村地区工作条件十分艰苦，要长期在农村开展工作，推动乡村振兴，需要有过硬的作风作支撑。如果基层干部在工作面前挑肥拣瘦、总是患得患失、处处讨价还价，就很难在乡村振兴工作中有所作为。同时，基层干部面对的是广大人民群众，其作风良好与否，关系到党的形象，关系到干群关系和人心向背。所以说，农村基层干部作风过硬，不仅能够推动实现乡村振兴，而且能得到广大群众的支持，自觉参与到乡村振兴的伟大战略行动中来。

二、当前农村基层干部能力状况与瓶颈问题

对于农村基层干部而言，需要的能力是多方面、全方位的，综合起来，即

基层治理能力，包括政治引导力、治理执行力、公共服务能力、整合资源能力、管理创新力、知识技能拓展力、信息分享提升力[2]。如果要更好地胜任新时期乡村振兴工作，解决好乡村振兴中遇到的各种复杂问题，就应该具备习近平总书记要求年轻干部需要具备的七种能力，即政治能力、调查研究能力、科学决策能力、改革攻坚能力、应急处突能力、群众工作能力、抓落实能力。因此，本文考察农村基层干部的能力现状，也主要着眼于这七个方面的能力。

（一）农村基层干部能力现状

（1）**政治能力**。政治能力在实践上就是把握方向、把握大势、把握全局的能力，就是保持政治定力、驾驭政治局面、防范政治风险的能力。[3]在各种能力中，政治能力是第一位的。习近平总书记曾说，巩固拓展脱贫攻坚成果，全面推进乡村振兴，加快农业农村现代化，是"关系大局的重大问题"，也就是说，实施乡村振兴战略，是一个重要的政治问题。基层干部能否在巩固拓展脱贫攻坚成果的基础上，全面推进乡村振兴，需要有一定的政治自觉、思想自觉和行动自觉，也即常说的"政治三力"（政治判断力、政治领悟力和政治执行力）。当前，部分基层干部在政治能力上存在的问题是：首先，政治判断力不强。主要表现为政治信仰和政治立场不够坚定，政治敏锐性欠缺，难以从政治方向和政治大势层面去发现倾向性和苗头性的问题。其次，政治领悟力有限。主要表现为不愿意、不屑于花大力气去学习领会各级会议、文件精神，难以用中央精神去指导工作，习惯于被动应付，不擅长从长远、大处去规划和推进工作。最后，政治执行力缺乏。主要表现为缺乏与上级对标的积极性和主动性，落实上级政策措施打折扣。[4]基层干部政治能力不足，对乡村振兴战略的实施有很大影响。

（2）**调查研究能力**。调查研究是谋事之基、成事之道。毛泽东同志说："没有调查，没有发言权。"习近平总书记说："没有调查，就没有发言权，更没有决策权。"一般认为，调查研究是上级领导干部的事，基层干部身在基层，对情况很了解，也就没有搞调查研究的必要。其实不然，当前部分农村基层干部存在的问题，恰好就是不注重调查研究，导致身在基层而不了解基层。其原因有两个方面，一是基层干部往往执行上级指示，上面怎么说，他们就怎么做，认为不需要调查研究；二是自认为身在基层，每天和群众打交道，对情况很熟悉，用不着调查研究。以乡村振兴工作为例，一些基层干部以为天天在基层工作，对农村情况非常熟悉，就不需要调查研究，但情况正好相反，要执行好上级部门的指示，没有调查研究，就显得很被动，不能创新性开展工作，即便情况很熟悉，不用调查了，也要认真地研究，知其然，更要知其所以然。乡村发展滞后，影响到了发展的均衡，这是实情，但如何因地制宜，推动当地乡村振兴，没有研究的功夫，是肯定不行的。

(3) 科学决策能力。决策，就是"出主意"，也即我们为了解决某个问题，根据客观条件分析、评估，最后对行动方案进行设计、选择并做出决定的过程。基层干部要履行好职责，就要有一定的科学决策能力。基层干部直接面对群众，能否在公共事务中正确决策，将影响到群众的切身利益，进而影响到党和政府的形象。当前，确实存在少数基层干部不讲究科学方法，凭主观意志瞎指挥，盲目决策，甚至打着"为人民谋利益"的旗号，为了面子和政绩，低水平决策，给当地造成经济损失和负面影响，这样的例子简直不胜枚举。究其原因，自然有基层行政决策体制的问题，诸如决策程序不规范、问责机制不健全、群众参与意愿不强烈等，也有基层干部自身素质的问题，表现为知识水平不够、思维方式劣习（如被动接受上级指示、教条主义、经验主义等）、不良决策心理（如盲从心理、完美主义、逆反心理）等。如果在乡村振兴战略实施的过程中，基层干部不能科学决策，那就会犯下不可补救的过失，造成不可挽回的损失。

(4) 改革攻坚能力。当前，我国正向全面建设社会主义现代化强国迈进，向第二个百年奋斗目标进军，外部环境纷繁复杂，改革进入攻坚期和深水区，需要啃硬骨头，涉深水，因此要有一定的勇气和决心，保持越是艰险越向前的勇毅，才能在改革创新方面求得突破。历史经验充分证明，农村基层是推动改革攻坚的力量之源，其中蕴藏着丰富的改革智慧。如 1978 年冬，安徽凤阳县梨园公社小岗村的 18 位农民，以"托孤"的方式，冒险实施"大包干"，从而推动了家庭联产承包责任制在全国农村的推广，开启了中国农村改革的先河。正如习近平总书记所言："要尊重群众首创精神，把加强顶层设计和坚持问计于民统一起来，从生动鲜活的基层实践中汲取智慧。"乡村振兴战略的实施，事关我国农业农村的现代化，在这个领域改革攻坚的任务很重。然而，部分基层干部在推进乡村振兴的过程中，常常掩饰矛盾、回避矛盾，开展工作有"路径依赖",出台的措施和办法,不符合客观实际,非但不能实现改革攻坚,反而积累了更多的问题。

(5) **应急处突能力**。应急处突能力,就是干部应对紧急事件和突发事件的能力,这是基层干部必备的基本功。习近平总书记2020年10月10日在中央党校(国家行政学院)中青年干部培训班开班式上的重要讲话中,要求青年干部"要努力成为所在工作领域的行家里手,不断提高应急处突的见识和胆识,对可能发生的各种风险和挑战,要做到心中有数、分类施策、精准拆弹,有效掌控局势、化解危机。"农村基层干部身处一线,常常处在突发事件的第一现场,其应急处突能力对及时有效处理好突发事件至关重要。然而,应急处突能力作为一种综合能力,需要基层干部加强思想淬炼、政治历练、实践锻炼和专业训练,才能有这种驾驭风险和化解风险的能力。当前的问题在于,农村基层干部大多没经历过重大灾害事件的应急处置,应急处突能力严重不足,不仅没有积极主动的应对意识,也不具备研判风险、指挥协调、掌控局面的能力,一遇到紧急情况,就成了"热锅上的蚂蚁"。

(6) **群众工作能力**。群众工作能力是基层干部做好社会管理的重要能力,其中包括基层干部熟悉了解民情、关心群众生产生活、化解基层社会矛盾、维护群众利益、带领群众发展等方面的能力。这是一种团结群众、带领群众、服务群众的能力。习近平总书记要求年轻干部"要坚持从群众中来、到群众中去,真正成为群众的贴心人。要心中有群众,时刻把群众安危冷暖放在心上,认真落实党中央各项惠民政策,把小事当成大事来办,切实解决群众'急难愁盼'的问题"。群众工作能力,既是价值理念的问题,也是思维方式和工作方法的问题。作为价值理念,要求基层干部秉持执政为民的理念,一切为了群众,一切依靠群众,从群众中来,到群众中去。作为思维方式,要求基层干部形成民生优先、有事与群众商量的思维习惯。作为工作方法,要求基层干部了解群众、尊重群众、服务群众。当前农村基层干部在群众工作上存在问题,主要是方法简单、本领不强、不懂门道,习惯用老办法应付,结果是工作起来很辛苦,群众满意度却不高。

(7) **抓落实能力**。抓落实,是把工作目标落到实处的一个重要环节。一项工作有了计划和目标,就必然有检查和落实,工作的成效如何,最终要看是否抓好落实。习近平总书记指出:"基层是一切工作的落脚点。我们的各项政策措施落实了没有，落实得好不好，基层群众最有实际感受。落实得好、落实得快，群众就拥护；落实得不好、落实得慢，群众就会有反映。因此，抓落实的重心一定要放在基层一线，解决落实不到位问题的思路和办法也要到基层和群众中去寻找。"[5]工作抓好落实，应牢固树立正确的政绩观，发扬求真务实、真抓实干的作风，有知难而进、锲而不舍的精神。当前在推进乡村振兴实施的工程中，只表态不落实，热衷造势、浮在表面，以会议贯彻会议、以文件落实文件等形式主义现象仍然存在。

（二）农村基层干部能力提升瓶颈问题

总体上看，农村基层干部处于基层一线，直接服务基层群众，解决基层问题，其能力大多能够胜任基层工作，且取得一定的治理成效，但是要实现农村基层治理的现代化，上述存在的问题显然需要认真对待。然而在客观上，农村基层干部能力提升，面临着没时间、没动力和没基础等问题。

（1）**基层工作太忙，没时间**。农村基层工作的最大特点，就是"杂"和"忙"。2020年12月，习近平总书记在中央农村工作会议上的讲话中指出，基层反映突出的一个问题就是"表海""会海"泛滥，"打卡""考核"一大堆，"上面千把锤、下面一颗钉"。这些问题，经过专项治理之后，情况有所好转，如基层负担重、形式主义等问题得到了明显缓解，但要根治，还需要常抓不懈，尤其是基层文山会海依然比较严重，挂牌治村和空壳合作社等问题仍待解决。通常情况下，村支书每周都会开好几个会，有时甚至整天都在开会，村里的工作也十分繁杂，巩固脱贫攻坚成果、人居环境整治、收缴养老保险和医疗保险、基层党建、安全生产、矛盾纠纷调解、留守未成年人工作等，每一项都要贯彻落实、迎接检查。同一项工作，表格不断调整，要求不断变换，做不完的台账、报不完的数据、写不完的材料，基层干部疲惫不堪，要抽出时间系统学习，提升能力，难度非常之大。

（2）**职业期望太低，没动力**。农村基层干部缺乏提升能力的动力，其中一个重要原因就是职业天花板太低。大部分乡镇干部，如果不能往上级部门调动，可能到退休也不会得到提拔。即便提拔，多数干部也会在副科级职位上"改非"或退休。有的基层干部受到身份限制，提拔无望，干脆选择"躺平"。有的部门由于缺乏激励机制，干部干和不干一个样，干好干坏一个样，有能力的成了被鞭打的"快牛",没能力的反倒逍遥自在。长此以往,基层干部便失去了进步的动力。乡干部尚且如此,村干部提升能力的动力更小。在村干部眼里,他们自己并不是"正式干部",无论怎样努力,工作多么出色,都不能改变自己的身份和处境。因此,在他们看来,做好基层工作,凭已有的能力和经验就足够了。这些问题,都是制约基层干部能力提升的瓶颈。

(3) **知识储备太少,没基础**。农村基层工作岗位,尤其是边远山区,因其待遇低、工作累,通常不能吸引到高学历和高层次的人才。因此,在基层干部队伍中,低学历干部大有人在,尤其是在村里,村干部因为要对村情民情熟悉才能胜任,而常年外出务工的致富能手或在外读书的大学生,基本上没有这个优势,尤其是没有民意基础,难以通过选举走上工作岗位。因此,通常情况下,边远地区村干部学历层次都比较低,多数是高中或中专学历,有专科以上学历的村干部已属少数。由于学历低、知识储备少,尽管有能力提升的需求,却很难实现这一愿望。以乡村振兴工作为例,发展产业、保护生态、乡村治理等,无一不需要专业知识,难怪基层干部感慨"老办法不顶用、新办法会用、硬办法不敢用"。没有一定的基础,这些基层干部要提升能力,可谓耗时费力,谈何容易。

三、提升农村基层干部能力助推乡村振兴高质量发展的实践路径

(一)加强思想淬炼,提升农村基层干部政治能力

政治能力向来是衡量干部的第一能力。只有政治能力过硬,才能做到自觉在思想上政治上行动上同党中央保持高度一致。在乡村振兴战略实施过程中,农村基层干部既是国家方针政策的传播者,又是乡村振兴工作的实施者,因此,农村基层干部的政治能力强,才能保证乡村振兴工作推进的正确方向。所谓政治能力,主要体现为"政治三力"。2020年底,习近平总书记在中央政治局民主生活会上指出,我们要把党和人民的事业长长久久推进下去,"必须增强政治意识,善于从政治上看问题,善于把握政治大局,不断提高政治判断力、政治领悟力、政治执行力"。农村基层干部能否准确把握"政治三力"的

深刻内涵,并不断淬炼思想、提高政治能力,对于乡村振兴战略的推进,具有重大意义。

农村基层干部要提升政治能力,首先要准确把握并提高政治判断力。在推进"三农"工作的过程中,要从政治大局出发,有坚定的政治信仰,时刻保持清醒头脑,正确判断是非曲直,真正做到"不畏浮云遮望眼",有效化解基层各类风险和矛盾。其次要准确把握并提高政治领悟力。要深入学习贯彻好党中央精神,尤其要学深学透习近平总书记关于"三农"工作的重要论述,时刻与党中央保持高度一致,善于用政治思维去观察和处理各类现实问题。最后要准确把握并提高政治执行力。对党中央的决策部署,要学会与上级对标,及时贯彻落实,真抓实干,不搞变通、不打折扣。农村基层干部只有提升政治能力,才能做到对党忠诚、真抓实干、担当作为。

(二)突出实践锻炼,提升农村基层干部履职能力

农村基层工作实践性很强。加强实践锻炼,是农村基层干部提升工作能力的重要路径。毛泽东同志曾说:"如果要直接地认识某种或某些事物,便只有亲身参加于变革现实、变革某种或某些事物的实践的斗争中,才能触到那种或那些事物的现象。也只有在亲身参加变革现实的实践的斗争中,才能暴露那种或那些事物的本质而理解它们。"[6]这就是实践活动的重要意义。要了解乡村振兴的规律,就必然要亲身参加到推动乡村振兴的工作中去。习近平总书记强调:"刀要在石上磨,人要在事上练,不经风雨、不见世面是难以成大器的。"农村基层干部只有在深入到"三农"工作的具体事务中去,才能得到实践锻炼,提升自己的履职能力。

要在农村基层工作中很好地履职,需要的能力是多方面的,诸如政治能力、调查研究能力、科学决策能力、改革攻坚能力、应急处突能力、服务群众的能力、抓落实的能力等等,都具有很高的实践要求。推进乡村振兴工作,也要落实到产业振兴、人才振兴、文化振兴、生态振兴、组织振兴等具体活动中去。因此,农村基层干部只有在实践中锻炼,才能不断提高履职能力。在实践中锻炼,一是要在实践中砥砺前行。农村基层干部是否忠诚于党、忠诚于人民,是否不忘初心、牢记使命,只有在实践中才能得到检验;二是要在实践中磨练意志。农村基层干部只有"经历风雨",才能意志坚定,做到"咬定青山

不放松""乱云飞渡仍从容"。三是在实践中增长才干。在乡村振兴的伟大实践中,农村基层干部不仅要勇于探索,更要在实践中总结经验、增长才干。

(三)强化专业训练,提升农村基层干部创新能力

专业化的训练,不仅是农村基层干部高效履职的基本保证,更是其创新性开展工作以推动乡村振兴实现农业农村现代化的客观要求。就乡村振兴的内容来看,涉及农业农村工作的诸多方面,如农业发展、土地建设、乡村规划、生态环境、教育医疗、社会治理、乡风文明等等,其中的许多工作,都需要经过专业化训练才能胜任。就乡村干部的岗位性质来看,除了少数综合管理岗外,大多数岗位都需要干部有"一技之长",才能胜任专业特色鲜明的工作。就乡村基层干部的职业发展来看,能走上领导岗位的并不多,大多数乡村干部如果不寻求专业化发展道路,最终会因一无所长而有被淘汰的风险。

强化专业化训练,是为了使农村基层干部在推进乡村振兴工作的过程中,面对风险挑战时,有攻坚克难的能力和底气,有创新性解决问题的思路。2020年10月,习近平总书记在中央党校(国家行政学院)中青年干部培训班开班式上的重要讲话中明确指出:"改革攻坚要有正确方法,坚持创新思维,跟着问题走、奔着问题去,准确识变、科学应变、主动求变,在把握规律的基础上实现变革创新。"这就告诉我们,改革创新要有问题意识,要能把握规律,准确识变才能科学应变,这些都是经过专业化训练的人才能做到的。举例言之,乡村振兴要求产业兴旺、生态宜居、乡风文明、治理有效、生活富裕,对产业发展不精通的人,自然是不能攻坚克难的,不懂生态建设的人,是保护不好生态的。只有夯实专业基础,才能有更多的工作创新。

(四)完善体制机制,激发农村基层干部能力提升内生动力

尽管我们都认为,农村基层干部在能力素质方面,要高效推动乡村振兴战略的实施,还存在诸多短板,需要及时提升能力,以适应新时代农村基层干部的能力需求。但是,由于工作繁忙、职业天花板低、发展前景不乐观等原因,乡村干部个体很难认识到提升自身能力素质的重要性和紧迫性。正如脱贫攻坚期间,对贫困户需要"扶志"以激发其内生动力一样,农村基层干部要提升其能力素质,也要从自身意愿出发,激发其内生动力。干部的成长成才,既靠组

织培养，又靠个人努力。组织培养，为基层干部提供成才的环境和机会；个人努力，则是内因层面的问题。

激发农村基层干部能力提升的内生动力，需要不断完善相关体制机制。一是选人用人机制。关于选人用人，习近平总书记有很多重要论述，提出了"信念坚定、为民服务、勤政务实、敢于担当、清正廉洁"的好干部标准。2013年6月，习近平总书记在全国组织工作会议上的讲话中指出："好干部成长起来了，培养出来了，关键还是要用。不用，或者用不好，最终等于还是没有好干部。"让有能力的好干部得其所用，就能激发其发展的内生动力。二是考核评价机制。中共中央办公厅、国务院办公厅印发的《关于规范村级组织工作事务、机制牌子和证明事项的意见》中，对减轻基层负担，形成基层减负常态化机制提出了许多意见，我们应认真贯彻落实，给农村基层干部腾出时间，提升其能力素质。三是约束激励机制。对理想信念不坚定、能力本事不强的"躺平"型干部，要敢管、真管，有切实可行的约束机制，对符合标准的好干部，要给机会、给平台。唯有如此，农村基层干部才会见贤思齐，不断提升自身的能力素质。

（五）凝聚社会力量，形成促进农村基层干部能力提升合力

提升农村基层干部的能力素质，对于实施乡村振兴战略，实现农业农村的现代化，是大有裨益的。对于组织而言，有更多德才兼备，素质高、能力强的农村基层干部，是贯彻落实好党的方针政策的基本保障。乡村振兴战略的实施，需要这样的干部队伍。对于社会而言，基层干部都能做到信念坚定、为民服务、勤政务实、敢于担当、清正廉洁，群众的获得感和幸福感就会大幅提升，整个社会就充满正能量。对于家庭而言，农村基层干部能力素质的提升，有助于营造良好的家风，从而维系社会和谐。因此，我们应该凝聚社会力量，形成促进农村基层干部能力提升的合力。

凝聚合力，需要多方同时发力。在农村基层干部能力提升的影响因素中，使命担当、工作压力和社会资本都起到了一定的作用。由此，组织部门应持续开展好主题教育活动，不断通过初心使命教育和先进人物的榜样引领，使农村基层干部更加坚定理想信念，形成终极价值追求，为实现人生价值不断提升能力素质。同时，农村基层干部能力的提升，也有赖于基层群众和各类社会组织

的合作，如推广各种社会公益与服务志愿者服务项目，可以满足当前基层群众的需求，由此减轻农村基层干部的工作压力，促进其能力的提升。当然，我们也应给予农村基层干部足够的帮助和包容，以提振其信心，使之更好地服务农村、服务基层，以推动乡村振兴。

参考文献

［1］习近平. 论"三农"工作［M］. 北京：中央文献出版社，2022：18.

［2］王赛男. 基于治理现代化的基层干部治理能力评价与发展研究［D］. 济南：山东大学，2020：57-60.

［3］刘玉瑛. 提高七种能力，解决实际问题［M］. 北京：人民出版社，2020：1.

［4］张艳涛，滕玉成，朱鸿召. 基层领导干部如何有效提高"政治三力"［J］. 国家治理，2021（2）.

［5］习近平. 关键在于落实［J］. 求是，2011（6）.

［6］毛泽东. 毛泽东选集（第一卷）［M］. 北京：人民出版社，1991：287.

作者简介：曾美海，中共毕节市委党校文化与社会发展教研部副主任、副教授。

篇 章 二

中国式现代化的地方实践

青海以中国式现代化推进共同富裕的内涵、挑战与路径

杜青华

摘　要：现代化是人类文明发展与进步的必然趋势，以中国式现代化推进共同富裕，就是在中国共产党领导下，把马克思主义基本原理同中国的具体实际相结合，着力解决经济社会中不平衡不充分的发展问题，不断提高发展的平衡性、协调性、包容性，培育和发展橄榄型社会结构，构建更为完善的收入分配制度，通过让全体人民共享经济发展成果，扎实推进"以人民为中心"的共同富裕。

关键词：中国式现代化；共同富裕；橄榄型社会；青海省

党的二十大庄严宣布："从现在起，中国共产党的中心任务就是团结带领全国各族人民全面建成社会主义现代化强国、实现第二个百年奋斗目标。"这就意味着"以中国式现代化全面推进中华民族伟大复兴"是当前和今后一段时期我国经济社会发展的中心任务和总体奋斗目标。党的二十大报告从人口规模巨大、全体人民共同富裕、物质文明和精神文明相协调、人与自然和谐共生、走和平发展道路等五个方面系统阐明了中国式现代化的五个具体特点，其中共同富裕是实现中国式现代化的本质要求和重要特征。当前，青海和全国一道，正处于现代化建设的关键期，能否顺利越过中等收入阶段，进入高收入经济体行列，实现共同富裕，仍然面临诸多挑战。如何理解在中国式现代化大背景下推进共同富裕的内涵、挑战与路径间的辩证关系，对于最终实现共同富裕具有重要作用。

一、共同富裕是中国式现代化的本质要求

习近平总书记在党的二十大报告中明确强调："中国式现代化，是中国共产党领导的社会主义现代化，既有各国现代化的共同特征，更有基于自己国情的中国特色。"现代化是人类文明发展与进步的必然趋势。广义视角下的现代化被看作是一场发端自西欧地区，后期逐步拓展到北美、拉美、非洲、亚洲地区，至今仍在影响人类文明转型发展的过程。而狭义视角下的现代化特指一个经济体通过工业化发展逐步跻身全球经济社会发展前列的过程。从狭义的视角观察，一个经济体的现代化进程可以分为两个阶段，第一个阶段是摆脱农业社会进入工业社会，摆脱贫困陷阱进入现代增长。第二个阶段不仅是经济发展水平达到富裕国家水平，政治、法律、文化、教育、环境也要满足现代化的标准。中国共产党在第一个百年，领导中国人民完成了现代化建设的第一个阶段，带领中国这样一个人口规模庞大的国家，成功摆脱贫困陷阱，从农业社会进入工业社会，顺利实现了全面建成小康社会的奋斗目标。目前正处于现代化建设的第二个阶段，就是用社会主义制度来建设一个现代化强国，中国式现代化就是在中国共产党领导下用社会主义制度全面建成现代化强国，实现共同富裕，这也是中国的第二个百年奋斗目标。

以中国式现代化推进共同富裕的过程，就是从落后的农业国向现代化的工业国转型发展的过程，也是我们的综合国力从站起来、富起来到强起来的历史性飞跃，发展是贯穿其中的核心要义。以中国式现代化推进共同富裕，就是在中国共产党领导下，把马克思主义基本原理同中国的具体实际相结合，着力解决经济社会中不平衡不充分的发展问题，不断提高发展的平衡性、协调性、包容性，培育和发展橄榄型社会结构，构建更为完善的收入分配制度，通过让全体人民共享经济发展成果，扎实推进"以人民为中心"的共同富裕。

关于共同富裕，党中央基本确定了两个阶段性的目标。第一个阶段性目标是到2035年，全体人民共同富裕取得明显的实质性进展；第二个阶段性目标是到2050年，要基本实现全体人民共同富裕。从富裕程度来看，中央提出到2035年中国人均GDP要达到中等发达国家的水平。通常情况下，人均GDP排在全球前20—40位的国家被称作中等发达国家。根据世界银行2021年公布的

数据，中等发达国家 2020 年人均 GDP 的最高值为 4.8 万美元，最低值是 2.5 万美元。2021 年青海的人均 GDP 为 0.85 万美元，据此测算，未来 15 年每年人均 GDP 的增长率要达到 7.5% 左右，才能在 2035 年达到 2.5 万美元。未来 30 年每年人均 GDP 的名义增长率要达到 6% 左右，才能在 2050 年达到 4.8 万美元。以 2010—2021 年青海人均 GDP 平均增速为 8% 为参照，青海顺利实现这两个阶段的目标是有一定发展基础的。

二、青海以中国式现代化推进共同富裕面临的现实挑战

改革开放以来，在一代又一代中国共产党人的不懈努力下，青海的经济整体实力和经济发展质量都有了前所未有的提高，现代工业体系已初步完善，城镇化进程已步入相对平稳状态，全面建成小康社会已顺利实现，在推进共同富裕的道路上取得了显著成就，但也面临诸多需要亟待解决的现实挑战。

（一）城乡居民整体收入相对较低

一方面，青海城乡居民收入水平总体不高。2020 年，青海的城镇私营单位就业人员平均工资是 4.63 万元，仅为同期全国平均水平的 80%，民营企业队伍中的劳动者平均工资仍有较大提升空间。从人员报酬观察，实体经济与金融业员工工资差距持续高企。2019 年，全省金融业就业人员平均工资为 11.74 万元/年，而制造业就业人员的平均工资为 5.74 万元/年，后者只是前者的 49%，这种人员报酬的巨大差异长期得不到缓解，必然会导致实体经济难以吸引到优秀的人才。另一方面，青海省的劳动力工资增长速度与经济增长速度不完全匹配，特别是从事农牧业、传统制造业、纺织业等行业劳动者的工资性收入增长速度赶不上经济增长速度的情况长期存在。接下来，如何通过大力发展实体经济，同步持续提升城乡居民整体收入水平，确保城乡居民收入与经济发展统筹协调增长，是青海顺利推进共同富裕的重点所在。

（二）城乡居民整体收入差距较大

改革开放以来，青海经济保持了年均 10% 左右的高速增长，全社会财富总量和经济综合实力都有了显著提升，但收入分配差距较大的问题长期存在。根

据笔者测算，1988年青海的基尼系数为0.35（处于较为合理的水平），1995年基尼系数跃升至0.46的较高水平，2007年超过0.50达到阶段性高位，2007年以后青海的基尼系数有所回落，但仍处于0.45的较高水平，略低于0.46的全国平均水平。联合国开发计划署《2016年人类发展报告》测算，2010—2015年全球137个经济体基尼系数的平均值为0.393，青海和全国的基尼系数均明显高于这个平均值。这也意味着，20世纪80年代以来，青海居民收入差距长期保持在较高水平，如何在不破坏城乡居民创业创收热情的前提下，稳步提高低收入者收入，积极扩大中等收入者群体，有效缩小城乡居民收入差距，持续优化财富的合理分配，是青海顺利推进共同富裕的难点所在。

（三）城乡基本公共服务均等化水平亟待提升

从城乡基础教育领域来看，党的十八大以来，省内各市州、城乡之间的基础教育硬件设施方面的差距已明显缩小，但在师资力量、教学品质、教育理念等软实力方面的差距仍然较大。从城乡医疗卫生领域来看，医疗水平整体较高的三甲医院全部集中在省会西宁，城市居民享受的基本医疗服务水平整体上明显高于青南牧区和东部干旱山区农村居民，城市中的流动人口群体、城乡低收入群体能够享受的基本医疗服务也明显处于较低的水平。从城乡基本社会保障来看，青海的社会保障水平整体不高，城市与乡村间、牧区六州间的基本社会保障水平差异非常明显，尤其是除省会西宁以外的农村牧区，特别是青南牧区难以享受与西宁、海东等中心城市相同的基本社会保障服务，而且居民的社保与户籍相挂钩的问题虽然通过异地结算的方式得到了一定改善，但仍未得到彻底解决。随着人口老龄化问题越来越趋于显现，全社会的养老负担较10年前已有明显提高，全社会当前的养老需求与实际能够提供的养老机构和专业医护人员之间仍存在明显的供需缺口，专业且规范的养老配套设施和养老服务的短板效应仍未得到有效缓解。

（四）城乡生产要素市场仍存在制度壁垒

长期以来，青海农村牧区处于稳定状态的城乡二元结构在改革进程中始终未被彻底消除，城乡间土地、劳动力、资本等生产要素的市场配置问题也未能够从法律层面提供明确的界定和保障。第一，劳动力在城乡间的流动仍存在一些隐性壁垒。以西宁市为例，2019年全市常住人口城镇化率为72.11%，而户籍人口城镇化率为62.38%，二者相差近10个百分点，说明有20万左右的农民工及其随迁子女未能在城市稳定落户，这部分农民工很难充分享受城市提供的就业、子女教育、医疗等公共服务，为农村劳动力向城市自由流动造成了隐性壁垒。第二，农牧业新型经营主体带动辐射能力整体偏弱。青海省农业部门公布的行业数据显示，截至2020年底，青海省已培育40个省级农牧业产业化联合体，主要覆盖了牦牛、藏羊、青稞等特色产业。根据调查得知，受农牧区集体建设用地市场交易缺少专项法律保护，上述新型农业经济主体很难做大做强，相当一部分从事粮食、油菜、果蔬以及牛羊养殖的种养大户和农牧业联合体主要以生产初级农畜产品为主，产业链条短、产品附加值低、经营管理水平不高的问题较为普遍，部分合作社注册以后就没有实质性的运行，成为"休眠合作社"，农牧业龙头企业与基地农牧户间难以建立深度合作的机制，企业与农户之间利益联结机制也不完善。

三、青海以中国式现代化推进共同富裕的现实路径

面对当前青海以中国式现代化推进共同富裕过程中遇到的各种困难和挑战，仍需要以高质量发展为主线，通过提高发展的平衡性、协调性、包容性，构建更加完善的收入分配制度，构筑橄榄型收入分配结构，多维度推进共同富裕。

（一）提高发展的平衡性、协调性、包容性是促进共同富裕的核心要义

（1）提高发展的平衡性，统筹兼顾经济社会等各个方面的发展要求。在增强区域发展的平衡性方面，需要聚焦于有效缩小区域人均财政支出差异，重点加大对青南牧业区和东部农业区的财政支持力度。在增强城乡平衡方面，需要聚集于有效促进城乡基本公共服务均等化建设，特别是农村牧区在教育、医疗、养老三个领域的基本公共服务均等化建设。在增强行业发展平衡性方面，持续深化改革、优化营商环境，聚焦发展壮大以水光风等新能源、碳纤维、新型合金等新材料、高端制造以及现代服务业为代表的现代产业体系高质量发展，持续推进实体经济发展实现速度、结构、质量、效益相统一。

（2）提高发展协调性，使协调发展成为建设现代化的内生动力。以人均GDP为主要的衡量指标，推动金融、地产行业同工业、农业、交通物流、数字

信息等实体经济协调发展，构建大中小企业相互依存、相互促进的企业发展生态。统筹运用好初次分配、再分配和三次分配在推动高质量发展方面的重要作用，稳步提高低收入群体整体收入，持续扩大中等收入群体占比，合理合法调节高收入，使发展更具协调性和可持续性。

（3）提高发展包容性，把促进人的全面发展作为出发点和落脚点。多维度增进人民福祉，加强城乡居民较为关切的保障性住房、基本医疗、中小学及幼儿园教育、职业技术教育、社会养老等民生领域建设力度，关注进城务工人员的劳动者权益保障，兜牢社会基本民生底线，稳步推进共同富裕的社会共识。

（二）构筑橄榄型收入分配结构是促进共同富裕的重点所在

1. 推动形成橄榄型社会结构，需要"提低"

低收入群体是推进共同富裕的重点帮扶保障人群，需要有针对性地促进基本公共服务均等化，不断完善教育、医疗、养老、社会保障、社会救助等问题。教育方面，需要持续加大财政支持教育的力度，想方设法切实减轻困难家庭在教育、治病和住房等领域的经济压力，逐步提高低收入群体子女接受义务教育、职业教育以及高等教育的专项补助额度。医疗和养老方面，需要进一步完善低收入群体养老保障和社会救助体系，持续缩小城乡居民间的基本养老、医疗保险的整体差距。社会救助方面，需要统筹安排城乡社会救助体系，持续完善城乡低收入群体的住房供应和保障水平。

2. 推动形成橄榄型社会结构，需要"扩中"

推动共同富裕取得实质性进展，其重要指标就是有效扩大中等收入群体比重。需要针对这类中等收入群体精准施策，一方面需要稳步增加城乡居民住房、农牧区土地、金融资产等各类财产性收入，另一方面也要帮助更多低收入群体迈入中等收入行列，这就需要重点解决好以进城农民工、个体工商户为代表的来青务工人员及其子女的社会保障、教育、医疗等问题，确保来青务工人员及子女在教育、医疗等民生领域深度融入当地社会环境，在稳步提高收入的同时，一家老小均能在青安心生活。

3. 推动形成橄榄型社会结构，需要"限高"

在依法保护高收群体合法收入的同时，也要加强对高收入的规范性调节，防止财富过度两极分化。需要及早通过逐步完善个人所得税制度，依法依规清晰界定和管理资本性所得、财产性所得等政策调节全社会的财富分配比重。"限高"并不意味着不保护合法致富，只是反对垄断和资本的无序扩张，仍然需要坚持保护财产权和知识产权，调动高收入群体的积极性，保护他们合法致富，进而促进经济社会的健康发展。

（三）推动高质量发展是促进共同富裕的必然路径

1. 从产业选择的层面看

需要以产业"四地"建设为重点，深度融入国内大供应链、大产业链和大创新链，加大科技创新投入，引导资金、技术等各类生产要素向锂盐、钾肥、高原生态文旅、高原绿色生态农牧业以及锂电新能源、高分子新材料、高原生物医药等战略性新兴产业和优势新兴产业集聚，有效推动机械制造、金属冶炼、石油化工、特色轻纺等传统产业向绿色低碳、人工智能和数字化方向转型，逐步扩大特色优质产品贸易规模，高起点培育千亿级特色优势产业集群。

2. 从深化改革的层面看

需要持续深化户籍制度改革，建议在西宁、格尔木、海东市等重点城市试行经常居住地登记户口制度，及早打破长期以来城镇义务教育、医疗保障、社会养老等基本公共服务资源配置与户籍人口挂钩的旧弊端，探索建立公共服务资源配置按常住人口挂钩的新制度，最终形成基本公共服务对常住人口的全覆盖。

3. 从优化营商环境的层面看

需要青海对标北京、上海、广州、深圳等一线城市的营商环境，以"一网通办"为目标，深化"证照分离"改革，加快各部门业务办理系统与一体化政务服务平台对接，全方位提升政务服务的质量和效率，有效减轻企业的经营压力和负担，营造稳定且可预期的营商环境。

（四）构建更加完善的收入分配制度是促进共同富裕的基础性制度安排

1. 在初次分配领域

一方面，需要大幅增加居民收入占地区生产总值的份额，以起到有效扩大居民需求的实效，从根本上促进经济增长；另一方面，需要加快劳动力市场、资本市场和土地市场等生产要素市场的改革。劳动力市场改革的重点是尽快消除城乡和区域隐性分割的问题，资本市场改革的重点是尽快消除歧视民营资本的问题，土地市场改革的重点是尽快消除土地资源过度依赖行政化配置的问题。

2. 在二次分配领域

从省级层面来看，需要加强政府再分配的作用，在规避"养懒汉"现象发生的前提下，合理安排对城乡低收入群体和生活困难群体的财政帮扶力度，有效缓解相对贫困。同时，以城乡统筹的居民养老保险制度改革为突破口，深入推进医疗保险制度、最低生活保障制度、社会救助制度的城乡统筹发展，提升基本社会保障的统一性，促进社会保障体系由广覆盖向全覆盖转变。

3. 在三次分配领域

需要努力维护全社会资本所得和劳动所得二者间保持一种平衡状态，努力营造公平正义的社会环境。这就需要国家在税收、捐助、慈善、社会公益等方面开展一系列制度性的建设工作，在全社会范围内持续完善有利于慈善组织健康发展的体制机制，从制度设计层面确保通过三次分配有效促进社会的整体进步。

参考文献

[1] 贺雪峰. 共同富裕与三轮驱动的中国式现代化 [J]. 南京农业大学学报（社会科学版），2022，22（04）：1-7.

[2] 姚洋. 中国现代化道路及其世界意义 [J]. 国家现代化建设研究，2022，1（03）：17-31.

[3] 黄群慧. 新时代中国经济发展的历史性成就与规律性认识 [J]. 当代中国史研究，2022，29（05）：23-35，156-157.

[4] 蔡昉. 实现共同富裕必须努力扩大中等收入群体 [N]. 经济日报，2020-12-07（01）.

[5] 刘世锦，王子豪，姜淑佳，等. 实现中等收入群体倍增的潜力、时间与路径研究 [J]. 管理世界，2022，38（08）：54-66.

[6] 刘明月，汪三贵. 以乡村振兴促进共同富裕：破解难点与实现路径 [J]. 贵州社会科学，2022（01）：152-159.

作者简介：杜青华，青海省社会科学院经济研究所所长、研究员。

新发展理念引领"四化"同步现代化建设的市域实践

——来自江苏宿迁与贵州毕节的新探索

赵锦春

摘　要：加快实现区域共同富裕的现代化是江苏和贵州现代化建设的重点任务。以新发展理念为指导，加快宿迁和毕节"四化"同步建设已成为两省推进设区市跨越式发展的共同战略选择。自宿迁"四化"同步示范区成立以来，项目政策叠加支撑，建设任务平稳推进。创新驱动新型工业化势头强劲，信息化赋能数字红利持续释放，新型城镇化加速城乡等值化进程，农业农村现代化扎实推进，为推进区域共同富裕的现代化提供了"江苏经验"。应坚持效率公平兼顾的新发展范式，合理发挥政策导向和区际利益转移功能、激发创新驱动引领的后发展地区产业潜能、释放集成改革示范的制度红利重塑优势，重构乡村内生发展动力，加快构建区域共同富裕现代化发展的新格局。

关键词：江苏宿迁；贵州毕节；"四化"同步；设区市现代化；区域共同富裕

一、区域共同富裕是中国式现代化的题中应有之义

（一）区域共同富裕是中国式现代化的必然要求

1. 区域协调发展与现代化建设

共同富裕是中国式现代化的特征之一。区域经济发展根植于经济整体发

展,是经济运行的地域表现与空间支撑(李兰冰和刘秉镰,2020)。推进区域现代化发展是推进中国式现代化的手段,更是实现全体人民共同富裕的关键路径。党的十九大绘就了两阶段实现社会主义现代化的宏伟蓝图。党的二十大则对区域协调发展作出明确部署。区域经济是国家经济发展与区域要素禀赋的空间配置、组织及协调相互交织演化的结果。应通过深化改革开放,持续释放区域发展潜力、向区域协调发展要红利,以实现全体人民共同富裕为现代化建设目标,构建现代化区域协调的新发展格局。

2. 区域共同富裕现代化的目标内涵

中国特色社会主义区域协调发展的理论最早可溯源于"增长极"理论(刘秉镰等,2019)。20世纪80年代至20世纪末,不完全竞争市场、规模报酬递增、内生技术进步、"本地市场效应"以及人力资本外部性等新机制为如何发挥空间扩散效应,实现区域协同发展提供了新的微观基础(Krugman,1991)。部分地区率先发展之后,"扩散"机制能实现跨地区增长的多重均衡稳态,推进区域协调发展(黄玖立和李坤望,2006;许召元和李善同,2008)。21世纪以来,城市群、都市圈以及巨型区域等理论的发展细化了区域经济研究颗粒度(Glaeser,2007)。区际比较优势和利益转移成为区域协调发展的新机制被广泛关注(赵勇和魏后凯,2015;Redding和Hansberg,2017;孙楚仁,2019)。在高质量发展中推进共同富裕赋予区域现代化发展新内涵和新目标:一是共同富裕现代化水平提升。共同富裕的核心要义就是要将全面建成社会主义现代化国家与人民群众对美好生活的普遍需求统筹起来,全面提高社会经济发展水平,人民生活更加富裕(张耀军和张玮,2022)。二是提高共同富裕的区域整体性与创新性。将创新、协调、绿色、开放、共享融入区域协调发展之中,挖掘地区发展潜能,提升区域资源利用效率(陈健,2022)。三是开创区域包容性发展新格局。超越发展与平衡不可兼得定式,坚持"两个大局"战略构想,以"效率""公平"兼顾的新发展思维,构建区域共同富裕现代化发展新格局(李猛和杨海蛟,2022)。

(二)江苏贵州推进省域共同富裕的历程

1. 区域经济增长趋同

苏、贵分属东部沿海发达和西部后发展省份。虽经济总量和经济发展阶段存在差异，但推进区域共同富裕的步伐一致。2006年江苏着力实施"南北挂钩、联动发展"的区域发展政策，破解苏北发展滞后难题。贵州于2010年前后开展区域产业结构调整和区域协调发展。2011年以来，苏贵两省地级市GDP均值逐年增长。两省地级市之间GDP变异系数均"先升后降"。2016年至今，苏贵两省地级市GDP变异系数逐年下降。贵州地级市GDP变异系数在2022年之前均显著高于江苏。进入2022年以来，贵州地级市GDP变异系数下降至1.59，低于江苏的1.61（见图1）。

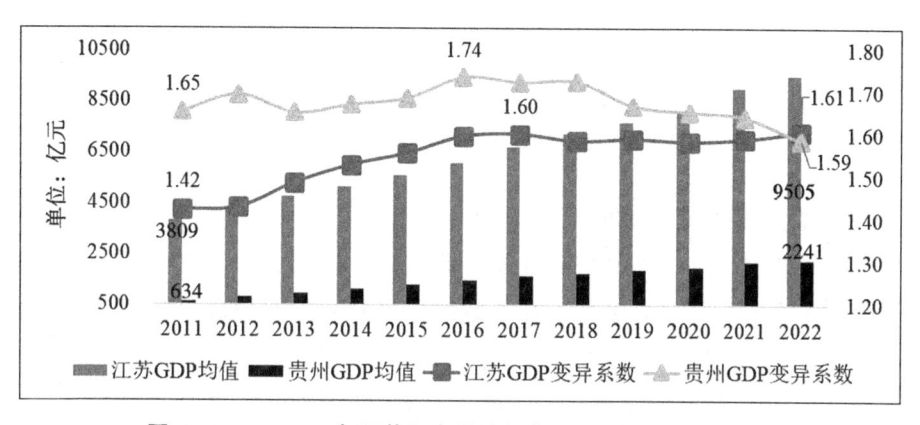

图1 2011—2022年江苏和贵州地级市GDP均值与变异系数

数据来源：各地级市GDP数据来自江苏和贵州统计年鉴，经作者计算后绘制。

苏贵两省地级市人均GDP均值也稳步上升。与人均GDP均值不同，贵州人均GDP地级市变异系数在多数年份中低于江苏。2011—2012年，贵州地级市人均GDP变异系数高于江苏，但江苏在2013—2019年，地级市人均GDP变异系数均高于贵州。2020年以来，贵州地级市人均GDP变异系数高于江苏，但2022年则下降至3.33，低于江苏的3.43，且同样呈现下降趋势。相反，同期江苏地级市人均GDP地区差异则进一步扩大（见图2）。

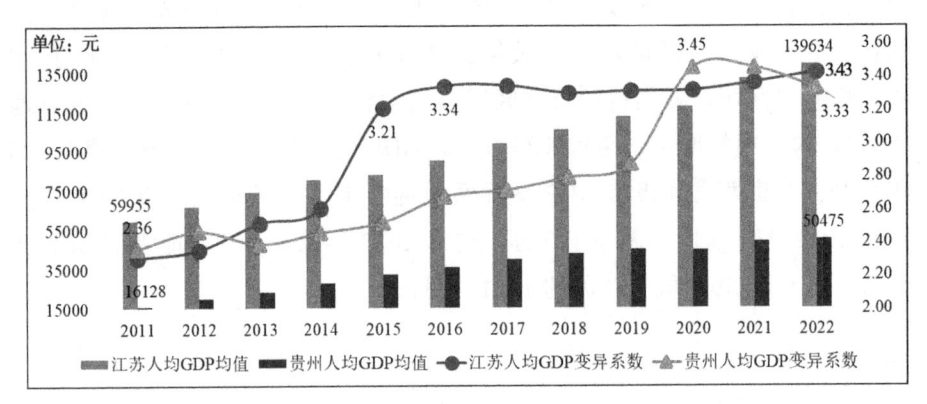

图 2 2011—2022 年江苏和贵州地级市人均 GDP 均值与变异系数

数据来源：各地级市 GDP 数据来自江苏和贵州统计年鉴，经作者计算后绘制。

2. 城乡居民收入差异

江苏城镇居民收入水平高且地区差距更小。图 3 为苏贵两省地级市城镇居民收入均值及其变异系数。江苏城镇居民收入绝对值高于贵州，但对比图 1 和图 2 可以发现，苏贵两省城镇居民收入差距明显低于两省市域 GDP 和人均 GDP 差距。江苏城镇居民人均收入绝对值高的同时，地级市间城乡居民收入差距则明显低于贵州。2011—2022 年，贵州各市城镇居民收入变异系数均值保持在 15 左右，明显高于江苏的 3.9（见图 3）。

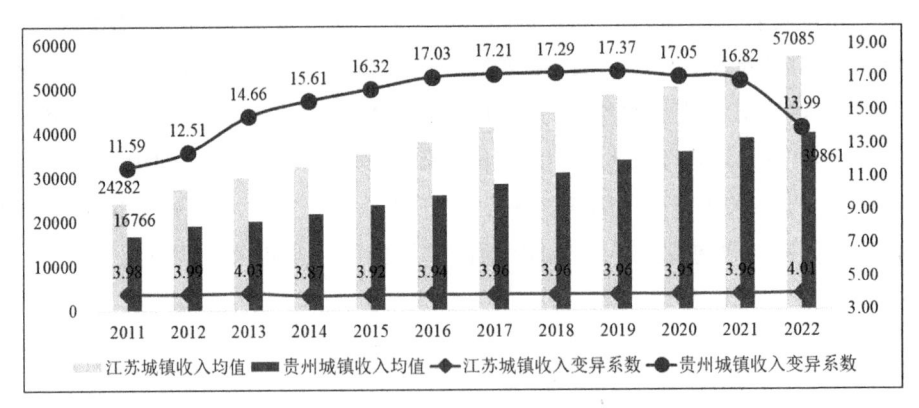

图 3 江苏和贵州城镇居民人均收入均值及其变异系数

数据来源：城镇居民人均收入来自江苏和贵州统计年鉴，经作者计算后绘制。

江苏农村居民收入水平高且地区差距小，贵州农村居民收入低且地区差异较大，但农村居民收入差距明显小于城镇。贵州地级市间农村居民人均可支配收入变异系数均高于江苏，但2022年出现下降。贵州地级市间农村居民收入差距低于城镇居民差距，而江苏则相反。就区域共同富裕而言，贵州农村居民收入水平趋同性相对城镇居民而言较强，但江苏地级市之间城镇居民的收入差距则明显低于农村居民（见图4）。

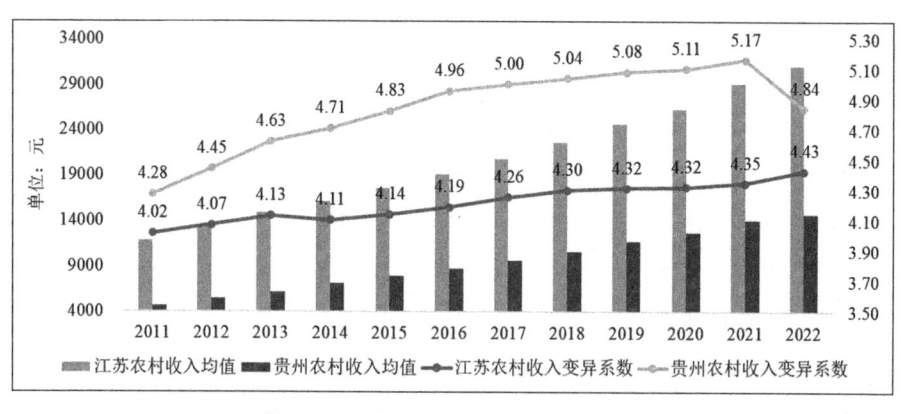

图4　江苏和贵州农村居民人均收入均值及其变异系数

数据来源：农村居民人均收入来自江苏和贵州统计年鉴，经作者计算后绘制。

二、苏贵市域"四化"同步战略的提出及其现实意义

（一）苏贵两省市域"四化"同步战略的提出

1. 宿迁与毕节发展现状比较

2021年，江苏出台支持宿迁"四化"同步集成改革推进现代化建设的指导意见，成为江苏首个"设区市现代化"专项举措。同年，贵州在毕节率先提出推动工业突破、城镇提升、农业发展、旅游提质的"四新""四化"战略。两省均举全省之力推进宿迁和毕节"四化"同步现代化发展。宿迁与毕节同为两省地级市中实现跨越式发展的典范。2014年，宿迁被列为国家级扶贫开发改革试验区。尽管宿迁人均GDP绝对值高于毕节，但宿迁经济发展水平在江苏省内依然处于相对较低水平，是苏北现代化的"相对洼地"。2022

年，宿迁 GDP 为 2740.7 亿元，仅占江苏全省的 3.33%，工业增加值仅占全省的 3.06%，人均 GDP 排名江苏倒数第二。尽管毕节户籍人口占省内比重和 GDP 总量占贵州比重均要高于宿迁占江苏全省的比重，经济社会快速发展。然而，人均 GDP 在贵州长期处于倒数第一。此外，毕节农业增加值占比相对宿迁较高且"二产"占 GDP 比重同样较低（见表1）。

表 1　宿迁与毕节现代化建设进程比较

年份	2011年		2016年		2021年	
指标	宿迁	毕节	宿迁	毕节	宿迁	毕节
户籍人口占全省比重	7.39%	20.10%	7.61%	20.59%	7.50%	20.59%
GDP 占全省比重	3.67%	12.94%	3.14%	12.55%	3.33%*	10.94%*
建成区面积占比	2.26%	—	2.63%	—	3.24%	1.44%
"一产"占 GDP 比重	15.88%	18.18%	11.11%	21.19%	9.49%	24.14%
"二产"占 GDP 比重	46.52%	46.38%	45.61%	38.00%	43.38%	27.09%
工业增加值占全省比	2.38%	13.86%	3.12%	12.48%	3.06%	8.46%
服务业增加值占全省比	2.36%	10.50%	2.76%	10.80%	2.93%	10.78%
人均 GDP 绝对值	27839	11295	50210	24544	74476	31736
人均 GDP 省内排序	13	9	13	9	12*	9*
城镇居民收入省内排序	13	3	13	4	13	4
农村居民收入省内排序	13	6	13	8	12*	8*
是否百强市	否	否	否	否	是	否
是否国家级扶贫试验区	是	是	是	是	已脱贫	已脱贫

注：表中带*数据为2022年数据。1988年6月，国务院批准建立毕节成立"开发扶贫、生态建设"试验区。2014年宿迁被列为国家级扶贫开发试验区。

2. "四化"同步推进设区市跨越式发展

习近平总书记指出："我国现代化同西方发达国家有很大不同。西方发达国家是一个'串联式'的发展过程，工业化、城镇化、农业现代化、信息化顺序发展。中国的现代化则必然是一个'并联式'的过程，要叠加发展工业化、信息化、城镇化、农业现代化，才能实现赶超。"（中共中央文献研究室，2017）"四化"同步是后发展地区实现现代化跨越的关键路径（洪银兴，

2022）。2018年7月18日，在毕节试验区建立30周年之际，习近平总书记赋予毕节试验区"确保按时打赢脱贫攻坚战、努力建设贯彻新发展理念示范区"的历史使命。在开启现代化建设的新阶段，贵州推进毕节新型工业化、新型城镇化、农业现代化和旅游产业化的"四新""四化"发展目标，在经济增速进位、发展质效提升、民生福祉增进方面取得明显成效。江苏则将实施区域共同富裕的现代化建设作为中国式现代化中"走在前"的关键一环，要求省内先发展地区支持后发展地区同步迈向现代化，通过重塑苏南和苏北共同需求与共同利益，以制度改革创新为手段，夯实区域共同富裕现代化的新优势。

（二）宿迁"四化"同步示范区建设的现实意义

1. 加快推进江苏全域现代化

选取时间跨度为2005年至2021年江苏53个县区市数据为样本。数据来自2006年至2022年《江苏省统计年鉴》。构建如下计量模型分析：

$$Y_t = \rho_0 + \rho_1 \cdot X_t + \rho_2 \cdot control_t + \varepsilon_t \tag{1}$$

其中，t表示年份。ρ_1和ρ_2为待估系数。Y_t为被解释变量，分别用江苏GDP、江苏人均GDP、江苏高新技术产值、江苏工业增加值、江苏城镇化率和农业现代化表示。X_t为解释变量，分别用宿迁制造业增加值、商品增加值、高新技术产业产值、劳动生产率、城镇化率以及农业现代化表示。$control_t$为控制变量集合，选取宿迁就业人数和全社会固定资产投资表示。ε_t为随机误差项。使用普通OLS回归获得估计系数。所有变量均取对数差分后回归，以估计系数ρ_i量化加速推进江苏"四化同步"示范区建设进程对全域现代化的影响。表2的回归结果分析如下：

第一，示范区新型工业化建设对江苏实现制造业转型升级的边际贡献较大。 宿迁"二产"占比和制造业增加值增速增加一个单位能够促进江苏GDP增速分别增加0.262和0.146个单位。以"二产"占比为代表的宿迁新型工业化加速推进，能带动江苏制造业增加值和高新技术产业产值增速分别提高0.246和0.275个单位。在宿迁工业整体实力较弱的条件下，加快壮大宿迁示范区新型工业化发展，有助于提升江苏制造业增加值，提高江苏高新技术产业产值，加快江苏新型工业化步伐。此外，宿迁新型工业化指标对江苏新型城镇化和农业现代化也存在显著的促进作用。说明宿迁示范区新型工业化发展有利于促进江苏率先达成省域现代化目标。

第二，示范区信息化建设对江苏实现全域现代化的边际贡献更高。信息化与工业化深度融合是信息化赋能的重要场景，提升全要素生产率和劳动力生产率则是信息化建设的现实目标。因此，将高新技术产业产值和劳动生产率的提升作为宿迁信息化赋能的代理指标。从结果看，宿迁高新技术产业产值和劳动生产率增速增加一个单位能够促进江苏 GDP 分别增加 0.251 和 0.513 个单位，其中劳动生产率增速提升对于江苏经济增长的促进作用最强。值得注意的是，宿迁劳动生产率提高对于江苏新型城镇化和农业现代化也有更强的促进作用。

第三，示范区新型城镇化建设有助于加速江苏农业现代化进程。宿迁新型城镇化对江苏全域现代化各项指标的影响均较为显著，但对于江苏农业现代化的边际贡献最强。事实上，这与宿迁较短的建市历史和农业增加值和涉农就业人员占比较高有关。新发展阶段，新型城镇化有助于提升城镇的资源承载能力，加速农村劳动力向城镇的转移。宿迁示范区新型城镇化建设关注城乡空间规划对产业的承载能力，为城市资本和产业"下乡"以及农村劳动力向城镇转移创造新空间，尤其对以规模化、集约化、信息化为代表的现代农业发展有更强的促进作用。

第四，示范区农业现代化建设对江苏实现现代化的边际贡献较低。宿迁农业现代化对全省经济增长、高新技术产业产值以及城镇化的贡献度明显低于新型工业化、信息化和新型城镇化。这可能与宿迁示范区现代农业发展水平较低有关。宿迁示范区农业现代化提升 1 个单位也能促进江苏整体农业现代化水平提升 0.019 个单位。由于后发展地区的城乡二元经济结构会造成现代农业发展水平滞后。因此，示范区还应坚持以改革创新为手段，加速释放现代农业助力全省农业现代化的积极效用。

表2 宿迁"四化同步"示范区建设对江苏现代化的边际贡献

被解释变量			江苏 GDP	江苏制造业增加值	江苏高新产业产值	江苏新型城镇化	江苏农业现代化
核心被解释变量	新型工业化	"二产"占比	0.262***	0.246***	0.275***	0.063**	0.404**
			(5.071)	(3.933)	(5.381)	(2.228)	(2.341)
		制造业增加值	0.146***	0.185***	0.140***	0.031***	0.053***
			(8.132)	(10.502)	(7.336)	(2.596)	(3.708)
	信息化赋能	高新技术产业产值	0.251***	0.276***	0.255***	0.067***	0.225***
			(9.391)	(8.664)	(9.564)	(3.689)	(3.898)
		劳动生产率	0.513***	0.617***	0.503***	0.129***	0.256***
			(8.654)	(9.845)	(8.158)	(3.287)	(2.998)
	新型城镇化	城镇化率	0.181***	0.197***	0.167***	0.132***	0.224*
			(4.456)	(4.195)	(3.971)	(8.915)	(1.678)
	农业现代化	农业机械动力	0.031***	0.040***	0.032***	0.013**	0.019***
			(3.026)	(3.496)	(3.130)	(2.559)	(4.589)
控制变量			有	有	有	有	有
观察值			64	64	64	64	64

注：括号内数值为 z 值。***、**、* 分别表示系数统计值在 1%、5%、10% 的水平上通过显著性检验。核心被解释变量为纵列宿迁"二产"增加值占 GDP 比重、制造业增加值、高新技术产业产值、劳动生产率、城镇化率和农业机械动力，被解释变量为横列江苏相关指标。控制变量为宿迁就业总人数和全社会固定资产投资。所有变量均取对数差分后回归，体现加速推进宿迁"四化同步"建设对江苏现代化的影响。农业现代化用单位播种面积农机总动力表示。劳动生产率用 GDP 与全部从业人员比重表示。数据时间跨度为 2005 年至 2021 年。所有变量对数一阶差分后均不存在单位根。单位根检验略。表中每个回归系数对应包含纵列核心被解释变量和横列被解释变量的回归，R2 均有不同，故未提供。

2. 加速促进江苏区域共同富裕

以苏北五市 GDP 和居民人均可支配收入作为解释变量，利用模型（1）式，以江苏和苏北共同富裕相关指标作为被解释变量，论证"四化"同步示范区选择宿迁对实现江苏区域共同富裕的积极作用。表3 的回归结果说明如下：

首先，加快宿迁经济增长步伐能更快缩小区域发展差距。 推动宿迁经济增长能够有效提升江苏整体 GDP 和苏北的 GDP 水平，也能有效缩小江苏区域发展差距。宿迁市 GDP 与江苏和苏北 GDP 之间均存在显著的正相关性，其对江苏和苏北 GDP 的促进作用绝对值明显高于苏北其他四市。同时，宿迁 GDP 与江苏区域经济发展差距之间存在更强的负相关性。促进宿迁示范区经济发展对降低江苏地级市间 GDP 和人均 GDP 变异系数以及苏北内部地级市间 GDP 变异系数均存在相较于其他四市更强的边际影响。

表3 苏北各市经济增长对缩小江苏经济差距的边际贡献

地区	江苏	苏北	江苏	苏北	江苏
指标 GDP	GDP	GDP	GDP 变异系数	GDP 变异系数	人均 GDP 变异系数
宿迁	0.277***	0.413***	-0.351***	-0.158***	-3.481***
	(9.543)	(6.480)	(-4.574)	(-3.449)	(-2.877)
徐州	0.209***	0.367***	0.024	0.041	-2.282
	(8.071)	(19.060)	(0.379)	(0.204)	(-1.405)
淮安	0.269***	0.406***	-0.086	-0.084	-0.860
	(7.813)	(12.968)	(-0.977)	(-1.246)	(-0.496)
盐城	0.249***	0.311***	-0.162**	-0.105*	-2.616*
	(12.763)	(20.658)	(-2.067)	(-1.771)	(-1.709)
连云港	0.228***	0.329***	-0.040	-0.097*	-2.189
	(9.428)	(14.828)	(-0.605)	(-1.899)	(-1.629)

注：括号内数值为 z 值。***、**、* 分别表示系数统计值在 1%、5%、10%的水平上通过显著性检验。核心被解释变量为纵列苏北五市 GDP，被解释变量为横列经济增长与区域经济差距指标，未引入其他控制变量。选择苏北五市及江苏全部县区市作为样本，数据年份从 2005 年至 2021 年，部分缺失数据来自《江苏省统计年鉴》及各市统计年鉴。所有变量均取对数差分后回归，体现苏北各市 GDP 增速对缩小江苏区域经济发展差距的影响。观察值及 R2 未提供。

其次，加速提升宿迁居民收入能助力江苏推进共同富裕。 居民收入持续增长、经济增长与居民增收同步、区域间居民收入差距较小是现代化共同富裕社会的重要标志。表4提供了苏北五市居民人均可支配收入对江苏和苏北地级市间城镇化率和城乡居民收入变异系数边际效应的计量分析结果。从中可以看出，宿迁居民人均可支配收入与江苏以及苏北区域内城镇化标准差之间存在显著的负相关关系。提升宿迁居民收入有助于加速缩小江苏地级市间的城乡居民收入和消费差距，这一结果明显超过苏北其他四市。由此可见，以苏北五市中相对发展滞后的宿迁作为江苏"四化"同步示范区有助于加快推进全省共同富裕。

表4　提升苏北居民人均收入对实现江苏共同富裕的边际贡献

地区 人均可支配收入	江苏 城镇化率 标准差	苏北 城镇化率 标准差	江苏城镇 恩格尔系数标准差	江苏城镇 居民收入变异系数	江苏农村 恩格尔系数标准差	江苏农村 居民收入变异系数
宿迁	-5.615***	-8.378***	-2.372***	-2.551***	-3.412***	-1.820***
	(-3.862)	(-6.795)	(-4.085)	(-3.815)	(-9.044)	(-2.680)
徐州	-4.616***	-5.638***	-1.472***	-2.020***	-5.119	-1.378*
	(-3.374)	(-3.943)	(-4.192)	(-2.892)	(-0.593)	(-1.945)
淮安	-5.450***	-6.102***	-1.987***	-2.238***	-2.433	-1.536**
	(-4.718)	(-4.388)	(-3.950)	(-3.354)	(-0.280)	(-2.259)
盐城	-5.457***	-2.417***	-2.312***	-2.431***	-1.004	-1.811***
	(-4.768)	(-2.679)	(-3.721)	(-4.209)	(-1.734)	(-2.861)
连云港	-5.286***	-7.555***	-1.747***	-1.971***	-2.131***	-1.338**
	(-4.737)	(-6.859)	(-3.600)	(-3.274)	(-7.821)	(-2.200)

注：同表3。

三、宿迁"四化"同步示范区的政策支持与建设成效

（一）政策支撑

1. 发挥政策叠加优势

自宿迁示范区成立以来，新增国家级试点15项、省级试点65项。在16项示范区建设重点监测指标中，14项指标增速超江苏均值、12项增速位居江苏前列，后发赶超态势明显。一是全面落实规划项目清单。由省级发改、工信、

交通、资规、人社等部门牵头，依托"南北挂钩""黄河故道生态富民廊道""综合立体交通网建设""乡村人才供给""数据资源回流示范"等省级平台载体，全面落实252项规划项目，确保所有任务全部达序。二是提高专项资金支持力度。全面提升宿迁示范区政策支持能级，扩大政策资金配套力度。新型工业化与信息化方面，省工信厅将18个主导产业和重点产业链项目列入省重大工业项目清单，落实示范区"智转数改"项目资金2500万元。累计投资超6000万元扩大5G新基建建设。新型城镇化方面，省自然资源厅将增减挂钩节余指标省域内流转规模向示范区倾斜，到账资金53.69亿元。农业现代化方面，省农业农村厅下达省级以上资金18.13亿元，高于全省平均水平。

2. 建设进程稳步提升

2022年，示范区建设年度目标完成率为99.2%，建设进程实现度为85.1%，分别比2021年提高5.5和0.1个百分点。其中，综合质效、新型工业化、信息化、新型城镇化、农业现代化版块年度目标完成率分别为98.5%、100%、98.5%和99.9%。"四化"建设进程实现度分别达到79.4%、91.2%、88.4%和84.0%。除新型城镇化建设年度目标完成率相比2021年略有下降之外，其他"三化"年度目标完成度和建设进程实现度均相比2021年显著提升。整体而言，在各项政策和资金支持下，宿迁示范区项目建设进程步伐加快，年度项目建设目标完成情况良好（见表5）。

表5 示范区建设年度目标完成率与进程实现度

指标	年度目标完成率（%）			进程实现度（%）		
	2022	2021	增幅	2022	2021	增幅
综合质效	100.0	99.9	0.1	88.2	85.2	3.0
新型工业化	98.5	98.1	0.4	79.4	71.3	8.1
信息化	100.0	100.0	0.0	91.2	89.4	1.8
新型城镇化	98.5	99.4	-0.9	88.4	84.8	3.6
农业现代化	99.9	99.1	0.8	84.0	76.3	7.7
合计	99.2	99.1	0.1	85.1	79.6	5.5

注：2022年末，依据示范区年度任务集成清单，由宿迁统计部门牵头，共收集示范区建设相关45项监测指标数据后制表。

（二）建设成效

1. 创新引领新型工业化发展

宿迁全力构建"6+3+X"制造业产业体系，获批"中国纺织产业基地市"、国家创新型城市建设试点。全市20条重点产业链实现创新联合体全覆盖。建立的产学研结合协同改革模式累计签约产学研合作项目29个、协议投资额14.2亿元，均居苏北五市首位。截至2022年末，示范区工业投资和规模以上工业增加值分别为1075亿元、1085亿元，增速分别为16.2%和8.5%。高新技术企业产值占比达38.1%，增长15.5%。战略性新兴产业产值占比37.2%，超进度完成0.5个百分点。百亿级产业项目累计达20个。

2. 信息化赋能经济社会智慧转型

加快京东云华东数据中心项目建设，软件与服务外包产业园获批省级大数据产业园，惠普国际创新港软件公共测试基地落地。实施"龙头带动、百企制造、千企上云、万企联网"四大工程，新增省级智能制造示范工厂6个。在全省率先推行首席数据官制度。健全政务数据共享运行机制，全市政务信息系统上云率98.9%，居江苏首位。2022年示范区信息化发展指数达98.0%，增长2.9%。数字经济核心产业增加值占GDP比重达8.0%，增长5.0%。数字农业农村发展水平为67%，农产品电商销售额193亿元，分别增长1.4%和12.1%。

3. 加速推进城乡等值化进程

推进230项中心城市重点工程，用足新型城镇化国家级试点县域空间组合流转政策并额外争取2364亩建设用地。利用全域生态产品价值实现机制试点创新生态产品价值实现"6G"体系。推动国家宅基地制度改革、省级农村改革试验区等7项省级以上试点。建立城乡人口有序流动、村集体经营性建设用地入市等六大城乡要素等值化政策在黄河故道生态廊道落地，以此为基础的277个项目已累计完成投资375.4亿元。2022年示范区常住人口城镇化率达64.05%，增长1.2个百分点。城镇工业集中区主营业务收入增速8.2%，市区GDP占比超38%，超过年度目标值，同比增速分别达到4.4%和2.6%。

4. 乡村振兴推进农业农村现代化

农业现代化方面，建成"三群四链"现代农业产业体系。花木种植、河蟹养殖面积、工厂化食用菌生产规模全国前三。农村现代化建设方面，首创"一委两站五岗""四单四图"等治理模式入选全国乡村治理典型案例。重新建立"市—县—乡—村"四级公立医疗卫生服务体系。2022年示范区农业产值601.4亿元，同比增长10.2%，农机总动力达647.8万千瓦，高标准农田占比超76%，农业科技进步贡献率为68.9%，同比增速为1.2%、9.6%和1.7%。建成美丽宜居乡村528个，19.8万农户乔迁新居。新建、在建公立医疗卫生机构8个、总投资达22.73亿元。城乡居民人均可支配收入分别达3.7万元和2.3万元，分别增长5.7%和7.5%，城乡收入倍数缩小至1.59∶1。

四、以新发展理念推进省域共同富裕现代化的对策建议

（一）打造效率公平兼顾的发展范式

1. 合理发挥政府政策导向功能

现代化区域共同富裕的关键路径有二：一是如何激发区域比较优势；二是如何缩小区域发展差距（盛来运等，2018；周毅仁，2020）。要以新发展理念指导引领全面深化改革，又要通过深化改革为完整、准确、全面贯彻新发展理念提供体制机制保障（习近平，2023）。江苏以"走在前"的高度自觉，开创区域共同富裕的新局面，宿迁"四化"同步示范区的新探索能为毕节试验区"四新""四化"同步建设提供经验借鉴。江苏支持宿迁"四化"同步建设政策多以激发宿迁自身发展潜能为目标，以宿迁已有优势产业为基础，以发展空间扩容、区域公共服务均等化为出发点，而不是直接干预后发展地区经济建设，正是率先打破发达省份内后发展地区面临缺少政策支持困局的创新探索，这一模式也可在贵州推广。首先，要坚持市场在资源配置中的决定性作用，基于后发展地区产业基础、资源禀赋和要素条件，围绕全产业链开展区域分工协作。推动后发展地区项目能级提升，扩大后发展地区政策扶持资金规模，提升后发展地区主导产业、重点产业链和龙头企业区域影响力。其次，明确政府职能和作为空间，依托平台载体建设，切实改善后发展地区发展条件。特别是要将各项扶持政策和配套资金要配合区域间对口帮扶政策协同实施，体现区域政策的目标导向倾向性和激励性。明确以提升区域公共服务均等化、平衡区域公共服务差距为首要目标的政府职能范围和帮扶重点。以提高交通流、信息流、

物流、人流等多方面的区域联通性为目标，实施基于区域竞争与合作前提下的区域发展环境整体提升规划。

2. 确立区际利益转移考核机制

区际利益转移是推动区域协调发展的重要模式。传统区际帮扶多基于对口支援方式开展，实现机制也以发达地区利用后发展地区的土地资源，转移本地落后产能为主。随着先发展地区快速发展，资源和环境压力逐步显现，环保、土地等限制类政策随之出台。限制类政策多以先发展地区为标准，进而导致后发展地区面临与先发展地区相同的政策限制约束强度，形成后发展地区发展机会、发展空间、发展条件的"制度不公"，加剧后发展地区发展权益的丧失。一是要打破"诸侯经济"的竞争性地方发展格局，制定更为符合区域实际的发展目标。转变传统唯 GDP 论，就地级市层面的低纬度单一考核，从省域主体功能区的更高维度，增加区际经济发展协同度、区际利益转移、区际共同富裕等方面考核。从制度层面规范基于主体功能区定位区域协调发展的政策"硬约束"。二是要建立区域共同富裕的立法机制。夯实更为有效的区域协调发展的长效推进机制。省级层面成立区域政策决策、执行机构，整合省级职能部门资源，专门负责区域发展政策的制定、相关规划、管理、执行与评价。

（二）激发创新驱动引领的产业潜能

1. 推进新型基础设施建设

后发展地区的"弯道超车"既要体现中国式现代化区域共同富裕的特色，更应符合全球经济体现代化转型的一般规律。宿迁示范区以新型工业化为引领，全面推进"四化"建设的案例充分说明，对于后发展地区而言，加快新型工业化和"两化"融合步伐，提升制造业规模、质效，坚持创新驱动高质量发展依然是首要任务（洪银兴，2022）。一是应大力发展新基建为代表的信息基础设施，缩小区域间信息化、数字化差距，突破后发展地区创新驱动力不足的瓶颈。以夯实新型工业化产业基础为重点，实施重点产业能级提升行动、龙头载体引领筑基行动、信息人才引培增智行动，加快形成后发展地区"大数据+"产业发展生态模式。二是加速推进信息化与工业化融合，引领后发展地区新型工业化加快发展，充分释放信息化赋能作用。重点发展与后发展地区产业发展匹配的工业互联网、农业互联网和农村电子商务相关数字产业，增强信息化对实体产业经济部门的赋能作用。将互联网、大数据与农业产业的生产、加工、销售等环节充分融合。运用互联网技术改造生产环节、提高生产水平，管控整个生产经营过程。强化对后发展地区农产品设计、生产、营销等全产业链的数字化改造，形成信息化赋能后发展地区现代农业发展的完备产业链体系。

2. 构建枢纽城镇经济高地

新型城镇化为产业发展提供空间，更离不开产业支撑。当前，数字技术正通过改变产业内分布式分工模式、贯通赋能产销全流程、融合数字与现实空间三大机制全面提升社会经济活动效率，开辟区域现代化的新增长源（江小娟和靳景，2022）。后发展地区完全有条件结合"智慧城市"等数字技术应用场景建设区域性经济枢纽，毕节可依托贵州国家大数据中心优势地位，加快打造省内大数据区域中心。一是加快建设基于后发展县域的区域性物流经济枢纽。推进第三方、第四方物流企业园区集聚，全面提升生产性服务业配套能力，打造一批辐射范围广、示范带动作用强的高端服务业实体平台。同时，鼓励传统物流业务向供应链上下游延伸，推动物流业由服务产业发展为主向生产组织为主转变。二是打造区域性商贸服务高地。依托商业网点布局现状基础，统筹布局，推动片区商业多元化、差异化、便利化发展。以提升居民生活品质为宗旨，构建优质便捷、运营高效、管理有序的一刻钟便民生活圈。三是加快集聚区服务功能提升。布局省、市级服务业集聚区向后发展地区倾斜。通过要素资源引进、平台建设、数智赋能，提高后发展地区城市"制造+服务"的产业协同创新能力，依托"城—镇"园区接递有序的产业生态，提升城市全产业链竞争力。

（三）释放集成改革示范的制度红利

1. 强化政策集成重塑发展优势

深化体制机制改革探索、改善后发展地区营商环境，塑造改革新优势。一是强化专项倾斜性土地供给。支持后发展地区"退二进三"、旧城区改造、城区老工业区搬迁、关停淘汰落后产能腾出的土地用于现代服务业发展。创新符合新产业、新业态特点的建设用地用途归类方式，优先支持后发展地区利用工业、仓储等用房用地兴办符合规划的现代服务业，探索实行年租制、"先租赁后出让"等弹性供地制度。对产业园区内的土地置换开发给予优惠，企业原有用地功能向服务功能转化，允许依照相关规定合理变更土地用途。二是推进行政审批制度改革。全面改善后发展地区营商环境，切实提高后发展地区招商引资吸引力、含金量。优化后发展地区项目创新生态、大力扶持科技孵化基地成长和高端人才入驻开展创新创业。深入推进创新创业载体创新。依托"双创"载体，外引内联，积极探索抱团创新、借力创新、"飞地创新"等开放式创新模式，培育打造众创、众包、众扶、众筹支撑平台。

2. 汇聚高端要素重构乡村动力

农业农村现代化既是改革创新最为集中的领域，也是后发展地区最薄弱、最值得关注的环节。要在劣势中育优势、变局中开新局，推动"跨区域城乡统筹"，重构乡村振兴的内生动力。应培育壮大新型农业经营主体，实现小农户与大市场对接（邱泽奇和乔天宇，2021）。鼓励支持专业大户、家庭农场、农民合作社、农业企业等新型农业经营主体加快发展，强化新型农业经营主体与小农户增收共富的利益联结。同时，提升城乡居民创新创业和职业技能水平，合理引导人才下乡。破除阻碍城乡资本要素双向流动的体制机制障碍。构筑以县域为中心、以乡镇为基地的乡村振兴综合服务体系。加快乡村数字化建设。通过基建和新基建构造乡村现代交通体系、生产体系、物流体系、网络体系、医疗体系和居住体系。同时，开展数字化新农人、农村电商、企业管理、农业物联网、农机装备应用、农机化操作等领域的专业技能培训，破除"数字鸿沟"，提升农村居民参与分享共同富裕现代化成果的内生动力。同时，因地制宜，明确生态资源和生产产品价值创造。细化生态地区利益平衡、农产品产销利益、污染防范以及人才利益补偿具体机制规则，强化"山水林田草"等生态产品价值实现路径，促进生态农业、生态环境资源资产协同发展。

参考文献

［1］GLAESER E. L. Do Regional Economies Need Regional Coordination？［J］. Social Science Electronic Publishing, 2007.

［2］KRUGMAN P. R. Increasing Return and Economic Geography［J］. Journal of Political Economy, 1990, 99（3）: 483-499.

［3］REDDING S., HANSBERG E. Quantitative Spatial Economics［J］. Annual review of Economics, 2017（9）: 21-58.

[4] 陈健. 新发展阶段共同富裕目标下区域协调发展研究 [J]. 云南民族大学学报 (哲学社会科学版), 2022 (4).

[5] 黄玖立, 李坤望. 出口开放、地区市场规模和经济增长 [J]. 经济研究, 2006 (6).

[6] 洪银兴. 论中国式现代化的经济学维度 [J]. 管理世界, 2022 (4).

[7] 洪银兴. 区域共同富裕和包容性发展 [J]. 经济学动态, 2022 (6).

[8] 江小娟, 靳景. 数字技术提升经济效率：服务分工、产业协同和数字孪生 [J]. 管理世界, 2022 (12).

[9] 李兰冰, 刘秉镰. "十四五"时期中国区域经济发展的重大问题展望 [J]. 管理世界, 2020 (5).

[10] 李猛, 杨海蛟. 以区域协调发展扎实推动共同富裕的政治学分析 [J]. 社会科学战线, 2022 (10).

[11] 刘秉镰, 朱俊丰, 周玉龙. 中国区域经济理论演进与未来展望 [J]. 管理世界, 2020 (2).

[12] 邱泽奇, 乔天宇. 电商技术变革与农户共同发展 [J]. 中国社会科学, 2021 (10).

[13] 盛来运, 郑鑫, 周平, 等. 我国经济发展南北差距扩大的原因分析 [J]. 管理世界, 2018 (9).

[14] 孙楚仁. 贸易自由化、生产再配置与国民福利：个体异质性的视角 [J]. 世界经济, 2019 (1).

[15] 许召元, 李善同. 区域间劳动力迁移对经济增长和地区差距的影响 [J]. 数量经济技术经济研究, 2008 (2).

[16] 习近平. 为实现党的二十大确定的目标任务而团结奋斗 [J]. 求是, 2023 (1).

[17] 张耀军, 张玮. 共同富裕与区域经济协调发展 [J]. 区域经济评论, 2022 (4).

[18] 赵勇, 魏后凯. 政府干预、城市群空间功能分工与地区差距——兼论中国区域政策的有效性 [J]. 管理世界, 2015 (8).

[19] 周毅仁. 加快构建更加有效的区域协调发展新机制 [J]. 国家信息中心, 2020.

[20] 中共中央文献研究室. 习近平关于社会主义经济建设论述摘编[M]. 北京：中央文献出版社，2017.

作者简介：赵锦春，江苏省社会科学院农村发展研究所副研究员，南京大学理论经济学博士后。

基金项目：2022年江苏省社科基金重大项目"江苏率先全面实施乡村振兴战略研究"，项目批准号：22ZDA004；2022年江苏省"333"高层次人才项目"城乡融合视角下流动劳动力的多维益贫式增长：理论机制与实现路径"。2022年江苏省社科基金一般项目"江苏实现共同富裕的战略目标、路径与进程研究"，项目批准号：22EYB018。

中国生态文明建设与中国式现代化的内在逻辑探析

张兴亮　邹冬斌

摘　要：中国生态文明建设与中国式现代化具有内在逻辑的一致性，中国式现代化是人与自然和谐共生的现代化。历史逻辑上，全面回顾生态因素在中国共产党探索中国发展道路中的独特作用，更好展现党推进中国式现代化的历史自觉与精神主动。理论逻辑上，树立人与自然和谐共生理念、实现可持续发展、建设美丽中国是中国式现代化的重要内容。实践逻辑上，坚持党的全面领导，坚持以习近平生态文明思想为指引，坚持人民至上理念，是中国式现代化视域下推进中国生态文明建设的实践要求。

关键词：生态文明建设；中国式现代化；人与自然和谐共生；内在逻辑

党的二十大报告将"以中国式现代化全面推进中华民族伟大复兴"作为当前中国共产党的中心任务，这既是重大的战略安排，也是鲜明的实践导向，充分彰显中国共产党在新征程上的历史主动精神。习近平总书记强调："中国式现代化是人与自然和谐共生的现代化。"这是区别中国式现代化与西方现代化的鲜明特色之一。深入探究中国式现代化视域下的生态文明建设，理顺中国生态文明建设与中国式现代化的内在逻辑关系，对于科学总结中国式现代化的探索历程、深刻把握中国式现代化的重要内容、明确推进中国生态文明建设的实践要求，都具有非常重要的理论价值和实践意义。

一、全面回顾生态因素在中国共产党探索中国发展道路中的独特作用

近代中国在鸦片战争以后逐步沦为半殖民地半封建社会,"国家蒙辱、人民蒙难、文明蒙尘,中华民族遭受了前所未有的劫难",中国由此开启向西方学习的一系列现代化探索,但均以失败告终,究其原因主要是中国对现代化道路的探索没有依据中国国情以及具体实际,在思想上是自发的,精神上是被动的。直至中国共产党的诞生,才开始逐步扭转这一被动局面。在新民主主义革命时期,中国共产党萌发了朴素的生态环境保护意识,有意识地提出了改良土地、保护林业等一系列主张。中国共产党在全国执政之后,在对现代化的追求中进一步深入认识生态环境问题,生态文明建设在曲折探索中取得了重要成就,在构建中国式现代化文明新形态的进程中发挥底线支撑作用。

(一)新民主主义革命时期中国共产党在生态文明建设的初步实践中探索中国发展的新道路

新民主主义革命时期,中国共产党的主要时代课题是争取民族独立和人民解放。随着人与自然之间相关问题的凸显,中国共产党在生态文明建设上相继提出一些思想主张,形成初步的生态文明建设理念,为探索中国发展的新道路做了初步的尝试。尤其是延安时期,自然资源相对匮乏,种植业发展艰难,加之国民党军事包围与经济封锁,革命根据地出现物资紧缺等困境。为保障抗战物资的供应,毛泽东同志号召全党"自己动手,克服困难",实行"集中领导、分散经营"的原则。这一时期,中国共产党非常重视土地改良、兴修水利、植树造林等,"教育农民群众以消灭害虫,防止水旱灾荒的初步科学知识",彰显了较为朴素的生态环境保护理念。

以森林保护为例,中国共产党比较早地萌发了爱护森林的生态意识。在中央苏区,乡、村苏维埃政权均设有山林委员会,要求"山虽分了,树木只准砍树枝,不准砍树身,要砍树身,须经政府批准",着重强调对森林的可持续利用。1930年10月,毛泽东在《兴国调查》的报告中指出,塅田之所以容易发生水旱灾,是因为"那一带的山都是走沙山,没有树木,山中沙子被水冲入河

中，河高于田，一年高过一年，河堤一决便成水患，久不下雨又成旱灾"。在这篇报告中，毛泽东指出，"走沙山是没有法子种树的"。1932年3月16日，《中华苏维埃共和国临时中央政府人民委员会对于植树运动的决议案》要求，各级政府向群众作植树运动的广大宣传；规定对于沿河两岸及大路两旁均遍种各种树木，对于适宜种植之荒山，尽可能地来种树木以发展森林，必须使广场空地都要种起树来；提出以后要注意培养树木种子，在每年春天来进行此种运动。这是党和政府关于植树造林事业的第一个专门决议。1934年1月，《第二次全国苏维埃代表大会关于苏维埃经济建设的决议》规定："各种必需品的种植（如棉花等），山林的保护，应该更有计划的开始。"

为使植树造林活动制度化，陕甘宁边区政府制定了许多条例、规则。1941年1月29日，陕甘宁边区政府一次性颁布了《陕甘宁边区森林保护条例》（10条）、《陕甘宁边区植树造林条例》（12条）、《陕甘宁边区砍伐树木暂行规则》（9条），规定了有关森林保护、砍伐、奖励的政策。如《陕甘宁边区森林保护条例》规定："凡属本边区境内之森林或树株，无论其为公、私所有均得享受本条例之保护。"其中，明确规定属保安林性质的森林或树株"任何人不得砍伐或危害之"，包括："1. 为预防风、沙、雹、霜、急雨等为害之森林或树株。2. 为防止雨水冲刷、农地崩陷、山洪冲淤、河岸塌塞等之森林或树株。3. 为保护交通路线、桥梁以及灌溉系统水渠等之森林或树株。4. 为直、间接保护牧畜、农垦及其他副业之森林。5. 为保持水土，调节气候，及有益公共卫生之森林。"1946年4月23日，陕甘宁边区第三届参议会通过了《陕甘宁边区宪法原则》，就植树造林、发展果木作出专门规定。

从这些法律条文中不难看出中国共产党对调节气候、水土保持、生态平衡的高度重视。正是这些严密的法律条文为保护陕甘宁边区的生态环境、改善边区军民生活条件乃至持久抗战提供了制度保证，也为中国共产党此后正确保护植被资源、科学开展环境保护工作提供了思想资源和实践经验。

总之，新民主主义革命时期中国共产党对生态文明建设的探索与实践，初步开启了独具中国特色的生态文明建设之路，探索了中国式发展的新领域和新道路。

（二）社会主义革命和建设时期中国共产党在生态文明建设的曲折探索中深化对中国现代化建设的认识

新中国成立初期，战争的阴霾还未全部散去，国家百废待兴、人民生活困难、社会生产能力相对薄弱。中国共产党顺应时代要求和回应人民呼声，有序恢复国民经济，领导人民大力开展"一化三改"，新中国的面貌很快焕然一新。以毛泽东同志为主要代表的中国共产党人把做好资源环境工作作为恢复和发展国民经济的重要条件，着力整治水患、加强水土保持、治理环境污染、号召"绿化祖国"等，召开第一次全国环境保护会议，确定"全面规划、合理布局、综合利用、化害为利、依靠群众、大家动手、保护环境、造福人民"的环境保护方针，将环境保护工作提上国家的议事日程，奠定了我国生态环境保护事业的基础。

在取得骄人成绩的同时，一部分党员干部和人民群众的头脑发热，出现忽视自然规律、片面强调个人主观意志的急躁冒进思想，甚至提出"人定胜天""改天换地"等口号，倡导积极与自然界作斗争，以达到征服大自然的目的。由此，出现砍伐树木以用作大炼钢铁的燃料，围湖造田、毁林开荒以增加粮食产量等违背自然规律、破坏生态环境的情况，严重影响国民经济的健康发展。

经过这次曲折探索，中国共产党总结经验教训，认识到生态环境保护的重要性，认识到中国现代化事业有其自身发展规律，现代化事业必须正确处理生态环境保护与经济发展的关系，推进中国式现代化必须在立足现有环境资源的基础上按规律办事，才能够事半功倍。

（三）改革开放和社会现代化建设新时期中国共产党的生态环境保护实践彰显了中国式现代化建设的自觉性

改革开放和社会主义现代化建设新时期，中国在各个领域都取得显著成就，经济发展迅猛，尤其中国的工业化与城市化快速推进。与此同时，"生态文明建设仍然是一个明显短板，资源环境约束趋紧、生态系统退化等问题越来越突出，特别是各类环境污染、生态破坏呈高发态势，成为国土之伤、民生之痛"。严峻的生态环境问题引起党和国家领导人的重视，于是国家出台了一系列政策和法律法规，平衡生态环境保护与经济发展之间的关系。

以邓小平为主要代表的中国共产党人立足我国社会主义初级阶段的基本国情,坚持以经济建设为中心和扎实做好人口资源环境工作相统一,把环境保护确定为基本国策,强调环境保护是国家经济管理工作的重要内容,强调有效利用和节约使用能源资源,主张依靠科技和法制保护生态环境,颁布了我国首部环境保护法,制定了系统的环境保护政策和管理制度,开启了我国生态环境保护事业法治化、制度化的进程。邓小平等领导人率先垂范,从植树造林做起。1983年3月12日,邓小平参加植树节活动时指出:"植树造林,绿化祖国,是建设社会主义,造福子孙后代的伟大事业,要坚持二十年,坚持一百年,坚持一千年,要一代一代永远干下去。"

以江泽民同志为主要代表的中国共产党人进一步认识到我国生态环境问题的紧迫性和重要性,强调"在现代化建设中,必须把实现可持续发展作为一个重大战略。要把控制人口、节约资源、保护环境放到重要位置,使人口增长与社会生产力的发展相适应,使经济建设与资源、环境相协调,实现良性循环"。强调环境保护工作是实现经济和社会可持续发展的基础,建立环境与发展综合决策机制,开展大规模环境污染治理,将生态环境保护纳入国民经济和社会发展计划,加强环境保护领域与国际社会的广泛交流和合作,开拓了具有中国特色的生态环境保护道路。

以胡锦涛同志为主要代表的中国共产党人高度重视资源和生态环境问题,形成了以人为本、全面协调可持续的科学发展观,首次提出生态文明理念,把建设生态文明作为全面建设小康社会奋斗目标的新要求,强调建设以资源环境承载力为基础、以自然规律为准则、以可持续发展为目标的资源节约型、环境友好型社会,着力推动整个社会走上生产发展、生活富裕、生态良好的文明发展道路,开辟了社会主义生态文明建设新局面。

(四)进入中国特色社会主义新时代以来中国共产党的生态文明建设实践全面增强了中国式现代化的道路自信、理论自信、制度自信、文化自信

党的十八大以来,以习近平同志为主要代表的中国共产党人,在几代中国共产党人不懈探索的基础上,全面加强生态文明建设,系统谋划生态文明体制改革,一体治理山水林田湖草沙,着力打赢污染防治攻坚战,决心之大、力度之大、成效之大前所未有。在这一历史进程中,中国共产党以新的视野、新的认识、新的理念，系统回答了为什么建设生态文明、建设什么样的生态文明、怎样建设生态文明等重大理论和实践问题，赋予生态文明建设理论新的时代内涵，形成了习近平生态文明思想，把中国共产党对生态文明的认识提升到一个新高度，开创了生态文明建设新境界，走向了社会主义生态文明新时代。习近平生态文明思想是百年来中国共产党在生态文明建设方面奋斗成就和历史经验的集中体现，是社会主义生态文明建设理论创新成果和实践创新成果的集大成。

以习近平同志为主要代表的中国共产党人统筹推进经济建设、政治建设、文化建设、社会建设、生态文明建设"五位一体"总体布局，把建设美丽中国摆在强国建设、民族复兴的突出位置，把生态文明建设作为关系中华民族永续发展的根本大计，美丽中国建设迈出重大步伐。从解决突出生态环境问题入手，注重点面结合、标本兼治，实现由重点整治到系统治理的重大转变；坚持转变观念、压实责任，不断增强全党全国推进生态文明建设的自觉性主动性，实现由被动应对到主动作为的重大转变；紧跟时代、放眼世界，承担大国责任、展现大国担当，实现由全球环境治理参与者到引领者的重大转变；不断深化对生态文明建设规律的认识，形成习近平生态文明思想，实现由实践探索到科学理论指导的重大转变。经过顽强努力，我国天更蓝、地更绿、水更清，万里河山更加多姿多彩。新时代生态文明建设的成就举世瞩目，成为新时代党和国家事业取得历史性成就、发生历史性变革的显著标志。

回顾百年来，中国共产党带领人民进行生态文明建设的生动实践，推动中国的现代化事业深入发展。特别是党的十八大以来，中国的生态文明建设顺应时代要求、尊重自然规律、取得一系列丰硕成果，更加坚定中国继续保护生态环境、推进生态文明建设的决心与信心。中国现代化事业在具有中国特色的生态文明建设理念指导下取得的重大成就，充分彰显了中国现代化事业的生态底蕴和勃勃生机，我们更加有理由坚定沿着中国式现代化的道路走下去，进一步增强对中国式现代化的道路自信、理论自信、制度自信、文化自信。

二、生态文明建设是中国式现代化的重要内容

党的二十大报告对中国式现代化进行详细阐释，阐明中国式现代化不仅是

人口规模巨大、全体人民共同富裕、物质文明和精神文明相协调、走和平发展道路的现代化，也是人与自然和谐共生的现代化。生态文明建设在保护自然环境、促进可持续发展上发挥重要作用，特别是党的十八大以来，中国共产党把生态文明建设作为推进人与自然和谐共生现代化的主要抓手和中国式现代化的重要一环，这是理论与实践的双重选择。对此，习近平总书记深刻地指出："在'五位一体'总体布局中，生态文明建设是其中一位；在新时代坚持和发展中国特色社会主义的基本方略中，坚持人与自然和谐共生是其中一条；在新发展理念中，绿色是其中一项；在三大攻坚战中，污染防治是其中一战；在到本世纪中叶建成社会主义现代化强国目标中，美丽中国是其中一个。这充分体现了我们对生态文明建设重要性的认识，明确了生态文明建设在党和国家事业发展全局中的重要地位。"坚持生态可持续发展、建设美丽中国，从而实现人与自然和谐共生的战略目标，这既是生态文明建设的重要工作，也是中国式现代化的题中应有之义。

（一）人与自然和谐共生是中国式现代化的题中应有之义

党的二十大报告指出："人与自然是生命共同体，无止境地向自然索取甚至破坏自然必然会遭到大自然的报复。"生态环境没有替代品，用之不觉，失之难存。"天地与我并生，而万物与我为一。""天不言而四时行，地不语而百物生。"当人类合理利用、友好保护自然时，自然的回报常常是慷慨的；当人类无序开发、粗暴掠夺自然时，自然的惩罚必然是无情的。追求人与自然的和谐共生，既是遵循自然规律的体现，也是中华民族一贯的美好愿望，具有浓郁的中国特色。

寻其源溯其流，中国传统文化中蕴藏着众多关于人与自然关系的生态智慧，强调以"和合"为目标，以天、地、人作为一个统一的和谐整体来考虑，并将此思维方式用于社会各个方面，形成了人与自然、人与社会之间的"无限责任伦理"。《易经》中说："观乎天文，以察时变；观乎人文，以化成天下"，"财成天地之道，辅相天地之宜"。《老子》中说："人法地，地法天，天法道，道法自然。"《论语·述而》有言："子钓而不纲，弋不射宿。"《孟子·梁惠王上》中说："不违农时，谷不可胜食也；数罟不入洿池，鱼鳖不可胜食也；斧斤以时入山林，材木不可胜用也。"《荀子·王制》中说："草木荣华滋硕之时，则斧斤不入山林，不夭其生，不绝其长也。"《吕氏春秋》中说："竭泽而渔，岂不获得？而明年无鱼；焚薮而田，岂不获得？而明年无兽。"《齐民要术》中有"顺天时，量地利，则用力少而成功多"的记述。

可见，孔子、孟子、荀子等先哲都强调要顺应自然规律，正是因为他们正确认识到人与自然的关系，选择合适的时机作用于自然，才能够做到人与自然的和谐共生。古代先贤的至理警言今天读来仍有极大的启发意义。对此，习近平总书记指出："这些观念都强调要把天地人统一起来、把自然生态同人类文明联系起来，按照大自然规律活动，取之有时，用之有度，表达了我们的先人对处理人与自然关系的重要认识。"

与西方文化宣扬征服自然不同的是，中国自古以来就强调人要顺应自然、敬畏自然，追求"天人合一"的至高境界。"天人合一"理念影响中国几千年，中国传统的思想观念中多是顺应自然，追求人与自然的和谐相生的思想元素。"天人合一"的理念不仅对中国古代处理人与自然关系具有指导作用，对解决当下全球性生态困境同样具有重要的思想启迪。正是秉承独具中国生态智慧的理念，中国共产党开拓出与西方现代化迥异的中国现代化事业。中国共产党继承发展中华优秀传统文化的生态智慧，并将马克思主义生态观与中国具体实际相结合，提出具有中国特色的生态文明建设理念，扎实推进人与自然和谐共生的中国式现代化。

（二）实现生态可持续发展是中国式现代化的价值追求

可持续发展是"不断提高人群生活质量和环境承载能力的、满足当代人需求又不损害子孙后代满足其需求能力的、满足一个地区或一个国家需求又未损害别的地区或国家人群满足其需求能力的发展"。党的二十大报告中强调："我们坚持可持续发展，坚持节约优先、保护优先、自然恢复为主的方针，像保护眼睛一样保护自然和生态环境，坚定不移走生产发展、生活富裕、生态良好的文明发展道路，实现中华民族永续发展。"中国有着巨大的人口规模，生态环境基础薄弱，存在人均资源不足的问题，实现可持续发展是中国基于现实情况与长远发展的战略抉择，是持续推进中国式现代化的价值追求。中国的现代化事业，是一项艰巨而复杂的战略任务，需要统筹协调好生态与经济、政治、文化、社会等方方面面的发展，需要在资源承载能力的范围内处理好生态环境保护与现代化发展之间的关系。

中国共产党长期致力于推动中国的可持续发展。早在新民主主义革命时期，中国共产党就已经出台关于植树造林等一系列政策法规保护生态环境。改革开放和社会主义现代化建设新时期，党中央将可持续发展作为一项重大战略任务来抓。八届全国人大四次会议将可持续发展作为国家发展战略确定下来，将可持续发展提到一个全新的高度。党的十六大后，党中央依据现实发展的迫切需要，提出全面协调可持续的科学发展观，有力推动中国的可持续性发展。进入中国特色社会主义新时代，党的十九大报告中提出新时代的可持续发展战略，为全面推进中国式现代化提供大政方针的保障。

可持续发展主要包括社会可持续发展、生态可持续发展、经济可持续发展，生态可持续发展是可持续发展体系的基础，是其他方面可持续发展的前提。中国的现代化事业之所以能够取得今天的成就，其中的一个重要因素就是中国始终秉持可持续发展理念，中国的现代化事业发展具有一个相对稳定的生态环境。因此，实现生态可持续发展既是中国式现代化的价值追求，更是造福人民与子孙后代的正确价值选择。

（三）建设美丽中国的宏伟蓝图绘就中国式现代化的生态底色

建设美丽中国，是马克思主义创始人关于美好社会建设理论在中国的成功实践，为中国的现代化事业提供良好的生态环境。以习近平同志为核心的党中央全面加强生态文明建设，系统谋划生态文明体制改革，一体治理山水林田湖草沙，开展了一系列根本性、开创性、长远性工作，决心之大、力度之大、成效之大前所未有。党的第三个历史决议指出："党的十八大以来，党中央以前所未有的力度抓生态文明建设，全党全国推动绿色发展的自觉性与主动性显著增强，美丽中国建设迈出重大步伐，我国生态环境保护发生历史性、转折性、全局性变化。"

在革命、建设和改革实践中，中国共产党不断推进植树造林、水土保持、美化环境、污染防治等工作，为人民创造美好的生活环境，为中国的现代化事业绘就生态底色。人民对美丽中国建设的要求，随着时代的变化不断提高，人民由过去的"盼温饱""求生存"逐渐演变成现在的"盼环保""求生态"，热切期盼生活在更加优美的生态环境之中。中国共产党以民心为施政导向，积极解决现代化进程中存在的生态环境问题，加快推进美丽中国的建设。党的十八大以来，习近平总书记先后就甘肃祁连山生态破坏、陕西秦岭北麓违建别墅、青海木里矿区非法开采等典型案例作出指示批示，有关地方和部门严肃查处和追责了一批失职渎职的人员。正是在以习近平同志为核心的党中央坚强领导下，蓝天白云重新展现，绿色版图不断扩展，绿色经济加快发展，能耗物耗不断降低，浓烟重霾有效抑制，黑臭水体明显减少，城乡环境更加宜居，美丽中国建设迈出坚实步伐，绿水青山就是金山银山的理念成为全党全社会的共识和行动。

坚持不懈地持续推进美丽中国建设，焕发中国式现代化的生态魅力，是不断满足中国人民追求美好生活的迫切需要，也是中国式现代化内在要求，是建设社会主义现代化强国的战略安排。深入探索美丽中国建设与中国式现代化各项事业的内在关系，对于有序高效推进社会主义现代化强国建设具有重要的现实意义与时代价值。

三、中国式现代化视域下推进生态文明建设的实践要求

实现人与自然和谐共生的中国式现代化，既是全体中国人民的热切期盼，也是中国共产党为之奋斗的重要目标。加快推进中国式现代化视域下的生态文明建设，需要整合各方力量、多措并举，必须始终坚持党的全面领导，坚持以习近平生态文明思想为指引，坚持人民至上理念，从而更好地为推进中国式现代化提供坚实的生态基础。

（一）根本保证：坚持中国共产党的全面领导

中国的生态文明建设涉及面广、情况复杂多变。我国环境容量有限，生态系统脆弱，污染重、损失大、风险高的生态环境状况还没有根本扭转。"我国生态环境承载能力已经达到或接近上限，独特的地理环境也加剧了地区间的不平衡。""胡焕庸线"东南方43%的国土，居住着全国94%左右的人口，以平原、水网、低山丘陵和喀斯特地貌为主，生态环境压力巨大；该线西北方57%的国土，供养全国大约6%的人口，以草原、戈壁沙漠、绿洲和雪域高原为主，生态系统非常脆弱。

总之，中国生态文明建设任务异常艰巨，需要具有强大凝聚力和领导力的中国共产党来总揽全局，协调生态文明建设中的各种关系，从而汇聚起推进中国生态文明建设的强大合力。回顾中国生态文明建设的发展历程，同样可以证明，生态文明建设的显著成就离不开中国共产党常抓不懈、持续发力，离不开中国共产党的全面领导。这是推进中国生态文明建设的根本保证。党的十八大以来，党中央加强党对生态文明建设的全面领导，把生态文明建设摆在全局工作中更加突出的位置，作出一系列重大战略部署。

坚持和加强党对生态文明建设战略规划的领导。中国共产党历来重视生态文明建设，将其放在党和国家工作全局的重要位置，制定众多科学利民的生态文明建设顶层设计，合理安排生态文明建设的战略目标规划、空间布局规划、专项规划等。中国共产党代表中国最广大人民的根本利益，在顶层设计中既体现生态文明建设成功经验的总结，又体现科学的环境治理理念、卓越的执政绩效导向。在新时代推进生态文明建设，必须坚持和加强党对生态文明建设顶层设计的领导，有序推进中国生态文明建设发展步伐。

坚持和加强党对生态文明建设体制改革的领导。中国的生态文明建设不断取得重大成就，其中一个重要因素就是其体制机制在不断发展完善，符合自然规律与时代要求。进入中国特色社会主义新时代以来，党愈加重视对生态文明体制机制的改革与完善。中国首创了自然资源资产产权制度、国土空间开发保护制度、生态文明建设目标评价考核制度和责任追究制度、生态补偿制度、河湖长制、林长制、环境保护"党政同责"和"一岗双责"等一系列极富中国特色的制度，并已有效发挥作用，有力推进了中国生态文明建设的发展。

坚持和加强党对生态文明建设立法工作的领导。习近平总书记十分重视生态文明建设的立法工作，强调"推动绿色发展，建设生态文明，重在建章立制，用最严格的制度、最严密的法治保护生态环境"。党的十八大以来，中国出台一系列生态文明建设相关的法律法规，赋予生态文明建设更高的法律地位，完善污染防治、环境保护、生态发展等各方面的法律体系，织起最严密的生态文明建设网。法治必须遍布生态文明建设各个领域，明确生态环境保护的底线与目标，以法律的强制力为生态文明建设保驾护航。

（二）行动指南：坚持以习近平生态文明思想为指引

党的十八大以来，以习近平同志为核心的党中央总结生态文明建设的历史经验，将马克思主义生态观、中华优秀传统文化中的生态智慧与中国生态文明建设的具体实际相结合，形成具有鲜明时代特征的习近平生态文明思想。这一思想体系内涵丰富、论述深刻、逻辑严密、体系完备，科学论述人类与自然、生态与文明、环境与经济等一系列重大关系，创造性地提出众多生态文明建设新观点、新论断、新战略，为新时代全面推进生态文明建设、实现人与自然的和谐共生提供了科学的理论指导。

牢固树立"人与自然是生命共同体"的理念。习近平总书记指出："人与自然是生命共同体，人类必须尊重自然、顺应自然、保护自然。人类只有遵循自然规律才能有效防止在开发利用自然上走弯路，人类对大自然的伤害最终会伤及人类自身，这是无法抗拒的规律。""万物各得其和以生，各得其养以成。"大自然是包括人在内一切生物的摇篮，是人类赖以生存发展的基本条件。大自然孕育抚养了人类，人类应该以自然为根。人是自然界发展的产物，人是直接的自然物。人"自身的自然"和它"外在的自然"一起构成了完整的自然界。对此，马克思一语中的："自然界，就它自身不是人的身体而言，是人的无机的身体。人靠自然界生活。这就是说，自然界是人为了不致死亡而必须与之处于持续不断的交互作用过程的、人的身体。所谓人的肉体生活和精神生活同自然界相联系，不外是说自然界同自身相联系，因为人是自然界的一部分。"如果人类不尊重自然，破坏生态规律，那么只会打破人与自然的这个共同体，进而危害人类的生存与发展。因此，必须时刻牢记"人与自然是生命共同体"的理念，用实际行动去保护生态环境，促进人与自然这一共同体的和谐健康发展。

时刻谨记"生态兴则文明兴，生态衰则文明衰"的警示。习近平总书记指出："工业化进程创造了前所未有的物质财富，也产生了难以弥补的生态创伤。杀鸡取卵、竭泽而渔的发展方式走到了尽头，顺应自然、保护生态的绿色发展昭示着未来。"生态环境与人类文明是密不可分的，只有良好的生态环境才能为人类文明的持续发展提供依托和保障。纵观世界人类文明发展史，可以清晰看到：文明的发源地多是环境良好、土壤肥沃、气候适宜的地区，生态环境的衰退会间接或直接导致文明的消亡。要用长远的战略眼光看待生态的历史作用，牢记历史上因生态破坏而造成文明消亡的历史教训，提高对生态环境保护的历史警觉。

深刻理解"绿水青山就是金山银山"的发展理念。习近平总书记指出："我们既要绿水青山，也要金山银山。宁要绿水青山，不要金山银山，而且绿水青山就是金山银山。我们绝不能以牺牲生态环境为代价换取经济的一时发展。"这一重要论述深刻阐明了经济发展与生态环境保护的辩证关系，揭示了保护生态环境就是保护生产力、改善生态环境就是发展生产力的道理。践行"两山"理念需要坚持三项基本原则：一是坚定不移地保护绿水青山，二是着力推动绿水青山转化为金山银山，三是积极探索金山银山反哺绿水青山。在实践中全面准确理解"两山"理念的科学内涵，并用其指导经济发展、环境保护，具有重大时代价值与现实意义。贯彻执行"绿水青山就是金山银山"这一发展理念，不仅有利于破除以牺牲自然环境为代价获取经济发展的错误发展观念，促进经济的高质量发展，解决资源约束趋紧、环境污染严重、生态退化等问题，而且为经济的长远发展指明了前进方向，有利于实现生态文明建设与经济发展的双赢。

（三）立场根基：坚持人民至上理念

中国的生态文明建设实践彰显人民至上理念。"生态环境是影响人民幸福感、获得感、安全感乃至社会政治稳定的较为重要的因素之一。"改善生态环境，推进中国生态文明建设再上台阶，必须始终坚持人民至上理念，充分发挥人民的主体性作用。人民是生态文明建设的受益者与参与者，要多举措地调动广大人民的积极性，使其自觉参与到生态文明建设的各项工作中来。中国有着巨大的人口规模，科学有效地发挥好这一群体的作用，将会为生态文明建设提供强大的推力，从而更加有力有序推进中国生态文明建设的步伐。

及时回应人民对"美丽中国"的热切期盼。习近平总书记指出："人民对美好生活的向往，就是我们的奋斗目标。"随着经济的发展，人民对美好生活的需要更加全面，对生态环境也有更高的要求，期盼生活在一个环境优美、空气清新的空间中。及时地回应人民的呼声，以人民的心声为目标导向，制定更加科学合理的生态文明建设发展目标，增强人民群众对生态文明建设的理解与支持，培养人民群众的主人翁意识，以更加积极的态度参与到生态文明建设中来。

动员人民积极参与生态文明建设实践。生态环境与每个人的生活都息息相关，人不是生态环境中的孤立个体。人生活在自然环境之中，其社会实践活动就会对生态环境产生影响。培养人民科学环保的生态文明理念，引导人民群众树立节约资源、绿色消费的生活习惯，才可以让人民群众对生态环境的影响朝着好的方向发展。创新人民群众参与生态文明建设的体制机制，广泛动员人民群众参与到环境保护的各个领域中，汇聚起生态文明建设的磅礴力量。

完善人民对生态文明建设的监督机制。生态文明建设需要常抓不懈，不能有马放南山的侥幸心理，必须时刻保持应有的警觉性，随时整改存在的问题。人民作为生态文明建设"第一阅卷人"，加强人民群众对生态文明建设的监督反馈，可以更加及时反映生态文明建设的成就与不足。完善相应的监督机制，让人民能够及时将生态文明建设中存在的问题反馈到有关职能部门，加快问题整改，从而形成及时高效发现问题、提出问题、解决问题的工作机制，促进生态文明建设的可持续发展。

四、结语

在以中国式现代化全面推进中华民族伟大复兴的历史征程上，全面审视中国式现代化的重要特征与鲜明特色，具有重要的理论价值与实践意义。生态文明建设，是推进人与自然和谐共生的现代化的重要抓手。全面总结中国生态文明建设的历程与经验，深入探究中国生态文明建设和中国式现代化的内在逻辑关系，有利于深化对中国生态文明建设和中国式现代化建设的规律性认识，可以为推进中国式现代化提供经验总结与智力支持，进一步增强走中国式现代化的道路自信、理论自信、制度自信、文化自信。

作者简介：张兴亮，江西省社会科学院马克思主义研究所副研究员；邹冬斌，长春理工大学马克思主义学院硕士研究生。

基金项目：江西省社会科学规划项目一般项目"习近平新时代中国特色社会主义思想标识性概念建构的基本经验研究"（项目编号：19KS18）；宜春学院习近平新时代中国特色社会主义思想研究中心招标项目"习近平新时代中国特色社会主义思想命名的重大意义研究"（项目编号：XZT2018-1）。

数字经济推动中国式现代化贵州实践研究

罗以洪　彭良玉

摘　要：本文在系统阐述数字经济成为推动经济高质量发展重要手段基础上，分析了数字经济促进经济高质量发展和产业转型升级系统原理，从两个方面分析了贵州数字经济发展取得的成就，分析了贵州数字经济发展面临的机遇和挑战。最后从集中优势资源推进数字经济核心技术突破，构筑核心优势提升数字核心产业竞争能力，培育市场主体打造一批数字经济实体企业，深化数实融合构建高质量现代化产业体系，建设数字政府数字化提升治理现代化水平等五个方面提出了对策建议。

关键词：数字经济；高质量发展；中国式现代化贵州实践

随着物联网、云计算、人工智能等新一代信息技术的快速发展，数字经济日益成为重组全球要素资源、重塑全球经济结构、改变全球竞争格局的关键力量。习近平总书记在贵州考察调研中指出，希望贵州在实施数字经济战略上抢新机，要着眼于形成新发展格局，推动大数据和实体经济深度融合。国发〔2022〕2号文件精神提出了"四区一高地"主定位。贵州要坚持围绕"四新"主攻"四化"主战略，千方百计推动数字经济发展创新区发展，将发展数字经济作为中国式现代化贵州实践建设的重要引擎。

一、数字经济成为推动经济高质量发展的重要手段

在开启全面建设社会主义现代化国家新征程中，抓住数字经济发展契机，有力推进数字产业化和产业数字化，是推动高质量发展及全面建成社会主义现代化强国的关键环节。

（一）数字经济引发经济发展方式巨大变革

作为一种全新的经济形态，数字经济成为推动中国经济高质量发展的必然要求。数字经济促进经济高质量发展，主要体现在四个方面。一是生产效率提高促进高质量发展。数据作为生产要素，在融入生产过程中，通过改变传统要素组合方式，使生产更科学、分工更精细，从而实现生产效率的提高。二是资源配置效率提高促进高质量发展。数字化平台拥有海量数据，通过数据清洗和分析等，提高投入精准性和针对性，降低成本，减少资源浪费，提高消费者和生产者剩余。三是推动转型升级促进高质量发展。数字技术优化了产业的生产和管理方式，拓展了产业链组织分工边界，推动了数字经济和实体经济深度融合，提升了产业组织运行效率，为实体经济创新发展和转型升级提供了新机遇。四是治理能力提高促进高质量发展。大数据应用推动政府职能由社会管理向社会服务方向转变，在国家治理中大数据手段的广泛使用，民生服务方式优化，决策的科学性和行动的及时性增强，治理能力显著提升。

（二）数字经济促进经济高质量发展原理

以现代网络、人工智能、数字化知识和信息、ICT（信息通信技术）等为主的核心技术作为数字经济的核心及载体在多个不同方面对经济社会的发展具有促进作用。除了数字技术相关核心技术本身产生的业态对经济发展直接贡献外，其核心技术对其他产业业态的替代作用和渗透作用也为经济增长提供了新动能。从经济增长函数分析看，劳动、资本等在内的要素投入和全要素生产率的提高对经济增长起到决定性作用，数字经济根据自己的核心、关联、衍生业态等，通过替代效应和渗透效应影响产业的要素投入结构，通过提高全要素生产率促进经济增长。图1所示为数字经济推动经济高质量发展原理图。

1. 数字经济促进经济高质量发展

由图1所示，数字经济推进经济高质量发展的原理主要表现在三种方式：

（1）**数字经济核心技术自身促进经济增长。**由数字经济核心技术本身形成的产业促进了经济增长，它主要由两部分组成：一是数字经济核心业态形成的产业，包括相关服务和大数据增值产品，属于数字产业化、数字价值化等部分的内容。数字经济核心业态所直接形成的产业主要涉及数据采集、存储、处

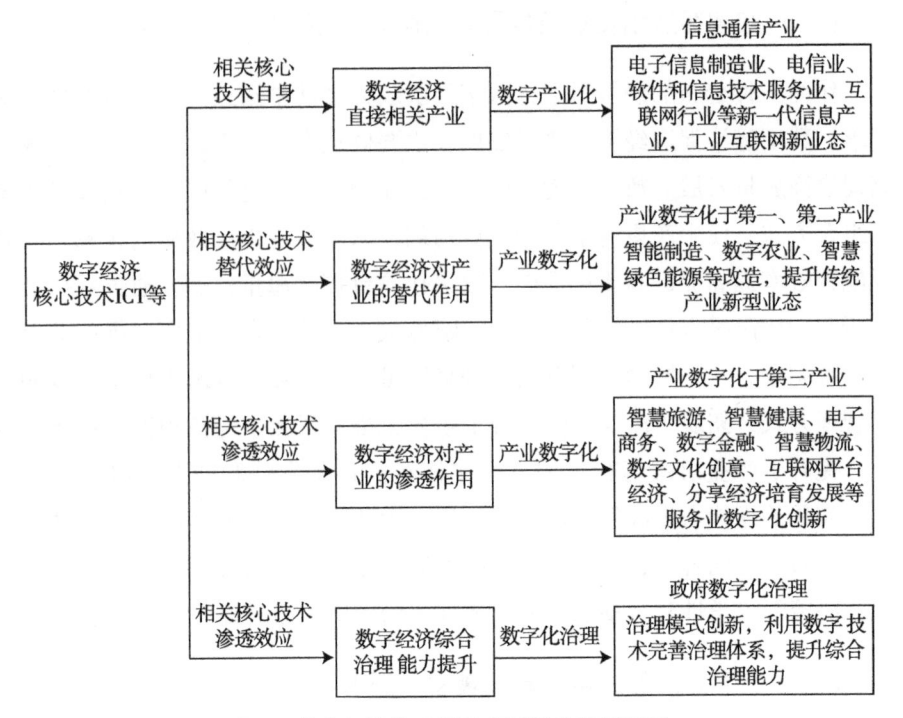

图1 数字经济推动经济高质量发展原理图

理、分析、交易、安全、服务、云平台运营等,这些与数字经济直接相关的产业对经济增长起促进作用。二是与数字经济相关联的业态形成的周边产业,主要包括直接生产和服务的上下游相关产业,是一个以技术为基础的数字经济,由数字技术软件和硬件相关的生产和服务组成,包括智能终端、集成电路、电子产品、材料和组件、呼叫服务、软件和服务外包等相关业态。

(2) **替代作用产业促进经济增长**。通过数字经济相关核心技术将传统产业中落后的相关技术替换掉,由此产生出一种新业态,这些新业态能够提高企业的生产效率,取代传统落后的生产力,提升产品质量和企业效率,促进相关经济发展,形成产业数字化,包括数字农业、智能制造和智能绿色能源等相关产业。

(3) **发展渗透作用产业促进经济增长**。数字经济相关核心技术渗透到其他传统行业所产生的新业务形式。这些新兴技术不能替代原始行业中的某些技术,而是渗透,主要是因为传统行业中的技术和设备效率较低,以新兴数字技术对传统行业进行更换、转换后,劳动生产率提升、产品综合成本降低,产品市场核心竞争优势增强。例如,在旅游业中,数字技术的渗透提高了旅游行业管理效率,提高了服务质量和客户满意度,提升了旅游产业的经济和社会效益,促进了经济增长和社会进步。它属于数字化融入的产业业态,包括电子商务、数字文化创意、远程医疗、云服务远程视频会议、电子政务和数字政府治理等。

2. 数字经济促进产业转型升级

产业转型升级的实质就是通过创新或改革,使供需结构关系发生一定的改变,实现了供给侧结构性改革。为减少无效供给,可借助数字经济手段调节供需之间的平衡,通过产业转型升级提高生产企业的产品及服务质量、提高政府效率、降低消费者成本。如图2所示为数字经济促进产业(企业)转型升级系统原理。

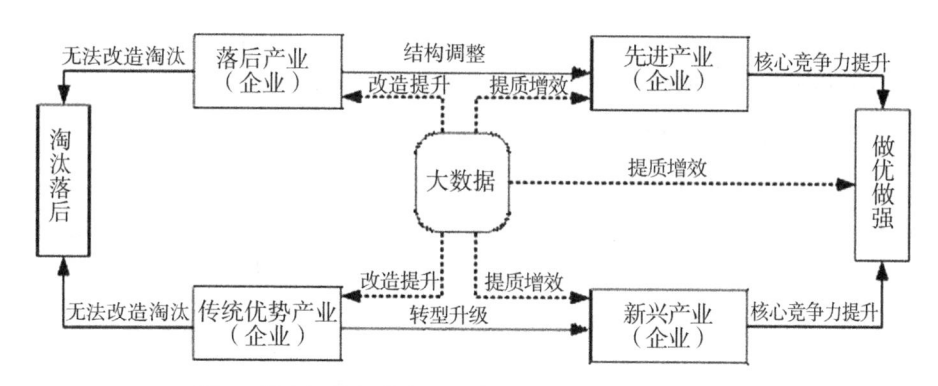

图2 数字经济促进产业(企业)转型升级系统原理图

图2所示,对落后产业(企业)、传统优势产业(企业),如果不通过先进技术及先进管理的改造提升,市场竞争力就会下降,就会被行业淘汰。如果这时候将大数据等数字经济相关先进技术与产业相结合,对落后产业(企业)、传统优势产业(企业)成功的改造提升,使这些产业(企业)实现结构调整、转型升级到先进产业(企业)、新兴产业(企业),由于产品质量、产品效率的提升使这些企业提升了核心竞争力,这些企业就会做优做强、做大做强。对企业而言,实现了提质增效降低成本,提升了行业竞争力;对金融机构,就是提高了投资及储蓄的效率,降低了成本,使其效益最大化;对政府机构,就是

提高了政府效能，降低运行成本，提升了政府行政管理的质量。

二、贵州数字经济发展取得显著成效

贵州抢抓国发〔2022〕2号文件重大机遇，坚持围绕"四新"主攻"四化"主战略、"四区一高地"主定位，开展"四大行动"、强化支撑保障，千方百计推动数字经济发展创新区良好开局，奋力实现数字产业高速发展、数字融合日益深化、数字基建提档升级、数字治理持续提升、数字生态不断完善，高质量发展新动能加速壮大。

（一）贵州数字经济发展建设取得显著成效

贵州强化数字经济发展顶层设计，大数据产业持续壮大，数据要素市场化配置改革取得新突破，数字化助力政府治理能力提升取得新成效，为贵州高质量发展和中国特色现代化贵州实践建设奠定了坚实基础。

1. 大数据产业持续发展壮大

全省数字经济增速连续七年位居全国第一，增加值占GDP比重达到37%左右。软件服务业收入增速连续17个月保持全国第一、总量较5年前增长5倍。累计带动万余家企业开展大数据融合改造，上云用云企业达到2.5万家。贵阳市入选工信部2022年度建设信息基础设施和推进产业数字化成效明显督查激励名单。

2. 数字经济发展创新区建设系列政策出台

2022年1月26日，《国务院关于支持贵州在新时代西部大开发上闯新路的意见》（国发〔2022〕2号）出台，赋予贵州数字经济发展创新区的战略定位，贵州大数据发展由"国家大数据（贵州）综合试验区"迈向"数字经济发展创新区"阶段。省委、省政府高位谋划数字经济发展创新区建设，出台了《中共贵州省委贵州省人民政府关于在实施数字经济战略上抢新机的实施意见》，贵州全力打造面向全国的算力保障基地、国家数据生产要素流通核心枢纽，明确了创新区建设的宏伟蓝图。

3. 数据要素市场化配置改革取得新突破

完成了贵阳大数据交易所投资重整，开启贵州数据流通交易新阶段。发布全国首套数据流通交易规则，形成一批制度性成果，创新探索运行模式，贵阳大数据交易所集聚数据商402家，上架数据产品660个，全年交易额达到3.6亿元。

（二）多措并举高质量完成数字经济各项目标任务

2022年，围绕数字经济发展创新区建设各项目标建设要求，贵州抢抓数字产业化、产业数字化、数字设施建设、要素保障等新机制，高质量完成了各项目标任务。

1. 抢抓数字产业化，主体产业发展稳中向好

开展"百企引领"行动，加快打造数据中心、智能终端、数据应用三个千亿级主导产业集群。一是市场主体不断壮大。大数据产业发展动能更加强劲，全省规上软服企业达到260家，同比新增32家。新增21家软服企业入选省级以上"专精特新"企业，20家软服企业进入上市挂牌后备库。二是高速增长效益提升。全省软服业收入增速达90.5%，利润同比增长64.7%，从业人数同比增长8.7%，研发投入同比增长293.2%，实现行业营收、利润、科技投入"多点开花"。云服务在软服业中的"首位产业"地位日益显现，占软服业比重从2021年的46.4%提升至72.2%。三是试点示范不断涌现。贵阳大数据交易所有限公司、贵州省信息中心、贵州航天云网科技有限公司、贵州乐诚技术有限公司、云上贵州大数据产业发展有限公司、贵州多彩宝互联网服务有限公司、信通达智能科技有限公司等7家企业入选工信部国家级大数据产业发展试点示范，贵州省人民政府、贵阳市人民政府、贵州师范大学等3家单位入选国家级区块链创新应用试点。

2. 抢抓产业数字化，产业转型升级加速发展

实施"万企融合"大行动，推进企业"上云用数赋智"，围绕"四化"推动数字赋能实体经济发展，创新打造全国首个融合地方标准，融合能力水平持续提升。一是打造融合标杆企业。2022年全年形成"万企融合"标杆项目108个、示范项目1130个，带动2106户企业开展融合。全省获DCMM证书企业总数全国排名第8位，三级及以上企业占比全国排名第16位。二是推动重点行业深度融合。电子行业工业互联网标识解析二级节点完成验收，标识注册量1.5亿。农业企业应用电商占比从2018年的57.9%上升到2022年的64.1%，实现全程追溯企业占比从2017年的12.2%上升到2022年的21.3%。"一码游贵州"接入500多家景区，累计交易金额9816万元。贵阳市在国家信息消费示范城市评估中获评"优秀"。推进北斗技术广泛应用，国家北斗专项落地，省北斗防灾大数据创新中心集聚企业50家，在省内7000余处地质灾害隐患点监测预警中应用北斗技术。

3. 抢抓数字设施新机，信息基础设施建设提档升级

抢抓国家"东数西算"工程机遇，印发建设全国一体化算力网络国家（贵州）枢纽节点的实施意见，推进新型基础设施建设。一是数据中心集群建设驶入快车道。金融818、国电投、美的等一批数据中心落地开工。贵安数据中心集群PUE平均值达1.3，绿色化发展处于领先水平。以"东数西算"工程建设为核心，带动社会投资，全年累计完成工程投资72.65亿元，服务器承载能力超过225万台，算力规模居全国前列，与全国其他7个枢纽端到端单向时延平均降至20ms。二是数字基础设施实现跨越发展。启动建设贵阳至广州、武汉等省际光缆，直连城市累计达32个。光缆达181万公里，互联网出省带宽达3.8万Gbps。贵阳、遵义正式进入全国千兆城市行列。三是5G建设快速推进。累计建成8.4万个5G基站，每万人基站占比为17.45个，超全国平均水平。打造5G应用场景超300个，建成一批5G+全连接工厂、智慧医疗等可推广的示范性项目。

4. 抢抓数字化治理新机，数字政府建设走在全国前列

实施数字政府建设大行动，优化完善"贵州政务云"，提升政府决策科学化、社会治理精准化、公共服务高效化水平。一是高质量做好数据归集。贵州省数据共享交换平台上架目录超过3.81万个，人口、法人、电子证照等基础库、主题库汇聚数据超过9.38亿条。全省政务服务事项100%网上可办，"全程网办"率达到79.32%。实现98类电子证照"减表单填写、减材料提交、移动亮证"应用服务。二是建成一批政务应用。强化AI中台、视频中台、地图中台等业务中台服务能力，"大政法"监督平台实现超20项跨部门大数据办案协同流程上线，区块链中台完成食品溯源、工程审批、电子证照等场景的应用实施。三是惠企便民亮点纷呈。开展全省疫情综合管理和应急指挥平台建设，有效支撑我省疫情防控工作。"贵商易"平台累计注册市场主体用户70.26万户，公布惠企政策文件538个，实现"政策找企业、企业找政策"高效互动。

"贵人码"平台实现公交地铁、智慧停车等重点应用覆盖,构建"一人一码一卡"惠企便民服务体系。

三、贵州数字经济发展面临新机遇新挑战

贵州通过建设首个国家大数据综合试验区,大数据产业从无到有,数字经济发展风生水起、攀高向新,以一域之实践彰显了数字中国建设的巨大成就。进入新时代,贵州大数据、数字经济发展面临新的形势和任务,也面临不少问题和挑战。

(一)贵州数字经济发展迎来新机遇

贵州"抢新机""数字经济发展创新区"迎来了新的发展机遇。

1. 把握新一轮科技革命和产业变革的时代机遇

数字经济是重组全球要素资源、重塑全球经济结构,乃至改变全球竞争格局的关键力量,发展数字经济,是我国把握新一轮科技革命和产业变革新机遇的战略选择,是助力实现中华民族伟大复兴、推进和拓展中国式现代化的重要篇章。一是数字经济健康发展推动构建新发展格局。构建新发展格局的重要任务是增强经济发展动能、畅通经济循环。数字技术、数字经济推动各类资源要素快捷流动、各类市场主体加速融合,帮助市场主体重构组织模式,实现跨界发展,打破时空限制,延伸产业链条,畅通国内外经济循环。二是数字经济健康发展有利于推动建设现代化经济体系。数据作为新型生产要素,对传统生产方式变革具有重大影响。数字经济具有高创新性、强渗透性、广覆盖性,数字产业化形成新的经济增长点,数字化赋能成为改造提升传统产业的支点,是构建现代化经济体系的重要引擎。三是数字经济健康发展有利于推动构筑国家竞争新优势。当今时代,数字技术、数字经济为世界科技革命和产业变革带来先机,是新一轮国际竞争重点领域,发展数字经济有利于抓住先机、抢占未来发展制高点。

2. 在新的历史阶段贵州大数据被赋予了新的战略定位机遇

党的二十大报告指出,要"加快建设网络强国、数字中国",要"加快发展数字经济,促进数字经济与实体经济深度融合,打造具有国际竞争力的数字

产业集群"。习近平总书记强调"数字经济事关国家发展大局",指示要"不断做强做优做大我国数字经济",要求我们"要在实施数字经济战略上抢新机"。国发〔2022〕2号文件出台赋予贵州"数字经济发展创新区"的战略定位,为新时代贵州大数据发展指明了前进方向、提供了根本遵循、注入了强大动力。省第十三次党代会明确了围绕"四新"主攻"四化"主战略、"四区一高地"主定位,大数据、数字经济不断被赋予更为重要的战略定位、新的历史使命。在新的历史阶段,贵州大数据发展被赋予了新的战略定位,贵州数字经济发展进入了新时代。

3. 数字经济为贵州高质量发展带来新机遇

数字经济具有高创新性、强渗透性、广覆盖性,不仅是新的经济增长点,而且是改造提升传统产业的支点。数字经济时代,数据和算力已成为关键的生产要素和生产力,成为重组要素资源、重塑经济结构、重构竞争格局的关键力量,数字经济的"底座"支撑和赋能作用日渐凸显。在建设中国式现代化建设新征程上,贵州要牢牢扭住"高质量"发展这个牛鼻子,突出"核心技术突破""东数西算""数字贸易""数字价值化"等重点,实现速度更快、质量更高、效益更好的发展。

(二)数字经济发展存在的困难与挑战

与发达国家与发达地区比较,我省数字经济发展还存在核心技术缺乏发展动能不足、政策和数据资源优势没有充分转化、大数据融合赋能尚待深化、大数据发展支撑能力亟待提升、先发优势逐步减弱、区域间竞争压力较大等困难和挑战。

1. 核心技术缺乏发展动能不足

全世界数字经济顶端核心技术中,计算机开发语言、操作系统、数据库、数据中心、芯片制造、新一代通信系统等几乎都来自西方国家,西方国家掌握了数字经济核心技术产业链制高点。一是核心技术缺乏影响我国数字产业化竞争力。由于在数字经济核心技术上缺乏,我国数字经济发展受到国外制约较大,在中美贸易战中核心基础软件和核心芯片成为国外制裁中国的首要产品业态,产业链稳定性、韧性不足。核心技术缺乏,导致我国以大数据电子信息产业为主导的数字产业化竞争力不足。二是核心技术企业产业化应用尚未形成。

尽管贵州部分企业有一定技术优势，但企业在核心技术产业化应用、政策支持环境、市场化先行先试上明显不足，大数据电子信息产业规模、市场还没有有效形成。以电子信息制造业、软件服务业为主导的大数据电子信息产业规模较小，数字产业化规模占数字经济总比重仍远低于全国平均水平。三是贵州大数据创新能力指数在全国排名靠后。中国电子信息产业发展研究院《中国大数据区域发展水平评估报告（2022年）》显示，贵州大数据产业发展环境指数排名全国第9位，但大数据产业发展指数却排名全国第17位，其中大数据创新能力指数在20位以后，核心技术缺乏导致核心产业集群发展和规模效应没有形成，产业集群发育程度不高，在高端智能终端、新型显示设备、新型电子元器件等核心领域还未形成产业集聚，产业综合实力有待增强。

2. 政策和数据资源优势没有充分转化

作为全国首个国家大数据综合试验区，贵州始终把发展大数据放在全省战略和全局高度来推动，是全国大数据发展政策环境最好的地区之一，随着沿海发达区域及相邻省市加速数字经济发展布局，周边省份对数字经济发展资源要素的虹吸效应进一步加强，贵州大数据先发优势及优质资源的吸引力面临弱化，市场竞争仍存在"玻璃门"现象。贵阳贵安虽汇聚了海量数据资源，数据中心整体容量大、实际装机率低、电力成本优势逐渐减弱，算力有效供给不足，数据集聚优势亟须转变为价值优势。贵州政务数据共享开放持续走在全国前列，但数据的有效共享、数据应用场景拓展等还有待深化。

3. 大数据融合赋能需要更加深化

尽管我省数字化应用较快，但大数据与实体经济融合发展总体水平仍较低，特别是产业数字化转型面临诸多困难，融合发展仍然面临企业信息化水平低、数字化转型投入不足，大数据与三次产业融合水平、融合效益不高等难题，企业转型意识不强、企业技改投资意愿较弱、企业投资力度不大等。一方面是企业数字化水平低，要实现全流程贯通的大数据应用，转型成本偏高；另一方面，企业盈利能力差，长期在盈亏平衡线左右徘徊，在数字化创新能力投入方面严重不足。

4. 区域间竞争压力较大贵州先发优势逐步减弱

数字经济已成为促进经济高质量发展的关键，全国多个省（区、市）先后获批建设数字经济示范区。随着沿海发达区域及邻省对数字经济发展的加快布局，其他省市数字经济发展的产业基础、市场空间、资本、人才等累积优势正加速转化为数字经济快速发展的新生动力。广东、浙江、重庆、四川等区域分别获批国家数字经济创新发展试验区，大数据综合试验区，工业互联网试点城市等，贵州数字经济发展先发优势相对降低。

四、数字经济推动中国式现代化贵州实践的对策建议

贵州数字经济发展要保持战略定力、坚定信心决心，在创新中寻求突破，在改革中谋求发展，推动数字经济发展创新区在高质量建设轨道上行稳致远，为数字中国、网络强国建设贡献贵州智慧。

（一）集中优势资源，推进数字经济核心技术突破

依托贵州省部分企业在相关信息通讯核心技术方面的领先优势，攻克大数据核心技术突破重点难点、构筑贵州综合比较优势的大数据核心技术体系，为数字经济关键核心技术突破做出贵州贡献。

1. 攻克大数据核心技术突破重点难点

集中优势精力，加强在制约我国数字经济竞争力提升的核心技术重点和难点突破上做文章。紧紧围绕技术研发突破的战略制高点，加强对优势技术领域和重点关键环节提前部署。在大数据、人工智能、区块链、国产操作系统、国产芯片、超高清显示、超算、高速传输、物联网、量子通信、信息功能器件、微系统、开放物联、网络空间测量和感知等前沿性技术、颠覆性技术方面加大投入力度，推进贵州在数字经济重要科技领域成为领跑者，在数字经济新兴前沿领域成为开拓者，为经济社会高质量发展提供科技支撑。

2. 构筑贵州综合比较优势的大数据核心技术体系

深入实施"科技入黔"行动，加强贵州在公共大数据、智能采掘、非常规油气勘探开发、新能源动力电池等关键领域核心技术攻关。推进绿色数据中心、国产芯片产业园、OLED新一代显示器生产基地、人工智能技术、AI芯片、区块链、数字金融等数字经济核心技术攻关。发挥好省内大数据核心技术企业示范引领作用，重点培育云上贵州、贵阳高新网用、白山云、航天云网、满帮集团、医渡云、朗玛信息、云上北斗、欧比特、贵州图智、数联铭品、翰

凯斯、小黑科技等本土大数据核心技术企业快速成长、做大做强。

（二）构筑核心优势，提升数字核心产业竞争能力

按照省委省政府决策部署，以数字产业化为核心，培育壮大数字经济主体产业。牢牢抓住"东数西算""数据交易"两个核心，继续打造数据中心、智能终端、数据应用三个千亿级主导产业集群，实现集中发力、重点突破。

1. 做大优势产业存量

以"东数西算"为牵引，加快建设全国一体化算力网络国家（贵州）主算力中心，重点面向国家部委、金融机构和互联网头部企业引进落地一批重大数据中心项目，带动服务器、机柜、存储设备，以及云计算、云服务等上下游产业发展，做长做强做深产业链。着力推动数据集聚，持续做大云服务"首位产业"，打造一批云计算全国重点龙头企业，培育云数据中心，拓展云存储、云分发、云结算、云安全等业态，面向国内外提供服务。

2. 加快打造产业集群

产业发展壮大一定要有集聚效应，通过产业集聚实现辐射带动和示范引领效果。将加快建设贵阳大数据科创城贵阳贵安乃至全省的重点，按照"三区"主定位，持续完善公共配套，在政策、资金、人才、数据、服务等方面推出一揽子创新政策，优化营商环境，落实兑现优惠政策，推动大数据企业和人才集聚。充分发挥贵阳贵安强省会作用和示范带动作用，推动其他市州以现有园区为基础，因地制宜、资源整合，培育一批数字经济特色产业园，形成一核引领、多点发力的全省产业园区集聚发展格局。

（三）培育市场主体，打造一批数字经济实体企业

加快培育市场主体，切实为企业优服务、解难题，打造一批具有核心竞争优势的数字经济实体企业。

1. 加快培育市场主体

将加快数字经济产业发展落脚到培育壮大市场主体上来，按照省第十三次党代会提出要实现企业数量翻番要求，大力培育壮大市场主体，加强服务、精准"滴灌"、"靶向"施策、精心培育，促进市场主体多起来、活起来、大起来、强起来。坚决抓好贯彻落实"两个毫不动摇"。一是着力提高国企核心竞

争力。着力提高省内数字经济相关国企核心竞争力，发挥好大数据领域国有企业，特别是运营商的主力军作用。发挥国企数据集聚优势，引导增加创新研发投入，推动实施一批"智能+"科技重大专项，推动参与数字基础设施建设，形成经济增长新动力。二是促进民营经济发展壮大。培育壮大现有大数据民营企业，鼓励支持民营企业合法合规健康发展、做大做强，加快形成大企业"顶天立地"、中小企业"铺天盖地"、"专精特新"创新型企业快速涌现的良好格局。三是持续优化营商环境。按照"让国企敢干、民企敢闯、外企敢投"要求，切实为企业解难题、办实事，构建亲清政商关系，持续提升"贵人服务"品牌，优化"贵商易"平台功能，推动更多高频服务事项接入，让企业安心投资、顺心发展。

2. 切实为企业优服务、解难题

充分体现对企业家的尊重，当好企业发展服务员。一是全力打造一批龙头企业。以省内大数据重点为主要对象，加强省市协同做好招大引强企业服务。紧盯高新网用、云上艾珀、云上贵州、满帮、图智、医渡云、朗玛、数据宝、翰凯斯、东方世纪、世纪恒通、白山云等中流砥柱和高潜力型企业，在细分领域打造龙头企业。二是分级分类做好服务。用好大数据企业服务年工作机制，一企一策盯牢盯紧，大力挖掘潜力，稳住现有规上企业，力争再培育一批规上企业。加强统计标准化、科学化，做到应统尽统、颗粒归仓。

（四）深化数实融合，构建高质量现代化产业体系

通过数字经济与实体经济的深度融合，实现数字经济对实体产业的放大、叠加、倍增效应，构建贵州高质量发展的现代化产业体系。

1. 实现差异化发展

贵州产业数字化在数字经济总量中的占比超过90%，根据各个市州有不同的实体产业发展情况，坚持有所为、有所不为，集中精力和资源实现重点突破。

2. 打造数实融合标杆

加快推动工业向智能化生产、网络化协同、个性化定制、服务化延伸转型；加快推动农业向生产管理精准化、质量追溯全程化、市场销售网络化融合升级；加快推动服务业向平台型、智慧型、共享型融合升级。重点在酱香白

酒、煤矿矿产、新材料、十二大特色农产品、旅游、数字商贸等领域，每个行业打造1—2个高水平、高标准的数实融合标杆示范企业并向全省推广。

（五）建设数字政府，数字化提升治理现代化水平

顺应数字化时代人民群众对智慧化、个性化、便利化美好生活的迫切需要，以数字政府建设为抓手，大力推进数字治理创新，提高政府数字化服务能力，着力提升社会治理和民生服务数字化水平，不断增进民生福祉、提高人民生活品质。

1. 数字赋能提升政府治理能力

通过大数据技术手段全面重塑政府管理理念、规则、机制和手段，深化全省一体化政务大数据体系建设，推动省级数据资源应享尽享、数据回流基层，持续推进数字化共性应用集约建设，实现从能力分散走向集约化整合、从流程驱动走向数据驱动。探索"一网统管"治理模式，在贵阳贵安、遵义、安顺、黔南等基础较好市州打造智慧城市大脑，提升城市治理科学化、精细化、智能化水平。

2. 丰富公共数字产品供给

利用大数据切实解决发展中的不平衡不充分问题。打造一批推进教育医疗、文化旅游、金融支付、便民出行等领域的公共数字产品应用，让优质公共服务"飞入寻常百姓家"，推动民生服务普惠化、均等化，让群众共享社会发展红利。

参考文献

[1] 罗以洪. 大数据人工智能区块链等ICT促进数字经济高质量发展机理探析 [J]. 贵州社会科学, 2019（12）：122-132.

[2] 罗以洪. 推动贵州在数字经济战略上抢占新机 [N]. 贵州日报, 2021-03-31（理论周刊 黔言010）.

[3] 罗以洪. 以数字经济推动产业高质量发展 [N]. 贵州日报, 2021-06-02（理论版06版）.

[4] 刘旭友. 贵州数字经济发展面临的问题与对策 [J]. 理论与当代, 2022（02）：28-31.

［5］曾帅. 云上贵州逐风起 数字经济抢新机［J］. 当代贵州，2022（07）：30-31.

［6］丁煌，马小成，梁健. 从观念到行动：公共政策的共识型执行及其逻辑——以贵州数字经济发展政策为例［J］. 贵州社会科学，2022（06）：137-144.

［7］梁霜，谷兵生. 贵州移动：以数字经济助力贵州新发展［J］. 企业文明，2022（11）：112-113.

［8］伍国勇. 发展乡村数字经济促进贵州农业农村现代化［J］. 当代贵州，2023（14）：18-19.

［9］梁惠秀. 广西数字经济发展的现状、挑战与对策——与"贵州模式"的对比［J］. 广西经济，2023，41（01）：14-19.

［10］熊陈莹，石虹. 数字经济下贵州装备制造业智能化发展研究［J］. 科技与经济，2023，36（02）：101-105.

作者简介：罗以洪，贵州省社会科学院区域经济研究所副所长、研究员；彭良玉，英国杜伦大学硕士研究生。

毕节同心产业示范基地建设探析

杨 毅

摘 要：本文提出毕节同心产业示范基地建设的课题，通过阐述其示范基地建设的重大意义，分析其示范基地建设面临的困难问题，提出一些加快其示范基地建设的基本路径，着力提升统一战线帮扶发展的品牌效应，着力提高各类产业支撑毕节的发展能力，以此推进毕节经济社会的高质量发展和全力打造川滇黔区域中心城市。

关键词：毕节产业发展；多党合作制度优势；示范基地建设

在习近平新时代中国特色社会主义思想的引领下，毕节同心产业示范基地建设，需要准确分析其示范基地的重大意义，分析其示范基地面临的困难问题，找准加快其示范基地建设的基本路径，促进同心产业示范基地建设的科学化、制度化、规范化，推动毕节经济社会的高质量发展和推动在贵州"四区一高地"战略中的示范引领，扎实推动巩固拓展脱贫攻坚成果同乡村振兴有效衔接，继续在毕节推动多党合作制度优势的升级模式，加快毕节推进新型工业化、新型城镇化、农业现代化、旅游产业化，努力把毕节建设成为百姓富、生态美、活力强的贯彻新发展理念示范区和川滇黔区域中心城市。

一、毕节同心产业示范基地建设的重大意义

"习近平强调，要着眼长远、提前谋划，做好同 2020 年后乡村振兴战略的衔接，着力推动绿色发展、人力资源开发、体制机制创新，努力把毕节试验区建设成为贯彻新发展理念的示范区。统一战线要在党的领导下继续支持毕节试验区改革发展，在坚持和发展中国特色社会主义实践中不断发挥好中国共产党

领导的多党合作的制度优势。"[1]当前和今后一段时期如何深入学习贯彻习近平总书记对毕节发展的重要指示精神,采取各种切实有力措施来加快毕节高质量发展,关键还是要加快毕节同心产业示范基地建设,对于推进毕节全面实现乡村振兴和城市现代化发展有着重大而深远的意义。

1. 毕节同心产业示范基地是推进毕节多党合作制度的主要形式

加快毕节同心产业示范基地建设,对于建设毕节贯彻新发展理念示范区,继续发挥中国共产党领导的多党合作和政治协商制度优势,同心同行支持毕节发展,广泛凝聚各方智慧力量参与和支持毕节建设,深入推进毕节成为统一战线助力地方改革发展实践的展示窗口和丰富中国共产党领导多党合作基层实践的试验区等有着重大的意义。对于健全同各民主党派、工商联和无党派人士合作共事机制与重大问题决策协商机制,协调科研院所帮助谋划申报和实施重大科技项目,支持各民主党派组织院士专家、杰出青年等高层次人才开展专项技术攻关,支持帮助引进优势产业和优强企业等有着重大的意义。对于深入推进毕节多党合作制度,完善统一战线长效支持机制,打造统一战线社会服务实践和党外干部实践的试验区,完善产业、企业对口帮扶机制,推动各民主党派中央、全国工商联帮助培训经营管理人员、产业带头人和技术工匠等各类人才等有着重大的意义。

2. 毕节同心产业示范基地是推动毕节高质量发展的有效模式

加快毕节同心产业示范基地建设,对于建设贯彻新发展理念示范区,在统一战线领导下同心同行支持毕节发展,加快把毕节建成西南地区生态治理绿色发展示范城市,川滇黔区域性中心城市,城产融合与民生优质的理想人居示范城市,山水体验和文化传承的全域旅游示范城市等有着重大的意义。对于毕节不断争先进位,坚定扛起走在贵州省前列的历史使命,争当高质量发展的排头兵和高质量发展的重要窗口城市等有着重大的意义。对于推动以毕节产业示范基地为支撑,推进毕节经济社会的快速发展,全面推进乡村振兴,培育和发展壮大的各类新兴产业,努力推动毕节高质量发展,着力推进毕节现代化、城市化、国际化发展等有着重大的意义。

3. 毕节同心企业示范基地是提升毕节综合竞争力的重要途径

加快毕节同心产业示范基地建设,对于建设毕节贯彻新发展理念示范区,新时代继续推进毕节改革发展,探索绿色发展路径、推进资源绿色经济转型、完善人力资源开发模式、培养源源不断的高素质劳动者,深化体制机制创新实践、增强经济社会发展动力与活力,对推动生态脆弱地区、资源型地区等特殊类型地区高质量发展示范意义重大。对于通过统一战线领导下的民主党派、全国工商联和发达地区对口支援城市等多类行动主体的同心同行,利用示范效应而提升城市的竞争活力和乡村的全面振兴等有着重大的意义。对于提升产业示范基地发展方式,加快提升毕节同心产业的示范效应,提高各类产业支撑毕节的发展能力,加快提升毕节综合竞争力,着力打造川滇黔区域中心城市等有着重大的意义。

二、毕节同心产业示范基地建设面临的困难与问题

"2021年毕节地区生产总值2181.5亿元,是2012年的2.5倍,年均增速达9.6%;城镇、农村居民人均可支配收入37263元、12441元,分别是2012年的1.9倍、2.5倍;常住人口城镇化率43.3%,比2012年提升13.3个百分点;实现高速公路'县县通'、农村公路'组组通',高铁、机场从无到有,建成夹岩水利枢纽等一批重大水利工程。生态环境明显改善,2012年以来森林覆盖率从43.1%提高到60%,县级以上城市环境空气质量优良天数比例达97%以上,国省控河流断面水质优良比例达100%。人口素质不断提升,2021年15岁及以上人口的人均受教育年限提高到7.7年,学前教育三年毛入园率、九年义务教育巩固率、高中阶段教育毛入学率分别提高到91.9%、95.3%、92%,人均预期寿命提高到74.6岁。脱贫攻坚取得全面胜利,167万建档立卡贫困人口全部脱贫,7个贫困县全部摘帽,1981个贫困村全部出列,完成易地扶贫搬迁41万人,成为贫困地区脱贫攻坚的一个生动典型。"[2]从以上数据可以看出,毕节通过35年来在党中央坚强领导下,在统一战线倾情帮扶和各方大力支持下,毕节经济社会飞速发展,发生了翻天覆地的变化,取得了举世瞩目的辉煌成就。尽管毕节经济社会发展已经取得历史性的辉煌成就,但是由于毕节在内陆开放型经济发展上的不平衡,各个相关区县之间产业的竞争能力也不相同和自身特色产业发展上显得动能不足效果不佳,这就给毕节同心产业示范基地建设带来一些困难问题。

一是营商环境依然欠佳。由于个别的坐等靠要、吃拿卡要、懒散慢拖和作

风漂浮等不良现象依然不同程度的存在，导致毕节营商环境依然欠佳，致使毕节产业发展缓慢，产业规模化程度不高，产业经济优势还有待拓宽和拓展。

二是产业发展方式依然粗放。由于毕节产业发展方式的粗放，导致产业实力仍然不强和产业发展能力仍然较弱，导致公共服务保障能力不足和人力资源开发水平仍然较低，使得毕节的新型工业化、农业现代化、旅游产业化、新型城镇化进程较为缓慢。

三是产业开放程度依然较低。由于毕节产业开放程度依然较低，导致政府服务功能仍有待提升，承接东中部地区优势产业落地还有进一步优化的空间，学习借鉴发达地区产业发展经验还有许多空间。

四是产业配套设施依然薄弱。由于毕节产业配套设施薄弱和不能支撑川滇黔区域性中心城市的发展需要，便捷快捷交通网络和生产生活等配套设施建设相对滞后，产业资源配置仍存在短板，与建设区域性大城市发展目标的差距依然较大。

五是产业发展结构依然不均衡。由于毕节产业发展不平衡不充分的突出问题依然存在，导致产业经济对城乡辐射拉动能力偏弱，形成市区常住人口相对偏少，市区首位度不高，产业总体发展规划布局依然不够超前，产业经济占比偏弱的问题依然存在。

六是产业经济对城市贡献率依然偏低。由于毕节产业经济对城市贡献率依然偏低，导致产业经济对打造川滇黔区域性中心城市有很大的制约和影响，城市活力不足、城乡经济总量较低，产业经济的辐射带动作用偏弱，城市的首位度偏低，不能有效辐射带动下辖县级城市的发展，更不能真正起到辐射和影响周边区域性大城市。

三、毕节同心产业示范基地建设的基本路径

相关资料显示："根据市（州）生产总值统一核算结果，2022年全市生产总值2206.52亿元，比上年增长0.2%。其中，第一产业增加值551.35亿元，增长3.6%；第二产业增加值560.13亿元，下降5.4%；第三产业增加值1095.04亿元，增长1.7%。第一产业增加值占生产总值的比重为25.0%，第二产业增加值占生产总值的比重为25.4%，第三产业增加值占生产总值的比重

为。"49.6%[3]因此在当前和今后相当一段时期内，毕节应围绕建设贯彻新发展理念示范区为主线，以加快毕节同心产业示范基地建设为重点，积极推进创新毕节经济发展模式的转变，在认真落实"一带一路"战略、贵州"四区一高地"战略中不断融入成渝双城经济圈和粤港澳大湾区，有效推进毕节各个区县之间经济协同发展，全面推进乡村振兴和城市现代化，着力推进毕节经济社会的跨越式发展，努力为推进毕节打造川滇黔区域中心城市注入活力。

（一）推进规划建设

（1）**加强规划思路**。毕节同心产业示范基地建设应加快健全统一战线帮扶毕节发展的品牌效应，注重毕节内陆地区实际及自主性建设，坚持绿色发展和乡村振兴并举，进一步强化示范引领作用。以在统一战线牵头下的各民主党派和全国工商联及发达地区对口支援城市为主体，以先进的产业示范基地建设为导向，根据毕节各个区县市之间经济社会发展状况，制定毕节同心产业示范基地建设总体思路，确定分阶段目标和具体任务，科学布局毕节同心产业示范基地建设的发展空间。

（2）**加强规划目标**。毕节同心产业示范基地建设应以在统一战线牵头下的各民主党派和全国工商联及发达地区对口支援城市为主体，科学确立建设目标和建设内容及具体规划计划，精准确定毕节各个区县市之间产业发展转型等基础性目标，精准确定产业示范基地的提升及规范生产、产品品牌培育发展、经营效益可持续的制度建设目标，注重量化目标和效用目标。应围绕提高毕节各类产业的发展体系，注重设计符合不同产业示范基地建设内容的专项规划，满足多向度、多层次的建设发展需求，既要突出毕节各个区县市之间资源和开放特色，又要聚焦问题与差距，更要以"项目化"为主体形式，实现重点突破，以此推动毕节经济社会的快速高效发展。

（3）**加强规划原则**。毕节同心产业示范基地建设应以在统一战线牵头下的各民主党派和全国工商联及发达地区对口支援城市为主体，加快毕节同心产业示范基地发展方式的转型步伐，为建设产业示范基地提供坚强的物质保障，努力从毕节各个区县之间经济发展方式转型上寻找突破口，将同心产业示范基地建设融入全市经济社会总体格局，抓住人工智能、大数据等新技术带来的发展机遇，依据自然资源禀赋和川滇黔区域中心城市的发展承载力，科学优化产业结构，明确各类产业经济功能的定位及开发引导。

（二）推进机制建设

（1）**加强体制管控**。毕节同心产业示范基地建设亟须依靠法制来加以支持和保障。应加强产业示范基地的法制建设，加强产业示范基地重点领域的立法，通过强有力的司法保障，使产业示范建设法制化、制度化，努力实现体制机制的创新发展。根据毕节的有关发展规划要求，充分利用现有的产业布局，先行规划试点建设毕节市级30个左右的同心产业示范基地，或在区县级先规划试点建设100个左右的同心产业示范基地，待取得成功经验后在市级、区县级广泛规划建设一批市、县两级产业示范基地。应充分利用现有的产业区域，培育发展一批在毕节有较大影响力的同心产业示范基地。同时还应充分利用现有的产业区域，培育发展一批在毕节有较大影响力的市、县级同心产业示范基地，着力发展一批年营业收入在1000亿元以上同心产业示范基地，加快形成集散型和产地型并举的大型同心产业示范基地格局。

（2）**加强机制协调**。毕节应建立健全同心产业示范基地建设工作领导组织体系，创建合作交流平台，主动协调各相关主管部门、各级政府、各类产业主体间的利益格局，协调解决跨部门跨城市之间的重大事项，努力推进同心产业示范基地的工作机制。应突出地域的广延性，更要发挥集聚效应，努力拓展同心产业示范基地建设，不断提升同心产业示范带水平，共享同心产业示范基地等领域的成果经验。

（3）**加强营商环境建设**。毕节应强化营商环境保护，为建设同心产业示范基地夯实基础，强化毕节产业发展的营商环境保护，明确产业示范基地建设的主攻方向，加强毕节营商环境的综合治理，实行对公职人员最严格的问责追责，加快推进同心产业示范基地重点领域环境保护和治理，确保毕节以服务最优的营商环境走在全国前列。

（三）推进政策支持

（1）**加强政策指导**。毕节应积极争取中央统战部、全国工商联和各民主党派及发达地区对口支援城市大力支持下，按照同心产业强优发展的要求，尽快制定毕节同心产业示范基地发展的指导政策，进一步开展同心产业示范基地认定命名和运营管理，重点培植和发展支柱性产业，制订重点扶优扶强政策措施，选择若干带动性强、关联度大、市场前景广阔的优强同心产业进行大力扶持，积极聚集各类生产要素，扩大规模，提高档次，着力在同心产业优强发展上实现新的突破。

（2）**加强政策调整**。毕节应着眼于企业的国际化发展，尽快制定同心产业示范基地发展的政策调整，打破地区分割、条块分割和地企分割的格局，切实调整一、二、三产业结构，进一步促使本地区产业的结构调整。应在调整布局结构中突出发展农林渔业和教育医疗及文化旅游等支柱产业，尽快扶持一批有人才、有品牌、有技术、有效益的支柱性同心产业基地。

（3）**加强急需人才引进**。毕节应按照人力资源开发培育和加快同心产业示范基地的发展要求，尽快制定毕节同心产业示范基地发展需要的更加优惠吸引人才政策措施，积极为产业发展引进各类急需紧缺人才，优厚招聘一批产业领军人才和高端经营管理人才，加快培养通晓国际贸易和国际化需要的高素质产业经营管理人才队伍和培养适应新形势下产业发展需求的技能应用型高端人才队伍。应重点向输送产业工人的单位给予必要的奖励，为引进的各类急需紧缺人才提供医疗和子女入学便利，并为各类人才开设"绿色通道"，可优先在全市城镇自主申请落户和直接申报评审高级职称，又可继续实施阶段性降低企业职工基本养老保险费费率，更可享受政府提供的租房或购房补贴等政策，着力为毕节同心产业示范基地发展提供有效的人才支撑。

（四）推进资金扶持

（1）**加强财政专项支持资金**。毕节应积极争取中央统战部、全国工商联和各民主党派及发达地区对口支援城市大力支持，加快建立同心产业示范基地建设财政专项支持资金，专门为同心产业示范基地建设提供发展所需资金保障。

（2）**加强产业发展专项基金**。毕节应从同心产业示范基地的自身发展需要出发，建立中央统战部、全国工商联和各民主党派及发达地区对口支援城市大力支持的同心产业发展专项基金，用于提升同心产业示范基地发展活力，有效促使同心产业示范基地在毕节做优做强和一枝独秀。

（3）**加强财政金融帮扶资金**。毕节应认真贯彻落实国家和省委省政府关于进一步促进产业发展的相关意见和毕节试验区有关产业发展的规定，建立健全同心产业示范基地建设基金和同心产业示范基地发展贷款资金,共同扶持同心产业示范基地发展,加大对服务平台和优势企业扶持力度。应要求各金融机构认真贯彻落实有关促进同心产业示范基地发展的金融支持文件精神,加大金融产品和服务创新,加大对同心产业示范基地建设的金融支持和担保支持,为同心产业示范基地发展拓宽融资支持渠道。

(五)推进技术进步

(1) **加强技术创新**。毕节应确立同心产业示范基地内企业研发活动的主体地位,完善相关企业创新机制,引导相关企业加大研发投入,鼓励相关企业建立研发机构,支持有条件、有潜力相关企业在关键技术、关键工艺上进行技术改造与创新,培植一批具有自主创新能力、自主知识产权和核心技术的同心产业示范基地。

(2) **加强技术突破**。毕节应在同心产业示范基地内坚持对相关企业的原始性创新、集成创新、引进消化吸收再创新相结合,加强重点领域自主创新,突破关键技术和核心技术,着力提高同心产业示范基地的科技实力。

(3) **加强平台建设**。毕节应协调同心产业示范基地与高等学校和科研院所及大型企业集团开展多种形式的"产学研"合作,建设一批高水平开放式的公共实验室和区域性、行业性的产业集群创新平台,加快完善科技和产业服务支撑体系,加快形成结构合理、功能完备、富有活力、开放竞争的企业自主创新体系。

(六)推进企业发展

(1) **加强优强企业发展**。毕节应在同心产业示范基地内积极依托中央统战部、全国工商联和各民主党派及发达地区对口支援城市的现代化和高端化视角,创新思维、创新发展模式、创新运营机制和管理机制,加强同心产业示范基地间的联合和交流,支持相关企业以先进的理念、先进的商品、先进的服务和雄厚的实力积极走出去参与国际竞争,鼓励相关企业优强发展,着力培育一批具有国际竞争力的优强企业。

(2) **加强龙头企业发展**。毕节应在同心产业示范基地内严格按照国际化和现代化发展的要求,科学规范同心产业示范基地建设,实施龙头企业带动,引导企业集聚发展，不断在同心产业示范基地内积极引进和扶持关联性大、带动性强的大企业、大集团，充分发挥龙头企业集团辐射、引领和销售网络的带动作用，积极引导各种资源向龙头企业集聚，着力提高同心产业示范基地核心竞争力。

（3）加强企业示范引领。毕节应在在同心产业示范基地内推进企业升级发展，确立以企业示范引领的新发展方式，努力把各类企业做得更大、做得更强、做得更优，不断发挥统一战线支持的同心企业示范效应，尽快推进各类企业优强发展，卓有成效地推进毕节同心产业示范基地建设向纵深方向引领发展。

（七）推进品牌建设

（1）加强品牌战略。毕节应在同心产业示范基地内大力实施品牌带动战略，提升企业的品牌意识，推动生产要素向名牌产品和优势企业流动，积极做好争创一批市级、省级、国家级、世界级优质产品生产企业，促进同心产业品牌聚集发展，通过企业品牌聚集效应来培育国际品牌。

（2）加强品牌建设。毕节应在同心产业示范基地内加强企业自主创新和标准、计量、质量等内部管理，不断提高产品质量和服务水平，鼓励企业建立综合品牌，开展企业形象和品牌标识的策划与宣传活动，促进名牌产品的企业开展多层次、全方位联合协作，实现同心产业示范基地的优势共享和协同发展。

（3）加强品牌维护。毕节应在同心产业示范基地内深入企业开展质量论证工作，不断完善标准体系，全面提升产品质量，积极培育国际、国家、省名牌产品，对评为"国际名牌产品"和"中国名牌产品"的企业给予大力宣传和重点扶持，加大名牌推介力度，以名牌产品为依托，着力提升企业、产品的国内外知名度、美誉度，打造一批产业名县、名镇、名村，实现由产品品牌向国际性名牌的转变。

（八）推进产业支撑

（1）加强产业高校建设。毕节应加快建立毕节同心产业大学，争取作为中央统战部和教育部牵头主办，各民主党派和全国工商联及发达地区对口支援城市参与共建的全日制本科高校，着力打造一批特色产业学科，引进全国著名高校协助合作办学并对口支援毕节同心发展大学，重点开设产业经济学、企业经营管理学等专业学科，努力打造一批"双一流"学科体系。

（2）加强优胜劣汰。毕节应积极对那些资源消耗低、无污染、附加值高、科技含量大、发展潜力好的同心产业给予全方位的扶持，可采取"腾笼换鸟"模式，积极将空闲土地置换到产业园区或开发区，实现土地资源的集约利用。应不断加强产业基地的基础设施建设，明确产业基地的功能定位和产业配套，以龙头同心产业、核心同心产业、优势同心产业为主导，以产业合理布局和健全完善产业链为主线，实行产业链招商，多渠道吸引资金，形成在生产环节上下游连贯配套的成块、成片、成区的集中投入，培育和建设一批以大产业、大集团为骨干，以同心产业为主体的先进同心产业示范基地体系。

（3）加强产业转型升级。毕节应在中央统战部、各民主党派和全国工商联及发达地区对口支援城市的支持帮助下，充分利用各个区县之间现有各类同心产业的资源，对现有同心产业进行整合、优化、提升，不断提高投资强度和土地集约化程度，促进产业集聚和产业转型升级，加快把毕节建设成为贯彻新发展理念示范区而共同奋斗。

参考文献

[1] 习近平对毕节试验区工作作出重要指示［EB/OL］.新华网，2018-07-19.

[2] 国家发展改革委关于印发《推动毕节高质量发展规划》的通知［EB/OL］.国家发改委官网，2022-07-20.

[3] 毕节市2022年国民经济和社会发展统计公报［EB/OL］.毕节市人民政府官网，2023-05-17.

作者简介：杨毅，贵州省六盘水市商务局原机关党委书记、高级经济师。

社会治理现代化：为贵州"后发赶超"夯实基础

周 素

摘 要：过去十余年贵州高速发展，社会治理在贵州发展中具有重要的作用和意义。当前贵州由高速发展阶段转向高质量发展阶段，在发展阶段变化中社会需求变化带来的群众诉求多元化；经济发展阶段改变带来的社会问题高发；科技信息发展带来的社会问题快速扩散等新的挑战。本文从社会治理现代化出发通过畅通群众诉求渠道，增强保障体系建设，提升社会治理智能化等方式，探索社会发展和社会稳定的平衡，形成两者之间的互构，为贵州"后发赶超"，建设区域高质量发展，夯实基础。

关键词：社会治理现代化；贵州；后发赶超；高质量发展

一、引言

过去十余年贵州从"天无三日晴，地无三里平，人无三分银"变成了"高铁飞驰，高速密布"的"避暑胜地，数据之巅"。经济的高速发展，社会的快速建设，离不开党中央的决策部署。习近平总书记多次就贵州工作作出重要指示批示，要求贵州在新时代西部大开发上闯新路，在乡村振兴上开新局，在实施数字经济战略上抢新机，在生态文明建设上出新绩，为贵州发展指明了前进方向、提供了根本遵循。

当下贵州已由高速增长阶段转向高质量发展阶段。经济高质量发展需要释放更多的社会活力，同时也需要社会秩序的保障。在"后发赶超"的过程中经济、政治、社会等的发展和社会稳定的平衡,也是社会活力和社会秩序之间的平衡,形成两者之间的互构是"后发赶超"的关键。运用社会治理现代化推动贵州"后发赶超",让发展做到"管而不死,活而不乱",具有重要的实践意义。

二、社会治理现代化在"后发赶超"中的重要性

(一)社会治理现代化理论

党的十九届四中全会提出"社会治理是国家治理的重要部分",二十大报告指出:"完善社会治理体系,健全共建共治共享的社会治理制度,提升社会治理效能,畅通和规范群众诉求表达、利益协调、权益保障通道,建设人人有责、人人尽责、人人享有的社会治理共同体。"社会治理是"多元主体通过平等的合作、协商、对话等方式,依法对社会事务、社会组织和社会生活等进行引导和规范"。且有效的社会治理能创造稳定的社会秩序,使经济、政治、社会等各方面发展良好。社会运转有序,才能人民生活幸福。

社会治理现代化理论是指在社会治理过程中,借助现代化的思维方式、理论体系和手段,使社会治理更加科学化、规范化、高效化的理论体系。一个现代化社会既需要充满活力又需要良好秩序,当前社会治理现代化理论的操作层面,一是共同治理即社会治理的社会化,二是依法治理即社会治理的法治化,三是科学治理即社会治理的智能化,四是专业治理即社会治理的专业化。社会治理的下沉,对接的是群众切身的利益,自觉地将社会治理现代化融入到高质量发展中来才能打造群众安心的生活环境和良好的营商环境。

(二)"后发赶超"战略理论

后发赶超理论,也被称为"后发优势理论",是指相对于先发达国家或地区,后发展起来的国家或地区可以在经济、科技、社会等领域通过采取一系列有针对性的政策和措施,以追赶并超过先发达国家或地区。这一理论主要强调后发国家或地区在经济发展过程中具有独特的优势和机遇,比如规模经济、人力资源、知识和技术转化等方面。后发赶超的理论主要包括以下几个关键

要素：

一是技术转移：后发国家、地区或企业可以通过引进、吸收和创新技术，从而在经济发展中迎头赶超先发达国家、地区或企业。技术转移可以通过区域合作、技术引进、企业间合作等方式实现。

二是制度优势：后发国家、地区或企业可以通过建立和完善有利于经济发展的制度和政策环境，以推动产业升级和创新发展。这包括政府扶持政策、市场开放、法律保护等。

三是优势产业发展：后发国家、地区或企业可以通过发展具有竞争力和优势的产业，迅速实现经济增长。选择适合自身条件的产业，并通过技术创新、提高产业链附加值等方式提升竞争力。

四是人力资源优势：后发国家、地区或企业可以通过有效培养和利用人力资源，提高劳动生产力和创新能力。教育、培训和人才引进等措施都可以促进人力资源的发展。

五是资本积累：后发国家、地区或企业可以通过增加投资和积累资本来支持经济的后发展。这包括加大对基础设施建设、科研和创新的投入，以及引进外资等。

（三）社会治理现代化在"后发赶超"中的重要性

社会治理现代化在"后发赶超中"具有重要的作用和意义。

一是优化社会治理体系：现代化的社会治理可以通过建立科学、高效、透明的社会治理体系，提供有效的社会服务和公共管理，为后发国家或地区的经济发展创造良好的环境和条件。

二是促进社会稳定和安全：后发国家或地区在发展过程中面临着较高的社会矛盾和不稳定因素。现代化的社会治理可以通过提升公共安全和社会稳定的治理能力，有效预防和应对社会风险，维护社会秩序，为经济发展提供稳定的社会环境。

三是促进社会公平和正义：后发国家或地区通常存在较大的社会差距和不平等现象。现代化的社会治理可以通过改善社会保障体系、强化财富分配机制、加强社会救助和公平正义的实施，推动社会公平和正义，使更多人共享经济发展成果。

四是提升治理能力和竞争力：后发国家或地区需要在经济、科技和社会等领域与先发达国家竞争。现代化的社会治理可以通过提高政府的决策科学性、信息化水平和服务质量，增强公共管理能力，实现精细化管理和创新化发展，提升后发国家的治理能力和竞争力。

总体来说，现代化的社会治理是后发国家或地区实现经济赶超的重要手段和保障。它可以通过提供良好的社会治理环境、促进社会稳定与公平发展，并不断提升治理能力与竞争力，为后发国家或地区的经济发展提供有力支撑。同时，它也为"后发赶超"提供了组织协调和资源整合等方面的支持，推动经济社会的全面发展和创新驱动。

三、贵州"后发赶超"对社会治理的挑战

2020年贵州打赢脱贫攻坚战，目前正进行脱贫攻坚成果同乡村振兴的衔接，过去的十余年贵州地区生产总值，人均地区生产总值，城乡居民收入不断增长。随着经济的发展社会的进步，社会主要矛盾已经转化为人民日益增长的美好生活需要和不平衡不充分的发展之间的矛盾。社会需求产生变化，带来新的社会问题产生，社会诉求也更多元化。经济、政治、社会等的"后发赶超"加大了社会治理难度，对社会治理产生了新的挑战。

表1　2013—2022年贵州经济社会发展情况

年度	地区生产总值（万亿元）	较上年增长（%）	人均地区生产总值（元）	城乡居民人均可支配收入（元）	
				城镇常住居民可支配收入	农村常住居民可支配收入
2013	0.8	12.4	23151	20667	5434
2014	0.92	10.8	26437	22548	5970
2015	1.05	10.7	29847.25	24579	7386
2016	1.18	10.5	33246	26742	8090
2017	1.36	10.2	37956	29080	8869
2018	1.54	9.1	41244	31592	9716
2019	1.68	8.3	46433	34404	10756

续表

年度	地区生产总值（万亿元）	较上年增长（%）	人均地区生产总值（元）	城乡居民人均可支配收入（元）	
				城镇常住居民可支配收入	农村常住居民可支配收入
2020	1.79	4.5	—	36096	11642
2021	1.95	8.1	50808	39211	12856
2022	2.02	1.2	52321	41086	13707

数据来源：国家统计局历年中国统计年鉴，贵州省2013—2022年国民经济和社会发展统计公报。

（一）社会需求变化带来的群众诉求多元化

随着我国社会主要矛盾的变化，人民的诉求也逐渐的发生变化。人们的物质需求得到满足，其他方面的需求不断增加，群众诉求的多元化逐步体现。

一是经济诉求：人们关注社会的经济公平和机会平等；追求更好的经济发展和生活质量；希望稳定的就业保障，有更好的就业机会和薪资待遇，找到满足自身能力和兴趣的工作。

二是政治诉求：人们追求政治的公正和民主，希望能够参与决策和政策制定的过程中，有更多的发言权和权力。同时也希望政治体制能够实现公正和透明，不偏袒任何特定利益群体，让法治和司法机构，保障每个人的权益和公平。

三是社会福利诉求：人们关注社会保障、医疗、教育资源等公共福利服务的提供和改善，追求全民共享社会福利。在医疗方面，人们关注医疗资源的分配公平性和负担能力，希望公共医疗服务普及和质量提升。在教育方面，希望能够享有平等的教育机会和资源。在社会保障方面，希望社会保障制度能够覆盖更多人群，提供充足的保障，包括失业保险、养老金、医疗保险等。

四是社会公平诉求：人们关注社会的公平正义、收入差距的扩大、社会阶层之间的隔离，追求公平的机会和资源分配。希望消除社会不平等现象，尊重和欣赏多样性，打破歧视和偏见，确保每个人都能够享有平等的权利和机会。

五是环境诉求：人们关注气候变化、资源利用和环境污染等环境问题，追求合理的资源利用和保护。倡导能源、水资源、土壤质量及生物多样性的保护；倡导节约能源、循环利用和可持续农业等措施，减少对自然资源的损耗。

六是文化诉求：人们关注艺术、设计、电影、音乐、游戏等领域的创意表达和经济价值，追求多样性和包容性的文化环境和文化创意产业的发展。希望保护和传承本土文化，包括语言、民族传统、艺术和文学等方面。

（二）经济发展阶段改变带来的社会问题高发

经济增速变缓，经济发展从高速发展阶段转向高质量发展阶段，可以说是经济发展的重要拐点，在这样的阶段下可能会出现以下社会问题。

一是就业困难：高质量发展往往意味着经济结构调整和技术创新的加快，这可能导致一些传统产业的衰退和就业机会的减少。一些人可能会面临就业困难和失业风险。人工智能和机器学习等新兴技术的进步可能导致一些职业或岗位的自动化和替代，例如一些简单重复的工作和数据分析。这可能使得一些人面临就业难题和工作需求下降。

二是转型压力：经济结构转型是实现高质量发展的关键，但这也可能导致一些企业的困境和生产要素的重新配置。一些企业可能需要进行资本投资、技术引进和管理创新，以适应新的产业和市场环境。这可能带来一定的转型压力和投资风险。

三是社会保障压力：高质量发展可能会要求提高社会保障水平和公共服务质量。但由于经济增速放缓，财政收入可能会减少，这可能导致社会保障压力增加，如养老保险、医疗保障和教育资源等方面的问题。

四是收入差距扩大：高质量发展在一定程度上可能会导致收入差距的扩大。一方面，一些新兴产业和高技术产业可能会出现财富加速崛起，财富集中的现象；另一方面，传统产业的衰退和就业机会的减少可能会导致一部分人经济陷入困境。

五是社会不稳定因素：经济发展阶段的转变可能会引起一些社会不稳定因素的出现。例如，失业人口的增加、收入不公平和资源分配的不均等问题，都可能导致社会矛盾和不满情绪的积累，从而引发社会不稳定。

（三）科技信息发展带来的社会问题快速扩散

科技信息的发展使得信息的传播速度大大加快。随着社交媒体的普及和使用，个人和群体可以通过平台分享信息、观点和情绪，使得信息扩散更为迅速和广泛。科技信息的快速发展可能会带来以下社会问题的快速扩散。

一是数字鸿沟：科技信息的快速扩散可能会导致数字鸿沟的进一步加剧。那些无法获得和利用科技信息的人群可能会被边缘化，进一步加剧社会的不平等现象。如数字健康鸿沟，虚拟医疗、健康信息和远程医疗等数字技术的发展为人们提供了更便利的医疗服务，但对于一些偏远地区或弱势群体来说，由于缺乏适当的技术和资源，无法获得高质量的医疗服务，增加了健康鸿沟的存在。

二是虚假信息和谣言：科技信息的快速扩散提供了广泛的传播渠道，大量信息涌入人们的生活，但同时也给人们带来了辨别信息真伪和价值的挑战。许多人缺乏信息辨别能力，容易受到虚假信息和不良内容的影响，导致社会问题更容易扩散，对社会稳定和公共信任造成负面影响。

三是隐私和数据安全：科技信息的快速扩散意味着个人数据的大规模收集和使用。随之而来的是对隐私和数据安全的关注，个人信息被滥用、泄露和侵犯的风险增加。一些不良分子可能会通过虚假应用程序或信息骗取用户的个人信息、财产或其他敏感数据。这可能导致用户的经济损失或个人隐私权的侵害。

四是就业不平衡：科技信息的发展可能导致某些传统行业的衰退和岗位减少，而新兴技术行业的需求可能无法满足所有人的就业需求，则会导致就业不平衡和就业压力的加大。如，科技信息的快速发展促进了电子商务和线上平台的兴起，这给一些传统实体店铺带来了竞争压力，可能导致传统零售业和服务业的就业岗位减少。

五是社交关系与心理健康：科技信息的快速进步改变了人们的社交方式，可能导致实体社交网络的减少和虚拟社交网络的增加。这可能对人们的社交关系和心理健康产生影响，如孤独感和网络成瘾等问题。在虚拟社交网络中，人们往往可以控制自己的虚拟身份和社交形象，这可能导致人们失去真实性和信任。

四、以社会治理现代化推动贵州"后发赶超"

社会治理的推进同步保障社会的秩序，党的十八大以来习近平总书记不断强调提升社会治理能力。面对贵州"后发赶超"带来的社会治理挑战，可以通过发展和治理两者之间的互构逐步解决。以社会治理现代化推动贵州"后发赶超"可以提升治理能力、实现社会协调发展、加强法治建设和提升社会服务水平，从而推动经济社会的全面发展和人民群众福祉的提升。

当前群众的诉求变得多元化了，我们更要通过畅通群众诉求，将人民至上放在第一位，倾听群众诉求。完善社会建设，增强社会保障体系，从而解决群众诉求。社会治理需要下沉，基层社会治理更要加强社会化、法治化、专业化、智能化的建设，创新基层治理机制，通过市域治理的统筹协调，防范化解社会不稳定因素。

（一）坚持人民至上，畅通群众诉求渠道

二十大报告中"人民"作为高频词充分体现了我党人民至上的情怀。贵州"后发赶超"的目标是为了满足群众的需求，使群众获得良好的居住环境，拥有幸福的物质以及精神生活；也是为了要缩小与经济发达地区的各方面差距，减轻社会的矛盾，让贵州的人民得到更好的社会服务、社会保障，能够同经济发达地区的人民群众一样获得好的教育水平、医疗条件。

因此在贵州"后发赶超"过程当中，由于社会需求的变化从而产生群众的诉求的多元化。首先要做的就是人民至上，畅通相关的诉求渠道，倾听群众的声音，根据群众需求进行社会建设。

一是政府相关部门要主动倾听和回应群众诉求。政府应当主动关注群众需求，建立畅通的沟通渠道。政府可以设立热线电话或在线投诉举报渠道，让群众可以随时随地反映问题和提出意见。相关部门应及时受理并回应来自群众的投诉和举报，解决问题并向群众反馈处理结果。同时值得关注的是对于热线的开放不是一味地将问题打包发回基层，而是通过一定的问题分析，分解问题，指导督查相关部门解决群众诉求。同时也可以创设社交媒体平台，定期召开政策解读会或新闻发布会，加强社区工作，设立意见箱或意见征集平台等方式进行与群众的互动和沟通，及时解决问题。

二是要加强社会组织和民间力量的参与。除了政府的主动倾听和回应，社会组织和民间力量的参与也至关重要。鼓励社会组织发挥作用，组织民间力量积极参与社会事务。为此政府可以提供支持和便利，为社会组织和民间力量提

供合理的参与渠道,使他们能够更好地代表群众发声、反映问题,并共同参与解决问题的过程。

三是强化政策制定的民意调查和评估:在制定重大政策时,政府应当进行广泛的民意调查和评估,了解不同群体的需求和意见。可以通过问卷调查、社会调查、专家座谈等方式,全面收集各类信息和意见,为政策制定者提供科学的决策依据。

四是加强公共服务的质量和平衡发展:针对群众诉求多元化的问题,政府应当加强公共服务的质量和平衡发展。加大教育、医疗、就业、社会保障等方面的投入,确保各类公共服务的普惠性和公平性。同时,通过优化资源配置和服务布局,满足不同群体、不同区域的需求,确保公共服务的均等化和普及化。

五是加强法治建设和维护公平正义。法治是解决社会需求多元化问题的重要保障。政府要加强法治宣传和教育,增强民众的法治意识。同时,加强法律法规的制定和执行,保障公平正义、维护社会秩序,解决群众的合法权益问题。

(二)完善社会建设,增强保障体系建设

完善社会建设和增强保障体系建设是解决社会经济转型、增速变缓中产生的社会问题的重要途径。社会建设和保障体系的完善为优质社会服务和公共福利提供了保障,使得劳动者享有更好的福利待遇和社会保障。这将提高劳动者生活质量和工作动力,促进经济生产和创新能力的提升。同时可以提高社会公平正义感和社会福利水平,减少社会不满情绪和社会矛盾的积累,维护社会的稳定和谐。

如何完善社会建设,增强保障体系,进一步解决社会经济转型、增速变缓中所产生的就业困难、社会转型压力、社会保障压力、收入差距及社会不稳定因素产生等各类问题,可从以下措施进行思考:

一是加强教育与培训:加大对教育和培训的投入,提高人力资源质量,使其适应新兴行业的需求。优化教育体系,鼓励学校与企业合作,提供实用的职业技能培训,以满足市场需求。

二是创享就业机会:提供财政支持和政策引导,帮助企业进行技术引进和

管理创新，促进企业转型升级。推动创新创业，提供良好的创业环境和政策支持。鼓励大学生、农民工等群体创业就业，在发展新兴产业中开拓更多就业机会。

三是加强社会保障制度建设：完善社会保障体系，包括养老、医疗、失业等方面的保障，提高保障水平和覆盖率。加强社会救助，重点关注困难群体的基本生活需求。

四是促进收入分配公平：制定和实施相应的税收政策，减少收入分配差距。推动企业健康发展，确保员工福利和合理薪酬，减少收入不均现象。

五是加强社会管理和维护：建立健全的社会治理机制，加强民主法治建设，维护社会秩序和安全。强化社区自治，提高居民参与社会治理的能力和意识。

六是促进公共服务均等化：加大基础设施建设和公共服务投入，提高教育、医疗、养老、住房等公共服务的质量和普及程度。缩小城乡和地区之间的发展差距，提高全民共享公共服务的机会和待遇。

七是加强社会创新和文化建设：鼓励社会组织和非营利机构的发展，推动社会服务创新。弘扬社会主义核心价值观，培育积极向上的社会文化氛围，增强人们的社会责任感和社会归属感。

（三）加强创新社会治理，提升治理智能化

社会治理智能化可以通过人工智能和大数据技术实时监测和分析舆情信息，识别和预警可能出现的社会问题。这样可以在问题扩散之前及时采取针对性的措施，防止问题进一步蔓延，减少社会不稳定因素的产生。同时，社会治理智能化可以促进政府、企业、社会组织和群众之间的信息共享和协同治理。通过建立信息平台和机制，实现信息的互通互联，协同解决社会问题，提高社会治理的效率和效果。

面对社会发展过程中产生的数字鸿沟产生，虚假信息和谣言扩散快，隐私和数据安全隐患，就业不平衡及社交关系与心理健康影响等社会问题的产生，可以通过加强创新社会治理，提升社会治理智能化进行化解。

一是数字素养提升：政府和社会组织可以提供基础设施和培训，确保所有人都能够获得和利用科技信息。例如，提供普及计算机和互联网的计划，培训

弱势群体使用科技设备和互联网，促进数字素养的提高。

二是强化网络安全和个人信息保护：加强网络安全防护措施，保护个人信息安全和隐私权益，减少网络欺诈、网络暴力等不良行为对社会的影响。加强相关法律法规的制定和执行，保障网络环境的安全有序。

三是建立智能化监测和预警机制：利用人工智能和大数据技术，构建科技信息快速扩散的监测和预警系统。通过监测网络舆情、社交媒体数据等信息，及时发现和预警社会问题的扩散趋势，从而能够及早制定和采取应对措施。

四是加强网络信息的管理和监管，建立信息真实性和可信度评估机制。鼓励媒体、社交平台等信息传播主体自律，提供准确、客观、有公信力的信息内容，降低虚假和误导信息的传播速度和影响力。

五是提供科学决策和精准干预：社会治理智能化提供了有力的决策支持和精准干预手段。基于大数据分析和模型预测，可以更准确地评估社会问题的影响和后果，制定科学有效的政策和措施，通过精准干预解决或缓解社会问题。

六是提倡健康的社交方式：教育公众有关正确使用科技和虚拟社交网络的重要性，并鼓励参与实体社交活动。此外，提供心理健康支持和咨询服务，帮助人们应对由科技信息带来的心理压力和问题。

参考文献

[1] 习近平. 关于《中共中央关于坚持和完善中国特色社会主义制度　推进国家治理体系和治理能力现代化若干重大问题的决定》的说明 [M] //中国企业改革与发展研究会. 中国企业改革发展2019蓝皮书. 北京：中国商务出版社，2019：462-466.

[2] 习近平. 高举中国特色社会主义伟大旗帜　为全面建设社会主义现代化国家而团结奋斗——在中国共产党第二十次全国代表大会上的报告 [J]. 中国合作经济，2022（10）：4-31.

作者简介：周素，中共毕节市委党校公共管理教研部讲师。

贵州织金县行政执法协调监督试点调研报告

胡长兵

摘　要：2022年7—10月，贵州织金县开展了行政执法协调监督工作体系建设试点。通过健全协调监督机制体制，进行协调监督业务培训，加强行政执法日常督察，以及完善协调监督保障方面的"四有一聚焦"经验，试点取得初步成效。成绩之外，问题也现，如监督权威不强、人员不足等。为此，需要增强监督机构级别，扩充队伍，提升监督法制位阶等。

关键词：行政执法协调监督；织金；贵州

2022年7—10月，贵州省织金县开展了行政执法协调监督工作体系建设试点工作。期间，完备机构、明定职能、健全制度、强化督察等措施有序推进，预期目标顺利达成，协调监督体系初步建立。

和近来全国其他地区一年期的同样试点相比，织金此次试验的时间较短，遭遇的困难、暴露的问题可能不够深入，探索积累的经验也许不够典型，不过胜在立足本地实情，同时毕节其余县区的试点得失也可一起分享。再若对众多的省外经验作"拿来主义"的参考借鉴，例如山东威海市出台《涉企行政检查管理办法》，有效提升了相关执法的规范化水平，如此综合考察，当可为未来数年贵州行政执法协调监督体系建设提供必要的助益。

一、行政执法协调监督试点的背景与缘起

20世纪80年代以来，随着国家法制建设的恢复和发展，"有法可依"的问题逐步解决，"执法必严"的疑难即行政执法领域日渐变成焦点堵点。一些省级地方、中央部委随之建立了相关的监督机制，例如黑龙江早在1982年开展

的全省执法检查行动、1988年国家技术监督局组织的全国计量执法检查行动，规章方面则如1990年北京市《行政执法和行政执法监督暂行规定》等。

倘若说1989年《行政诉讼法》开启了对行政执法的外部司法监督，1996—2011年，《行政处罚法》《行政许可法》《行政强制法》等行政基本法以及《政府信息公开条例》的陆续颁行，则"从根本上解决行政执法权力无限制、设定无规范、执行无程序、责任无追究的历史，基本上扭转了过去乱处罚、乱集资、乱摊派的'三乱'问题"。

2021年8月，国务院《法治政府建设实施纲要（2021—2025年）》提出，加强对行政执法的制约和监督，发挥执法监督机制的统筹协调、规范保障、督促指导作用，2024年底前基本建成省市县乡全覆盖的行政执法协调监督工作体系。10月，为贯彻落实上述纲要，司法部于全国选取45个市、县、乡开展协调监督工作体系建设试点，期限一年（2021年10月—2022年10月）。

这些年来，与全国同步，贵州法治政府建设业绩显著，依法行政不断推进。在执法的规范化和监督方面，《贵州省行政执法监督办法》《贵州省行政执法责任制和评议考核规定》《贵州省行政执法过错责任追究办法》《贵州省行政复议条例》渐次出台。2007年，还颁布了全国首部执法奖励规章《贵州省行政执法奖励办法》。

成绩之外，也当看到存在的问题、缺陷和不足。2022年7月，中央法治督察组在贵州实地访查后指出，市县法治建设还有短板弱项：比如有的地方、部门行政执法"三项制度"落实不够严格规范；"一刀切"式执法、运动式执法，执法慢作为、不作为、乱作为等问题在基层依然存在；行政诉讼"出庭不出声"现象较为普遍等。

为进一步加强依法行政，预先筹谋执法协调监督体系，尽力先行先试，依据新国发〔2022〕2号文件国家对黔的发展扶持政策，2022年初，贵州向司法部补请参加上列试点。6月，在获得同意后，为了支持"法治毕节"的持续创建，省司法厅将其安排为省内唯一的试点单位。

毕节市随即展开紧张的试点部署，采取"全面推行、重点探索、打造示范、树立典型"的思路，根据各地各部门实际，明确辖下6县（市、区）和各市直执法部门于全面创建的同时，还分别承担不同的重点任务，例如金沙县作为省行政执法"三项制度"平台推广应用试点地区，要求在推进执法信息化建设方面出经验，以增强试点的针对性和实效性。

二、织金执法协调监督试点的主要举措

7月初，织金于市试点动员会后，首先抓好先期思想准备，设立了"县行政执法协调监督"微信群，将市试点文件发布其上，要求各相关部门提前思考，主动谋划。

7月20日，县试点工作领导小组成立，布置周密、分工适恰的试点实施方案及任务分解表制成下发。

（一）健全执法协调监督的机制体制

根据2017年《贵州省行政执法监督办法》，各级政府及其职能部门中，内设的法制机构负责执法监督专项事务。

试点中，织金进一步落实上述规章的规定，确保有机构履职，有人员做事。作为政府的法制部门，一方面，县司法局明确下设的"行政执法协调监督股"具体分管日常监督事宜，并予配备人员3名（含兼职1人）；另一方面，督促全县执法机关加紧确定各自的监督机构及人员。值得提及的是，前引的山东威海在市、县司法局行政执法监督科还加挂了市、县"人民政府行政执法监督局"的牌子，提高了机构权威，或可效仿。

行政执法"三项制度"（公示、全过程记录和重大决定法制审核）是执法监督的重点领域，正所谓"阳光是最好的防腐剂"，需让权力在阳光下公开透明运行。司法局积极推动各执法机构普遍建立"三项制度"，保障公众的知情权、监督权。目前，在县政府网站的"双公示"平台上，各部门都已将其执法主体、权限、依据、程序等信息全面公开；全过程记录制度在各单位执法中基本做到落实；大部分机关制定了重大执法决定法制审核目录清单。

"持证上岗""亮证执法"现已成为行政执法的必要程序。在执法证管理方面，鉴于少数乡镇（街道）和县直部门迄今未曾申领或换发，面临执法不合法的风险，2022年3月以来，司法局试行执法证办理情况月通报制度，加强督促，同时也将办理程序尽量予以简化明晰。

（二）开展执法协调监督的业务培训

为提升执法监督的水准和质效，2月下旬，司法局曾组织全县33个乡镇（街道）司法所所长及本局协调监督股开设了一期业务培训班，内容包括行政执法监督的含义、重大行政决策和执法决定的合法性审查、规范性文件备案审查、执法资格证管理、执法规范化建设等方面。

8月初，随着试点的进展，司法局就以上人员再次举办全体培训。课程围绕着《行政处罚法》《贵州省行政执法监督办法》《贵州省行政执法过错责任追究办法》等法律与规章、织金执法监督协调工作现状及下一步计划等进行讲授和研讨，着重分析了当前执法监督中的重点难点、痛点焦点，详细论述了执法监督主体和人员资格的审查要领。通过上述培训，基层执法监督队伍的业务能力获得了明显提高，为执法监督工作向乡镇一级延伸打下了坚实的根基。

（三）加强行政执法的日常监督和协调

本年里，依据《毕节市行政处罚案卷评查参考标准（试行）》，司法局进行了多次行政执法案卷评查工作。其一，组织14家执法部门自评自查1次，各部门且评选提交了优秀执法卷宗；其二，组织上列部门的法制机构负责人、执法机构负责人及单位法律顾问参加的部门间交叉评查1次；其三，组织各部门参加县区交叉评查1次，全县共评查执法卷宗60卷，其中优秀卷宗14卷、合格卷宗38卷、不合格卷宗8卷。针对发现的问题，各机关立行立改；一时难以整改的，也都提供了合情合理的说明。

行政裁决、证明事项告知承诺制的监督方面，根据县政府办公室"行政裁决权责清单"和《织金县实行告知承诺制的证明事项目录（2022年版）》，司法局实行月报制度。年初以来，已汇总上报8次月统计数据（9月因新冠肺炎疫情影响未统计）。

投诉举报是人民呼声的最直接反映。司法局严格执行《毕节市行政执法投诉举报处理办法》，将执法监督和民众权益保障有机结合，努力让广大群众"在每一个执法行为中都能看到风清气正、从每一项执法决定中都能感受到公平正义"。年初以来，司法局接到投诉举报及咨询电话60余个，登记执法监督案件2件。对不属执法监督的事项，告知当事人向主管机关另行告诉；属于执法监督的，纳入台账管理，依法立案调查，收到了较好的社会效果。这里可以指出，监督渠道还能作进一步的畅通，例如江苏张家港市司法局即与"12345"热线协商建立了财政供养人员投诉信息抄送机制，从而能够及时掌握相关人员执法中的问题并作为监督重点。

三、织金执法协调监督试点的工作亮色："四有一聚焦"

依照《毕节市开展行政执法协调监督工作体系建设试点工作实施方案》，织金被分配了完善执法协调监督保障、加强基本配套保障标准化规范化建设方面的专项任务。

试点期间，县司法局围绕此任务，一方面抓紧制度设计，按期草拟和上报了《织金县关于行政执法主体协调协作配合的指导意见》《织金县行政执法协调监督工作基本配套保障标准化规范化建设意见》，一方面突出实践对策，总结了"四有一聚焦"的特色经验。

（一）有专门机构履行监督职责

试点之初，司法局原本设想经与县委编办沟通协商，统一对全县执法机关通过部门"三定"（即定机构、定职能和定编制）方案局部调整的方式，明确相关的执法监督职能与机构，以使监督职责法定化。然则具体实施时，发现存在着诸多困难，整体机构调整计划无法有效推进。于是，转换思路弱化要求，改作督促各部门在现有编制范围内自行调剂整合，安排明定监督机构。

目前，全县执法机关中，除了特殊部门以及个别机关未能配置执法监督机构，例如市生态环境局织金分局（市集中执法）、新闻出版局（现只拥有行政许可权）、保密局（执法近乎全为内部事项且涉密）、少普镇政府等4家，其余57个机关均已指定内设的政策法规机构或其他非执法机构作为专职或兼职的执法监督单位，履行监督职责，从而为后续工作的顺利推进提供了正式的体制保障。

司法局还指导和督促各部门于"贵州省司法云"平台适时维护了执法监督机构信息。

（二）有足量人员行使监督权能

《贵州省行政执法监督办法》第 26 条规定，"执行行政执法监督公务活动时，不得少于两人"，这意味着原则上每一执法机关需要配备 2 名执法监督人员。经司法局的不时敦促，全县执法机关现已明确监督人员 166 名，员额超出了法定要求。同时，司法局自身也择优补入一位法律职业资格持证人员充实了执法协调监督股。

（三）有合法证件标示监督资质

证件、制服等是执法监督行为的外在资格表征，佐证着公权身份。在司法局组织下，上述各机关 166 名监督人员中，已有 126 人经过专项法律知识培训，通过了"贵州省行政执法培训系统"的考核。其中，104 人向"贵州省司法云"平台申领执法监督证，省司法厅审核通过 71 人，在全市排名前列。

（四）有严谨文书规范监督流程

法律文书搭建着法规文本和执法、司法实务间的桥梁，是行政执法者、执法监督者从事执法及监督活动的重要载体。许多法律法规存在落实效果差的问题，部分缘由即在执法文书的简单粗疏上。

试点伊始，县司法局即向市局提议，由其统一设计执法监督文书。市局采纳了建议，并指令大方县作为执法监督文书范本的实验单位。目前，市局已将制定的各类文书下发，县局正组织人员培训学习，尽早熟悉尽快运用。

（五）聚焦猫场镇行管体制改革与执法监督体系建设两项试点相结合

2016 年，中办、国办《关于深入推进经济发达镇行政管理体制改革的指导意见》提出，对于人口多、经济强的镇，可赋予相适应的一些经济、社会领域的县级管理权限，进一步激发强镇的发展内生动力，提高新型城镇化的质量水平，推动基层治理体系和治理能力的现代化。2020 年 12 月，省委办、省府办出台《关于推进经济发达镇行政管理体制改革的实施意见》，要求各市、州根据辖内情况，遴选若干城镇开展试点。

2021 年初，县猫场镇因"行政管理经验丰富、城镇发展潜力巨大、经济发展态势良好",被毕节市选为省经济发达镇行政管理体制改革2个试点之一。如今,在上述市试点方案里,此镇又被列作乡镇(街道)行政执法协调监督机制建设试点镇。

针对上述试点的叠加复合情形,司法局基于自身职能,着眼二者的有机结合,通过一审核、二培训、三监督,统筹并举,力争"双促进、两不误",确保猫场镇各项改革措施运行在法治轨道上。

1. 严守政策文件的法制审核

一是对县政府办公室草拟的《织金县深化经济发达镇行政管理体制改革试点(猫场镇)权力清单和责任清单管理办法》《织金县猫场镇职责准入(退出)制度(试行)》予以严格的合法性审核,确保符合相关的法规和政策要求。二是对县直部门拟下放该镇的119项行政管理权限指导目录进行审查,确保权责清单合法合规。

2. 紧抓执法队伍的全员培训

猫场镇行管体制改革试点中,为破解往前乡镇"机构散、力量弱"难题,织金遵循优化协同高效原则,实行机构精简,综合化、扁平化。在行政执法方面,整合现有站、办、所等力量和资源,建立综合执法机构,在县级部门的业务指导下,由镇管理,以镇政府名义相对集中行使行政执法权。

为使综合执法顺畅运转,司法局对镇执法队伍进行了多次全员培训。其一,行政执法证办理过程中的执法专门法律知识培训及"贵州省行政执法培训系统"规定的公共法律知识培训。其二,根据省司法厅《关于举办全省经济发达镇、乡镇和街道整合审批服务试点执法人员专题培训的通知》要求,组织镇执法人员集体参加了省厅有关专家关于《贵州省行政执法监督办法》、新修《行政处罚法》基本问题解读和行政执法"三项制度"工作实务的专题讲座。

此外,为保证赋予猫场镇的第一批91项行管权限(行政处罚权)指导目录落地扎根,放得下、接得住、用得好,县政府办公室牵头,司法局及相关的16个执法部门对镇执法人员实行了集中和分散的两种培训。在集中培训方面,以授课形式对《行政处罚法》、行政执法"三项制度"、行政执法监督、赋权清单事项执法等进行了讲述。按照分散培训方案,猫场镇可依试点实际需要,联系赋权部门进行跟班学习或提请业务骨干给予现场指导。

3. 强化执法的监督协调

在县级层面,2020年底以来,织金将猫场镇行管体制改革试点纳入县重点督察目录，定期督导工作推进情况，动态追踪县直部门扩权赋能该镇的任务落实状况，跟踪结果计入年度考核内容。

在司法行政事务监管方面，司法局加强对镇综合执法机构的行政执法证动态管理，将业已调离该镇的2人以及原属工勤身份的1人等3人持有的执法证件依法收缴注销，并经资格再审定，为镇现有符合条件的28名执法人员办理了执法证，使其能够合法持证上岗。

最后应提及的，本年7月前后，在行管体制改革进程中，遵照县政府安排，司法局结合执法协调监督试点工作，代拟了《织金县猫场镇综合行政执法协调联动机制》。这份文件在征求相关部门意见后，经县政府常务会议审议通过，最终以县政府办公室名义印发下达。

四、织金执法协调监督试点的若干思考：问题及对策

试点中，织金尽管付出许多努力，取得了一定的成绩，但离建成覆盖县、乡二级"全方位、全流程"的执法协调监督体系还存在着很大的差距，各种机制体制还留待进一步的调整完善。

当前，面临的主要问题和困难是：一些执法单位特别是乡镇（街道）法治意识不强，尚未按规定申办行政执法证件；部分执法单位内部法制机构业务能力亟待提升，无法对规范性文件、重大决策的合法性进行有效判断。近期，司法局关于2022年度行政执法监督的报告再次提到：一些部门和乡镇缺乏主动接受行政执法监督的意识；各执法单位尤其乡镇一级，其所配置的监督人员不够充足，以致监督工作推进缓慢等。

以上难题在毕节市层面同样存在。市司法局于呈报省厅的试点总结报告中指出：一方面，监督权威树立难，以市级为例，市局执法监督科、各市直部门法规科为正科级，综合行政执法支队为副县级，实践中监督机构与执法机构二者基本处于指导与合作关系，真正发挥监督问责作用不多。另一方面，监督队伍壮大难，一般说来，监督者往往需较被监督人专业素养更加精湛深厚方可，然则基层部门具备法学教育背景的人员比例较小，在现今待遇等条件同等甚或有时还不如的情形下，相关人员更中意选择行政执法岗位。

有鉴于此，短期实际的应对之策可以考虑如下：其一，增强机构权能，领

导级别予以高配，或是像前文提及的威海做法，加挂政府一级的监督牌子，以期求得对外监督的力量优势或至少相称。其二，加大保障机制，促进职业认同感和荣誉感，激励更多优秀的法治人才投身监督队伍。

即其主要源于基层的事务繁杂、财政比较紧张、干部队伍水平相对有限等现实的制约条件之外，在试点调研中，还曾收集到一些对顶层制度供给方面的意见和建议反映，值得讨论。

一是提升执法监督法制的位阶。目前，关于行政执法监督领域的法规只有一部政府规章《贵州省行政执法监督办法》，且级别较低，若将其升格到例如地方性法规并辅以相关的制度配套，监督工作力度无疑会得到增强。于此，一些省份已先行一步，如《浙江省县级以上人民政府行政执法监督条例》《广东省行政执法监督条例》，可供借鉴。另外，像《山西省行政执法条例》《福建省行政执法条例》等，将"行政执法监督"列作专章，做法亦可。

中央层面，2021年国务院《法治政府建设实施纲要（2021—2025年）》已明文部署，研究制定行政执法监督条例。这两年，司法部正在组织起草《行政执法监督条例（草案）》。

还应提及，种种立法之外，关于行政执法监督制度的有效落地施行问题，人们也做了若干探讨。

二是修订执法责任追究法规。现行的行政执法责任追究规范是2005年《贵州省行政执法过错责任追究办法》，其部分条款已显得陈旧落伍。例如，第27条规定："行政执法机关及其负责人的行政执法过错责任，由本级人民政府或者监察机关负责追究。"此条所称的"监察机关"是指近年监察体制改革前的行政监察部门，现已撤并至各级地方监委，不复存在。同时，现今监委虽然依据《监察法》有权调查问责行政执法机关的领导人员，然却不再能够对机构本身予以直接的监管，尽管就其廉政建设情况等可以提出一些不具强制性的监察建议。

再如，以上规章的责任追究规定中，某些"可以"条款在具体执行中容易导致裁量权的弹性过大，缺乏硬性约束。典型的有：第25条"具有下列情形的，行政执法过错责任追究机关可以责令行政执法机关限期整改；情节严重的，可以给予通报批评或者取消评比先进资格：（一）作出的具体行政行为在行政复议和行政诉讼中被确认违法或者变更、撤销的比例较高的；……"建议修改时，根据违法性程度分类设置法律后果，并将其中的部分"可以"条款修正为"应当"条款。

三是具化执法的行政、刑事责任的衔接机制。现有法规在这两类责任的移交协调方面，条文表述比较简略和原则。比如说《贵州省行政执法过错责任追究办法》第24条，对于违纪违法的执法行为，仅仅说道，若"涉嫌构成犯罪的，移送司法机关处理"。《贵州省行政执法监督办法》里，甚至连此种简单规定也付之阙如。又如，虽则《贵州省行政执法过错责任追究办法》载入了对行政、监察和刑事案件结案后的执法过错之续究要求，以及《政务处分法》赋予了监委关于行政机关对违法执法人员处分问题的督促建议权，但各相关部门间的具体沟通接续措施仍待细化填充。

近来，有学者谈到立法、执法和司法的"科学性"问题，主张推进法治中国建设"要把科学精神渗透到法治工作的所有环节和领域"。显然，加强对行政执法的协调与监督当是科学精神的重要体现之一。

作者简介：胡长兵，贵州省社会科学院法律研究所副研究员。

江西省推进乡村生态振兴的基础条件、主要问题与对策建议

张宜红　万红燕

摘　要：乡村生态振兴是习近平生态文明思想的生动实践，是乡村振兴战略的重要组成部分。江西作为国家生态文明试验区、农业大省和国家绿色有机农产品基地试点省，推进乡村生态振兴有基础、有条件，更要有使命、有担当走在全国前列，但实践中仍然存在乡村生态振兴制度体系不完善、绿色农业生产瓶颈制约依旧、农村人居环境仍存在短板、乡村生态产品价值有效实现机制不足、乡村生态治理效能有待提升等主要问题，进而从强化顶层制度设计、保护乡村生态资源、重视绿色农业生产示范、改善乡村人居环境、加快生态产品价值实现、提升生态治理效能等六个方面提出相应的对策建议，助力打造新时代乡村振兴样板之地。

关键词：乡村生态振兴；生态文明建设；江西

党的二十大报告指出，"必须牢固树立和践行绿水青山就是金山银山的理念，站在人与自然和谐共生的高度谋划发展"，彰显了尊重自然、保护自然、顺应自然的生态文明理念。乡村作为生态系统的重要涵养地和载体，只有保护好乡村这个"大生态环境"，才能为中华民族永续发展保存物质基础、为中华文明赓续传承保有活态遗产。习近平总书记在党的二十大报告中明确指出："全面建设社会主义现代化国家，最艰巨最繁重的任务仍然在农村。坚持农业农村优先发展，坚持城乡融合发展，畅通城乡要素流动。加快建设农业强国，扎实推动乡村产业、人才、文化、生态、组织振兴。"新时代新征程，推进乡村生态振兴，事关中国式现代化的实现。中国式现代化是人与自然和谐共生的

现代化。尊重自然、顺应自然、保护自然，是全面建设社会主义现代化国家的内在要求。全面推进乡村振兴，必须牢固树立和践行绿水青山就是金山银山的理念，站在人与自然和谐共生的高度谋划发展。乡村生态振兴是习近平生态文明思想的生动实践，是乡村振兴战略的重要组成部分。江西作为国家生态文明试验区、农业大省和国家绿色有机农产品基地试点省，推进乡村生态振兴有基础、有条件，更要有使命、有担当走在全国前列。为此，笔者深入江西省赣州、抚州、上饶、宜春等设区市调研，在分析全省乡村生态振兴建设成效的基础上，深入剖析亟待破解存在的主要问题，进而提出相应的思路与举措，助力打造新时代乡村振兴样板之地。

一、基础条件

良好生态环境是农村发展的最大优势和宝贵财富，更是实现产业兴旺、打造宜居环境的前提。江西始终牢固树立保护优先、绿色发展的理念，站在人与自然和谐共生的高度谋划发展，充分发挥乡村的生态优势，补齐生态文明建设短板，推动农村人居条件和生态环境同步建设，努力实现美丽生态、美丽经济、美丽生活的"三美融合"，乡村生态环境不断改善，为顺利推进乡村生态振兴奠定了坚实基础。

（一）绿色生态优势不断彰显

绿色生态是江西最大财富、最大优势、最大品牌，广大农村地区是全省绿色生态资源富集地区。近年来，江西统筹推进农业农村领域污染防治攻坚战，农药化肥减量化行动成效明显，连续六年实现零增长。近年来，江西省以实施整县推进等项目为抓手，畜禽粪污资源化利用水平显著提升，全省畜禽规模养殖粪污处理设施配套率达99%，比2015年提高了20多个百分点，畜禽粪污综合利用率保持在80%以上。农作物秸秆综合利用率达93%以上，比2015年提高8个百分点，农膜回收率超80%。集成推广统防统治、绿色防控等一批绿色高质高效技术模式，截至2021年底全省统防统治覆盖率和绿色防控覆盖率均超45%，建设各类绿色防控示范面积达132万亩，建设化肥减量增效示范面积达40.99万亩。积极推行种养结合、绿色循环发展模式，推广绿色种养循环试点面积达155万亩以上，创建畜禽养殖标准化示范场914个。

（二）农村人居环境明显改善

坚持因村施策，农村人居环境整治连续四年荣获国务院督查激励表彰，走出了一条具有江西特色的美丽乡村建设新路。一是全域化整治成效明显。持续开展农村人居环境整治提升五年行动，稳步推进农村厕所革命，2022年完成农户改厕27万余户，全省农村卫生厕所普及率达到77.25%；城乡环卫一体化垃圾收运处置体系实现行政村全覆盖，90个县（市、区）实现城乡环卫"全域一体化"第三方治理，农村生活垃圾基本实现有效治理；截至2022年6月底，全省累计建成农村生活污水设施6285座，完成26个国家监管农村黑臭水体整治任务。二是品质化提升亮丽乡村。通过深入推进新农村建设的"五大专项"提升行动，致力于提升乡村的品质和美丽度。在这一过程中，已经成功创建了166个美丽宜居乡镇、1561个美丽宜居村庄，以及超过29万个美丽宜居庭院，同时，还打造了153条不仅各具特色而且共同展现美丽的宜居示范带，这些示范带成了乡村美丽的名片。2022年全省新农村建设共惠及1万个自然村，有效改善了80万户300万群众的生产生活条件，全省宜居村庄整治建设覆盖率提升至83%，乡村颜值越来越亮丽。三是长效化管护成为全国典型。"万村码上通"5G+长效管护平台在全国率先推广，这一创新性的村庄环境管护机制得到了中宣部和国家发改委的认可，被列入《国家生态文明试验区改革举措和经验做法推广清单》。该平台监管着全省16万个宜居村庄，为农村环境的持续改善提供了坚实的支持。截至2022年底，该平台的关注量已经突破650万人，累计受理各类管护问题达38万件，处理完结率和群众满意率均达到95%以上。这一高效的管护机制在设区市和涉农县得到广泛应用，为推动乡村振兴和农村现代化建设作出了积极贡献。

（三）绿色发展动能得到增强

近年来，江西坚持质量兴农、绿色兴农，大力推进省部共建全国绿色有机农产品基地试点省建设，绿色发展动能不断增强。一是绿色有机正成为江西农产品的"代名词"。江西依托绿色生态优势，让越来越多的乡村生态资源变成生态产品走向全国，一批优质农产品正在江西的好山好水中茁壮成长。全省主要食用农产品监测合格率连续9年保持在98%以上，2022年江西省发展绿色有机地理标志农产品4413个，其中绿色食品1316个、净增252个，有机农产品2996个、净增679个，总数位居全国第三位，地理标志农产品101个。截至2022年底，江西省先后认定了"林恩""漫江红"等260个特色鲜明、品质优良的"赣鄱正品"品牌，赣南脐橙、南丰蜜橘、庐山云雾茶等13个地理标志产品相继荣登全国百强榜。二是绿色生态产业不断壮大。近年来，江西不断拓展乡村生态功能，大力推进生态产业化、产业生态化。截至2022年底，全省休闲农业和乡村旅游综合产值突破千亿元大关。出台"绿色食品产业链发展13条"，全省绿色有机农业企业超1600家。据不完全统计，2022年全省绿色有机农业产值超千亿元。三是"两山"实践创新基地示范创建不断强化。截至2022年底，全省已成功创建8个国家级的"绿水青山就是金山银山"实践创新基地，数量位居全国第三。此外，江西省还建立了36个省级"绿水青山就是金山银山"实践创新基地，通过这些实践基地的示范创建工作，有效地推动了乡村生态产品价值的实现。

二、主要问题

近年来，江西乡村生态振兴建设取得了一定的成绩，但是依然存在不少问题，主要有以下五个方面较为突出：

（一）乡村生态振兴制度体系不完善

一是乡村生态振兴意见或实施方案尚待出台。全省有关乡村生态振兴的政策举措分散于《江西省乡村振兴条例》《关于推进农业农村高质量发展奋力打造新时代乡村振兴样板之地的意见》《江西省农村人居环境整治提升五年行动实施方案》《江西省乡村建设行动推进方案》等文件中，尚未专门出台江西省乡村生态振兴意见或者实施方案，而周边兄弟省份已出台"乡村生态振兴实施方案"。二是相关配套制度尚待健全。我省出台了《江西省农业生态环境保护条例》，对农用地、农用水、农业污染防治等作出了立法规定，但对废弃农膜回收利用、农村垃圾分类处理、农村污水处理等缺乏地方性法规条文，亟待完善。此外，我省乡村生态环境治理市场化机制尚待健全。

(二) 绿色农业生产瓶颈制约依旧

一是绿色农业发展示范创建优势不突出。作为全国唯一省部共建绿色有机农产品试点省，国家绿色农业发展先行区创建理应走在全国前列。然而，从发布的三批国家绿色农业发展先行区创建名单来看，江西共有丰城、万载、泰和、婺源、瑞昌5个县（市）入选，而浙江是整省推进，湖北和湖南均入选6个。二是化肥农药减量增效目标与粮食生产面积增加要求相矛盾。2022年江西省粮食播种面积5664.6万亩，较上年增长5.4万亩，部分地区已开展了生物农药代替化学农药、有机肥替代化肥、绿色防控等试点，但由于生物农药、有机肥见效慢、价格高等因素，距离全面推广使用仍有较大差距。三是农业废弃物资源化利用质量不高。调查发现，我省畜禽粪肥就地就近还田利用"最后一公里"不畅，畜禽粪污资源化利用质量有待提高，秸秆利用大多以还田为主，农膜回收利用率不高。

(三) 农村人居环境仍存在短板

一是"多规合一"实用性村庄规划编制进展较为缓慢。截至2022年6月底，全省仍有45.19%省定重点帮扶村未完成实用性村庄规划编制。二是农村生活污水处理仍较难。2022年全省农村生活污水处理率达30%，略低于全国31%的平均水平。从乡级层面来看，住房和城乡建设部最新发布的《2021年城乡建设统计年鉴》显示，2021年江西对生活污水进行处理的乡占比达54.66%，而同期安徽为90.56%、湖北98.04%。调查发现，江西省农村污水处理设施大多集中在乡镇或行政村，但覆盖水平参差不齐，有的县污水处理设施覆盖行政村比重达68%，有的县则仅为4.28%。此外，由于污水处理设施配套管网建设成本高而覆盖率普遍偏低，仅能收集粪污、洗浴等污水，部分设施运行负荷率较低。三是"万村码上通"5G+长效管护平台作用有待增强。调研发现，江西省"万村码上通"5G+长效管护平台村级层面推广应用不够，有的县仅在7个村推广使用，有的县覆盖了10%左右的村。而且，"万村码上通"5G+长效管护平台与平安乡村、"雪亮工程"协同联动不够。

(四) 乡村生态产品价值有效实现机制不足

一是乡村生态产品价值转化路径单一。全省乡村拥有优良生态资源，生态产品类别丰富，但乡村生态振兴生产方式转化方面在顶层设计、产业规模以及生态产业利益联结等方面并未有效建立生态产品价值实现机制，片面追求产业规模化和产品单一化，部分乡村生态产品价值转化也大多通过发展生态农业、休闲旅游、研学实践等方式实现。由于生态系统跨区域流动的特征明显，各类自然资源要素产权相互独立，自然资源要素的产权界定尚不清晰。当前我国尚未建立起一套科学合理、系统完善的生态补偿标准核算体系，其相关法律法规和配套政策尚不健全，而且补偿方式以实践中的公益林补偿等资金型补偿和生态护林员等岗位型补偿为主，而产业转移以及碳汇、排污权、水权等市场化交易方式的应用较少。因此在碳汇等方式开展的不多，路径较为单一、同质化现象严重。二是乡村生态产品品牌效益不高。调研发现，我省立足乡村生态资源优势，开发形成的生态产品，但品牌效益明显偏低。如我省拥有大量的绿色有机农产品，但优质不优价，如全国小有名气的靖安白茶，能卖500元/斤，但由浙江贴上安吉白茶的品牌，价格则翻倍达1000元/斤。三是乡村生态产品价值实现受政策制约。一些边远乡村，尤其是一些位于生态功能保护区的乡村，受生态功能区划政策制约，只能利用有限资源发展生态种植、绿色养殖、林下经济等产业，社会资本和生态振兴开发项目很难有效引进，难以形成规模化、集约化的产业，生态资源价值实现受到明显制约。

（五）乡村生态治理效能有待提升

一是存在多头、交叉管理现象。乡村生态振兴涉及发改、农业农村、水利、林草、自然资源等多个部门，当实施乡村生态环境项目时，各部门是条线管理而"各管一块"，容易导致重复建设、重复投资和治理主体权责厘定不清，往往也存在多头管理、交叉管理的情况，多元主体受协同治理缺失等因素影响难以真正实现共建共治共享，从而导致多元主体协同困境。二是农民主体参与不够。农民的主体意识比较淡薄，体现在公共意识不强、生态文明意识薄弱、乡村治理能力不足、乡村生态环保与治理制度执行不力等方面，部分农民不仅不会主动保护乡村生态环境，反而成了乡村生态环境的破坏者，具有自利性和随意性。调研发现，江西省推进乡村生态振兴过程中，缺少多元参与的平台和协同治理机制，主要是政府在推动实施，农民主体作用发挥不够。如在实施乡村生态开发与治理项目过程中，除少数参与以工代赈的农民或管护员之外，大多数村民"不关心、不参与"。三是缺乏注重现代治理技术应用。当前，在我省的乡村饮用水源地、污水、垃圾、化肥农药污染等生态环境治理方面，以及生态资源信息调查、生态资源开发与产业监测等方面，虽然已经采取了一些治理措施和手段，但仍有待提高治理效能。其中，现代治理技术的应用不足是一个主要问题，目前在这些工作中，人工管控的传统经验和手段仍然占据主导地位，缺乏智能化的监测、响应机制，这种传统的方法在应对复杂多变的生态环境问题时，往往存在效率低下、响应不及时、缺乏精准性等问题，从而影响了治理效果。

三、对策建议

乡村生态振兴是一项系统工程，推动乡村生态"强起来"，是实现乡村全面振兴的题中应有之义。没有农村美，农业强、农民富就不可持续。因此不仅要强化顶层设计，完善制度体系，也要乡村生态环境保护治理，更要构建成熟的生态产业和生态经济体系，提供高质量的生态产品。

（一）强化顶层制度设计

顶层制度设计是推进乡村生态振兴的重要保障。一是加快制定乡村生态振兴实施方案。立足江西农业农村发展特点，综合考虑生态振兴思路、目标、任务和步骤，制定并出台了《江西省乡村生态振兴实施方案》。该方案具有前瞻性、指导性和可操作性，为江西省乡村生态振兴提供了明确的施工图。这个方案应明确乡村生态振兴的施工路径，确保江西省的乡村生态保护和经济发展能够有序进行。实施方案应包括乡村生态保护和修复计划、环境污染治理措施、农村资源环境监管策略、农村生态经济培育政策等关键内容。此外，还需要充分考虑到不同地区的差异性和特点，为不同地区制定相适应的实施策略和措施。二是建立健全乡村生态振兴的制度体系。为江西省的乡村生态振兴提供法律保障和制度支持，需要加快完善相关的地方性法规条例，如农村人居环境整治、生态环境监测、废弃农膜回收利用、农村生活垃圾分类处理、农村污水处理设施管理等。此外，还需要通过经济激励、法律惩戒、邻里监督和市场诱导等方式，制定和完善与江西乡村生态资源环境特性相符合的制度体系。这个制度体系应包括生态补偿机制、生态产业发展政策、生态环保考核机制等，以促进乡村生态保护和经济发展的有机结合。在我省选择一批试点，率先探索乡村生态系统服务付费制度，推广 PPP 模式开展农村污水垃圾收集处置，探索水基金、土基金等模式，强化以效付费，实现生态保护、污染控制和农民增收的多重目标。三是培育以生态农业为根本点、生态工业为支撑点、生态服务业为增长点的乡村生态经济体系。从顶层设计的高度，顺应市场对绿色、生态、低碳、无污染产品海量需求的趋势，实现"三产融合"，以农业为基本依托，通过体制创新、产业联动、产业集聚、市场拓展、技术升级、要素整合等方式，将资本、技术以及绿色资源等要素进行跨界集约化配置，将农产品绿色种植生产、仓储物流、精深加工、销售以及旅游休闲有机结合。实现"资源—经济价值—生态振兴—资源再投资"的良性循环，推动生态产业链向高端化、智能化、绿色化发展，最终实现经济增长、村民更多地参与和分享全产业链价值链增值收益和生态环境保护的多赢局面。

（二）大力保护乡村生态资源

保护乡村生态环境，维护良好的乡村生态环境，是推进乡村生态振兴的重要前提。一是优化乡村"三生"空间。综合考虑全省乡村建设、农业开发以及乡村生态系统完整性，探索划定乡村生态红线，构建乡村生产、生活、生态空间。按照"总量不减、质量不降、相对连片"的原则，由地方对已划定的涉林生态红线进行勘界落地，拓展乡村生产、生活、生态空间。二是加强乡村生态系统保护与修复。整合相关资金与项目，建立省级农业生态补偿基金，我们应该转变发展方向来改善农业发展与生态环境，推广有机农业、生态农业、循环农业等新型农业模式，将重心从污染严重的耕地、草原和水面倾斜，对不符合绿色发展理念的农业产业进行调整，包括改种具有环保特点的作物，实施生态修复措施，逐步推进退耕还林、还草等行动，以增强生态系统的稳定性，提高土地、水资源和生物资源的利用率。三是推广示范引领作用。应该加强国家绿色农业发展先行区、国家农业可持续发展试验示范区等对乡村绿色发展的示范引领作用，通过典型案例的宣传和推广，引导广大农民积极参与绿色农业生产，推动农业从单纯追求产量向生态、经济、社会效益协同提升的绿色发展目标转变。四是优化农业产业结构和科技创新。推动农业多元化发展，增加特色农业、绿色农业、有机农业等高附加值产业的比重，推广适应性强、高产优质、环保低碳的农业技术和品种，提高农业的竞争力、农业生产的科技含量和可持续发展能力。

（三）重视农业绿色生产示范

着力解决突出的农业面源污染问题，是推进乡村生态振兴的重要要求。一方面，全面落实农业产业准入负面清单制度，通过采用生态农业模式、生物农药、水肥一体化等技术，减少农药和化肥的使用量，降低对土壤和水资源的污染。通过采用畜禽粪便、秸秆等有机废弃物的综合利用技术，如生产有机肥料、生物质能源等，提高废弃物的回收和利用水平，减少对环境的污染。推广使用环保型农膜和可降解地膜，减少土壤污染，同时提高农膜的回收和再利用。另一方面，加大对农业绿色生产技术和设施的补贴力度，如生物农药、水肥一体化等，鼓励农民采用绿色生产技术，推动相关农业补贴与农业绿色生产相挂钩。加强病虫害绿色防控技术的研发和推广，提高农民对绿色防控技术的认识和掌握程度，降低对化学农药的依赖。加强农业绿色生产的宣传和教育，增强农民的环保意识和绿色生产意识，促进农业绿色生产可持续发展。

（四）持续改善乡村人居环境

持续推进乡村人居环境提升，是推进乡村生态振兴的重要内容。第一，加大政府投入力度。引进社会资本参与，探索建立农村厕所粪污清掏、农村生活污水垃圾处理农户付费制度，加快推进农村厕所粪污、农村生活污水和农村生活垃圾"三大治理"政策举措落实落细，重点加大农村污水处理管网设施建设力度，因地制宜探索"三大治理"有效模式。第二，强化村庄规划的统一性和协调性。加快推进重点村庄的"多规合一"实用性规划编制工作，通过落实乡村规划师制度，为每个村庄提供专业的规划服务，确保规划的科学性和可行性。创新推动美丽乡村的"五大专项提升行动"，注重保持乡村的自然特征和原始风貌，尊重并维护乡村肌理的原真性，增强村民的归属感和认同感。第三，提高乡村管理和维护的效率。有效整合"天网工程""雪亮工程"等平台资源，将所有宜居村庄纳入全省的"万村码上通"5G+长效管护平台，全面打造省市县三级长效管护监督网络体系，实现乡村管理和维护的数字化、智能化和信息化。第四，加强村庄基础设施建设和公共服务配套，提升村庄居民的生活质量和幸福感，打造宜居、宜业、宜游的美丽乡村，实现乡村振兴和城乡协调发展的目标。

（五）加快乡村生态产品价值实现

在产业生态化和生态产业化的有机互动中，把乡村生态资源和产品变为经济优势和产业，是推进乡村生态振兴的关键所在。一是打造生态产品价值实现示范村。在全省选择具有丰富生态资源和优越区位条件的乡村中创建一批生态产品价值实现示范村，探索不同类型多元化路径推动乡村生态产品价值的有效实现。二是壮大乡村生态产业。依托全省乡村田园风光、农耕文化、红色遗址、古村落等乡村中的自然资源，因地制宜发展特色种植、特种养殖、文化、养生休闲等品质化的体验产业，大力发展具有吸引力的"农耕文化+传统文化""田园风光+休闲农业""红色遗址与爱国主义教育""户外运动+探险挑战""古村落+文化遗产""田园养老+健康管理"等个性化、市场稀缺的"绿色+"产业。加大"赣鄱正品"等生态品牌建设，提供更加优质的生态产品和生态服务，延展乡村生态资源和生态产品的价值实现形式。三是拓展乡村生态功能价值。充分利用先进的清洁、循环、低碳技术，对落后产能进行改造和升级。大力发展农村电子商务，提高农产品的附加值和竞争力。壮大节能环保产业、清洁生产产业、清洁能源产业等领域，提高这些产业的技术水平和市场竞争力，使其成为推动农业现代化和绿色发展的重要力量。建立适合江西农业发展特点的碳汇计量和监测标准，通过市场机制等方式，探索完善林业、农业、湿地等碳汇交易体系与碳汇交易市场的发展，为乡村生态环境的保护和可持续发展提供有力支持，实现乡村生态功能价值的最大化。

（六）提升乡村生态治理效能

提升乡村生态治理效能，是推行乡村生态振兴的重要基础。一是成立乡村生态振兴领导小组。在江西省委农村工作领导小组下，设立由发改、财政、自然资源、生态环境、农业农村、住建、林业、乡村振兴等部门组成的江西省乡村生态振兴领导小组，省分管领导任组长，小组办公室设置省农业农村厅，协调推进全省乡村生态振兴各项工作。例如，江苏省黄家溪村积极发挥基层党组织的领导核心作用，坚持党建引领激活乡村治理原动力，积极构建新型乡村治理体系，持续拓展村级集体发展模式，助力村民实现就近就业。二是搭建多元主体参与的共治平台。构建乡村环境治理的协同机制，推进不同主体在乡村生态保护、监测、建设、监督等方面的共同参与，形成协同机制，实现乡村环境治理的多元化和共治共享。尤其是通过口号、标语、版画、戏曲、村规民约等各种方式，将生态文明理念融入乡村生产生活中，促使广大村民共建共享乡村生态振兴发展成果。三是运用现代化乡村生态治理手段。建立智能监测系统和预警系统，充分运用数字化、信息化、智能化等技术，实现对乡村环境的多维度、全方位监测和实时预警，及时发现和解决环境问题，提高环境治理的效率和效果。建立全省乡村生态资源信息库，对全省乡村生态资源的全面调查和信息采集，实现对乡村自然资源的全面掌握和动态管理，为环境治理提供数据支持和决策参考。开展自然资源勘测，定期对空气、水资源、土地、山林、湿地等自然资源进行勘测和调查，获取准确的数据和信息，为环境治理提供科学依据和决策支持，使生态环境治理向智治转变。

参考文献

[1] 习近平. 中国特色社会主义伟大旗帜 为全面建设社会主义现代化国家而团结奋斗——在中国共产党第二十次全国代表大会上的报告 [J]. 中华人民共和国国务院公报，2022（10）.

[2] 王曦晨，张平. 整体性视域下的习近平关于乡村生态振兴重要论述探析 [J]. 湖南农业大学学报（社会科学版），2022（3）.

[3] 曹立，徐晓婧. 乡村生态振兴：理论逻辑、现实困境与发展路径 [J]. 行政管理改革，2022（11）.

[4] 孙雪，刘晓莉. 后扶贫时代民族地区生态补偿扶贫的现实困境与未来出路 [J]. 新疆社会科学，2021（4）.

[5] 郭苏豫. 生态扶贫与生态振兴有机衔接的实践基础及现实路径 [J]. 生态经济，2021（3）.

[6] 陈素梅，李钢. 贫困地区的包容性绿色增长何以可能？——基于江西省信丰脐橙产业的案例 [J]. 企业经济，2020（12）.

[7] 张宜红. 全面推进人与自然和谐共生的乡村振兴 [N]. 江西日报，

2023-02-06.

[8] 江西省人民政府关于印发江西省"十四五"农业农村现代化规划的通知［J］．江西省人民政府公报，2022（3）．

[9] 江枝英．推动农业农村现代化迈上新台阶［J］．当代江西，2022（6）．

[10] 莫志超．江西稳妥有序推进乡村建设［N］．农民日报，2022（11）．

[11] 周波．乡村生态振兴：内生逻辑、现实困境与实践路径［J］．湖南行政学院学报，2022（1）．

[12] 张俊飚．切实完善乡村生态振兴制度体系［J］．农村工作通讯，2022（6）．

作者简介：张宜红，江西省社会科学院农业农村发展研究所所长、副研究员；万红燕，江西省社会科学院农业农村发展研究所副研究员。

浅析以生态文明思想推进乡村振兴实现高质量发展之路

郭 莉

摘 要：党的十八大以来，以习近平同志为核心的党中央大力推进生态文明建设，生态文明建设在新时代党和国家事业发展中占据了重要地位。尤其是二十大报告中，将生态文明建设放在很重要的战略地位。习近平生态文明思想注重"绿色发展"理念。中国式现代化对乡村振兴指引了发展方向。中国式现代化需要多层次"高质量发展"，"高质量发展"离不开"全面乡村振兴"，"绿色发展"是"乡村振兴"迈向中国式现代化的内在要求。因此要从生态文明视域下探讨中国式现代化对乡村振兴的启示与实践路径，要加大力度开展乡村产业振兴、乡村人才振兴、乡村生态振兴、乡村文化振兴、乡村组织振兴。

关键词：生态文明；乡村振兴；高质量发展；路径

一、习近平生态文明思想的形成与发展

1. 生态文明建设的重要性

生态文明是人与自然和谐共生的状态。生态，是自然界存在的状态；文明，是社会进步的状态。人是生态文明主体。生态文明建设是继原始文明、农业文明、工业文明后人类迈入的新的文明发展阶段，是人类千百年来在不断适应、调整和处理人与自然关系中取得的最新成果。党的十八大以来，以习近平同志为核心的党中央大力推进生态文明建设，谋划开展了一系列根本性、开创性、长远性工作，推动我国生态文明建设和生态环境保护发生了历史性、转折

性、全局性变化。党的十八大以来，以习近平同志为核心的党中央将生态文明建设纳入"五位一体"总体布局，就生态环境保护提出了一系列新理念新思想新战略，作出了一系列重大决策部署，推动"绿水青山就是金山银山"理念持续深入，推动我国生态文明建设取得历史性成就、发生历史性变革，形成了习近平生态文明思想。党的十八大报告提出"努力建设美丽中国，实现中华民族永续发展"。党的十九大报告指出"建设生态文明是中华民族永续发展的千年大计"，"加快生态文明体制改革，建设美丽中国"。二十大报告中，将生态文明建设放在很重要的战略地位，指出十年来生态文明建设的成绩："我们坚持绿水青山就是金山银山的理念，坚持山水林田湖草沙一体化保护和系统治理，全方位、全地域、全过程加强生态环境保护，生态文明制度体系更加健全，污染防治攻坚向纵深推进，绿色、循环、低碳发展迈出坚实步伐，生态环境保护发生历史性、转折性、全局性变化，我们的祖国天更蓝、山更绿、水更清。"这些都充分体现了生态文明建设在新时代党和国家事业发展中的重要地位。

2. 生态文明建设注重"绿色发展"理念

在"五位一体"总体布局中生态文明建设是其中一位，在新时代坚持和发展中国特色社会主义基本方略中坚持人与自然和谐共生是其中一条基本方略，在新发展理念中绿色是其中一大理念，在三大攻坚战中污染防治是其中一大攻坚战。习近平总书记还提出了生态文明建设的五点要求：一是要加快构建生态文明体系，二是要全面推动绿色发展，三是要把解决突出生态环境问题作为民生优先领域，四是要有效防范生态环境风险，五是要提高环境治理水平。推进生态文明建设，必须坚持好以下原则：一是坚持人与自然和谐共生，这是生态文明的本质要求；二是绿水青山就是金山银山，这是生态文明的基本内核；三是良好生态环境是最普惠的民生福祉，这是生态文明的宗旨要义；四是山水林田湖草是生命共同体，这是生态文明的系统思想；五是用最严格制度最严密法治保护生态环境，这是当前推进生态文明建设的重要抓手；六是共谋全球生态文明建设，这是中国作为一个大国的责任担当。

二十大报告还对今后我国如何生态文明建设作出总体部署，要"推动绿色发展，促进人与自然和谐共生"，即"加快发展方式绿色转型""深入推进环境污染防治""提升生态系统多样性、稳定性、持续性""积极稳妥推进碳达峰碳中和"。

二、中国式现代化为乡村振兴与高质量发展指明了发展方向

二十大的胜利召开,为全党全国统一了思想,指明了今后的努力方向和发展道路。中国式现代化为人类实现现代化提供了新的选择,中国共产党和中国人民为解决人类面临的共同问题提供更多更好的中国智慧、中国方案、中国力量,为人类和平与发展崇高事业作出新的更大的贡献。党的二十大报告指出:"从现在起,中国共产党的中心任务就是团结带领全国各族人民全面建成社会主义现代化强国、实现第二个百年奋斗目标,以中国式现代化全面推进中华民族伟大复兴。"

中国式现代化,是中国共产党领导的社会主义现代化,既有各国现代化的共同特征,更有基于自己国情的中国特色。中国式现代化是人口规模巨大的现代化,是全体人民共同富裕的现代化,是物质文明和精神文明相协调的现代化,是人与自然和谐共生的现代化,是走和平发展道路的现代化。"中国式现代化"成为各项工作的方向和目标。

1. 中国式现代化需要多层面"高质量发展"

高质量发展是全面建设社会主义现代化国家的首要任务。全面建设社会主义现代化国家,是一项伟大而艰巨的事业,前途光明,任重道远。"在向第二个百年奋斗目标迈进的历史关口",有"一个关系大局的重大问题",这个问题可以分三层:一是巩固和拓展脱贫攻坚成果(巩固脱贫),二是全面推进乡村振兴(推进振兴),三是加快农业农村现代化(加快现代化)。二十大"坚持农业农村优先发展的主线"没有变,当下我国已处于从农业大国向农业强国跨越的关键节点,彰显的是发展农业现代化和建设农业强国之间相辅相成、互为支撑的紧密关系。农业作为事关发展全局的基础性产业,在建设现代化强国的征程上,战略性地位显著。全面建设社会主义现代化国家最艰巨最繁重的任务仍然在农村,在二十大报告中主要体现在"加快构建新发展格局,着力推动高质量发展"与"推动绿色发展,促进人与自然和谐共生"版块。两个版块是相辅相成、互相促进的。"加快构建新发展格局,着力推动高质量发展"要用绿色的发展方式才能走向中国式现代化。推动高质量发展的重点是推动产业转

型，深入推进能源革命，加快发展方式的绿色转型。"推动绿色发展，促进人与自然和谐共生"的目标是构建新发展格局、推动高质量发展，促进各项工作"中国式现代化"，从而全面建设社会主义现代化国家。

2. "高质量发展"离不开"全面乡村振兴"

全面乡村振兴在二十大报告中体现在"加快构建新发展格局，着力推动高质量发展"版块中，提出"全面推进乡村振兴，坚持农业农村优先发展，巩固拓展脱贫攻坚成果，加快建设农业强国"。党的十九大报告中，首次提出"实施乡村振兴战略"。经过五年发展，乡村振兴也在进阶提升。十九大报告中对"乡村振兴"的具体要求是"产业兴旺、生态宜居、乡风文明、治理有效、生活富裕"；二十大报告将"全面乡村振兴"的具体要求提升到"扎实推动乡村产业、人才、文化、生态、组织振兴"，乡村"人才振兴"首次出现在报告中，乡村振兴战略推进更广、更深，发展的均衡性、协调性、包容性不断提升。二十大报告指出"教育、科技、人才是全面建设社会主义现代化国家的基础性、战略性支撑。必须坚持科技是第一生产力、人才是第一资源、创新是第一动力"，因此全面乡村振兴也离不开"人才振兴"。全面乡村振兴战略是高质量发展的"压舱石"。二十大报告指出"全方位夯实粮食安全根基，牢牢守住十八亿亩耕地红线，确保中国人的饭碗牢牢端在自己手中"，表明脱贫攻坚任务胜利完成后，增强脱贫地区和脱贫群众内生发展动力，一个事关粮食安全，一个事关巩固拓展脱贫攻坚成果，是全面推进乡村振兴的前提和基础，是不容有失、必须完成的底线任务。从世界百年未有之大变局看，稳住农业基本盘、守好"三农"基础，是应变局、开新局的"压舱石"，关系到应对国际形势变化和维护国家稳定。

3. "绿色发展"是乡村高质量发展的内在要求

"推动绿色发展，促进人与自然和谐共生"是生态文明建设的总体目标。乡村生态文明建设是全面推进乡村振兴的重要内容，也是生态文明建设的题中应有之义。绿色发展是全面乡村振兴的必然要求。推动乡村生产生活方式绿色转型，培养人与自然和谐共生的生态价值观，既是农村生态文明建设的重要目标，也是乡风文明建设的基本路径。二十大报告指出："必须牢固树立和践行绿水青山就是金山银山的理念，站在人与自然和谐共生的高度谋划发展。""人与自然和谐共生"是中国古代"天人合一"的朴素生态观，被以一种更具现代性和探索性的表达方式写入中共二十大报告。"人与自然和谐共生"确立为中国式现代化的基本特点之一，与新发展理念中的"绿色"相得益彰，体现了中国的社会理想，也是人类文明发展进程中一种更代表全人类利益的发展方向。过去十年，在习近平生态文明思想科学指引下，我们坚持"绿水青山就是金山银山"的理念，坚持山水林田湖草沙一体化保护和系统治理，生态文明建设和生态环境保护发生历史性、转折性、全局性变化，体现在"三个前所未有"上：一是决心之大前所未有；二是力度之大前所未有；三是成效之大前所未有。近十年来，从生态文明建设被视作"关系中华民族永续发展的根本大计"，到"绿水青山就是金山银山"成为全民共识，绿色发展观层面不断"升级"。因此二十大报告对生态文明建设进一步提出具体要求："我们要推进美丽中国建设，坚持山水林田湖草沙一体化保护和系统治理，统筹产业结构调整、污染治理、生态保护、应对气候变化，协同推进降碳、减污、扩绿、增长，推进生态优先、节约集约、绿色低碳发展。"要持续用生态文明思想使广大农民在思想观念、价值追求、生活方式上统一到用"绿色发展"理念推进"全面乡村振兴"的战略部署上来。

三、以生态文明理念推进乡村高质量发展的路径选择

福建省是生态强省，是全国首个"生态文明先行示范区"。党的二十大报告指引福建进一步加强生态文明建设，推动绿色发展，全力做好生态环境保护各项工作，要着力推进更高水平城乡一体化，深入推动以绿色发展为核心的全面乡村振兴战略，加快农业农村现代化发展，推动全面乡村振兴走向"中国式现代化"，实现高质量发展。福建要带头深入践行习近平生态文明思想，持续巩固国家生态文明示范区创建成果，坚持一张蓝图绘到底，深入挖掘"青山绿水是无价之宝"的源头，不断深化"森林是水库、钱库、粮库"再加上一个"碳库"理念，继续探索将绿水青山转化为金山银山的有效路径，持续放大生态效益，探索推进生态好、产业兴的动能转换，坚持以问题为导向，打造好绿色高质量发展的区域经济，努力走好新时代绿色发展之路。

1. 要促进乡村产业振兴

实施"科技强农、机械强农"行动，建设农业科创高地，深化"三位一

体"农合联改革,大力发展高效生态农业。落实最严格的耕地保护政策,坚决遏制耕地"非农化",防止基本农田"非粮化",全力打好粮食安全保卫战。深化以集体经济为核心的强村富民乡村集成改革,打造数字乡村引领区,发挥现有优势用绿色发展理念进一步提升特色农业。

2. 要促进乡村人才振兴

人才支撑是全面推进乡村振兴的关键,培育高素质农民是重中之重。要充分调动广大农民的积极性、主动性、创造性,才能使乡村振兴战略落到实处、产生实效。通过明确和优化关于乡村振兴的政策措施,提升农民群众的组织能力、行动能力、发展能力。促进城乡要素双向自由流动和公共资源合理配置,加快实现城乡基础设施一体化、公共服务均等化、居民收入均衡化、产业发展融合化,增强农村对人才的吸引力。

3. 要促进乡村文化振兴

发挥福建文化遗产丰富的优势,融合多种文化遗产资源,将世界遗产、非物质文化遗产、农业文化遗产、灌溉工程遗产、湿地公园等多种资源进行优势互补、强强联合,融入全面乡村振兴建设。按照二十大的要求"坚持创造性转化、创新性发展,以社会主义核心价值观为引领,发展社会主义先进文化,弘扬革命文化,传承中华优秀传统文化,满足人民日益增长的精神文化需求,巩固全党全国各族人民团结奋斗的共同思想基础,不断提升国家文化软实力和中华文化影响力",增强文化自信,创建人文乡村。

4. 要促进乡村生态振兴

要按照二十大的部署:"提升生态系统多样性、稳定性、持续性。以国家重点生态功能区、生态保护红线、自然保护地等为重点,加快实施重要生态系统保护和修复重大工程。推进以国家公园为主体的自然保护地体系建设。实施生物多样性保护重大工程。科学开展大规模国土绿化行动。深化集体林权制度改革。"福建是集体林权制度改革的发源地,要进一步先试先行,探索生态林业发展道路;发挥武夷山国家公园的生态优势,辐射周边美丽县城、美丽城镇、美丽乡村联创联建。一体推进城乡风貌整治提升和未来社区未来乡村建设。

5. 要促进乡村组织振兴

全面建设社会主义现代化国家、全面推进中华民族伟大复兴,关键在党。

要深入推进全面从严治党，提出和落实新时代党的建设总要求，以党的政治建设统领党的建设各项工作。增强党组织政治功能和组织功能。坚持大抓基层的鲜明导向，抓党建促乡村振兴。在乡村进一步发挥党组织的作用，全面推进全域党建联盟，全面加强基层党组织和书记队伍建设，更好地发挥党员先锋模范作用，推动基层党建全省域建强、全领域过硬、全面走在前列。

参考文献

[1] 胡锦涛. 坚定不移沿着中国特色社会主义道路前进 为全面建成小康社会而奋斗——在中国共产党第十八次全国代表大会上的报告 [EB/OL]. 中国政府网, http://www.npc.gov.cn/npc/c1773/c2518/c22034/c22040/201905/t20190522_53731.html, 2012-11-19.

[2] 习近平. 决胜全面建成小康社会 夺取新时代中国特色社会主义伟大胜利——在中国共产党第十九次全国代表大会上的报告 [EB/OL]. 中国政府网, http://www.npc.gov.cn/npc/c34354/xgjbfwyh/xgjbfwyh010/xgjbfwyh011/202209/t20220928_301850.html, 2022-09-28.

[3] 习近平. 高举中国特色社会主义伟大旗帜 为全面建设社会主义现代化国家而团结奋斗——在中国共产党第二十次全国代表大会上的报告 [EB/OL]. 中国政府网, http://www.npc.gov.cn/npc/c2/kgfb/202210/t20221025_319898.html, 2022-10-25.

[4] 中共中央宣传部、生态环境部组织编写. 习近平生态文明思想学习纲要 [M]. 北京: 学习出版社, 2022.

[5] 黄茂兴. 党员干部生态文明建设读本 [M]. 北京: 中国林业出版社, 2019.

作者简介：郭莉，福建社会科学院习近平生态文明思想研究所副研究员。

巩固拓展脱贫攻坚成果与乡村振兴有效衔接的实践与启示

刘月平

摘 要：实现巩固拓展脱贫攻坚成果同乡村振兴有效衔接是脱贫攻坚与乡村振兴交汇和过渡时期的一项重大战略任务，有利于推进农业农村现代化和实现共同富裕的奋斗目标。基于江西省横峰县的调查，总结横峰县在组织建设衔接、扶贫帮扶衔接、秀美乡村建设衔接、产业振兴衔接等方面的一些实践经验。在此基础上，提出实现巩固拓展脱贫攻坚成果与推进乡村振兴的路径，为毕节市加快建设成为贯彻新发展理念示范区提供启示借鉴意义。

关键词：脱贫攻坚；乡村振兴；衔接

2020年12月，中共中央、国务院出台的《中共中央国务院关于实现巩固拓展脱贫攻坚成果同乡村振兴有效衔接的意见》中指出，"巩固拓展脱贫攻坚成果，接续推动脱贫地区发展和乡村全面振兴"。因此，实现巩固拓展脱贫攻坚成果与推进乡村振兴是"十四五"期间的重要目标任务，也是我国为实现"两个一百年"奋斗目标作为的重要战略部署。打赢脱贫攻坚战后，需要推动脱贫攻坚向乡村振兴有效衔接和平稳转型。但在推动两大战略有效衔接过程中，也面临着一些问题和挑战，主要表现在：脱贫地区和脱贫人口内生动力和自我发展能力有待持续培育和增强，相当一部分脱贫人口就业能力较弱，持续增收基础较脆弱，返贫风险较大；脱贫地区产业可持续发展的基础不牢固；脱贫地区基础设施和公共服务仍需"补短提质"；巩固拓展脱贫攻坚成果同乡村振兴有效衔接机制有待完善等。由此，基于江西省横峰县的典型调查，总结提炼横峰县在巩固拓展脱贫攻坚成果和推进乡村振兴方面的经验做法，为解决上述问题和挑战提供应对之策，也为毕节市深入贯彻落实习近平总书记对毕节建设贯彻新发展理念示范区"7·18"重要指示精神提供借鉴和启示。

一、个案概貌

横峰县位于江西省的东北部，全县总面积655平方公里，辖11个乡镇（街道、场、办），63个行政村、8个居委会，总人口22万、农业人口18万左右，耕地20万亩，林业用地62万亩，大体是"七山半水二分田，半分道路与庄园"格局。横峰县是原国家扶贫开发工作重点县、著名的老区县。2018年7月，横峰县32个贫困村、6823户22517人全部脱贫出列，成功摘掉了31年的贫困县帽子。脱贫摘帽后，横峰县围绕"五个振兴"，持续开展"脱贫攻坚再出发、秀美乡村再提升、乡村振兴谱新篇"创建工作，荣登中国"三农"十大创新榜，入选全国首批100个国家乡村振兴示范县创建名单，获评江西省农业农村综合工作先进县，其在有效衔接乡村振兴方面具有典型意义。

二、巩固拓展脱贫攻坚成果与有效衔接乡村振兴的经验做法

横峰县围绕乡村振兴战略的"五大振兴"，推动脱贫攻坚时期的组织建设、产业发展、定点帮扶、乡风文明建设等方面有机衔接乡村振兴，从而切实巩固拓展脱贫攻坚成果，扎实推进乡村振兴不断取得新成效。

（一）组织建设衔接："田园党建+"融合乡村振兴战略

横峰县通过"田园党建+"活动，把党支部的活动地点从会议室"搬"到建筑工地、产业基地和田间地头。在"田园党建+"引领乡村振兴的路径选择上，通过"村级党委（党总支）+农村产业链党支部"，探索出一条"党组织建在产业链上、党员聚在产业链上、群众富在产业链上"的产村融合发展之路。横峰县推行一个党支部与一个行业党支部结对共建，一名党员与N名群众联系帮带，充分发挥基层党组织的领导核心和战斗堡垒作用、党员示范带头和先锋模范作用，走出了一条党建工作与中心工作深度融合、"双主业"齐头并

进的有效衔接乡村振兴之路。同时，建立"支部生活日"长效机制，规定每个季度第一周的星期一为"支部生活日"，要求全县所有乡村党支部把支部活动开到田间地头、项目工地、产业基地等基层一线，致力解决农村党员"长期不过组织生活，对党组织疏离陌生"等问题，从而形成乡村振兴的强大推动力。

（二）产业振兴衔接：突出沿线连片开发与产村融合发展

横峰县发展乡村经济过程中，注重点线面结合，沿线辐射推进，规划融合乡村产业，为乡村振兴"蓄力"。突出产村融合发展，全面推进"一村一品、一乡一业"，重点发展水稻制种、中药材、葛业、油茶、果业等高效特色农业。大力实施"一片花草药、一片竹果林"工程，山上搞彩化、田里搞美化、村旁路旁搞绿化，做到产业"一种二用"，既体现观赏性，又突显效益性，实现四季有花、有果、有景、有乐、有收益。以农副产品为媒介，先后举办了一系列节庆活动，打造了具有横峰地方特色的节庆经济和休闲采摘业。同时，整合旅游资源、盘活资产，开展研学等活动，发展休闲产业，不断壮大村集体经济。通过将秀美乡村建设与精准脱贫、全域旅游、产业发展、民生建设紧密结合，走出了一条"里子和面子"并重的产村融合发展之路。

（三）秀美乡村建设衔接：县域统筹规划

横峰县围绕"生态振兴"目标，以"秀美乡村、幸福家园"创建为重要平台和载体，根据经济基础、自然条件、历史渊源等因素，因地制宜实施规划布局和分类指导，避免"千篇一律"，全域推进秀美乡村规划。在规划编制上，聘请浙江大学城乡规划设计院设计团队对全县历史、人文、资源、地理、生态等作了深入研究，精心编制了《秀美乡村全域规划》，将村庄、产业、土地、旅游、环境、公共设施配套"六规合一"，注重规划的可操作性，力求"精心规划、精致建设、精细管理、精美呈现"。编制了一批美而不同，各具特色的村庄规划，充分体现"一村一品、一村一景、一村一韵"，先后建成了石桥梯田、火车小镇、荷塘月色、丫石山寨、重石李家、甜蜜小镇、百花洲等特色主题新村。

横峰县以秀美乡村建设为抓手，实行城乡一体化垃圾处理模式，大力实施"五拆五清""围墙革命""平坟栽树"等整治行动，打响居家环境整治、厕所革命、美丽集镇建设三大攻坚战，共完成了 660 个自然村整治建设，打造了 6 条美丽宜居精品旅游线，成功创建了 3A 以上景区 4 个，3A 以上乡村旅游点 27 个。横峰县也获评全国农村人居环境成效明显激励县，在江西 36 个美丽宜居试点县的认定考核中排名第一。

（四）扶贫帮扶衔接：扶上马再送一程

中国石油天然气集团有限公司自 2011 年开始定点扶贫与对口支援横峰县以来，充分发挥企业优势，集中优质资源向横峰县投入帮扶资金，在产业扶贫、就业扶贫、消费扶贫、健康扶贫、文化扶贫等上找准契合点，精准实施扶贫项目，助力横峰县实现脱贫摘帽。为巩固脱贫成果，有效衔接乡村振兴，中国石油严格按照"四个不摘"要求，从重点项目、民生等方面着手，不断加大帮扶力度，继续推进帮扶措施。比如，重点帮扶危桥改造等基础设施建设和乡村振兴旅游综合示范项目；援建 1.05 兆瓦集中式光伏扶贫电站项目，每年可发电约 110 万度，产生经济效益 90 多万元，用于夯实 16 个已脱贫村（场）的集体经济，扶持村集体公益事业，提升村集体临时救助能力；延长农业产业链，援建打造无花果产业基地；持续开展"让妈妈回家"计划，通过就业解决留守问题；启动"加油宝贝"项目，为全县脱贫户的未成年子女提供补充医疗保险；搭建"石油书屋"为留守儿童学习娱乐空间；通过昆仑好客等公司销售平台完成消费帮扶近千万元，积极组织横峰县马家柚、葛根制品等农特产品参加全国农产品展销，打造了一批区域性知名品牌。

（五）乡风文明衔接：传承和创新乡村特色文化资源

横峰县充分挖掘村庄文化资源，打造了一批具有历史人文底蕴的"景点型"村庄和"亮点型"村庄，如好客王家、耕读传家苏家塘、礼孝东山、忠义杨家、仁和夏阳等。比如，好客王家在乡村旅游和研学活动中，注重将革命传统、乡土风情、家风家训与传统孝道文化结合，培养青少年儿童的道德素养。通过开展"乡贤在行动""小手牵大手"等活动，激活优秀传统道德文化在涵养乡风文明中的功能。发挥新时代文明实践中心（所、站）在文化传承的作用，将村庄好人好事融入村规民约，组织开展村民喜闻乐见的"文明新风进万家"活动，通过举办"清洁家庭""广场舞大赛""移风易俗文艺汇演""抵制高价彩礼"等各类移风易俗乡风文明活动，宣传和践行社会主义核心价值观，让村民能够潜移默化地受到文明新风的熏陶。

（六）乡村人才衔接：培育乡村治理现代化的人力资本

横峰县发挥基层党组织的政治核心作用，深挖乡贤资源，探索建立了党小组引领，理事会、促进会、监督委员会、互助会参与的"1+4"乡村治理新模式。在"四会"组织引领下，村民和热心乡村事业、有志乡村发展的党员骨干、致富能手、退休教师、乡贤积极参与制定乡规民约，筹资捐款，为秀美乡村建设出谋划策、出钱出力，真正激发村民参与乡村治理的积极性、主动性、创造性，提升了乡村治理水平。在打造景点村、亮点村的过程中，涌现出一批乡村治理能人，他们成为乡村振兴的"叫鸡公"，为乡村振兴储备了本土人才。

三、巩固拓展脱贫攻坚成果与推进乡村振兴的启示

毕节市要在巩固拓展脱贫攻坚成果和推进乡村振兴上做示范，需要依托历史文化、发展现状、区位条件、资源禀赋、产业基础、演变趋势等，坚持规划先行、注重特色、分类实施、有序推进的原则，充分挖掘和培育脱贫地区内生发展能力，从精准衔接机制、乡村产业、乡村治理体系和治理能力、数字乡村建设、人才支撑等方面着手，全面推进乡村振兴战略的实施，以助推建设宜居宜业和美乡村。

（一）完善精准衔接乡村振兴的制度机制

一是建立农村低收入人口常态化帮扶机制。 针对脱贫人口发展能力较弱，返贫风险较大等问题，通过实地走访、互联网和大数据等方式，建立健全防止返贫动态监测机制，定期监测脱贫人口就业和收入变化情况，研判返贫风险，对因病、因灾、因意外等原因收入骤减、支出骤增带来返贫致贫风险的脱贫人口，建立健全快速发现和响应机制，有针对性地采取差异化的帮扶政策，从而织密防止返贫"保障网"，守牢不发生规模性返贫底线。保持财政投入力度总体稳定和帮扶政策的延续性，整合乡村振兴的项目资源，补齐脱贫地区基础设施领域的短板，为乡村低收入群体生产发展创造良好的外部条件。完善安置区

公共服务体系，坚持搬迁安置与产业配套同步推进，开发就业岗位，健全安置区技能培训和就业服务体系，提升安置区社区治理现代化水平，加强搬迁群众的社会融入，做好异地搬迁后续帮扶"后半篇文章"。

二是构建衔接乡村振兴的社会保障机制。把统筹推进社会保障普惠化、均等化作为巩固拓展脱贫攻坚成果基础上推进乡村振兴的突破口，通过动态调整保障对象、提高保障标准、调整完善保障政策，充分发挥社会保险、社会福利、社会救助等多层次社会保障体系对农村易返贫致贫群体、低收入群体的兜底保障作用。比如构建贫困人口衔接非贫困人口的医疗保障，变政策"悬崖效应"为"缓坡效应"；缩小城乡最低生活保障标准差距、提高农村养老金保障水平等。

三是建立多元反哺乡村振兴的体制机制。充分利用好协作省份对口支援、中央单位定点帮扶、省级帮扶力量等资源，优化帮扶方式，发挥帮扶力量在资金、技术、市场、人才等方面的优势，从产业合作、劳务协作、消费产品供给等方面拓展协作共建的空间。全面落实《国务院关于新时代支持革命老区振兴发展的意见》，培育革命老区振兴发展新动能。健全城乡融合发展机制，推动城乡要素平等交换、双向流动，增强农业农村发展活力。建立经济资本、社会资本、文化资本下乡的对接平台，进一步完善城市人才、工商资本、科技成果下乡机制，实现从经济到社会到文化的多元反哺。按照全民覆盖、普惠共享、城乡一体要求，高标准实施乡村建设行动，推进基础设施城乡统筹规划、建设、管护，推进基本公共服务逐步实现城乡均等化。

（二）促进乡村产业可持续，筑牢乡村振兴的经济衔接

一是发展乡村特色产业，做好"土特产"文章。将扶贫开发与乡村振兴总体规划对接，优化农业生产结构和区域布局。依托毕节市特色资源禀赋、乡村产业基础优势和历史文化特色，因地制宜选准主导产业，拓展产业深度和广度，充分挖掘乡村从承担农产品供应链到承担多元复合功能转变的空间，加快推进乡村特色产业延链、补链、壮链、强链，实现产业链、价值链、收益链"三链耦合"。深入实施农业品牌精品培育计划、重要农产品保障工程、农业全产业链提升工程、林下经济发展行动，做强农产品精深加工、冷链储运等关键环节，培育壮大乡村旅游、休闲农业、农村电商等业态，发展以乡村特色文化

为内生驱动力的产业发展新模式,拓展增值空间。通过股份参与、订单生产、务工岗位提供等利益联结方式,健全乡村产业联农带农机制,让农民能分享更多的产业发展收益。

二是培育新型农业经营主体,扩大乡村产业网络。以农业供给侧结构性改革为契机,鼓励和支持与"三农"密切相关的企业深入农村,发展壮大农村集体经济合作组织。引导农户发展家庭农场、种养业大户,发展多种形式的适度规模经营。建立"新型农业经营主体+小农户"长期联结机制。鼓励和引导在外创办企业或务工且有意愿回乡创业的本土人才、企事业单位返乡创业,培育与扩大返乡创业网络,让更多爱农业、懂技术、善经营的新型主体依托本地特色资源,将乡村的文化价值、生态价值和休闲价值转化成发展产业的动能。做大做优毕节建筑工、毕节苗绣等地方劳务品牌,提高"同乡同业"的市场竞争力。

三是强化要素支撑,增强乡村特色产业发展能力。深化农村集体产权制度改革,探索宅基地所有权、资格权、使用权分置有效实现形式。积极探索农村集体经济组织公司化运作模式、农村集体经营性建设用地入市制度。开展多元化的农村集体经济发展模式,创新"集体经济+"的集体经济混合所有制和混合经营模式,优化集体经济收益分配,优化配置、盘活利用各类资源要素,激发乡村产业发展活力。建立健全乡村振兴的金融服务政策体系,创新小额信贷产品,扩大担保抵押物范围,拓宽融资渠道,为返乡创业、产业发展提供多层级资金保障。完善和发展农业保险,扩大农业险种,建立应对自然灾害的市场保险和互助帮扶机制。从生产、加工、质量监测检测、市场营销、品牌建设等环节为乡村产业提供技术支持和指导,构建产业全链条的服务体系。

(三)完善乡村社会治理体系,奏响乡村振兴的和谐曲

一是以自治为基,激发乡村治理活力。鼓励各地因村制宜组建党建引领、代表广泛、公平公正的村民理事会、道德评议会、红白理事会等群众自治组织,完善协商议事制度和机制,村内的一切集体事务交由村民理事会等自治组织说事、议事、主事,真正实现村内事务大家商量着办,提高村民自我管理、自我约束、自我教育、自我服务能力。健全村级公共事项实行公开征询意见、公开讨论商议、公开张榜结果的决策机制,确保村集体事务在村民理事会等自

治组织的作用下,解决方案村民集体想、解决办法村民集体出、解决结果村民集体承担,激发村民参与的积极性、主动性。打造自治网格化管理,把辖区党员、志愿者、退休教师、乡贤等力量充实到网格中,发挥他们在知民情、解民忧、纾民怨等方面的作用。

二是以法治为本,夯实乡村治理基础。定期开展与村民生产生活密切相关的法律法规宣传教育活动,为村民普及法律知识,提升法律意识,引导村民办事依法、遇事找法、解决问题用法、化解矛盾靠法。加强基层干部法律素养培训,提升法治管理水平和依法办事能力。持续推行"一村一法律顾问""法律明白人"、人民调解员等制度,完善基层公共法律服务体系建设,打通法律服务惠民"最后一米",让村民获得法律咨询、人民调解、法律援助等基本公共法律服务更加方便快捷、精准高效。

三是以德治为先,培育乡村文明新风。围绕人居环境整治、村风民俗、婚姻家庭、邻里关系等内容,因村制宜制订接地气、村民认可的村规民约,并将新时代移风易俗工作与中华民族传统美德融入进去。运用农村熟人社会蕴含的非正式道德规范,制定正向激励措施和反向约束措施,强化村党员干部带头践行婚事新办、丧事简办、厚养薄葬等文明新风,注重以身边事教育身边人,引导村民崇德向善、爱村爱家、重义守信,塑造文明乡风。建立健全村民说事日、红黑榜、文明评判团等制度,采取"有德即有得"文明积分兑换奖励和开展文明家庭、最美媳妇、星级文明户评选等形式褒奖先进、鞭策后进,引导成立党员志愿者服务队、巾帼志愿者服务队、"五老"服务队等,推动农村呈现文明乡风、良好家风、淳朴民风的良好局面,为乡村振兴提供强大精神动力。

(四)大力推进数字乡村建设,激活乡村振兴新动能

一是持续推进农村"新基建",缩小城乡"数字鸿沟"。加快推进光纤网络、人工智能、物联网等新型基础设施在农村布局,积极推动数字技术融入水利、电力、公路等传统基础设施,促进其向数字化、智能化转型,筑牢数字乡村建设的发展基础。政府部门以市场化的方式设立数字乡村产业基金,引导社会资本参与,为数字乡村建设提供资金支持。

二是推进数字化技术赋能乡村产业发展。强化数字技术在农业产供销全链路的应用,推动数字技术贯穿农业生产过程的精细化管理,提升农业生产效

益。实施"互联网+"农产品出村进城工程和"数商兴农"行动,加强乡村当地产业人才数字技能和知识培训,支持农业龙头企业、家庭农场、种养殖大户等新型农业经营主体以互联网为"新农具",短视频直播为"新农活",借助新媒介的方式销售产品。探索搭建城乡一体的农产品供需信息、物流公共信息等智慧平台,鼓励发展"多站合一"的乡镇客货邮综合服务站、"一点多能"的村级寄递物流综合服务点,打造县、乡、村数字共同体。

三是推动数字技术与乡村治理、农民生活融合。建立"互联网+网格化管理"服务模式,通过网络化平台悼念民情民意,及时化解各类矛盾。加强乡村智慧党建体系建设,运用网络平台,推动党务、村务、财务等公共事务网上公开。打造一站式、多功能一体"互联网+政务服务"基层便民服务平台,让基层群众能少跑腿、掌上办、一次办。依托数字技术完善农村基本公共服务体系。依托县域医共体,加强乡镇卫生院、村卫生室信息化建设,搭建远程诊疗平台,让村民能在家门口享受优质医疗服务。实施乡村学校数字终端全覆盖项目,建设智慧教育平台,汇聚优质数字教材与课程资源,通过"云端"下沉乡村学校,让乡村学校师生平等享受到优质的教育资源。

(五)实施乡村人才振兴计划,为乡村振兴注入源头活水

一是实施基层党组织带头人"育苗工程"。搭建农村青年党员和村级后备干部选拔、教育、培养平台,积极吸纳政治素质好、带富能力强、文化水平高的农村青年加入农村党组织。实施村干部能力素质和学历水平提升行动计划,定期对农村青年党员的培训轮训,做到全员覆盖,不断提升基层党员干部的综合素质,培养造就懂农业、爱农村、爱农民的"三农"工作队伍。创新支部主题党日、党员服务日等活动,让农村青年党员在基层党建、集体经济、精神文明建设、基层治理等领域"炼苗"。

二是打造有利于乡村振兴的人才下乡机制和资源平台。以脱贫攻坚中涌现出的乡村能人、乡企致富带头人、农村科技工作者、非遗文化传承人为核心,实施乡村振兴人才培育计划,建立乡村承接城乡青年下乡返乡创业、生活的机制,搭建参与乡村振兴的立体化通道。通过设立人才引进基金、提供创业担保贷款、设立创业补贴等措施,为外出能人返乡创业营造良好的营商环境。通过政策性奖励,从国家、社会、高等院校等层面定向培养"三农"人才,引导人

才向基层一线流动，实现脱贫攻坚与乡村振兴有效衔接的人才需求。实施"乡村振兴特派员"制度，选派政治素质好、政策执行力强、基层工作经验丰富、热爱乡村振兴事业的优秀干部担任乡村振兴特派员，指导乡村建强基层党组织、发展产业、壮大集体经济等工作。

三是提升乡村人才多元参与机制和认同感。探索创新乡土人才培育和使用模式，培养一批服务乡村振兴的"田教授""土专家"乡土人才。发挥"地缘""血缘"的纽带作用，利用故土情结、家乡情怀，实施乡贤回归工程，建立乡贤回归干部结对联系制度，搭建乡贤联谊平台，打造乡贤馆、乡贤文化墙，增强归属感。以村为单位，建立乡贤数据库，选择优秀党员干部、社会成功人士担任名誉村支书，发挥他们在推动振兴、服务群众、凝聚人心、促进和谐，发展公益事业中的作用。

作者简介：刘月平，江西省社会科学院社会学研究所助理研究员。

推动湖南脱贫地区实现共同富裕的困难及对策分析

邝奕轩

摘　要：湖南脱贫地区实现共同富裕面临挑战，在做大"蛋糕"方面，产业园区集聚发展不足，工业经济发展滞后，优势特色产业提质增效难，乡村粮食稳产增收难，脱贫产业自我发展能力不强；在"分好蛋糕"方面，初次分配效率仍有提升空间，再次分配公平性仍有不足，第三次分配潜力仍有待挖掘；在精准扩中方面，就业创业环境不理想，中小微企业主和个体工商户经营难，"劳力"和"脑力"两项人力资本都存在不足，低收入群体增收难，推进精神生活共同富裕难。为此，提出加强共同富裕顶层设计，推动产业高质量发展，提高发展的平衡性、协调性和包容性，推动促进基本公共服务均等化的制度创新，努力扩大中等收入群体规模，加强三次分配协调联动，推动人民群众精神生活共同富裕，加强"三农"重点领域"补短板"等可行路径。

关键词：湖南脱贫地区；共同富裕；高质量发展；中等收入群体；三次分配

一、引言

共同富裕是社会主义的本质要求。党的十九大提出，到2035年，全体人民共同富裕迈出坚实步伐。[1]在2021年中央财经委员会第十次会议上，习近平提出："现在，已经到了扎实推动共同富裕的历史阶段。"[2]实现共同富裕是现代化新征程内在而紧迫的要求，也是脱贫地区人民群众的热切期盼。脱贫地区能否实现共同富裕，关乎整个国民经济发展的程度、国家的安全、社会稳定以及中华民族的伟大复兴。1949年新中国成立以来，湖南脱贫地区先后经历了计划经济体制下的实物救济式扶贫、市场经济体制下的项目开发式扶贫、多元并举的精准扶贫等阶段，促进脱贫地区向着共同富裕方向稳步前进。特别是党的十八大以来，湖南立足新发展阶段，针对不同要素、不同区位、不同情况的贫困群体采取了因地制宜的精准措施，在脱贫攻坚中务实推进共同富裕，呈现出三个鲜明特点。一是政治站位高。深入贯彻习近平总书记对脱贫攻坚工作作出的重要指示，认真贯彻习近平总书记对湖南工作重要指示精神，坚决扛牢精准扶贫首倡地政治责任，稳步推动扶贫脱贫工作具体化、责任化、可持续。二是敢为人先。湖南以首倡之地担当首倡之为，在全国率先开发建设"互联网+易地扶贫搬迁"大数据平台，制定下发《湖南贫困村识别和建档立卡工作方案》，精准识别扶贫对象，推出"财银保"，撬动扶贫产业贷款，建立全国首个贫困劳动力劳务协作市场。三是效果实。湖南脱贫地区51个贫困县全部摘帽，6920个贫困村全部出列，实现了682万建档立卡贫困人口全部脱贫。但是，在现有发展基础上推动脱贫地区实现共同富裕仍是一项艰巨、复杂而持久的系统工程，统计数据和实地调研显示，脱贫地区在做大"蛋糕"、分好"蛋糕"、精准"扩中"等方面还面临突出矛盾。深入调查，全面掌握新时期脱贫地区实现共同富裕面临的主要困难，精准施策按下共同富裕"快进键"，对于更好擦亮湖南脱贫地区共同富裕的成色和底色，具有十分重要的现实意义。

二、推动湖南脱贫地区实现共同富裕面临严峻挑战

2021年，脱贫地区经济总量相比2015年增长了49.9%，人均GDP相比2015年增长了70.56%，城乡居民人均可支配收入差距相比2015年缩减了14.06%，但在迈向共同富裕的新征程上，脱贫地区在做大"蛋糕"、分好"蛋糕"、精准"扩中"等方面还面临突出矛盾。

（一）更高质量地"做大蛋糕"，积累社会财富，是保障和改善民生的基础，但脱贫地区做大"蛋糕"依然面临堵点

共同富裕没有捷径，必须在高质量发展、建设现代化进程中推进。当前，

脱贫地区县域GDP总量仅占湖南86个县（市）经济总量的32.76%，脱贫地区高质量发展的动能不强，继续做大"蛋糕"并不容易。

1. 产业园区集聚发展不足，县域经济高质量发展受到制约

脱贫地区县域占湖南县域总量的59.3%，但省级及以上产业园区仅22个，产业园区规模工业营业收入达到百亿级的产业园区仅10个，分别仅占湖南省级及以上产业园区和百亿级园区的25.28%和15.87%。同时，一些脱贫县产业园区基础设施和公共服务建设滞后，集聚水平低，例如，张家界高新技术产业开发区规模以上工业营业收入在全县占比仅为33.09%。

2. 工业经济发展滞后，县域经济过早过快脱实向虚

脱贫地区第二产业占比为29.66%，相比2015年区域平均水平降低了6.7个百分点；第三产业占比为52.43%，相比同期湖南平均水平高出1.13个百分点，县域经济过早过快进入服务业占主导的发展阶段。同时，一些脱贫县工业多处在服务本地的原料及来料加工业等低附加值环节，企业普遍体量较小、抗风险能力弱，例如湘南某县受新冠肺炎疫情影响，2021年全县完成固定资产投资同比下降45.7%，其中，产业投资下降63.9%，占全部投资的45.5%；工业投资下降57.8%，占全部投资的29.9%。

3. 全产业链建设滞后，优势特色产业提质增效难

湖南51个脱贫县中，将茶叶、油茶、柑桔和蔬菜作为主导特色产业的分别有29、13、23和18个，大部分侧重于简单做大规模，缺少整体规划和市场分析，忽视产业长期发展所需的加工处理、冷链物流、品牌打造等全产业链建设，产业结构单一、同质化明显，往往陷入价贱伤农困境。受创新能力不强、销售服务平台滞后等多因素影响，特色优势产品走出去难，安化黑茶海外市场扩张不强，双峰农机出口一直跟不上海外订单。

4. 资源禀赋有限，乡村粮食稳产增收难

脱贫地区占湖南国土面积的54.79%，粮食播种面积占湖南的37.33%，但有效灌溉面积仅占湖南的34.8%，且山多田少，粮食种植分散，生产成本高，粮食收购价格低。水稻种植受成本"地板"和粮价"天花板"双重挤压，粮食生产效益低下，有些脱贫县粮食生产的亩均纯收入仅400元左右，远低于果蔬、茶叶等经济作物及畜牧产品，蔬菜、烤烟、中药材等经济作物与水稻、大豆等粮食作物争地的矛盾突出，单季稻转双季稻难度大。

5. 脱贫产业发展依赖于政府对资源配置的特殊干预，自我发展能力不强

脱贫地区搞了一些产业，但技术、资金、人才和市场等支撑还不强，遇到自然和市场风险时会出现"丰产不丰收"的现象，持续稳定发展难。同时，扶贫车间利润率较低，缺乏长远的发展动力，转型升级难，吸纳就业岗位少，有的地方甚至帮扶干部一撤，产业就可能垮掉。

6. 农村集体经济薄弱，加剧农业生产效率和经营效益提升困境

脱贫县村总数占湖南村总数的51.2%，贡献的村级经营性收入仅占湖南的36.7%。村级集体经济经营收入平均每村7.7万元，相比湖南村级集体经济经营收入平均水平低28.7%，其中，经营收入5万元以下的薄弱村2968个，占脱贫县村总数的22.1%，相比湖南经营收入5万元以下的薄弱村占比高4.3个百分点。

（二）更高水平地"分好蛋糕"，是维系社会公平，保持社会稳定的关键，但脱贫地区分好发展蛋糕依然面临困点

共同富裕主要包括两个维度，即"富裕"和"公平"，富裕依靠发展，共同依靠公平。当前，脱贫地区人均GDP为35475元/人，低于湖南平均水平48.91%，城镇居民人均可支配收入和农村居民人均可支配收入，分别低于湖南平均水平32%和24.46%，脱贫地区县不强、民不富并存，分好蛋糕仍需努力。

1. 初次分配效率仍有提升空间

脱贫地区平均劳动报酬占人均可支配收入比例为50.96%，高于湖南49.91%的平均水平，娄底涟源市脱贫群众可支配收入构成中靠务工的劳动报酬占比达85.43%，永州新田县达82.29%，远高于湖南平均水平。脱贫地区平均劳动报酬增长率为7.26%，远低于湖南16.08%的增长水平。脱贫地区平均劳动报酬在国民收入初次分配的占比为68.69%，大于湖南63.97%的平均水平，截至2022年6月，脱贫人口收入（主要是务工劳动报酬）增幅低于当地农民平均劳动报酬增幅的脱贫县（市）有15个。县域转移净收入低，例如，新田县、涟源市转移性净收入占比分别为7.03%和5.82%，远低于湖南转移净收入占比水平（27.6%）。农民闲置房屋没有实现有效流转，土地流转过程中，农户更多的是以出租（转包）流转土地经营权，仅能获得土地流转费，没有土地流转收益分红收入，农民财产性收入增长难。

2. 再次分配公平性仍有不足

优质医疗、教育、托幼、养老以及住房保障等公共服务主要集中在县城，在建制镇次之，在乡村"萎缩"，有受访村支书反映，为了让自己小孩能进入县城就读小学，花费 30 多万元在县城购买商品房，但县城房租很低，其房产没有产生资产收益。花垣县、新田县、涟源市等脱贫县（市）农村低保年平均标准 4588 元，低于湖南农村低保年平均标准 5256 元，远低于全国平均标准 6150 元；在一些脱贫县，防返贫监测对象等特殊困难群体住院实际报销比例为 76.24%，自付部分仍较高，特殊困难群体仍难以承受。县城产业配套设施、市政公用设施、公共服务设施、环境基础设施等还存在不少短板，特别是人口 5 万以上的建制镇，发展滞后，其中一些镇甚至自来水亦供应不足，而绝大部分镇都没有达标的污水处理设施。有些村庄房屋建设没有规划，农村建房乱搭乱建是常态；村庄污水处理设施建设滞后，有脱贫县只有 51 个村（社区），建了污水处理设施，覆盖面仅为 21.5%；有脱贫县 2/3 的废弃矿山未展开治理修复，甚至有不少仍在排放强酸性废水；有脱贫县 95.25 万亩耕地中，轻中度以上污染耕地占比达 17.64%。

3. 第三次分配潜力仍有待挖掘

脱贫县（市）刚迈过"脱贫"大战场，大多经济发展水平仍较低且很脆弱，公共服务资源相对匮乏，亟须慈善志愿公益服务进乡村、社区、学校。但由于信息不对称，外部慈善公益资源未能与脱贫县（市）慈善公益需求实现无缝对接，慈善公益资源难以被快捷、有效吸收到脱贫县（市）急需的地方或领域。脱贫乡村的"一约四会"（乡规民约、红白理事会、禁毒禁赌会、道德评议会、村民议事会）不同程度存在"流于形式"。新乡贤"先富"群体慈善志愿积极性也未得到激发，有些脱贫乡村的基层干部，新乡贤"先富"群体这一潜在的慈善公益"富矿"资源"不知情"，甚至"熟视无睹"。

（三）形成以庞大的中等收入群体为基础的橄榄型社会结构，是实现共同富裕的要务，但脱贫地区持续精准扩中依然面临难点

在新发展阶段和复杂形势下，实现共同富裕的一个重要抓手，就是加快推动形成更大规模、更高质量的中等收入群体。相对于湖南全省而言，脱贫地区中等收入群体更小，低收入群体占比更大，出现大面积返贫的风险更高，扩中提低面临挑战。

1. 就业创业环境不理想，高校和职业院校毕业生回到脱贫地区就业创业难

湖南脱贫地区的企业大多属于处在产业链低端的劳动密集型企业，劳动强度较大，工资水平偏低，对年轻大学生缺乏吸引力，一些职业技术学院毕业的大专生，回到脱贫地区后很难找到与自己所学专业相匹配的就业岗位。脱贫地区整体创业环境是落后于发达地区的，大学生社会阅历少，几乎没有资金，进行创业活动面临很多风险。

2. 受自身经营不善和外部经营环境恶化叠加影响，中小微企业主和个体工商户经营难

脱贫地区中小微企业和个体工商户等市场主体发展质量不佳，一些农村专业合作社仅仅是挂一块牌子而已，并没有发挥应有的功能；一些中小微企业经营困难，常由于资金链断链处于停业或半停业状态；一些脱贫县城的商业门店一年下来换了三四个老板，出现做生意做不下去的问题。受经济发展新常态和新冠肺炎疫情"疤痕效应"叠加影响，从事餐饮、住宿、旅游等行业的中小微企业和个体工商户受到重创。

3. 脱贫地区"劳力"和"脑力"两项人力资本都存在不足，劳动者创新创造能力弱

由于劳动力外流严重，留守农村的是"三八六一九九"部队，一方面，基层党组织后备力量"青黄不接"，有些调研村长期在家的党员数量不足50%，其中青壮年党员60%以上长期外出经商打工。另一方面，"土专家""田秀才"少，长期扎根农村的教育、医卫、法治、经营管理、物流等优秀人才紧缺。有些脱贫县农业生产经营者年龄普遍偏大，50岁及以上的占53%，41—50岁的占17%，40岁及以下的仅占30%，有文化、懂技术、善经营、会管理的新型职业农民比较缺乏，农业科技培训对象大部分为妇女、老人或文化程度较低的农民，导致培训效果不好、质量不高，内生动力难以释放。

4. 受身体机能衰退、社会保障不完善、利益联结机制不健全等因素影响，低收入群体增收难

湖南脱贫人口绝大部分都还属于低收入人群，收入不太稳定。如，依靠外出务工脱贫的220多万脱贫群众，一方面受到疫情防控影响，外出务工时间和收入明显下降；另一方面，随着年龄的增大，一些农民工已经难以找到合适的岗位，只能返回农村从事简单的农活，在收入减少的同时，养老、医疗支出却在增加，居民基本养老保险、基础养老金增长有限，且城乡差距大，这部分群体难以步入或者稳定在中等收入群体。356万依靠特色产业脱贫的群体，不少是依托龙头企业和合作社发展起来的，限于利益联结机制不健全影响，一旦市场波动，也难以确保实现稳定增收。

5. 受文化服务供给紧平衡、"等""靠""要"思想严重等因素影响，推进精神生活共同富裕难

湖南脱贫地区大部分是革命老区和民族地区，地域和传统习俗始终与现代文化之间存在张力。有些地区公共文化设施设备老旧、条件简陋，提供的服务种类和数量偏少，形式较为单一，群众喜闻乐见的公共文化产品不够丰富。乡村文化专业人才既有总量不足又有结构失衡问题，普遍存在人员配备不足、在编不在岗、专业不对口、专业水平低和"人才进不来、来了留不住"等问题。部分脱贫县乡村文化市场经营单位缺乏活力，乡村文化产业化水平不高。"等""靠""要"思想在一些脱贫地区和脱贫人口中还存在，干部队伍"闯""创""干"的精气神还需要进一步提振。

四、推动湖南脱贫地区实现共同富裕的对策建议

湖南脱贫人口规模大，排全国第六位，脱贫地区占湖南总面积的54.79%，实现共同富裕是一个长远目标、历史任务，需要一个过程。湖南要深入贯彻落实习近平总书记关于共同富裕的重要论述和考察湖南的重要讲话指示精神，瞄准困难精准发力，在高质量发展中扎实推动脱贫地区实现共同富裕。

（一）推动共同富裕顶层设计，实现脱贫地区弯道超车

脱贫地区实现共同富裕，要根据新发展阶段的情况和任务，树立"一盘棋"思维，形成总的"章法"，把推进共同富裕工作放在经济社会发展全局中统筹谋划和推进，有效解决发展中面临的突出矛盾。

1. 建立健全党总揽全局、协调各方的全面领导制度体系

建议率先出台《推动湖南脱贫地区实现共同富裕的实施意见》，成立由省委、省政府主要领导"双组长制"负责的高质量发展推进脱贫地区实现共同富

裕领导小组，加强统筹指导，启动脱贫地区共同富裕试点县建设工作，在51个脱贫县中每年评选3—5个试点县，在缩小收入差距、公共服务优质共享、打造精神文明高地、建设"一县一镇一村"共同富裕现代化基本单元等领域探索试点，先期可以缩小收入差距领域开展试点，聚焦乡村产业振兴，探索形成可复制可推广的标志性成果。

2. 谋划构建湖南脱贫地区"1+N"配套政策体系

推动湖南积极对接中央和国家机关有关部门，优先将本领域改革试点、探索示范任务赋予湖南脱贫地区，明确责任分工，推动出台相关领域政策文件。

（二）推动产业高质量发展，厚植共同富裕物质基础

脱贫地区实现共同富裕，最深厚的基础在高质量发展，经济发展的方方面面都要向着高质量迈进，确保经济平稳健康发展，继续把"蛋糕"做大。

1. 加大脱贫地区省级及以上产业园区培育力度，以产业园区为载体推进县域经济高质量发展

支持产业园区搭建集群平台、投融资平台和创新平台，提升园区能级。鼓励产业园区加强生活性配套设施建设，推动生产、生活、教育、休闲及娱乐、商业混合布局，实现由功能单一向现代化综合功能产业区转型。加强产业园区路、水、气、电等核心要素支撑，彻底解决环保设施"最后一公里"问题。支持脱贫县经开区调区扩区，鼓励有条件的产业园区积极融入湖南自贸试验区、中非经贸深度合作先行区。加大制造强省、技术改造、重大科技专项等政策对脱贫地区的倾斜，重点支持产业集群发展、优质企业培育、创新体系完善、产业基础再造等，推动制造业延链、补链、强链。

2. 推动特色产业"产加销"全链条协同发力，做优特色优势产业

深入实施"六大强农"行动，着力构建"一村一品""一镇一业""一县一特"的特色产业格局，推进农产品精深加工。推进湖南基层农技推广体系改革，加快推广良种、良机、良法，加快信息化服务手段普及应用。将扶贫车间打造成乡村共同富裕重要产业载体和平台，进一步提高衔接资金和涉农整合资金用于扶贫车间的比重。推进脱贫地区农产品产销联盟建设，加强产销对接，支持供销社做好肥料原料采购供应、农资销售、农业社会化服务保障，支持湖南邮政完善农村寄递物流体系。

3. 实施优质粮食工程，大力发展粮食产业经济

大力推进高标准农田建设，鼓励农民采取流转并地的方式，实现按户划片耕种，彻底解决"插花田"和撂荒地。大力推动水稻生产全程机械化，有条件的地区鼓励数字管理种粮田。优先扩大脱贫地区粮食等大宗农产品保险覆盖面，支持脱贫地区探索绿色、有机农产品保险。大力发展粮食深加工产业链，打造好粮油品牌，推动产粮大县从"卖原粮"向"卖产品""卖品牌"转型，从"大粮仓"向"大厨房"转型，催生"水稻经济"。

4. 积极对接融入共建"一带一路"，在扩大开放上突出更高水平

在省级层面制定脱贫地区特色优势产品"出海计划"，在湖南已有产业投资基金框架下设立"走出去"丝路基金，支持加强脱贫地区出口产品消费市场行为的国别研究。鼓励企业加快、加强线上渠道业务布局，大力发展跨境电商、市场采购贸易等新业态。支持企业参加境外展览展销活动，支持企业开办合资公司、分装厂、形象店，培育出口重点市场，鼓励企业抱团开拓国际市场。

（三）推动提高发展的平衡性、协调性和包容性，提高发展模式质量和效率

脱贫地区实现共同富裕的充分条件是提高发展的平衡性、协调性，其必要条件是提高发展的包容性，要准确把握并重点推动区域城乡协调发展，呵护中小企业和个体工商户等市场主体。

1. 完善区域政策体系，加强区域横向带动

统筹平衡乡村振兴重点帮扶县与非重点帮扶县的政策保障，确保过渡期内，针对非重点帮扶县的国省帮扶政策资金总量不减、帮扶政策资金支持结构优化。提升地区间横向支持带动的制度化、规范化水平，强化县县结对协作，经济较发达县（市、区）每年落实对口帮扶资金，切实在园区建设、产业合作、人才交流、乡村建设等方面取得实效，鼓励和支持实践中出现的新模式、新路径。

2. 打出从政策到服务的"组合拳"，为中小企业和个体工商户解难纾困

全面落实国省政策，运用再贷款、再贴现、普惠小微贷款支持工具，引导金融机构加大对普惠小微领域的支持力度，对受疫情影响较大、但有还款意

愿、吸纳就业能力强的中小企业和个体工商户，给予续贷、展期。引导"链主"企业、大型企业将中小企业纳入产业链、供应链、创新链体系，构建大中小企业融通发展产业生态。开展拖欠中小企业账款专项治理，推动机关、事业单位和大型企业履行及时支付中小企业款项义务。围绕受疫情影响重、就业容量大的文旅、餐饮、住宿、零售等行业中小企业和个体工商户，开展促消费系列活动。

（四）推动促进基本公共服务均等化的制度创新，兜牢基本民生底线

脱贫地区实现共同富裕，要提高公共服务可及性和均等化水平，让人民群众的获得感成色更足、幸福感更可持续、安全感更有保障，为此，政府通过一系列强制性制度变迁，优化基本公共服务供给，弥补市场缺陷。

1. 强化基本公共服务均等化的财税支撑

推动国省财政体制改革政策落地见效。建立健全湖南转移支付体系，根据财政事权属性，加大对财力薄弱的脱贫地区的支持力度，健全转移支付定期评估机制。围绕"兜底线、促均衡、保重点"目标，调整湖南转移支付结构，优化横向、纵向财力格局，推动财力下沉至脱贫地区，持续加大对乡村振兴重点帮扶县和易地搬迁集中安置区支持力度。切实将直接面向基层、由基层政府提供更为便捷有效的社会治安、市政交通、城乡建设、农村公路、公共设施管理等基本公共服务确定为市县级财政事权，确保脱贫地区基本公共服务有坚实财政支撑。完善"三农"投入优先保障机制，加快提高土地出让收入用于农业农村比例。

2. 优化促进基本公共服务的法治环境

建立健全基本公共服务均等化与共同富裕实现程度的动态监测体系，适时监测脱贫地区基本公共服务均等化与实现共同富裕进程中的结构性短板弱项。完善村级综合服务功能，强化基本公共服务供给中的行政监督和问责，增强行政监督效能。推进更高水平的平安法治乡村建设，常态化开展扫黑除恶斗争，开展农村交通、消防等领域风险隐患排查和专项治理等。

（五）推动扩大中等收入群体规模，夯实共同富裕的社会基础

脱贫地区实现共同富裕，澎湃动力在"扩中"，让更多低收入群体迈入中

等收入行列，不仅可以填充甚至扩大高收入群体消费结构升级留下的市场空间，更有利于形成消费结构升级、产业市场扩张的"雁阵模式"，重点是加强住房保障，提高就业率和社保水平，增加优质培训供给，激活"绝大多数"市场主体的创新动能。

1. 努力加强住房保障

支持县域政府收购适用的滞销房产，转为廉租房和公租房，并建立规范，满足城镇低收入、中下收入居民和进城农民的居住需求，应覆盖到未取得户籍的县城常住人口。

2. 努力提高就业率

与长三角、珠三角等重点地区及其重点企业搭建"点对点、一站式"信息对接平台，扩大省外转移就业规模，在资金安排、以奖代补方面支持脱贫县创建彰显地域特色的劳务品牌。加强县镇村公共就业服务平台建设，建立健全与公安、民政、税务等部门数据共享机制，优化集就业信息发布、劳务对接、工资权益保护、失业登记等为一体的就业供需服务供给。加强人社、商务、市场监管等部门和行业协会沟通衔接，推动建立新就业形态劳动者工会。推广以工代赈，合理增加护林员、保洁员等乡村公益性岗位，采用社会保险补贴等方式支持返乡入乡人员创办企业并吸纳就业困难人员。加强劳动保障执法监察，针对不同行业制定不同级别和强度的预警机制，及时查处侵害新业态劳动者合法权益的平台企业。

3. 努力提高社保水平

严格按政策办事，积极回应脱贫地区群众期盼和诉求，主动化解矛盾，妥善化解社会保障领域的遗留问题，以创新精神推动社会保险工作尽早落地见效。不断优化脱贫地区社会保障经办模式和工作流程，提升管理服务水平，积极实施"互联网+人社"行动，提升信息化基础设施的支撑保障能力。强化脱贫地区社保政策宣传，鼓励和引导灵活就业人员和新业态从业人员积极参保、稳定参保。

4. 努力增加优质培训供给

深入实施职业技能提升行动和重点群体专项职业培训计划，加强实用技术、职业技能、创业能力、电子商务等培训，有针对性地开展养老护理员、家政服务等职业（工种）培训，做到"应培尽培、能培尽培"。鼓励用人主体特别是企业参与到职业教育中来,为职业教育提供实习场所、指导老师,为职业教育的专业设置、课程设置等提供指导,为技能型劳动者提供更多就业机会,提高职业教育效能。

5. 努力激发中小微企业主和个体工商户创新创业动能

各级政府要提供"一对一"的服务,全力支持中小微企业和个体工商户成长。对高校和职业院校毕业生在脱贫地区初次创办小微企业、个体工商户、民办非企业单位、农民专业合作社等给予一次性创业补贴、税收减免等优惠政策支持,将符合社会救助条件的创业失败大学生,按规定程序纳入相应的救助范围等特殊支持政策。

(六)推动三次分配协调联动,让发展成果更公平惠及广大人民群众

脱贫地区实现共同富裕,要让大多数低收入居民迈向中高收入行列,持续显著缩小收入差距,核心路径要瞄准收入分配方面,重点是推进城乡基础设施一体化建设,推动基本公共服务均等化,完善社会保障制度体系,优化慈善公益资源激活机制。

1. 推进县城补短板,加强乡村建设,完善城乡基础设施一体化

依托国家支持政策,拓宽资金渠道,狠抓脱贫地区支持县城发展政策,落实稳定扩大县城就业承载能力,持续完善市政交通设施,切实提升县城人居环境质量。统筹县域城镇和村庄规划建设,推进城乡基础设施统一规划、统一建设、统一管护,促进乡镇市政设施提档升级、公共服务设施提标扩面,推动公共基础设施向村覆盖、向户延伸。大力推动脱贫地区公共基础设施向村覆盖、向户延伸,积极有序推进实用性村庄规划编制,加强农村建房风貌管理。

2. 立足兜底保障,完善社会保障制度体系

加强农村低保制度与其他专项社会救助制度的有效衔接,特别是对脱贫地区符合条件的农户实施精准高效的医疗、住房、教育、就业等专项社会救助,逐步提高救助保障水平,重点是加大医保政策向基层医疗卫生机构倾斜,加速推进分级诊疗制度建设;大力推动脱贫地区社区医院和县域内农村医疗卫生服务次中心建设。建立健全城乡居民权利平等的长期照护保障制度、生育津贴制度和工伤保险制度。

3. 汇聚公益慈善资源,助推共同富裕

支持脱贫地区构建和完善第三次分配的政策体系。健全完善湖南慈善公益

资源"集体行动"常规机制，深入开展"慈善+志愿服务"专项行动，推动慈善资源向脱贫地区沉淀。支持脱贫地区聚焦培育慈善主体、拓宽参与渠道、激发慈善活力、弘扬慈善文化等，强化激励保障机制，打通慈善公益资源流入脱贫地区的"肠梗阻"。充分发挥"一约四会"（乡规民约、红白理事会、禁毒禁赌会、道德评议会、村民议事会）作用，让"四会"骨干成为乡村慈善志愿公益理念的守护力量。建立健全域外新乡贤"云上网格"，建立并动态更新新乡贤"揭榜挂帅"项目库，激发新乡贤"先富"群体慈善公益积极性。

（七）推动人民群众精神生活共同富裕，促进人的全面发展

脱贫地区实现共同富裕，要与促进人的全面发展高度统一。推进精神生活共同富裕既是共同富裕的重要内涵，又是实现物质生活共同富裕的内在动力。湖南要以社会主义核心价值观为引领，大力发展脱贫地区教育，提升公共文化供给水平，持续在"扶智""扶志"上用力。

1. 大力发展教育，提高人力资本存量

出台《关于脱贫地区推动教育改革的意见》，明确脱贫地区普及十二年制义务教育，将中等职业学校升格为高等职业技术学院。扎实推进脱贫地区义务教育控辍保学工作，精准实施脱贫地区经济困难学生资助工作。

2. 推进城乡公共文化服务体系一体建设，探索创新多样化的文化产业发展模式

创新实施文化惠民工程，着力破解脱贫地区基层部分文化设施长期闲置、公共文化机构仅靠国家免费开放经费保运转被动局面，在推进实施国家文化数字化战略和文化跨界融合中，实现公共文化服务体系提质升级。立足特色小镇、古镇村落、传统建筑、农业遗迹、历史文物古迹等，推动文化与旅游、体育、教育、信息、建筑、制造等融合发展，延伸产业链，提升脱贫地区的文化实力、文化品位和文化气质。依托名人历史、乡村非物质文化遗产项目、民俗礼仪、传统手工艺等，打造乡村特色文化产业精品工程。积极发展山水观光、乡村旅游、休闲度假、商务会议、康体养生等现代文化旅游产业新业态。

3. 坚持文化发展与实现共同富裕有机结合，发挥文化"扶志""扶智"作用

大力弘扬社会主义核心价值观和脱贫攻坚精神，营造理性认识共同富裕、

期待共同富裕、推动共同富裕、评价共同富裕的文化氛围。正确区分封建落后低俗与优秀传统文化的关系，以乡风文明、村规民约建设为抓手，以新时代文明实践中心（所、站）为依托，依法、有序推进移风易俗和文化治理，将新时代精神文明建设生活化、制度化，推进脱贫地区文化繁荣、人民精神富足。

（八）加强"三农"重点领域"补短板"，推动农民农村共同富裕

脱贫地区实现共同富裕，最艰巨任务在农村，要做好乡村振兴战略这篇大文章，重点做强脱贫产业，深化要素市场化配置改革，做活新型农村集体经济，筑牢乡村生态底色，筑好农村共同富裕"人才链"。

1. 坚持"扶上马送一程"，促进脱贫产业稳定发展

建立脱贫车间建设标准，支持将现有扶贫车间提质改造，新建一批面积较大的脱贫车间，将脱贫车间打造成乡村共同富裕重要产业载体和平台。进一步提高衔接资金和涉农整合资金用于扶贫车间的比重，在土地供给、业务流程、人才培训等方面向车间运营主体提供政策支持，加大人社、农业等部门提供的社会保险补贴、岗位补贴、培训补贴等优惠政策倾斜力度，鼓励脱贫车间在原有基础上进一步扩大产业规模。

2. 打通城乡要素流动"堵点"，做活新型农村集体经济

搭建引导城市优质生产要素流向乡村的湖南统一的载体和平台，积极承接、引导优质项目下乡，带动资本、人才、技术等要素资源下乡。在省级层面，出台《关于脱贫地区实施村集体经济强村工程的意见》，明确农户承包地流回村集体，由村集体统筹经营、委托第三方统一发包公开招标。开展集体经营性建设用地摸底调查工作，将有证、合规、合法的地块列入存量农村建设用地，鼓励农民集体以合理方式委托代理主体代为管理入市相关事务，鼓励探索集体建设用地入市模式。鼓励引入国资、民资，全面建成兼顾国家、集体、个人的农村集体经营性建设用地入市收益分配机制，鼓励和支持土地流转收益共享机制创新实践，建立机制防止工商资本"跑马圈地"、把农民"挤出去"。

3. 加强环保基础设施建设，筑牢乡村生态底色

由省里统筹、地市组织、县里负责实施农业面源污染情况摸底行动，在此基础上制定县域农业面源污染整治行动规划。制定湖南农村环保配套设施建设规划，突出脱贫地区环保配套设施建设，科学布局农村面源污染主要类别垃圾

回收站,依据标准有序推进辖内乡村环保配套设施一次性建设到位并纳入养护目录。

4. 创新机制,筑好农村共同富裕"人才链"

配齐乡村振兴部门工作力量,坚持和完善驻村第一书记和工作队制度。加大脱贫地区与长株潭先发地区各层级干部交流力度,鼓励省直部门优秀党政干部、专业技术人才到县、乡镇、村"墩苗"成长。建立定期轮训镇干部和村干部制度。创新人才使用机制,从退伍军人、大学生村官、致富带头人、新乡贤中选派政治素质好、敢想敢闯敢干的优秀人才到基层任职。加强产业、科技、教育、医疗、文化和环保等方面的乡村人才支持。

参考文献

[1] 习近平. 决胜全面建成小康社会夺取新时代中国特色社会主义伟大胜利——在中国共产党第十九次全国代表大会上的报告 [M]. 北京:人民出版社,2017:28.

[2] 中共中央宣传部. 习近平新时代中国特色社会主义思想学习纲要 [M]. 北京:学习出版社,2023:70.

作者简介:邝奕轩,湖南省社会科学院(湖南省政府发展研究中心)经济研究所副所长、研究员、博士。

共同富裕背景下青海东部农村居民增收的制约因素与对策研究

魏 珍 刘 畅

摘 要：近年来，青海积极出台一系列适合本地区乡村发展的政策措施，鼓励引导农民打开增收之门，农村经济迅速发展，农村居民收入持续增加，农民幸福指数有效提升。但农业农村农民发展的短板和薄弱环节仍较为突出，具体表现为农民收入较低、增收难，城乡收入差距大。本文根据青海东部农村居民收入现状，从人均可支配收入的总量和来源出发，总结收入特点，分析影响农民收入增加的制约因素，结合经济增长、区域优势发展等经济理论及调研中农民的增收诉求，就青海东部农村实现富民增收提出对策建议。

关键词：乡村振兴；青海；农民增收

共同富裕是中国特色社会主义的本质要求，扎实推动共同富裕，前提是富裕，核心是共同。当前为推动共同富裕仍然要立足农业农村发展不充分是最大的发展不充分、城乡发展不平衡是最大的发展不平衡这一重大社会现实。共同富裕离不开农村的富裕，农民收入的增加是巩固脱贫攻坚成果的根本，是城乡共享发展成果的重要衡量指标。使农民的钱包鼓起来，提高其满足感、获得感，实现我国经济又好又快发展是当前我们迫切需要解决的重要任务。促进农民增收是缩小城乡差距、推动共同富裕的现实需要，是扩大内需、加快构建"双循环"新发展格局的主要抓手，是加快农业现代化发展、推进乡村振兴的重要任务，更是实现社会和谐稳定的前提保障。

近年来，青海农村经济迅速发展，政府积极实行适合本地区乡村发展的政策与措施，鼓励、引导本地农民创造财富，打开增收之门，相继出台了《青海省人民政府办公厅关于进一步切实做好农牧民增收工作的通知》等一系列促进农民增收的政策文件，对"三农"工作的财政投入力度不断加大，农村居民收入持续增加，增速超过城镇收入增速，农民生活水平稳步提高，农民增收工作成绩显著。但农民收入仍较低，农民低收入束缚内需的扩大，制约经济持续健康发展。近年来，从全省人均可支配收入来看，城乡收入比在3∶1左右，农民可支配收入占全国平均水平的70%左右，较城镇收入占全国平均收入比重占比还低10个百分点，在西部十二个省区市中也排名靠后，制约了青海共同富裕的脚步。

一、青海东部农村居民收入现状及特点

青海东部承载了全省56.04%的农村人口，其中，西宁农村人口51.17万人，占全省农村人口的22.06%、海东农村人口78.83万人，占全省农村人口的33.98%。人口数量是青海东部农村实现共同富裕的关键因素，是带动全省农村居民富民增收的排头兵。

目前，农村居民可支配收入结构主要由四部分组成，分别是经营净收入、工资性收入、转移净收入和财产净收入，这四类收入是衡量农民生活水平最重要的指标。青海东部农村农民收入现状呈以下特点。

（一）收入总量与消费水平较低

从东部农村居民人均可支配收入总量和增速上来看，2021年西宁农村居民人均可支配收入总量14948元，较2015年上涨68.62%，海东市农村居民人均可支配收入总量为13755元，较2015年上涨67.83%。"十三五"以来，西宁、海东两地农村居民收入总量和增速较稳定，人均可支配收入均高于全省平均水平，处于全省农村居民收入的第一梯队，但与全国农村居民人均可支配收入、中位数、邻近省会银川市农村居民人均可支配收入横向比较均有不小的差距。在2021年全国居民五等份收入分组数据中位于"中间偏下收入组"和"低收入组"之间。从年增速来看，西宁海东两地农村居民人均可支配收入增速与全省增速变化趋势基本相同（图1），但由于增长基数低，与全国平均水平的绝对量差距呈"喇叭口"状扩大趋势（表1）。

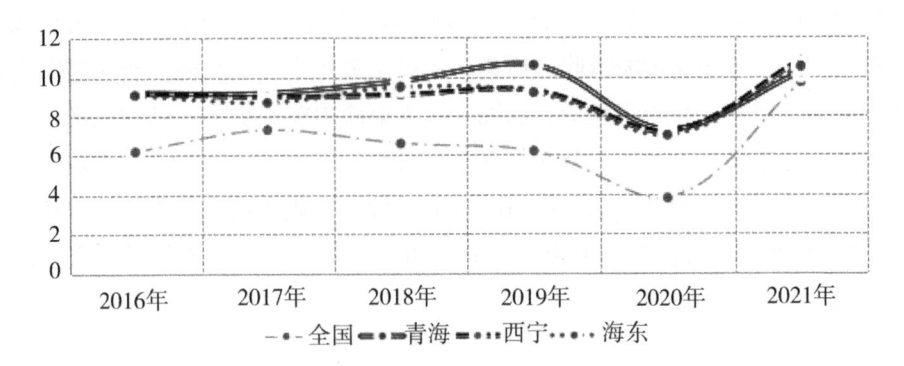

图1 "十三五"以来农村居民可支配收入增速趋势图（%）

2021年，西宁、海东农村居民人均生活消费支出仅占城镇平均水平的51.84%和57.49%、全市平均水平的60%和78.73%、全国平均水平的71.59%和58.57%。两地农村居民消费水平普遍较低，特别是代表生活品质的教育文化娱乐支出远低于城镇和全国平均水平，剔除青海地处偏远，物流费用较高，同等产品相比其他地区价格更高等因素后，消费缩水更加严重。

表1 "十三五"期间青海、西宁、海东与全国农村居民收入绝对量差距（元）

年份	2016年	2017年	2018年	2019年	2020年	2021年
青海	3699	3970	4224	4522	4789	5327
西宁	2685	2884	3113	3444	3644	3983
海东	3418	3709	3967	4394	4687	5176

数据来源：根据青海统计局数据计算得出。

（二）工资性收入比重"高"

近些年服务业、劳动力密集型产业发展迅速，农民务工意愿不断增强，加上青海东部农村交通区位优势显著，邻近吸纳农民工就业最多的第三产业市场，就业选择较多，就业待遇相对更高，直接表现为东部农村居民的工资性收入在人均可支配收入中占比高，在绝对量上与全国平均水平差距也较小。2019年以来，西宁农村居民工资性收入在人均可支配收入中占比在60%以上，2021

年突破 70%；海东农村居民工资性收入占比稳定在 50%，在占比上均高于全国 2021 年 42.03% 的平均水平。

（三）其他三类收入拉动增收能力弱

从经营净收入来看，受粮价较低且农耕期短，小麦、马铃薯等低价粮食占比高等因素影响，西宁和海东两地农村居民经营净收入不高；从财产净收入来看，西宁和海东两地农村居民财产净收入主要依赖市郊农民的房屋租赁，基数低，增长潜力有待激发，两项收入绝对额和占比均低于全国平均水平。从转移净收入来看，近年来青海加大在脱贫攻坚中的投入力度，一系列惠及民生的增资政策落地，对农民转移净收入的增加起到了较大的促进作用，但随着全面脱贫的实现，未来依靠政府转移支付所带来的增收效果有递减趋势。

表 2　2019—2021 年全国与青海东部地区农村居民人均可支配收入占比情况（%）

年份	工资性收入			经营净收入			财产净收入			转移净收入		
	全国	西宁	海东	全国	西宁	海东	全国	西宁	海东	全国	西宁	海东
2019 年	41.09	60.94	50.56	35.97	19.90	24.22	2.35	1.52	0.41	20.59	17.65	24.81
2020 年	40.71	67.77	51.55	35.47	17.42	22.88	2.45	1.97	0.25	21.37	12.83	25.32
2021 年	42.04	70.42	50.70	34.68	15.19	22.82	2.48	1.10	0.17	20.80	13.29	26.32

数据来源：根据西宁、海东统计公报中的数据计算得出。

（四）收入日趋稳定化、收入渠道多元化

目前青海东部农村居民实现增收的主要模式有四种：一种是新型农业经营主体的带头人，这部分农民整体素质较高，其中一部分是返乡创业农民，收入来源主要是经营净收入，是带动家庭及其他农户就业的重要力量。第二种是兼业农民，在土地经营收入外有工资性收入，就业行业主要集中在第二产业中的建筑业和第三产业中的修理业。所在村庄一般靠近国道省道，一年有 2 万—3 万元工资性收入。第三种是将土地流转或托管给大户，全年外出务工，就业行业主要集中在第三产业中的住宿和餐饮业，这部分农民年工资性收入在 4 万元左右。第四种是选择全年在农村增收，随着农业社会化服务的规模化发展，增加了大量用工需求。经调研，西宁湟中区一个流转、托管 8000 亩土地种植马

铃薯、油菜和饲料的农民专业合作社，一年用工需求达到3000人次以上，按照目前市场上日结工资100元的标准，可直接为附近农民带来30万元/年的纯收益。伴随乡村振兴战略的实施，近年来提升农村基础设施建设、农村公共服务水平的项目增多，为农村提供了大量就业岗位，这些工作对外出打工劳动力的吸引力弱，是农村内部非农就业的主要渠道，这部分留在村里的农民年工资性收入2万—3万元。

二、青海东部农村居民增收的制约因素分析

（一）人力资本水平低

青海是经济欠发达省份，农村的发展也落后于东中部地区，农民受教育程度较低，专业技术能力弱。农村普遍存在技术人才流出、人口老龄化日趋严重的问题，近年来，青海农民工用工需求正向高学历、年轻化方向发展，留在村里的居民进城务工往往只能选择可代替性强的工种，工资收入增长主要依赖就业规模的扩大和劳动密集型产业的发展。目前政府提供的技能培训往往偏基础和短期，培训内容与农民需求符合程度不高、参与程度低，农民工就业结构性矛盾凸显。部分农民增收意愿弱，对市场经济的认识模糊，外出就业信心不足，普遍认为近年来用工需求大、务工收入高的家政等职业低人一等。此外，对政府惠农政策的理解力不强，创业意识和能力不足，对土地流转、托管带来的优化资源配置，促进增收等积极作用认识不清，导致耕地碎片化程度高，现代化、规模化的农业经营难以实现，制约着农业边际产出和收益的提高。加上个人耕作对购买农业保险抗风险的认识不足，易受到自然灾害和意外事故的影响。

（二）产业融合程度不高

据调查，近年来青海"三产"融合水平处于全国末尾位置。青海东部农村虽然距离全省经济中心近，但农业生产水平不高，面临农业生产成本提升和外地农产品市场竞争的双重压力。主要农产品马铃薯、饲料、油菜等交易多停留在原材料层面，产业链条短，具有附加值的初深加工少，加上农产品产量和价

格低,在一定程度上"吞噬"了种粮直补等转移性收入带来的实惠。农民经营性收入处于风险最高、利润最少的生产环节,难以获得仓储、运输、销售等增值收益,销售渠道和价格主要由甘肃市场控制。休闲观光农业、农业电商等农业新产业,大多面临缺乏创新、同质化、忽视文化特色和品牌建设等问题,长效增收能力不足,制约了农民经营净收入的增长。

(三) 村集体经济发展水平有待提升

青海东部农村村集体经济发展规模普遍较小,可利用的资源相对有限,村集体经济呈现发展动能不足、质量不高、综合竞争力弱的特点,大部分村集体经济单纯依靠政策性收入勉强维持。由于自身不足,在生产、经营、管理环节又缺乏科学技术的指导和专业的经营管理人才,主要靠农产品原材料交易和粗加工等一般性的服务创收,经营收入低,农民分红收益微薄。面对多变的市场环境,部分村集体在项目选择上存在盲目性,村集体经济在资产保值、生产经营等方面面临较大风险,不仅难以带动农民实现更加充分高质量的就业,还制约着农民财产性收入的提高。

(四) 支撑保障体系不健全

青海东部农村基础设施建设和基本公共服务供给与城镇的差距依然较大,主要表现在:民生保障存在短板,在交通等基础设施建设方面相对滞后。农村浅山、脑山及边远区域农户受自然地理和历史等因素影响,居住地偏远、城乡间公共交通班次少,存在农民外出不便,与市场信息不对称的问题,制约着当地农民工资性收入和经营净收入的增长。农村电商起步晚,产业聚集性低,农村电商人才十分缺乏,凭借电商手段促进农产品信息有效流通,实现农产品价值最大化的作用发挥不明显。农村金融服务供需矛盾突出,金融服务主体和产品种类单一,国有银行没有在乡镇一级组建分支机构,不能有效满足目前农村广大小微企业、农牧户、个体经营户等多类群体不同的金融需求。社会保障体系有待完善,目前以"新农合、新农保"为主的农村社会保障体系给付水平低,保障能力有限。另外,在就业保障方面也存在缺位,多年来青海开展东西部劳务协作,但后续保障不足,跨省就业农民工的顾虑较多,稳定就业率不高。另外,政府财政支出对直接形成农民收入的投入总量相对不足,除耕地保护补贴政策外,其他补贴项目少,加上外出务工人员因负担城市较高的生活成本抵消了寄带回收入,转移净收入增加困难。

三、青海东部农村居民增收的着力点及对策建议

(一)提高人力资本效能,为工资性收入增长注入动能

根据人力资本理论,对劳动力知识技能、工作经验的投资能够有效提高人力资本效能,增加收入。一是招标资质好、培训水平高、理念先进的培训机构为农村剩余劳动力外出就业提供基础培训和技能培训,以就业层次的提升巩固工资性收入。二是继续挖掘农业农村内部就业潜力,对于家庭中有富余劳动能力但又思想保守的农民,不定期进行思想脱贫,以成功致富村民作为案例鼓励就业。健全合理的工薪增长机制,落实好各类扶持政策,引导农民在农业农村有序就业。三是壮大县域经济,建立以县城和中心镇为主要节点的产业布局,降低就业成本,促进农民工就近就业。四是完善就业服务网络,巩固近年来青海东部农村居民跨省就业成果,完善东西部劳务协作服务链条,参考大通县新华农机科技示范专业合作社错峰为农民工提供就业岗位的模式,消除赴外地就业人员的后顾之忧。同时,支持发展劳务合作社,帮助就业困难农民就业,稳定促进工资性收入增长。

(二)推进产业深度融合,拓展经营净收入增收渠道

农村"三产"融合是拓宽农民增收渠道和空间的重要途径。一是引导农民发展特色高效农业,鼓励农民由种植粮食为主向种植瓜果蔬菜等经济作物并重的模式转型,打造特色农产品优势区。探索农业技术研发与推广的"双轨制"农业科研体制模式,加快科学技术应用到农业中的步伐。二是延长农业产业链条,加大"三产"融合力度,发展农村的第二、三产业,加快农民专业合作社规模化发展,引导同性质小规模合作社通过入股、合并等方式扩大核心竞争力。提高各种类型农业社会化服务能力,实现小农户与现代农业发展的有机衔接,借鉴湟中区青海兄弟马铃薯种植专业合作社等有规模的合作社经验,结合市场需求发展农产品初加工,精深加工。推广"农户+合作社+龙头企业"等

模式，完善利益联结与分享机制，降低市场主体的经营风险，让农民更多分享产业增值收益。在有条件的乡村结合特色产业开展多样化经营，推进农业与旅游、文化、生态、健康养老等产业深度融合，农户以为景区提供餐饮、导游等服务的形式参与其中。三是加快农村电子商务发展，弥补欠发达地区的区位短板，提高电商渗透率，尝试探索建立本土农产品交易平台，破解农产品销售不畅、信息不对称等问题。降低物流配送成本，线上线下销售相结合，多渠道、全方位推动农特产品输出，为农民经营净收入提供长效保障。

（三）盘活农村资源，激发财产净收入增收潜力

农村集体资产是涉及农民群众切身利益的重要财产，是提高农民财产收入的主要力量。一是壮大集体经济，加强对村级集体资源、资金的登记和管理，依托区位优势加强资源开发和资产运营，探索各具特色的村级集体经济发展途径。引导村集体吸纳国有资本、集体资本、非公有资本投资入股，赋予村民对集体资产股份占有、收益、继承权。推广湟中县田家寨镇田家寨村土地利用创新经验，高质量发展壮大村集体经济的经验，提高经营收入，促进村集体经济收益增长。二是探索激活农村产权，适当提高农村土地征用补偿费用和标准，结合产业发展规模化需要，引导农民依法采取转包、转让、入股及合作等方式"打包连片"流转给种植大户、龙头企业，实现整村产业规模化。在有条件的村探索宅基地使用权向外部流转试点，激发农民长期财产性收益。鼓励外出务工者、老年群体等农户将闲置资源资产通过租赁、入股等方式发展特色民宿、观光农业等，激发农民财产净收入潜力。针对集体土地和宅基地征用拆迁的村庄，整合农民闲置物业资源，发展物业经济，丰富农民收入来源。三是健全农村金融服务体系，鼓励各金融机构向下延伸，探索建立金融支农服务联盟，从企业和农户的实际需求出发，提供更接地气的金融服务，创新特色贷款产品，增加质押、抵押物范围，因地制宜开发特色贷款产品。同时，鼓励地方保险金融机构设计开发多层次、不同保障水平的农业保险产品，增强农业抗风险能力。

（四）完善强农惠农富农政策，保障转移净收入有效增长

稳定连续的强农惠农富农政策是保障农民收入持续增长的压舱石。一是突

出财政支持方式多元化，继续加大对"三农"的综合扶持力度，在提价、补贴等方式直接带动农民增收的基础上，落实和完善农业"三项补贴"政策及生态补偿政策。二是推进公共财政、公共服务向农村倾斜，加大对农村发展所需的"硬件"和"软件"投入，推进农村基础设施建设，促进教育、卫生等公共资源均衡配置，尽可能减少农民公共消费支出。拓展发展平台，创新服务模式，鼓励能人回乡、企业兴乡，完善大学生从事现代农业工作的补助和配套政策。三是建立健全多层次农村社会保障体系和常态化帮扶机制，适当提高社保给付水平，尤其要使小农户和低收入农户两类人群感受到最直接的实惠和真正的生活保障，以公共财政转移支付为途径增加农民转移净收入增长。

参考文献

[1] 魏后凯. 中国农业发展的结构性矛盾及其政策转型 [J]. 中国农村经济, 2017 (05): 2-17.

[2] 梁伟军. 农业与相关产业融合发展研究 [D]. 武汉: 华中农业大学, 2010.

[3] 刘天平. 西藏特色产业发展战略研究 [D]. 成都: 西南财经大学, 2007.

[4] 车红雷. 西藏特色农牧业发展对策研究 [D]. 咸阳: 西藏民族学院, 2007.

[5] 郭军盈. 中国农民创业问题研究 [D]. 南京: 南京农业大学, 2006.

[6] 张克俊. 我国城乡居民收入差距的影响因素分析 [J]. 人口与经济, 2005 (06): 52-56.

[7] 张春燕. 青海省特色农牧经济发展研究 [D]. 北京: 中央民族大学, 2011.

作者简介：魏珍，青海省社会科学院经济研究所助理研究员；刘畅，青海省社会科学院经济研究所助理研究员。

宁夏发展生态产业助推乡村振兴的实践路径研究

宋春玲

摘 要：我们对"绿水青山就是金山银山"的认知过程是经济增长方式转变的过程，是发展理念不断进步的过程，也是人与自然关系不断调整、趋向和谐的过程。乡村高质量发展的必然路径是实施乡村振兴战略，乡村生态振兴是乡村振兴的重要支撑和内在要求，为乡村振兴战略下农业生产方式的转型提供了启示和指引，发展生态产业正是乡村生态振兴的重要抓手。在乡村全面振兴的要求与实践下，不断唤醒村民的生态意识，践行人与自然生态和谐观，才能实现经济绿色发展，打造乡村产业生态化和生态产业化融合发展，开展现代生态循环农业，推进农业可持续发展。

近年来，宁夏在推进乡村振兴工作中取得了明显的成效，乡村产业有序发展，乡村面貌焕然一新，但宁夏生态振兴建设过程中仍存在生态产业优化不足、产业结构仍有短板、乡村旅游后续乏力等不足之处。乡村振兴战略是新时代做好"三农"工作、实现共同富裕的有效抓手，同时乡村要振兴，生态必先行。宁夏要根据农业农村发展实际，因地制宜的制定规划，培育生态资源优势，大力发展乡村生态经济，最大力度地做到产业兴旺、生态宜居、乡风文明、治理有效、生活富裕。

关键词：宁夏；生态产业；乡村振兴；路径

2021年第七次全国人口普查主要数据公布，我国居住在乡村的人口为50979万人，占全国总人口的36.11%。党的十九大提出了"乡村振兴战略"，以保障农民对美好生活的向往得以实现。通过发展生态循环农业，推进农业绿色发展，近年来农业增产和农民增收取得了很大成效，但是在乡村振兴建设中依然存在一些困难和问题，比如农民生态意识薄弱、自然资源过度使用、生态产业基础不扎实等问题，只有加强对传统生态文化的继承和发扬，正确处理人与自然的关系，让生态文明理念永驻人心，明确生态环境行为规范，才能真正让绿水青山变成金山银山。

党的二十大提出要加快构建新发展格局，着力推动高质量发展。全面推进乡村振兴是其中非常重要的一环，要根据乡村的特色与资源禀赋发展乡村特色产业，努力做到农村美、农业强、农民富。宁夏回族自治区第十三次党代会提出在巩固拓展脱贫攻坚成果的基础上，以增加农民群众收入为目的，以加快农业农村现代化为主攻方向，加快建设乡村全面振兴样板区，实现农业全面升级、农村全面进步、农民全面发展。

一、发展生态产业的理论基础

第一，生态经济理论。 1962年，美国生物学家雷切尔·卡森第一次发表了生态经济理论，代表作是《寂静的春天》。这本书指出了人类社会正面临严重的生态危机，让环境保护问题引起了全世界的关注。生态经济理论引入我国后，国内学者姜学民、时正新等人认为要从生态经济系统的角度来分析问题，做到经济与环境的可持续发展。李彦龙等学者认为生态环境也是一种生产力，它所能提供的生产要素数量和质量与生态经济效益成正比。

第二，可持续发展理论。 1987年，世界环境与发展委员会发表了题为《我们共同的未来》的研究报告。该报告论述了环境发展存在的问题，包括人口、资源、能源、人类居住环境等方面，提出了"可持续发展"这一概念。可持续发展是一种既要满足当代人的需要又不能对后代人的需要构成威胁的发展方式。我国学者引入可持续发展理论并开始研究是从20世纪80年代中期开始的，叶文虎、张坤明等学者认为在一定的地域范围内，人类的需要在不断地满足，在不损害后代人需要的前提下，人类福祉最终是增加的。吴季松学者认为在合理的利用资源、有效的保护环境的前提下，发展社会经济，生态系统达到动态平衡，最终可以实现可持续发展。

第三，循环经济理论。 1996年，英国经济学家D. Pearce和P. K. Turner在

《自然资源与环境经济学》一书中第一次提出了"循环经济"的概念，用循环经济这一新的经济发展模式来解决资源枯竭与环境污染问题。20世纪90年代末，我国学者开始逐渐研究循环经济理论，2000年以后研究循环经济理论的学者逐渐增多，并且更偏好利用数学模型研究经济循环利用的程度。马凯、段宁、任勇等学者认为循环经济是对资源的高效利用与循环利用，形成物质流动闭环，彻底改变传统的经济增长模式。范跃进、吴宗杰、吴绍忠等学者认为，循环经济是经济、社会、生态三个系统之间的理想组合，人类的生产活动参与其中，维护动态平衡。

第四，"绿水青山就是金山银山"理论。2005年，习近平总书记在浙江湖州安吉考察时提出"绿水青山就是金山银山"这一理论。习近平总书记在谈到经济发展与环境保护的关系问题时指出："我们既要绿水青山，也要金山银山。宁要绿水青山，不要金山银山，而且绿水青山就是金山银山。""绿水青山就是金山银山"理论辩证地论述我国经济建设与生态文明建设的关系，既要推进经济发展向绿色化转变，又要将良好的生态环境转化成具体的价值，这一价值是同时包括经济价值与社会价值的。"绿水青山就是金山银山"理论的具体表现形式就是产业生态化与生态产业化的协同发展。生态本身就是经济，保护生态，生态就会给予回馈。只要能够把生态环境优势转化为生态农业、生态工业、生态旅游等生态经济的优势，那么绿水青山也就变成了金山银山。

二、生态产业助推乡村振兴的逻辑机理

我们对"绿水青山就是金山银山"的认知过程是经济增长方式转变的过程，是发展理念不断进步的过程，也是人与自然关系不断调整、趋向和谐的过程。绿水青山可以带来金山银山，金山银山却买不到绿水青山。要牢固树立绿水青山就是金山银山的理念，必须坚持生态效益和经济社会效益相统一，积极探索推广绿水青山就是金山银山的路径，加强生态保护补偿，因地制宜壮大"美丽经济"，把生态优势转化为发展优势，使绿水青山产生巨大效益。

在人类发展的任何时期，终极目标始终都是人类社会与经济的发展，在生态文明时期，只有人与自然和谐共生才能实现这一目标，因此，人与自然和谐发展是手段，是一切人类活动的总纲。我们将生态文明思想与乡村振兴的目标

相契合，从而指引乡村振兴战略实施，促进农民农村共同富裕。乡村高质量发展的必然路径是实施乡村振兴战略，乡村生态振兴是乡村振兴的重要支撑和内在要求，为乡村振兴战略下农业生产方式的转型提供了启示和指引，而发展生态产业正是乡村生态振兴的重要抓手。在乡村全面振兴的要求与实践下，不断唤醒村民的生态意识，践行人与自然生态和谐观，才能实现经济绿色发展，打造乡村产业生态化和生态产业化融合发展，开展现代生态循环农业，推进农业可持续发展。

宁夏强调"绿水青山就是金山银山"，就是要尽最大可能维持经济发展与生态环境之间的精细平衡，走生态优先、绿色发展的路子，形成包括绿色消费、绿色生产、绿色流通、绿色金融等在内的完整绿色经济体系。宁夏农业产业发展也一直秉持因地制宜、绿色发展的生态理念，注重农业科学、可持续、高质量发展路径为宁夏构建现代化生态循环农业体系奠定了坚实基础。

产业发展离不开生态环境，"绿水青山就是金山银山"一句话点明了社会经济发展的必然趋势，产业发展，生态先行。产业振兴一定要和青山绿水融合发展，良好的生态环境是健康的产业振兴的基石，没有这一基础，乡村振兴势必会走到改革发展初期城市发展的"先污染再治理"的覆辙。

三、宁夏生态产业发展过程中存在的主要问题

近年来，宁夏在推进乡村振兴工作中取得了明显的成效，1100个贫困村、80.3万贫困人口全部脱贫摘帽，生态产业有序发展，乡村面貌焕然一新，但宁夏生态产业发展过程中仍存在一些不足之处，主要表现在以下几方面：

（一）生态产业发展力度不够

生态产业是农业现代化的根本保证，通过走访调研发现宁夏生态产业发展力度不够，具体表现为：第一，宁夏生态产业还局限在传统种养为主的低端发展上，产业规模小、基础薄弱、管理粗放。绿色生态农产品大多以初级产品销售，不能实现优质优价。第二，生态农产品加工类占比较低，市场竞争力与销售渠道不够畅通，经济结构较为单一、产业链短、附加值低、产业布局偏散，仍处于初级发展阶段。第三，生态产业生态效益凸显但经济效益提升不明显，

优质生态经济产品少，品牌优势不足。现有奶产业、牛肉产业、滩羊产业等养殖产业规模化程度不高，养殖场地将成为制约发展的主要因素。第四，技术支撑与产业发展存在差距，生态产业发展过程中技术指导方面缺乏经验，基层技术人员出现断层，在品种培育、栽培管理技术、病虫害防治等方面专业人员缺少，技术指导服务不到位。第五，新型经营主体作用发挥不够，对龙头企业、合作社、家庭农场等新型经营主体培育力度不够，产业带动不足，持续增收乏力，市场风险抵御能力弱。第六，绿色金融对可再生能源优存量、保增量、促发展的推动作用需进一步加强。

（二）生态产业结构存在短板

产业结构有短板会带来区域与产业的发展不平衡，调整优化生态产业结构，有利于促进农村一、二、三产业融合发展。关于宁夏乡村生态产业结构问题主要体现在：第一，农业产业机械化、人工智能程度低，人畜种植，未实现无人机飞播观测、施肥、播种，未形成集生产、销售、餐饮和服务为一体的产业链条。第二，没有实现绿色环保种植，普遍使用化肥，减损了土地的肥力，含有危害人体的化学元素，有机肥、人畜粪肥推广使用不广泛。第三，花卉、枸杞、冷凉蔬菜等高附加值经济作物未形成生产规模，互补性不强，未培育起适合本地发展条件的经济作物类型和品牌。第四，伴随着前几年城市化进程的加快，人口迅速向城市集聚，农村"空心化"严重，部分村庄农业生产萎缩，农村村落衰败，未进行有效的开发利用，"一村一品""一县一业"的产业格局不显著。第五，三权分置改革还未完成，生产要素还不能实现有效配置，没有培育起适合农村集体经济组织成长的机制和条件，一、二、三产业融合发展样态未完全形成。

（三）生态旅游产业发展后续乏力

生态旅游产业是乡村生态振兴最有力的抓手，能够卓有成效地为村民带来利益。近年来宁夏大力发展乡村生态旅游取得一定成绩，但也存在一些不足和短板。主要表现在：第一，乡村旅游资源整合度不够，文化内涵挖掘不深，旅游产品特色不鲜明。宁夏是经济欠发达地区，乡村旅游业起步较晚，很多旅游产品的开发还处于初级阶段，每个景区都还处于单打独斗的模式，没有形成资源整合的思想，形成了大量的浪费，资源优势也无法凸显。比如宁夏的农家乐旅游仅限于为旅游者提供食宿，同时卖剪纸、刺绣、野菜、清真牛羊肉等土特产品，当地居民参与旅游的形式单一，规划建设也缺乏特色，导致游客滞留时间短、花费少，影响到农家乐的持续发展。第二，宁夏生态旅游缺乏精品。宁夏旅游资源相当丰富，但由于开发过程单一，使得旅游产品内容单调、层次较低，无法形成精品，无法形成清晰明确的旅游形象，带动效果不明显。第三，整体宣传营销机制不健全。停车场、旅游服务中心、旅游标识、智慧旅游系统、旅游产品的深度开发、游客休闲娱乐产品的开发等方面的建设都处于初级阶段。

四、宁夏发展生态产业助推乡村振兴的实践路径

乡村振兴战略是新时代做好"三农"工作、实现共同富裕的有效抓手，同时乡村要振兴，生态必先行。宁夏培育生态资源优势发展乡村生态经济，推动乡村产业高质量发展，拓宽农民增收致富渠道，实现共同富裕，最大力度地做到乡村的全面振兴。

（一）努力打造农业全产业链

以龙头企业为带动、以信息技术产业为纽带，以创新发展为动力，推进一、二、三产融合发展。打造集研发、种植、加工、营销、文化、生态为一体的现代农业全产业链，推动农业高质高效发展。尽可能地让农村居民参与到乡村产业发展中来，既是乡村产业振兴的缔造者又是美好生活的享受者。

第一，聚焦宁夏"六特"产业，因地制宜的发展特色产业。对葡萄酒、枸杞、冷凉蔬菜特色种植产业要发挥品牌带动优势、优化种植园区、发展新食品产业；对现有奶产业、牛肉产业、滩羊产业等特色养殖产业实行规模化生产，"出村入园"集中养殖；加快发展风电和太阳能发电，扩展风电机下与太阳能板下的种植养殖空间，一地多用，探索新型特色产业发展模式。

第二，聚焦宁夏"六优"产业，在乡村开展现代服务业扩容计划，推动供应链优质化。以需求侧为牵引，宁夏将突出文化旅游、现代物流、现代金融、健康养老、电子商务、会展博览"六优"产业，增容扩量生产性服务业，提质

升级生活性服务业，培育壮大新兴服务业，着力增强服务有效供给能力。

第三，将互联网嵌入农业产业链。互联网已经深入到农村的各个环节，比如农村物联网、农村电子商务、智慧农业、农民直播带货等。首先要完善信息化服务平台。利用大数据、云计算等先进技术促进产业间的资源优化利用、先进技术的信息对接、提高企业内部的管理效率、促进业务流程更加流畅。其次要整合数据形成数据链。要将农业产业链中各个环节的企业信息、政府管理信息、服务信息、需求信息等优化整合，用数据链贯通供需通道，实现资源的动态配置，产能的精准匹配。最后要培训农村居民直播带货。越来越多的农民开始直播带货，销售绿色天然的农产品，既有利于产品品牌的推广还能促进乡村旅游。

（二）探索资源改革，释放生态密码

2022年，自治区第十三次党代会提出"打造改革开放热土"的任务目标，提出扎实推进用水权、土地权、排污权、山林权、用能权、碳排放权改革，让生产要素、生态产品的价值充分彰显。

第一，探索用水权改革。宁夏为建设黄河流域生态保护和高质量发展先行区，践行中央治水思路，强化水资源在经济社会发展中的刚性约束作用，提升用水效率，2021年发布《宁夏"十四五"用水权管控指标方案》，修订《宁夏回族自治区取水许可和水资源费征收管理实施办法》，印发配套相关制度，完善用水权省级、县级平台交易，推动水资源向"水资产"转变。2022年自治区第十三次党代会深入以黄河保护治理为核心，部署"六权"改革，持续深入推进用水权改革，健全完善水权水市场，加快水治理体系和治理能力现代化。

宁夏农业将实施深度节水控水，提高生活用水节水器具普及率，激发全社会节水积极性的同时大力推进再生水综合利用。利用再生水配额制度，将再生水用于农业灌溉、生态补水；利用分类水价和超定额累进加价机制，合理定价，精准补贴，推进农业水价改革；利用水联网，加强"互联网+城乡供水"监测能力；利用数字治水新技术，优化资源配置，提高治水成效。

第二，探索山林权改革。宁夏山林权改革是建设黄河流域生态保护和高质量发展先行区的一大有力抓手，既要植绿增绿，提高森林覆盖率，有效改善生态环境，又要使林业增效，农民增收，做大做强林业产业体系。山林权改革能够有效

地促进经济与环境的协调发展,真正变绿水青山为金山银山。到目前为止,全区国有林地确权面积321.6万亩,集体林地确权面积665.4万亩,依申请颁发林权类不动产证160本;林权抵押面积18.3万亩,林权抵押贷款余额20.2亿元;集体林地经营权流转面积15.74万亩,培育新型绿化经营主体2981家,经营利用林地面积149.8万亩。印发《全面推进林长制工作方案》《自治区级林长制会议制度》《林长制信息通报制度》《自治区级林长制督办制度》等制度,将林长制纳入年度效能考核,目前已完成2021年度全区5市22个县(市、区)的考核。

利用"互联网+",建立林长制智慧管理系统,覆盖自治区全部林草资源。利用"智慧林长"移动端App,集信息查询、业务办理、日常巡林、现场督查、外业调查于一体,实现林长网格化管理、事件闭环化处置、责任明确化落实等智慧管理。宁夏森林资源并不丰富,因此林业产业要靠特色化发展。在发展林业金融、拓宽投资渠道的基础上,因地制宜、因林制宜,无论是经果林、苗木花卉的培育,还是林副产品的采集加工、森林旅游、森林康养产业等,在产业选择上都要突出特色,依托当地资源禀赋,充分利用资源,最大限度地延伸产业链。积极发展林下经济。中药材、食用菌、野菜、林下养殖等都属于当下较为成功的林下经济形式。充分利用了森林资源,增加了森林附加值,以基地的形式成片种植或养殖,能更为有效地增加林农收入。积极探索碳金融、碳交易、碳测量、碳规划等新兴行业。为了应对未来在气候、能源方面的挑战,完成"碳达峰、碳中和"的任务,宁夏正在积极探索进入碳市场。

第三,探索土地权改革。宁夏国土面积小、闲置土地多、利用方式粗、亩均效益低,生态、农业、城镇争空间、抢地盘问题较为突出,亟须通过深化土地权改革,创新土地政策、盘活土地资源、显化土地价值。2021年宁夏全面展开了土地权改革,并率先探索规划"留白"、分割转让、承诺制等多项创新改革,多力合一共推土地资源"盘活增值"。2021年宁夏交易集体经营性建设用地32宗、554.23亩,出让收益3949.67万元,村集体和农民分享土地增值收益1949.59万元。宁夏已完成全区农村宅基地摸底调查,建立农村宅基地基础数据库。

土地指标交易是国家为实现资源和资金在城乡之间、区域之间双向流动、平等交换和优化配置而实施的一项重要政策。闲地、荒地、废地多,既是宁夏国土空间开发的重要问题,也是未来发展的潜在资源。这次改革,致力于用足用活用好国家政策,把劣势变优势、资源变资本。全面摸清生态移民迁出区、工矿废弃地、国有荒地、闲置宅基地等规模布局；实施高标准农田建设、土地整治、宅基地复垦等项目，整理闲地、废地、荒地，形成可以纳入国家统筹交易的耕地和建设用地指标；争取国家支持，开展土地指标跨省交易，同时完善区内土地指标交易平台，实现资源资金互补，推动山川共济、协同发展。

（三）强化龙头产业的示范带动作用

乡村要振兴，产业要先行，产业要振兴，离不开龙头企业的示范带动作用。从种植养殖到加工制造，从电子商务到高新技术，产业带动贯穿在乡村振兴的整个过程之中。首先，需要积极培育龙头企业，"龙头企业+"的产业发展模式成功带动宁夏本土企业发展。宁夏本土产业一般规模较小，缺乏竞争力，随着外地企业的进入，在先进理念的引领与优质企业的带动下，纷纷转变思路，让宁夏本地的优势产品走向更大的市场，促进农民增收。其次，要鼓励科技型企业的发展，通过引进先进技术并与大专院校之间开展交流合作，把宁夏优势产业基地真正建强。对于有科技研发的企业要给予减税等政策支持，并将其推广出去。再次，要善于利用大数据、云计算等先进技术促进产业间的资源优化利用、先进技术的信息对接。要整合数据形成数据链，要将产业链中各个环节的企业信息、政府管理信息、服务信息、需求信息等优化整合，用数据链贯通供需通道，实现资源的动态配置，产能的精准匹配。最后，要创标准，强产业基础。从过去卖原料转向卖产品，再从卖品牌转向卖标准。在此基础上，通过学习先进理念、产业技术和团队经验，创立出宁夏的优势产业标准，让宁夏产业有更强竞争力，应对风险的能力更强。

（四）以特色小镇为抓手发展生态旅游业

深入学习贯彻习近平总书记在宁夏考察时的重要讲话精神，全力推进文旅深度融合，在艺术创作与旅游市场融合、公共文化服务与旅游服务融合及打造特色小镇等方面持续发力。

第一，特色小镇与生态旅游同时打造，共建共享。引导旅游扶贫，鼓励旅游企业服务农民就业增收，促进城乡旅游互动和城乡一体化发展，旅游成果全民共享。着力发展演艺娱乐、时尚旅游、文化会展等旅游业态，建设集旅游、休闲、娱乐、餐饮、购物、展示于一体的时尚文化旅游小镇；发展农业观光、农果采摘、农事体验等休闲农业小镇；依据各乡镇资源基础积极谋划特色小镇项目，把美丽乡村建设与打造特色旅游区域相结合。

第二，以特色小镇为抓手促进乡村"三产"融合。首先需要政府引导、科学规划、规范管理。科学规划是龙头、产业支撑是根本、农民增收是动力，从建设到管理，始终体现了政府的主导作用。可以选择最有潜力的乡镇、村和景点，率先发展，以点带面，打造亮点。借助蔬菜公园、农业公园、渔业公园，打造集循环农业、创意农业、农事体验于一体的产业链条，利用"旅游+""生态+"等模式，打造乡村旅游特色小镇，树立一批示范点和特色品牌。充分挖掘和整合西夏文化、蒙元文化、边塞军事文化、黄河文化、知青文化、创意文化、回乡风情、民间传说等资源，加大文化元素的植入，建设一批文化小镇，实现文化与旅游有机结合。加大旅游特色商品推销力度，实现文化资源转变为旅游商品，振兴乡村旅游。

第三，以建设特色小镇为契机谋划一批彰显特色的重大乡村旅游项目。丰富文化旅游节庆活动，挖掘"非遗"产品的潜力，丰富各个景点与场地的文化内涵，在特色小镇内举办乡村文化旅游节、农业嘉年华、插秧节、羊肉节、西瓜节、农民丰收节、民间社火、花灯节、航空体育科普节等旅游节庆活动，以活动吸引人气。同时在小镇中推广各种特色小吃及农副产品，将旅游活动与乡村休闲、文化体育、竞技赛事、特色小吃等有机结合，承办全国、西北、全区知名文化交流和体育赛事，提升宁夏乡村旅游资源的知名度和影响力。认真筹划"红色文化""绿色文化""民俗文化""遗址文化"相融合的重大旅游开发项目，建设一批多元融合的例如"滩羊小镇""盐湖康旅小镇"等特色小镇。以推进建设黄河流域生态保护和高质量发展先行区为目标，讲好"黄河故事"，把黄河文化贯穿于文化和旅游发展的全过程，打造一批沿黄特色小镇，以稻渔空间为示范，打造生态田园观光、民俗风情互动、产业科普认知、农耕文化体验区，全面融合发展一、二、三产业，沿黄特色小镇还可以开发"夜间经济"，打造夜景、夜演、夜宴、夜购、夜娱、夜游等新业态。

作者简介：宋春玲，宁夏社会科学院农村经济研究所（生态文明学科）助理研究员。

传统生产方式转变与乡村治理
——以鸬鹚捕捞渔业变迁为例

杨 舸

摘 要：社会转型期，传统乡土社会生产方式变迁会引起生产秩序、文化惯习、环境的变化，体现了新时代乡村治理的特色。在乡村治理过程中，以经济资本为核心的环境治理、以社会资本为核心的关系治理和以文化资本认同为核心的文化治理之间的融合问题，给变迁中的乡村治理提出了新的研究课题。以鸬鹚捕捞渔业的变迁为例，研究发现：正式约束的捕捞制度变迁重塑了渔业秩序，形成不同生产力状态下的乡村生产关系，产生了不同利益主体下的环境治理诉求；非正式约束的捕捞惯习呈现出乡土文化祖先崇拜与子承父业之间的张力，在生产关系转变过程中寻求关系治理的效力；在正式约束与非正式约束共同作用下，"制度—生活"的实践模式彰显了文化治理在生产方式转型过程中的重要作用。

关键词：鸬鹚渔业；乡土社会；制度—生活

一、引言

中国式乡村治理现代化意味着乡村治理需要构建乡村共同体。传统的乡村共同体在非农化、市场化和城镇化影响冲击下出现变迁、进化，有的消失或面临解构。社会转型期，一些传统生产方式发生的改变，向非物质文化遗产过渡。在传统生产方式成为非物质文化遗产过程中，对乡村环境、文化和社会关系产生了重要的影响。在构建新的乡村共同体的过程中，需要重视传统生产方式转变对乡村治理的影响，包括对自然环境、社会关系和传统文化的影响。新的乡村共同体的形成需要乡村环境、乡村文化和乡村社会资本的融合协调发展。基于此,为了发现乡土治理过程中环境、文化和社会关系的变迁与影响,本研究选择江西省贵溪市、余干县调查,包括实地观察旅游景区鸬鹚表演、渔民鸬鹚捕鱼作业以及上岸渔民个案访谈,旨在通过描述这种古老生产生活方式的变迁,发现乡土社会的生产、文化与环境的变化以及对乡村治理的影响。

鸬鹚渔业是人类利用鸬鹚捕鱼习性为自己服务,通过一系列物质工具和行为符号,演变成兼具生产生活和文化习俗的一种渔业方式。鸬鹚渔业在中国长江流域和黄河流域传承了几千年,体现了人、鱼、鸟的完美结合,形成了农耕社会中特有的文化生态和风土人情。社会转型期,在以鸬鹚渔业为代表的渔樵文化退场时,对乡土社会治理产生了怎样的影响?作为正式约束的制度在捕捞环境、渔业生产和非物质文化中如何实践?作为非正式约束的渔业惯习和乡土文化怎样对接正式的渔业制度?

二、文献综述

国家治理现代化,实际上就是要不断形塑一个与传统社会完全不同的国家与社会结构模式。通过构建这种模式使国家与社会在乡村环境治理中达成利益均衡共识,彼此协同合作,共同致力于乡村环境的善治之道。埃莉诺·奥斯特罗姆认为,人类虽然存在许多的公地悲剧,只有打破公私的僵化分化,才有可能建立起成功的公共池塘资源制度,而这种制度模式就抽象为"公共池塘资源理论"。乡村环境治理与生产方式之间的矛盾的解决需要构建新的乡村共同体。

农耕文明中的生产技术、行为模式和环境的相互关系成为勾勒乡土社会制度——生活中正式约束、非正式约束和二者相互影响的逻辑脉络。由此可见,国家——社会关系之所以在"国家在场"下形成的互动,是因为社会生活"非正式的"运行能够修正"正式的"制度标准的"偏离状态"。将日常生活实践与宏观社会结构变迁联系起来,为探究社会结构变迁的微观动力机制开辟了一条有效路径。

费孝通在《江村经济》中所描述的苏南农村在用水时,有着明确的规范,即每天不同时段用水方式,如早上取水做饭就不能倒垃圾等。这种熟人社会对水环境的治理方式之所以能够行之有效,主要是基于两个方面的原因,其一是利益共同体，即每个人都是水流的使用者，并且具有相同内容的使用权，其二是熟人社会制约的约束力。后来费老回家乡看到乡镇企业发展起来之后面临的水域污染现象，他对此十分担忧。利益共同体的解体正是社会转型期乡土环境治理的困境。工业社会，不同利益主体对自然环境的最大化利用，形成鸬鹚渔业的利益驱动性特征非常明显，基于各种利益主体的不同诉求，增加了治理困难。以鸬鹚捕捞渔业为例，鸬鹚捕鱼是中国劳动人民的生存技能，鸬鹚渔业不仅体现了环境与社会的关系，也体现了制度—生活的相互影响和具体实践下的乡土社会关系。在开放性公共池塘资源管理中要保持集体行动，关键的制度安排是资源相关各方合理处置对该共有（国有）资源产权的争议，并建立起彼此熟悉、相互监督和共利合营的资源共同体。

三、水域的多重使用主体与经济共同体张力

鸬鹚渔业所依赖的劳动场域是一个非排他性空间。耕地是具有排他性的使用权，捕捞水域以河流和湖泊为主，具有非排他性的权利属性。比如，在河流或湖泊上，渔民捕鱼、工厂排污、大坝发电、河道挖沙、旅游观光、交通运输等等，不同的主体可以对水域有不同的利用途径。这势必造成了不同利益主体之间的冲突，也超过了环境承载能力。他们不属于一个利益共同体，没有必要顾及对方的生存。各种类型的水域"承包权"，必然导致承包方所关注的是有限承包期内的成本—收益。再加上水域的不同"承包者"：企业—个人、国企—私企、政府—市场之间的社会属性存在差异。不同主体的阶层差异容易导致底层主体对水域使用者失去话语权。

个案1：现在，建了大坝，水深，鸬鹚捉鱼上不来，鸬鹚最深能潜水8米多。所以必须用电。这个大坝发电一天，相当于10万人民币的电。大坝有6—7米深，加上河水4米多，深的地方有8米，最深的地方有23米多，这样单靠鸬鹚根本上不来。我们只能用电网鱼，鸬鹚跟在后面，鸬鹚看到鱼，会追，鱼会跑到网里。一年6—8月份鱼会好打。（个案编号：LJYMA2017102140）

个案2：河上建了两座大坝，我们这有一个电站，在下游还有一个电站。电站建起来后，湖区的鱼游不上来，每年都要县水产局投鱼苗。主要

是草鱼、雄鱼等。有个大坝建了 10 多年了，断了来路鱼，鱼没有了来路。大坝蓄水期，河流的水深 12 米，鸬鹚只能潜水潜到 8 米，没办法，我们只能用电网，把鱼电晕，鸬鹚跟在后面将打晕的鱼叼出水面，我们也知道这样是违法的，但是没办法，打不到鱼，就没有收入。（个案编号：LJYMQZB20171023）

个案 3：我们是三个人合伙承包了湖面，承包了上万亩，但是今年亏了。主要是鱼少了。上面建了大坝，要蓄水。这几年湖区面积在减少，湿地也在减少，今年湖水到不了水草那边，这样鱼就没地方产卵，明年鱼还会减少。（个案编号：YGCBYMY201806）

从上述三个案例我们可以看出，不同利益主体在水域使用上，主要追求的是各自利益的最大化。正如费孝通先生用"差序格局"所描述的那样，水域使用上，最里面的核心地位是自己，从"私"到"公"一圈一圈往外延伸。多层次主体都离不开水域，其实他们在一个公共池塘里。公共池塘资源中各利益主体形成的"差序格局"，模糊私人关系与公共利益、正式制度与习惯法的界限，在行动中导致了更大的不经济。

四、公共池塘资源中关系共同体的"不完全嵌入"

在公私界限模糊模式下，社会关系的嵌入凸显了"公共池塘资源理论"的现实困境。在外部资源竞争的环境下，渔民内部却可以通过关系治理实现合作共赢。在贵溪市，有合伙捕鱼的场景。7—8 个渔民把自己捕捞的所有鱼都放在岸边，有人在岸边买鱼，有人专门负责称重，一人收钱。剩下没有卖的鱼，其中一个人专门按照鱼的大小和种类，把鱼分成等分，放在岸边。渔民按照份数抓阄，在这之前，谁也不知道自己拿的是哪一堆鱼，因此保证大家的公平就是保证自己的公平。抓阄后，按照纸上写的序号，自己装鱼回家。可见，熟人对外以利益最大化为动力，对内通过分工合作惯习保障公平。

（一）公共池塘资源中的"公"与"私"

公共池塘资源理论模糊了资源使用中的公私界限。公共池塘资源理论中所描述的各个主体是平等的，但是现实往往是池塘中的各主体是有差异的，是有阶层的，而且每个主体对资源使用权的优先程度是不同的，结果导致了底层使用者的权利为上层使用者让步。具体如图1所示。

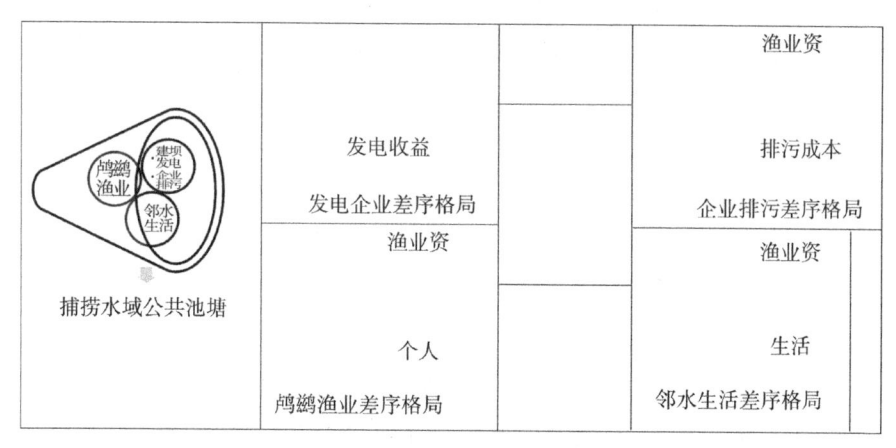

图1 鸬鹚渔业捕捞水域公共池塘资源理论中的内部结构图

关系的"不完全嵌入"，即指关系不能完全嵌入具体的行为，也不是完全脱嵌于具体的行为，而是嵌入具体行为的作用弱化。对于鸬鹚渔业来说，关系的"不完全嵌入"主要表现为传统关系社会中形成的熟人关系在鸬鹚渔业中不能够完全制约环境不违法。对外部来说，他们用电网捕鱼是违法的，但是合作内部却能保证绝对的公平。处在熟人社会的其他村民也知道他们用电网，但也不会反对。"不能影响别人的生计"是其他村民首要处事原则，加上自己不用以此谋生，所以对他们也是容忍的。

（二）乡土社会关系中祖先崇拜与子承父业的张力

随着农进渔退，渔民上岸，传统渔村正在逐渐消失。因鱼鹰的饲养非常辛苦，渔民们的后代也不愿意再接触饲养，鱼鹰饲养户几乎绝迹。罗家村的渔民只能靠购买鸬鹚。在长江流域十年禁渔之前，村里只剩下20多位鸬鹚渔民，鸬鹚100多只。其中在龙虎山表演鸬鹚捕鱼的6个渔民都是该村渔民。渔村与大部分中国农村一样，呈现出青壮年劳力外出务工，村庄留守问题突出和空心村现象明显等衰落特征。村里渔业产业不发达，剩下的十几户渔民主要以夫妻共同协作，男性劳动力每天打鱼，女性劳动力每天四五点钟要将打的鱼运到市里的农贸市场销售。传统渔村的吸引力不够，不能吸引外来资源进行打造。

个案 5：人民公社那会儿，每个月结一次账。到邓小平那会儿，种田的分到土地。20 个鸬鹚相当于一个劳动力。我们的鸬鹚都是自己孵化，有时候能孵化 10 来只，但是不需要那么多。也有的去江苏、山东购买。现在自由了，打多少鱼，钱都在自己的腰包里了。但是，现在呢，什么都承包了，这样的话对老人、技术不好的人、没钱没脑子的人不好。没钱没脑子只能给别人打工。你们种田的不会去打鱼，大家白天做事，晚上都累了，村里有人打个把条鱼自己吃是没有问题的，但是不能去卖。村委会不让他们这么做。

我们这 1998 年开始办渔民证，是省里给办的，过了 60 岁就取消了。我们渔民吃的都是定销粮。现在村里有 40 多户人家在打鱼。用竹篙撑，到河中央要用桨划。在这个地方发不了财。现在村里打工的，30 多户在卖眼镜，80 来户在卖桃酥。这些是赚钱的。10 年前，把原来用人力划的船改造成发动机，用柴油发电。20 世纪 60 年代到现在，我们这里有合作打鱼的习惯，称都不要，用篮子装。鱼不多时，大家把不同的鱼，按照大小、品种分成不同的种类，然后大家抓阄，谁抓到哪堆，就到哪堆去拿。如果鱼多了，都用竹篓子装好，用桨比一下差不多高，这样分，多的多不了一斤，少的少不了一斤。大家搭伙打鱼不会争吵。技术好的，也可以一个人单干。今年下半年鱼好打，上半年老下雨，鱼难打。现在打得好的话，一天能打 100—200 多斤，打得不好的话，平常就是 50—60 多斤。（个案编号：LYMLM20171023）

个案 6：我们是渔民，很苦，每天打好鱼，我们下午 5 点钟就要到河边把鱼带回去，第二天四五点到贵溪卖鱼。昨天比较好，卖了 400 多块钱。我们这里的白翘头卖得比较贵，20 多元一斤，一般的草鱼四五斤才能顶上一头白翘头。原来卖鱼好辛苦，是自行车运。自行车难装，难运。我们有时只好把鱼用蛇皮袋装起立在篓子里运去。有时候，鱼打上来还是新鲜的，可是在路上颠呀颠，颠坏了，到市场上就臭了。10 年前，买了电动车，好多了。我们原来打鱼，没有发动机，用手划，比如在很远的地方好不容易打了好多鱼，还要划回来，很辛苦，用的时间会很长。我们是渔民，有渔民证，每年国家给补贴，有 2000 多元的柴油补贴。只有打鱼的人有补贴，不打鱼的没有补贴。打鱼要一家两个人完成，一个人打鱼，一个人卖鱼。（个案编号：MYMQIZ20171023）

鸬鹚渔业方式主要还是以生存为主，只有少部分在龙虎山风景区兼业表演鸬鹚，赚取工资，表演的间隙他们也是要捕鱼补贴生活。鸬鹚渔业中所蕴含的旅游、文化因素挖掘程度不够，文化型鸬鹚渔业亟待发展。

五、文化共同体与经济资源公共池塘的合营共利

文化的进化中的一个重要部分就是社会身份变化。在社会身份转型中，祖先崇拜与子不承父之业是一对矛盾体，却是文化进化过程中不可避免的身份变化。绝大部分改行或者变成了打工族，再加上饲养鱼鹰非常辛苦，渔民们的后代也不愿意再接触饲养，陷入鱼鹰饲养户几乎绝迹的尴尬境地。

（一）古越百支的传说与祖先崇拜

在龙虎山景区的演出中，以表演鸬鹚捕鱼的形式展现了古越人民生产生活场景。与龙虎山鸬鹚表演不同的是，余干的鸬鹚表演融合在开湖节中。2010年6月，"鄱阳湖鸬鹚捕鱼习俗"被列为江西省第三批省级非物质文化遗产项目，是余干县第一个省级非物质文化遗产。从明神宗万历年间起，鄱阳湖区便有了"禁渔"与"开港"的制度和惯例，从2017年开始了"中国·鄱阳湖开湖民俗文化旅游节"，传承了古代习俗：渔民约定日期，备三牲，拜菩萨，祭湖神，买美酒，授渔旗，放爆竹，放铳枪，驾着渔船，如梭似箭，云集于余干县下泗潭，集中捕鱼，名曰"开港"。开湖节仪式主要凸显了对祖先的崇拜，以及对自然的敬畏。鸬鹚渔业将一种生产方式以文化的形式融入到人们的生活，通过生与死的生命轮回演绎表达对生命的敬畏，通过对开湖仪式的再现，表达适应自然、敬畏自然之情。

鸬鹚渔业，经历了上千年变迁后，在今天，避免其成为最后的"渔舟唱晚"的可能办法是对其文化性的传承。许多地方已经意识到这一点，与旅游结合的鸬鹚捕鱼表演，鸬鹚捕鱼的非物质文化遗产申报，都是发掘其文化性方面的探索。从相关的祖先崇拜、渔猎禁忌、庆丰收和精神象征等民俗元素看鸬鹚渔业文化性的主要表现。

（二）鸬鹚捕鱼技术的放弃与文化治理困境

"丰收"作为农耕文明一个重要特征和文化符号，千百年来成为人们所向

往和追求的劳动愿景。"年年有鱼"赋予了渔民对生活的美好寓意。杜甫《戏作俳谐体遣闷二首》谈及三峡地区奇特风俗:"家家养乌龟,顿顿食黄鱼。"从"渔舟唱晚"开始,在鄱阳湖流域,也留下了许多描写渔民庆丰收和劳动美的文字。

这些诗词通过对渔民捕鱼劳动场景的描述,我们今天依然能够想象渔民丰收的景象以及对美好生活的满足。从鸬鹚渔业传统的生产劳作,到后来的文学描述,可见关于鸬鹚渔业的文化进化和传承是多方面的。人们已意识到了文化传承的重要性,具体文化实践还是滞后的。虽然鸬鹚渔业在一些地方已经成为非物质文化遗产,但是,这也没法回避鸬鹚渔业濒临消失的现实,结果传承就会出现文化性现实与客观性现实之间的张力。

(三)鸬鹚渔业的非物质文化遗产的保护需要

在中国,渔猎社会时期的鸬鹚渔业,主要见诸出土文物和文史资料。在浙江河姆渡、黑龙江新开流等新石器时代遗址中均出土过骨雕鸬鹚,在安阳妇好墓、山东刘家台西周墓也出土过玉雕鸬鹚,在广西罗伯湾、四川百花潭出土的铜器上也有鸬鹚捕鱼的形象。汉代画像石和后期壁画中也有类似形象,在晋宁石寨山出土的铜器上也有鱼鹰形象,说明我国驯育鸬鹚由来已久,长期以鸬鹚捕鱼。从出土文物反映的时间上来看,驯育鸬鹚是从江南水乡开始。在鄱阳湖流域,鸬鹚捕鱼一直以来是内河渔民主要的捕鱼方式之一。因为鸬鹚喜温湿,以鱼为食,后来才传播到其他地区。在壮、侗、苗、水、白等民族地区都有鸬鹚捕鱼的风俗。有些苗族人挑鱼上市时,有挑着鸬鹚一起进城的习惯,以示对鸬鹚的尊重。清朝明福的《西域图册》中有一幅"罗波海"就是描绘维吾尔族捕鱼的情形,其中就有以鱼鹰抓鱼的场景。

现在鸬鹚捕鱼向文化遗产形式转变。云南大理喜洲镇沙村、江西余干县的鄱阳湖流域"鸬鹚捕鱼"民俗列入其所在省份省级非物质文化遗产名录。但是,基于鸬鹚捕鱼的濒危状态,需要对鸬鹚捕鱼这项传统技能和匠人进行保护和传承。除了中国,日本也有鸬鹚捕鱼的传统。日本的长良川鹈饲技术于2015年3月2日被选定为该国重要无形民俗文化财产。日本的鸬鹚捕鱼从之前的"捕鱼",变成"观光",之后又朝着"文化"方向发展。长良川鸬鹚捕鱼文化主要包括:鹈匠家传的香鱼寿司制作技术、长良川鹈饲观览船造船技术、观览船驾船技术、歧阜文化景观和长良川鸬鹚捕鱼博物馆等多种形式的文化保护。这些文化保护和传承，对促进日本鸬鹚渔业转型发挥了非常重要的作用，并对中国启动鸬鹚渔业发展提供了参考价值。基于中日鸬鹚捕鱼的保护现状和需求，未来可着眼于跨国界的人类非物质文化遗产保护。

文化在相当大程度上，在形式和内容方面被技术所决定……狩猎、捕鱼、采集、农耕，并以此种生产方式形塑着他们的社会关系，这一过程不仅仅是技术过程，也是社会过程。进化的过程，既是时间的，又是程式化的，但都不可逆转。

六、总结

鸬鹚捕鱼是人和自然的完美杰作，在传统渔业文化历史中有着不可替代的重要地位，是中华数千年传统"渔樵耕读"中渔樵文化的一个有特色的重要内容。一方面，我们在怀念夕阳西下，一群渔人摇着双桨哼着渔歌，船头船桅上的一只只鱼鹰的诗情画意情境；而另一方面，渔民们的生活举步维艰，渔民纷纷上岸，转产转业，逐渐退出这种生活方式。鸬鹚渔业变迁正体现了社会转型期制度—生活视角下的乡土社会关系。

（一）制度—生活的公共池塘：社会转型与乡土情结的融合

鸬鹚捕鱼是人和自然的完美杰作，是中华渔樵文化中的一个有特色的重要内容。鸬鹚捕鱼是我国传承千年的古老技艺，与之相应形成的种种风俗习惯在当地渔民世代相传。作为中国农耕文明中渔文化重要载体之一的鸬鹚渔业经历了上千年的发展。父子相传，世世代代传承下来的鸬鹚捕鱼技术和生活方式本身就是一种文化进化表现。

鸬鹚驯养、捕鱼技术继承了渔猎社会人与自然的相适应；鸬鹚渔民身份地位、业缘关系呈现了人与生态的互动关系；传统关系社会中形成熟人关系的"不完全嵌入"在鸬鹚渔业中不能够完全制约环境不违法；"公共池塘资源"理论模糊了资源使用中的公私界限，但出现了以私利为核心的差序格局化，导致利益主体在公共池塘的丛林法则式生存。现阶段，一方面，需要鸬鹚渔民匠人精神的保护与传承，需要鸬鹚渔业生产方式的保护与农耕文明的传承、需要鸬鹚渔村保护与传统乡村建设；另一方面，却面临着社会快速转型期身份变迁、技术淘汰和生产方式边缘化的现状。这两种现象形成了文化进化过程中的明显张力，以至于有渔民说，"以后我们的后代都不知道鱼鹰长成什么样及如何捕鱼"。让鸬鹚渔村真正实现见村又见人，见人又见生活的具有鸬鹚渔村基因的乡村模式成为人们的向往，但是一村一落，虽然集聚了渔民生活的历史痕迹，但面临着文化"空心"问题。在文化进程中传承和保护乡村文化的意义重大。

（二）制度—生活的共同体实践：文化自觉与乡土社会的互补

文化进化过程中的非均衡性表现为农业文明向工业文明转型过程中农耕文化的衰落现象，是经济转型速度与文化转型速度不匹配、城乡文化发展不均衡、文化需求主体和文化承载主体的脱离所导致的。文化进化过程必然是优胜劣汰的过程，这包括了以经济为导向的优胜劣汰和以文化为导向的优胜劣汰。一般情况下，社会转型期，经济发展快于文化发展，快速发展的经济必然会对文化发展产生一定的影响，在经济没能反哺文化之前，将会存在一个经济对文化的破坏期，经济转型会抽离原来承载文化的主体、空间、社会关系、社会组织和社会秩序造成文化断裂。

因此，在经济转型期如何保持文化自觉是文化进化的关键。费孝通认为："文化自觉只是指生活在一定文化中的人对其文化的'自知之明'，明白它的来历，形成过程，在生活各方面所起的作用，也就是它的意义和所受其他文化的影响及发展的方向。"因此，文化自觉是乡土文化继承和弘扬的基础。当然费孝通也强调，文化自觉不是回归，不是复旧，而是在在继承中发展文化，在发展中继承文化的过程，是制度—生活的具体实践过程。

内陆湖泊河流水系发达的乡村，其自身所承载的中国乡土气息，需要彰显乡村个性特色，鸬鹚渔村的文化传承需要留住乡村的"魂"。在深挖村落历史文化中，需要突出村落中越来越重要的民俗风情、人文秩序、社会关系这些文化资源。乡村振兴战略、特色田园乡村建设需要根据乡村具体情况，充分挖掘乡村的特色和文化，制定出符合实际的乡村文化振兴路径和文化治理经验。

参考文献

[1] 孔祥成，刘芳. 中国乡村治理现代化的演进逻辑与路径选择 [J]. 江

淮论坛，2022（2）：145-151.

[2] 胡文木. 强国家—强社会：中国国家治理现代化的结构模式与实现路径 [J]. 学习与实践，2020，432（02）：18-24.

[3] 沈费伟，刘祖云. 农村环境善治的逻辑重塑——基于利益相关者理论的分析 [J]. 中国人口·资源与环境，2016，26（05）：32-38.

[4] STEWARD, JULIAN. Culture Ecology In International Encyclopedia of the Social Science [J]. 1968（4）：337-414.

[5] 刘世定. 占有制度的三个维度及占有认定机制：以乡镇企业为例 [M] //中国社会科学院社会学研究所. 中国社会学（第5卷）. 上海：上海人民出版社，2006.

[6] 徐晓鹏. 城中村改造安置区的社会空间结构转型与治理研究——基于"制度—生活"分析框架 [J]. 农村经济，2022，478（8）：70-79.

[7] 郭剑鸣. 开放性公共池塘资源治理中的集体行动机制——基于浙江永嘉县楠溪江渔业资源三种承包制的比较研究 [J]. 中国行政管理，2009，285（03）：109-114.

[8] 宋兆麟. 中国风俗通史（原始社会卷）[M]. 上海：上海文艺出版社，2001：345-346.

[9] WHITE, LESLIE. The Evolution of Culture: The Development of Civilization to the Fall of Rome [M]. New York: McGraw-Hill. 1959.

[10] 费孝通. 费孝通文集（第14卷）[M]. 北京：群言出版社，1999：145-167.

作者简介：杨舸，江西省社会科学院社会学所研究员。

乡村振兴视域下毕节市农村人居环境治理实践
——基于大方县六龙镇的调研

谢昌财 郑 伟 汪 锦

摘 要：党的十九大将乡村振兴上升为国家发展战略，这对新时代农村建设提出了更高要求。农村人居环境整治工作能否取得成效，既关系到农民生存和居住条件改善，也是国家实现全面乡村振兴的重大举措。基于人居环境理论、协同治理理论和公共治理理论，以毕节市大方县六龙镇营盘村为例，通过对82位村民的入户访谈，围绕农村人居环境现状、农村居民环境意识与参与治理情况、政府角色与监督实施情况、人居环境治理成效与改进措施四个部分进行问卷调查，分析六龙镇营盘村的人居环境治理模式、措施、成效和困境，最后以乡村振兴战略背景为政策驱动，结合六龙镇人居环境实际情况，围绕营盘村人居环境治理存在的主要问题提出可行性的建议。

关键词：乡村振兴；人居环境治理；毕节市营盘村

一、导言

党的十九大将乡村振兴战略上升为国家发展战略，指出实施乡村振兴战略的总要求是"产业兴旺、生态宜居、乡风文明、治理有效、生活富裕"，这给新时代的农村工作提出了更高要求。十九大报告首次提出农村人居环境治理的新命题，中央一号文件连续多年关注"三农"问题，并出台多个与人居环境治理有关的政策文件。宜居的农村人居环境是推动乡村振兴战略实施的关键环节，农村人居环境治理是否取得成效，直接关系到乡村振兴战略实施的成效。

农村人居环境治理问题不仅是构建和谐社会的重要内容，也是实现社会主义现代化的重要一步。1988年6月，时任贵州省委书记胡锦涛同志报经国务院批准建立了"开发扶贫、生态建设"毕节试验区。试验区建设和发展30周年之际，习近平总书记在2018年7月18日对毕节建设贯彻新发展理念示范区做出"7·18"重要指示，肯定了毕节试验区30年来取得的显著成绩对毕节试验区建设所做出的巨大贡献，并强调要将毕节试验区创建成全面落实社会主义创新发展理念的示范区。毕节市六龙镇人民政府通过深入学习"7·18"重要指示精神，以乡村振兴为目标、以农村人居环境治理为路径进行了一系列扶贫开发措施，取得了显著成效。但就当前的治理状况来看，仍然还存在诸如治理过程复杂，村民对人居环境的认识不够、治理过程中不作为、社会组织参与度低等问题。这些问题将割裂农村主体与环境治理之间的统一性，最终导致治理结果达不到预期效果，难以形成有效持久的治理机制。因此，迫切需要一种可持续发展的新型农村人居环境治理模式，防止现实治理和预期效果脱节。

本文基于人居环境理论、协同治理理论、公共治理理论等相关理论基础，以毕节市大方县六龙镇营盘村为案例，系统梳理农村人居环境治理的内容，分析营盘村农村人居环境治理存在的问题，并针对性地提出可行性建议和措施，为六龙镇营盘村建设美丽乡村，营造良好农村人居环境，提高村民生活幸福指数，推动乡村和谐发展建言献策。

二、文献综述与理论基础

农村人居环境治理的内容主要包括土地利用规划、生态环境保护、农村垃圾处理、水资源管理等方面。在农村人居环境治理的模式上，需要充分考虑农村地区的特点和实际情况。农村地区的经济基础薄弱，人力资源和技术条件有限，因此需要采取适合农村地区的治理模式。可以借鉴先进的城市治理经验，同时结合农村地区的特点，推动农村人居环境治理的创新和发展。

（一）文献综述

关于人居环境治理方面的研究，最早起源于英国社会活动家埃比尼泽·霍华德提出的"花园城市"学说，其认为城乡人居环境的统一改造、促进城乡一体化是创建理想城市、引领真正变革的和平之路。Halfacree将"空间制造"理论引入到农村空间研究之中,通过对农村空间三维结构的分析,以人本分析法,对农村居住空间、农村空间供给、农村驱动机制等理论基础展开了深入探讨。Zasada以德国勃兰登堡为个案,通过计量统计学的分析方法,提出了乡村多样化、生态化发展以及乡村人居环境治理所需要采取的基本政策框架。Ayhan等人运用地球信息系统技术与层次分析法,对土耳其恰纳卡莱发展乡村旅游过程中农村的用地规划进行分析,指出乡村旅游对乡村人居环境改善具有积极作用。Górka对波兰乡村地区在可持续发展方面存在的突出问题及历史原因进行分析,提出乡村就业的多样性、乡镇企业与社会资本的发展是增加乡村韧性、提升乡村宜居的重要基础。

相较于国外,我国关于农村人居环境的认识和研究相对滞后。突出的研究成果表现在:一是关于农村人居环境治理主体的研究。胡洋指出村民的单一自治和政府主导的治理模式显然不适应目前的社会状况,指出应在保证治理有效的前提下,群众、第三方机构、社会企业等其他社会主体进行辅助治理,不断优化治理策略,为多方协作治理创造现实条件,最终达到共赢的局面。冯川指出政府需转变职能,满足公众日常诉求,同时要选择多元主体共治模式,赋予多元主体共同参与人居环境治理的权利。二是关于农村人居环境治理问题与路径的研究。吕建华和林琪指出治理过程中存在着严重的"空心化"和"治理主体"文化素质低下等问题,并提出了建立"网络治理"模式,提高村民的认知水平,加大资金和人才的投入力度,并对村庄进行科学、合理的规划。黄振华基于24省份211个村落调研,认为当前农村人居环境治理存在各地治理工作进展不平衡,制度建设滞后等问题,并认为应从提高公众参与度、重视环卫政策的宣传讲解等几个方面来改善我国的人居环境治理现状。刘鹏和崔彩贤则从管理学和社会学的视角出发,对目前农村人居环境治理存在的部分问题进行了分析,并从法律保障的角度提出了多种对策。

结合国内外文献可以看出,既有成果关于乡村人居环境治理的研究,重点分析了农村居住环境面临的问题及其成因,对管理层的评价和满意度、管理层应对措施的建议以及对农村生活环境本身存在问题的探究是重点内容。其中,在覆盖范围和目标受众方面,既有成果所开展的多是宏观研究,特别是在人居环境治理已经取得了积极的实际成果的情况下,国内外研究对一些发展比较成功、经验比较丰富的地区开展的研究较多，而在微观研究上，对于西部贫困地区的个案探索研究较少，尤其是在乡村振兴战略不断推进的背景下，充分结合乡村振兴的政策要义和乡村可持续发展的需要，从农村人居环境治理的政策实践角度去探索毕节试验区的个案研究基本处于空白。这也正是本文研究的创新之处与重要意义所在。

（二）理论基础

1. 人居环境理论

人居环境理论认为，人类的居住环境不仅仅是一个物理空间，更是一个能够满足人们生活需求的综合体系。一个良好的人居环境应该具备以下几个方面的特征：首先，宜居性，即能够提供舒适、安全和健康的居住条件；其次，可持续性，即能够保护环境资源，减少对自然环境的破坏；最后，社会性，即能够促进社会交往和共享资源的平等性。人居环境理论的研究对于改善人们的生活质量和促进社会发展具有重要意义。

2. 协同治理理论

协同治理理论认为，任何一个单一的实体都无法独自解决复杂的社会问题，因此需要各方共同参与和协作。这种理论强调多元利益相关者的参与和合作，以实现更加公正和可持续的发展。其中，政府应该发挥引导和协调的作用，企业应该承担社会责任，社会组织应该发挥监督和参与的作用，个人应该积极参与社会事务。只有通过各方的协同合作，才能实现社会问题的解决和推动社会进步。协同治理理论的优势在于能够整合各方的资源和智慧，形成合力，使得解决问题的效果更加显著。

3. 公共治理理论

公共治理理论强调政府与居民之间的互动和合作，以及私人部门在公共决策和执行中的参与。该理论认为，只有通过各方的共同努力和参与，才能找到切实可行的解决方案，促进公共事务的高效管理。在公共治理理论中，政府被视为公共利益的代表和管理者。政府应该积极参与并引导公共决策过程，确保各方的利益得到平衡和满足。公共治理理论为我们提供了一种全面而系统的方法来解决公共问题。通过政府、社会和私人部门之间的合作与协调，可以实现社会的可持续发展和公共利益的最大化。

三、案例分析：六龙镇营盘村人居环境治理实践模式

（一）研究区概况

营盘村位于贵州省毕节市大方县六龙镇人民政府所在地东南面5公里处（直线距离3.8公里），如图1所示。营盘村下辖8个村民组，22个自然村寨，截至2022年年底总人口534户、2226人，其中世居少数民族有布依、彝、蒙古、仡佬和苗族。营盘村平均海拔1600米、平均气温18摄氏度，行政区域面积约10.50平方公里，耕地面积2573亩、林地面积3500亩，森林覆盖率22.22%。营盘村土地肥沃，适宜农业发展，以玉米、小麦、大豆、辣椒、葵花、烤烟种植为主，农产品丰富多样，注重传统农耕技术的传承，保持着古老的农耕文化。村庄地处山区，四季如春，气候宜人，自然环境得天独厚，山清水秀，空气清新，是一个理想的居住地。营盘村主要经济收入以种植业、养殖业和外出务工等收入为主要经济来源，是六龙镇经济发展的后续地区，是长江中上游水土流失防治重点区域之一，既是高岭之村又是平地之寨，周围四山环绕、顺河流域沿村而过。同时，营盘村拥有丰富的自然资源和独特的文化底蕴，村庄周围环绕着茂密的森林和绿色的田野，山脉连绵起伏，风景如画，是一个美丽且充满活力的村庄。六龙镇营盘村人居环境治理项目主体位于营盘村沙井组，沙井组被黔大高速一分为二，整体房屋建设基础较好，如图2所示。

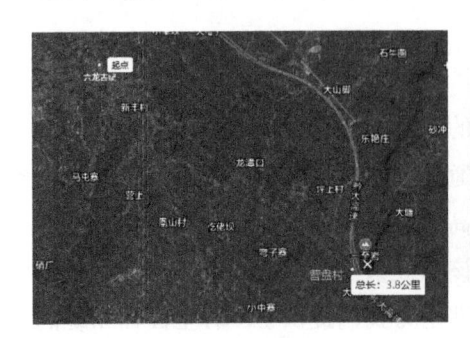

图1 大方县六龙镇营盘村方位图　　图2 六龙镇营盘村沙井组俯瞰图

（二）六龙镇营盘村人居环境治理模式与措施

1. 六龙镇营盘村人居环境治理模式

（1）以政府为主导的综合治理模式。六龙镇人居环境整治项目主要是对居民居住环境以及公共基础设施建设，以此推进六龙镇乡村振兴。项目实施单位发动各部门人员落实各个环节，促进人居环境治理模式的有效进行。六龙镇营盘村2022年中央财政衔接推进乡村振兴补助资金，总投资额137.82万元，覆盖103户居民，工程改造内容包含厕所、厨房、圈舍、污水处理系统、庭院卫生整治、杂屋清理、庭院硬化、美化、绿化、线网改造等项目，如表1所示。

表1　2022年中央衔接资金六龙镇营盘村人居环境综合整治项目投资概算表

序号	项目名称	预算（万元）	备注
1	工程费用	123.05	—
（1）	厕所、厨房、圈舍、污水处理系统	73.50	—
（2）	庭院、经济、果园、茶园建造、家禽圈舍改造	6.60	—
（3）	庭院卫生整治、杂屋清理、危旧房拆除、院坝旧围墙拆除、庭院硬化、美化、绿化	10.41	—
（4）	电线、网线改造	8.38	—
（5）	采购及安装	24.16	—
2	其他费用	6.77	—
（1）	建设单位管理费	1.85	工程建设费用×1.5%
（2）	监理费	1.85	工程建设费用×1.5%
（3）	设计费	3.07	工程建设费用×2.5%
3	项目总投资	137.82	工程费用+其他费用

（2）多元主体共治的协同治理模式。农村环境治理非常复杂，势必从单一向多元化的治理方式的趋势发展，从政府、企业、居民等多方面出发，共同优化农村人居生活环境。从六龙镇的人居环境治理项目入手，六龙镇的人居治理改造由六龙镇牵头，营盘村委具体实施，由村民出资一部分，财政补贴大部分的模式参与进行；太阳能路灯的安装在施工过程中由项目村发动群众代表及村

委进行质量监督。政府与居民的完美共治，使得六龙镇进一步改善了当地人居环境，提升群众的幸福感和满意度。

2. 六龙镇营盘村人居环境治理措施

（1）**保障措施**。营盘村人居环境治理是由项目村通过村民代表会议选择实施主体，再由六龙镇人民政府和实施主体签订施工合同实施。六龙镇党委、镇政府将"整脏治乱"工作纳入党委、政府核心重点工作内容，以"文明在行动·满意在贵州"活动开展为契机，加大人力物力的投入，改变六龙镇营盘村过去"脏、乱、差"的形象。

（2）**管理措施**。在六龙镇营盘村的人居环境整治项目进程中，专门成立了乡村人居环境治理领导小组，领导小组在乡村振兴工作服务站下设办公室，由办公室主任负责项目统筹、组织、实施、协调等工作，由办公副主任，负责项目实施、调度、档案建设及报账等日常事务。具体措施包括：一是六龙镇财政分局负责营盘村的人居环境治理专项财政资金的安全性和使用的有效性；二是工程施工安全监管由六龙镇安监站负责，技术服务由镇村建站负责；三是质量监督由营盘村推选群众代表及村委进行监督；四是项目形成的资产归属实施农户，项目验收合格审计报账后交给项目村委会进行后续管护，确保该项目发挥最大效益；五是由乡村振兴工作服务站负责收集、整理和完善项目相关资料及时组织报账。

（三）六龙镇营盘村人居环境治理成效调查分析

为进一步了解营盘村人居环境治理成效，课题组于2023年7月至8月对营盘村82位村民进行了问卷访谈，主要涉及营盘村沙井组以及与沙井组相邻的湾子、沙子坡、大井、大山组村民。问卷主要分为五个部分：

第一部分是被访者基本状况调查。在82位受访者中，男性38人，占比46.34%；女性44人，占比53.66%，如图3所示。受访者以农村40—59岁务农劳动力为主，占总人数比重为70.73%，如图4所示。

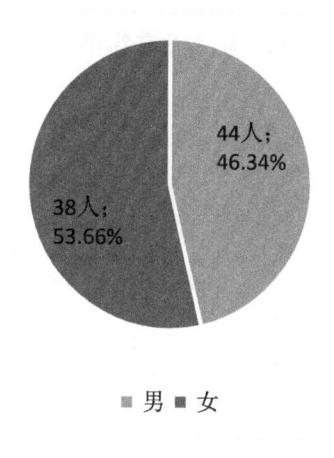

图 3　受访者性别状况　　　　　　图 4　受访者年龄状况

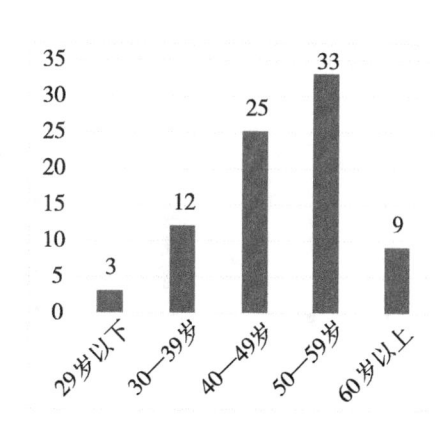

第二部分是营盘村人居环境现状调查。对于营盘村人居环境治理工作，有 55 人对此项工作"非常了解"、有 30 人"听说过"，两者占比超过九成，只有不到 10% 的受访者对营盘村人居环境治理工作"不了解"，如图 5 所示。

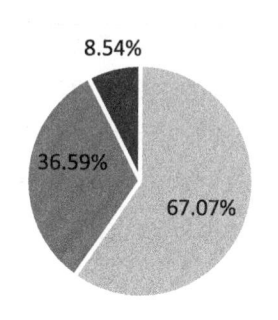

图 5　人居环境治理工作了解程度　　　图 6　人居环境治理工作重要性

在问及"营盘村人居环境治理工作重要性"时，分别有 26.83% 和 64.63% 的受访者回答"非常重要"和"重要"，只有 2.44% 的受访者认为该项工作并不重要，如图 6 所示。

在问及"营盘村人居环境污染状况"时，分别有 8.54% 和 31.71% 的受访者认为营盘村此前的人居环境污染状况"非常严重"和"比较严重",有18.29%的人认为"轻微污染",2.44%的人甚至认为"没有污染",说明居民对营盘村人居环境的认知差异较大,如图7所示。

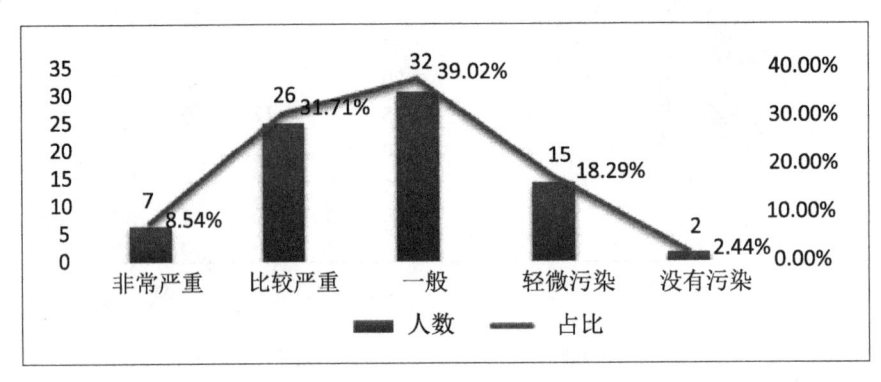

图7 营盘村人居环境污染状况

第三部分是农村居民环境意识和参与治理情况调查。在调查村民"参与营盘村人居环境整治行动"情况时,有超过七成以上的受访者表示"经常参加"或"定期参加",有17.07%的受访者表示"完全没有参加过",如图8所示。

在调查"影响营盘村人居环境的污染来源"时,有77人次和74人次分别认为"畜禽粪便"和"农村生产生活垃圾污染"是最为主要的两项污染来源,次要污染源还有"垃圾清理不及时""生活污水"和"垃圾收集设施不足"等,如图9所示。对于自家生活垃圾的处置情况,只有不到20%的受访者选择"倒入垃圾箱等待统一运收",更多的是选择"直接倒在路边或者空地""焚烧"或"填埋"等极易造成二次污染的处置方式。

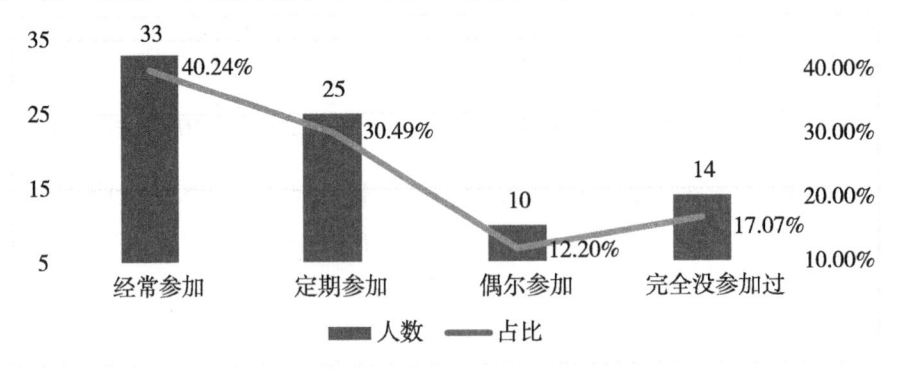

图8 村民参与人居环境整治行动的频率

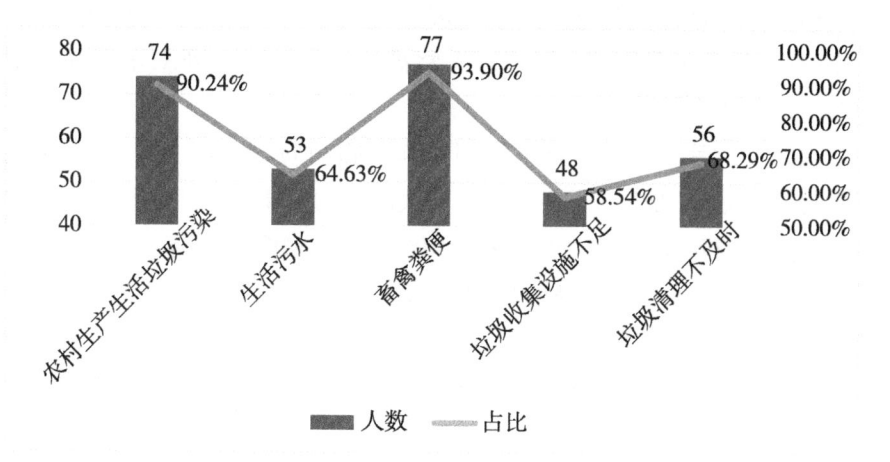

图 9　影响营盘村人居环境的污染来源

第四部分是政府角色与监督实施。 对于村委会是不是举办过环境治理宣讲活动，只有不到三成的受访者知道"经常有"，这说明营盘村在基层的环境保护宣传力度依旧不足。对于农村人居环境治理的主要责任划定上，有五成受访者认为是"镇政府"、有30%左右的人认为是"村委会"。此外，各有10%左右的人认为是"村民"和"镇政府、村委会、村民共同承担"，如图10所示。

对于如何反映农村人居环境整治相关问题，有66人次选择了"电话"途径，有56人次选择"匿名信件举报"的方式，如图11所示，对于"线上留言"方式，显然在目前阶段并不适合乡村。

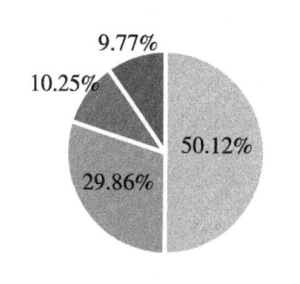

图 10　人居环境治理的主要责任 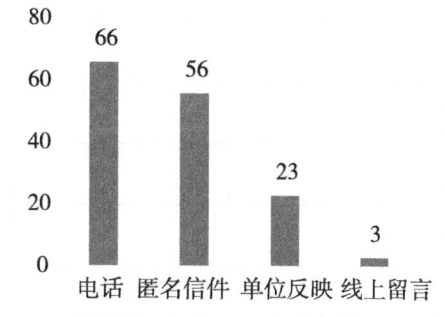　　图 11　人居环境整治问题的反映途径

第五部分是人居环境治理成效与保障措施调查。 对于营盘村人居环境治理

工作的总体评价，有八成左右的受访者认为"非常满意"，14.63%的受访者"比较满意"，另外有三位受访者对营盘村人居环境治理工作表示"不太满意"，如图12所示。

在问及今后"营盘村环境协同治理面临的问题"时，有96.34%人认为"资金投入不足"是最主要的困境，其次面临的重要问题还包括"治理手段单一""政策推行受阻"和"缺乏社会组织"等，如图13所示。

对于改善营盘村人居环境的措施，认为当前最为重要的前三项工作分别是进一步"完善农村基础设施建设""加大环境污染治理资金投入"和"建立健全奖惩与监督机制"，如图14所示。

满意度	比例
很不满意	0.00%
不太满意	3.66%
基本满意	13.42%
比较满意	14.63%
非常满意	80.49%

图12 人居环境治理满意度

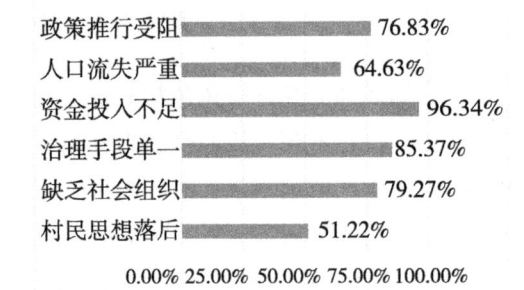

困境	比例
政策推行受阻	76.83%
人口流失严重	64.63%
资金投入不足	96.34%
治理手段单一	85.37%
缺乏社会组织	79.27%
村民思想落后	51.22%

图13 人居环境治理面临的困境

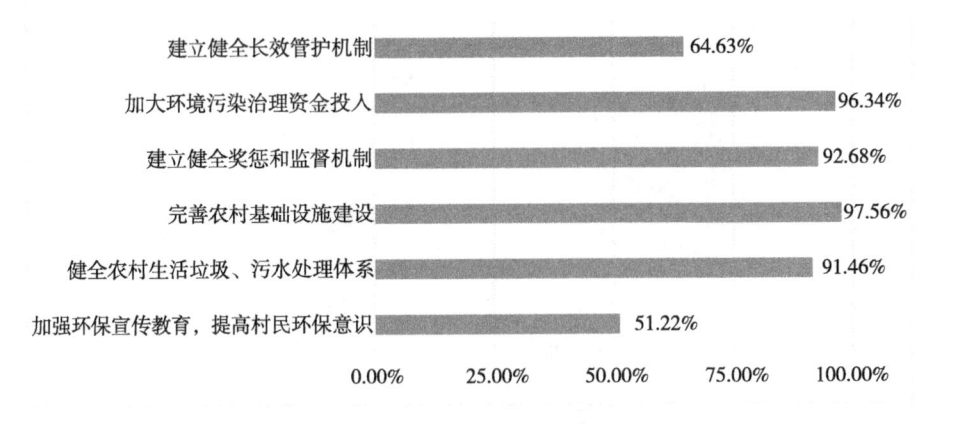

改善措施	比例
建立健全长效管护机制	64.63%
加大环境污染治理资金投入	96.34%
建立健全奖惩和监督机制	92.68%
完善农村基础设施建设	97.56%
健全农村生活垃圾、污水处理体系	91.46%
加强环保宣传教育，提高村民环保意识	51.22%

图14 营盘村人居环境改善措施

四、乡村振兴视域下提升营盘村人居环境治理水平的启示

自2022年年底项目建成后，六龙镇营盘村沙井组的人居环境得到明显改善，对今后在全镇推动实施更多助推乡村振兴基础设施建设项目工程起到良好示范作用，同时也为全镇今后的乡村振兴及经济、社会健康发展等方面实现可持续发展打下坚实基础。为进一步提升营盘村人居环境治理水平，基于调查问卷分析结果，以乡村振兴战略背景为政策驱动，结合地方政府实际情况，积极围绕营盘村人居环境治理存在的主要问题，提出如下对策建议：

（一）加大对人居环境治理资金投入

政府在资金、人力和政策支持方面应该给予充分的关注和支持。例如，可以增加财政投入，加大环境治理专项资金的拨款，用于改善村庄的基础设施建设和环境整治。同时，政府还应该加强人力资源的投入，培养和引进专业人才，为营盘村提供技术和管理支持。此外，政府还应该制定相关的政策法规，明确责任和权限，加强对环境治理工作的监督和管理。

（二）提升村民对人居环境治理意识

居民是人居环境治理的主体，只有他们的积极参与和支持，才能够取得良好的治理效果。因此，政府应该加强对居民的宣传和教育，增强他们的环境意识和环保意识。可以通过开展环境教育活动、举办宣传讲座等方式，强化居民的环境保护意识，引导他们主动参与到环境治理中来。同时，政府还可以建立居民参与的机制和渠道，鼓励居民提出意见和建议，参与决策和监督，使居民的权益得到保障。

（三）加强基础设施建设和环境整治

在人居环境治理中，基础设施建设是至关重要的一环。只有拥有良好的基础设施，才能够提供良好的人居环境。因此，政府应该加大对基础设施建设的投入，包括道路、供水、供电、污水处理等方面的建设。同时，还应该加大对环境整治的力度，包括垃圾分类、绿化美化、水源保护等方面的工作。只有通

过这些措施的实施,才能够有效地改善营盘村的人居环境。

(四) 加强与周边村庄的合作与交流

人居环境治理是一个系统工程,需要各方的共同努力和协作。因此,营盘村应该与周边地区建立良好的合作机制和交流平台,共同研究解决方案,分享经验和资源。可以通过举办座谈会、召开研讨会等方式,加强与周边地区的沟通和合作,形成合力,共同推进人居环境治理的工作。

综上所述,提升营盘村人居环境治理水平需要政府、居民和社会各方的共同努力。从近年来的环境治理实践成效来看,农村人居环境无论是在污染处理、垃圾治理方面,还是在村容村貌方面都得到了改善,乡村的面貌得到了更新。乡村振兴战略是新时代中国特色社会主义破解农业现代化发展难题的重大举措,从战略发展的角度来推动人居环境治理和农村社会发展,能够有效地缩小城乡间的发展差距,以更好地促进全面建成小康社会。

参考文献

[1] 陈润. 乡村振兴背景下农村人居环境治理问题研究——以陕西省Y区为例 [D]. 延安:延安大学,2022.

[2] 埃比尼泽·霍华德. 明日的田园城市 [M]. 北京:商务印书馆,2010.

[3] HALFACREE K. Rural space:constructing a three-fold architecture [M]. Handbook of Rural Studies. London:Sage,2006:125-141.

[4] ZASADA, ANNETTE P. The role of local framework conditions for the adoption of rural development policy:An example of diversification, tourism development and village renewal in Brandenburg, Germany [J]. Ecological Indicators,2015,59:82-93.

[5] AYHANA C., TüLAY C., Hasan T. Land use suitability analysis of rural tourism activities:Yenice, Turkey [J]. Tourism Management,2020,76:1-11.

[6] GóRKA A. Landscape Rurality:New Challenge for The Sustainable Development of Rural Areas in Poland [J]. Procedia Engineering,2020,16:1373-1378.

[7] 胡洋. 农村人居环境合作治理的制度优势与实现路径 [J]. 云南社会科学, 2021 (02): 84-91.

[8] 冯川. 嵌入村庄公共性: 农村人居环境治理的实践逻辑——基于广西H县L镇清洁乡村的实证分析 [J]. 中国农业大学学报（社会科学版）, 2021, 38 (06): 69-80.

[9] 吕建华, 林琪. 我国农村人居环境治理: 构念、特征及路径 [J]. 环境保护, 2019, 47 (09): 42-46.

[10] 黄振华. 新时代农村人居环境治理: 执行进展与绩效评价——基于24个省211个村庄的调查分析 [J]. 河南师范大学学报（哲学社会科学版）, 2020, 47 (03): 54-62.

[11] 刘鹏, 崔彩贤. 新时代农村人居环境治理法治保障研究 [J]. 西北农林科技大学学报（社会科学版）, 2020, 20 (05): 102-109.

作者简介：谢昌财，博士，贵州大学经济学院副教授，硕士生导师；郑伟，毕节市大方县六龙镇乡村振兴工作服务站；汪锦，贵州大学经济学院硕士研究生。

乡村治理中政社互动的地方实践与经验启示
——基于贵州 C 村的调查

丁 胜

摘 要：乡村社会有两种主要秩序形态，一是凸显社会主义制度优势和国家能力的组织秩序，二是展示优秀传统文化和群众智慧结晶的自发秩序，乡村治理即两种秩序互动的过程和结果。打造乡村社会治理共同体，组织秩序指向坚持和加强党全面领导下的协同共治，重点是增强地方政府和村支两委在乡村治理中，社会组织和人民群众进而实现国家组织秩序和乡村自发秩序相统一的过程和结果。脱贫攻坚战打响尤其是乡村振兴战略深入实施以来，随着治理资源下沉，C 村着力推动基层党组织领导下的协同共治，通过驻村工作队的融合治理、合作社的嵌入治理、民间协会的赋权治理以及技术化的数字治理等政社互动模式，为乡村社会治理共同体建设提供了地方的鲜活范例，具有一定的启发借鉴意义。

关键词：政社互动；党的领导；组织秩序；自发秩序

党的二十大指出，严密的组织体系是党的优势所在、力量所在，坚持推进以党建引领基层治理；同时强调提升社会治理效能，建设人人有责、人人尽责、人人享有的社会治理共同体。这些重要表述之于乡村政社互动有三层深意，即基层党组织是实现党的领导的坚强战斗堡垒，多元协同是提升乡村治理效能的重要途径，既有秩序又有活力的共建共治共享格局是乡村治理的目标追求。理论上，政社互动重视政策、资金、技术等的杠杆作用，通过赋权、引导、激励等方式推动多元主体参与乡村治理，旨在以最小的行政投入换取最大的治理效果，进而确保党领导下的协同治理行稳致远。实践中，地处西南腹地的 C 村作为曾经的秩序涣散村，村庄治理一度是地方老大难问题，治理现代化提出尤其是脱贫攻坚战打响以来，随着驻村工作队治理力量的下沉、合作社集体行动的引导以及协会非典型政治功能的发挥等，组织有为和群众自为的政社互动展现新景象，党委领导、政府负责、社会协同、群众参与、法治保障的治理新格局基本形成，具有启发意义。

一、政社互动的地方实践探索：基于 C 村的调查

C 村是贵州省黔西南州的一个偏远村寨，全村石多、土少、水缺，生态环境十分脆弱，经济社会发展相对滞后。脱贫攻坚战打响之前，社会秩序总体较差，酗酒、赌博、斗殴等治安事件时有发生，村庄治理呈现内部困境。脱贫攻坚战打响尤其是乡村振兴战略实施以来，随着治理重心的下沉，驻村工作队、合作社以及民间协会等不断发挥作用，C 村整体秩序呈现积极变化。

（一）C 村典型特质及其治理困境

困境一：自然环境恶劣推高治理成本，自发秩序不足影响村庄有效治理。

C 村面积 10.36 平方千米，12 个村民小组散布四周，集中连片居住的农户最多不超过 8 户，聚居地之间的平均距离 1.5 千米左右，"住的隔山吊水，散的七零八落"即真实写照。与此同时，C 村群山环绕，平均海拔在 1200—1600 米，石漠化非常严重，属典型的喀斯特石山半石山区。由于山地切割，串户路、通组路以及通村路蜿蜒崎岖，有些甚至镶嵌在半山腰上成为没有护栏的挂壁公路，行车十分危险。曾经有麻风病医疗队到村里诊治，一整天都没有绕出村子，因而"山路十八弯，出山还是山"的负面刻板印象广为流传。由于居住分散、山高路陡、交通不便等情况，熟人社会孕育的自发秩序总体表现不足，单靠行政统筹的组织秩序成本又高，C 村因此陷入自然环境减能导致的治理困境。如何统筹推进自发秩序与组织秩序的协调发展，一直以来是 C 村治理转型的难点。

困境二：物质财富匮乏导致行为趋利，问题多发影响治理共同体建设。

C 村贫困发生率一度高达 24.49%，是省级一类贫困村，也是所在镇脱贫攻坚主战场。2018 年以前，C 村自主发展的集体产业为零，村内没有菜市场、

没有餐饮业,甚至没有一家小卖部,产业发展的严重滞后,使得村民的物质生活来源依附在土地上,2447亩耕地上大部分种植传统农作物,辅之以家畜散养,构成了村里的产业全貌,一方水土养不好一方人的情况较为突出。村里青壮年只能选择外出务工,职业主要是泥水工,收入水平较差,增收渠道较窄。由于物质财富匮乏,导致非普惠性政策实施中,一些村民,比如边缘户等因不能享受脱贫攻坚政策红利而存在心理落差,继而产生排斥、抵触甚至反对情绪和行为,拉低政社互动的社会资本存量,导致村庄社会治理共同体建设陷入困境。

困境三:内生动力不足拉低价值共识,集体行动乏力导致若干社会问题。

C村村民受教育程度总体偏低,初中以下文化程度占比约98%,其中包括55名文盲、半文盲。智识对于乡村有效治理具有正效应,智识不足往往伴随行动上的固执己见抑或防御心理。一些村民的不良习惯较难更改,他们安于现状并习惯于旧有行为方式,保守性给C村治理的现代转型带来困境。如前所述,C村"空壳"现象突出,全村在外务工人员857人(2020年年底统计数据),占比全村人口三成多,"全村老妇孺,少见青头男"是真实写照。主要劳动力的外出,使得村里不仅发展后劲不足,熟人社会的礼治功能也几近瓦解。调研显示,老人赡养缺位、儿童教育缺失以及慢性病人照料缺人等问题突出,村庄公共服务供给面临较大压力。贫穷加上主要劳动力外出还导致若干社会问题,光棍问题较为严重,原发性(从未婚娶)光棍户39户,继发性(离婚)光棍户23户,"逃跑妈妈"家庭户10户,家庭结构不稳定引发较多社会问题,邻里冲突、治安事件以及欠贷问题、返贫问题也时有发生,村庄内生秩序面临较大挑战。

困境四:公共设施建设滞后形成治理孤岛,影响治理效果。

C村基础设施落后和公共服务不足的问题比较明显。2020年前,工程性缺水是C村的一大顽疾,"望天水"和"小水窖"是生产生活的主要用水。由于一些小水窖是根据自然风化的山石形状所建,因此存在安全和卫生方面的隐患:水质不达标造成村民结石和肠胃慢性病较多,小水窖淹死小孩的事情也发生过几次,给村民带来了创伤。C村没有学校和医院,最近的幼儿园和小学离村子近10千米,村里将村委会三间小屋子用作村卫生室,每周二、五有村医值守,孩子求学和村民问诊困难重重。此外,通讯等基础设施较差,包括村委会在内的很多地方网络信号和手机信号微弱,这些都给 C 村的治安管理和秩序维护带来不便,亟须设施和技术赋能治理转型。

(二)驻村工作队的政社互动及其融合治理

理论上,越是贫穷落后和秩序涣散的地方社会自治越是艰难,如果没有组织优势抑或组织秩序的关照,诸如 C 村等存在原发性治理困境的乡村不可能在短期内有大的改观。实践中,社会主义制度优势在推进乡村社会治理共同体建设中发挥着根本性作用,国家通过人员派驻等组织资源下沉的方式统合村庄秩序,进而最大限度推进国家意志与乡村意愿相结合,是政社互动的直接体现。C 村驻村工作队共有 9 人,队长为省直单位干部兼任村第一书记,其余人员为市里、镇里下派的驻村干部。工作队组建后,蕴含组织功能表达的融合治理有了载体和抓手。

首先,深入了解村庄治理困境,探索治理转型方案。工作队进驻 C 村后,发现自然环境恶劣是制约村庄发展的客观条件,内生动力不足是制约发展的主观因素,村民文化素质偏低以及对基层组织的不信任是村庄治理的主要困境,加上基层组织带动力弱,使得 C 村长期游走于贫困和失序边缘,物质稀缺与精神匮乏并存,村庄躁动但没有发展活力。由于不信任,村民之间、村社之间甚至村镇之间有不少隔阂,甚至有村民对围攻镇党委书记、围攻市检查组讨要说法等事件津津乐道。低信任造成集体行动难题,不信任导致失序恶性循环,每个人都受困于所谓的低水平均衡。[1]这些凌乱的问题需要系统性思考和整体性谋划。经过工作队与村两委、村民多次交流互动,在镇里支持下,制定了该村历史上首部发展规划,其中针对社会治理方面问题清单列出了整改举措,重点对组织振兴、共识凝聚、乡贤示范以及乡风文明等进行明确,指向打造实现党领导下的协同共治模式。

其次,聚力回应几重期待,培育自发力量加入村庄治理。政治的意义之一在于提供秩序,至少提供一个社会赖以生存的基本社会秩序。工作队作为政治建设的产物,也是乡村治理中融合治理的重要载体,上级党委政府对其作用发挥有期待,主要凸显为政治引领性方面,要求工作队按照"一宣六帮"开展工作并全面统筹村庄的脱贫攻坚和社会治理工作;派出单位对工作队有期待,主要是政治正确性方面,要求工作队讲政治、顾大局和做奉献;基层党委对工队有期待,主要是示范带动性方面,要求工作队守纪律、有思路和能带头;而村里对工作队也有期待,主要是发展引领性方面,要求工作队找思路、找门路和找资源。面对多重期待,工作队虽然感觉存在角色困境和多重压力,但在"一宣六帮"总体要求下迅速开展工作和回应期待,通过宣传党的方针政策,推动精准扶贫、帮助建强基层组织、帮助推动经济发展、帮助维护和谐稳定、帮助为民办事服务以及帮助提升治理水平。其中,探索"村两委+乡贤会"乡村治理模式、推动落实"四议两公开"以及提升民间组织矛盾纠纷化解能力等作为治理转型的主要方面。

最后,聚焦村庄治理新问题,调和不公平引发的治理难题。综观世界,贫困治理历来只针对有特殊困难的群体,而非普惠性政策,中国也是如此。工作队针对新的矛盾源进行了梳压解困。一是阐明贫困治理的阶段性特征和重大意义,争取认同;二是推动普惠性产业的发展,聚焦合作社发展带动全村发展,让普通农户能够享受产业发展红利;三是结合扫黑除恶专项治理工作,通过法制护航、劝学班等形式,对长期煽动闹事的村民给予法制宣讲和劝学,进一步提升村民乡风文明和依法治村的意识;四是吃透政策并找准政策与村民利益诉求的契合点,妥善处理既存矛盾。[3]工作队的这些举措刚柔并济,推进了组织功能的延展,化解了治理权抑或自治权都不能单一方面解决的问题,为政社互动探索了新途径。

(三)合作社形塑的利益共同体及其嵌入治理

嵌入治理提倡国家与社会的合作互动,是法团主义在国家治理中的理论再现。具体到乡村治理中,嵌入治理是"国家介入社会的过程,不仅是国家的意识形态、法律制度、管理组织对社会生活的介入,同时是国家的基层官僚与社会的多元互动过程"[4],方式上追求国家权力社会化,目标上追求公共利益最大化。换句话说,嵌入治理通过制度嵌入、组织嵌入与利益嵌入等方式实现权力要求和满足社会诉求,以此达成政府和社会之间的有机平衡。在C村,嵌入治理凸显为以培育村合作社为重点,通过利益嵌入等方式,实现利益共享、责任共担、监督问效与引导控制的治理目标。一方面,注重合作社治理功能的发挥。治理现代化背景下,作为经济组织的合作社正日益探索发挥非典型政治功能,并以合作社为基点呈现发射性链接影响,在乡村治理中起着凝聚、联动以及规范作用。2016年，C村获得市里产业发展基金100万元，由于受限于自然环境较差，产业发展两头在外，担心村民不支持集体产业发展尤其是担心发展失败无法向政府和村民交代等原因考量，因此村里在镇里同意之后采取了折中的做法：一是按照上级要求成立了"勇宏养殖专业合作社"，托管资金；二是由合作社出面按照镇里意见将资金投入本地的林业公司，每年分红。

2018年脱贫攻坚进入攻坚期，贫困治理任务加重，为了以产业和就业"两业"带动发展，镇里要求C村合作社发挥实质性作用，同期确保村庄和谐稳定。为了激发村干部发展活力和群众发展动力，产业发展模式采取"五股合一"模式，即村集体资金控股、财政资金持股、非财政资金参股、村干部入股以及村民占股（贫困户份额较普通村民多），意在避免不同属性资金使用边界不清、利益连接范围模糊等问题，同时以利益联结为切入点嵌入村庄治理，为村庄秩序凝聚共识和引导行动。合作社"五股合一"的发展模式，[5]不仅在经济上同时在秩序上推动了C村的发展。合作社章程中嵌入了治理条款，通过专项考核资金增加遵纪守法村民的分配权重，受到刑事处罚或者违反治安事件的村民不享受分红，违反村规民约、煽动闹事以及不执行镇里和村里相关规定的扣除相应比例分红，同时对于具有见义勇为等行为给予一定比例的额外分红，具体金额由村民会议确定。由此，合作社具有了非典型政治功能，即通过利益嵌入带动治理转型。[3]

C村合作社的实践意义在于：一是具有一定的组织化特征，通过利益联结增强治理的可行性，比如村干部入股倒逼他们不出现只注重"显绩"的"短视行为"，避免发展盲目性的同时，增强了村干部发展的动力和在村庄治理中的话语权。二是合作社具有社会监督功能，对村庄治理等具有规范意义。C村合作社资金来源多样，涵括帮扶单位、市镇政府、市场主体、村干部和村民，成分较为复杂，通过股份占比和利益联结等方式，有效缩减了资金使用上存在的边界难题、监管难题和效益难题，资金使用的规范化推动了行为上的规范化。三是"村社合一"模式中，利益共同体有利于形成社会治理共同体。村干部以较大股份方式加入合作社，基层政府并不在意他们多年以后的退离，也不担心产业发展起来以后村干部因股权属性不清潜藏的高要价；至于产业发展失败，也不是镇里担心的重点，因为村干部私人投了钱，谁也不愿意赔钱。这一模式看似不是来自信心，而是来自不信任和对财政资金使用低效的问责恐慌，但事实上村干部入股有利于巩固镇村之间利益共同体的地位，进而有利于增强村干部在村庄治理中的话语权和执行力。

（四）协会非典型政治功能的发挥及其赋能治理

长期以来，C村因为散居、欠发展等原因而缺少大家公认的"狠人"（能化解矛盾纠纷和带领大家致富的人），但事实上，也正是由于地形割裂以及发展愿望等而在小范围内有着意见领袖，他们在劝服其他村民落实政策、达成共识时表现出较高的威信，为更高层次和更宽领域作用发挥奠定了基础，尤其是为建设具有威权性质的民间组织奠定了基础。值得一提的是，C村在长期闭塞的环境中由于姻亲等关系形成了错综复杂的血缘关系，村子以张姓、赵姓、苟姓、舒姓以及田姓为主，很多家都有共同的"老祖公"。这些为引导和培育基于地缘、血缘关系上的自然权威发挥非典型政治功能奠定了基础。2018年，经工作队与镇、村共商提议，并经几次村民代表大会讨论同意后，"C村振兴协会"成立，其目标之一是发挥民间治理作用，凝聚、规范和形成公序良俗和自发秩序。

协会成立后，积极融入村庄治理。一方面，明确规则，村规民约赋能协会治理功能。为解决协会介入村庄治理合法性不足的问题，村里采取群众推荐和平时观察结合的方法，邀请有影响力的村民参与协会；与此同时，召开村民代表大会修订（实际上是起草，以前的村规民约是未经村民认可的应付上级检查的简约文本）村规民约，征求意见后一致同意赋予协会参与村庄发展和治理的功能。新修订的村规民约明确协会是"C村振兴的重要载体，也是村庄重塑自发秩序的重要力量，是C村构建自治、法治、德治相结合的有效治理体系中的重要一维"。同时明确协会"在不涉法涉诉涉访的治理事项中具有调解的首位权，调解不成功再提请村支两委解决"。在镇里支持下，具有治理功能的协会章程报请市里民政部门批复后生效。按照章程，协会由村籍公职人员、家族长、村两委成员、村民小组组长以及知识青年等组成，经过发动，村里在外工作的公职人员、在外经商有成的村民、家族有影响力的村民以及村籍大学生等30多人加入协会。事实上，C村协会治理结构源于自发秩序良好的邻村经验，但与邻村不同的是，C村乡贤会从一开始就明确为在民政部门登记的合法性民间组织，因而具有提供以及优化社会服务的功能，目的在于解决民间组织介入村庄治理合法性不足的问题。

另一方面，聚焦作用发挥，通过柔性治理等方式助力良政善治。协会成立之初，即明确在2—3年内形成示范带动能力强、自主运行活力足、服务能力水平高以及具有广泛公信力的法人社会组织。协会成立之后，镇村治理重心进一步下移，在治理合法性赋予、成员稳定性保障、办公场地资源协调以及资金扶持等方面给予支持，引导协会向规范化方向发展，同时给予协会自我决策、管理、监督等方面的自主权，为其自治和作用发挥让渡空间。值得一提的是，为了防止协会陷入"自生自灭"困境以及嵌入过度自主性丧失两个极端问题的出现，镇里保持了适度的制度嵌入，明确镇里对协会作用发挥创设环境和条件，同时明确评估合格后按照购买公共服务标准进行资金资助。协会成立以来，镇里和村里通过赋能协会治理功能，不断增强其凝聚价值共识和引导集体行动的能力，共调处各类矛盾纠纷80多起。比如针对村民反映最多的"猴灾"给生产生活带来影响的问题，协会通过整体规划，引导猴子聚集并形成观赏点。再比如在制止滥办酒席中成功劝阻"一楼搬二楼""孩子剃毛头"等不良行为多起，协会日益成为C村治理的积极力量。

（五）现代技术的赋能及其数字治理

数字治理对政务流程再造和政社互动增效具有促进作用，不仅是治理现代化的推动力量，也是"数字中国"行稳致远的必然举措，在乡村治理体系中的作用越来越凸显。早在2013年，他者眼中技术荒地的贵州就提出了"大数据战略"并将其作为三大战略之一进行总体布局。十年来，大数据等不断赋能贵州经济社会发展，为贵州进入发展的"黄金十年"，以及成为党的十八大以来党和国家事业大踏步前进的"缩影"做出了重大贡献。在此背景下，脱贫攻坚和乡村振兴作为新时代重大事件，加上执政问效和考核问责的实际需要，数字治理成为赋能增效的重要举措。总体上，贵州以数字治理加快政务流程再造进程，权力运行的纵向协同、横向协同、内外协同，极大地增强了数字资源整合和治理的效能，提升了政府治理能力，为乡村的技术赋能奠定了基础。[6] 2018年以来，随着脱贫攻坚进入关键期，C村所在地区以数字化推动治理方式变革和提升基层管理水平的行动方兴未艾，乡村治理进入数字治理实践探索阶段。这一时期，在加强传统网络信息化水平基础上，数字治理的新趋向主要体现为上级党委政府开发的各种小程序，旨在推动线上线下的实时互动，为治理事项的部署和落实赋能增效。在此进程中，C 村数字治理步伐加快，应用的小程序涉及农户信息录入、基层干部管理、工作互动以及社会组织联络等等。其中，贵州精准扶贫 App 聚焦贫困户信息管理和帮扶互动，党建云聚焦基层党建以及第一书记、村支两委建设，钉钉打卡小程序聚焦干部管理比如上下班签到以及精准定位，社会扶贫、扶贫馆等聚焦社会力量与贫困户之间的供需信息等等，这些小程序的开发和应用有力推动了脱贫攻坚和乡村治理的时效性，信息多跑路有效提升了公共服务效率；同时通过动态监控和互动，有效弥补了行政治理资源的不足。

数字赋能 C 村治理的主要成效：一方面，提升治理效能。村庄治理实现了由"人盯人"向"人盯事"的转变，治理效能有了明显提高。驻村干部反映："以前一些需要执法权的治理事项，比如危房拆除、移民搬迁、酗酒赌博等事件，由于无权执行只能请示汇报，然后紧盯事件等待指示，现在只要通过小程序及时反馈，执法人员就会及时下沉到村里帮助解决问题，少跑了很多路。" C 村包村镇领导坦言："以前书记、镇长是普通门诊，村里事无巨细都要请示汇报，而他们也都要亲自过问。小程序实现信息互动以后，书记、镇长现在是专家门诊，腾出了更多的时间和精力关注较为重大的事项和突发事件。"这两个转变，映衬了数字赋能之于政社互动积极的一面。另一方面，弥补治理短板。C 村居住分散，以前住户地理信息等不完整，存在信息采集难、底数不清、情况不明的情况，给政策宣传、入户帮扶以及邮政上门、自来水上户、广电网络到家等带来不便；加上村里地形地貌错综复杂，易于隐藏和躲避，一度成为计划生育时代超生隐匿，吸毒、酗酒、赌博、偷盗甚至违法人员藏身等避风港，山高路远加上居住分散，也给镇里执法力量不足、村里人手不够的 C 村带来了治理困境。钉钉打卡等数字赋能，实现了信息管理的动态化、立体化转变，有效提升了治理效能。

二、乡村治理中政社互动的主要启示

政社互动在乡村治理中的广泛存在，一定程度上说明了中国有巨大的政治整合能力，但治国理政中并非一味地管控而窒息地方的活力和生机，权力下沉乡村以后更是注重各治理主体的叠加效应；或者说，秩序与活力并非处于政治坐标轴上的两个象限，而是一种通过协同共治、创设条件、营造环境和公众参与就能找到交汇点，从而实现活力与秩序并存的有效方式。C村"镇党委强组织保障、工作队强基层党建、合作社强利益链接、村协会强民间力量、数字化强治理效能"的治理模式，不断优化政社互动路径方法，组织有为与群众自为的社会治理共同体格局加快形成，具有启发意义。

首先，政社互动涵括共识、贤能、权力与制度等理论要素。一是价值共识是基础，通过共识凝聚、约定俗成等厚植社会资本存量，进而为乡村秩序提供思想引领。二是贤能人士是动力，通过道德劝善、榜样示范等引导集体行动，进而为孕育公序良俗涵养土壤。三是权力让渡是前提，通过明确规则、利益联结等实现治理功能转型，进而为自治、德治为主的自发秩序创造环境。四是制度保障是条件，通过顶层设计、技术赋能等推进治理转型，进而为"一核多元"的治理模式提供规范。

其次，政社互动并非权力退场，而在于推动自发秩序的良性发展。如前所述，政社互动重在激发社会活力，以最小的行政投入换取最大的社会治理效果。或者说，政社互动中基层党政并非从社会治理领域退场，而是更多扮演好兜底、服务和保障的角色，在社会组织、市场主体、民间力量或群众能够治理好的领域或事项中让渡权力，最终引导形成活力迸发的自发秩序。

再次，党领导下的协同共治是政社互动的努力方向。中国特色社会主义制度的最大优势是中国共产党的领导，政社互动的目标在于形成共建共治共享的局面。或者说，党领导下的协同共治并非党政单象限的秩序建构，而是通过推动乡村治理从"为民做主"向"由民做主"再向"共商共建共享"转变，使乡村治理真正兼顾国家利益和群众利益，在提高资源配置效率和效果的同时激发村民自治热情，从而达到治理效果的叠加效应。

最后，政社互动应避免权力社会化伴随的治理误区。随着多主体治理范围的更加宽泛，赋权治理尤其是治理重心下沉更为必要。但在权力社会化进程中，尤其是涉及政治安全、民生保障和公平正义等方面的治理领域或事项中，基层党政必须在场并发挥决定性作用：一是规避无政府主义或自组织权力寻租的风险，同时解决自组织权威性不足的问题；二是矫正乡村治理中的不公平现象和纠正过错行为。

参考文献

[1] 丁胜. 一个偏远村寨的治理现代化实践与思考[J]. 当代贵州, 2022 (28): 54-56.

[2] [美] 弗朗西斯·福山. 政治秩序与政治衰败: 从工业革命到民主全球化[M]. 毛俊杰, 译. 桂林: 广西师范大学出版社, 2014: 111.

[3] 汪锦军. 嵌入与自治: 社会治理中的政社关系再平衡[J]. 中国行政管理, 2016 (2): 70-76.

[4] 丁胜, 谭旭鑫. "五股合一"积极探索农村产业发展新模式[J]. 当代贵州, 2020 (5-6): 60-61.

[5] 丁胜. 持续推进数字治理体系现代化[N]. 贵州日报, 2021-06-02 (理论版).

作者简介: 丁胜, 贵州省社会科学院传媒与舆情研究所副所长、研究员。

农业信息资源配置水平的时空特征与聚敛分析

时润哲 贾 铖

摘 要：农业信息资源的合理配置对于提升农产品电商发展水平、推动农业现代化、提高农业生产效率和农民收入至关重要。本文以全国范围内的农业信息资源配置情况为研究对象，在熵值法估值基础上利用核密度非参数估计（Kernel 估计）对农业信息资源配置水平的动态演进进行模拟分析。通过测度发现，全国范围内农业信息资源配置存在农业信息资源的分布不均衡问题，东部地区的农业信息资源水平相对较为充足，而中西部地区相对匮乏。核密度分析结果显示，全国不同区域农业信息资源配置水平在2011—2018年考察期间呈现逐年分散格局，基于马尔可夫链平均转移概率矩阵分析结果可知，全国范围内农业信息资源配置结构相对稳定，能够以较高概率保留当前农业信息资源配置水平。

关键词：中国；农业信息资源配置；时空特征；聚敛分析

一、引言

农业信息资源的合理配置对农产品流通与销售具有积极的推动作用，而电商平台作为农产品销售的"重要渠道"。提高农业信息配置水平有利于提升农产品电商发展水平。所以，明确农业信息资源配置水平，是进一步了解农业信息资源投入规模与经济产出，保障农产品销售持续通畅的关键。毋庸置疑，农业信息资源配置的最终目标则是将有限的农业信息资源发挥最大的经济效益，包括区域内外的农产品信息收益、市场交易信息收益等。在一定经济预算的约束条件下，不同区域通过对获取的农业信息进行重组、匹配、交易等传播环节后进而实现对信息资源的优化配置。可以说，重视农业信息资源配置水平（Regional Agricultural Information Allocation Level，简称 RAI）是推动农产品电商发展，实现数字化乡村建设的首要前提。

一般而言，国内外学者对农业信息资源配置水平的评估多从效率角度入手，但较少从效益视角对农业信息资源配置水平进行探讨。如：孙振嘉（2011）、张海峰（2015）等分别构建一套评估指标体系，利用 DEA 模型测算政府公共领域与船舶业信息资源配置效率；胡双钰（2016）在对江苏省农业信息资源配置效率测度的基础上发现人员、资金与信息基础均存在资源投入的冗余问题；何正保等（2018）采用三阶段 DEA 模型在剔除环境变量对其影响的误差后精准测算 2015 年全国农业信息资源配置效率。除此之外，Caixia Li et al.（2014）则从微观视角展开对江西省农户信息需求的研究，主要考察了如何依据农户需求合理分配农业信息资源，从而提高农户对农业信息资源的利用水平。整体来看，已有研究更加偏侧重于效率层面评估农业信息资源配置水平。但是效率强调某一段时间内要素资源的投入—产出比，关注点聚焦于资源配置环节中的过程；而效益则更加看重投入较少的资源从而获取较多的经济产出，着重关注资源配置环节中的结果。所以，相比于效率，效益水平更能贴合农业信息资源配置的最终目的。因此，在数字经济迅速发展背景下，通过效益评估农业信息资源配置水平是当下数字乡村产业发展需要解决的重要问题。

目前，虽然从效益角度评估农业信息资源配置水平的文献较少，但已有研究多以"定性分析"为主，缺乏规范的定量分析方式。主要包括张向先（2007）对吉林省农业信息资源配置效益的探讨以及王懿（2013）对重庆市农业信息配置效益的估算。综合来看，现有研究的确为农业信息资源配置效益评估提供了重要的理论依据和方法参鉴，但仍存在一些空白需要进一步探讨。一方面，需要从时间与空间双重视角下考究不同区域（除省市划分外，还包括"一带一路等特定区域"）农业信息资源配置水平的演变规律，全局把握农业信息配置的时空特征；另一方面，在效益评估基础上进一步探究农业信息资源配置的聚敛分布，预测其配置水平未来演化的空间布局。基于此，本文主要从效益视角下对农业信息资源配置水平测度，同时利用效益估值分析其配置水平演进的时空特征与聚敛分布，从而全面掌握时下我国农业信息资源配置的区域格局。

二、指标选取与评估模型

（一）农业信息资源配置水平评价指标

根据农业信息资源配置理论，农业信息资源配置不仅包含信息内容本身，还涉及信息技术基建设施（例如：计算机拥有量等）、设备、人员与资本等要素。如果缺失信息基础设施，信息内容则缺失传播载体，既无法创造信息价值，也无法满足消费者需求。所以，配置载体与内容主体是农业信息资源配置的核心成分。张向先（2007）基于综合评价理论与信息传播理论，归纳出农业信息资源配置效益应包括社会效益与经济效益两部分。经济效益强调农业信息资源利用的经济性：较少的要素投入，较多的成果产出；而社会效益则注重资源利用过程中的公平性。只有综合评估才能全面反映农业信息资源配置的效益水平。同样，王懿（2013）根据指标判定的系统性、可比性与实用性等原则，从农业信息资源基础与应用效率等4个二级指标层面选取符合重庆市农业信息资源配置现状的若干指标。从本质上而言，对农业信息资源配置效益的评价则是对农业信息资源的信息能力与利用效率的评价。其中，农业信息资源信息能力能够反映信息资源运用的社会效益；而利用效益则可以表示农业信息资源利用的经济效益。通常来说，信息资源信息能力涵盖基础设施与外部环境；信息利用效益涉及信息消费与网站建设等（袁野，2016）。

然而，前人对农业信息资源配置水平评估指标的选取多以"主观评判+定性分析"为主，缺乏"客观数据+定量分析"的佐证。此外，现有指标体系常依托于特定区域，导致某些判定指标具有较大的地域限制，并不适合我国其他区域农业信息资源配置水平的评估分析。基于此，考虑到指标选择的可实性、可比性等原则，从配置基础设施、配置外部环境、信息利用效果等多个层面选择农村每百户居民拥有的计算机、移动电话和彩色电视机、农村居民通信类消费指数、各地农村宽带普及率和农业网站总量等6个变量作为衡量农业信息资源配置水平的社会效益与经济效益的具体指标，进而系统评估全国不同区域

（省市）农业信息资源配置的真实水平。另外，考虑到信息类数据统计可得性，为了保证数据运算的平稳性，最终确定样本考察期间为2011—2018年。具体分析框架如下所示：

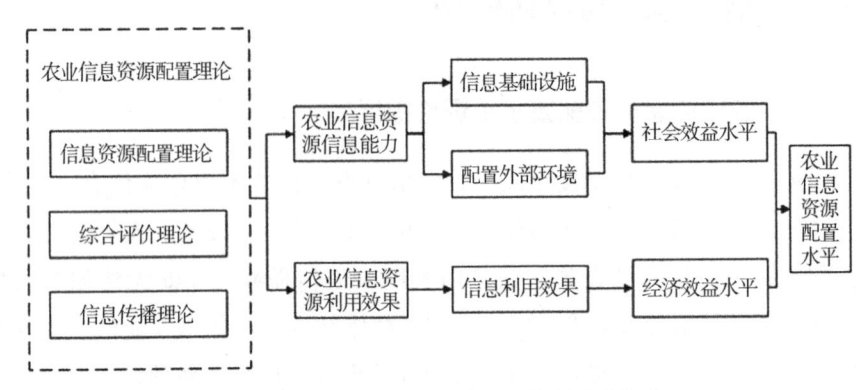

图1 农业信息资源配置水平评估的分析框架

如图1为农业信息资源配置水平指标选取的分析框架，遵循数据可得性、可比性的实用原则，同时考虑以客观数据为判定基准，本文归纳总结一套相对便捷且满足各地农业信息资源配置现实的评估指标体系：包括3个二级指标及6个三级指标等。具体指标及计算详见表1。

表1 农业信息资源配置水平评价指标体系

一级指标	二级指标	三级指标	指标解释及计算
农业信息资源配置效益	A 信息基础设施	A_1 农村每百户计算机拥有量（台/百户）	统计数据
		A_2 农村每百户移动电话拥有量（部/百户）	统计数据
		A_3 农村每百户彩色电视机拥有量（台/百户）	统计数据
	B 配置外部环境	B_1 农村宽带普及率（%）	统计数据
	C 信息利用效果	C_1 农村居民通信类消费指数（%）	农村居民通信类消费支出/农村居民生活消费总支出
		C_2 农业网站总量（个）	网站总量×（农业产值/GDP）

注：指标变量数据均来源于2012—2019年《中国统计年鉴》、各地统计年鉴、前瞻数据库、布瑞克农业数据库以及艾媒数据中心等数据库。

（二）模型与数据

1. 研究模型

（1）熵值法

从效益视角评估农业信息资源配置水平的方法多以层次分析法（AHP）为主，侧重于"主观打分"的定性评价方式。从评估方法来看，"主观感受+客观数据"的确可以通过权重赋比了解农业信息资源配置的真实水平，但上述方法也存在一定弊端：AHP方法更加适合于特定区域内农业信息资源配置水平评估。一旦涉及不同区域，主观感受的赋权对最终估值的影响误差会被扩大。因为不同地区的风土文化会影响当地人或外地人对同一事物的判定标准（David，2017），纳入主观评价指标可能会误判不同区域农业信息资源配置的真实水平。AHP方法虽然可以测算不同指标的权重，但缺少主观指标与客观指标之间权重分配的科学依据，由此可能会导致高估主观指标、低估客观指标或高估客观指标、低估主观指标的现象，从而造成区域农业信息资源配置效益评估的偏误性。因此，考虑到AHP评估的局限性，本文对农业信息资源配置效益水平评估数据及方法的选择更加偏向于客观的估值模型。

基于此，本文选择熵值法对表1中指标进行评估测算。熵值法可以根据原始数据的变异程度确定指标权重从而具备可以规避人为主观评价的优良特征（韩海彬等，2015），最大可能保留原始指标的数字信息。首先对原始数据标准化，剔除单位量纲的影响；其次利用熵值法对评估指标赋权；最后根据各指标权重加总原始数据计算不同区域农业信息资源配置效益估值。具体公式（李创新等，2011；韩海彬等，2015）如下所示：

设有I个地区，J项农业信息资源配置水平评估指标，则指标原始数据矩阵为 $X = (x_{ij})_{I \times J}$，其中，$i = 1, 2, 3 \cdots I$，$j = 1, 2, 3 \cdots J$。为消除量纲差异，对各指标原始数据进行标准化，标准化后的值为 Y_{ij}，即：

$$Y_{ij} = \frac{x_{ij} - \min(x_i)}{\max(x_i) - \min(x_i)} \tag{1}$$

将各指标同度量化，计算第J项指标下第I个地区指标数值的比重 p_{ij}：

$$p_{ij} = Y_{ij} / \sum_{i=1}^{I} Y_{ij} \tag{2}$$

根据（2）式可以实现对已构造的判断 $X = (x_{ij})_{I \times J}$ 按照公式 $p_{ij} = Y_{ij} / \sum_{i=1}^{I} Y_{ij}$ 进行归一化处理，得到标准化矩阵 $P = (p_{ij})_{I \times J}$。如果 $p_{ij} = 0$，则定义 $\lim_{p_{ij} \to 0} p_{ij} \ln p_{ij} = 0$。

计算第 J 项指标的熵值 E_j：

$$E_j = -\ln(I)^{-1} \sum_{i=1}^{I} p_{ij} \ln p_{ij} \tag{3}$$

此时（3）式中，∵ $I>0$，ln 为自然对数，$e_{ij} \geq 0$，∴ $0 \leq E_j \leq 1$。

根据（3）式中信息熵 E_{ij}，求解第 J 项指标的差异性系数 D_j：

$$D_j = 1 - E_j \tag{4}$$

式中 D_j 越大越能够说明该指标的重要性。

进一步确定第 J 项指标的信息权重 λ_j：

$$\lambda_j = D_j / \sum_{j=1}^{J} D_j \tag{5}$$

由（5）式得到各项指标较为客观、合理的权重系数向量 $\{\lambda_1, \lambda_2, \cdots\cdots \lambda_J\}$。结合公式（5）与公式（6）计算第 i 个地区的农业信息资源配置效益估值，即：

$$Z_i = \sum_{i=1}^{I} X_{ij} \times \lambda_j \tag{6}$$

（2）Kernel 密度估计

从整体层面窥探考察期间全国不同区域农业信息资源配置水平演化的动态规律，在熵值法估值基础上利用核密度非参数估计（Kernel 估计）对农业信息资源配置水平的动态演进进行模拟分析。根据贾铖等（2021）对核密度估计的定义描述：Kernel 是一种利用函数（例如：高斯函数）公式对经济分布运动进行数值分析的统计方法。结合 Fulvio（2008）提出的基于线性扩散过程中新的自适应核密度估计，能够从原始数据本身考察农业信息资源配置水平波动的时空特征，可以客观反映区域农业信息资源配置水平变化的具体实况。基于此，核密度函数估计公式如下：

假设不同区域农业信息资源配置水平（效益）估值为 X_i，其密度函数为 $f(x)$，那么在点 x 的概率密度为：

$$\hat{f}(x) = \frac{1}{nh} \sum_{i=1}^{n} k\left(\frac{X_i - x}{h}\right) \tag{7}$$

上式中，n 为地区总数，$k(\cdot)$ 为核函数，h 为平滑参数或带宽。带宽的确定比函数本身更为重要。而且对于农业信息资源配置水平的整体演化趋势而言，带宽越大，核估计方差越小，其曲线越为光滑，但带宽选择必须要在核密度估计和方差之间进行权衡，从而保证均方误差最小（安康等，2012）。因此，考虑到样本总量较少、时间跨度较短（2011—2018 年）。本文参考 Silverman 所设定的带宽公式 $h_t = 0.9 \times Se_t \times N_t^{-1/5}$，其中，$Se_t$ 是当期随机变量 X_i 的标准差，N_t 为当期样本数。

（3）马尔科夫链转移概率矩阵

虽然核密度估计能够较好地刻画区域农业信息资源配置效益波动的整体特征，但很难直观分析农业信息资源配置水平在不同区域间转移方向以及未来聚敛的演化规律。利用 Kernel 估计可能会局限于考察期间的短期比较，缺乏长期预判。因此，本文采用马尔可夫链转移概率矩阵补充对区域农业信息资源配置水平分布的内部流动性与稳定分布的探究。

马尔可夫链基本理论假设是随机变量 X_i 在某个时期 t 处于状态 g 的概率只由 X_i 在相对应的时期 $t-1$ 的状态所决定，而与其他时期变量没有任何关系。即：

$$P\{X(t) = g \mid X(t-1) = i, X(t-2) = i_{t-2}, \cdots, \\ X(0) = i_0\} = P\{X(t) = g \mid X(t-1) = i\} \tag{8}$$

上式中，X_i 从 t 期到时期 $t+1$ 的过程中，其状态可能发生改变，其变化概率可由 p_{ig} 表示，即：

$$p_{ig} = \frac{z_{ig}}{z_i} \tag{9}$$

上式（9）中概率 p_{ig} 将通过转移状态出现的次数占状态 g 出现次数的比值表示。一般而言，初始概率的大小是由初始状态划分所决定。通过对不同时期转移概率矩阵分析，构造状态转移概率矩阵 P_t。假设各种初始状态分布为 M_0，那么 t 时期最终状态分布 M_t 可以表示为：

$$M_t = P_t M_0 \tag{10}$$

通过稳态分布可以预测不同区域农业信息资源配置水平能否在未来实现聚敛的演进特征。如果 M_t 的概率为 1，那么便可认为不同区域农业信息资源配置效益聚集于最高水平阶段；而如果平稳分布集中于两点或分散发布，则说明未来区域之间的发展差距仍然存在，即便时间趋于无限时，不同经济体的农业信息资源配置水平差异也无法消除（董亚娟等，2009）。

2. 样本数据选择

基于前文指标变量与数值模型，共同探讨农业信息资源配置水平的时空、聚敛特征。但由于农业信息资源等方面的统计数据跨期较短，部分省市涉及评估指标的数据尚未统计，例如考察期间该指标的大量缺失严重影响对湖南省农业信息资源配置效益的评价效果。不过，由于本文着重从区域层面分析农业信息资源配置水平的演进规律，原始数据缺失的省市可能会在一定程度上影响农业信息资源配置内部流动与聚敛分布的真实水平。鉴于上述考虑，最终剔除指标数据缺失的省市：西藏、云南、贵州以及湖南等4个省市，着重探讨含27个观测省市（不包括香港、澳门与台湾）农业信息资源配置水平的变化规律；同时，将样本考察期间设定为2011—2018年。另外，因为涉及不同区域农业信息资源配置水平的对比分析，进一步采纳国家统计局对全国地区的划分依据将其分为东部地区、中部地区与西部地区。其中，东部地区包括：北京、天津、河北、上海、江苏、浙江、福建、山东、广东与海南等10个省市；中部地区包含：山西、安徽、江西、河南与湖北等5个省；西部地区涉及：内蒙古、广西、重庆、四川、陕西、甘肃、青海、宁夏、新疆、辽宁、吉林与黑龙江等12个省区市。

除此之外，本文进一步参考《中国信息年鉴》对特定区域的划分方式，将27个观测省市再次分为一带一路地区与原连片特困地区。其中，一带一路地区包括：上海、广东、浙江、福建、辽宁、内蒙古、海南、重庆、陕西、吉林、黑龙江、广西、青海、宁夏、新疆、甘肃等16个重点省市；而原连片特困地区则包含陕西、甘肃、青海、宁夏、河南、湖北、重庆、四川、广西、内蒙古、吉林、黑龙江、河北、山西、安徽、江西、新疆等17个重点省市。

三、实证结果分析

（一）农业信息资源配置水平估值

基于获取的原始数据，参考公式（1）—（6）计算2011—2018年间全国

27个观测省市农业信息资源配置水平。估值结果详见表2。

表2 2011—2018年农业信息资源配置水平估值

年份	2011	2012	2013	2014	2015	2016	2017	2018	历年均值
北京	0.708	0.681	0.521	0.539	0.617	0.606	0.582	0.618	0.609
天津	0.250	0.193	0.324	0.251	0.346	0.232	0.329	0.205	0.266
河北	0.264	0.263	0.390	0.432	0.482	0.423	0.472	0.371	0.387
上海	0.560	0.464	0.557	0.434	0.419	0.361	0.415	0.423	0.454
江苏	0.487	0.519	0.539	0.572	0.623	0.611	0.657	0.609	0.577
浙江	0.735	0.615	0.549	0.536	0.698	0.651	0.698	0.682	0.646
福建	0.535	0.594	0.412	0.528	0.466	0.494	0.422	0.490	0.493
山东	0.385	0.337	0.286	0.336	0.494	0.389	0.447	0.357	0.379
广东	0.615	0.653	0.520	0.584	0.519	0.600	0.498	0.630	0.577
海南	0.145	0.162	0.178	0.230	0.188	0.237	0.236	0.326	0.213
东部均值	0.468	0.448	0.428	0.444	0.485	0.460	0.476	0.471	0.460
山西	0.203	0.246	0.161	0.157	0.215	0.209	0.204	0.200	0.199
安徽	0.234	0.230	0.200	0.219	0.289	0.304	0.314	0.417	0.276
江西	0.198	0.230	0.226	0.247	0.263	0.276	0.267	0.356	0.258
河南	0.374	0.395	0.397	0.447	0.480	0.519	0.508	0.589	0.464
湖北	0.292	0.287	0.245	0.260	0.345	0.326	0.308	0.450	0.314
中部均值	0.260	0.278	0.246	0.266	0.318	0.327	0.320	0.402	0.302
内蒙古	0.249	0.281	0.251	0.279	0.309	0.237	0.284	0.266	0.270
广西	0.213	0.197	0.227	0.249	0.242	0.278	0.323	0.425	0.269
重庆	0.159	0.179	0.124	0.381	0.159	0.204	0.209	0.287	0.213
四川	0.269	0.252	0.284	0.313	0.366	0.439	0.467	0.548	0.367
陕西	0.271	0.280	0.227	0.228	0.229	0.275	0.280	0.294	0.260
甘肃	0.156	0.166	0.191	0.214	0.210	0.278	0.219	0.363	0.225
青海	0.151	0.207	0.266	0.316	0.276	0.249	0.246	0.282	0.249
宁夏	0.240	0.275	0.277	0.281	0.278	0.287	0.312	0.351	0.288

续表

年份	2011	2012	2013	2014	2015	2016	2017	2018	历年均值
新疆	0.180	0.188	0.173	0.189	0.192	0.174	0.227	0.160	0.185
辽宁	0.235	0.265	0.237	0.294	0.394	0.378	0.374	0.305	0.310
吉林	0.303	0.320	0.285	0.259	0.330	0.245	0.258	0.289	0.286
黑龙江	0.262	0.251	0.228	0.260	0.309	0.277	0.336	0.311	0.279
西部均值	0.224	0.238	0.231	0.272	0.275	0.277	0.295	0.323	0.267

注：表中数据通过本文计算所得。

根据表2所估算的农业信息资源配置水平，进一步将全国划分为不同区域，从而便于区域间对比分析，具体区划分别为：东、中、西部地区，一带一路地区与原连片特困地区等三类区域。详见表3与图2、图3。分析如下：

表3 不同区域农业信息资源配置水平对比

年份	2011	2012	2013	2014	2015	2016	2017	2018	历年均值
东部地区	0.468	0.448	0.428	0.444	0.485	0.460	0.476	0.471	0.460
中部地区	0.260	0.278	0.246	0.266	0.318	0.327	0.320	0.402	0.302
西部地区	0.224	0.238	0.231	0.272	0.275	0.277	0.295	0.323	0.267
全国均值	0.321	0.323	0.307	0.335	0.361	0.354	0.366	0.393	0.345
全国	0.321	0.323	0.307	0.335	0.361	0.354	0.366	0.393	0.345
一带一路地区	0.313	0.319	0.294	0.329	0.326	0.327	0.334	0.368	0.326
相对差距	0.026	0.014	0.041	0.017	0.096	0.077	0.089	0.064	0.053
全国增速（%）	—	0.651	-5.196	9.158	7.800	-1.829	3.476	7.164	3.032
一带一路地区增速（%）	—	1.796	-7.773	11.904	-0.808	0.153	2.125	10.204	2.514
全国	0.321	0.323	0.307	0.335	0.361	0.354	0.366	0.393	0.345
原连片特困地区	0.236	0.250	0.244	0.278	0.293	0.294	0.308	0.350	0.282
相对差距	0.264	0.228	0.203	0.168	0.189	0.169	0.160	0.108	0.186
全国增速（%）	—	0.651	-5.196	9.158	7.800	-1.829	3.476	7.164	3.032
原连片特困地区增速（%）	—	5.644	-2.239	13.958	5.167	0.543	4.640	13.813	5.932

注：表中数据通过本文计算、整理所得。

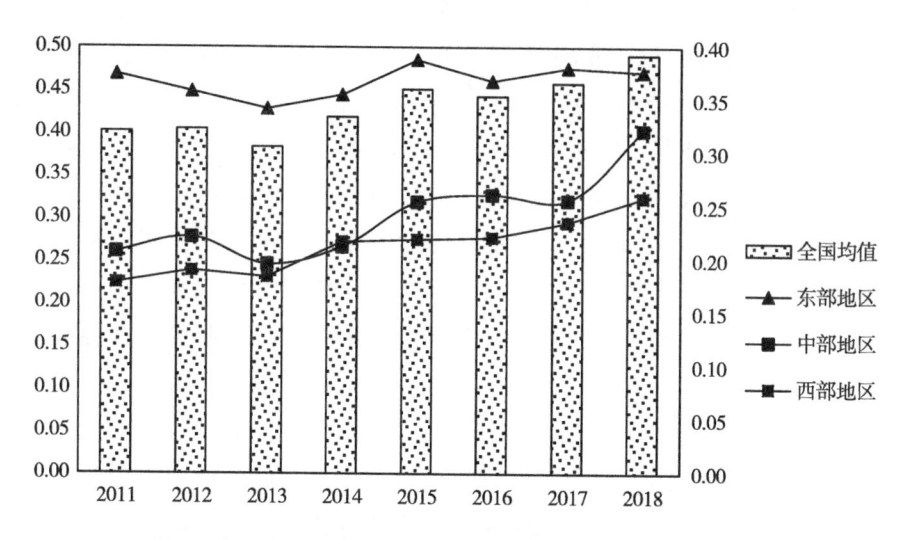

图2 东、中、西部地区农业信息资源配置水平的时空特征

注：左纵轴表示东、中、西部地区农业信息资源配置水平；右纵轴表示农业信息资源配置水平的全国均值。

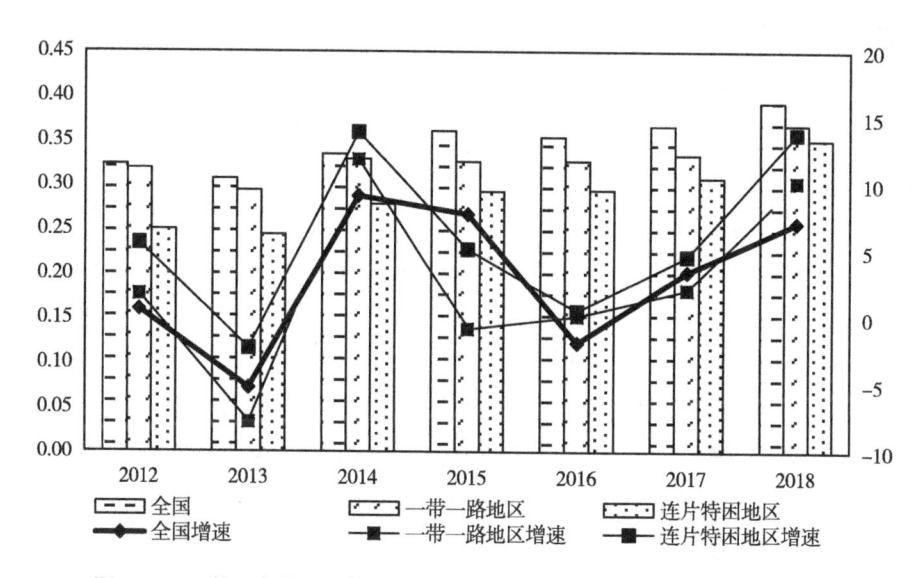

图3 "一带一路地区"与"原连片特困地区"农业信息资源配置水平对比

注：左纵轴表示全国、一带一路地区、原连片特困地区农业信息资源配置水平；右纵轴表示全国、一带一路地区、原连片特困地区农业信息资源配置水平的增长速率（%）。

首先，观察表2，东部地区（0.460）农业信息资源配置水平最高，中部地区（0.302）次之，西部地区（0.267）最低。在东部地区，浙江省（0.646）农业信息资源配置水平最高；中部地区河南省（0.464）配置水平最高；而在西部地区，四川省（0.367）则名列前茅，高于西部12省区市平均配置水平（0.267）。在表3中，东部（0.460）农业信息资源配置水平高于全国平均水平（0.345）；而中西部地区均低于全国平均水平。从全国农业信息资源配置水平波动的规律来看，虽然考察期间其配置水平上下浮动，但整体呈递增趋势。而从时间趋势上考察东中西部地区农业信息资源配置的发展规律。不难看出，2011—2018年间，东部地区农业信息资源配置水平波动幅度不大，较为稳定，但总体有下降态势；中西部地区同全国变化规律一样，部分年份虽然出现"上下增降"的动态变化，但长期来看，存在明显的上升态势。以东、中、西部地区现有的波动特征，可以推测，相比较中、西部地区，东部地区农业信息资源配置过程中可能面临投入资源冗余的窘境。换言之，东部10省市农业信息资源投入可能比中西部地区配置更多，但却无法带来对等且与之匹配的效益提升。这一问题可反映出东部地区农业信息资源配置可能存在错配。

其次，结合表3与图3可以看出，一带一路地区农业信息资源配置水平高于原连片特困地区。其中，一带一路地区比全国农业信息资源平均配置水平低0.053；而比原连片特困地区高0.044。上述图表中，一带一路地区与原连片特困地区农业信息资源配置水平整体逐年提升，农业信息技术等资源投入带带来一定的经济效益；但由于两大区域自身经济禀赋的差异，贫困区农业信息化的发展水平明显弱于一带一路地区。

最后，《2015年中国信息年鉴》基于"信息社会指数（ISI）"对信息社会发展阶段进行了划分。具体划分依据为信息技术在经济、社会、民生等领域的应用差异。理论上来说，伴随信息技术不断深化与积累必然会引发信息社会从量变到质变的转化；但仅仅推动信息技术与产业的融合发展，并不一定意味着信息社会的到来。对农业而言，信息技术普及的确改变了农业经济的发展局面，但或许只有当农业信息化促进农村社会产业转型的根本转变，才能标志着农村信息社会的到来。因此，无论对城市还是农村来说，从农业社会到工业社会再向信息社会的转型必然是一个长期且动态的渐进过程。基于此，本文参考信息社会发展水平的高低程度将农业信息社会（Agricultural Information Society Index，简称 AISI）过程分为两大阶段：即农业信息社会的准备阶段（0<AISI<0.6）与农业信息社会的发展阶段（0.6≤AISI<1）。划分标准详见表4。

表4 农业信息社会发展水平划分的阶段（ISI）

发展阶段	准备阶段		发展阶段		
	起步期	转型期	初级阶段	中级阶段	高级阶段
农业信息社会指数（AISI）	0.3以下	0.3—0.6	0.6—0.8	0.8—0.9	0.9以上
基本特征	农业信息技术初步应用	农业信息技术应用扩散加速，实效开始展现	农业信息技术影响逐步加深	经济、社会各领域都发生了深刻变化	基本实现包容的社会
存在问题	基建不足	区域发展不平衡	互通互联问题	包容性问题	技术突破与创新应用
发展策略	完善农业信息技术基础建设	加快调整与改革，逐步消除发展不利因素，进一步提高农户信息素质	加快农业信息社会体制机制的完善	关注农业信息配置弱势群体，实施普遍服务	鼓励创新

注：表4借鉴《2015中国信息统计年鉴》——中国信息社会测评报告篇。

有鉴于此，本文将计算后的区域农业信息资源配置水平估值（RAI）作为农业信息社会指数（AISI），并对其进行划分。对农业信息资源配置而言，信息技术与农业产业融合初期，庞大的信息体量迅速应用到农村生活的各个领域，尤其是农产品生产过程中，但尚未普及与深化拓展。随着信息技术与平台终端的便捷化发展，不同农业新型经营主体对农业信息资源利用的方式逐步趋于精细化。此时，农业信息资源配置水平从准备阶段迈入发展阶段，从而进入农业信息社会的新历程。所以，本章根据估值重在考察区域农业信息资源配置水平的准备期（0<RAIA<0.6）与发展期（0.6<RAIA<1）。具体如见表5。

表5 区域农业信息资源配置水平的层次分布

农业信息资源配置水平发展阶段	准备期		发展期		
	起步阶段(%) 0<AIAP<0.3	转型阶段(%) 0.3≤AIAP<0.6	初级阶段(%) 0.6≤AIAP<0.8	中级阶段(%) 0.8≤AIAP<0.9	高级阶段(%) 0.9≤AIAP<1
2011	66.67	22.22	11.11	0	0
2012	66.67	22.22	11.11	0	0
2013	66.67	33.33	0	0	0
2014	55.56	44.44	0	0	0
2015	40.74	48.15	11.11	0	0
2016	51.85	33.33	14.81	0	0
2017	37.04	55.56	7.41	0	0
2018	29.63	55.56	14.81	0	0

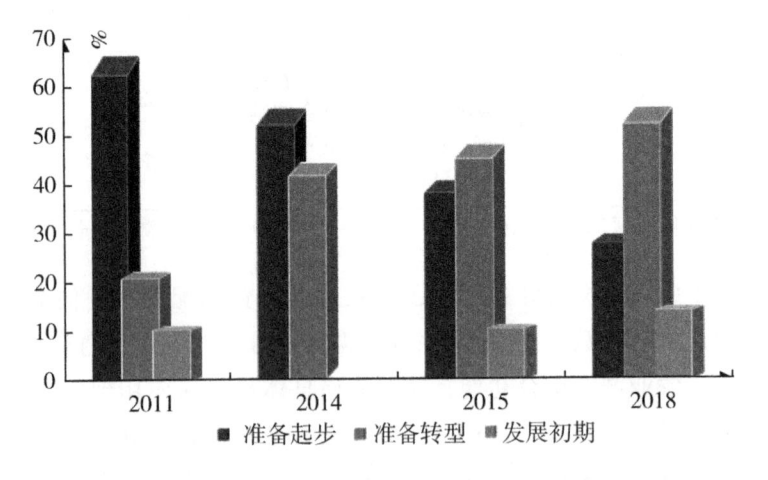

注：表中数据通过本文计算汇总所得。

图4 主要年份全国农业信息资源配置水平分布阶段的波动特征

注：图4纵轴表示不同阶段内的省市占全国省市总量的百分比；图例中发展阶段的划分：0<RAI<0.3；0.3≤RAI<0.6；0.6≤RAI<0.8。

2011年，全国67%的区域农业信息资源配置水平处于起步阶段，说明此时大部分区域农业信息技术等资源开始应用于农村产业发展环节中，但尚未普及与深化；22%的区域处于准备期内的转型阶段；近似11%的区域其配置水平跨过准备期迈入了发展期内的初级阶段。整体来看，考察初期，我国农业信息资源配置水平较低。换言之，当前阶段，全国农业信息化水平也同样处于较低层次：农业信息资源投入不足，具有较大的提升空间。而后，随着农业信息技术的逐渐扩散，以2014年为例，结合图4后发现，准备期内的起步阶段与发展期内的初级阶段同时向准备期内的转型阶段收敛。准备期内的农业资源低配置水平向较高配置水平转移易于理解，但高配置水平回落到低配置水平却与预测相反。究其背后缘由，本文推断，农业信息资源的投入可以在初期实现规模报酬递增的效果；但伴随信息资源不断增加，当地政府可能缺乏进一步利用资源的政策规划，导致投入资源存在较大的冗余堆积。无论是传统经济要素，或者是信息等现代经济要素都会对地区有限空间造成冲击影响，从而阻碍同一资源在不同区域间的流转、配置，间接抑制农业信息资源配置水平的提升。不过整体上，2014年准备期内的农业信息资源配置水平仍处于上升阶段。

2015年，"互联网+"政策的发布使农业信息资源流向有了明确的政策指引，从而疏通了发展前期资源冗余的障碍。此时，资本、劳动力等传统经济要素在信息内容的引导下，合理配置并将其运用到农村社会领域中，实现了数字化与信息化的普及阶段。时间推移到2018年，准备期内起步阶段所包含的省市总量从2015年的40.75%下降到2018年的29.63%；转型阶段与发展期内的初级阶段分别上升到55.56%、14.81%。上述波动幅度说明2015—2018年是我国农业信息资源配置效益急剧增加的"新兴时代。这个时间段内，农业信息资源配置带动信息社会进步逐步凸显成效。

结合2011—2014年与2015—2018年两阶段来看，当前我国27省区市农业信息资源配置水平均低于0.8的中级水平，主要位于"准备期内的起步阶段、转型阶段"与"发展期内的初级阶段"等三个阶段，说明全国不同区域间农业信息资源配置水平存在较大的上升空间，但距离农村信息社会的智能生活仍有漫长的道路需要前行。从农业信息资源配置水平的波动形态分析，2011—2014年，准备期内的起步阶段、发展期内的初级阶段的占比呈下降趋势；而准备期内的转型阶段占比逐年上升。进一步观察2015—2018年间，上述三种阶段各自占比的波动规律分别呈现"倒U形""N形"以及"U形"的曲线特征。由此可见，"上下涨跌波动"是当前农业信息资源配置水平变化的主要特质。

因此，综上所述，不同区域间农业信息资源配置水平差异显著。其中，东部地区高于中西部地区及全国平均水平，成为现阶段农业信息资源高聚集区，但波动规律却存在下降趋势，间接说明东部地区农业信息资源可能存在"错配"的现实问题。另外，一带一路地区农业信息资源配置水平高于原连片特困地区，不过其发展速率却低于特困区。2011—2018年间，全国农业信息资源配置程度低于发展期内中级阶段（≤0.8），尤其在2018年，55.56%的地区处在准备期的转型阶段内。直观说明，2011年发展伊始，大部分地区农业信息资源投入规模逐年增加，其经济产出达到相对较高的效益层次。这也间接验证了我国农业信息社会已然发展到了关键阶段。未来，农业信息技术的进一步普及、深化将会为"数字农业"的发展带来巨大的经济效益。基于此，本文再次利用核密度函数进一步刻画区域农业信息资源配置水平波动的时空特征，从而全面了解农业信息资源配置水平的演进规律。

（二）农业信息资源配置水平分布的 Kernel 密度估计

本文利用 Stata 软件采纳增长分布法，分别模拟我国东部、中部、西部、一带一路以及原连片特困地区在 2011—2018 年间农业信息资源配置水平估值的核密度曲线，具体如图5：

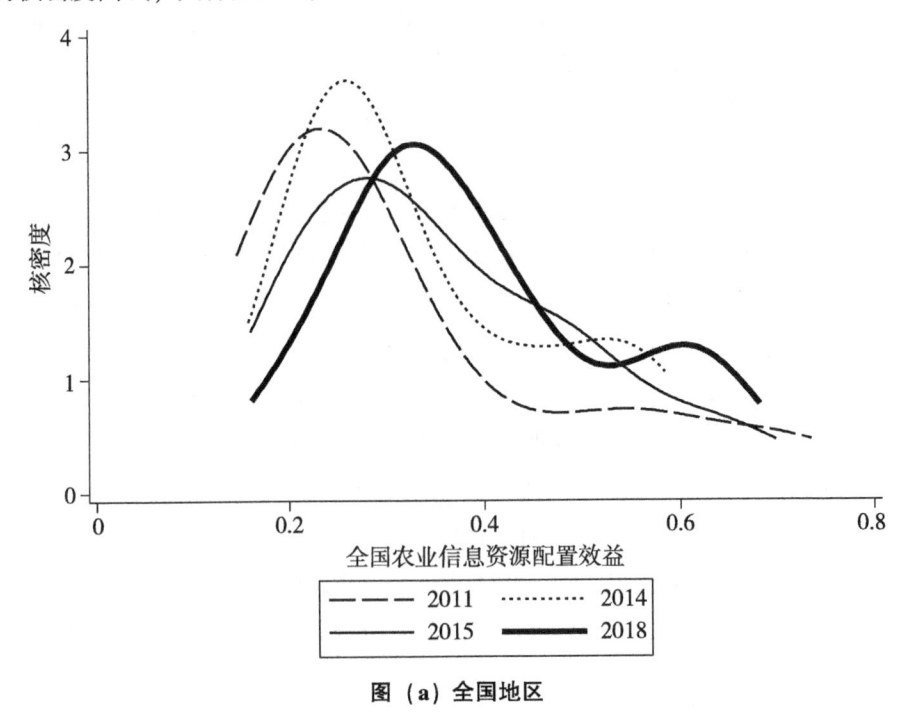

图 (a) 全国地区

图 (b) 东部地区

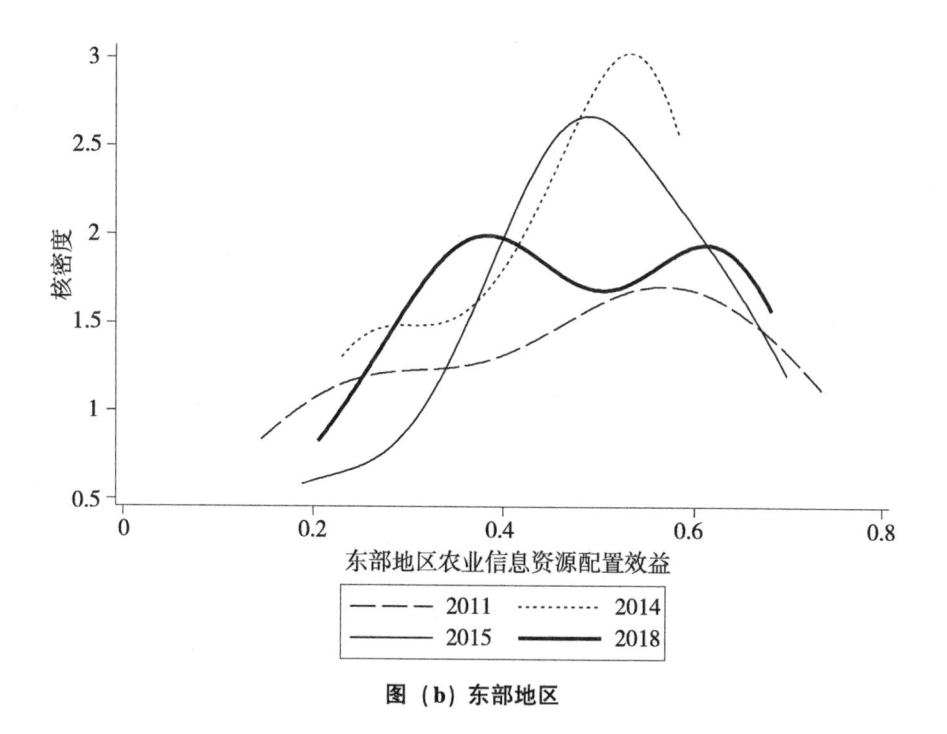

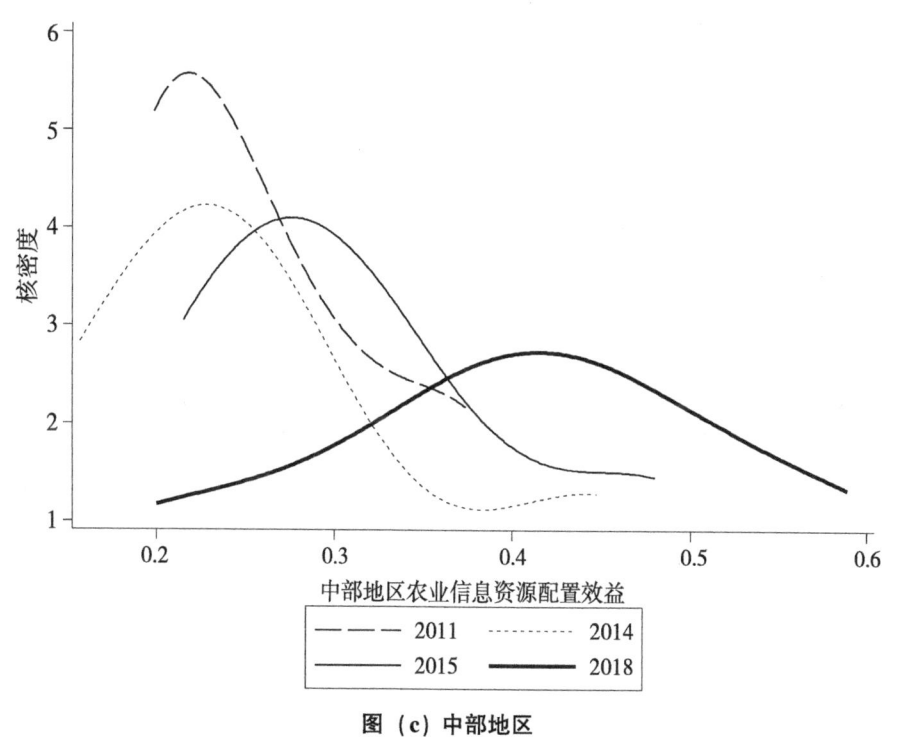

图 (c) 中部地区

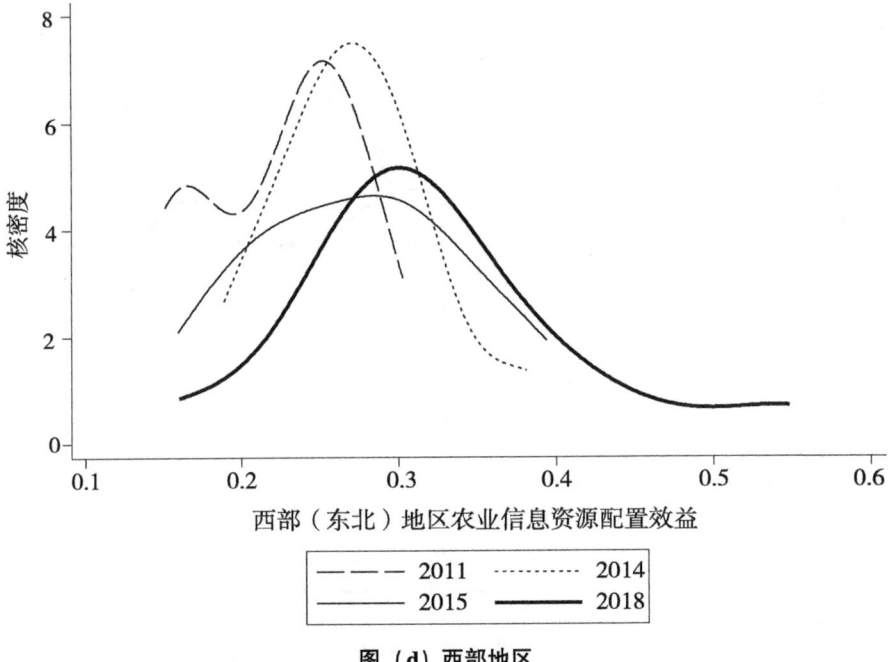

图 (d) 西部地区

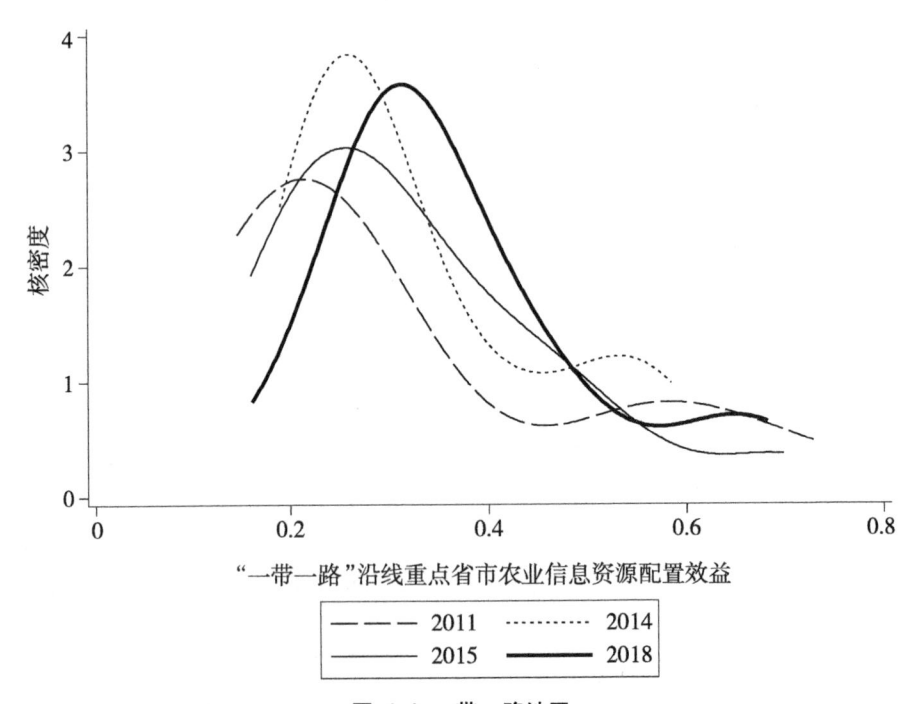

图 (e) 一带一路地区

图 (f) 原连片特困地区

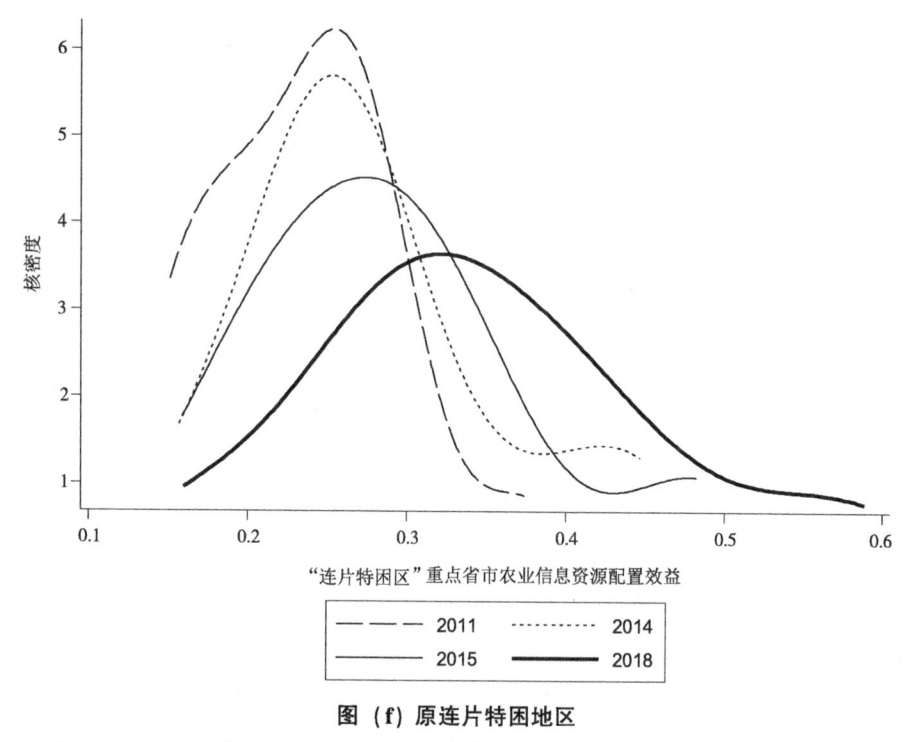

图 5　东中西、一带一路及原连片特困地区农业信息资源配置水平 Kernel 密度曲线

图 5 表示不同区域农业信息资源配置水平在 2011、2014、2015 以及 2018 年的核密度曲线。横轴表示农业信息资源配置水平估值，纵轴表示核密度。通过观察图 5（a）可知，全国农业信息资源配置水平向右移动，反映当前我国农业信息资源配置效益呈增长态势；不过核密度曲线由 2011 年的"单峰"分布向 2018 年的"双峰"分布转变，说明不同区域农业信息资源配置水平存在明显的空间差异，整体发展规律表现出"大聚集、小聚集"的发散特征。

同时，结合图 5（b）—(f)，横向对比不同区域农业信息资源配置的演进特征：2018 年东部地区相较于 2011 年整体向左移动，说明考察期内东部地区农业信息资源配置水平有所下降，并经历了"双峰—单峰—双峰"的峰形转变，表明该区域农业信息资源配置水平逐步由收敛向发散变动，导致空间差异明显增大。然而从理论上分析，东部地区农村经济发展水平相对较高，信息资源投入较为充足，反而频频出现效益下降的趋势，由此说明该地区农业信息资源投入过程中可能存在配置不合理、利用效率低的隐患问题。另外，中部、西部、一带一路以及原连片特困地区的核密度曲线均呈现向右移动的走势,再次验证了上述区域农业信息资源配置水平上升的真实状况。而且,与东部地区不同的是,中部、西部、一带一路以及原连片特困地区四大区域从"双峰"密度分布逐步向"单峰"密度分布演进。"双峰"模式则意味着该地区农业信息资源配置水平面临着极不协调的问题;同时,波峰密度的下降也说明农业信息资源配置水平的集中程度在逐年回落,同一地区内不同省市水平差异呈扩大趋势(许治等,2016)。而单峰分布则说明四大区域内部存在向农业信息资源中等配置水平"收敛"的演进规律。按照农业信息社会的进步阶段(表4),即:向准备期内的转型阶段收敛。这与表5以及图5展示的结果基本一致。针对区域差异扩大的背后缘由,本文推测可能与下列原因相关:一是不同区域容纳的经济资源差异;二是政府政策落实效率差异。由此直接或间接导致了我国不同区域农业信息资源配置水平的空间差异。

从上述分析中,全国不同区域农业信息资源配置水平在2011—2018年间逐年分散,那么,这能否说明未来区域农业信息资源配置水平并不一定存在收敛的可能性?因为,只有存在收敛的演进趋势才能缩小区域间的发展差异。但仅仅利用Kernel密度函数无法察觉出上述规律。而当区域间农业信息资源配置水平差距增加速度小于自身农业信息资源配置水平的增加速度时,理论上还是有可能趋于收敛的。为此,本文进一步利用马尔可夫转移链来探究农业信息资源配置水平在不同区域、不同层次之间流动的可能性及其未来稳态分布的可能性。

(三)农业信息资源配置水平演进的马尔可夫链分析

本文进一步参照Quah的马尔可夫链理论框架,将2011年作为基准分组年份,根据相对农业信息资源配置水平估值的大小,依次将全国、一带一路地区、原连片特困地区划分为4组,用L_1、L_2、L_3、L_4来表示农业信息资源配置水平的4种状态水平(许治等,2016)。通过适当地分组确保2011年基期内的每个分组能包含近似数目的观测值,即:每种状态占比25%左右(或20%—30%)。对相对水平指数进行分组后,可分别获知全国相对农业信息资源配置水平指数区间(0,0.6169]、(0.6169,0.7783]、(0.7783,0.9434]、(0.9434,+∞];"一带一路"地区农业信息资源配置水平指数区间(0,

0.5744]、(0.5744, 0.7965]、(0.7965, 0.9682]、(0.9682, +∞];以及"原连片特困地区"农业信息资源配置水平指数区间(0, 0.8383]、(0.8383, 1.0132]、(1.0132, 1.1390]、(1.1390, +∞]。同时,借助利用 Matlab 软件求解 2011—2018 年间不同区域农业信息配置水平的马尔可夫链平均转移概率矩阵(如表6)。

表6 区域农业信息资源配置水平的马尔可夫链平均转移概率矩阵

表(a)全国区域农业信息资源配置水平的马尔可夫链平均转移概率矩阵(%)

$t/t+1$	L_1	L_2	L_3	L_4	N
L_1	0.8060	0.1028	0.0181	0.0731	32
L_2	0.0618	0.8661	0.0507	0.0214	54
L_3	0.0019	0.0494	0.9310	0.0177	50
L_4	0	0	0	1	80

表(b)"一带一路地区"农业信息资源配置水平的马尔可夫链平均转移概率矩阵(%)

	L_1	L_2	L_3	L_4	
L_1	0.6762	0.1815	0.0803	0.0620	18
L_2	0.0652	0.8928	0.0268	0.0152	36
L_3	0.0026	0.0122	0.9421	0.0431	34
L_4	0.0041	0.0196	0.0361	0.9402	40

表(c)"原连片特困地区"农业信息资源配置水平的马尔可夫链平均转移概率矩阵(%)

	L_1	L_2	L_3	L_4	
L_1	0.9523	0.0357	0.0077	0.0043	42
L_2	0.0711	0.7727	0.0900	0.0662	40
L_3	0.0270	0.0752	0.8034	0.0944	23
L_4	0.0147	0.0392	0.0411	0.9050	31

注:表6中 N 表示 2011—2018 年间不同区域农业信息资源配置水平所处状态的省市统计总量;同时,小数点保留4位,因为有些概率估值较小,保留4位便于横向比较。

上表中不同区域农业信息资源配置水平的马尔可夫链平均转移概率矩阵,包含了当前区域农业信息资源配置结构演化的内部流动信息。具体分析如下:

首先,对全国而言,主对角线上较高的保留概率(≥80%)说明整体农业信息资源配置结构相对稳定。在 2011—2018 年间,处于第一梯队的地区保留当前农业信息资源配置水平的概率为80.6%,向第二、三、四梯队转移的平均概率分别为10.28%、1.81%、7.31%。而处于第二梯队的地区向第一梯队跌落的概率为6.18%,这也间接证实了表5中农业信息资源配置水平发展期内初级阶段中的确会存在一定概率由较高水平向较低水平转移的可能性。不过第二梯队向第四梯队转移的平均概率仅为2.14%,说明低水平向中等水平转移较为容易,但难以向更高水平跨越。一旦农业信息资源配置水平迈入第四梯队后便能保持相对稳定,较难发生水平下降的现象。

其次,结合"一带一路"与"原连片特困"地区,综合剖析两大区域内农业信息资源配置水平的流动概率。主对角线上平均保留概率较大,表明一带一路地区与原连片特困地区农业信息资源配置结构相对稳定,能够较好地维持当前水平。考察期间,一带一路地区处于第一梯队的地区向第二、三、四梯队转移的概率分别为18.15%、8.03%、6.20%;而特困地区第一梯队向上转移的概率分别为3.57%、0.77%、0.43%,两区域横向对比后发现,一带一路地区比特困地区更容易实现农业信息资源低配置水平向高水平转移的转换。据此,本文认为这可能与当地经济条件,甚至地理环境等因素有关。

因此,一带一路以及特困地区的农业信息资源配置水平仍有较好的上升空间。其中,位于第一梯队的地区易于实现向高梯队转移的事实;而高配置水平难以向较低配置水平转移。一旦进入最高水平后,农业信息资源配置结构便趋于稳定状态。同时,为进一步考究其配置演进的稳定分布。通过马尔可夫链稳态模型求解2011—2018年间农业信息资源配置水平的稳态分布矩阵。如表7所示:

表7 马尔可夫链下区域农业信息资源配置水平稳态分布矩阵

表(a) 马尔可夫链下全国农业信息资源配置水平稳态分布矩阵(%)

维度	L_1	L_2	L_3	L_4
初始状态	22.22	25.93	22.22	29.63
稳态分布	0.18	0.39	0.47	98.96

表(b) 马尔可夫链下"一带一路地区"农业信息资源配置水平稳态分布矩阵(%)

初始状态	31.25	25.	18.75	25
稳态分布	4.64	19.12	38.69	37.55

续表

表（a）马尔可夫链下全国农业信息资源配置水平稳态分布矩阵（%）			
表（c）马尔可夫链下"原连片特困地区"农业信息资源配置水平稳态分布矩阵（%）			
初始状态	29.41	23.53	23.53	23.53
稳态分布	41.10	16.17	14.84	27.88

表 7 是马尔可过程中稳态分布，表明区域农业信息资源配置水平的长期均衡状态仍分布于 4 种状态空间内。当极限趋于无穷时，不同配置水平的结构分布会稳定在某一种状态内，从而不再发生显著变化或者变化极其微小。观察表（a）、（b）、（c），将全国、一带一路以及原连片特困地区内农业信息资源配置水平分布的初始状态与最终状态对比后发现：首先，对全国而言，伴随时间推移，农业信息资源配置水平整体向第四梯队转移，占比上升 69.33%。第一、二、三梯队比例均减少，占比缩至 1.04%。换言之，全国层面内，区域农业信息资源配置水平最终会稳定在"高水平"层次。其次，一带一路地区、原连片特困地区农业信息资源配置效益稳态分布存在明显差异。与全国终态分布基本一致，一带一路地区农业信息资源配置水平在时间加持下逐步稳定于第三、四梯队，占比上升 32.47%，且第一、二梯队所占比例降至 23.76%。整体上仍满足低配置水平向高配置水平转移的正向收敛规律。然而对特困地区而言，农业信息资源配置水平最终稳定在第一、四梯队，出现明显的"两极分化"。本文推断，可能与原连片特困地区自身经济发展水平较低有关，然前期通过农业信息技术投入能够带来较快的增长收益；但长期来看，地区由于自身基础设施的配套差异，导致大部分地区资源投入可能存在"配置不足或配置过度"的错配现象，由此只有少数地区达到高水平阶段，即：第四梯队仅上升 4.35%；大部分地区仍旧处于第一梯队，占比提升至 41.10%。

因此，综合来看，全国与一带一路地区均可实现农业信息资源配置水平聚集的收敛趋势；而原连片特困地区却进一步表现出水平差距扩大的走势，最终无法实现地区间协调发展的稳定状态。

四、结论与对策

(一) 结论

本文在构建农业信息资源配置水平评价指标的基础上,利用熵权法测算我国 27 个观测省区市在 2011—2018 年间不同区域农业信息资源配置水平估值,并通过核密度函数以及马尔可夫链平均概率转移矩阵两种模型共同描述、分析样本在考察期间配置水平演进的时空特征及其最终稳态分布。结论如下:

(1) 全国不同区域农业信息资源配置水平差异显著。其中,东部地区高于中西部地区,成为当前我国农业信息资源高配置区域,但同时也可能存在"资源错配"的现实问题。此外,一带一路地区农业信息资源配置水平高于原连片特困地区,但其增长速率远低于特困地区。2011—2018 年间,虽然全国农业信息资源配置水平低于发展期内的中级阶段 (≤ 0.8),但大部分地区农业信息资源配置的经济效益与社会效益逐年提升,达到较高水平。这也直接证实了我国当前农业信息社会发展已然到了转型的关键时期。

(2) 核密度分布函数的动态波动说明,考察期间全国、一带一路地区以及原连片特困地区等农业信息资源配置水平整体向右移动,意味着其配置水平稳步提高。但其曲线波峰的下降说明农业信息资源配置水平存在明显的空间差异,尤其是"双峰趋同"的分布特征足以证明不同区域间农业信息资源配置水平差距呈扩大趋势。

(3) 基于马尔可夫链平均转移概率矩阵分析,全国范围内不同区域农业信息资源配置结构相对稳定,能够以较高概率保留当前农业信息资源配置水平。整体来说,位于第一梯队中地区的农业信息资源配置水平容易向第二、三、四梯队发生转移的同时,处于较低、较高水平的地区面临不同概率程度的减少。尤其对原连片特困地区而言,其低水平与高水平往往具有较强的"黏合性",位于上述区间内的地区往往会在其位置中保持相对稳定,而且较难出现低水平向高水平跨越式发展的现象。全国范围内及一带一路地区的最终稳态分布聚焦于第三、四梯队;而原连片特困地区最终稳定在第一、四梯队中,进而呈现"两级强化、中间弱化"的分布格局。

(二) 对策

空间农业资源配置水平差异增大的问题不仅存在于中、西部经济相对落后地区，同时也分布于在东部地区内部以及一带一路、原连片特困地区中。虽然农业信息资源配置水平整体呈上升的波动规律，但局部配置差异的发散趋势在潜移默化中影响着整个农业产业转型发展的效率与效益，这种差距或许又会再次加剧农业生产过程中的"信息鸿沟"，从而制约农业信息化的发展以及农业信息资源的有效开发。因此，如何提高农业信息资源配置水平，疏通农业信息资源存量冗余仍是当前农业信息资源配置相关领域中值得关注的重点问题。

（1）在农业信息技术投入端必须得到政府政策的大力支持。例如，增加对农业信息基础设施的投入、鼓励资本投资、劳动力流入、土地流转等；同时开发农业信息资源的应用 App，推动农业信息技术与农产品电商平台的"强强联合"。既发挥农业信息资源的技术功效，又能妥善解决农产品销售的"上行困境"。

（2）未来，在坚守高质量发展原则上，不同地区在追求农业信息资源高配置水平的过程中，更要关注农业信息资源投入冗余或投入不足的"错配"问题。同时，加强东部地区与中、西部地区信息交换效率，降低信息技术引进壁垒，优化农业信息资源与资本、劳动力等经济资源的配置比例，重视电商平台对农业信息资源利用的疏通功能，从而努力缩小区域农业信息资源分配的"空间差距"。

综上，在数字经济时代背景下，发挥农业信息资源配置是农业产业转型发展的"新兴利器"。在资本、劳动力以及土地等传统要素不断弱化的农业经济发展现实困境下，重视农业信息资源对乡村振兴的建设可以起到对传统要素与现代经济要素重组的二次分配效用，从而避免资源浪费投入冗余，提高农业经济产出效益，提升农产品电商发展水平、推动农业现代化、进一步提高农业生产效率和农民收入。

参考文献

[1] 张向先，张超云，靖继鹏. 帕累托法则在农业信息资源配置中的应用研究 [J]. 情报科学，2007（4）：534-537.

[2] 袁毅. 网络信息资源内容评价关键指标研究 [J]. 中国图书馆学报, 2005 (6): 54-57, 85.

[3] 韩海彬, 张莉. 农业信息化对农业全要素生产率增长的门槛效应分析 [J]. 中国农村经济, 2015 (8): 11-21.

[4] 何正保, 姚佐文. 我国农业信息资源配置效率分析 [J]. 沈阳农业大学学报 (社会科学版), 2018, 20 (1): 18-24.

[5] 贾铖, 夏春萍. 我国区域电子商务发展的动态演进与聚敛分析 [J]. 统计与决策, 2021, 37 (03): 85-89.

[10] 李创新, 马耀峰, 张颖, 等. 1993—2008 年区域入境旅游流优势度时空动态演进模式——基于改进熵值法的实证研究 [J]. 地理研究, 2012, 31 (2): 257-268.

[11] FULVIO C, DANIELE A. The technology clubs: The distribution of knowledge across nations [J]. Research Policy, 2008, 37 (10).

[12] 安康, 韩兆洲, 舒晓惠. 中国省域经济协调发展动态分布分析——基于核密度函数的分解 [J]. 经济问题探索, 2012 (1): 20-25.

[13] 董亚娟, 孙敬水. 区域经济收入分布的动态演进分析——以浙江省为例 [J]. 当代财经, 2009 (03): 25-30.

[14] 许治, 邓芹凌. 国家创新型城市创新能力的地区差异与收敛效应——基于技术成就指数的研究 [J]. 科学学与科学技术管理, 2013, 34 (1): 67-77.

[15] QUAH D. Galton's Fallacy and Tests of the Convergence Hypothesis [J]. Scandinavian Journal of Economics, 1993, 95 (4): 427-443.

[16] 孙振嘉, 张向先. 政府信息资源配置的评价体系研究 [J]. 辽宁大学学报 (哲学社会科学版), 2011, 39 (1): 119-124.

作者简介：时润哲, 河北省社会科学院农村经济研究所助理研究员, 博士; 贾铖, 山东农业大学经济管理学院讲师, 北京大学访问学者, 博士。

基金项目：河北省社科基金专题项目 (项目编号：HB23ZT068); 山东省社科青年项目 (项目编号：23DGLJ25)。

贵州易地扶贫搬迁后续扶持工作品牌化打造的调查与思考

陆光米

摘 要: 贵州作为全国易地扶贫搬迁人口最多且全部实行城镇化集中安置的省份,后续扶持工作极具复杂性和艰巨性。近年来贵州积极探索创新后续扶持体系并取得一定经验成效,但在基本公共服务、就业扶持工作、社区文化建设等方面还存在诸多困难和挑战,因此,本文基于微观调研视角就贵州易地扶贫搬迁后续扶持典型性问题展开调查,进一步思考贵州易地扶贫搬迁后续扶持工作的价值取向和品牌化打造的宏观构想,并在此基础上提出具体的对策建议。

关键词: 易地扶贫搬迁;后续扶持;品牌化打造;贵州

"十三五"时期贵州完成192万人易地扶贫搬迁任务,搬迁人口规模相当于冰岛全国人口的5倍多,约占全国搬迁人口的1/6,这就已经决定了贵州易地扶贫搬迁安置和后续扶持工作开展推进的艰巨性和复杂性。同时,贵州是全国唯一全部实行城镇化集中安置的省,192万人口从贫困农村搬迁至城镇,不仅仅是数字统计上的192万人口,而是192万个独立且具有自身价值观、生活观、社会观的个体"连根拔起"式的迁入城镇,这就意味着192万群众搬迁至城镇后,无论在"两不愁、三保障"的"硬件"上,还是公共服务、就业培训、文化建设及社区融入等"软件"上,都是必须关注并在后续帮扶上持续发力和加大投入的,这也决定了贵州易地扶贫搬迁后续扶持的重要性和迫切性。此外,贵州作为全国搬迁人口最多、率先完成搬迁任务和把工作重心转移至后续扶持上来的省份,在创新后续扶持体系、探索后续扶持路子并取得一定经验成效的基础上，如何将贵州的易地扶贫搬迁后续扶持的"贵州实践"做成"贵州品牌"，是我们需要思考和认真面对的问题。

一、贵州易地扶贫搬迁后续扶持典型性问题分析

（一）调研情况及研究视角说明

1. 调研情况说明

我们在肯定贵州易地扶贫搬迁后续扶持工作所实施的举措、取得的成效的同时，也清楚地认识到贵州易地扶贫搬迁后续扶持工作探索推进过程中，也存在一些问题亟待我们直面并解决，以很好地促进易地扶贫搬迁后续扶持工作的顺利开展和实施。有鉴于此，笔者先后到黔南州惠水县新民社区、贵定县福来家园、平塘县上梭安置区、黔东南州凯里市东出口安置点、上马石安置点、麻江后坝安置点进行随机访谈式调研。在访谈调研中发现问题的基础上设计调查问卷并在网上展开问卷调查，以期从微观主体视角透视易地扶贫搬迁后续扶持工作中搬迁群众最关心的问题、面临的难题等。

一是关于随机访谈地点选取的说明：选择惠水县新民社区是由于惠水县是我省最早开展易地扶贫搬迁生计保障和后续发展的试点地，探索出来的可复制可推广的搬迁脱贫和发展致富新模式在全省范围内推广；选择贵定县福来社区是因为其他课题到贵定调研时一起展开的调研；选择平塘县上梭安置区是由于老家在平塘，利用节假日回家的间隙进行访谈调研；选择凯里市东出口安置点、上马石安置点、麻江后坝安置点是因为2019年全国易地扶贫搬迁后续扶持工作现场会在我省黔东南州召开。二是关于调研问卷的说明：报告中提到的"问卷调查"是指"贵州省易地扶贫搬迁工作问卷调查"相关数据，本问卷是在访谈调研发现问题的基础上，有针对性地设计问卷，问卷调查范围是贵州省易地扶贫搬迁群众，调查方式为随机抽样调查，问卷收集形式是通过网上收集，有效样本量为606份。

2. 研究视角说明

在这里需要说明一点，"十三五"时期我省累计建成949个易地扶贫搬迁安置点，但由于经费、时间等的限制，本文只选取了其中6个安置点展开随机

访谈调研，从调研结果的基础上对贵州易地扶贫搬迁后续扶持存在的典型性问题进行提炼总结和分析。笔者选择从微观调研视角对贵州移民搬迁后续扶持工作可能存在的问题进行剖析的出发点，也期望站在搬迁群众的角度，进一步思考易地扶贫搬迁后续扶持工作该如何更好地开展，如何形成贵州的特色、品牌。

（二）问题分析——基于微观调研视角

1. 搬迁群众搬迁意愿不坚定

搬迁群众从祖祖辈辈生活的穷苦地方搬到党和政府选好建好的安置区，从社会进步、经济发展等的角度来说，我们都会理所当然的认为"搬出来就是新生活的开始"、会"头也不回"地搬出来。但我们也明白这样一个道理："一方水土养一方人，一方人也必然深深眷恋着一方水土"，当"新生活"还不如"旧生活"的时候，"眷恋"就会在心中更强烈的滋生，"打退堂鼓"则会在搬迁群众心中萌生并付诸行动。调研中我们发现搬迁群众受到多重因素的影响，不住"洋房"宁住"草屋"的现象出现，搬迁群众搬迁意愿不坚定。一是搬迁动因"不牢靠"。在问卷调查中我们发现，随机抽查的606个样本中，搬迁群众当时选择搬迁是因为"政策好，自家主动申请搬迁"的占37.62%，因为主动申请说明搬迁意愿极高，我们将之称之为"牢靠"的动因；因为"其他"原因搬迁的占到27.56%；因为"扶贫干部多次上门做工作""别人搬了也就跟着搬了""政府要求"等原因搬迁的分别占23.27%、8.75%、2.81%，总计34.83%，由于受到其他因素的推动、干扰而选择搬迁，我们称之为"不牢靠"的动因。可见，搬迁动因"不牢靠"是导致搬迁群众搬迁意愿不坚定的重要因素。二是迁出地基础设施日渐向好。近年来在中央的大力支持下，农村发生翻天覆地的变化，路不但通到家门口，还通到了地里头；水、电、网等也都通达家家户户；农民"出村进程"不再是什么"稀奇事"，交通工具也不断丰富，这些都会影响搬迁群众的搬迁意愿。三是"打退堂鼓"。部分搬迁群众入住后，由于有些诉求短时间内没有得到保障、难以适应融入、旧房拆除等多种原因，就会选择"打退堂鼓"，"交还钥匙"搬回老家，这些"回迁"群众的行动会影响本身坚定意愿的搬迁群众。

2. "三块地"利用不够充分

"三块地"是指易地扶贫搬迁家庭的林地、耕地和宅基地。根据我省出台的《关于加强和完善易地扶贫搬迁后续扶持的意见》中对后续扶持重点任务的安排指出,要充分利用"三块地",即引导群众流转耕地、林地,复垦复绿宅基地和发展林下经济,来盘活承包地、山林地和宅基地"三块土地",把农村资源变资产、把资产变资金,让土地继续成为搬迁户的收入来源和可持续生活保障。可见,盘活"三块地"的初衷是激活农村土地要素,为搬迁群众谋利益。但在调研中发现"三块地"利用仍不够充分,不利于搬迁群众收入增加。从具体案例来看:在与平塘县上梭安置点的罗叔(迁出地为甲茶镇保上村甲耳组)进行访谈时,罗叔说:"我就偶尔上来给你娘送下菜和米,她带着两个孙子在这里上学,我在家里种地,车费太贵了不敢来回跑。"在问到在家里种地住哪里呢? 村里没有流转您家耕地和林地吗? 罗叔说道:"家里的旧房是两层半的平房,还没有推,就住在家里。我们村里就搬迁了几户,目前没有人来流转我们的土地,如果不去种就会撂荒了,你娘身体不好,她带着孙子上学,我种一点就少买一点,少花一点钱。"在访谈中发现问题的基础上,又设计调查问卷对该问题展开进一步的调研。在随机抽查的 606 份有效样本中,有 135 位被调查搬迁户采取"在原有地块继续进行耕种",占到调查人数的 22.28%;"土地全部闲置"的占 12.21%;"将土地全部流转"和"土地部分流转、部分闲置"的分别占 20.63% 和 16.34%,通过"土地进行互换"和"其他"方式处置自家耕地的搬迁户分别占 3.47% 和 25.08%。从问卷调查数据可以很清楚的看到,将土地全部流转的仅占 20.63%,部分流转部分闲置的占 16.34%,也就是说,只有将近 37% 的搬迁户的耕地参与流转,还有将近 60% 的搬迁户的土地没有得到流转,给农户带来财产性收益。耕地相对林地、宅基地来说在要素开发、价值转化和挖掘的途径和方式会更多的基础上利用度都亟待提高,我们自然可以知道林地、宅基地的利用程度。这在一定程度上造成资源浪费又加重了财政负担,因此在后续扶持工作中,要把"三块地"充分利用起来,以保障搬迁群众利益。

3. 基本公共服务有待提升

一是基本公共服务供给不足。192 万搬迁群众在不到 5 年的时间搬进 949 个安置点,平均每个安置点要入住 2023 人。搬进来只是起点,后续扶持才是艰巨的任务和考验,易地扶贫搬迁项目推进的同时后续产业扶持、教育、卫生、污水和垃圾处理等配套设施建设尚无政策保障和资金支持,均由地方政府自筹解决，这让基本公共服务供给能力和水平都还存在诸多不足。比如在惠水新民社区调研时，搬迁群众W说："社区没有停车场，现在社区里小车越来越多，乱停乱放、占道挡道的现象越来越严重了。"可见，随着搬迁群众脱贫致富和生活水平的提升，家家户户有小轿车不是"梦"，单从人民生活的"行"这一方面就对社区基本公共服务能力提出更高的要求和挑战，要是涉及搬迁群众方方面面，社区供给能力和水平就更亟须提升和加强。二是社区综合服务需更"便民""亲民"和"为民"。近年来我省易地扶贫搬迁安置点的社区服务中心、问题活动中心、老年活动中心、社区殡葬服务设施等在逐步建立，搬迁群众的基本公共服务逐步得到保障。但我们在调研中也发现，有些安置点的社区综合服务便民度、亲民度还不够。具体案例：在凯里市东出口安置点加入搬迁群众A和B的交谈时，A说："还是以前在老家自由，在这里总是受管制，以前大家会搬点石头到树下乘凉、拉家常，后来管理的说影响社区形象，把石头都搬扔了，不让在树下乘凉。"B说："安置点没有公厕，楼里没有电梯，我们老年人腿脚又不方便，现在厕所都在家里锁着，不像在老家别人家的厕所随便上，有时候为了上厕所真是要命。"在与惠水县新民社区的保安叔叔F交流时，他说："社区有一个办红白喜事的场所，但因为社区人多事多，有时候丧事和喜事碰到一起，办喜事的主人家心里就不好受。"从访谈者的所言所述中我们可以清楚地听出来易地扶贫搬迁后续扶持工作中，社区综合服务的"便民、亲民、为民"的初衷还需进一步强化和落实。三是基本公共服务不均等。贵州易地扶贫搬迁是全国唯一采取城镇化集中安置的省份，城镇化集中安置的初衷是让搬迁群众"一步到位"，让搬迁群众能够从农民变成市民，从农村"嵌入"城镇，让搬迁群众享受到城镇居民的基本公共服务，但安置点和城镇居民在户籍、居住、教育、文化、社保、医疗等诸多方面存在着明显的差距，要实现基本公共服务均等化还有很长的路要走。

4. 就业扶持工作还需加强

在调研中发现，目前我省易地扶贫搬迁后续扶持中关于培训、就业、产业、创业等方面扶持工作还存在"短板"，在后续扶持工作开展中还需不断完善。一是培训不能很好地促进就业。我们知道培训是为了很好地适应新的岗位和工作，但易地扶贫搬迁的培训大多是为了"培训而培训"、为了"补贴而培训"，没有很好地促进就业。在凯里市东出口安置点对人社局W的访谈就能很好地说明这一点，W说："为了促进就业，保障搬迁群众有收入，政府鼓励相关企业展开培训，每次培训20天为一个周期，每天补助40元，但缺勤3天以上就取消本次培训补贴资格。很多群众不了解政策，参加很多个培训，以为可以多次领取补贴，这给我们在后期划拨资金带来'麻烦'，因此今天我是来查看培训情况的，也是来讲清政策的。"二是就业引导带动就业的作用不强。政府进行就业引导是为了解决用工单位和劳务者之间的信息不对称，是"搭桥"，但由于搬迁群众大多长期从事农业生产，非农技能欠缺，但就业引导大多为非农岗位，因此带动就业的作用不凸显，三是后续产业发展跟不上。易地扶贫搬迁是一种政策制度下的"被动非农化"，前期为了实现"搬得出"下了大力气，但在安置后的产业发展等没有得到同步规划和建设实施，就业就会受到限制。在调研中发现，扶贫车间多是项目技术门槛低的产业，且产业发展同质化现象严重。四是就业创业安置不牢靠。我省大多县域经济发展动力，搬迁群众搬入城镇后，很难在较短时间内提供就业岗位，公益性岗位只是"杯水车薪"，较难满足搬迁群众对就业的需求；同时有的搬迁群众有创业意愿，但在政策制度、资金融资等方面易地扶贫搬迁后续扶持的力度还很不到位，也就是说目前大多数安置点在就业创业安置上还很不牢靠。可见在易地扶贫搬迁后续扶持工作中关于就业扶持还比较薄弱，存在较多短板，但就业于一个搬迁家庭是天大的事，在后续扶持工作的开展中需要继续不断革新和加强。

5. 社区文化建设还需加力

文化是一个社区的"名片""软实力"。换句话说文明的社区离不开系统、完善、包容、多元、健全的社区文化建设。贵州在加强和完善易地扶贫搬迁安置点文化服务体系建设的过程中，多措并举在推进安置社区文化建设，引导群众树立不等不靠、自强自立的思想，美好家园和幸福生活是需要通过自身的辛勤劳动创造的。在惠水新民社区访谈时，保安叔叔F说："在这里不像以前老家种有粮食、喂有猪牛，红白喜事办起来能'自给自足'，现在什么都要买，办酒让我们'头痛'。不过我们有一个'互帮互助'微信群，大家互帮互助，哪家办酒困难，我们每家先出200元给他，他办酒完了收了礼金之后3天就会还给大家。"他还说："社区干部每周五晚上都会组织我们到服务中心开展活动，这让我们邻里之间更加熟悉，对社区也更了解。"但在我们调研中发现，易地扶贫搬迁安置点的社区文化建设还存在一些不足，在后续扶持中还需加大力气建设文化服务体系。比如笔者到贵定县福来家园调研时发现，在安置点的张贴栏上粘贴有群众拖欠电费的详情，众多搬迁户都存在电费欠缴的情况。在与扶贫干部 L 交流中，L 和我半开玩笑地说："我们对帮扶的贫困户是'又爱又恨'，比如说我的贫困户拖欠电费没有缴纳，供电局断电。他打电话'威胁'我说若一个小时内不给他想办法通电，他就要上报'信访局'，说我扶贫工作落实不到位，让我'丢了饭碗'。"与这恰恰相反的一个访谈对象是我在凯里市东出口安置点遇到的从镇远搬来的 M，他指着身上穿着印有"镇远农商银行"的字笑盈盈地对我说："我是从镇远搬过来的，感谢党的关心帮助，让我们一家人住上这么好的房子，社区还经常组织我们开展活动，大家生活有干劲、有奔头。"从这不同搬迁群众的言行中我们可以看到，社区文化对一个人精神面貌、言行举止的影响。搬迁群众"等靠要"思想的滋生和存在于他自身、社区美丽彰显、社区文化建设都是"百害无一利"，我们在后续扶持工作中要加大社区文化建设，让搬迁群众从内而外散发出文明社区的魅力。

6. 社区治理水平有待提高

我们知道易地扶贫搬迁后续扶持是一项长期、艰巨、复杂的系统工程，在工作推进中需要有高水平的干部队伍的引领，同时需要结合发展需求不断革新和转变服务意识和态度。我们调研发现，易地扶贫搬迁后续扶持工作的推进存在"不温不火"的现象，好多社区管理者或职能部门认为已经搬出来、住下来了，脱贫攻坚任务要圆满完成了，可以"喘口气""歇一歇"，我们从有些县的"十四五"规划中来看，设计易地扶贫搬迁后续扶持的项目规划少之又少，若在发展规划时我们都没有把这个列为"重点"，那接下来 192 万人的利益要如何得到更好保障。此外，调研中也发现，易地扶贫搬迁后续扶持社区治理不光在干部队伍、在政策扶持、资金保障等方面也亟须加强。在惠水新民社区访谈时，门卫叔叔 W 说："我在这里做了 2 年多门卫了，现在每个月 1750 元，今年工资发到 5 月份了，目前还有 4 个月的没有发。"问到工资不能每月按时发，您们生活开支怎么办？他说："'东拼西凑'就把日子过了，发下来了又还回去，他们发工资审批也麻烦，我们也能理解的。"可见，易地扶贫搬迁后续扶持在社区治理上还需要下大功夫，以提高社区治理水平，保障搬迁群众的利益。

7. 社区基层党建有待加强

易地扶贫搬迁是打赢脱贫攻坚战的关键硬仗，是精准扶贫"五个一批"中任务最重、难度最大的硬骨头，这也决定了易地扶贫搬迁后续扶持工作的开展也是难上加难，因此必须把党的建设摆在更加突出的位置来抓。近年来贵州在易地扶贫搬迁后续扶持工作开展中，通过健全安置点组织体系、建强安置点干部队伍、健全安置点党建工作机制等方式不断构建和强化基层党建体系。但在进入社区调研中我们发现，社区基层党建还存在一些问题需要我们进一步加强。比如调研中发现的社区党员干部队伍能力素质不够过硬，我们发现社区基层党建几乎是依靠扶贫干部"扛起"，但我们可以说他们是社区建设的"助推器"，他们会因工作变动而"抽身"离开，但社区基层党建是系统、复杂的工作，需要搬迁人员在融入并"扛起"相应的责任。又如社区基层党建还存在带动能力不够强，党员带头模范作用很难发挥的问题。我们在凯里市上马石安置点进行访谈交流时，老党员 K 说："年轻的党员几乎都出去打工谋生养家了，留在社区的我们都是些老弱病残的'老骨头'，也发挥不了什么带头作用了。"但易地扶贫搬迁后续扶持工作的系统性、艰巨性和复杂性，要求我们要充分发挥党组织战斗堡垒和党员先锋模范作用，为易地扶贫搬迁安置点发展稳定提供坚强的政治和组织保证。

8. 同步搬迁人口问题突出

"十三五"时期，贵州易地扶贫搬迁人口为 192 万人，其中建档立卡贫困人口 157.8 万人，同步搬迁 34.2 万人，同步搬迁人数占易地扶贫人数的 17.8%。我们知道同步搬迁人口也是生活在生态环境脆弱、耕地资源少、交通不便、生活条件较艰苦、产业发展难度大的地区。同步搬迁人口没有享受到贫困户享受的补助资金，只可与建档立卡人口共享安置区基础设施和基本公共服务设施。因此同步搬迁人口存在如下问题：一是"应搬未搬"。同步搬迁人口和贫困户生活在一个地方，其相关条件只是相对优于当地的搬迁户，是在贫困线边缘而被边缘化的，没有享受到与贫困户同等的政策，加之受搬迁能力和搬迁意愿的影响，并没有实现"应搬尽搬"，就会有部分"应搬未搬"，随着贫困人口搬迁的逐渐增多，这些滞留在迁出地的同步搬迁群众的住所就会更加分散，在交通、医疗、教育、产业发展、文化建设等面临的困难就会更多，若没有得到及时关注和帮助，极易"掉落"至贫困线以下。二是"同搬不同扶"。在与麻江县后坝安置点同步搬迁的李阿姨（53 岁）调研交谈时，李阿姨说："在老家的时候，每天晚上睡觉前就知道第二天要去那块地干活，不望着别人口袋里的钱过日子,现在搬到这里来了,每天不知道要去做什么,我也愿意在安置点里扫地,但贫困户都排队到老家去了,轮不到我啊!"可以说,李阿姨的叹息是 34.2 万同步搬迁人口面临问题的"缩影","同搬不同扶"的问题是后续扶持工作中应该引起重视的问题。

二、贵州易地扶贫搬迁后续扶持工作的理性思考

(一)贵州易地扶贫搬迁后续扶持工作的价值取向:品牌化打造

贵州易地扶贫搬迁后续扶持是一项长期系统且复杂的工作,需要有长远的眼光,从长期发展视角对我省易地扶贫搬迁后续扶持的价值取向、长期"走向"进行深入思考。因此,本部分力图站在更高、更长、更远的视角对我省易地扶贫搬迁后续扶持工作进行理性思考。

1. 已从"贵州实践"到"贵州样板"

近年来贵州易地扶贫搬迁后续扶持工作经历了起步摸索、体系构建、成效显现和向高质量发展的实践探索过程。目前我省易地扶贫搬迁后续扶持"五个体系"已逐步完善并进入深化推进阶段,已实现从"贵州实践"到"贵州样板"的转变。同时在"十四五"时期与时俱进深化易地扶贫搬迁后续扶持"五个体系"建设,以新型工业化、新型城镇化、农业现代化、旅游产业化为支撑,与乡村振兴和新型城镇化有效衔接、高质量推进我省易地扶贫搬迁后续扶持工作。

2. 还应从"贵州样板"到"贵州品牌"

作为全国易地扶贫搬迁规模最大的省份,192 万贫困群众从山区集中安置到城镇,不仅是千万搬迁群众在地理位置上的迁移,而且是生产生活方式的重建,是城乡格局的重构和社会关系的重塑。我省 192 万贫困群众全面完成地理位置上的迁移,基本公共服务、就业岗位引导安置、文化服务、社区融入、基层党建等后续扶持也在逐步推进,但在后续扶持中"稳得住、逐步能致富"还是较大的挑战。换句话说,贵州易地扶贫搬迁后续扶持工作还处在"求稳"阶段,搬迁群众在经济、社会、文化、政治、生态等诸多方面的发展诉求还未得到较好的保障。

我们知道，192万搬迁群众的发展诉求若未得到系统、全面地保障，就会产生一系列不良"连锁"反应，这就会影响社会和谐稳定的发展。因此，我们要在贵州易地扶贫搬迁后续扶持已形成"贵州样板"的基础上，进一步从长远视角思考我省易地扶贫搬迁后续扶持工作的价值取向。从长远的角度来说，我省易地扶贫搬迁要实现"稳得住、逐步能致富"的目标，易地扶贫搬迁工程要经得起历史和人民的检验，就要求我们写好易地扶贫搬迁"后半篇文章"，走品牌化打造之路；搬迁群众要实现"四安"（即身安、居安、业安、心安），转变成"新市民"，让搬迁群众搬出"稳定"、搬出"喜悦"、搬出"满意"、搬出"自豪"、搬出"信任"、搬出"支持"，成为推进我省经济、社会、文化等发展"新动力"，就要求我们在深化现有扶持体系的基础上，走品牌化打造之路。

（二）贵州易地扶贫安置搬迁后续扶持工作品牌化打造的宏观构想

品牌化打造是指使之成为品牌的打造过程，既然是个过程，就会由多个时段有序拼接构成，需要实施品牌化战略，做好品牌定位、品牌元素、品牌维护和成长等多元素的有机衔接。易地扶贫搬迁后续扶持工作品牌化打造也是如此，要让易地扶贫搬迁经得起历史和人民的检验，让搬迁群众搬出"稳定"、搬出"喜悦"、搬出"满意"、搬出"自豪"、搬出"信任"、搬出"支持"，就需要走好品牌化打造之路。这就要求我们立足不同时段做好贵州易地扶贫搬迁后续扶持工作品牌定位、品牌元素、品牌维护和成长等多元素的有机衔接。换句话说，要立足长远发展的目标做好贵州易地扶贫安置搬迁后续扶持工作品牌化打造的宏观构想。

1. 短期内要让搬迁群众搬出"稳定"

易地扶贫搬迁是为了从源头上解决"一方水土养不起一方人"的扶贫工程，是为了帮助贫困地区的困难群众摆脱贫困。我们知道"搬得出"只是困难群众摆脱贫困的"一小步"，"万里长征"是后续扶持工作的实施推进。易地扶贫搬迁后续扶持工作极复杂、困难和艰巨，我们要想在短期内实现"一搬致富""一搬兴旺"的景象是不可能的事情。因此，我们在立足易地扶贫搬迁的长期性、复杂性和艰巨性，在短期内要力图让搬迁群众搬出"稳定"，要在后续扶持工作中保障搬迁群众的基本生存诉求，让搬迁群众能够在迁入地生活得下去。目前乃至今后五年左右，我省易地扶贫搬迁后续扶持工作还处在力图让搬迁群众搬出"稳定"的时期。

2. 中期内要让搬迁群众搬出"自豪"

让搬迁群众在迁入地住得下来，生活得下来的基础上，在易地扶贫搬迁后续扶持工作中，我们还需要五到十年的时间和大力气让搬迁群众搬出"满意"、搬出"自豪"。搬迁群众对迁入地生活满意度的高低是检验易地扶贫搬迁后续扶持工作是否落地落实、落细落好的衡量标准。搬迁群众若搬出了"满意"，则说明其在经济、社会、文化等多方面的诉求得到了有效保障。当搬迁群众的生存发展权益在各方面得到保障的同时，对激发起"自豪感"具有促进作用。我们可以想象，当搬迁群众因为当初选择搬迁而感到自豪的时候，也就是其不再深陷"因贫而搬"的"标签"里，其已在经济、社会和文化等多方面较好融入了城镇，成为城镇经济社会发展的"助推器"。

3. 长期内要让搬迁群众搬出"支持"

易地扶贫搬迁后续扶持工作的长期愿景不仅是搬迁群众"能致富"，还要搬出"能带动"，搬出"信任"和"支持"，成为城乡经济社会发展的"参与者""带动者"，乡村振兴的重要"支持者"；同时，把移民安置社区逐步打造成为社会主义现代化先锋区、示范区。

三、贵州易地扶贫搬迁后续扶持工作品牌化打造的对策建议

（一）深化"五个体系"建设，铸好"贵州品牌"之基

"五个体系"的建设和完善，是我省易地扶贫搬迁后续扶持工作形成"贵州样板"的重要抓手，其经验成效显著，是我省走好易地扶贫搬迁后续扶持工作品牌化打造的重要基础，因此要与时俱进地持续深化推进。

一是要持续抓好公共服务。公共服务事关搬迁群众最基本的生存权和发展权，也是易地扶贫搬迁后续扶持工作最现实的问题，进一步强化和完善教育、医疗、社会保障及综合服务，在满足搬迁群众诉求上从"基本满足"向"较好满足"再到"很好满足"不断过渡。

二是要持续抓牢就业服务。持续抓好就业这个紧迫任务，顶起搬迁群众的"天"，通过引导、稳定、创造就业岗位等多种方式解决搬迁群众就业难题，在就业方式上从"培训寻业"向"因技就业"再向"创业带动就业"等转变，在就业效果上从"一户至少一人就业"向"一户多人稳定就业"再向"劳动力人人稳定就业"转变。

三是要持续抓深文化服务。要持续用好新时代文明实践中心、道德讲堂、移民夜校，宣传党的路线方针和政策，合理引导社会预期，自觉把个人和小家的幸福与国家的发展联系起来，培育自尊自信、理性平和、积极向上的社会心态和精神面貌，以感恩教育激发脱贫致富内生动力。通过抓稳文化服务，保障搬迁群众搬出"特色"、搬出"自信"、搬出对社会主义制度的充分信任和坚决拥护。

四是要持续抓稳社区治理。社区是搬迁群众最基本的生活"圈子"，要做好易地扶贫搬迁后续扶持品牌化打造，就需要持续抓稳社区治理，保障搬迁群众的"归属感"和"幸福感"。要充分发挥基层政府主导作用、基层群众性自治组织基础作用，通过"政治引领""法治保障""自治强基"等多方合力提升社区治理水平，使"便民亲民爱民"落实落细。

五是要持续抓强基层党建。贵州易地扶贫搬迁后续扶持工作要实现品牌化打造，要持续抓强基层党建，在健全组织、配强干部、完善机制功能等多方面持续下功夫，充分发挥基层党组织的政治功能和组织保障功能，使每个基层党组织都成为坚强战斗堡垒。

（二）做好后续扶持发展谋划，绘好"贵州品牌"之图

系统健全的发展规划能为工作的实施和推进提供宏观性、方向性和指导性的依据，避免"眉毛胡子一把抓"。易地扶贫搬迁后续扶持工作亦是如此，贵州作为"十三五"时期易地扶贫搬迁规模最大、后续扶持任务艰巨的省份，在"搬得出"的基础上，要想走好后续扶持工作品牌化打造之路，做好后续扶持发展规划尤为重要。

一是要坚持以"人"为中心。易地扶贫搬迁后续扶持工作的中心是"人"，因此要做好后续扶持发展谋划，必须坚持以"人"为中心，始终以搬迁群众的利益为中心，以促进搬迁群众全面发展为工作的出发点和落脚点，切

实结合搬迁群众在各阶段的发展诉求、关心的问题、面临的难题等提前谋划，做好安排部署。

二是要坚持高质量发展。 易地扶贫搬迁后续扶持工作要走好品牌化打造之路，需融入现代化发展的大格局，坚持新发展理念，始终立足高质量发展，认识到品质重于规模、质量重于速度、管理重于建设、质量重于"考核"，高质量做好易地扶贫搬迁后续扶持各阶段的发展谋划。

三是要充分考虑"普遍性"和"特殊性"。 "十三五"时期贵州搬迁192万人、累计建成安置点和安置住房分别为949个和46.5万套，但各个安置点所在地区的资源禀赋条件、经济发展情况及生存发展条件却存在差距，且搬迁群众的贫困程度、适应水平、谋生技能等也存在着较大差距。因此，要做好易地扶贫搬迁后续扶持的规划，在考虑我省易地扶贫搬迁后续扶持工作艰巨、复杂等"普遍性"的同时，要充分结合各地州、各安置点的具体情况，充分考虑其"特殊性"，全面兼顾。

四是要立足"当前"放眼"长远"。 我们知道易地扶贫搬迁后续扶持工作是"循序渐进"的，不可能一蹴而就。因此要求我们在做后续扶持规划时，要立足"当前"，即要切实了解搬迁群众目前生存的"疾苦"和发展的诉求，了解搬迁群众在经济、社会、生态等诸多发展需求的现实"短板"，在工作实施推进中抓具体，抓深入。同时要从"当前"的重点、任务及困难中抽离出来，放眼"长远"，即要考虑搬迁群众在政治、经济、社会、文化、生态等多方面、长期的发展愿景和诉求，谋划易地扶贫搬迁发展规划，构筑好易地扶贫搬迁后续扶持工作品牌化打造的宏观措施。

（三）立足后续扶持工作全局，走好"贵州品牌"之路

贵州易地扶贫搬迁后续扶持工作要走好品牌化打造之路，形成"贵州品牌"，就必须立足后续扶持的全局工作，走好"贵州品牌"打造之路。

一是要加强组织领导。 易地扶贫搬迁后续扶持工作品牌化打造"道阻且长"，必须要加强组织领导。一方面要要坚持党建引领，以社区基层党组织建设为主线，突出政治功能，提升组织力，把每个安置点基层党组织建成宣传党的主张、贯彻党的决定、领导基层治理、团结动员群众、推动经济社会发展的坚强战斗堡垒。另一方面要树牢"一盘棋"意识，始终坚持省负总责、县市抓

落实的工作机制,形成工作合力,在"过渡期"内确保政策不松劲、力量不减弱、工作不断档;同时要坚持五级书记一起抓,各级党政"一把手"特别是县(市、区)委书记必须像当初抓搬迁一样,持续把后续扶持工作摆在突出位置,牢牢扛在肩上、抓在手上,强化组织领导,以推进后续扶持工作的开展。

二是要强化资金保障。"兵马未动粮草先行",192万搬迁群众要实现长期生存发展的良性循环,必须有足够稳定持续的资金投入。一方面强烈呼吁在国家层面出台相关政策文件以保障易地扶贫搬迁后续扶持工作能够长期有效高质的推进,在省级层面要做好后续扶持工作资金扶持、资金匹配和资金投放的"总控",在县市级层面做好各个阶段资金使用安排,并保障资金使用最大化,最优化。另一方面建议设立并完善易地扶贫搬迁后续扶持专项基金,以保障后续扶持工作的顺利开展,保障搬迁群众的可持续发展,保障社会的稳定和谐。

三是要拓宽发展渠道。易地扶贫搬迁后续扶持具有自身的"属性",且长期内搬迁群众具有城乡"双重属性"(迁入地的"新市民",具有迁出地农村资产的承包权和使用权)。因此要走好易地扶贫搬迁后续扶持"品牌化"道路,就需要结合易地扶贫搬迁工程和搬迁群众的相关属性,想方设法拓宽发展渠道。一方面要想方设法让腾出来的大量极具价值的农业农村资源变成搬迁群众财产性收入的重要来源;另一方面要易地扶贫搬迁群众在乡村振兴中发挥其重要的参与、支持等价值;此外要发展壮大县域经济,走城乡融合发展道路,让搬迁群众成为支持、带动乡村发展、融入城镇发展的重要力量。

四是要加强人才建设。一方面要配强干部队伍,全方位培养政治素质高、务实担当、助力易地扶贫搬迁后续扶持工作的干部队伍,同时要做好"引育留用"强化人才队伍建设,蓄力以助力易地扶贫搬迁后续扶持品牌化打造持续有效推进。另一方面要搬迁群众是易地扶贫搬迁后续扶持工作的主力军和最大受益者,多方激发搬迁群众增收致富、建设社区等的主动性、积极性和创造性,让"造血"逐步替代"输血",让"因贫而搬"逐步转变成"致富带动",为城镇经济社会发展和农村农业发展提供支持。

参考文献

[1] 白永秀,宁启. 易地扶贫搬迁机制体系研究 [J]. 西北大学学报(哲学社会科学版),2018(4): 62-74.

［2］孙永珍，高春雨. 新时期我国易地扶贫搬迁安置的理论研究［J］. 安徽农业科学，2013（36）：97.

［3］李东. 精准扶贫中易地搬迁贫困户可持续生计研究［D］. 西安：西安理工学，2019：9-10.

［4］国家发展和改革委员会. 全国易地扶贫搬迁年度报告（2019）［M］. 北京：人民出版社，2019：109.

［5］新时期易地扶贫搬迁工作百问百答［EB/OL］. http://www.ghx.gov.cn/content/2019/5118.html，2019-11-20.

作者简介：陆光米，贵州省社会科学院农村发展研究所助理研究员。

基金项目：本文系2023年度贵州省社会科学院创新工程项目"贵州家庭农场高质量发展研究"（项目编号：CXLL2311）的阶段性研究成果。

共同富裕视域下贵州乡村数字治理的现实困境和优化路径

周 舟

摘 要: 贵州是大数据蓬勃发展的省份,具有发展大数据得天独厚的优势,近年来,数据"触角"不断延伸至乡村,融合数字技术的乡村治理成为乡村振兴的新动能和推进共同富裕的突破口。贵州在乡村数字治理实践中,遵循共同富裕的差异发展、全民共享、渐进持续要求,缩小基本公共服务差距,激发乡村治理主体潜能,推动乡村现代化转型。但仍存在顶层设计建构欠缺、基本公共服务质量不高、多元主体行动迟缓的现实困境,因而,需要优化贵州乡村数字治理的路径,让乡村群众共享数字发展的红利,逐步实现共同富裕的目标。

关键词: 乡村;数字治理;共同富裕;现代化;贵州

一、研究背景

共同富裕是社会主义发展的本质要求[1],也是中国式现代化的重要特征。然而,促进共同富裕,最艰巨最繁重的任务仍然在农村,推动乡村振兴和农民农村共同富裕是长期性、系统性的农村现代化问题[2]。数字化浪潮下,数字技术方兴正艾,并不断嵌入乡村社会,在助推农业农村现代化、提升乡村治理效能等方面发挥关键作用。目前,我国从顶层设计的高度相继出台了中央1号文件、《数字乡村发展行动计划(2022—2025年)》等运用数字化手段振兴乡村的相关政策,通过自上而下的权威动员和政策实施,有序促进数字资源与乡村发展的耦合。

贵州具有气候凉爽、空气洁净、地质结构稳定以及电价低廉等发展大数据得天独厚的优势。近年来，贵州将大数据作为缩小区域发展差距的重要资源以及推动经济社会发展的"三大战略行动"之一，通过建设首个国家大数据综合试验区，设立首个大数据交易所，出台首部大数据地方性法规等多个"国内第一"的实践，数字产业从无到有、从有到优，并且数据链条不断向乡村延长，推动实现数据与乡村从宏观战略安排到微观治理应用的多维互嵌。

二、共同富裕驱动贵州乡村数字治理的意蕴及现状

（一）共同富裕的差异发展要求是贵州乡村数字治理的行动缘起

共同富裕首先要富裕，发展是富裕的基本前提。我国各地的资源禀赋和发展基础不同，社会成员的个人素质和社会贡献也有所差异，这就决定了共同富裕不是同步、同等的富裕，而是在差异化发展、人民普遍富裕基础上的差别富裕。近些年，贵州结合自身优势将大数据作为发展的新引擎，通过发展大数据实现了后发赶超，数字经济增速连续7年位居全国第一，综合算力指数已跃居西部第二，成为全国重要的数据枢纽和信息枢纽，习近平总书记赞誉"贵州发展大数据确实有道理"。伴随大数据的纵深推进，贵州以"数"为媒、乘"数"而上、传"数"到村，推动乡村在产业、治理、文化等方面的数字化转型。2022年，贵州大数据领域总投资达205.39亿元，其中信息基础设施投资占比达59.85%，累计建成5G基站8.43万个，每万人基站数超全国平均水平。同时，贵州紧抓全国"互联网+政务服务"试点示范省份的契机，近三年累计投入40多亿元推进农村地区广电网络建设，形成省市县乡村五级政务服务体系，省市县三级政务服务事项网上可办率达100%，乡村政务服务数字化程度提高，基本公共服务的可及性提升。此外，贵州运用数字工具助力数字农业、素质农民及智慧农村的发展，在不同层次的系统设计与治理场景中践行共同富裕的"高质量发展"内涵[3]。

（二）共同富裕的全民共享要求是贵州乡村数字治理的行动导向

共同富裕的核心元素和价值导向是共同，共同的宗旨在于让全体人民通过

参与共享富裕的生活。共同富裕的目标推动贵州在政策制定、制度设计、实施保障等方面融入"共享"的价值理念和"全民"的行动逻辑。贵州建成全国首个政府、企业及事业单位数据整合管理和互通共享的"云上贵州"政务平台,实现全省17700余个行政村电子政务网络全覆盖,搭建智慧治理指挥平台,并通过制定施行《贵州省大数据发展应用促进条例》《贵州省"十四五"数字经济发展规划》等政策条例,保障"云上贵州"数据聚集功能、政务网络资源整合功能及智能平台调度指挥功能的发挥。贵州借助"一云一网一平台",推动数据资源共享及数据空间生产,消除"信息孤岛"和"数据烟囱",降低政府、市场、社会、群众等各类主体参与乡村治理的门槛,促进其在公共价值创造、服务流程再造等环节的合作与联动,激发主体潜在的能动性和主动性,推进其释放出除经济价值之外的社会价值,在集体行动中体现全民参与、价值共创、成果共享等共同富裕的内在要求。

(三)共同富裕的渐进持续要求是贵州乡村数字治理的行动遵循

我国的国情、社情、民情决定了共同富裕是从贫穷到富裕再到高层次富裕的过程富裕,其实现不可能一蹴而就,具有渐进性和持续性的特征。贵州把握实现共同富裕的典型特征和阶段性目标,充分借助"东数西算"等国家战略的带动,积极发挥华为、腾讯、京东、阿里巴巴等落户企业的大数据领军优势,逐步推动贵州"数字经济发展创新区"建设,持续在数字经济上抢新机,循序渐进实现全省数字化发展再上新台阶的目标。贵州现以贵安电子信息产业园为起步区,联动拓展区和各市州,形成了"1+8+N"的数据中心总体布局,创新实行省、市、县三级"云长制",负责推进云工程建设和数据"聚通用"[4],不仅强化纵向层级的联动,而且增进横向部门的交流,消解各自为政的组织壁垒,不断整合碎片化的治理资源。同时,贵州通过数字经济乡村项目,普及数字技术在农业中的应用;通过智慧农业管控系统,推动农民生产方式的转型;通过黔农智慧门牌,促进农民生活方式的转变;党政部门借助数据平台、运用程序、智能传感器等,实时研判各类数据,及时处理预警信息,形成对问题走向和治理趋势的科学预断,推进传统乡村的经验决策和末端治理向科学决策、前端治理转变。贵州在持续把握治理动态中,推动治理关口前移,在渐进实现共同富裕目标中,开创数字发展新未来。

三、共同富裕视域下贵州乡村数字治理的现实困境

（一）相关制度建构欠缺

1. 法律法规有待健全

贵州施行了《贵州省大数据发展应用促进条例》这一全国首部大数据地方性法规，形成了"1+N"的地方立法体系，现有政策法规缺乏对乡村数字治理的具体关注，对于其中的数据归属使用范畴、治理主体数据权责、多元参与联动边界等内容界定比较模糊，与之相适的法律法规仍然"缺位"。

2. 制度安排尚需完善

贵州虽已制定《贵州省"十四五"数字经济发展规划》，但缺乏乡村数字治理的长远规划，缺少民情搜集、监督问责等相关的配套制度，制度机制的欠缺极易导致技术、组织、管理等方面的风险溢出。

3. 治理主体观念陈旧

乡村群众思想保守，传统的非数字化治理认识拘囿理念意识的革新，对新事物的态度冷漠；乡村干部职工思维固化、按部就班，缺少对乡村治理的思考以及结合实际的创新，乡村数字治理呈现明显的行政主导特征和照办遵循行径。

（二）基本公共服务质量不高

1. 乡村信息基础设施薄弱

贵州乡村信息基础设施较为薄弱，提升乡村基本公共服务质量的硬件条件不佳。贵州近年来虽加大信息基础设施投入，但截至 2021 年底，贵州农村网民规模 976.1 万人，仅占全省网民总数的 35.6%，不少乡村群众仍未进入网络空间，游离在数字化公共服务的外缘。除此之外，贵州虽已实现 30 户以上自然村 4G 网络全覆盖，但通讯设备运行不稳、通信网络质量欠佳，5G 建设规模偏小等问题显现。

2. 数字工具实际运用不足

一些乡村基本公共服务供给的数字化渠道不畅，乡村的网站、微信公众号

仅是政府部门单向发布通知公告的载体，内容久不更新或简略粗化，乡村治理方面的应用程序也鲜少对个性服务、回应互动等模块进行开发，官民双向交互的功能不足，数字化供给服务的渠道狭窄，且带来了乡村数字治理中的"形式主义"和"脱实向虚"。

3. 信息终端便民服务不够

有的乡村现行使用的一些线上服务以及运用软件的操作，缺少对老年人、残障者等数字弱势群体的重点关注和特殊关怀，使用的困难极易使这部分群体产生反感心理和消极行为，无形中就被排斥在基本公共服务之外，拉大服务享有途径和共享程度的差距，一定程度上阻滞共同富裕的推进。

（三）多元主体行动迟缓

1. 治理主体数字素养贫乏

乡村群众作为乡村数字治理的重要主体，其生计方式主要是务农和外出务工，2022年贵州省共有3856万人，净流出人口数量达700余万，其中不乏1509个乡级行政区的青壮年。现有乡村人口结构呈现出老、少、病占比大的特征，然而，这部分群体对数字工具的需求不高、应用不多，先天"数字能力缺失"叠加后天"数字学习不足"，参与数字治理的意愿低下，数字素养提升困难。部分具有数字工具使用能力的年轻村民，既感受到数字时代的便利和数字治理的红利，又陷入信息真伪难以辨别的数字骗局和娱乐消费主义的行为误区，出现数字工具的浅层使用、数字治理的认识偏差、抵触参与的消极情绪及较低程度的治理认同。

2. 集体行动协同困难

各类治理主体的数字素养存在差异，难以实现平等对话、达成行动共识，加之，一些乡村干部职工对于数字技术"不愿学""不会用"，自身数字能力短缺就较难促成各类主体的协同参与和集体行动。

3. 数字人才急需紧缺

贵州省数字经济人才规模现已超过36.42万人，但数字化治理领域人才不足1万人，尤其是乡村数字治理人才极为缺乏。乡村社会长期存在人才"量"不足和"质"不高的问题，现有乡村人才主要为通过国家政策向基层输送的选调生、"三支一扶"人员。然而，有的乡村没有营造育才留才、干事创业的良好环境，甚至一些乡村干部在自身没有学习新技术的主观偏好和没有监督考核的客观催促下，将填表、统计等数字化任务交给青年人，使其产生工作的倦怠，造成人才的流失。引不进、留不下、流动大的人才瓶颈导致乡村数字治理仍停留在一般公共活动的表层，极大制约了乡村治理的数字化发展。

四、共同富裕视域下贵州乡村数字治理的优化路径

（一）在完善乡村数字治理顶层建构中夯实共同富裕的根基

1. 健全法律法规

从省级层面推动立法、完善法规，明晰乡村治理中数据使用共享边界、不同主体行动权责等内容，积极防范数据泄露、数字垄断、社会伦理风险及共同富裕高质量发展要求中的"安全隐患"。

2. 完善制度安排

注重政策设计的整体性和制度安排的系统性，制订乡村数字治理长远规划，建立民情搜集、激励约束、监督考核等配套制度，完善多元主体参与的政策指引和长效支持，保障乡村群众话语的合理表达，并对困难群体投入更多的"数字关怀"，推促乡村数字治理遵循实现共同富裕的逻辑，既要通过数字化发展提升整个社会的治理能力和治理水平，更要通过制度安排对无法自主、自助享受数字化发展成果的群体，提供充分的备选方案[5]。

3. 促进理念更新

通过专项培训、分类指导、学习实践等方式帮助各类主体树立正确理念，形成对乡村数字治理的理性认识，数字技术并不是解决所有治理问题的"灵药"[6]，数字治理的最终目标是以人为本、"数为民用"，纠偏"数字优先"或"数字规避"的认知误区。

（二）在提高乡村基本公共服务质量中补齐共同富裕的短板

数据作为一种新型生产要素，能在乡村经济发展中发挥特殊作用，有利于缓解乡村公共服务供给的碎片化困境[7]、提高乡村基本公共服务质量，这亦是

补齐发展短板，推动共同富裕的主要依托。

1. 推动乡村信息基础设施的"赶超式"铺设

借助项目制方式、PPP模式吸引更多的市场主体和社会资本进入乡村，推动乡村信息基础设施的"赶超式"铺设，促进乡村千兆光网、5G、移动物联网的集成应用和升级换代，为提升乡村基本公共服务质量提供有力的硬件支撑，并学习运用《贵州省信息基础设施条例》等法律法规，为提升乡村基本公共服务质量提供坚实的法律保障。此外，政府可采取劳务补贴的方式，鼓励乡村剩余劳动力通过差异化的筹资投劳参与信息基础设施的建设与维护，在增加劳动收入的基础上彰显个人价值，从目标和手段上践行共同富裕的要求。

2. 从服务终端对乡村治理进行技术的革新

简化应用程序的操作流程，优化数字产品的视听功能，开发无障碍使用的服务模块，并在数字服务终端的访问接入、操作界面和视觉传达中增加人性化设计[8]，赋予数字运用弱势群体更多的包容，满足个性化需求，使更广泛的群体通过便捷、充分地享有基本公共服务增强数字获得感。

3. 扩展乡村数字治理的公共服务场域

丰富"贵州数字乡村""一码贵州""云上贵州多彩宝"等地方特色App的运用功能，围绕乡村生产、生活、生态"三生空间"扩展公共服务场域，并一定范围内保留和畅通线上线下的双重服务渠道，谨防现阶段"一刀切"的做法强化数字的"无感"，进而扩大数字的鸿沟，影响基本公共服务质量的提升。

（三）在促成多元治理主体有效行动中凝聚共同富裕的合力

乡村数字治理并非数字技术与乡村治理的简单叠加，而是以更开阔的视角审视治理主体在变化的技术环境中相互作用的关系，着眼于通过数据平台搭建和数据资源共享，消除各类主体参与治理的时空限制，推动形成协同高效的集体行动。

1. 推动形成乡村数字治理联动的新格局

运用数字媒介连接和赋权体制外的草根组织、精英乡贤及不同空间的"原子化"农民，使其能跨越政府层级结构与公私领域边界参与乡村治理，推动形成党组织领导，基层政府、市场主体、社会组织主动融入，网格员、联户长、乡村群众等多方参与的"1+3+N"的乡村数字治理格局，促进各类主体的共同"在场"，为有效的集体行动奠定有序参与的基础。

2. 不断提升乡村数字治理主体的行动力

通过乡镇党校、新时代学习大讲堂、贵州网院等途径开展乡村治理主体的学习培训，改变其由固有习惯和群体偏好造成的信息"回音壁"，克服某些偏离现代规范角色的行为阻碍，提高主体角色认知及数字使用能力，进而提升数字素养、增强行动能力、增加贡献比例。

3. 培养锻造乡村数字治理人才的主力军

鼓励各地结合实际健全人才引进、培养、服务、评价的指标体系和制度机制，通过住房优惠补贴、特色福利待遇等措施引才，运用城市派人驻村指导与乡村选人进城学习双向交流机制留才，积极释放人才活力，发挥辐射带动效应。不断推动数据成为乡村发展的"新农资"，人才成为乡村振兴的"主力军"，行动合力成为共同富裕的"助推器"。

参考文献

[1] 高举中国特色社会主义伟大旗帜为全面建设社会主义现代化国家而团结奋斗——在中国共产党第二十次全国代表大会上的报告 [M]. 北京：人民出版社，2022.

[2] 颜培霞. 改革开放以来中国特色村的转型历程与创新路径——兼论对乡村振兴的启示与借鉴 [J]. 东岳论丛，2021（12）：124-132.

[3] 李慧凤，孙莎莎. 共同富裕目标下乡村数字化发展的推进路径：一个系统性的分析 [J]. 贵州财经大学学报，2023（01）：22-31.

[4] 曾帅，彭耀永. 逐梦云端浪潮涌 砥砺奋发抢新机 [N]. 贵州日报，2023-02-13.

[5] 郁建兴，任杰. 共同富裕的理论内涵与政策议程 [J]. 政治学研究，2021（3）：13-25.

[6] 李恒全，吴大华. 提升基层数字化治理能力的四个维度 [N]. 光明日报，2022-08-19.

[7] 刘银喜，赵子昕，赵淼. 标准化、均等化、精细化：公共服务整体性

模式及运行机理 [J]. 中国行政管理, 2019 (8): 134-138.

[8] 逄红梅, 侯春环. 共同富裕视角下乡村数字化治理的现实困境和实现路径 [J]. 农业经济, 2022 (12): 42-44.

作者简介: 周舟, 中共黔西南州委党校副教授。

六盘水市农业地理标志产品品牌化建设对策建议

陶 波

摘 要：品牌是信誉的凝结，是安全和质量的象征，农产品市场正逐渐步入"品牌消费"时代，提升品牌价值和影响力已经成为农产品市场竞争中争夺的制高点。六盘水市要充分利用农业地理标志产品，有效推进全市农产品区域公用品牌建设，加快六盘水市农产品品牌化发展。通过建设区域公用品牌，以区域公用品牌为背书，培育地方企业产品品牌，助推地方企业品牌创建，推进全市农业现代化。

关键词：六盘水市；农业地理标志；品牌化

"十四五"期间品牌化建设是六盘水市农业现代化推进的重点工作之一，品牌化是农业现代化的核心标志，农业地理标志产品品牌建设是农业品牌化的重要抓手。六盘水市在农业地理标志产品品牌化建设过程中，严格落实习近平总书记关于农业品牌建设工作提出的要求，认真贯彻落实历年中央一号文件精神，贯彻落实省委关于农业品牌化工作要求，积极主动推进六盘水市农业地理标志产品品牌化建设；引导全市农业产业朝着规模化、标准化、集约化方向发展，不断提高全市农业地理标志产品质量，提升农产品附加值，打造出高品质、有口碑的六盘水市农业地理标志产品金字招牌，形成了具有六盘水特色的农业地理标志产品品牌化工作经验；培育了六盘水猕猴桃集团、贵州天刺力食品科技有限责任公司、贵州凉都水城春茶叶股份有限公司、贵州杨老奶食品有限公司、六枝特区岩脚大畅面业有限公司等农业地理标志产品企业；创建了凉都弥你红、凉都水城春等地理标志农产品区域公用品牌和天刺力、杨老奶、九层山、大畅等地理标志企业品牌，走出了一条具有六盘水特色的农业地理标志产品品牌化建设道路。

一、六盘水市农业地理标志产品资源分析

（一）产品分布和产品类别

六盘水市地理标志产品（原质检、原工商、农业、知识产权）共计 35 个（水城猕猴桃既有质检认证，又有农业认证，计为 1 个），按照行政区域划分，省直 1 个（贵州绿茶）、市直 3 个、六枝特区 11 个、盘州市 11 个、水城区 8 个、钟山区 1 个，具体情况列表如下：

表1 六盘水市地理标志产品列表

序号	地理标志产品	质检（公告编号）	工商（注册号）	农业部（公告号）	国家知识产业局（公告号）	备注
1	贵州绿茶			〔2017〕第2486号		省级
2	六盘水苦荞茶	2014年第129号				市级
3	六盘水苦荞米	2014年第129号				市级
4	水城黑山羊	2016年第9号				市级
5	岩脚面	2013年第167号				六枝
6	落别樱桃	2015年第96号				六枝
7	六枝龙胆草	2015年第96号				六枝
8	牛场辣椒			〔2014〕第2号		六枝
9	郎岱酱		10215607			六枝
10	九层山茶	2016年第112号				六枝
11	六枝月亮河鸭蛋			〔2016〕第2468号		六枝
12	岱翁杨梅	2017年第108号				六枝
13	六枝魔芋	2018年第33号				六枝

续表

序号	地理标志产品	质检（公告编号）	工商（注册号）	农业部（公告号）	国家知识产业局（公告号）	备注
14	郎岱猕猴桃	2018年第33号				六枝
15	六枝毛坡大蒜			〔2019〕第213号		六枝
16	盘县火腿	2012年第135号				盘州
17	四格乌洋芋	2014年第96号				盘州
18	盘县刺梨果脯	2014年第96号				盘州
19	盘县核桃			〔2012〕第1号		盘州
20	盘州红米	2016年第63号				盘州
21	妥乐白果	2016年第112号				盘州
22	保基茶叶	2016年第63号				盘州
23	保田生姜			〔2017〕第2486号		盘州
24	保田薏仁			〔2019〕第213号		盘州
25	盘州小米			〔2019〕第213号		盘州
26	老厂竹根水				国家知识产业局第444号	盘州
27	水城猕猴桃	2014年第96号		〔2012〕第4号		水城
28	水城春茶	2015年第44号				水城
29	水城小黄姜	2015年第44号				水城
30	乌蒙凤鸡			〔2018〕第40号		水城
31	水城脆桃				国家知识产权局第445号	水城
32	比德大米				国家知识产权局第459号	水城

续表

序号	地理标志产品	质检（公告编号）	工商（注册号）	农业部（公告号）	国家知识产业局（公告号）	备注
33	水城红香蒜				国家知识产权局第390号	水城
34	水城核桃			〔2019〕第213号		水城
35	钟山葡萄	2017年第108号				钟山

按照地理标志产品类别划分，八个大类中六盘水市地理标志产品情况为：茶类5个、果蔬类15个、养殖类3个、中药类3个、粮油类4个、加工食品类5个，酒类和工艺品类0个。

表2 六盘水市地理标志产品类别列表

类别	六盘水市	六枝	盘州	水城	钟山
茶类	贵州绿茶、六盘水苦荞茶	九层山茶	保基茶叶	水城春茶	—
酒类	—	—	—	—	—
果蔬类	—	落别樱桃、牛场辣椒、岱翁杨梅、六枝魔芋、郎岱猕猴桃、六枝毛坡大蒜	四格乌洋芋、盘县核桃、保田生姜	水城猕猴桃、水城小黄姜、水城红香蒜、水城核桃、水城脆桃	钟山葡萄
养殖类	水城黑山羊	六枝月亮河鸭蛋	—	乌蒙凤鸡	—
中药类		六枝龙胆草	妥乐白果、保田薏仁		
粮油类	六盘水苦荞米	—	盘州红米、盘州小米	比德大米	
加工食品类	—	岩脚面、郎岱酱	盘县火腿、盘县刺梨果脯、老厂竹根水		
工艺品类					

（二）从贵州省视角分析六盘水市农业地理标志产品资源

1. 国家地理标志保护产品（原质检）

贵州省获得国家质检总局批准的地理标志保护产品138个，其中，茶类23个，酒类6个，果蔬类36个，养殖类13个，中药材类23个，粮油类14个，加工食品类19个，工艺品类4个，全省使用地理标志的企业186家。全省国家地理标志保护产品遵义市28个，六盘水市20个，安顺市12个，贵阳市6个，铜仁市7个，毕节市14个，黔西南州17个，黔东南州18个，黔南州13个，威宁县2个，仁怀市1个。

全省视角来看，六盘水市国家地理标志保护产品（质检）工作起步晚，成绩突出，地理标志保护与培育工作在全省排名比较靠前。全市国家地理标志保护产品数量20个，占全省总量的比重为14.49%，排名第二；使用地标企业32家，占全省使用企业总量的比重为17.20%，排名第三；使用地理标志产品数量15个，地理标志专用标志使用数量全省排名第一。

表3 贵州省使用地标企业统计表

地区	地标产品数	占比	使用地标企业	占比	所使用地标产品数量
遵义市	28	20.29%	33	17.74%	12
六盘水市	20	14.49%	32	17.20%	15
安顺市	12	8.70%	19	10.22%	2
贵阳市	6	4.35%	15	8.06%	3
铜仁市	7	5.07%	15	8.06%	5
毕节市	14	10.14%	20	10.75%	5
黔西南州	17	12.32%	8	4.30%	6
黔东南州	18	13.04%	6	3.23%	5
黔南州	13	9.42%	35	18.82%	9
威宁县	2	1.45%	2	1.08%	1
仁怀市	1	0.72%	1	0.54%	1
合计	138	100%	186	100%	67

（备注：相关数据统计时间截至2019年12月）

2. 地理标志证明商标或集体商标（原工商）

贵州省地理标志证明商标或集体商标情况共计94个，其中遵义市10个（证明商标），六盘水市1个（证明商标），安顺市7个（证明商标），贵阳市2个（证明商标），铜仁市14个（证明商标），毕节市18个（证明商标），黔西南州15个（证明商标），黔东南州6个（证明商标），黔南州11个（其中9个证明商标，2个集体商标），威宁县7个（证明商标）；仁怀市3个（证明商标）。

全省视角来看，六盘水市地理标志证明商标或集体商标（工商）仅有1个，为郎岱酱证明商标。郎岱酱为六枝特区郎岱镇特产，受制酱生产工艺、生产周期、品牌知名度和市场价格等因素影响，传统工艺郎岱酱生产数量非常少。

3. 地理标志保护（知识产业局）

2018年机构改革后，贵州省获批的国家知识产权局地理标志产品保护产品有8项，分别为：大方豆干（大方手撕豆腐）、印江苕粉、镇远陈年道菜、水城红香蒜、赫章红花山茶油、老厂竹根水、水城脆桃、比德大米。

全省视角来看，各市州前期申报的地理标志产品（质检、工商）数量较大，各地资源挖掘比较充分，机构改革后申报的地理标志保护产品数量明显减少。六盘水市获批国家知识产权局地理标志保护产品4项，占全省总获批数量的50%。

4. 农产品地理标志（农业）

贵州省有农产品地理标志登记农产品154个，分别为：省级1个（贵州绿茶），遵义市29个，六盘水市10个，安顺市19个，贵阳市5个，铜仁市12个，毕节市10个，黔西南州29个，黔东南州19个，黔南州15个，威宁县2个，仁怀市3个。

全省视角来看，六盘水市农产品地理标志登记产品共有10个，全省9个市州排名第8位。地理标志产品培育中，六盘水市一直比较重视国家地理标志保护产品（原质检），申报数量在全省遥遥领先，农产品地理标志登记产品的申报数量相对较少。

二、六盘水市农业地理标志产品品牌化建设中存在的问题

（一）区域公用品牌建设滞后

区域公用品牌代表着一个区域的整体形象，为这个区域内建设者、生产者和消费者共同追求，并为这个区域内建设者、生产者和消费者所共有。六盘水市农业地理标志产品品牌化建设中，地方政府比较重视地理标志产品培育与保护工作，对于品牌化建设尤其是区域公用品牌建设略有忽视。全市有地理标志产品35个，目前仅有凉都弥你红和凉都水城春两个区域公用品牌，且建设和使用的主体均为国有企业，区域公用品牌建设工作刚刚起步，品牌影响力和带动作用不明显。政府对地理标志品牌化的建设仅重视前期的申报工作，轻视后续的品牌培育，缺少培育品牌内涵的意识。政府和职能部门在申请地理标志后，要么搁置不用，要么仅靠一个村或个别农民专业合作社进行地理标志产品品牌建设，既没有龙头企业的引领，又得不到具体政策支持，因此无法对地理标志产品品牌化建设工作进行长远的科学规划，出现只申报培育，不注册使用的情况，导致全市地理标志产品的品牌价值没有得到充分发挥。

（二）地方特色文化挖掘不深

在农业地理标志产品品牌化建设中，六盘水地方政府、职能部门、生产企业没有深入挖掘六盘水市民族文化、三线文化、霞客文化、饮食文化以及中国凉都城市品牌、"三变"改革、北盘江世界第一高桥等地方特色文化和文化名片。职能部门和企业只在产品本身上下功夫，没有深入挖掘地理标志产品附着的文化内涵，塑造地理标志产品文化现象，因此六盘水市地理标志产品文化内涵不深厚，产品包装不鲜亮，宣传营销俗套，消费者认知度不高等。例如在盘县火腿的品牌化建设中，只是简单的介绍盘县火腿为地理标志产品，低盐等特征，盘州市政府、职能部门和企业在品牌策划和宣传中，提出"盘县火腿——中国三大名腿之一"，"盘县火腿·贵有道理"等品牌宣传标语，没有准确定位盘县火腿在全国火腿品牌中的地位，没有深入挖掘盘县火腿产品特色和相关文化，尤其是对于盘县火腿非遗制作工艺、盘州市独特的气候以及盘州古城文

化、霞客文化、民族文化和盘州历史名人等地域文化特色挖掘不够。

(三) 地方农业企业参与度低

六盘水市在农业地理标志产品品牌化建设中，仅靠政府、职能部门和国有企业等推进，大多数农业企业更多关注的是企业的品牌建设、产品生产、产品销售、市场盈利等问题，对于地理标志产品品牌化的建设认识不到位，甚至认为这就是政府和职能部门的事情，参与度不高，积极性不强。调研中了解到，市内部分农业企业认为自己的产品有自己的商标和品牌，有稳定的客户和市场，现有包装上是否使用地理标志对于企业产品的销售影响不大。以茶产业为例，六盘水市有茶叶类地理标志4个，即六盘水苦荞茶、水城春茶、保基茶叶、九层山茶。地方政府在地理标志产品培育后，只有凉都水城春股份有限公司和水城区茶叶公司两家国有企业在推进水城春茶地理标志品牌化建设，其他3个茶叶地理标志品牌一直闲置，没有企业参与品牌化建设工作。整体来看，全市茶叶企业重生产轻促销，重企业品牌轻地理标志品牌，市场开拓意识不强，仅靠维持原有的客户和市场进行销售，不能正确认识地理标志产品品牌化建设的意义和价值。

(四) 品牌营销宣传推介不强

六盘水市在地理标志产品品牌化建设中品牌营销宣传推介市场运作和开拓程度低，缺乏专业人才队伍和专项经费支持，因此产品市场空间拓展受限。全市35个地理标志产品，水城黑山羊、落别樱桃、六枝龙胆草、岱翁杨梅、六枝毛坡大蒜、妥乐白果、乌蒙凤鸡、水城脆桃、水城红香蒜、钟山葡萄等均为初级农产品，没有深加工企业支撑。六盘水苦荞茶、六盘水苦荞米、岩脚面、盘县火腿、水城春茶等地理标志产品有深加工企业，但企业对地理标志产品品牌传播与推介力不强，宣传形式单一。例如六盘水苦荞茶、六盘水苦荞米虽然为地理标志产品，仅有水城县满全农业开发有限公司和贵州仙农园绿色食品有限公司2家企业获批使用地理标志专用标志，企业产品产量小，市场营销宣传推介弱，在六盘水市内的知名度还没有威宁苦荞茶、苦荞米高。

三、六盘水市农业地理标志产品品牌化建设对策建议

（一）突出优势，有针对性地培育地理标志产品品牌

参照北京中郡世纪地理标志研究所设计的《地理标志保护与发展综合调研评价规范》相关评价表格，将全市地理标志产品进行品牌综合价值评估，选择一批具有六盘水特色，具有一定种植规模和有潜力、有市场，市场认可度、占有率较高的地理标志产品和农业企业进行品牌化培育，保证地理标志产品品牌化建设后切实推动相关农业产业、企业高质量发展，实现产业升级；带动更多群众参与地理标志品牌化建设，促进农民增收，实现产业可持续发展。

（二）统筹兼顾，同步推进地标品牌与区域公用品牌建设

区域公用品牌具有助力企业闯市场、创品牌、促进产业增效和农民增收等功能，是农业品牌化的基石，也是大多数地区农业品牌化的重要选择。建议在农产品区域公用品牌建设中统筹兼顾，以地理标志为产品背书，做到区域公用品牌建设与地理标志产品品牌建设同步推进，依托全市地理标志产品较高的知名度和广泛的市场认知推进区域公用品牌建设；建议以六盘水市现有的农产品地理标志名称作为区域公用品牌名称，更好地集结产业涉及的分散农户以及相关农业企业参与合作，以培育地理标志产品龙头企业为导向，以建立统一品牌为目标，实现全市地理标志产品标准化、产业化、规模化发展，最终形成以区域公用品牌为统领的共生共荣区域地理标志产品品牌产业生态。

（三）挖掘文化，实现地理标志品牌与地方特色文化融合

地理标志产品是区域文化的结晶，对农产品地理标志建设的同时也是对地方历史文化的传承和保护。建议结合地理标志产品的生长区域、历史人文环境等方面深入挖掘，准确定位六盘水市地理标志产品品牌文化的价值内涵，塑造地理标志农产品品牌的灵魂，使六盘水市地理标志产品在市场上具有更强的辨识度，通过文化氛围的营造，使六盘水市地理标志产品在消费者心目中形成更高的认同度；建议在品牌化建设中对全市地理标志产品进行文化赋能，挖掘全

市地理标志产品独特的民族文化、历史文化、民俗文化、生态文明、气候特色等，强化地理标志产品的文化属性，激活地理标志产品的社会价值和经济价值，重点借助中国凉都城市品牌，水城羊肉粉、盘县火腿等城市美食文化名片，助力水城猕猴桃、水城春茶、水城黑山羊、盘县火腿等地理标志产品品牌化建设。例如地理标志产品水城猕猴桃的品牌化建设中，可充分利用"水城农民画"为品牌背书，产品包装上可将少数民族文化、猕猴桃采摘、乌蒙山山地、北盘江世界第一高桥等元素融入水城农民画中，描绘一幅六盘水猕猴桃采摘的丰收喜庆图景，既显示了丰富多彩的六盘水市民族文化和猕猴桃生长的优良生态环境，又体现了水城猕猴桃的文化内涵。

（四）龙头引领，推进地方农业企业参与品牌化建设

龙头企业是地理标志产品品牌化建设的最大受益者，职能部门要充分调动区域内农业龙头企业的积极能动性，认识到地理标志产品品牌化建设与企业品牌建设是互为补充，相互促进的，积极主动参与全市地理标志产品品牌化建设。农业企业参与地理标志产品品牌化建设可以有效解决企业产品进入市场时产品认识度难题，有利于企业产品的市场认可，更加有利于企业农产品的品牌创建。建议以区域公用品牌为引领，企业品牌为支撑，促进全市农业地理标志产品提质增效与稳定发展，发挥六盘水市各级政府、职能部门的引导作用，借助市内龙头企业在市场对接、渠道建设和品牌推广中的优势，使全市地理标志产品品牌化建设既有政策保障，又有强有力的市场实施主体，实现互利共赢，共同发展；建议引导全市各类涉农企业、农民专业合作社等市场主体，结合地理标志产品品牌化建设工作，培育、拓展、保护地理标志产品品牌，引导企业加强地理标志商标注册和使用，努力构建地理标志品牌+区域公用品牌+企业品牌的发展新模式，打造以品牌价值为核心的新型农业生产方式。

（五）多措并举，持续加强地理标志产品品牌营销宣传

地理标志产品品牌营销宣传推介中，建议六盘水市城市品牌与地理标志产品品牌同步宣传推介，做到"中国凉都"城市品牌为全市地理标志产品代言，借助全市地理标志产品品牌化建设强化"中国凉都"城市品牌建设，市县两级政府和职能部门（农业、供销社、文旅、商务、宣传、工商、发改、质监等）、

企业、农户共同参与和维护六盘水市地理标志产品品牌，规范使用地理标志商标，不断提升地理标志产品市场竞争力；建议按照地理标志品牌化建设要求，借助品牌标志、宣传口号、辅助图形、符号体系、产品体系等建设，提升六盘水市地理标志产品包装档次，让产品包装更符合市场和消费者习惯，更好地提高产品附加值；建议利用互联网、电子商务和抖音、快手、西瓜视频等新媒体以及会展等多种营销手段，多方位、多层次展开六盘水市地理标志产品营销宣传推介，拓宽销售渠道，让六盘水市地理标志产品品牌传播更广，影响更强。

（六）规范管理，引导农业企业参与地理标志品牌维护

政府作为地理标志产品品牌化的引导者、指挥者以及政策保障者，要结合地理标志产品品牌化建设工作，适时出台地理标志品牌管理政策，鼓励全市地理标志产品企业及产业群众积极参与到地理标志产品品牌监管与保护工作中，保护全市地理标志产品品牌不受损。规范、监督和约束地理标志企业按照要求使用地理标志，对破坏地理标志产品品牌建设的行为进行严惩；市和各市（特区、区）政府要大力宣传地理标志品产品品牌，使当地农户、行业协会、农业企业和龙头企业形成品牌意识，自觉维护好地理标志产品品牌形象，最终实现品牌共建、发展共赢、利益共享。

作者简介： 陶波，六盘水市社会科学院理论研究科科长、副研究员。

乡村振兴背景下黔东南州农村干部廉政能力提升路径研究

李昕玮

摘　要：乡村振兴战略的实施是习近平同志为核心的党中央做出的重大战略决策，着眼于中华民族伟大复兴战略全局，体现了坚持以人民为中心的发展理念和习近平新时代中国特色社会主义社会思想。2022年1月中共中央、国务院印发了《关于做好2022年全面推进乡村振兴重点工作的意见》，其中明确要求加强农村基层组织建设，具体包括："深入开展市县巡察，强化基层监督，加强基层纪检监察组织与村务监督委员会的沟通协作、有效衔接，强化对村干部的监督。"对农村干部的监督是做好乡村振兴工作的重要环节，同时也对农村干部的廉政能力提出了更高的要求。"村两委干部"为主构成的农村干部群体是乡村振兴工作的直接责任人和落实者，除了政治立场坚定、业务能力强、始终亲民爱民等要求之外，廉政能力已经成为农村干部的重要工作能力。现今农村干部的廉政能力同过去相比已经有了极大提高，但仍具有不足之处，部分农村干部身上存在工作作风消极、裙带关系、脱离群众等问题，同时在廉政能力提高上也面临一系列困难。因此，加强对农村干部的廉政能力建设很有必要。同时，对乡村振兴工作的顺利开展和党的优良作风的贯彻都具有重要意义。

关键词：乡村振兴；农村干部；廉政能力

本课题组以黔东南州台江、锦屏、雷山三县的农村干部为调研对象，通过实地走访、个别访谈、问卷调查、查阅资料等方式进行调研，在对160名农村干部进行问卷调查的基础上，系统总结了黔东南州近年在提高农村干部廉政能力工作中的经验做法，分析了存在的问题和困难，并就乡村振兴背景下进一步推动农村干部廉政能力提升提出了对策建议。

一、新形势下提高农村干部廉政能力的背景

乡村振兴战略是习近平总书记于2017年10月18日在党的十九大所作报告中明确提出的，要建设"产业兴旺、生态宜居、乡风文明、治理有效、生活富裕"的乡村。2018年1月2日中共中央、国务院发布了《中共中央 国务院关于实施乡村振兴战略的意见》，2018年9月中共中央、国务院印发了《乡村振兴战略规划（2018—2022年）》，为乡村振兴战略的制定和实施奠定了坚实基础。2021年印发了《中共中央 国务院关于全面推进乡村振兴加快农业农村现代化的意见》，其中强调"十四五"时期，要坚持把解决好"三农"问题作为全党工作的重中之重，把全面推进乡村振兴作为实现中华民族伟大复兴的一项重大任务，举全党全社会之力加快农业农村现代化，让广大农民过上更加美好的生活。2021年4月出台了《中华人民共和国乡村振兴促进法》，其中要求："促进乡村振兴应当按照产业兴旺、生态宜居、乡风文明、治理有效、生活富裕的总要求，统筹推进农村经济建设、政治建设、文化建设、社会建设、生态文明建设和党的建设，充分发挥乡村在保障农产品供给和粮食安全、保护生态环境、传承发展中华民族优秀传统文化等方面的特有功能。"2022年印发的《中共中央 国务院关于做好2022年全面推进乡村振兴重点工作的意见》中，突出年度性任务、针对性举措、实效性导向，部署2022年全面推进乡村振兴重点工作，明确了两条底线任务：保障国家粮食安全和不发生规模性返贫；三方面重点工作：乡村发展、乡村建设、乡村治理；确保"三稳"：农业稳产增产、农民稳步增收、农村稳定安宁；推动实现"两新"乡村振兴取得新进展、农业农村现代化迈出新步伐。

在大力推进乡村振兴战略的同时，党高度重视农村干部廉洁意识的培养和廉政能力的提高。早在2011年5月23日，中央和国务院便出台了《中共中央办公厅 国务院办公厅关于印发〈农村基层干部廉洁履行职责若干规定（试行）〉的通知（以下简称〈通知〉）》，其中明确提出"农村党风廉政建设关系党的执政基础。农村基层干部廉洁履行职责，是坚持以邓小平理论和'三个代

表'重要思想为指导,深入贯彻落实科学发展观,全面贯彻落实党的路线方针政策,加快推进社会主义新农村建设的重要保障;是新形势下加强党的执政能力建设和先进性建设,造就高素质农村基层干部队伍的重要内容;是保证农村基层干部正确行使权力,发展基层民主,保障农民权益,促进农村和谐稳定的重要基础,是加强和创新社会管理,做好新形势下群众工作,密切党群干群关系的必然要求。"在《通知》中对农村干部提出了要求:"农村基层干部应当坚定理想信念,牢记和践行全心全意为人民服务的宗旨,恪尽职守、为民奉献;应当发扬党的优良传统和作风,求真务实、艰苦奋斗;应当遵守党的纪律和国家法律,知法守法、依法办事;应当正确履行职责和自觉接受监督,清正廉洁、公道正派;应当倡导健康文明的社会风尚,崇尚科学、移风易俗。"在乡村振兴战略提出之后,建立一支高素质的农村干部队伍的重要性得到了充分认识。在《中华人民共和国乡村振兴促进法》中明确要求:"国家建立健全农业农村工作干部队伍的培养、配备、使用、管理机制,选拔优秀干部充实到农业农村工作干部队伍,采取措施提高农业农村工作干部队伍的能力和水平,落实农村基层干部相关待遇保障,建设懂农业、爱农村、爱农民的农业农村工作干部队伍。"在建立高素质农村干部队伍的工作中,提高农村干部廉政能力、培育廉洁意识、营造廉洁文化氛围被列入强化基层治理水平的重要内容之一。在《中共中央 国务院关于做好2022年全面推进乡村振兴重点工作的意见》中要求:"深入开展市县巡察,强化基层监督,加强基层纪检监察组织与村务监督委员会的沟通协作、有效衔接,强化对村干部的监督。"将对农村干部的监督置于全面推进乡村振兴重点工作当中,给农村干部廉政能力和廉洁意识都提出了更高的要求。

党的十九大以来,面对黔东南州乡村振兴工作的繁重任务和新冠肺炎疫情的影响,全州党员干部,尤其是农村干部不畏困难,奋斗在一线,坚持以习近平新时代中国特色社会主义思想为指导,深入贯彻习近平总书记历次重要讲话精神,认真落实党中央关于乡村振兴的决策部署和省委、州委要求,不忘初心、牢记使命,坚持党建引领,建强基层战斗堡垒,不断巩固脱贫攻坚成果,有序推动乡村振兴工作。值得注意的是,《贵州省乡村振兴促进条例》将于2023年1月1日起开始施行,其中明确要求:"建立健全农业农村工作干部队伍的培养、配备、使用和管理机制,拓宽农业农村工作干部来源渠道,落实关爱激励政策和容错纠错机制，鼓励改革创新、担当实干，建设懂农业、爱农村、爱农民的农业农村工作干部队伍。"该条例的施行将为黔东南农村干部队伍建设，更好地推进乡村振兴工作提供新机遇，迈上新台阶。

黔东南州委、州政府大力推进乡村振兴工作的同时，高度重视农村干部廉政能力建设，在乡村营造风清气正的廉洁文化氛围。黔东南州从农村干部廉洁意识培养、廉政相关规定学习、农村干部廉洁制度建设、乡村廉洁文化氛围营造等多个角度发力，多管齐下，坚持教育在先、警示在先、预防在先的原则，推动农村干部廉洁高效履职，使黔东南州农村干部的廉洁意识和廉政能力都得到了极大提高，村级"小微权力"强化监督体系不断得到完善，为黔东南州巩固脱贫攻坚成果、全面推进乡村振兴工作，农村干部真正成为人民群众的"贴心人"构建了坚实的基础。(见表1)

表1 当前农村干部廉政能力情况调研结果

选项	小计	比例
非常强	111	69.81%
一般	46	28.93%
不好	2	1.26%

二、黔东南州提高农村干部廉政能力的探索与实践

近年来，黔东南州坚持以习近平新时代中国特色社会主义思想为指导，全面推进乡村振兴工作，严格执行《农村基层干部廉洁履行职责若干规定》《关于加强农村基层党风廉政建设意见》《中华人民共和国乡村振兴法》《中共中央 国务院关于做好2022年全面推进乡村振兴重点工作的意见》等政策法规，抓好农村干部队伍建设，建立健全农业农村工作干部队伍的培养、配备、使用和管理机制，拓宽农业农村工作干部来源渠道，落实关爱激励政策和容错纠错机制，鼓励改革创新、担当实干，建设懂农业、爱农村、爱农民的农业农村工作干部队伍，为巩固脱贫攻坚成果和全面推进乡村振兴工作提供了坚强的组织保障。

（一）抓好农村干部队伍建设，建设强有力的战斗堡垒

1. 建强农村基层干部队伍

黔东南州以农村"两委"选举为抓手，严格按照"五个一批"和"五选十不选"标准选任干部，配齐具有战斗力的村"两委"班子，建设了一支扎根基层、政治立场坚定、综合素质较高的农村干部队伍。此次在台江县、雷山县和锦屏县开展的调研结果显示，159名受访者中，101人具有本科及本科以上学历，占比63.52%（见表2），91人为中共党员（含预备党员），占比57.23%（见表3）。

表2 受访农村干部学历情况

选项	小计	比例
小学	0	0%
初中	15	9.43%
高中	14	8.81%
专科	29	18.24%
本科及以上	101	63.52%

表3 受访农村干部政治面貌情况

选项	小计	比例
群众	33	20.75%
团员	35	22.01%
中共党员（含中共预备党员）	91	57.23%

2. 党建引领建设基层战斗堡垒

黔东南州紧抓农村基层党组织建设，以党建引领建设强有力的基层战斗堡垒。一方面通过"季度考核""作用发挥研判"等机制不断提高党组织书记能力。另一方面通过设立党员先锋岗、推行党支部评分定级和党员积分管理等机制做好党支部标准化规范化建设，解决部分农村基层党组织涣散的问题，巩固提高基层党组织战斗力，成为黔东南巩固脱贫攻坚成果和全面推进乡村振兴战略的带头人、战斗队。

（二）坚持严管厚爱，促进农村干部廉洁履职

1. 量体裁衣制定廉政教育培训计划

黔东南州纪检监察机关坚持严管厚爱和教育在先、警示在先、预防在先的原则，依照"量体裁衣"的方式为新任农村干部制定廉政教育培训计划，上好廉洁履职第一课，促进新任农村干部廉洁高效履职。黔东南州纪委监委以正面引导和警示教育相结合，通过集体廉政谈话、观看警示教育片等多种方式对换届后新任农村干部开展全覆盖法纪宣传学习和廉政教育，取得了良好效果。

2. 将党史学习教育与红色文化资源相结合

黔东南州纪委监委将党史学习教育与黔东南州红色文化资源相结合，充分利用黔东南州各地红色文化资源优势，多批次组织农村干部到廉政教育展馆、革命纪念馆等参观，将党史学习教育做到实处，教育引导农村基层党员干部传承红色基因，不忘初心、牢记使命。

3. 落实任前谈话，将廉政监督"关口前移"

黔东南州纪委监委严格落实任前谈话制度，对新任村干部进行任前廉政谈话和廉政教育，并将其看作是推动全面从严治党向基层延伸的重要举措之一，做到廉政教育"关口前移"，筑牢农村干部的廉政意识，打造一支清正廉洁、忠诚干净担当的农村干部队伍。如岑巩县纪委监委通过进行廉政谈话、上廉政专题党课、送廉上门等方式对新任农村干部进行廉政教育，并推动农村干部廉政教育具体化、常态化，取得了良好的效果。

（三）将"小微权力"的监督视作发力点

1. 制度化规范村级"小微权力"行使，使监督有规可依

"小微权力"是基层工作的主要体现形式，也是人民群众最能感受到，最关系到人民群众切身利益的权力。"小微权力"内容庞杂，事项众多，涉及不同领域的各项规定，对农村干部廉洁履职能力要求较高，也是农村干部廉洁履职中的难点之一。黔东南州纪委监委将"小微权力"监督和廉洁履职作为农村干部廉政工作的重点，建立"小微权力"清单，使农村干部理解"小微权力"涉及哪些工作内容，应当如何推动工作，需要注意的相关廉政规定是什么。如天柱县纪委监委建立了村干部小微权力清单，明确了每项村级"小微权力"具

体实施的责任主体、权力运行操作流程、权力运行过程中的公开公示等内容，极大地帮助农村干部廉洁履职，在履职之初便可以做到有法可依、有规章制度可遵循。台江县纪委监委探索建立推行了"一流程两清单四台账"村级监督模式，内容为村级事务监督流程图，涉及3大类36项的"小微权力"清单和32条负面监督清单，"监督履职、发现问题、问题线索、走访群众"4本台账。通过"一流程"和"四台账"为村纪检监督员提供了监督方向和具体内容，通过"两清单"明确了农村干部权力边界，使干部自身能够照单履职，监督有的放矢。

2. 通过深化提级监督，对村级小微权力运行严格监督

农村基层对小微权力的监督长期存在监督力量薄弱、熟人关系难以深入落实监督等问题，因此，黔东南州各级纪委监委将提级监督作为村居小微权力监督的重要方式，取得了良好效果。如天柱县纪委监委制定出台了《关于开展村（社区）集体"三资"提级监督试点工作方案》，选取凤城街道凤城村、钟鼓村两村及联山街道惠民社区一个社区作为试点，探索建立了"县级—乡镇（街道）—村（社区）"三级监督体系，并由县纪委监委党风政风监督室统筹，成立"纪检监察室—派驻纪检监察组—乡镇（街道）纪委（纪工委）"提级监督检查组，建立了廉政档案提级管理、重大事项提级报备、问题线索提级处置、政治生态提级研判、集体三资提级巡察5项机制，专攻小微权力监督难题，着力解决纠治侵害群众切身利益的腐败和作风问题。

3. 加强村级监督员能力和制度建设

在贵州省纪委监委和黔东南纪委监委的部署下，州内各县市已经建立了村级纪检监督员机制，并任命了一批村级纪检监督员，以做好对"小微权力"行使和农村干部的监督。黔东南州纪委监委在落实村级纪检监督员机制的过程中，针对村级纪检监督员存在的不会监督、不善监督、不愿监督的问题，通过开办村级纪检监督员培训班、跟班学习等方式着力提高村级纪检监督员履职能力，并结合岗位和基层工作实际情况制定相应的工作清单，使村级纪检监督员能结合自身工作精准发力，规范化、制度化履职。如锦屏县纪委监委将提升村级纪检监督员履职能力作为工作重点，制定了《锦屏县村（社区）纪检监督员培训方案》，举办了村（社区）纪检监督员专题培训班，对全县115名村（社区）纪检监督员进行了业务培训。并从制度角度出发，制定了《锦屏县规范治

理村（社区）监督清单》，明确了村（社区）纪检监督员具有廉政宣传教育、收集报告信息、日常监督检查、协助案件调查等职责，细化了13项监督内容，使村（社区）纪检监督员明确了工作方向和重点。同时，锦屏县纪委监委完善了对村（社区）纪检监督员履职情况的监督，制定了《锦屏县村（社区）纪检监督员履职考核办法》，进一步健全完善对村（社区）纪检监督员监督考核机制，成效明显，截至2022年6月，锦屏县全县村（社区）纪检监督员帮助解决群众难题23个，报告村干履职问题13个，协助运用"第一种形态"处理28人。

三、农村干部廉政能力建设中存在的主要问题

黔东南州认真落实中央和省委关于提高农村干部连接意识和廉政能力，巩固脱贫攻坚成果，全面推进乡村振兴战略相关文件和政策，在营造风清气正的农村工作环境，打造一支清廉正直的农村干部队伍方面取得了一定成绩，有力推动了乡村振兴战略背景下黔东南农村干部队伍建设。总体而言，黔东南州农村干部廉政意识较强，廉政能力同过去相比有所提高，发展方向是正确的。但对照全面推进乡村振兴战略工作和中央、省委及州委要求还有一定差距，具体表现在以下几个方面：

（一）农村干部对相关规章制度理解不够深入，缺乏将制度规定同具体工作相结合的能力

从调查结果来看，对于"您认为当前农村干部廉政能力存在的弱项是什么"的回答中，有62名受访者认为农村干部对规章制度了解不够，占38.99%。在回答"您认为农村干部接受廉政教育过程中存在什么问题"时，64名受访者认为缺乏及时了解相关规章制度的渠道，占比40.25%，71名受访者认为农村干部缺乏深入解读相关规章制度的能力，占44.65%。78名受访者认为不清楚如何将规章制度要求落实于具体工作当中，占49.06%。由于此题为多选题，因此受访者选择了多个选项。由调查结果可以看出，中央、省、州各级十分重视乡村振兴战略实施过程中农村干部的廉政能力建设，均在相关政策中提出了要求，各级纪委监委在实际工作中都贯彻执行了，并且黔东南州部

分县纪委监委面向新任村干部也做了廉政培训。但仍存在覆盖面不够广、培训内容不够细等问题。比如覆盖全州范围的农村干部廉政能力培训体系尚未正式建立和完善,培训学习没有实现常态化。在培训内容中,农村干部工作内容庞杂,涉及条块多,与群众生活方方面面相关。廉政培训内容若未能同各相关工作具体规定相结合,难免使培训出现空泛的问题,使农村干部出现"听完培训但到了工作中又好像什么都没有学到"的感受,产生对相关政策规定理解把握不到位和贯彻执行不清楚的问题。

(二)农村干部工作任务繁重,难处理廉政能力提升与完成工作任务之间的关系

从调查结果来看,针对"您认为当前农村干部廉政能力存在的弱项是什么"的回答中,47名受访者认为弱项是难以平衡"做事"与"遵规"之间的关系,占29.56%。同时在此问题回答中,有84人认为工作任务过重,影响了农村干部廉政能力提高,占52.83%。调查结果说明,农村基层工作千头万绪,现今正处于巩固脱贫攻坚成果、全面推进乡村振兴战略的关键时期,以及新冠肺炎疫情防控等工作都需要农村干部全力参与,繁重的工作任务使农村干部分身乏术,没有时间和精力来进行廉政相关学习。在访谈过程中,有农村干部表示,日常完成各级部门交办任务及处理村民事务已经处于"身心俱疲"的"连轴转"状态,主观上想要利用闲暇时间来自我学习,提高自身廉政意识和廉政能力,但业余时间已经没有精力来学习了。应当说,如何平衡农村干部完成工作任务与有效接受廉政教育之间的关系是现今提升农村干部廉政能力方面的薄弱环节。

(三)农村干部难以摆脱传统观念和宗亲关系影响

从问卷调查的结果来看,针对"您认为当前村干部廉政能力存在的弱项是什么"这一问题的回答中,61名受访者认为是难以摆脱乡村宗亲关系的影响,占38.36%。42名受访者认为是难以摆脱乡村落后的意识观念的影响,占26.42%。在问题"您认为当前农村干部在廉政方面存在的主要问题是什么"的回答中,22名受访者认为是以权谋私,占13.84%。50名受访者认为是裙带关系,占比为31.45%。近年来随着脱贫攻坚任务的完成和乡村振兴全面推进,

黔东南州农村的精神文明面貌得到了极大改变，喝酒赌博、好逸恶劳等现象大为减少，但仍然存在将宗亲关系放于首位、人情深重等情况，给农村干部廉洁履职带来了较大压力。在走访调研过程中，有农村干部曾表示，作为土生土长的本村人，在处理涉及群众利益的工作时，曾受到家族中长辈要求照顾族中亲戚的压力，认为若不照顾，则这个村干部"家族不照顾，冷心冷情"，而家族关系是村中重要的人际关系网络，给农村干部造成了较大的人际关系压力。另外，在走访中发现，还有部分农村干部或者不是本村人，或者并非是村中主要家族的成员，在履职时容易受到宗亲关系影响或者是排挤，同样面临较大的人际关系压力。

（四）农村干部廉政能力提升学习机制有待进一步完善

在问卷调查中发现，针对"您认为当前农村干部廉政能力存在的弱项是什么"的回答中，60 名受访者认为没有持续学习的途径，占比 37.74%。在针对"您认为当今农村干部接受廉政教育过程中存在什么问题"的回答中，96 名受访者认为虽然有培训，但缺乏持续性，占比 60.38%。应当说，黔东南州现在十分重视农村干部的廉政学习，组织过相关培训，这在对问题"您是否有途径接受廉政教育"的回答中，145 名受访者选择"有途径"（占比 91.19%）中就能看出。另外，在调研中显示农村干部现今接受廉政学习的方式也较为多样，但仍以组织学习为主，在针对"您主要通过什么渠道接受廉政教育"问题的回答中，136 名受访者是通过基层党组织学习，占比 85.53%，125 名受访者是参加上级组织的培训学习，124 名受访者是通过上级文件传达途径。由此可见，尽管学习方式多样，但学习渠道仍显较为单一。

四、推动农村干部廉政能力提升工作的对策建议

习近平总书记在党的二十大报告中对党风廉政工作做出了战略性要求，要"坚决打赢反腐败斗争攻坚战、持久战……只要存在腐败问题产生的土壤和条件，反腐败斗争就一刻不能停，必须永远吹冲锋号，坚持不敢腐、不能腐、不想腐一体推进"，并要求"形成一支忠诚干净担当的高素质专业化干部队伍"。从思想上筑牢廉政意识防线。对照二十大提出的要求和黔东南州巩固脱贫攻坚

成果和全面推进乡村振兴战略的实际情况，课题组认为，下一步可考虑着重做好以下工作：

（一）建立完善覆盖全州的农村干部廉政能力培训体系

在调研中发现，绝大多数农村干部都具有坚定的政治立场，工作的出发点基本是更好地为人民服务，希望能通过脱贫攻坚和乡村振兴来建设家乡，使群众过上更好的生活。同时，绝大多数农村干部已经具备了较好的廉政意识，具有了"不想腐""不敢腐"和"不能腐"的基础。但在实践中发现，农村干部或者是自身文化素质有待提高，或者是缺乏体制内工作的经验，或者是走出校门时间不长的青年人，对廉政相关政策法规把握能力较弱，有强烈的接受培训的愿望和需求。在黔东南州纪委监委的部署下，部分县纪委监委已经对新任农村干部进行了廉政培训，初步建立了廉政教育培训机制，但同时仍存在覆盖范围不够广、尚未建立常态化教育培训机制等弱点。可以在总结提炼现有的部分县对新任农村干部进行廉政教育和培训的成功经验基础之上，结合全州各县市实际，由州纪委监委牵头，结合州委党校、凯里学院等学术机构资源，制定覆盖州—县/市两级的农村干部廉政培训机制，精心准备培训内容和师资选派，提升培训的针对性和实效性，打造培训精品课程，并在培训时间上做出明确规定，力争每年至少能完成一次覆盖全州的农村干部廉政培训体系。

（二）结合农村干部工作实际采用灵活多样的培训形式

农村干部工作任务重，没有充足的学习时间，同时仅靠定期廉政教育难以满足农村干部提升廉政能力的需求。结合农村干部学习时间碎片化、工作任务重导致学习主动性不够等客观困难和问题，培训形式和渠道可以采取更加灵活多样的方式，在定期进行集中培训（线上+线下）的基础之上，可通过微课堂、微视频、每日廉政提示等方式，充分运用移动互联网条件和资源，方便农村干部运用"碎片时间"和业余时间自主进行廉政学习，提升廉政能力和廉政意识。

（三）进一步将学习内容同农村干部工作实际相结合

在调研中，有部分农村干部提到，廉政教育培训十分及时，给农村干部树立廉洁意识提供了重要依托。但同时还存在培训内容与实际工作未能完全结合的问题，如农村干部在履职尽责的过程中主要涉及的是"小微权力"腐败问题，包括村级事务公开、"一事一议"、建档立卡贫困户及脱贫退出名单等工作，与其他行政机关和业务部门相比，农村干部工作内容烦琐、涉及的部门和业务范围较多，实际上对干部的廉洁能力要求更高。同农村干部的学习需求相比，现今的廉政教育内容存在不够细化、同具体工作结合不够紧密等问题，可以借鉴台江等部分县已经开始实施的"台账"或者"清单"制度，将农村干部工作中涉及廉政的相关规定和要求梳理出来，以清单、"小册子"等形式发放给农村干部，随身备查。

（四）在乡村大力营造廉洁文化氛围，减轻农村干部廉洁履职的人际压力

在调研中发现，除了工作繁杂带来的压力之外，对农村干部廉洁履职最大的压力来源是农村人际关系。虽然黔东南州乡村的精神文明面貌与过去相比已经得到了极大提高，但是宗族关系、亲缘意识等仍然是农村社会风气的重要基础。一方面浓厚的人情味是黔东南州农村保持团结和谐社会氛围的重要条件，另一方面则给农村干部清廉履职带来了压力。在客观上无法使农村干部完全脱离人际环境的情况下，在农村营造浓厚的廉洁文化氛围，使群众理解、认同并身体力行地遵循廉政规定，树立廉洁意识便是破局之策。黔东南州纪委监委运用优秀民族文化和红色文化资源，通过"清廉家风作品展播"、创作廉洁文化微视频等方式创新载体形式，推动廉洁文化入脑入心，取得了明显成效，使廉洁文化在潜移默化中植入群众内心。建议未来可在现有工作成绩的基础上，总结成功经验，结合黔东南州实际，进一步挖掘优秀民族文化中的廉洁因素和红色文化中的廉洁资源，由黔东南州纪委监委牵头制定出台黔东南州廉洁文化建设规定，从制度上明确廉洁文化建设的相关内容和要求，形成贯穿州—县/市—乡镇/街道—村/社区的廉洁文化建设体系，从而能营造浓厚的廉洁文化氛围，涵养风清气正的政治生态，使廉洁清风吹进千家万户，为农村干部廉洁履职塑造良好的外部环境。

作者简介：李昕玮，凯里学院马克思主义学院讲师。

谈乌江流域节日文化与乡村振兴

张士伟　张　娜

摘　要：乌江流域有传统节日400多个，分为农事型节日、祭祀型节日、交游型节日、集贸型节日、复合型节日等类型，有很多被选为国家级、省级或者县级非遗项目，具有约定的时间性、展示的整体性、参与的愉悦性、发展的变异性的特点，其厚重的文化内涵表现在恪守农时节气，追求天人合一；慎终追远，感恩生命；趋吉避凶，祈福佑安。这些传统节日有利于加强乡村团结，增强民族凝聚力；有利于活跃和丰富乡村文化生活；有利于乡村经贸发展，是中华民族文化库中的瑰宝。

关键词：乌江流域；节日文化；乡村振兴

乌江发源于贵州省威宁县香炉山花鱼洞，流经黔北及渝东南酉阳彭水，在重庆市涪陵注入长江。乌江流域是一个多民族交错杂居和少数民族成片聚居的地区，共有包括汉族、苗族、布依族、侗族、土家族、彝族、仡佬族、仫佬族、水族、白族、回族、壮族、蒙古族、畲族、瑶族、毛南族、满族、羌族等18个民族。历史上，各族人民创造了异彩纷呈的民族文化，其中节日文化就是其中的瑰宝，有传统节日400多个。俗话说："三里不同风，五里不同俗，大节三六九，小节天天有。"其中被列为国家级非遗的节日有：苗族羊马节（秀山）、苗族"跳花节"（安顺）、仡佬族"毛龙节"（石阡）、布依族"查白歌节"（贵州）、彝族"火把节"（赫章）。还有很多被选为省级非遗项目：清水江"杀鱼节"（福泉市）、大狗场"吃新节"（平坝区）、苗族"四月八"（贵阳市）、苗族"独木龙舟节"（施秉县）、谷陇"九月芦笙会"（黄平县）、仡佬族"吃新节"（金沙县、平坝区）、土家族"过赶年"（印江县）、镇远"元宵龙灯会"（镇远县）、土家族"八月八"唢呐节（镇远县）、侗族民俗"悄悄年"（石阡县）、"彝族年"（赫章县）、"6·24民族传统节——二郎歌会"（福泉市）、苗族"跳花节"（安顺市）、苗族"二月二"（松桃县）、布依族"三月三"（开阳县）、苗族"祭桥节"（黄平县）、彝族"火把节"（大方县、赫章县）、清镇"瓜灯节"（清镇市）、苗族"踩山节"（金沙县）、苗族"花山节"（威宁彝族回族苗族自治县）、"清明会"（石阡县）、"水龙节"（德江）、苗族"系郎周"（龙里县）、布依族"龙王节"（福泉市）、苗族"祭鼓节"（清镇市）。还有大量节日被选为市级或县级非遗项目。

一、民族节日的类别

乌江流域民族节日分为农事型节日、祭祀型节日、交游型节日、集贸型节日和复合型节日五类。

（一）农事型节日

乌江流域各族的大多数节日根植于农业文明，与农时和农业生产密切相关。"在以农业为立国之本的世代，再没有什么节祭仪典比农事祭祀更多、更复杂了。"[1] 从远古传承至今，具有顽强的生命力。比如苗族的"杀鱼节""羊马节""接龙节""迎雷节""吃新节""翻鼓节""活路节""敬秧节""牛节"；侗族的"舞春牛节""土王节""播种节""洗牛节""种棉花节""洗澡节"；布依族的"地蚕会""跳花场"；彝族"祭青苗土地节"，等等。祭祀时还要有祭词，比如彝族的："老天爷难为你，谷穗出来交给你，莫让冷气来，保佑谷子成熟好，今天杀鸡来祭你。"[1] 水族的祭词："别人的稻谷，用折刀采摘；我们的稻谷，用斧子砍。"[1] 这些都是农耕文明的产物。各族百姓遵循物候的变化，以不同的岁时节日来确定季节和节气的变化轮回，布置农事生产，反映了他们对农事活动和自然规律极为重视，祈求神灵保佑风调雨顺、五谷丰登。

（二）祭祀型节日

乌江各族人民大都是有神论者，祭祀性的节日众多，如苗族的"祭桥节""七月半""鼓社节"；侗族的"萨玛节""摆古节""林王节"；布依族的"六月六";仡佬族的"祭山节";水族的"敬霞节";汉族的"清明节";等等。祭祀对象种类繁多,有天神、地祇、图腾、祖先、英雄人物等等,并以与农业有关的神灵最多。"从民俗事象的饮食、服饰、婚恋、歌舞娱乐,到深层心理的敬祖祭天、祈年求神、祈求人畜平安、生命轮回等观念意识,无不在节祭中得以集中展现。"[2] 节日祭祀仪式的主持者要德艺双馨,享有崇高威望,比如苗族节日的祭祀仪式主持人为苗老司,要有写功、雕功、画功、扎功、剪功、诵功、唱功、武功、打功、医功、算功、自然功、超自然功等。[3]

(三) 交游型节日

历史上乌江流域各个少数民族呈现小杂居、大聚居的特点,大都位于偏僻荒凉、人烟稀少的地方,青年男女寻找配偶不易。很多节日为男女交流创造了难得的机遇,比如苗族的"姊妹节""跳花节""踩山节""花山节""花坡节""六月六歌会"等;布依族的"花包节";侗族的"芦笙节""月也""赶歌场"等,使彼此相遇、相知、相恋,最后达到男婚女嫁的目的,体现了族群成员交际的功能。清朝的褚人获在其著作《坚瓠集》里,收录了陆次云撰写的《跳月记》,记载了清朝时期乌江流域苗族"跳花节"的盛况:"跳月记。苗人之婚礼曰跳月,跳月者,及春月而跳舞求偶也。载阳展候,杏花柳梯,庶蛰蠕蠕,箐处穴居者,蒸然蠢动,其父母各率子女,择佳地,而为跳月之会。……有男近女而女去之者;有女近男而男去之者;有数女争近一男,而男不知所择者;有数男竞趋一女,而女不知所避者;有相近复相舍;相舍复相盼者,目许心成,笼来笙往,忽焉挽结。……渡涧越溪,选幽而合,解锦带而互击焉,相携以还于跳月之所,各随父母以返,返而后议聘。聘以牛,牛必双。以羊,羊必偶。先野合而后俪皮,循蜚氏之风与。呜呼苗矣!"[4] 作者对苗族在节日期间的择偶方式大为惊叹。乌江流域的各种节日大都有众多的乐趣横生的活动,激起了各地游客前去参加节日的热情。大家从各地扶老携幼,纷纷加入节日活动中。节日期间走亲访友,重会老朋友,认识新朋友,尽情品味节日文化,沉浸在快乐中。

(四) 集贸型节日

传统节日多为各族群众的自发活动,人们要置办节日用品和生产生活用品，或多或少具有集贸性的特点，形成旅游的旺季。随着市场经济的发展，乌江流域各族群众脱贫致富奔小康的步伐加快，在种种现实利益的驱动下，不但设置了一些新节日，而且传统节日也在性质上发生了变化。比如贵州安顺自2004年创设了黄果树瀑布节，至2016年，已经连续举办了十三届，内容丰富多样，是集经贸、文化、体育、旅游、宣传、环保于一体的盛会，以"旅游文化引领搭台，经贸唱戏，重在实效"为原则，召开全国投资贸易洽谈会暨贵州旅游商品展销会，为国内外客商搭建了一个"走进贵州、了解贵州、投资贵州"的平台，为贵州各地、各部门和各企业扩大对外经济技术交流与合作提供难得的机遇和重要契机，使黄果树瀑布节趋向于市场化、商业化和社会化。此外还有布依"六月六"、侗族凯里原生态文化艺术节、凯里国际芦笙节、黎平鼓楼节等等。

（五）复合型节日

乌江流域各族的很多节日都同时具有农事型、祭祀型、交游型、集贸型节日的多元性质，形成文化内核多重的复合型节日。比如松桃苗族正月初九的"赶祠堂节"，既有祭祀仪式，又有集会交游内容，还有集贸的性质。彝族二月初六的"祭山林节"也有祭祀、农事和集贸的多重性质。

随着经济的发展和改革开放的深入，乌江流域的传统节日演变趋势呈现为：从历史功能相对单一向复合型功能演变；交游型和集贸型节日的功能越来越突出；由民间百姓主导的节日越来越少，政府和商业组织逐渐成为节日的主导力量，比如苗族的"四月八节"，"通过调查发现，节日的组织主体已经从原来村寨一级的寨老会首等有名望的人物，转变为地方政府。地方政府和村寨组织者及民众共同推动了节日的传承和发展，但还是需要以村寨一级的组织为基础，才能调动民众的积极性。"[5] 节日的通商功能和展示功能越来越得到强化。

二、民族节日的特点

千百年来，乌江流域的各族同胞以节日的形式再现其生产生活和精神世界，表达对幸福生活的憧憬，源远流长，历久弥新。其特点主要有：

(一) 约定的时间性

节日即各个族群约定俗成的有特定内涵的活动日,有相对的独立性、时间性和稳定性,并得到世代传承。由于各族在乌江流域分布广泛,受制于自然环境、通讯手段和交通条件,再加上历史上各族大都没有完整准确的历法,所以每个节日的日期常常因地而异。由于很多节日根植于农耕文化,农时节气对节日影响大,各个自然节气的发展变化构成节日形成的主要依据,自然时间与文化时间高度融合。

(二) 展示的整体性

各民族的节日是一个文化综合体,是民族历史的活化石。尤其对乌江流域那些既没有文字,又没有学校的民族,民族历史文化也通过节日来传播与传承。从非物质文化方面的饮食文化、服饰文化、戏剧文化、体育文化、美术文化、音乐文化,到心理层面的辟邪祈福、万物有灵、生命轮回、审美趣味、价值取向等思想观念,无不在节日中得以集中展现。各种的节日文化积淀了各族同胞创造的博大精深的历史文化,是丰富多彩、体系完备的有机体系。这些要素在节日期间通过音乐歌舞、口传心授、习惯规约、竞技游戏等方式得到传承和弘扬,增强了中华民族的软实力。

(三) 参与的愉悦性

乌江流域各族的节日活动丰富多彩,有民间音乐类,如打鼓、敲锣、吹笙、对山歌、唱苗族飞歌、唱酒歌等;有民间舞蹈类,有跳木鼓舞、跳大迁徙舞、跳踩堂舞等;有传统戏曲类,如傩戏、地戏、文琴戏、花灯戏、阳戏、提阴戏等;有杂技和竞技类,例如斗牛、斗鸟、玩狮耍龙、踢苞谷叶毽、打陀螺等;还有传统手工艺制品的展示;等等。人们盛装出席,欢天喜地,投亲访友,谈情说爱,尽享欢乐时光,到处都充满着欢乐祥和喜庆的气氛。

(四) 发展的异变性

随着社会发展,传统民族节日与时俱进,其形式、规模、参加者、举办时间、地点和风俗习惯等都发生了诸多异变。有些被渐渐废弃,有些被不断更新，进步的因素越来越占据了主流，陈旧不合理的陈规陋习逐渐被淘汰。女子在各种节日庆典的活动中逐渐占据了主导地位。男子越来越多地成为忠实的观众。很多节日的宗旨由历史上的祭神和娱神变为娱人，节日的宗教神学色彩越来越淡。商业色彩越来越浓厚。节日越来越多地增加了文艺演出、体育竞赛、投资洽谈、商品交流等活动内容，并打破了传统上的民族和地区的限制。传承与异变的辩证统一是乌江流域各族节日的最显著特点。

三、民族节日的文化内涵

民族节日是乌江各族同胞悠久历史文化的重要组成部分。"鉴于当今传统文化在传承与延续上面临着断裂、遗忘、衰微、趋同化，以及现代西方文化和通俗文化的冲击，笔者认为，深入挖掘、认识、阐释、宣传、传播民族传统节日的文化内涵，已成为继承和弘扬传统节日文化的一个关键。"[6] 其文化内涵及心理诉求主要表现在下列三个方面：

（一）恪守农时节气，追求天人合一

"天人合一"的思想出自传统社会农耕的生活方式，表达了人们对宇宙及人与宇宙万物关系的根本看法，包括人天同构、人天同类、人天同象、人天同数等内涵，强调人和自然的和谐统一。各族节日表现了鲜明的农业文化特色，节日活动大都是围绕各地生产特点进行的。比如彭水县苗族在每年的8月举行"木叶赶秋节"，同胞们穿着节日盛装，举行荡秋千、吹芦笙、跳舞唱歌等娱乐活动。活动完毕，公推两位德高望重的人打扮成"秋老人"，向所有参加者祝福来年风调雨顺、五谷丰登。乌江流域百姓以农时节气的变化规律为设置节日的根据，表现了各族人民尊重自然规律，这是对天地人"三才"关系的正确感悟。在节日时间的设置上，也体现了和谐对称的特征，比如利用了日月同数（土家族八月八唢呐节、仡佬族三月三仡佬年、五月五扎艾狗）、月内取中（布依族八月十五尝新节、正月十五抵棍节、侗族正月十五除恶节、八月十五中秋节等），表达了人与自然和谐共生的原理。阴阳五行学说是中国古代人民创造的朴素的辩证唯物的哲学思想。阴阳之间具有互根互用、对立统一的关系，像二月二、三月三、六月六、八月八等，两"阴"或者两"阳"重合，阴阳失

调，属于不吉利的日子，所以特别设置了苗族二月二（松桃县）、布依族三月三（开阳县）、布依族六月六、土家族"八月八"唢呐节（镇远县）等等节日，为的是驱除灾祸。

（二）慎终追远，民德归厚，感恩生命

曾子曾说："慎终追远，民德归厚矣。""慎终追远"指严谨慎重地为父母办理丧事，心怀虔诚地祭祀祖先，缅怀先人寄哀思。每人都有父母，各个族群都有祖先。乌江流域各族同胞都有祭祖思亲的节日，如仡佬族三月三的"祭祖节"、苗族正月十二"狄梦节"、布依族七月十三的"祭祖节"、土家族正月的"社巴节"、仫佬族二月一日的"扫新墓节"、水族三月的"挂青节"、汉族四月四的"清明节"等。利用节日的机会，从对先人的缅怀中感恩父母给予自己生命，追思永逝的生命，畅享生命的美好，表现了敬死乐生、慎终追远、视死如生、珍爱生命、关注民生，以人为本、砥砺前行的思想理念，这也是这些节日传承不绝、延续至今的核心文化内涵，是每个民族的精神慰藉和文化上代代传承的精髓。

（三）趋吉避凶，祈福佑安

古代乌江流域的医疗设备非常落后，百姓卫生条件差，医学知识也很缺乏，再加上气候温暖潮湿，所以特别适合各种病菌和病毒的生存和繁殖，成为天花、麻风病、霍乱、伤寒等瘟疫的高发区。这些流行性急性传染病对于人们的影响甚至比战争和灾荒更为剧烈。人们常常利用节日祈求神灵庇佑。比如端午节这天，人们悬挂艾草和菖蒲，并将蝎子、蜈蚣、毒蛇、蛤蟆、壁虎等"五毒"形象的剪纸做门符，以驱"五毒"，防瘟疫。安顺的布依族同胞在正月或者2月举行拉龙扫寨节，将草龙石龙迎接到家，游龙队伍走过寨子的大街小巷，以驱瘟辟邪。苗族在苗历虎月至蛇月之间（农历正月至四月），举办众神祭节，祈求众神保护村寨，不让瘟神恶鬼进入寨中。纳雍彝族利用"火把节"驱除瘟神。关于九九重阳节，据南朝梁人吴均的著作《续齐谐记》记载："汝南桓景随费长房游学累年，长房谓曰：'九月九日，汝家中当有灾。宜急去，令家人各作绛囊，盛茱萸，以系臂，登高饮菊花酒，此祸可除。'景如言，齐家登山。夕还，见鸡犬牛羊一时暴死。长房闻之曰：'此可代也。'今世人九日

登高饮酒，妇人带茱萸囊，盖始于此。"[7] 从那时起，人们就有了在重阳节登高避瘟祸、喝菊花酒和插茱萸等习俗。

四、民族节日在乡村振兴中的作用

习近平总书记指出："乡村文明是中华民族文明史的主体，村庄是这种文明的载体，耕读文明是我们的软实力。""要深入挖掘、继承、创新优秀传统乡土文化。"中共二十大报告指出："中国式现代化是物质文明和精神文明相协调的现代化。物质富足、精神富有是社会主义现代化的根本要求。"推进乡村振兴战略不能光看农民口袋里票子有多少，更要看农民精神风貌怎么样。文化振兴与乡村振兴存在着内在关联性。丰富的乡村文化资源不仅潜藏着巨大的经济价值和社会价值，文化产业的发展是引领乡村振兴的重要力量。要抓住文化振兴与乡村振兴互相耦合的内在逻辑，为实现乡村全面振兴提供强大动力。乌江流域的精神文明建设相对城市滞后，农村精神文明建设的工作方法又比较少，所以更要重视传统节日文化的巨大作用。历史证明：乌江流域各族的节日有深厚的文化底蕴、浓郁的民族特色和多彩的风俗习惯，能有效提升各族同胞的整体文化水平、满足他们物质文化和精神文化需求，促进乡村振兴。

（一）有利于增强乡村社会的和谐团结，加强民族凝聚力

由于乌江各族民众平时散居生活在各自的村寨，生产生活的负担繁重，再加上历史上交通不便，所以彼此联系不多，人们利用节日走亲访友，增进了彼此感情，也增强了民族意识。各族节日都具有群众性、平等性和自由性的特点。不论性别、家庭出身、工作单位、社会地位和年龄，只要有血缘地缘关系，几乎都可参加各种节日活动。节日展示了本族群的力量，有利于族群身份的认同。民族节日也是维持和调节人际关系，增强民族凝聚力，加强民族团结的重要纽带。人们利用节日修复和维系相互间的情感关系。每个人都会融入到集体中，尽享节日的快乐，使人们更加体会到亲情、友情和爱情的可贵，有利于加强团结。

（二）有利于活跃和丰富乡村文化生活

乌江流域各族的节日活动内容一般都丰富多彩，包括跳舞、踩鼓、射箭、

对歌、斗牛、斗鸡、斗蛐蛐、赛马、地戏、摔跤、武术、射箭、赛龙舟、拔河、耍狮、舞龙、踩高跷等，一般都有多种以上文化体育活动。随着时代发展，节日中还出现了越来越多的商业活动，缓解了生存压力，排遣了生产生活的单调，达到宣泄的目的。节日也是青年人表达并收获爱情的理想时机。

（三）有利于乡村经贸发展

传统节日期间一般都会发生爆发式的衣食住行玩等的集中消费。购物、郊游、聚会，随之而来的消费狂潮，打造了红红火火的节日经济。特别是当今很多地方政府提出节日的宗旨是"文化搭台，经济唱戏"，越来越重视节日经济，利用节日大量外销农产品，增加餐饮业、住宿业、运输业、旅游业和传媒业等的就业机会，召开各种商品交流会、投资洽谈会、农产品订货会，带动很多人脱贫致富。传统节日越搞越红红火火，从而带来巨大的经济效益。

乌江流域各族的传统节日展现了本民族的文化全貌。"民族节日不仅是民族文化事象的载体，而且是民族意识、民族性格、民族个性、民族审美、民族伦理道德、民族宗教信仰等深层次文化的形象体现。"[8] 通过世代薪火相传的过程，节日寄托了各族同胞对幸福生活的执着追求，蕴含着他们重视地缘血缘、敬天爱人、敬畏感恩、和谐共生、敬重先祖、万物平等、尊老爱幼、亲近自然、热爱生命、关爱他人、家庭和睦、社会和谐、重视团结、自强不息、刚健有为、礼尚往来等思想理念，体现了他们活泼向上的人生态度，有利于增强民族文化认同、民族团结和社会和谐，是中华民族文化库中的瑰宝。

参考文献

[1] 邓启耀，杜新燕. 中国西部民族文化通志：节日卷 [M]. 昆明：云南人民出版社，2018：147，169，170.

[2] 黄泽. 西南民族节日文化 [M]. 昆明：云南大学出版社，2012：2.

[3] 邢莉. 中国少数民族重大节日调查研究 [M]. 北京：民族出版社，2011：552-553.

[4]（清）褚人获. 坚瓠集卷四·跳月记 [M]. 上海：上海进步书局石印本，约1691-1703：12.

[5] 邢莉. 中国少数民族重大节日调查研究 [M]. 北京：民族出版社，

2011：617.

[6] 刘锡诚. 非物质文化遗产保护的中国道路 [M]. 北京：文化艺术出版社，2015：137.

[7] （前秦）王嘉等撰，王根林等校点. 拾遗记（外三种）[M]. 上海：上海古籍出版社，2012：229.

[8] 王子华. 绚丽多彩的民俗风情：云南民族节日 [M]. 昆明：云南教育出版社，2000：12.

作者简介：张士伟，博士，铜仁学院副教授；张娜，兰州碧桂园学校教师。

基金资助：2021年贵州省文化和旅游厅重大课题"乌江文化的主要内涵和表现形式研究"（项目编号：GZSWHHLYT202101）。

传统农村社会离婚影响因素研究
——基于全国28个乡镇调查数据分析

陈 讯 万 坚

摘 要：本文基于全国不同区域28个乡镇农村离婚问卷调查数据，运用Probit模型对农村婚姻缔结过程中"包办人""介绍人"等相关的责任绵延与断裂对夫妻离婚带来的影响进行检验。研究表明，在社会转型期受农村社会结构变迁的影响，农村婚姻缔结模式日益多元化，可分为包办型婚姻、介绍型婚姻和恋爱型婚姻，在不同的婚姻缔结模式中相关的责任绵延与断裂对维系婚姻稳定性的作用存在巨大差异，并对农村夫妻离婚产生较大的影响。因此，在农村婚姻维系中随着恋爱型婚姻全面崛起与相关的责任调解断裂，在未来一段时期内我国农村离婚率仍然会持续上升。

关键词：婚姻缔结；包办型婚姻；农村离婚影响因素

一、引言与文献综述

当前，我国正经历从传统社会向现代社会、从农业社会向工业社会、从封闭型社会向开放型社会转变，在市场化和城镇化进程中裹挟着现代性全面渗透到农村社会，农民的价值体系正经历嬗变和重构，成为推动农村婚姻观念、婚姻行为和婚姻价值等变迁的重要力量。民政部发布的统计数据显示：1978年我国登记结婚为597.8万对、结婚率为6.2‰，依法办理离婚为28.5万对、离婚率为0.2‰；2000年我国结婚登记为848.5万对、结婚率为6.7‰，依法办理离婚121.3万对、离婚率为1‰；2020年我国结婚登记为814.3万对、结婚率为 5.8‰，依法办理离婚 433.9 万对、离婚率为 3.1‰。由此可见，改革开放 40 多年来，离婚率的急剧上升已成为社会日益关注的重大现实问题。

学界对离婚研究归纳起来主要有几种研究取向。一是婚姻质量论，持这类观点的学者认为婚姻质量是婚姻稳定的关键性因素，婚姻是否幸福与婚姻质量成正向因果关系，[1]即：婚姻质量越高，夫妻对婚姻的满意度和家庭生活的幸福感也会越高，婚姻的稳定性越好，夫妻离婚的风险就会越低。[2]婚姻质量不仅包括物质条件，还包括夫妻情感、精神及家庭层面等多个方面，[3]如：婚外性行为、夫妻矛盾、离婚等与婚姻质量紧密相关。[4]二是文化规范论，持文化规范论的学者认为文化因素与离婚之间存在很强的关联性，强调不同文化规范、种族和信仰体系的人结为夫妻，其离婚率较高。[5]在农村社会中，村庄传统、乡土文化和个体观念对维系婚姻稳定具有积极作用，[6]然而，在打工潮冲击下的跨文化圈通婚夫妻中，因民族习惯、生活习俗和文化差异对离婚的影响是显而易见的。[7]三是社会结构论，持社会结构论的学者认为从传统社会向现代社会转型，我国经历了"家本位"向"个人本位"转变，弱化了传统社会结构性力量对维系婚姻稳定的作用，使离婚率不断上升。[8]一方面农村社会结构弱化、村庄秩序式微、市场化渗透等多重影响，导致了农村社会的公共性断裂和农民婚姻失序，助推了农村离婚风险；[9]另一方面在社会转型背景下农村婚姻的"公共性"削弱与"个体性"增强，加剧了妇女主体意识崛起与父权衰落，使婚姻日益"祛魅化"，导致了农村离婚潮形成。[10]四是婚姻权利论，持这类观点的学者主要从《婚姻法》视角对离婚当事人的权利与义务进行讨论，认为婚姻自由是当事人的婚姻权利，婚姻缔结不应当受到结构性因素非法干预。[11]也有学者认为在离婚制度设计上国家应当建立相应的离婚救济制度，在保障离婚自由的同时，为实现法律的公平正义做出理性的制度安排；[12]以及防止滥用离婚权所欲达到的非法目的，提高政策制定的系统性，实现政策治理与法律治理的互动，使离婚权回归到婚姻自由原则的正常轨道。[13]此外，也有学者从离婚后果视角进行研究，指出父母离婚不同年龄段的子女都会产生消极影响，[14]如：父母离异会使子女压抑、焦虑、抑郁、悲伤、怨恨、敌视等，以及导致子女逃学、吸烟、饮酒、暴力、早孕、犯罪等，[15]离婚不仅对当事人造成伤害，对子女及家庭都会造成相应的影响。

综上，学界对离婚既有的研究为本文提供了宝贵借鉴。但是，既有的研究要么以某一个点为个案进行研究，其研究广度不足；要么运用统计数据和结构分析方法对离婚进行相应的解释，缺乏对维系婚姻稳定性的因素进行分析，将离婚与婚姻缔结和婚姻维系切割式碎片化研究，忽视了婚姻缔结中相关的责任绵延与断裂对夫妻离婚带来的影响。有鉴于此，我们将农村离婚放到婚姻缔结和婚姻维系过程中进行比较，分析在包办型婚姻、介绍型婚姻和恋爱型婚姻中夫妻离婚的影响因素，为认识和理解社会转型中农村婚姻家庭变迁提供一个新视角。

二、婚姻稳定性与研究假设

（一）婚姻稳定性分析

在《礼记·昏义》中指出：婚礼者将合二姓之好，上以事宗庙，下以继后世也。以昏礼纳采、问名、纳吉、纳征、请期，皆主人筵几于庙，而拜迎于门外。"这表明，婚姻具有社会性，男女两性结为夫妻不仅需要举行相应的婚俗仪式，还需要得到社会认可，并恪守相应的社会规范，从而维系婚姻稳定。从生命历程视角考察看，婚姻包括三个阶段，即：婚姻缔结—婚姻维系—婚姻解体（包括离婚或丧偶）。其中，婚姻维系是婚姻生命历程中的重要环节。农村社会是一个熟人社会，婚姻关系的维系主要依靠内生秩序和外来制度嵌入，内生秩序主要包括夫妻情感要素、物质要素和约定俗成的地方性规范；外来制度嵌入主要包括婚姻政策和婚姻法，在内生秩序和外来制度共同作用下使得婚姻保持基本的稳定。在传统的乡土社会中，农村青年人择偶的自主性低，通常是受"父母之命、媒妁之言"而缔结而成。改革开放以来，尤其是市场经济体制建立以来，释放了农村大量青壮年劳动力进城务工，形成了父代与子代在居住地的分离，客观上削弱了父代对子女在恋爱婚姻上的干预，农村进城务工青年自由婚恋逐步形成，逐步成为主导农村婚姻缔结的主要模式，加剧了农村婚姻缔结从一元化向多元化转变，其表现形式可以划分为包办模式、介绍模式和恋爱模式。

婚姻缔结与婚姻维系具有紧密联系，婚姻缔结的完成意味着婚姻进入维系阶段，不同的婚姻缔结模式在维系婚姻稳定过程中的影响因素具有差异性。一是在包办型婚姻中，当事人是受"父母之命、媒妁之言"而缔结而成，在择偶中的自主性低，婚前夫妻交流较少，感情淡薄，当婚姻关系确立进入婚姻维系阶段，维系婚姻稳定主要以家庭、家族以及婚姻习俗和地方性规范为主。在通婚圈上包办型婚姻的通婚圈相对较窄，夫家与娘家居住距离近，甚至知根知底，一旦夫妻产生矛盾甚至离婚时，就会将娘家和夫家高度卷入，而作为包办的父母及长辈对当事人的婚姻关系负有相应的责任，通常都会深度介入进行调解或干预，客观上对维持婚姻稳定具有积极作用。二是在介绍型婚姻中，当事人通过亲朋好友介绍相识并结婚，在择偶上的自主权较大，婚前夫妻有相应的了解，有一定的情感基础，婚后夫妻以情感、物质以及其他因素维系婚姻的稳定。在通婚圈上介绍型婚姻不再局限于本地的婚姻市场，并打破了传统的夫家与娘家通过联姻建立的互助合作关系，一旦夫妻产生矛盾甚至离婚时，作为婚姻介绍人将会绵延婚姻缔结中有限责任对当事人的夫妻双方进行劝说和调解，但一般不会深度介绍干预，因为介绍型婚姻的缔结是建立在一定的情感之上，并没有像包办型婚姻那样父母及长辈强制性介入。三是在恋爱型婚姻中，当事人是自由择偶、自由恋爱并结婚，在婚姻缔结的过程中完全是自由和自主的，婚前夫妻双方了解深入，有很强的情感基础，婚后夫妻主要以情感因素和物质条件等来维系婚姻稳定。在通婚圈上，恋爱型婚姻是伴随着全国婚姻市场建立而形成的，跨省、跨地域缔结的婚姻较多，很少受传统的地方性规范束缚，一旦夫妻产生矛盾甚至离婚时，因父母、长辈及亲朋好友因在婚姻缔结中没有责任绵延，只能由夫妻自己决定的较多，即："好聚好散"和"说离就离"便成为恋爱型婚姻解体的普遍行为。

表1 婚姻缔结与婚姻维系表

婚姻类型	缔结途径与夫妻感情	维系婚姻稳定的主要纽带
包办型婚姻	父母长辈包办 婚前夫妻感情较弱	父母长辈、地方规范， 婚姻法律制度
介绍型婚姻	亲朋好友介绍 婚前夫妻有一定的感情基础	亲朋好友、情感，婚姻法律制度
恋爱型婚姻	夫妻自由恋爱 婚前夫妻感情较好	情感，婚姻法律制度

从表1可以看出，在不同类型的婚姻缔结模式衍生出不同的责任绵延关系对农村夫妻离婚产生的影响是不同的。在包办型婚姻、介绍型婚姻和恋爱型婚姻这三种不同模式的婚姻关系中，维系婚姻稳定性因素是不同的，从此衍生出来的婚姻自由也存在较大差异。如：在包办型婚姻中夫妻结婚不自由，离婚时也不自由，因为会受到父母及长辈干预，从某种意义上说防止了当事人把婚姻当"儿戏"，以及"说离就离"行为，客观上对婚姻的稳定性具有积极作用。同时，在恋爱型婚姻中，因是婚姻当事人自由恋爱到结婚，父母或长辈参与度低，当他们在离婚时父母和长辈通常也不会干涉，甚至也不会劝说，客观上加剧了离婚风险。

（二）研究假设

1. 数据来源

本文的农村离婚数据来源全国14个省（市、区）的28个乡镇，分别为：北京市平谷区J镇和H乡，山东省平阴县K乡，浙江省临海市H乡和温岭市D乡以及湖州市D乡和W乡，广东省东莞市G镇和S镇，河南省林州县C乡，山西省五寨县X乡，湖北省荆门市T镇和英山县Y乡，湖南省宁乡县（2017年改为市）J乡，江西省南康市H乡，内蒙古自治区赤峰市W镇，甘肃省康县C乡和秦安县L乡，四川省射红县D镇、荣县X乡、米易县B乡、兴文县W乡、邻水县D镇，贵州省毕节市七星关Y乡、D乡和大方县H镇以及都匀S乡，广西壮族自治区龙州县J镇等。剔除无效问卷，最终实际得到有效离婚问卷共计1836份问卷以及深度访谈267例离婚个案，构成本文的分析数据。由于本文各变量数据均是离散型数据，并且因变量的离散数值为1—3，因此采用有序Probit模型进行实证检验。

2. 研究假设

在包办型婚姻中，婚姻双方往往非自愿组合而在一起，更多的是由父母、长辈等亲戚一手操办，以门当户对为出发点，通过父母之命、媒妁之言使婚姻促成，由此提出假设一。

假设一：在包办型婚姻中，夫妻离婚时，父母或长辈不会同意，会进行深度介入调解，甚至干涉夫妻离婚。

在介绍型婚姻中，婚姻双方通过好友或婚介所介绍相识，相较于包办型婚姻自主权明显，婚前有一定的情感基础，婚后夫妻以情感、物质以及其他因素维系婚姻的稳定，由此提出假设二。

假设二：在介绍型婚姻中，夫妻离婚时，父母、长辈或亲友会劝说，但不会对夫妻离婚进行干涉。

在恋爱型婚姻中，婚姻双方自由择偶、自由恋爱，在婚姻缔结的过程中完全自由和自主，婚前夫妻双方相互有很深的了解，有很强的情感基础，婚后夫妻主要以情感因素和物质条件等来维系婚姻稳定。由此提出假设三。

假设三：在恋爱型婚姻中，夫妻离婚时，父母、长辈或亲友会尊重夫妻双方意见，不会对夫妻离婚进行干涉。

三、实证研究结果

1. 变量说明

我们将婚姻维系过程中的责任绵延与农村离婚的影响因素进行分析，其变量类型和取值进行说明，见表2。

表 2　数据变量说明表

变量类型		变量名	数据描述	备注
因变量		父母或长辈干涉程度	取值范围：[1,3]	1表示干涉；2表示劝说；3表示不干涉
自变量	基本情况	性别	取值范围：[1,2]	1表示男；2表示女
		民族	取值范围：[1,2]	1表示汉族；2表示其他民族
		年龄	取值范围：[1,12]	由小到大岁数递增
		文化程度	取值范围：[1,5]	由小到大岁文化程度递增
		婚姻维持时间	取值范围：[1,9]	数值越大时间越久
		婚姻双方年龄差	取值范围：[1,9]	由小到大岁年龄差递增
	结婚情况	认识方式	取值范围：[1,6]	—
		婚恋类型	取值范围：[1,3]	1表示恋爱型；2表示包办型；3表示介绍型
	离婚原因	离婚主要原因	取值范围：[1,9]	—

续表

变量类型	变量名	数据描述	备注
婚后	抚养权	取值范围：[1,9]	—
	非抚养方探望小孩频率	取值范围：[1,5]	—
	对离婚的看法	取值范围：[1,5]	—

注："—"表示选项较多无法——说明具体情况，见附件；对部分变量如年龄、婚姻双方年龄差为连续性变量作离散化处理以便模型解释和估计系数的稳定。

2. 描述性分析

由于本研究所涉及的变量比较复杂，数据类型大多为定序数据。因此，我们根据相应数据特点采用不同的描述性分析。为了探寻不同婚姻类型群体中父母或长辈干涉程度的差异，尤其是婚姻类型的自由度与父母或长辈的干涉程度之间的关联性，以下针对父母、长辈或亲友对婚姻双方的干涉程度与不同婚姻类型之间的关系作列联表分析，见表3。

表3 干涉程度与不同婚姻类型之间列联表分析

干涉程度	包办型婚姻	介绍型婚姻	恋爱型婚姻	总结
1	35	114	203	352
2	50	327	540	917
3	27	186	353	566
总计	112	627	1096	1835

从表3中可以看出：样本中是恋爱型婚姻的有1096人，其中离婚时受到父母、长辈干涉的占比为18.51%，父母、长辈或亲友劝说的占比为49.23%，父母、长辈不干涉的占比为32.27%；包办型婚姻有112人，其中离婚时父母、长辈干涉的占比为31.25%，父母、长辈或亲友劝说的占比为44.64%，父母、长辈不干涉的占比为24.11%；介绍型婚姻有627人，其中离婚时父母、长辈干涉的占比为18.18%，父母、长辈或亲友劝说的占比为52.15%，父母、长辈不干涉的占比为29.67%。三种类型婚姻中，离婚时父母、长辈或亲友劝说的占比都是最高。在干涉程度方面，父母或长辈干涉比例最大的是包办型婚姻，占包办型婚姻样本的比重为31.25%；而父母或长辈不干涉比例最大是恋爱型，

占恋爱型婚姻样本的比重为 32.27%；父母或长辈劝说比例最大的是介绍型，占介绍型婚姻样本的比重为 52.15%。

3. 农村离婚影响机制的 probit 建模

（1）probit 模型介绍

本文研究的因变量（父母长辈干涉程度 Y）为定序变量，传统的线性回归模型不适合，因此运用 probit 模型进行分析。研究前，我们需要假设模型中的随机扰动项 ε 服从标准正态分布，并引入潜在偏好 Z（连续型变量）来处理。设定：

$$Z = X'\beta + \varepsilon \tag{1}$$

假设当 Z 的取值特别高的时候，父母长辈的干涉程度越高；反之，Z 的取值特别低，父母长辈的干涉程度越低。在数学上，我们可以设定：

$$Y = \begin{cases} 1 & \text{如果 } Z < c_1 \\ 2 & \text{如果 } c_1 < Z < c_2 \\ 3 & \text{如果 } c_2 < Z \end{cases} \tag{2}$$

其中，$c_1 \sim c_2$ 是未知的阈值（需基于样本数据进行估计）。由于扰动项 ε 服从标准正态分布，由此可以得到 Y 的条件概率。以 $Y=2$ 为例，设定：

$$P(Y = 2 | X) = P(c_1 \leq Z \leq c_2) = P(c_1 \leq X'\beta + \varepsilon \leq c_2)$$
$$= \Phi(c_2 - X'\beta) - \Phi(c_1 - X'\beta) \tag{3}$$

以此类推得到：

$$P(Y = k | X) = p_k(X'\beta) = \begin{cases} \Phi(c_1 - X'\beta) & \text{如果 } k = 1 \\ \Phi(c_2 - X'\beta)\Phi(c_1 - X'\beta) & \text{如果 } k = 2 \\ 1 - \Phi(c_2 - X'\beta) & \text{如果 } k = 3 \end{cases} \tag{4}$$

其中，$\Phi_{(t)}$ 表示标准正态分布函数。对于给定的解释变量 X_j，$\beta_j = 0$ 意味着在给定其他解释变量的前提下，该解释变量对解释条件概率 $p_k(X'\beta)$ 没有带来增益。$\beta_j > 0$ 则给定其他条件不变的情况下，指标 X_j 的上升会带来条件概率 $p_k(X'\beta)$ 的下降，也就是因变量 Y 的取值为偏小的概率会下降，这等价于 Y 的值更可能会变大；反之会变小。

（2）模型估计结果与分析

以下运用 probit 模型对各变量系数进行估计，具体情况见下表4。其中因变量为父母长辈干涉程度，核心解释变量为婚姻类型，控制变量分别为性别、民族、文化程度即认识方式（考虑到其他变量对所需要验证的问题意义不大均予以剔除）。

表 4 Probit 模型估计结果

变量	回归系数	标准误	Z 统计量	P 值
婚姻类型	0.089	0.03	2.96*	0.003
性别	-0.029	0.053	-0.559	0.57
文化程度	0.003	0.03	0.12	0.9
认识方式	0.069	0.023	2.95*	0.0031
民族	0.068	0.076	0.89	0.36
临界值				
Limit_2: c (6)	-0.5	0.178	-2.84*	0.004
Limit_2: c (7)	0.87	0.179	4.85*	0.000
拟合优度 R^2	0.004	—	—	—
似然比 LR	16.328*		0.005	

注：*表示在5%显著性水平下显著。

表4中结果显示：婚姻类型所对应的回归系数为0.089，相应的P值为0.003高度显著。这表明在农村社会中，不同的婚姻缔结类型与父母或长辈在离婚时的干涉程度确实存在显著的正相关关系，当事人婚恋自由度越高，父母或长辈的干涉度越低；假设一、假设二、假设三得以验证。另外，不同性别、不同民族及不同文化程度对干涉程度不构成显著性影响；而在包办型婚姻中，大多数夫妻相识较早，并且双方父母知根知底，在夫妻离婚时越容易受到父母或长辈的干涉；反之在恋爱型婚姻中，大多数夫妻是打工期间才相识（含网上认识），是自由恋爱结婚，他们在离婚时则不易受到父母或长辈干涉。

综上所述，我们从模型中可以推断出，在农村社会中受婚姻自由的影响，尤其是离婚自由的影响，随着时间的推移，父母、长辈及亲朋好友干涉（参与调解）离婚会越来越少，维系婚姻稳定的影响因素正在经历嬗变，并随着农村社会结构弱化和维系婚姻稳定中责任绵延断裂，农村离婚问题将呈较快增长之势，这一现象在未来很长一段时期内仍然会持续下去。这种现象在一定程度上反映人们思想解放、追求自由和高质量生活的美好愿景，但同时也带来了一些社会不稳定因素。从某种程度上讲，包办型婚姻或介绍型婚姻虽然限制了婚姻双方的自主选择权，不宜提倡，但它又能有效避免一些草率和盲目的离婚，对社会稳定性有一定的调解作用。

四、结论与讨论

本文基于我国14个省（市、区）28个乡镇1836份农村离婚问卷调查数据和深度访谈个案，考察了农村婚姻缔结、婚姻维系和婚姻解体（离婚）过程。通过研究发现：在农村社会中，婚姻缔结与婚姻维系和婚姻解体有着紧密联系，其中，离婚与婚姻缔结和婚姻维系中的责任绵延与嬗变呈显著相关。包办型婚姻从择偶、婚姻维系以及夫妻离婚都会受到外在力量的干预，虽然这种干预有悖于婚姻自由，但包办人绵延了的相关责任，客观上对婚姻的稳定性有着积极作用。介绍型婚姻从择偶、婚姻缔结都离不开相关的介绍人参与，在夫妻离婚时介绍人仍然会绵延相应的介绍责任，发挥"劝和不劝离"的作用，客观上有利于夫妻维系婚姻关系的稳定。但是，在恋爱型婚姻中，当事人从择偶、结婚以及离婚不受外在力量干预，当事人在婚姻关系中实现了结婚自由和离婚自由，但这种婚姻模式因缺乏婚姻缔结中的责任因素，导致了在婚姻维系中相关责任断裂现象，造成了夫妻"说离就离"行为，甚至是造成农村"闪婚闪离"的重要原因，从而推动了农村离婚率不断攀升。

我们通过对不同类型的婚姻缔结、婚姻维系和离婚研究可以看到，在农村社会中维系婚姻稳定性的因素在不同类型的婚姻缔结模式中存在差异性。一是农村社会结构弱化对农村离婚产生较大的影响，一是打工潮的形成不仅打破了农村的通婚圈，致使自由婚恋崛起，还加剧了农村社会结构性力量瓦解和父权衰落，推动这一变化的动因是婚姻主导权转移，离婚自由得以释放。二是社会结构弱化与自由婚恋崛起之间的更替，导致了在不同婚姻缔结模式中的维系婚姻稳定的要素变化，即：包办型婚姻向自由婚恋转变背后是维系婚姻稳定的要素变化，以夫妻情感、物质消费为主导的婚姻维系模式逐步替代了传统的家族、宗族以及地方性规范维系的婚姻模式，维系婚姻稳定性的社会性干预因素不断弱化与断裂，客观上加剧了农村的离婚风险。

离婚自由是婚姻自由的一种体现，也是《婚姻法》在农村实践的一种体现。从某种意义上说离婚是摆脱低质量婚姻的一种途径，是社会进步的一种表现。而恋爱型婚姻是婚姻自由的集中体现，也是婚姻关系不断发展和进步的一种趋势。但是，当前农村离婚潮如此迅猛，不仅反映了农村婚姻危机，还反映了农村社会结构弱化与婚姻伦理、婚姻价值、婚姻秩序和家庭观念的快速变迁。虽然国家从法律和政策上设置了离婚冷静期，但根据我们在农村调查表明，夫妻在离婚冷静期仍缺乏相关的有效婚姻调解机制。因此，要从根本上遏制离婚率上升，不仅需要从政策、制度上对离婚设置缓冲性安排，降低农村离婚潮对社会基本秩序造成的冲击；还亟待重塑农村婚姻伦理和婚姻价值体系。

参考文献

［1］LEWIS, R. A., G. B. S. Theorizing about the Quality and Stability of Marriage [M]// W. R. B (ed.). Contemporary Theories about Family. New York: Free Press, 1979: 268-294.

［2］徐安琪，叶文振. 中国婚姻质量研究 [M]. 北京：中国社会科学出版社，1999：174-244.

［3］魏永峰. 婚姻质量与婚外性态度关系中的性别差异 [J]. 妇女研究论丛，2015（2）：41-47.

［4］陈讯. 多重排斥、价值嬗变与农村跨省婚姻研究——以东莞宗族型 X 村为例 [J]. 中国青年研究，2020（9）：83-89.

［5］DELIA F, Miriam M. Does Culture Affect Divorce Decisions? Evidence from European Immigrants in the US [J]. IZA DP, 2011（9）：5960.

［6］尚会鹏，何祥武. 乡村社会离婚现象分析——以西村为例 [J]. 青年研究，2000（12）：1-7.

［7］冷波. 文化羁绊：理解农村少数民族妇女离婚的一种视角——以黔东南州侗族为例 [J]. 中国青年研究，2018（5）：84-89.

［8］李迎生. 现代社会中的离婚问题：成因与影响 [J]. 人口研究，1997（1）：78.

［9］李永萍. 断裂的公共性：私人生活变革与农民婚姻失序——基于东北 G 村离婚现象的分析 [J]. 华中农业大学学报（社会科学版），2019（4）：35-44.

[10] 陈讯. 离婚：巨变时代乡村社会之殇 [M]. 北京：东方出版社，2022：213-227.

[11] 周伟. 国家与婚姻：婚姻自由的宪法之维 [J]. 河北学刊，2006 (12)：16-21.

[12] 夏吟兰. 民法分则婚姻家庭编立法研究 [J]. 中国法学，2017 (3)：71-86.

[13] 齐恩平. 离婚权滥用的政策检视 [J]. 南开学报（哲学社会科学版），2018 (2)：50-57.

[14] 张思齐. 离婚对家庭成员影响的差异性探讨——基于当代西方社会学者研究的视角 [J]. 国外社会科学，2017 (21)：107-118.

[15] 田国秀. 父母离婚对孩子的影响——20世纪50年代以来美国学界研究的五个阶段 [J]. 北京社会科学，2014 (9)：110-116.

作者简介：陈讯：贵州省社会科学院城市经济研究所副所长、研究员，博士；万坚：贵州省社会科学院工业经济研究所助理研究员。

基金项目：本文系贵州省社会科学院2023年度哲学社会科学创新工程项目（项目编号：CXLL2303）的阶段性成果。

民主党派助推毕节试验区乡村振兴的思考
——基于优势治理的视角

谭礼连　金　禹　李　颖

摘　要：新时代推动乡村振兴战略实施，离不开各民主党派参与。自毕节试验区成立35年以来，民主党派作为我国社会主义建设的重要力量，充分发挥自身优势在乡村振兴过程中作出重大贡献。相对于问题视角，"优势视角"与民主党派助推乡村振兴战略具有更强的契合性。本文采用文献研究和实地调研方法，基于优势治理的分析视角，通过对毕节试验区各民主党派助推乡村振兴实践进行实地调研，以民革中央带领各级组织助推毕节试验区为例，发现民主党派在助推毕节试验区乡村振兴过程中充分发挥机制优势、界别优势、智力优势和资源优势，探索出"五个聚力"的助推模式推进毕节乡村振兴。实践证明，在实施乡村振兴战略的过程中，各地应充分发挥民主党派特有优势，继续在壮大乡村特色产业，夯实村集体经济；开展乡村振兴示范建设，助力美丽宜居乡村建设等方面倾情助力乡村实现全面振兴。

关键词：民主党派；毕节试验区；乡村振兴；优势治理

一、引言

党的十九大报告对乡村振兴作出了重大决策部署。为深入推进乡村振兴战略，国家先后颁布了相关政策文件。如《中共中央国务院关于实施乡村振兴战略的意见》《乡村振兴战略规划（2018—2022年）》等纲领性文件，为乡村振兴工作指明了方向。党的二十大报告对全面推进乡村振兴又作了重要部署，并明确提出:"加快建设农业强国,扎实推动乡村产业、人才、文化、生态、组织振兴。"当前,我国已经进入全面建设社会主义现代化国家新阶段,面临的主要任务之一就是要继续做好脱贫攻坚与乡村振兴有效衔接。毕节作为曾经西部地区贫困的典型,多年来,在中国共产党的领导下,统一战线广泛参与、倾力相助,在服务毕节试验区经济社会高质量发展中发挥出独特的制度优势和成功实践,有效助推毕节取得脱贫攻坚全面胜利,切实为毕节建设贯彻新发展理念示范区作出重要贡献。2018年7月18日,习近平总书记对毕节作出重要指示,强调"努力把毕节试验区建设成为贯彻新发展理念的示范区"。自此,毕节开启从"试验区"升级到"示范区"的新征程,依然坚持在党的领导下继续支持毕节改革发展,尤其是对毕节实现乡村振兴贡献了智慧和力量,做了大量卓有成效的帮扶工作,进一步彰显了多党合作制度的优越性,也为保持和充分发挥统一战线在服务改革发展大局中的作用优势提供了实践样本和经验支撑。深入实施乡村振兴战略,充分整合各方资源,尤其是要充分发挥各民主党派优势助力乡村振兴。本文基于优势治理视角,探讨在民主党派如何发挥各自优势,共同推动乡村振兴。

二、优势治理:民主党派助推乡村振兴的一个分析视角

"优势治理"理论由美国学者丹尼斯·塞勒比所提出。该理论是从社会工作领域发展起来并被广泛运用于社会工作实践中的。它是在传统的"问题视角"基础上所提出的一种全新的公共治理理论。其治理的目标导向是注重充分发挥分析对象的资源优势和发展潜能,力求发挥分析主体的能动性来克服所遇到的困难与负面事件。其中优势治理中最核心的部分不是局限于寻找问题和不足,而是重视关注人的内生优势和地区存在的优势资源,充分协调各类主体参与和发挥各自作用,从而满足公共需求,提升公共服务,达到善治的目的。在这个过程中,政府不再是公共服务的单一提供者,通过充分发挥政府的政策优势、人民的主体优势、地区的区位优势等推动各方合作。国内学者芦恒最先将"优势治理"应用于城市社区治理领域,提出要发挥社区主体性,利用其优势资源推动社区治理创新。此后,优势治理被广泛应用于治理过程中,张大维基于优势治理视角,提出在实施乡村振兴战略过程中要充分发挥多元主体参与的

优势,来助推乡村振兴。

为进一步巩固拓展脱贫攻坚成果与乡村振兴有效衔接,各地应该充分利用其优势资源,推动乡村振兴全面实施和实现。因此,运用优势治理来分析民主党派助推乡村振兴具有高度的契合性、目标上的一致性和体制上的耦合性。从乡村振兴"二十字"方针要求来看,优势治理始终贯穿于其中,各地在实施乡村振兴战略过程中要分清自身优势,充分挖掘优势资源将其转化为发展成果。

优势治理离不开各主体的参与。因此,在优势治理中参与主体具有非常重要的作用。从乡村振兴的实践中看,涉及多个主体,如政府、企业、农民和各民主党派,各主体间均有自身优势。如政府具有制度优势,负责政策和制度的供给;企业具有资金优势,负责项目开发和运营;农民具有主体性优势,农民作为乡村振兴中的主体,各民主党派具有政策、组织和人才等优势,在党建引领下,需要参与治理的多元主体进行相互协调与合作,通过对各项资源、资金和人才等要素的整合,充分发挥各自的作用,最终实现乡村全面振兴的治理目标。

三、优势视角下民主党派助推乡村振兴的实践样态:以民革中央带领各级组织助推纳雍县实现乡村振兴为例

自毕节试验区成立30多年来,民革中央和民革各级组织在中央统战部的牵头协调下,通过多方协调、广泛聚力,全方位、多领域、深层次带领民革中央及各级组织参与支持毕节建设贯彻新发展理念示范区做出了重要贡献。纳雍县作为民革中央参与毕节试验区建设的主要平台,2018年以来,民革中央通过"五个聚力",广泛凝聚智慧和力量,聚焦"绿色发展、人力资源开发、体制机制创新"三大主题,推进定点帮扶纳雍县各项工作,与百万纳雍人民并肩作战,历史性实现了纳雍脱贫摘帽,推进了纳雍乡村振兴和新发展理念示范建设,谱写了一曲曲壮丽的时代华章。

(一)民革中央助推纳雍县乡村振兴的主要做法及成效

1. 聚力产业振兴,开创党派帮扶"新领域"

民革中央积极联引东部资源,借助产业转移"东风",推进纳雍产业园区

建设，突破了以往党派帮扶一般到乡到村搞民生帮扶的常规做法，助力了纳雍中心工作发展。

一是帮助做好规划当"好参谋"。在民革中央的指导帮助下，纳雍制定了《统一战线参与共建示范产业园实施方案》，编制了《纳雍·天河粤黔协作现代农业产业园区规划（2022—2025）》。规划采取建设"园中园"等方式，围绕"滚山鸡和红托竹荪食用菌"两大闭合产业连接，着力引进优强企业深度合作，打造一个统一战线参与共建的"纳雍县特色食品产业园"，并以食用菌加工为主导，形成轻食品加工中心、农产品集散中心、熟食精深加工中心，培育一批创新能力强、市场占有率高的主导产业或首位产业，围绕主导产业形成全县产业集群，力争用3—5年时间建实现10亿元以上的园区总产值。二是联引各方考察当"好帮手"。民革中央认真当"好帮手"，动员各东部省市民革组织到纳雍考察调研，并联系对接纳雍县领导多次外出考察学习，帮助推送纳雍产业招商引资项目，积极联引优强企业落地纳雍参与共建示范产业园。目前引导入驻园区配套企业3个，实际到位投资2263万元，已引导"金蟾大山、纳味鲜、百凤庭、纳来福、新希望和鸽子花"等生态特色食品加工产业链企业15家，民革中央帮扶"同心博爱茶"加工产业1家。民革中央联引广州投入帮扶资金1990万元将"寨乐·化作食用菌种植基地"打造为"天河区·纳雍县两地共建农业产业园区"，发展壮大了产业园区规模。三是推进合作共建当"好同事"。民革中央积极协调高校或企业在食品生产经营管理、食品深加工、休闲食品研发等方面开展合作，共同推进纳雍特色农产品标准化、产业化发展。目前已争取广东仲恺农业工程学院在纳雍产业园建一个食品研究院，同时合作推进贵州纳雍酒业有限公司建设，在食品生产经营管理、食品深加工、休闲食品研发等方面与学校开展校企合作，共同推进纳雍特色农产品形成研发、生产、加工、销售为一体的产业发展，以此辐射带动纳雍农业产业发展。

2. 聚力人才振兴，激发队伍发展"新动力"

民革中央持续深化"人力资源开发"主题实践，立足纳雍"人口大县"优势，坚持"走出去、请进来"相结合方式，千方百计探索人力资源开发"突破口"，为推动纳雍巩固脱贫攻坚成果衔接乡村振兴提供人力支撑。

一是选派干部挂职"添活力"。健全完善选派干部挂职帮扶纳雍工作机制。自2018年以来，结合实际有针对性选派年轻干部挂任纳雍县人民政府副县长，具体参与统筹协调脱贫攻坚、乡村振兴工作。他们依托民革组织优势，发挥"桥梁""纽带"作用，对上争取、对外联络、对内协调，为纳雍办成了很多好事实事。先后选派4名优秀干部担任纳雍县玉龙坝镇岩脚社区第一书记。这些挂职干部一任接着一任干，不畏艰险，不怕困难，不计报酬，形成了"鲶鱼效应"，对纳雍发展起到了特殊重要的作用。二是培育专业队伍"强实力"。自2018年以来，针对纳雍教育、医疗、农技等领域专业技术人才紧缺的短板弱项，民革中央充分发挥智力密集优势，在纳雍实施智汇、智库、智享"三智工程"，全力帮助纳雍培育一大批紧缺专业人才。共计培训各类专业技术人员7985人次。另外，在民革中央的推动下，促成广东省仲恺农业工程学院与纳雍合作共建纳雍县仲恺食品研究院，促成纳雍与江西南昌交通学院达成初步合作意向，促成与广州市天河职业高级中学达成合作共建协议，为推动纳雍教育、医疗事业高质量发展，进一步培养高层次专业人才奠定了坚实基础。三是增强干部本领"提能力"。为增强纳雍县广大基层干部乡村振兴工作能力，激发工作活力和拓宽工作思路，民革中央通过"走出去"方式，多次在上海、广东、浙江、贵阳等地举办纳雍县党政干部乡村振兴专题培训班。五年以来，帮助培训纳雍基层党政干部535人次、乡村振兴带头人600多人次，先后3次组织县、乡、村三级干部到浙江衢州等地交流学习，着力帮助纳雍基层党政干部开拓眼界、转变观念、解放思想，以良好的精气神投入乡村振兴的伟大实践。

3. 聚力文化振兴，推进乡村振兴"新发展"

民革中央和民革贵州省委把玉龙坝镇作为新发展理念示范点建设，认真做好集镇规划和发展谋划，全力推动玉龙坝特色小镇建设。

一是建好基础设施，发展"旅游小镇"。积极帮助协调发改、水务、体育等省级有关部门，支持项目资金2322.6万元，用于建设玉龙坝镇九龙潭乡村旅游点油路，治理九龙潭社区果比河，对岩脚社区公路进行提质改造，建设九龙潭生态体育公园；引进民革企业家捐赠46万元建设岩脚社区中山博爱文化广场，极大改变了基础设施落后状况，推进了旅游小镇建设。二是抓好产业发展，打造"产业集镇"。积极帮助引进民革企业管理运营技术，为玉龙坝养牛产业插上"腾飞翅膀"，目前全镇集中养殖牛828头。帮助引进民革企业家捐赠价值6万余元的先进孵化设备，推动岩脚社区土鸡育雏场产能从6万羽/年提高到12万羽/年。还积极推动九龙潭社区冷水鱼养殖项目建设，玉龙坝成为名副其实的"养殖大镇"。另外，民革贵州省委帮助引进资金60.75万元在平寨社区发展庭院特色经济，还投入经费10万元帮助玉龙坝镇开展产业人才培训。三是做好民生保障，建设"幸福小镇"。积极帮助引进民革企业家联谊会捐赠资金230万元建设岩脚社区中山博爱幼儿园及附属设施；引进民革企业家捐赠116万元参与援建岩脚社区中山博爱卫生室，配备救护车、彩超机及电脑设备，直接受益群众669户3098人；帮助协调省残联投入资金10万元建成玉龙坝镇"凤归巢扶贫助残就业中心"，为30人提供保障就业岗位；帮助引进民营企业捐赠化磋窝小学价值20万元"班班通"教学设备及紧缺文体器材，受益学生248人；投入资金75万元在化磋窝小学、中心小学等6所学校操场铺设悬浮地板面层或建设塑胶球场，改善了乡村学校基础设施；帮扶以来将玉龙坝镇困难家庭的20名学生纳入资助帮扶对象。多年来，民革中央帮助纳雍建成了纳雍电厂、长兴公路、陶家寨希望小学，结束了纳雍不通高速不通火车的历史，摆脱了深度贫困，走向了乡村振兴。有力助推了纳雍乡村振兴及经济社会高质量发展，也有效推进了毕节建设贯彻新发展理念示范区建设。

4. 聚焦生态振兴，落实绿色环保"新要求"

民革中央紧紧围绕"绿色发展""生态振兴"主题，根据"纳雍所需，党派所能"的原则，不断推进纳雍绿色产业发展和环境卫生改善。

一是积极支持"绿色项目"实施。民革中央对帮扶纳雍县工作实施项目化管理，每年制定工作要点，列出项目清单，重点开展公益、智力、教育、医疗、就业、产业、消费等绿色帮扶项目。自2018年以来，共组织实施各类帮扶项目330个，投入和引进帮扶资金2亿元。各级民革组织也积极支持纳雍绿色项目，例如，民革中央企业家联谊会统筹协调495万元资金，帮助各省级民革组织结对村开展以"三改一建一治"为主要内容的人居环境整治，民革广东省委投入资金80多万元在新房乡滥坝村开展"三清三拆"等项目建设，民革贵州省委捐款在玉龙坝镇实施了"博爱生态经济林"项目建设，推进了乡村建设行动，助推了生态文明建设，取得了良好的示范效果。二是扎实推进"绿色产业"发展。民革中央帮助纳雍研究一批绿色产业，推动纳雍县百凤庭食品有限公司、贵州金蟾大山生物科技有限责任公司建设，发展"生态土鸡"及"食用菌"系列产品10余种，达到年产菌棒3000万棒、红托竹荪鲜品1000吨、黑木耳干品300吨的生产能力。"纳雍滚山鸡""纳雍红托竹荪"多次获国际国内奖项。民革中央积极推动纳雍茶产业迅速成长壮大起来，已建成5000平方米大宗茶加工厂，生产茶叶10.8吨，实现年产值800余万元。民革中央还积极组织"我为帮扶下一单"等消费帮扶活动，帮助销售纳雍特色绿色产品4950万元，推动了"纳货出山"，带动了绿色产业发展。三是认真做好"绿色环保"监督。民革中央还将监督与帮扶结合起来，开展生态环保民主监督。万鄂湘主席首次率"同心·博爱行"调研组考察时发现纳雍普赛河污染严重，要求民革基层组织要当好"环保监督员"，在生态文明建设中积极发挥作用，并作出"纳雍水不清，我不来"的誓言。民革中央及时组织人口资源环境领域专家深入纳雍查找问题，编制整改规划，并争取2320余万元项目资金用于支持纳雍县河流治理等基础设施建设。民革纳雍工委及时成立了环保监督中心，发动党员将监督付诸行动，撰写《普赛河污染调研报告》。纳雍县全面强化和落实"河长制"，干部职工带头开展"清河行动"，坚决整治了煤矿排污问题，普赛河终于实现了从"脏黑臭"到"清美亮"的蜕变。万鄂湘主席要求继续发挥监督作用，守护好绿水青山。之后，民革中央将绿色环保监督、脱贫攻坚民主监督、乡村振兴民主监督融合起来，拓展了党派监督的有效形式。

5. 聚力组织振兴，深化定点帮扶"新内涵"

民革中央深入践行"体制机制创新"鲜明主题，郑建邦主席8次来到纳雍调研问题，推进工作，并提出"将发挥定点帮扶工作机制作用作为定点帮扶工作的'定盘星'"要求，不断强化机制建设，健全完善帮扶机制，优化创新帮扶方式，聚力定点帮扶新内涵。

一是建立"1+1"结对帮扶机制。自2018年以来，民革中央出台《民革中央关于进一步加强定点扶贫工作的意见》，该文件明确提出每一个省级民革组织采取"1+1"方式结对帮扶纳雍县一个乡镇，其中纳雍县羊场乡、昆寨乡、锅圈岩乡、猪场乡、董地乡、左鸠戛乡、新房乡7个极贫乡分别由北京、天津、上海、江苏、浙江、山东、广东7个东部民革省级组织结对帮扶，玉龙坝镇由民革贵州省委结对帮扶，形成"7+1"帮扶机制。各省市民革组织沿着"省对乡、市对村"的路径，在结对帮扶乡镇的基础上，做到"一市一村"结对帮扶，有效深化帮扶内涵，延伸帮扶对子，逐渐形成了"7+1+1+N"的帮扶机制。民革中央还明确各帮扶省市的具体职责，定期进行调度，每年进行观摩评比，确保"1+1>2"。二是建立"1+2"联席会议机制。自2018年以来，民革中央每年到纳雍召开1次定点推进会议、2次以上工作联席会议，定期会商、研究、解决存在的问题和困难，不断拓展帮扶内容和完善帮扶举措。其中定点推进会议每年年初举行，由民革中央主席或常务副主席召集全国民革组织召开，工作联席会议一般年初和年底各举行一次，主要由民革中央社会服务部部长组织召开。5年来先后召开了2次定点扶贫工作推进会、3次定点帮扶纳雍县助力乡村振兴工作推进会、12次工作联席会议，其中1次定点帮扶推进会在浙江衢州召开，现场学习浙江乡村振兴经验。从2020年起郑建邦主席已连续3年亲自到纳雍组织召开民革中央定点帮扶工作推进会。联席会议机制为纳雍县巩固脱贫攻坚成果衔接乡村振兴注入了强劲动力，为乡村振兴提供了学习交流平台，帮助纳雍干部拓宽视野、找准差距、提供样板，提高了推动工作的能力。三是建立"1+3"定期互访机制。纳雍县与全国30个民革省级组织开展定期互访交流，形成了"1+3"定期互访机制。民革中央历届领导率先垂范，亲自带队深入纳雍访民情、察民苦、问民需、解民难，30个省市民革组织纷纷响应号召，积极行动，把纳雍人民当成自己的亲人，把纳雍的事情当成民革的家事，及时深入纳雍乡村开展帮扶调研。2018年以来，民革中央及各省市民革组织分别组织专家、学者、企业家等1400余人，赴纳雍乡村农户、产业基地、医院学校一线调研161次，并开展调研指导、义诊服务、抗击疫情、捐资助学，深入实地查看项目、解决问题、推动工作，有力助推了纳雍经济社会高质量发展，推进了纳雍贯彻新发展理念示范区建设。纳雍县委、县政府抢抓帮扶机遇，组织党政代表团分别到北京、上海、广东、浙江等各省级民革组织对接汇报工作，提出帮扶需求，开展招商引资，形成了"你来我往"的良好互动关系。

四、民主党派助推乡村振兴的优势分析

从民革中央助推纳雍乡村振兴而探索出的"五个聚力"的帮扶模式中，可以看出民革中央充分发挥自身特色优势资源，如机制优势、界别优势、智力优势、资源优势，助推乡村全面振兴。

（一）机制优势

要充分借助中央统战部牵头建立的联席会议、定期沟通、干部挂职、项目

推动等工作机制,各民主党派可以充分发挥机制优势,增加对乡村振兴工作认识的深度和广度,探索和建立与乡村在振兴相关的集体参政议政机制,充分发挥民主党派参政议政的机制。同时,民主党派要深刻认识实施乡村振兴战略的重要性,深入开展调查研究,形成上下联动,高位推动、多级协作的参政议政机制。民革中央接通"天地线",历届领导和有关人员每年都到纳雍县调研、视察、指导工作,建立联席会议制度,定期研究纳雍事宜,将纳雍县改革发展过程中的重点和难点问题及时反映到有关部门甚至国家层面,通过顶层设计和建言献策来解决纳雍县的问题;建立联络联系工作制度,每年县委政府主要领导都率队到民革中央汇报工作,争取支持;建立东部七个省市民革组织对口帮扶机制,成立联络联系工作领导小组及办事机构,下设七个工作小组分别对应东部七个省市开展联络联系工作;完善干部挂职机制,连续派出干部到纳雍县挂职,直接参与纳雍县乡村振兴工作。建立动态信息通报机制。民革中央和各省级组织定期了解纳雍县脱贫攻坚工作和挂牌督战情况,及时反馈相关意见和建议。严格管理、统筹调度各项帮扶工作。及时了解民革中央机关挂职干部和驻村第一书记工作情况。每季度刊发《民革中央定点扶贫纳雍县结对帮扶工作通报》,统计帮扶工作情况,总结帮扶工作成效,研究问题困难,推动乡村振兴工作不断深化。

(二)界别优势

民主党派可充分发挥界别优势,助推乡村教育、就业、医疗等领域的发展。民革中央通过中山博爱基金会筹资援建纳雍县第八小学,并将该校作为民革教育扶贫示范点。援建纳雍县人民医院,将该医院作为民革医疗扶贫示范点。支持鼓励省级组织在结对帮扶乡镇参与共建脱贫示范村,其中民革贵州省委会和民革中央企业家联谊会共同支持援建玉龙坝镇岩脚村。继续举办关爱农村留守儿童的"中山博爱夏令营"活动,扩大受益面,提升影响力。实施"博爱·乡村学校美育共建计划",培养体育、音乐、美术教师,协调联系东部地区学校开展结对共建,提升农村地区学校美育教育水平。支持各级组织发动党员捐款捐物设立乡村助学帮困基金,奖励扎根基层的优秀教师和资助经济困难家庭子女就学。帮助协调引进种植、养殖和深加工等劳动密集型企业到纳雍县投资办厂或建立扶贫车间,增加当地就业机会,促进人口就地就业和增收。结合劳动力市场需求，组织开展职业技能培训，并对接相关用人企业，帮助提高人口就业能力。试点设立"民革纳雍务工人员联络站"，关注纳雍籍在外务工人员就业动态，为他们提供就业信息、政策解读和法律维权等咨询服务。鼓励和引导民革党员参与消费扶贫，开展"我为扶贫下一单"活动，购买纳雍县农特产品，帮助产品变商品，收成变收入。协调各级民革组织和党员企业定点采购纳雍县农特产品。推荐电商平台和产销对接活动，帮助拓展销售渠道。统筹地区产品和服务资源，倡导民革各级组织在贫困地区举办党建、团建等会议和培训活动，与纳雍县贫困村或农民专业合作社提供的产品和服务进行对接。

（三）智力优势

民主党派具有智力优势，充分发挥人才荟萃、智力密集的优势，为乡村振兴工作大力争取和服务保障专家学者开展重点指导、课题研究、决策咨询、项目谋划等工作。一是积极为发挥民革人才智力和联系广泛优势，深入分析研究纳雍县资源特点，组织党员专家和企业家帮助出谋划策，完善乡村产业发展规划，帮助扶持发展切合地方实际、市场前景好、辐射带动强的产业项目。协调和引进相关企业在纳雍县投资或合作建设产业基地，推进香姜、南瓜、辣椒等农特产品示范基地建设，完善益贫带贫机制，促进贫困群众广泛参与。加强农业科技支撑，推广适用农业科技，培训农村致富带头人，不断提高经营管理水平。帮助完善肉牛、土猪、土鸡、高山菌、茶叶、蔬菜、苗绣等特色产业链条，提高专业化程度，帮助对接销售市场，培育区域性特色农产品品牌，夯实地区产业发展基础。二是发挥全党专家智力优势，充分利用联系广泛的社会资源，结合纳雍县干部人才需要与纳雍县共同研究完善培训体系，分别制定党政干部、教育科技和医疗卫生等人才培训规划，有计划、有步骤、分层次地开展有针对性的人才培训工作。举办1期新发展理念专题讲座，帮助纳雍县领导干部提高认识、开拓思路、落实新发展理念。举办党政干部和驻村第一书记脱贫攻坚培训班，增强干部队伍"为人民服务"责任意识，提高做群众工作和扶贫工作能力。协调推动省级组织结对帮扶乡镇的人才培训工作，选择部分乡镇作为教育和医疗人才全员培训试点，实施"博爱·英才计划"，科学评估和跟踪培训效果，培养一批留得住、有干劲、高水平的骨干人才。

(四) 资源优势

民主党派在助力巩固拓展脱贫攻坚成果同乡村振兴有效衔接等方面有着重要资源优势。一是开展定点帮扶助力乡村振兴工作调研。积极向上汇报争取民革中央领导同志亲自率队赴毕开展巩固脱贫成果与乡村振兴工作调研，帮助贯彻新发展理念，理清发展思路，共谋发展良策，开展督促指导。二是实施乡村振兴示范村建设。完善乡村振兴示范村建设规划，开展农村人居环境整治工程和美丽乡村建设等系列示范建设项目，改善和提升农村生产生活条件和生态环境，为推进乡村振兴探索路径和经验。三是开展乡村振兴带头人培训。围绕乡村振兴主题，针对乡村干部、农民专业合作社负责人、村集体经济负责人、致富带头人、种植养殖大户等群体，开展政策法规、产业规划、种植养殖实用技术、农村电商等方面培训，提高农村干部政策把握和基层治理水平，帮助培育农民合作组织和培育农村能人，激发农村发展活力，发挥农民主体作用。四是加大职业教育和劳动力就业帮扶力度。支持职业院校和企业与纳雍县开展合作办学，大力培养技术技能人才和高素质劳动者，多方拓展就业渠道，助力脱贫人口稳岗就业，提高收入水平。关爱留守儿童健康成长，持续开展"中山博爱夏令营"活动，为农村留守儿童健康成长创造良好环境。

五、民主党派发挥优势助力乡村振兴的思考建议

巩固拓展脱贫攻坚成果和全面推进乡村振兴，是"十四五"时期经济社会发展的主要目标之一。各民主党派应该继续发挥自身优势，创新帮扶举措，弘扬脱贫攻坚精神，乘势而上，接续奋斗，助力巩固拓展脱贫攻坚成果，全面推进乡村振兴，加快推进农业农村现代化。

(一) 壮大乡村特色产业，夯实村集体经济

充分发掘各地特色优势资源，做好分类指导，完善全产业链支持措施，培育发展壮大茶叶、糯谷猪、食用菌、南瓜、樱桃等切合地方实际、市场前景好、辐射带动能力强的乡村特色产业。帮助指导提升村集体合作社经营管理水平，发挥龙头引领和能人带动作用，提高农村生产能力。强化农业科技支撑，

延长产业链条，促进一二三产融合发展。提高农产品质量和标准，提升市场竞争力和产业抗风险能力。支持纳雍县培育绿色食品、有机农产品、地理标志农产品，帮助打造农产品区域公用品牌。创新消费帮扶举措，多方拓展销售渠道，持续开展"我为帮扶下一单"消费帮扶活动。帮助纳雍县改善营商环境，扩大对外交流协作，吸引社会企业投资兴业。

（二）发挥民主党派自身优势，助力乡村治理提升

聚焦巩固拓展脱贫攻坚成果和全面推进乡村振兴，充分发挥民革智力密集和联系广泛优势，结合纳雍县实际，开展有针对性的帮扶，提高基本公共服务保障能力。与纳雍县共同研究建立干部人才培训体系，帮助基层党政干部开阔视野、转变观念、创新思路，提高做好巩固脱贫成果和推进乡村振兴工作的能力。支持教育和医疗卫生事业，构建人才培训工作体系，帮助乡镇农村教师和医生提升职业荣誉感和专业本领，补足农村地区短板和弱项，提升农村地区公共服务水平。支持和协调东中部地区学校和医院开展"一对一""多对一"结对帮扶共建活动。加大职业教育和劳动力就业帮扶力度。支持职业院校和企业开展合作办学，大力培养技术技能人才和高素质劳动者，多方拓展就业渠道，助力脱贫人口稳岗就业，提高收入水平。关爱留守儿童健康成长，持续开展"中山博爱夏令营"活动，为农村留守儿童健康成长创造良好环境。

（三）开展乡村振兴示范建设，助力美丽宜居乡村建设

按照"产业兴旺、生态宜居、乡风文明、治理有效、生活富裕"要求，帮扶乡镇各建设1—2个乡村振兴示范村。帮助研究制定乡村振兴规划，理清发展思路，凝聚发展共识。帮助培育农民合作组织和培养农村能人，激发农村发展活力和发挥农民主体作用。发挥特色资源优势，帮助发展壮大乡村特色产业。坚持教育引导、实践养成、制度保障，发挥农村"乡贤"作用，提升乡村文明和乡村自治水平。帮助开展农村人居环境整治，协助推进数字乡村建设，倡导健康文明的生产生活方式，构建共建共管共享的生活环境。通过示范村的引领作用，带动毕节推进美丽宜居乡村建设，推动乡村全面振兴。进一步完善"全党参与、重点结对"工作机制，统筹民革全党力量，发挥民革自身优势，帮助毕节试验区巩固拓展脱贫攻坚成果，接续推进经济社会发展和乡村全面振兴。

参考文献

[1] 李平,吴陈舒. 优势视角下革命老区乡村振兴路径研究——以江西省莲花县沿背村为例 [J]. 老区建设, 2021 (02): 26-34.

[2] 张大维. 优势治理的概念建构与乡村振兴的国际经验——政府与农民有效衔接的视角 [J]. 山东社会科学, 2019 (07): 88-96.

[3] 张大维. 优势治理：政府主导、农民主体与乡村振兴路径 [J]. 山东社会科学, 2018 (11): 66-72.

[4] 江艳,赵文. 新时代党建引领乡村振兴的实践逻辑研究 [J]. 新农业, 2020 (21): 85-87.

[5] 董江爱,张瑞飞. 联村党支部：乡村振兴背景下农村基层党建方式创新 [J]. 中共福建省委党校（福建行政学院）学报, 2020 (02): 60-66.

[6] 林星,王宏波. 乡村振兴背景下农村基层党组织的组织力：内涵、困境与出路 [J]. 科学社会主义, 2019 (05): 115-120.

[7] 梅立润,唐皇凤. 党建引领乡村振兴：证成和思路 [J]. 理论月刊, 2019 (07): 5-12.

[8] 潘传辉. 创新农村基层党建与推进乡村振兴战略 [J]. 人民论坛, 2019 (08): 40-41.

[9] 陈晓宏. 乡村振兴背景下农村基层党建模式创新——以福建省三明市"跨村联建"为例 [J]. 中共福建省委党校学报, 2018 (12): 46-53.

[10] 张静文. 区位优势视角下乡村发展与治理研究——以传统茶乡南平市东安村为例 [J]. 福建茶叶, 2021, 43 (06): 7-10.

[11] 袁心平,赵亚龄. 优势视角下"嵌入式"养老与传统聚落的契合与发展路径探析——以湖北省Y县D村为例 [J]. 改革与开放, 2021 (11): 47-54.

[12] 方帅. 基层党建引领精准扶贫：一个优势治理的视角 [J]. 农林经济管理学报, 2021, 20 (01): 131-137.

[13] 李平,吴陈舒. 优势视角下革命老区乡村振兴路径研究——以江西省莲花县沿背村为例 [J]. 老区建设, 2021 (02): 26-34.

[14] 黄懋,王娅. 发挥党派优势助推毕节贯彻新发展理念示范区高质量发展探讨——以民建中央带领各级组织帮扶黔西市为例 [J]. 贵州社会主义学

院学报,2023(S1):37-42.

[15]罗添仁,张雪鹏.边疆民族地区民主党派助推乡村振兴的实践探索与路径优化——以云南省为例[J].福建省社会主义学院学报,2023(01):35-43.

作者简介:谭礼连,中共毕节市委党校公共管理教研部讲师;金禹,中共毕节市委党校党史党建教研部讲师;李颖,中共毕节市委党校公共管理教研部讲师。

机遇与挑战：乡村振兴战略下的相对贫困治理
——以毕节市为例

杨 成

摘 要：贫困是直接影响乡村振兴和共同富裕目标实现的难题。贫困治理是实现乡村振兴的必由之路，实现共同富裕的内在要求是实现贫困治理现代化。长期以来，作为贵州贫困人口最多、贫困范围最广、贫困程度最深的地区，脱贫攻坚工作一直是毕节的工作重点。新形势下，认清贫困及贫困治理的质态转变，分析清楚毕节相对贫困治理面临的主要挑战，对毕节在推动乡村振兴过程中破解相对贫困治理难题，实现贫困治理现代化具有重要意义。

关键词：绝对贫困；相对贫困；共同富裕；贫困治理

实现共同富裕是社会主义的本质要求，是中国共产党矢志不渝追求的目标，也是中国共产党对人民的庄严承诺。共同富裕目标的实现薄弱点依然在农村，全面推进乡村振兴是关键。贫困治理是我国国家治理的重要组成部分，也是实现共同富裕的必由之路。党的十八大以来，党中央把贫困治理放到治国理政新高度，经过团结带领全体中华儿女不懈奋斗，取得了绝对贫困治理的历史性胜利，开启了迈向共同富裕的现代化新征程。值得注意的是，绝对贫困治理的胜利，不代表贫困这一困扰人类社会发展的难题得以彻底解决，在接下来的很长一段时间，我国贫困治理的核心任务将会从重点强调"治"的绝对贫困治理向重点关注"防"的相对贫困治理转变。2022年1月26日，国务院印发《关于支持贵州在新时代西部大开发上闯新路的意见》，支持贵州打造巩固脱贫攻坚成果样板区。作为贵州贫困人口最多、贫困范围最广、贫困程度最深的地区，毕节如何在推进乡村振兴的进程中，巩固和拓展好绝对贫困治理成果，构建起可持续性的相对贫困治理机制值得深入研究。

一、乡村振兴战略下相对贫困治理面临的机遇

（一）绝对贫困治理积淀的现实基础

1. 显著提升经济社会发展水平

经济社会发展水平的高低关乎贫困治理成功与否，进行贫困治理则是破除制约经济社会发展难题的重要路径之一。国家统计局的相关数据显示，1986年贵州省地区生产总值139.57亿元，是全国经济与社会发展指标最末的省份。就贵州省内来说，毕节属于全省经济与社会发展指标最末端的地区，从1986年开始开发扶贫以来，随着贫困治理工作的不断推进，毕节经济发展步伐显著加快。2022年全市地区生产总值达到2206.52亿元，在全省9个市（州）中位列第三，经济发展有了很大进步[1]，为全面推进乡村振兴，进行相对贫困治理奠定了经济基础。

2. 明显提高居民收入水平

居民收入消费水平关乎贫困治理成效。毕节试验区成立至今，许多中心工作都围绕着贫困治理开展，经过坚持不懈的奋斗，全市人民的收入水平得到了很大的提高。数据显示，2022年全市城镇常住居民人均可支配收入39055元，农村常住居民人均可支配收13245元[2]。与1986年全市大范围的缺粮断炊状况相比，全市人民生活水平可谓是大踏步提高。与此同时，随着贫困治理工作的不断推进，全市文化、健康等各类产业也逐步得到发展。一方面达到了既要富"口袋"也要富"脑袋"的贫困治理目的，另一方面也为全面推进乡村振兴奠定了坚实基础。

3. 不断完善公共基础服务保障

从致贫的外因来看，基础设施和公共服务是致贫的重要因素之一。毕节位于黔西北地区，地处乌蒙山区深处，海拔高，山体较大，交通不便是阻碍毕节经济社会发展的重要因素之一。随着交通扶贫、医疗扶贫、教育扶贫等一系列行业扶贫工作的开展。毕节通过加大对基础设施和公共服务领域资金的投入，全市基础设施建设程度与公共服务水平得到明显提高。从交通基础设施方面来看，截至2022年末，全市公路通车里程34495.20公里，其中高速公路1086公

里①。从教育方面来看,2022年全市学前教育三年毛入园率92.29%,小学适龄儿童入学率99.89%,初中阶段、高中阶段毛入学率分别达到113.77%和92.72%,教育保障水平明显提高③。

(二)毕节多年扶贫开发实践的经验积累

1. 日趋精准和完善贫困治理方法

贫困治理是一个循序渐进,不断推进贫困治理向着更加精准化、全面化的过程。毕节作为我国率先开始大规模扶贫的地区,贫困治理也在逐渐走向成熟和完善。从治理方式看,毕节的贫困治理经历了全市、县级、乡(镇)级、村级再到户级逐渐递进的阶段,随着贫困范围的不断缩小,实现了从最初的扶贫救济到精准治贫的转变,其变化主要源于贫困对象的实际需求发生了转变。从参与主体来看,毕节的贫困治理从政府全揽的单一救济式扶贫逐渐向市场、行业、社会等多元主体参与的协同治贫转变,政府不再是单一治贫主体,且更加注重贫困对象与社会力量的参与。

2. 共治共享贫困治理格局的形成

随着贫困治理不断推进,毕节逐渐形成了多元主体共同参与的共治共享的贫困治理格局。1986年初,贵州省委、省政府从省、市(州、地)、县机关抽调3300多名优秀中青年干部派驻到26个贫困县及重点贫困乡村扶贫,首开我国扶贫先河。1994年,国家"八七"扶贫攻坚计划实施,8个民主党派中央、全国工商联相继派出自己的党员、会员专家、学者、教授和科技、医卫人员以及企业管理人员深入毕节试验区结对帮扶8个县级市极其贫困乡村,与其他帮扶贵州的东部发达地区一起参与到毕节的贫困治理中来,构建起了全社会参与扶贫的强大合力。

3. 真抓实干治贫人才的培养锻炼

贫困治理是人追求更加美好的生活,实现全面发展的重要手段。毕节在30多年的治贫实践中培养和锻炼出了一批数量庞大的治贫人才,也为毕节的经济社会发展贡献了重要力量。为了切实提高贫困治理力度,增强贫困治理效果,从1986年至今,各机关单位抽调优秀的中青年干部派驻到各贫困县、贫困村参与贫困治理,有限推进贫困治理工作的同时锻炼了这些年轻干部吃苦耐劳、担当作为的精神。通过与东部发达地区之间的交流协作,分批次选派干部到东部地区挂职、培训等方式，为贫困治理的开展和贫困地区经济社会的发展注入了新鲜血液。这些在真抓实干中磨炼出来的治贫人才，必将成为全面推进乡村振兴，有效开展相对贫困治理的重要力量。

二、乡村振兴战略下相对贫困治理面临的挑战

（一）基层社会治理体系和能力薄弱

1. 基层组织软弱涣散现象依然存在

党建扶贫是富有贵州特色的扶贫工作制度。绝对贫困治理中，基层组织发挥了重要作用，但部分地区基层组织软弱涣散的现象依然存在。首先，基层组织的各项制度规章不完善，组织结构设置不规范、不合理，权责不清、分工不明。其次，缺乏能担重任的组织"带头人"，尤其是乡村组织缺乏主动性，对内援是主体，外援是辅助工作机制认识不到位，对驻村第一书记及工作团队的依赖程度较高。最后，基层组织在工作中缺乏调研意识或是调研程度不够，大部分工作都集中于机械地处理行政性、指令性事务的落实，不知道结合本村实际灵活运用，凝心聚力防治返贫的能力较弱。

2. 乡村基层治理各类资源依旧匮乏

全面推进乡村振兴，提升乡村基层治理能力和治理水平是必然。乡村基层治理资源的匮乏是提升乡村基层治理能力与治理水平的最大短板。首先，经济资源相对匮乏。长期以来，一些已脱贫地区产业发展状况并不乐观，经济发展方式单一，尤其是集体经济等内部经济发展不壮大，导致基层治理在转型中趋于缓慢，治理能力与治理水平难以提升。其次，人才资源相对匮乏。提升乡村基层治理水平，必须充分发挥法治、德治与自治的作用，但不论是法治、德治，还是自治，都需要有人才作为支撑。相较于城市，乡村在治理过程中不仅缺乏能担重任的"带头人"，而且也相对缺少具备相关专业知识的治理团队，导致乡村基层组织在治理过程中内生动力不足。

（二）扶贫产业发展仍然滞后

1. 产品存在同质化问题

产品同质化就是指在某一领域内，某种产品不论是在性能、外观，还是在

销售渠道、销售方式等方面都与其他同类产品无太大差别，导致这种产品可以直接被其他同类产品直接替代的现象。产品同质化会使该类产品在市场竞争中失去竞争力，从而导致产品过剩、滞销。就目前毕节扶贫企业发展情况来看，产业产品同质化现象确实存在，这主要是两方面原因造成的。一是许多地方急于追求经济效益，盲目跟风发展其他地区实验成功的产业，缺乏对本地自然资源和人文资源"特殊性"的挖掘，且未立足于本地市场的发展实际，导致产品滞销，市场萎靡不振。二是企业自身缺乏创新意识，创新能力相对欠缺，对本地的特色产品缺乏敏锐的见解，对新兴科技的运用也不够，科技助力产业发展的作用未能得到充分发挥。

2. 产业发展缺乏人才

产业的发展，究其根源是人的发展，人才是产业兴旺的第一资源和第一要素。在绝对贫困治理过程中，毕节各类工业产业的发展取得了一定的成效，但要实现产业振兴，人才依然是短板。一方面，与其他地区相比毕节教育水平相对落后，人均受教育水平相对较低，具备各项专业知识技能的高素质的人才缺乏；同时，不愿意脱贫的现象的存在，这样的人口结构导致人才问题成为制约产业发展的一大瓶颈。另一方面，与省外发达地区相比，毕节各类企业在经济待遇方面相对较低，与此相反的是毕节许多家庭孩子较多，生活压力迫使青壮年外出务工现象普遍，农村空心化严重，本地企业招工难。

（三）贫困对象内生动力不足

1. 思想观念陈旧落后

摆脱贫困，富"口袋"是治标，富"脑袋"方能治本。从受教育程度方面来看，毕节人口的平均受教育程度相对较低，这也是造成贫困对象内生动力不足，不能提升脱贫对象"造血功能"的原因之一。首先，部分家庭对孩子教育重视程度不够。一直以来毕节都是经济社会发展相当落后的地区之一，加上许多家庭多子现象严重，养孩压力巨大，导致许多农村孩子辍学现象普遍，受教育水平低，贫困出现代际传递现象。其次，"等、靠、要"思想根深蒂固。"等、靠、要"思想归根结底就是"懒"的问题，这在许多贫困对象身上尤其明显。在脱贫攻坚阶段，许多贫困对象享受到政府提供的粮食、津贴等方面的救助，更是加剧了其坐享其成的不良思想。

2. 知识技能水平不高

就目前处于贫困边缘的群体特征来看，缺乏可以创收增收的知识技能是造成脱贫不可持续的因素之一。绝对贫困治理阶段，针对贫困对象技能方面开展的各种培训不少，对贫困对象摆脱贫困也发挥了重要的作用，但就目前的形势来看，仍然有很多不足。一方面是前期开展的相关知识技能培训都是重在"懂"和"会"的短期培训，只要满足这两个条件，相应的培训也就结束了，缺乏后续的检验和提升，许多贫困对象一旦参与到市场竞争中去，就容易被淘汰。另一方面则是贫困对象自主学习意识和学习能力不够，部分贫困对象缺乏主动学习的意识，不会持之以恒做到学深一层、学精一层，有的是由于自身学历低，知识薄弱，难以学会。

（四）教育医疗服务体系不完善

1. 教育条件与水平有待提高

教育是有效阻断贫困代际传递，解决贫困对象等、靠、要思想，达到志智双扶效果的有力措施。在脱贫攻坚阶段，毕节的基础教育条件和水平都得到了一定程度的提高，但要全面推进乡村振兴，当前的教育条件和水平显然不够。首先，在教学设施方面，不论是教学楼、学生宿舍等校园基础设施建设，还是现代化教学设备的配备和使用率，城乡之间仍然存在较大差距。其次，在师资力量和水平方面，城乡之间的师资力量差距较大，一些发展相对较快的城市师资来源主要是免费师范生、硕士研究生，且竞争相当激烈。但许多乡村学校教师依然稀缺，一名教师一学期需要同时兼顾几门课的现象依然存在，城乡之间教育水平的差距依然不小。

2. 医疗卫生水平有待提升

疾病是现有脱贫人口返贫的重要诱因之一。毕节要全面推进乡村振兴，实现共同富裕目标，现有的医疗卫生水平还有待提升。首先，农村地区医疗基础设施落后。许多农村地区虽然已经具备村卫生所等基本医疗场所，但是现有的村卫生所不仅场地小，而且基础设施依然十分落后，在流感高发季节，现有场地不足以容纳患者。其次，农村医护人员缺乏且医护水平不高。农村地区由于地势偏僻，基础设施短板突出，成为许多医护人员不愿意久留之地，这使得许多农村卫生医院留不住人，缺乏医护人员的现象长期存在，数量难以达标，质量也就无从谈起。

三、乡村振兴战略下相对贫困长效治理的对策建议

(一) 建立规模性返贫的监测预警与协同治理机制

1. 继续加强党的基层组织建设

贫困治理必须加强党的基层组织建设。首先,坚持深化全面从严治党总基调。在乡村振兴过程中进行相对贫困治理必须将全面从严治党落到实处,根除腐败之风滋生的土壤和条件,坚持打造一支党性觉悟高、理想信念牢、业务能力强的党员干部队伍,做好相对贫困治理各项工作。其次,继续提升基层党组织能力。通过提升政治领导力、组织覆盖力、群众凝聚力、社会号召力、发展推动力和自我革新力等措施推动基层党组织全面进步和全面过硬,更好为推动相对贫困治理工作服务。最后,着力建设高素质专业化干部队伍。建立健全党员干部的素质培养体系,坚持源头培养、跟踪培养与全程培养相互结合,从源头上立根固本,从事业上坚持优胜劣汰。坚持把好选人关,坚持以德为先、任人唯贤、人事相宜的原则。为做好相对贫困治理工作打造一支素质过硬、本领较强的优秀队伍。

2. 精准识别并认定相对贫困对象

精准识别并认定相对贫困对象是有效开展相对贫困治理的关键所在。首先,建立健全相对贫困的认定标准。相对贫困的认定标准是精准识别相对贫困对象的重点所在,制定认定标准要从贫困的多维角度出发,结合各地区经济社会发展的实际情况以及该类群体自身的现实状况去考虑,切忌"一刀切"。其次,要全面摸清并掌握相对贫困对象的现实情况。摸清相对贫困对象要坚持到村入户进行摸底走访,尤其是脱贫攻坚中贫困程度深、脱贫脆弱性高的人员,全面真实调查清楚具体情况后,如实登记在册,便于后续的精准防治。最后,建立健全相对贫困的退出程序。退出程序的制定要对将要退出的人员进行全方位、多维度的分析和考察,综合分析达标后,才能启动退出程序。同时,对已退出人员要定期开展脱贫"回头看"工作,确保已退出人员真脱贫、脱真贫。

3. 提高全社会力量治贫参与程度

实现共同富裕,实现人的全面发展,构建并完善共治共享的贫困治理格局

是关键，社会力量参与治贫不可或缺。绝对贫困治理阶段，以政府为主导的共治共享贫困治理格局已经基本形成，并且发挥了巨大作用。在相对贫困治理阶段，仍需继续完善共治共享的贫困治理格局。首先，要充分发挥毕节在统一战线方面的优势，在现有基础上不断完善各民主党派、社会组织参与相对贫困治理的体制机制，确实提高贫困治理力度和成效。其次，政府作为贫困治理的主导者，要做到权责明确、"放""管"结合，在该"严进"的领域把好关，也要适当"放权"，给予参与贫困治理的其他社会主体相应的权利，提升社会力量参与治贫的主体意识。最后，加强政府与社会力量在贫困治理领域的合作，推动贫困治理工作的同时实现共赢。政府作为贫困治理的主导者，具有统揽全局、协调各方的作用，在资源配置方面也具有优势，社会力量在贫困治理领域的优势则充分体现为对市场的熟悉程度，具有较强的灵活性。加强政府与其他社会力量之间的合作，可以利用双方优势，实现贫困治理成效的最大化。

（二）落实规模性返贫的实时监督与动态考核机制

1. 定期开展脱贫稳定性排查工作

贫困治理，既要保证贫困对象能脱贫，更要保证贫困对象是真脱贫。相对贫困治理要时常"回头看"。"回头看"不是坐在办公室看看文献、查查资料就可以的，而是要深入基层、深入已脱贫群众，定期开展脱贫稳定性排查工作。脱贫稳定性排查工作的开展，是有效阻止发生大规模返贫，进一步巩固拓展好脱贫攻坚成果的关键，由于这一阶段返贫致贫的因素比较复杂，这意味着，定期开展脱贫稳定性排查工作要尽可能做到逐户排查走访，重点关注脱贫脆弱性强的人群，但也不能仅仅局限于这个范围，要通过整村整户的走访排查，实时监督和掌握贫困对象的实际情况，为精准识别易返贫致贫人员及精准预防治理返贫等政策措施的制定提供真实有效的数据。

2. 加大对扶贫项目资产的管理力度

加强扶贫项目资产的管理是开展相对贫困治理的重要抓手。首先，不断优化管理制度体系。在国家层面现有的与扶贫项目资产管理相关的政策、制度的基础上，因地制宜出台相应的实施细则，让扶贫项目资产的监管有法可依。其次，动态调整并监督扶贫项目资金的使用情况。一方面要根据当前脱贫脆弱地区的实际发展状况调整扶贫项目资产的投入，坚决做到"一把钥匙开一把锁"；

另一方面要严格落实扶贫项目资产的检查监督制度，将扶贫项目资产运营主体自查、政府监管与社会公众监督相结合，通过全方位全过程的监督，提升扶贫资金使用的精准性。最后，充分发挥大数据在扶贫项目资产管理中的作用，通过大数据平台，对扶贫项目资产进行监测、分析和应用，让扶贫项目资产运用更具针对性。

3. 动态评价巩固拓展脱贫成果成效

造成相对贫困的因素复杂，具有较强的隐蔽性。就现阶段的情况来看，不仅要巩固拓展好脱贫攻坚成果，更要防止新的贫困产生。相对贫困与绝对贫困之间的差异性决定了由绝对贫困治理转向相对贫困治理要转变的不仅仅是治理政策、治理措施，还有治理理念、治理思路等。因此，与相对贫困的动态治理一样，对相对贫困治理成果与成效的评价也必定要适时调整，与时俱进，坚持做到动态评价。在制定相对贫困治理评价体系时，要立足于不同发展阶段中经济、政治、文化、社会等各个方面的具体发展情况，不可脱离发展实际空谈成效，更要结合各地区的发展程度以及贫困对象的实际情况来确定，确保对相对贫困治理的评价全面、合理、真实、精准。

（三）切实深化产业帮扶与产业发展的可持续机制

1. 破除新型农业经营主体发展阻碍

新型农业经营主体的培育是增强农业发展、经济活力和带动能力的重要举措。在绝对贫困治理阶段，新型农业经营主体得到一定程度的发展，也为如期打赢脱贫攻坚战贡献了力量，但由于经营规模小、农民合作社运行不够规范、人才短缺等内部原因以及资金筹备难、保障机制不够完善等外部因素的影响下，当前新型农业经营主体的发展存在许多阻碍，需要进一步破除这些阻碍。首先，加强新型农业经营主体的培育力度，通过培育一批规模合理、服务专业、经营多元的现代化农业企业推动农村一、二、三产业的融合发展。其次，在引进和培育专业人才方面下功夫，通过引进和培育经营管理方面的专业人才，确保新型农业经营主体人才资源能得到保障。建立完善农民农业方面的相关体制机制，为农民种粮增收提供切实可靠的保障，增加农民的种粮热情。

2. 大力发展电子商务带动农村经济

当今的时代，是大数据的时代，也是数字化的时代。淘宝、京东、抖音等

App 的产生和应用，在很大程度上改变了人们的生活方式，尤其是新冠肺炎疫情暴发以后，云办公、云购物更是成了人类生产生活中的必需品，这意味着，产业要发展必须顺应时代潮流，否则将会被时代所淘汰。毕节拥有许多天然、有机、绿色的农产品，但以往由于交通问题，参与市外、省外市场的竞争度并不高，因此，相对贫困治理阶段，拓宽农产品销售渠道，带动农村经济发展需要大力发展电子商务。首先，可以加强与大型电商之间的交流合作，借助大型电商的平台，提升产品的曝光度和知名度，从而提升农产品的销售量。其次，增加与优质带货主播之间的合作，借助优质带货主播的"流量"，增加农产品的销售量。然后，严格把控产品质量，结合本地实际，培育本土电商带货主播。

3. 立足本土实际打造一批特色产业

毕节地处乌蒙腹地深处，海拔高，山体大。这样的地形地貌带给毕节人民的不只是艰苦的生活环境和艰难的交通建设，也有冬无严寒、夏无酷暑的宜人气候和尽收眼底的如画风景。相对贫困治理，立足毕节实际，充分挖掘和利用毕节的独特优势发展一批独具特色的产业是关键一招。一是充分利用地貌特征和气候优势，发展特色旅游产业，如休闲康养、避暑养生等方面的产业，同时也要在现有基础上提升旅游业的发展质量。二是充分利用能源产地优势，打造能源产业基地，不断完善能源产业链。三是充分发挥少数民族聚居的优势，发展少数民族技艺传承方面的产业，如苗族的刺绣、银饰制作与加工、蜡染等，既是对少数民族文化技艺的传承，也是发家致富的良方。

（四）构建乡村人才培育与群众内生动力激发机制

1. 不断壮大乡村管理人才队伍

人类社会的一切文明发展都是为了人，而关键也在人，乡村管理人才队伍的建设情况，关乎相对贫困治理成效，关乎乡村振兴成果。因此，乡村振兴战略下开展相对贫困治理，必须补齐乡村管理人才匮乏的短板。首先，在基层党组织方面，要增强基层党组织的管理能力和服务能力，选派一批政治素养高、能力本领强的驻村干部到基层一线干事创业、献才献智。其次，在本地企业的经营管理方面，要引进或培养一批真正懂得经营管理的人才，建立健全留住人才的相应的体制机制，为企业做大做强以及进入市场参与竞争提供有力的保障。最后，在村干部的选拔、培养方面，既要德才兼备，熟悉本地区实际情况，也要相应懂得一些管理方面的知识。

2. 加大力度培养新型职业农民

"新型职业农民是具有科学文化素养、懂农业专业知识、有着先进的经营管理能力的高素质新型职业农民。"[1]新型职业农民是巩固拓展脱贫攻坚成果的重要力量，也是乡村振兴的重要力量。毕节是一个农业人口较多的地区，做好新型农民培养工作，既是"三农"工作的重要一环，也是推动乡村振兴的重要一环。首先，在职业教育培训中加大对本地农民的培训力度，在培训内容上，重点向农业专业知识方面倾斜，同时要加强对本地农民的先进经营管理方面的知识的传授力度，从而提高本地农民的专业知识和经营管理能力。其次，充分发挥农村技术人员的带动作用。农村技术人员是经过培训，具有一定程度的科学文化素养和农业领域相关专业知识，要通过农村技术人员带动本地农民，尤其是想干事创业的本地年轻农民，培养造就一批有能力的现代农村人才队伍。

3. 健全脱贫人员技能培训体系

熟练掌握一项可创造财富的技能是贫困对象摆脱贫困的根源所在，也是提升已脱贫人员"造血功能"的关键所在。这就意味着，相对贫困治理，提升已脱贫人员的"造血功能"，需要健全脱贫人员技能培训体系。首先，鼓励支持有条件的县（市）、区发展职业教育。在形式上不局限于建设职业技术学校，可以探索与东部发达地区之间的合作，开展异地培训，也可以通过开展网络授课等形式提高职业技术教育质量。其次，搭建农村就业人员的再教育平台，为农村就业人员提升知识技能水平提供条件。农村就业人员再教育平台的搭建是一项系统性的工程，需要以政府为主导，结合农村就业人员的实际情况，构建以网络授课为主，并涵盖内容丰富的教学内容的一套教育培训体系和课程，这一平台的建成将为农村就业人员提升自身知识技术水平和就业竞争力发挥重要作用。

参考文献

[1] 习近平. 习近平谈治国理政（第四卷）[M]. 北京：外文出版社，2022.

[2] 张海霞，杨浩，庄天慧. 共同富裕进程中的农村相对贫困治理 [J]. 改革，2022（10）：78-90.

[3] 李华红. 贵州如何打赢脱贫攻坚战：密码解析与重要启示［J］. 新西部, 2021（Z1）：5-10.

[4] 谢华育, 孙小雁. 共同富裕、相对贫困攻坚与国家治理现代化［J］. 上海经济研究, 2021（11）：20-26.

[5] 倪海燕, 张杰. 共同富裕目标下相对贫困治理的基本原则与实现路径［J］. 乡村论丛, 2023（03）：20-26.

[6] 张燚, 谢赟. 坚持和完善党的全面领导：中国式治理现代化的本质要求——基于中国贫困治理的分析［J］. 理论月刊, 2023（06）：63-70.

[7] 匡远配, 肖叶. 贫困治理的质态转轨：多元逻辑与现代化进路［J］. 经济学家, 2021（09）：69-77.

[8] 王晓毅, 阿妮尔. 全面建设社会主义现代化背景下的相对贫困治理［J］. 东北师大学报（哲学社会科学版）, 2021（06）：11-17.

[9] 匡远配, 肖叶, 汪三贵. 中国贫困治理现代化的多元逻辑、内容框架和有效进路［J］. 社会主义研究, 2023（03）：90-99.

[10] 宋妍. 乡村振兴视野下农村相对贫困：难点与治理路径［J］. 郑州航空工业管理学院学报, 2020, 38（06）：85-91.

[11] 孙明慧. 乡村振兴战略下农村相对贫困治理机制研究［J］. 农业经济, 2021（08）：82-83.

[12] 乔会珠, 周云波. 乡村振兴背景下农村相对贫困治理的长效机制研究［J］. 理论与现代化, 2022（03）：92-103.

作者简介：杨成，中共黔西市委党校讲师。

贵州乡村旅游的数字化转型路径研究

朱 薇

摘 要：贵州省是一个多民族、多山地的省份，乡村旅游是其重要的产业扶贫和乡村振兴的手段之一。然而，贵州乡村旅游也面临着资源开发不足、产品同质化、市场营销滞后、服务品质低下等问题，亟须进行数字化转型，提升乡村旅游的竞争力和可持续性。本研究以数字化转型理论为指导，采用文献分析、案例分析、实地调研等方法，探索贵州乡村旅游的数字化转型路径，提出以下建议：利用数字技术对乡村旅游资源进行精准智能化的挖掘、整合、展示和推广，打造数字化的乡村旅游产品体系；建立数字化的乡村旅游管理平台，实现对乡村旅游的动态监测、数据分析、风险预警和决策支持；发展数字化的乡村旅游服务模式，提供个性化、智慧化、便捷化的乡村旅游体验；培育数字化的乡村旅游创新生态，激发乡村旅游的创新活力和创造价值。本研究对于促进贵州乡村旅游高质量发展，推动贵州在新时代西部大开发上闯新路，具有重要的理论意义和实践价值。

关键词：乡村旅游；数字化转型；路径研究

贵州省，坐落在中国的西部地区，尽管在历史的长河中在经济发展的步伐上相对缓慢，但近年来在国家政策的加持和对于旅游资源的不懈挖掘下，已逐步揭示出其在旅游业上的巨大潜力。面对现代中国对数字经济的高度关注和支持，深入进行"贵州乡村旅游的数字化转型路径研究"不仅是对国家策略的有力回应，更是一次对贵州丰富而独特的旅游资源进行深度挖掘和优化的机会。数字化转型有助于提升游客的体验，增强旅游服务的品质，同时创新乡村经济发展模式；更为重要的是，它将推动旅游业朝着更为绿色、可持续的方向前进。通过这样的探索和实践，贵州有望在新时代实现其"后发赶超"的宏大蓝图。

同时，贵州省是中国传统村落和少数民族特色村寨的重要分布区，也是乡村旅游的发展热点。贵州省正在推进乡村旅游与传统村落、少数民族特色村寨的深度融合发展，利用数字技术提升乡村旅游的品质和效益。数字化是促进文化产业和旅游产业融合发展的重要引领力量。因此，探索贵州乡村旅游的数字化转型路径，对于推动贵州文化和旅游高质量发展，实现乡村振兴战略具有重要意义。

一、研究背景与意义

（一）贵州乡村旅游的发展现状和特点

贵州乡村旅游的发展只有不到10年的历史，市场启动晚，处于初级阶段。2021年全年全省接待游客6.44亿人次，旅游总收入6642.16亿元。年末全省5A级旅游景区8个，与上年末持平；4A级旅游景区134个，增加8个。年末全国重点文物保护单位81个，等级以上乡村旅游重点村（镇）323个，等级以上乡村旅游标准化单位7150个。目前开展乡村旅游的村寨零散，没有形成连线或区域效应。比较知名的乡村旅游村寨有郎德上寨、天龙屯堡、下五屯和千户苗寨等。贵州省已建成100个乡村旅游转型升级示范村和1000多个重点村，一批示范和重点经营户被逐步建成完善，实现农民旅游收入占农民人均净收入的20%以上。贵州省文化和旅游厅等部门联合印发了《贵州省推进乡村旅游与传统村落和少数民族特色村寨深度融合发展实施方案》，旨在发挥贵州省中国传统村落、中国少数民族特色村寨数量均居全国第一的优势，到2025年，在全省创建200个省级以上乡村旅游重点村，打造50个乡村旅游与传统村落和少数民族特色村寨深度融合发展示范点。

贵州乡村旅游的发展具有以下几个特点：

1. 资源优势明显

贵州拥有丰富多样的自然资源和人文资源，如山地风光、民族风情、非物质文化遗产、红色文化等，为乡村旅游提供了独特的吸引力。

2. 业态创新突出

贵州乡村旅游依托传统建筑、民族文化、非遗技艺、田园风光、农业园区、民族医药、温泉等特色资源,发展了一批农事体验、文化体验、乡村演艺、健康养生、避暑度假等旅游业态,打造了一批有生产、有生活、有生气、有生意的乡村旅游重点村23个。

3. 融合发展显著

贵州乡村旅游坚持农文旅商融合发展,利用闲置房屋、老旧房屋、荒山荒坡荒滩等,打造了一批望得见山、看得见水、记得住乡愁的等级民宿和客栈;利用乡村文物古迹、传统村落、民族特色村寨、传统建筑、农业遗迹、非物质文化遗产等,打造了一批富有现代艺术气息和娱乐体验功能的文化娱乐活动;利用银饰、蜡染、刺绣、纺织、编制、制陶、造纸、农民画、木贴画、漆器等为代表的传统民族民间工艺,打造了一批内涵丰富、现代时尚并兼具实用性的旅游商品和文创产品。

4. 持续发展有力

贵州乡村旅游注重保护利用传统村落和少数民族特色村寨,完善提升基础设施和服务设施,加强招商引资引智,培育一批乡村旅游致富带头人和懂经营、会管理的人才,鼓励引导大学生、文化艺术人才、专业技术人员、青年创业团队等各类"创客"投身乡村旅游发展,实现乡村旅游的可持续发展。

(二)贵州数字化对于乡村旅游转型升级的必要性和作用

1. 贵州数字化对于乡村旅游转型升级的必要性

(1) 乡村旅游是贵州在新时代西部大开发中实现文化和旅游高质量发展的重要途径,也是贵州乡村振兴战略的重要内容。贵州拥有丰富多样的自然资源和人文资源,如山地风光、民族风情、非物质文化遗产、红色文化等,为乡村旅游提供了独特的吸引力。但是,贵州乡村旅游的发展只有不到10年的历史,市场启动晚,处于初级阶段。为了提升乡村旅游的生产效率、产品质量、服务水平、市场竞争力和可持续性,必须运用数字化技术推进乡村旅游的转型升级。

(2) 数字化是乡村旅游转型升级的关键驱动力,可以提升乡村旅游的生产效率、产品质量、服务水平、市场竞争力和可持续性。数字化技术可以实现对乡村旅游资源的精准定位、智能规划、高效利用和有效保护,提高乡村旅游资源的配置效率和利用率;可以实现对乡村旅游市场的精细分析、个性化定制、智能推荐和快速响应，提高乡村旅游市场的满意度和忠诚度；可以实现对乡村旅游管理的信息化支撑、智能化辅助、数据化决策和网络化协同，提高乡村旅游管理的水平和效果。

（3）数字化是乡村旅游与传统村落和少数民族特色村寨深度融合发展的有效手段，可以保护利用贵州丰富的文化遗产资源，打造一批具有民族特色和地方特色的文化旅游产品。数字化技术可以实现对传统村落和少数民族特色村寨的数字化保护、展示和传承，增强其历史感和文化感；可以实现对非物质文化遗产的数字化记录、传播和创新，增加其知名度和影响力；可以实现对民族文化元素的数字化提取、融合和再造，增添其艺术性和时尚性。

（4）数字化是乡村旅游与农业、工业、体育、教育等产业融合发展的重要平台，可以拓展乡村旅游的业态创新，打造一批农事体验、文化体验、乡村演艺、健康养生、避暑度假等旅游业态。数字化技术可以实现对农业生产过程的数字化监测、控制和优化，提高农业生产效率和品质；可以实现对农产品加工过程的数字化追溯、检测和管理，提高农产品加工质量和安全性；可以实现对农业休闲过程的数字化设计、展示和互动，提高农业休闲体验度和趣味性。

2. 贵州数字化对于乡村旅游转型升级的作用

（1）数字化可以提高乡村旅游的管理水平，通过建立智慧乡村信息平台、推进"互联网+政务""互联网+基层党建"等，实现乡村治理的高效化、精细化、数字化。例如，贵州省积极探索加快数字乡村建设，以四个国家级数字乡村试点建设为示范引领，加快推动传统农业向数字农业转型升级，加快"互联网+"现代农业行动，加快"互联网+政务"向农村延伸，加快"互联网+基层党建"建设全面展开，为乡村振兴战略实施提供强有力的信息支撑。

（2）数字化可以提高乡村旅游的营销水平，通过运用大数据、云计算、物联网、区块链等新技术，构建生产技术、产业发展分析、市场监测预警、质量安全追溯等全方位、全过程信息服务网络。例如，贵州省推出了"贵州旅游"App，集合了旅游资讯、景区导览、酒店预订、门票购买、线路推荐等功能，为游客提供了便捷的旅游服务；贵州省还利用大数据分析游客的消费行为和喜好，制定个性化的营销策略，提升游客的忠诚度和回头率。

（3）数字化可以提高乡村旅游的体验水平，通过开发线上数字化体验产品，利用虚拟现实、增强现实等技术，为游客提供沉浸式的文化和旅游体验。

例如，贵州省开发了一系列数字文化和旅游产品，如"贵州非遗""贵州民族风情""贵州山地公园"等，在线上展示了贵州的非物质文化遗产、民族特色风情和山地风光；贵州省还利用虚拟现实技术打造了一批虚拟景区，如"黔东南苗寨""黔西南布依寨""黔南水乡"等，在线上还原了贵州的传统村落和少数民族特色村寨。

（4）数字化可以提高乡村旅游的创新水平，通过培育一批具有广泛影响力的数字文化和旅游品牌，推动文化产业和旅游产业创新发展，提升文化和旅游装备"智造"水平，促进文化和旅游业态融合创新。例如，贵州省打造了一批数字文化和旅游品牌，如《多彩贵州风》《黔之魂》《黔之美》等，在国内外展示了贵州的多彩风情和美丽风景；贵州省还推动了一批文化和旅游业态融合创新项目，如"黔之魂·大数据秀""黔之魂·山地公园秀""黔之魂·非遗秀"等。

（三）贵州乡村旅游数字化转型研究目的、价值和创新点

1. 贵州乡村旅游数字化转型研究的目的

贵州乡村旅游数字化转型研究的目的是探索贵州省在新时代西部大开发中，如何运用数字化技术推进乡村振兴和农业农村现代化，解决好"三农"问题，实现乡村产业、人才、文化、生态、组织五个方面的全面振兴，促进农业高质高效、乡村宜居宜业、农民富裕富足。例如，贵州省积极探索加快数字乡村建设，以四个国家级数字乡村试点建设为示范引领，加快推动传统农业向数字农业转型升级，加快"互联网+"现代农业行动，加快"互联网+政务"向农村延伸，加快"互联网+基层党建"建设全面展开，为乡村振兴战略实施提供强有力的信息支撑。

2. 贵州乡村旅游数字化转型研究的价值

贵州乡村旅游数字化转型研究的价值体现在以下几个方面：

（1）对于贵州省来说，乡村旅游数字化转型研究可以为其提供科学的理论指导和实践路径，帮助其充分发挥自身的自然资源和人文资源优势，打造一批具有贵州特色的数字文化和旅游品牌，培育一批具有竞争力的数字农业和智慧农业产业，建设一批具有示范效应的数字乡村和智慧乡村，提升其区域发展水平和综合实力。例如，《支持贵州文化和旅游高质量发展的实施方案》提出了

五个领域十九项重点任务,包括传承弘扬长征精神和革命文化、加强文化遗产保护利用、提升文艺创作和公共服务水平、推动文化产业和旅游产业数字化发展、打造"山地公园省·多彩贵州风"旅游品牌等。

(2)对于西部地区来说,乡村旅游数字化转型研究可以为其提供有益的借鉴和参考,帮助其借鉴贵州省的成功经验和做法,加快推进自身的乡村振兴和农业农村现代化进程,实现西部地区的协调发展和共同繁荣。例如,《关于支持贵州在新时代西部大开发上闯新路的意见》提出了支持贵州在新时代西部大开发中闯新路的十个方面的政策措施,包括支持贵州打造西部生态安全屏障、支持贵州构建高标准市场体系、支持贵州打造内陆开放高地等。

(3)对于全国来说,乡村旅游数字化转型研究可以为其提供新的思路和视角,帮助其深入理解新时代下"三农"工作的重要性和紧迫性,探索适应不同地区特点和需求的乡村振兴和农业农村现代化模式,促进全国范围内的城乡融合发展和社会主义现代化建设。例如,乡村旅游数字化转型研究创新性地将数字化技术作为推动乡村振兴和农业农村现代化的关键驱动力,从而拓展了乡村振兴理论和实践的新领域和新维度。

3. 贵州乡村旅游数字化转型研究的创新点

(1)从理论上,乡村旅游数字化转型研究创新性地将数字化技术作为推动乡村振兴和农业农村现代化的关键驱动力,从而拓展了乡村振兴理论和实践的新领域和新维度。乡村旅游数字化转型研究不仅分析了数字化技术在乡村旅游中的应用现状、存在问题和发展趋势,还探讨了数字化技术对于乡村旅游转型升级的必要性和作用,提出了贵州乡村旅游数字化转型研究的目标、路径和对策,为贵州乡村旅游发展提供了科学的理论指导。

(2)从方法上,乡村旅游数字化转型研究创新性地采用了大数据、云计算、物联网、区块链等新技术进行数据收集、分析、处理和应用,从而提高了研究的科学性、精准性和有效性。乡村旅游数字化转型研究利用这些新技术对贵州省的乡村旅游资源、市场、管理等进行了全面的调查和评估,为贵州省制定符合自身特点和需求的乡村旅游发展规划和政策提供了数据支撑。

(3)从实践上,乡村旅游数字化转型研究创新性地开展了一系列数字文化和旅游产品、数字农业和智慧农业项目、数字乡村和智慧乡村试点等实践活动,从而丰富了乡村振兴实践的内容和形式。乡村旅游数字化转型研究结合贵州省的自然资源和人文资源优势，运用数字化技术开发了一批具有贵州特色的文化和旅游产品，如"多彩贵州风""黔之魂""黔之美"等，在国内外展示了贵州的多彩风情和美丽风景；运用数字化技术推进了一批文化和旅游业态融合创新项目，如"黔之魂·大数据秀""黔之魂·山地公园秀""黔之魂·非遗秀"等，在线上线下为游客提供沉浸式的文化和旅游体验；运用数字化技术建设了一批数字乡村和智慧乡村试点，如安顺市平坝区平寨镇平寨村、遵义市播州区南白镇南白村、毕节市大方县大方镇大方村等，实现了乡村治理、服务、生活等方面的智慧化。

(四) 贵州乡村旅游的数字化转型路径和模式

贵州乡村旅游数字化转型研究的路径是以数字化技术为支撑，以乡村旅游为载体，以乡村振兴为目标，以农民增收为导向，以生态文明为保障，以创新驱动为动力，以融合发展为特色，以精准扶贫为重点，以共建共享为原则，以政府引导、市场主导、社会参与、农民主体的方式，推进贵州乡村旅游的数字化转型升级。具体来说，这一路径包括以下几个方面：

1. 技术支撑旅游载体

运用大数据、云计算、物联网、区块链等新技术，实现对乡村旅游资源、市场、管理等的数字化采集、分析、处理和应用，提高乡村旅游的生产效率、产品质量、服务水平、市场竞争力和可持续性。依托贵州省丰富多样的自然资源和人文资源，开发一批具有贵州特色的数字文化和旅游产品，培育一批具有竞争力的数字农业和智慧农业项目，建设一批具有示范效应的数字乡村和智慧乡村试点，打造一批具有影响力的数字文化和旅游品牌。

2. 乡村振兴农民增收

遵循乡村振兴战略规划和政策指导，实现乡村产业、人才、文化、生态、组织五个方面的全面振兴，促进农业高质高效、乡村宜居宜业、农民富裕富足。通过提高农民参与度和收益率，激发农民的创业创新活力和主动性，增强农民的获得感和幸福感，实现农民与乡村旅游发展的共赢。

3. 生态保障创新驱动

坚持绿色发展理念，实现乡村旅游与生态环境的协调发展，保护好贵州省的山水林田湖草等自然资源，构建美丽乡村。加强科技创新和人才培养，推动文化产业和旅游产业创新发展，提升文化和旅游装备"智造"水平，促进文化和旅游业态融合创新。

4. 精准扶贫融合发展

通过乡村旅游带动贫困地区和贫困人口的增收致富，实现精准扶贫和精准脱贫，缩小城乡差距，促进社会公平正义。推动乡村旅游与传统村落和少数民族特色村寨深度融合发展，打造一批具有民族特色和地方特色的文化旅游产品；推动乡村旅游与农业、工业、体育、教育等产业融合发展，打造一批农事体验、文化体验、乡村演艺、健康养生、避暑度假等旅游业态。

5. 共建共享共创未来

通过加强政府、市场、社会、农民等各方面的沟通协调，形成乡村旅游发展的合力，实现乡村旅游的共建共享，让更多的人参与到乡村旅游中来，享受到乡村旅游带来的好处。

贵州乡村旅游数字化转型研究的模式是以数字文化和旅游产品、数字农业和智慧农业项目、数字乡村和智慧乡村试点为三个重点领域，构建了"一核多圈""一带多点""一体多面""一网多端"等四种类型的数字化转型模式。具体来说，这些模式包括以下几个方面：

（1）"一核多圈"型的数字化转型模式：以贵阳市为核心，以黔中山地公园、黔东南山地公园、黔西南山地公园、黔南山地公园等四个山地公园为圈层，形成一个辐射全省的山地公园省核心区。在这个核心区内，运用数字化技术打造一批具有贵州特色的数字文化和旅游产品，如"多彩贵州风""黔之魂""黔之美"等，在线上线下展示贵州的多彩风情和美丽风景；运用数字化技术推进一批文化和旅游业态融合创新项目，如"黔之魂·大数据秀""黔之魂·山地公园秀""黔之魂·非遗秀"等，在线上线下为游客提供沉浸式的文化和旅游体验；运用数字化技术建设一批数字乡村和智慧乡村试点，如贵阳市观山湖区金华镇金华村、清镇市白云镇白云村、开阳县龙水镇龙水村等，实现了乡村治理、服务、生活等方面的智慧化。

（2）"一带多点"型的数字化转型模式：以贵州省东西部生态文明先行示范区为带，以遵义市播州区南白镇南白村、毕节市大方县大方镇大方村、六盘水市水城县龙场镇龙场村等为点，形成一个连接东西部的山地公园省特色带。在这个特色带内，运用数字化技术打造一批具有贵州特色的数字农业和智慧农业项目，如南白村的"互联网+茶叶"项目、大方村的"互联网+花卉"项目、龙场村的"互联网+果蔬"项目等，在线上线下展示贵州的绿色农业和智慧农业；运用数字化技术推进一批文化和旅游业态融合创新项目，如南白村的"互联网+民宿"项目、大方村的"互联网+花海"项目、龙场村的"互联网+果园"项目等，在线上线下为游客提供丰富多样的农事体验和文化体验。

（3）"一体多面"型的数字化转型模式：以安顺市平坝区平寨镇平寨村、遵义市播州区南白镇南白村、毕节市大方县大方镇大方村等为代表，形成一个集中展示贵州乡村旅游数字化转型成果的山地公园省示范区。在这个示范区内，运用数字化技术打造一批具有贵州特色的数字文化和旅游产品，如平寨村的苗族风情、南白村的茶文化、大方村的花卉文化等，在线上线下展示贵州的民族特色风情和地方特色文化；运用数字化技术推进一批文化和旅游业态融合创新项目，如平寨村的苗族歌舞秀、南白村的茶艺表演秀、大方村的花卉艺术秀等，在线上线下为游客提供精彩纷呈的乡村演艺和文化表演；运用数字化技术建设一批数字乡村和智慧乡村试点，如平寨村的"互联网+苗寨"项目、南白村的"互联网+茶园"项目、大方村的"互联网+花园"项目等，实现了乡村治理、服务、生活等方面的智慧化。

（4）"一网多端"型的数字化转型模式：以贵州省乡村旅游信息服务平台为网，以贵州省各地的乡村旅游景区、乡村旅游企业、乡村旅游协会、乡村旅游媒体等为端，形成一个覆盖全省的山地公园省服务网。在这个服务网内，运用数字化技术提供一批具有贵州特色的数字文化和旅游产品，如贵州非遗、贵州民族风情、贵州山地公园等，在线上展示贵州的非物质文化遗产、民族特色风情和山地风光；运用数字化技术提供一批具有贵州特色的数字农业和智慧农业项目，如贵州茶叶、贵州花卉、贵州果蔬等，在线上展示贵州的绿色农业和智慧农业；运用数字化技术提供一批具有贵州特色的数字乡村和智慧乡村试点，如贵阳市观山湖区金华镇金华村、安顺市平坝区平寨镇平寨村、遵义市播州区南白镇南白村等，在线上展示贵州的传统村落和少数民族特色村寨。

（五）贵州乡村旅游数字化转型的建议和对策

1. 贵州乡村旅游数字化转型的对策

（1）加强政策支持和引导，为贵州乡村旅游数字化转型提供有力的保障。

政策支持和引导是贵州乡村旅游数字化转型的重要前提和基础，也是贵州乡村旅游数字化转型的重要保障和推动力。贵州省应该出台一系列针对乡村旅游数字化转型的政策文件，明确乡村旅游数字化转型的目标、任务、措施和保障机制，为乡村旅游数字化转型提供明确的指导和规范。例如，贵州省出台了《关于加快推进乡村旅游发展的实施意见》《关于支持贵州文化和旅游高质量发展的实施方案》《关于支持贵州在新时代西部大开发上闯新路的意见》等一系列政策文件，为贵州乡村旅游数字化转型提供了政策支撑。

(2) 加大资金投入和激励，为贵州乡村旅游数字化转型提供充足的资源。资金投入和激励是贵州乡村旅游数字化转型的重要条件和动力，也是贵州乡村旅游数字化转型的重要资源和保障。贵州省应该加大对乡村旅游数字化转型的资金投入，设立专项资金，支持乡村旅游数字化技术的研发和应用、乡村旅游数字化产品的开发和推广、乡村旅游数字化项目的建设和运营等；同时，应该加强对乡村旅游数字化转型的激励机制，建立奖励制度，表彰优秀的乡村旅游数字化技术人才、乡村旅游数字化产品品牌、乡村旅游数字化项目模式等。例如，贵州省设立了"互联网+"现代农业专项资金，支持农业与互联网、大数据等新技术融合发展；贵州省还设立了"多彩贵州风"文化和旅游品牌奖励基金，奖励在文化和旅游领域做出突出贡献的个人和单位。

(3) 加强人才培养和引进，为贵州乡村旅游数字化转型提供专业的人力。人才培养和引进是贵州乡村旅游数字化转型的重要保证和基础，也是贵州乡村旅游数字化转型的重要人力和保障。贵州省应该加强对乡村旅游数字化技术人才的培养和引进，建立和完善一套人才培养体系，通过教育培训、技能考核、职业认证等方式，提高乡村旅游从业者的数字化技术水平和服务水平；同时，应该加强对优秀的乡村旅游数字化技术人才的引进和留用，通过优惠政策、良好环境、广阔平台等方式，吸引和留住一批具有创新精神和实践能力的乡村旅游数字化技术人才。例如，贵州省开展了"互联网+"现代农业人才培训，培养了一批掌握数字化技术的农业人才；贵州省还实施了"千人计划"，引进了一批具有国际水平的数字化技术人才。

(4) 加强社会参与和合作，为贵州乡村旅游数字化转型提供广泛的支持。社会参与和合作是贵州乡村旅游数字化转型的重要途径和手段，也是贵州乡村旅游数字化转型的重要支持和保障。贵州省应该加强对社会参与和合作的引导和促进，建立和完善一套社会参与和合作机制，通过政府、市场、社会、农民等各方面的沟通协调，形成乡村旅游数字化转型的合力，实现乡村旅游数字化转型的共建共享，让更多的人参与到乡村旅游中来，享受到乡村旅游带来的好处。例如，贵州省推行了"政府+企业+农户""政府+社会组织+农户"等多种合作模式，促进了乡村旅游数字化转型的社会参与和合作。

2. 贵州乡村旅游数字化转型的建议

（1）加强数字化技术的研发和应用，提升乡村旅游的数字化水平。数字化技术是乡村旅游转型升级的关键驱动力，也是乡村旅游与其他产业融合发展的重要平台。贵州省应该加大对数字化技术的研发和投入，引进和培养一批专业的数字化技术人才，建立和完善一套数字化技术的标准和规范，推广和普及一系列数字化技术的应用和服务，形成一批具有贵州特色的数字化技术的成果和案例。例如，贵州省应该加强对大数据、云计算、物联网、区块链等新技术的研发和应用，利用这些新技术实现对乡村旅游资源、市场、管理等的数字化采集、分析、处理和应用，提高乡村旅游的生产效率、产品质量、服务水平、市场竞争力和可持续性。

（2）加强文化遗产的保护和利用，提升乡村旅游的文化内涵。文化遗产是乡村旅游的灵魂和核心，也是乡村旅游与传统村落和少数民族特色村寨深度融合发展的有效手段。贵州省应该加强对文化遗产的保护和利用，挖掘和传承一批具有贵州特色的非物质文化遗产，展示和弘扬一批具有贵州特色的民族文化元素，打造和推广一批具有贵州特色的文化旅游产品，形成一批具有贵州特色的文化旅游品牌。例如，贵州省应该加强对传统村落和少数民族特色村寨的数字化保护、展示和传承，增强其历史感和文化感；加强对非物质文化遗产的数字化记录、传播和创新，增加其知名度和影响力；加强对民族文化元素的数字化提取、融合和再造，增添其艺术性和时尚性。

（3）加强业态创新和融合发展，提升乡村旅游的体验品质。业态创新和融合发展是乡村旅游满足游客多元需求的重要途径，也是乡村旅游与农业、工业、体育、教育等产业融合发展的重要平台。贵州省应该加强对业态创新和融合发展的探索和实践，开发和完善一批具有贵州特色的农事体验、文化体验、乡村演艺、健康养生、避暑度假等旅游业态，推动和促进一批具有贵州特色的农业旅游、工业旅游、体育旅游、教育旅游等旅游产业，形成一批具有贵州特色的业态创新和融合发展的模式和案例。例如,贵州省应该加强对农业旅游的开发和完善,利用数字化技术提供丰富多样的农事体验和文化体验,如茶叶采摘、花卉观赏、果蔬采摘等;加强对工业旅游的开发和完善,利用数字化技术展示先进的工业技术和产品,如大数据中心、智能制造、新能源汽车等;加强对体育旅游的开发和完善,利用数字化技术提供刺激的体育项目和赛事,如山地自行车、越野跑、高空滑索等;加强对教育旅游的开发和完善,利用数字化技术提供有趣的教育活动和课程,如非遗传承、民族文化、生态科普等。

综上所述,加强政策支持和引导,加大资金投入和激励,加强人才培养和引进,加强社会参与和合作,为贵州乡村旅游数字化转型提供有力的保障和支持。贵州乡村旅游数字化转型将面临数字化技术的快速更新、文化遗产的有效保护、业态创新的持续发展、社会参与的广泛动员等机遇和挑战。同时,贵州乡村旅游数字化转型将有助于推动贵州省的乡村振兴和农业农村现代化,实现贵州省的区域发展和社会进步,提升贵州省的文化影响力和旅游竞争力,打造贵州省的山地公园省品牌。

参考文献

[1]国务院关于调整城市规划划分标准的通知(国发[2014]51号)[EB/OL].中华人民共和国中央人民政府网 https://www.gov.cn/zhengce/2022-12/14/content_5731882.htm,2014-11-20.

[2]贵州推进乡村旅游与传统村落、少数民族特色村寨深度融合发展[EB/OL].贵州文化和旅游厅 https://whhly.guizhou.gov.cn/xwzx/tt/202111/t20211101_71473545.html,2021-11-01.

[3]吕佳颖.乡村振兴战略背景下探索基于文旅的数字乡村新模式[EB/OL].载财经新闻网 https://www.yicai.com/news/100971969.html,2021-03-08.

[4]骆诚.浅析贵州乡村旅游发展现状与对策[EB/OL].道客巴巴网 https://www.doc88.com/p-3015672957148.html,2017-07-05.

[5]贵州推进乡村旅游与传统村落、少数民族特色村寨深度融合发展[EB/OL].贵州省人民政府网 https://www.guizhou.gov.cn/home/gzyw/202110/t20211029_71454194.html,2021-10-29.

[6]《支持贵州文化和旅游高质量发展的实施方案》政策解读[EB/OL].

中华人民共和国中央人民网 https://www.gov.cn/zhengce/2022-12-14/content_5731882.htm,2022-12-14.

[7]贵州积极探索加快数字乡村建设[EB/OL].中华人民共和国国家互联网信息办公室 http://www.cac.gov.cn/2021-08/02/c_1629494648847250.htm,2021-08-02.

[8]贵州推进乡村旅游与传统村落、少数民族特色村寨深度融合发展[EB/OL].贵州省人民政府网 https://www.gov.cn/zhengce/content/2022-01/26/content_5670527.htm,2021-01-26.

[9]李妍."互联网+"背景下贵州乡村旅游智慧化发展研究[EB/OL].国研网 https://h5.drcnet.com.cn/docview.aspx?docid=6769416,2023-01-31.

作者简介：朱薇，贵州省社会科学院区域经济研究所副研究员。

毕节脱贫人口增收：成效、问题及对策

陈昊毅

摘 要：巩固拓展脱贫攻坚成果同乡村振兴有效衔接的重要基础是推动脱贫人口实现稳定增收。2020年打赢脱贫攻坚战以来，毕节围绕提升就业支撑力、产业竞争力、资源运营力和政策保障力，实现了脱贫人口"四项收入"的稳定提升。本文在对相关举措和取得成效进行总结的基础上，重点剖析了推动脱贫人口稳定增收面临的问题和难点，并分别就稳定推动脱贫人口提升工资性收入、经营性收入、财产性收入和转移性收入给出了具体的对策建议。

关键词：毕节；脱贫人口增收；产业发展

习近平总书记指出，脱贫摘帽不是终点，而是新生活、新奋斗的起点。自2020年打赢脱贫攻坚战以来，毕节始终将推动脱贫人口稳定增收作为巩固拓展脱贫攻坚成果同乡村振兴有效衔接的重要举措，以提高脱贫人口"四项收入"作为主线，大力实施"脱贫人口增收"专项行动，着力解决脱贫人口增收难、增收慢、稳定性差等问题，取得了显著成效，不仅有效巩固了脱贫成果，也缩小了毕节农村脱贫人口与城乡居民之间的收入差距，为进一步实现共同富裕打下了良好基础。

一、毕节推动脱贫人口稳定增收的做法与成效

近年来，毕节市不断创新工作模式，通过提升就业支撑力、产业竞争力、资源运营力和政策保障力，有效促进了脱贫人口"四项收入"的稳定增长，实现了脱贫人口存在返贫致贫风险监测户数和监测人数的大幅下降和工资性收入和生产经营性收入的大幅增长；截至2022年底，全市存在返贫致贫风险对象

户数从25656户减少到5016户，存在返贫致贫风险人数从109217人减少到18528人；脱贫人口人均工资性收入从2020年的6232元提高到8919元，脱贫人口人均生产经营性收入从2020年的1534元提高到2055元。

（一）提升就业支撑力，增加脱贫人口工资性收入

1. 以"平台赋能"引导脱贫人口本地有效就业

一是依托人社系统市、县、乡、村多级联动的大数据指挥体系，搭建了全口径劳动力大数据分析应用平台，该平台通过实时监测毕节劳动力就业状况、就业培训意愿、返乡返岗情况等，实时研判全市就业形势，精准采取措施和办法，有效引导脱贫人口参与本地就业。二是搭建了就业、社保、维权等微信小程序平台，多层次、分类别、多渠道、全方位开展就业政策宣传和岗位推送，实现对脱贫人口就业信息的全覆盖。三是探索"云上就业"服务模式，通过组织开展以"百企进村、千村直播、万人就业"为主题的第二届带岗大赛，让劳动力"好找岗位、找好岗位"，共吸引1311个村（社区）1325名主播参加，开展"直播带岗"6410场次，在线观看2700余万人次，达成就业意向1.68万人，间接带动脱贫农户就业。

2. 以"两班增技"提升脱贫人口就业竞争力

2017年以来，毕节实施了"三递进、四精准、五对接、六保障"的校企双元育人订单班办学，帮助困难家庭学生实现技能提升和就业。"三递进"即采取"毕节职院2年+广州院校0.5年+广州企业0.5年"最优化组合教学，从内地到沿海、从学校到企业过渡适应，深化拓展文化课程、企业课程、技能实操，取得资格证开始顶岗实习；"四精准"即做到精准招生、培养、资助、就业，为困难学生量身订做培训模式，招得来、学得起、学得好、能就业；"五对接"即在专业职业、课程岗位、课堂职场、教师师傅、毕业就业等5个维度深度对接，实现专业标准与职业标准无缝衔接；"六保障"即机制、平台、师资、专业、质量、就业等保障，确保贫困学生培养、解决就业、实现增收、满足用工四个目标达成。截至2022年底，"订单班"已有合作企业18家、专业18个，招收学生1899人，家庭困难学生占比达80%。与此同时，毕节以实施"技能毕节行动"为牵引，打造"毕节鲁班""毕节织工""毕节乡厨""毕节康护""毕节农技"五大品牌，采取短平快、中长期项目制、证书直补、企业

新型学徒制等方式对脱贫劳动力在内的劳动者开展技能培训，全面提升脱贫劳动力的技能水平，增强其就业竞争力。

3. 健全"三大体系"推动脱贫人口外出务工增收

2022年，毕节市脱贫人口省外就业达34.92万人，省内县外就业10.27万人，人数超过脱贫人口就业总数的一半。为更好服务脱贫人口外出务工需求，毕节通过健全完善"三大体系"，不断加强组织化、规模化、全过程劳务协作输出，将各县（区）农村劳动力外出务工组织化程度提升到70%。具体做法上，一是不断完善市、县、乡、村四级劳务组织体系，提供坚强组织保证。通过毕节市人力资源开发有限公司，带动全市人力资源服务机构力量，统筹开展有组织劳务输出、劳务派遣、职业能力培训等市场化业务。二是构建"政府+人力资源公司+劳务经纪人+劳动力"联动劳务输出体系，拓宽服务范围。通过政府引导，充分发挥人力资源公司跟踪就业服务作用，政府对劳动力就业情况做好监测，返乡人员到家后，由帮扶干部上门推荐就业岗位和政策宣传，人力资源公司做好就业跟踪服务，劳务经纪人有效带动，共同为劳动力外出务工保驾护航。三是完善"四专员"服务体系，让外出务工人员"输得出、稳得住、增收入"。在广州天河区、越秀区等毕节籍务工人员相对集中的社区设立"山海心连之家"，并成立以劳务输出地街道领导为总负责人、社工服务站站长和劳务协作站站长协助，党建服务专员、就业培训专员、劳动维权专员、咨询援助专员为成员的组织体系，强化与当地人社部门、就业企业、劳务中介等机构的沟通协调，为毕节外出务工人员提供精准服务。

4. 以"四批次扩容"拓宽脱贫人口本地就业渠道

一是发挥培育毕节山地特色高效农业主导产业优势，充分利用农业产业劳动力密集的特点，带动脱贫群众参与农产品种植、收割、分拣、包装、物流运输、精深加工等各生产环节，通过在农业产业基地和园区等地务工实现集中就业。二是围绕乡村治理开发乡村保洁、护绿、公共设施维护等便民服务，开发大量乡村公益性岗位，通过加强"三类劳动力"就业监测帮扶，动态实现"一户一人"以上就业目标，同时按照"谁用人、谁管理、谁负责"的原则，规范了公益性岗位用人机制、岗位标准、过程管理。2022年，毕节市乡村公益性岗位稳定在岗10.87万人，共发放乡村公益性岗位补贴8.09亿元。三是在易地扶贫搬迁点、脱贫村建立"就业帮扶车间"增加一批岗位。通过采取订单式、财政性资金定制扶持等方式开发帮扶车间岗位，为群众量身定制制衣、拉鞋底、贴花等技术要求不高的就业岗位，带动搬迁群众在家门口就业增收。四是按照利农优先、精准选择原则，发展工程项目增加一批岗位。结合乡村建设、农村人居环境整治等重大行动，积极组织当地脱贫群众参与工程建设获取劳务报酬，通过以工代赈的方式让群众得到最大实惠，实现就业增收和乡村发展的双提升。

（二）提升产业竞争力，增加脱贫人口生产经营性收入

1. 立足资源禀赋优势发展农业特色产业

毕节因地制宜发挥自身资源禀赋优势，积极构建"一主两辅"的特色产业结构，以产业发展带动脱贫人口增收，实现产业就业共同提升。一方面通过大力实施山地特色高效农业突破行动，围绕蔬菜、茶叶、食用菌、中药材、马铃薯、核桃、肉牛、家禽等八大特色产业，按照"一主两辅"产业的发展思路，推动毕节由农业大市向农业强市转变。另一方面各县区通过"统一产业规划+重点产业自选"的方式，持续优化产业结构、厚植优势，既做大做强主导产业，又做精做优特色产业，不仅大力推动土地流转、实现农业产业的适度规模种植，还进一步加强产销对接，发展订单农业，夯实产业增收基础。截至2022年底，毕节市蔬菜、辣椒、水果、食用菌产业规模位居全省前列，马铃薯和烤烟产业规模全省第一；肉牛、家禽、禽蛋等产业规模全省第一，生猪、肉羊产业规模全省第二，种植业和畜牧业发展有效带动了脱贫农户生产经营性收入提升。

2. 以多产融合为路径构建农村现代产业格局

毕节市不断强化链式思维，加快推进多产融合，积极构建农村现代产业格局，助力脱贫人口取得更多增值收益。一是推动农业产业内部融合，瞄准产业"链主"招大引强，围绕"链主"延伸产业上下游，科学谋划农产品粗加工、精深加工项目，支持家庭农场、农民合作社和中小微企业发展产地初加工，推动形成产业集群化发展新态势，形成新的经济增长点，以此带动脱贫农户提高生产收入。二是推动农业产业与其他产业交叉融合，大力发展农文旅融合、休闲农业、观光农业等业态，有效带动景区、县城周边等区域的脱贫人口提高经营性收入。

3. 不断健全"联农带农"利益联结机制

毕节市不断培优育强农业经营主体，大力推动全市现代农业经营体系建设，同时积极发挥现代农业经营主体的带动作用，确保联农带农联得紧、联得实、联得长，以此拓宽脱贫人口增收致富渠道。一是采取反租倒包、订单合同、流转聘用、服务协作、股份合作、资产收益等经营方式，大力推行基层党组织领办集体合作社，实施"龙头企业+专业合作社（大户）+基地+农户""龙头企业+合作社+农户""合作社+农户+基地""公司+合作社+村集体经济+农户"等组织方式，营造企业带大户、大户带农户、千家万户共同参与的发展局面。二是发挥龙头企业在产品深加工、品牌建设和市场经营的优势和合作社、家庭农场组织农户发展的生产优势，通过优势叠加效应，有效降低投入成本、提升盈利空间，建立利益共享、风险共担的利益联结机制，形成村企联合、产业连片、基地连户、责任连体、利益连心格局。

（三）提升资源运营力，稳定脱贫人口财产性收入

1. 以"两换"招商带动脱贫人口资产增值

毕节市紧抓建设贯彻新发展理念示范区的重大机遇，通过政策、资源、人口"三大优势"推动"市场换产业、资源换投资"，坚持"大抓招商、大上项目、大聚产业"，采取资源整体打包、市场产销衔接、拼盘套餐、线上+线下等方式，建立完善的"资源+产业""市场+产业"捆绑招商机制，精准推进"两换"招商，实现资源、市场优化配置价值最大化，间接带动了脱贫人口的资产增值。

2. 以农村资产盘活为途径稳定脱贫人口财产性收入

一是盘活闲置项目。构建资产底数清晰、产权归属明晰、盘活运转有效、依规处置有序、监督管理有力的项目后续管护长效机制，通过"所有权、经营权、收益权、处置权、监督权"分置，实现项目资产精细化管理，确保资产稳定良性运转运营。截止到2022年底，毕节累计摸排扶贫项目10.4万个，盘活闲置低效扶贫资产18个，盘活扶贫搬迁安置点门面7879个。二是盘活闲置土地，加快建立产权流转和增值收益分配制度，家庭的闲置土地开展种植养殖，既有效利用了农村耕地资源，也提高了外出家庭的财产性收入。三是盘活集体经济。继续深化农村"三变"改革，鼓励农民以土

地经营权、房屋、自有设备、"特惠贷"等通过入股或租赁等形式参与盘活集体资产。

(四) 提升政策保障力，不断增加脱贫人口转移性收入

1. 强化动态监测和精准帮扶

2022年，毕节重点围绕低收入群体持续开展防返贫动态监测和帮扶工作，通过开展常态化走访排查和动态监测收入骤减、支出骤增情况等举措，更加注重行业部门预警，不断健全监测对象快速发现和响应机制。通过分类精准施策，做好兜底保障工作，按照"缺什么补什么"原则，精准落实帮扶措施，对符合低保、特困供养、临时性救助等政策的群众，做到应保尽保、应帮尽帮。

2. 严格落实各项政策补贴

严格落实国家各项农业转移支付补贴、农业保险补贴、低保金、临时救助等政策补助补贴，做到应补尽补、按时发放。对森林生态效益补偿资金、耕地地力保护补贴、退耕还林补助资金、种粮农民一次性补贴、农机购置补贴、自然灾害救灾资金等各项惠农惠民资金做到按时足额精准发放。

3. 不断提升民生保障水平

严格落实城乡居民基本养老保险待遇确定和基础养老金正常调整机制，逐步提高脱贫人口基本养老保险待遇水平。精准落实"雨露计划"及各类教育资助政策，坚持对脱贫群体实现从学前教育到高等教育全学段的学生资助体系，有效保障家庭经济困难学生享受资助，确保各阶段学生资助政策应助尽助、落实到位。

二、毕节推动脱贫人口稳定增收的问题与难点

(一) 脱贫人口收入结构不尽合理

2022年，毕节脱贫人口人均纯收入为12733元（见表1），与毕节农村常住居民人均可支配收入13245元的绝对值差距不大。但从收入结构上看，脱贫人口人均工资性收入8919元，占比达到了70%，远高于毕节城镇居民工资性收入占可支配收入51%和农村居民工资性收入占可支配收入46%的比重。脱贫

人口生产经营性收入为2055元，不仅在绝对数上大幅低于毕节城镇居民经营性收入13314元和农村居民经营性收入4388元，其占脱贫人口总收入16%的比重也远低于毕节城镇居民经营性收入占可支配收入34%和农村居民经营性收入占可支配收入33%的比重。从财产性收入看，毕节脱贫人口财产性收入在总收入中比重仅有1%，占比过低，仍有较大幅度的提升空间。毕节脱贫人口工资性收入在总收入中占比过高而生产经营性收入占比过低，一方面说明毕节农村产业发展对脱贫人口收入提升相对于农村常住人口而言带动明显不足，另一方面说明脱贫人口生计策略较为有限，主要以外出务工和本地公益性岗位就业等方式获取收入。工资性收入作为外源性收入，虽然在短期内能够给脱贫人口带来增收效果，但从长期来看脱贫人口过度依赖工资性收入也会造成脱贫人口游离于乡村本土产业发展之外，对其收入的可持续增长带来负面影响，而且并不利于实现乡村的产业振兴。与此同时，在国际经济复苏乏力、国内宏观经济下行压力逐渐加大的背景下，工资性收入占比过高给脱贫人口持续稳定增收也带来了较大挑战。

表1 毕节2022年城乡居民可支配收入、脱贫人口纯收入及其结构

指标名称	绝对数（元）	占"四项"收入的比重
城镇居民人均可支配收入	39055	—
工资性收入	19739	51%
经营净收入	13314	34%
财产净收入	2042	5%
转移净收入	3960	10%
农村居民人均可支配收入	13245	—
工资性收入	6142	46%
经营净收入	4388	33%
财产净收入	119	1%
转移净收入	2596	20%
脱贫人口人均纯收入	12733	—
工资性收入	8919	70%
经营性收入	2055	16%

续表

指标名称	绝对数（元）	占"四项"收入的比重
财产性收入	121	1%
转移性收入	1638	13%

数据来源：毕节脱贫人口收入数据由毕节市乡村振兴局提供，城镇和农村居民收入数据来自毕节市2022年国民经济和社会发展统计公报。

（二）推动脱贫人口稳定增收的内生动力不足

随着进入巩固拓展脱贫攻坚成果与乡村振兴有效衔接的战略过渡阶段，不同于脱贫攻坚时期对贫困群体进行大量投入帮助脱贫的方式，推动脱贫人口稳定增收的动能开始内化，即更加依靠脱贫群众的自主增收能力和内生发展动力进行驱动。从脱贫农户主观意识上看，由于政府在脱贫攻坚时期投入大量资金、项目、人力等资源对贫困农户进行帮扶，过于强调政府对贫困群体的带动，导致部分建档立卡脱贫户仍然有较强的依赖心理，自我发展的动力和能力不足，造成了脱贫人口对帮扶政策具有一定程度的"福利依赖"。

（三）劳动力素质较低，就业技能较为欠缺

毕节作为人口大市，脱贫人口劳动力众多，但在脱贫人口剩余劳动力群体中，存在年龄偏大、文化程度较低的问题。由于较多数脱贫劳动力没有专业技能、缺乏转移培训意向，大部分以从事简单体力劳动为主的工作，收入提升空间有限，同时随着农业经济结构的调整和相关行业的转型升级，对从业者职业技能和文化素质要求不断提升，造成这部分脱贫人口劳动力工资性收入和生产经营性收入增长的动力不断减弱，给脱贫人口收入持续增长带来较大压力。

（四）农业生产成本较高，产业发展带动脱贫人口增收后劲不足

农业生产所得到的收入是脱贫人口生产经营性收入的重要来源，毕节由于山地多、土地破碎，农业生产成本较高，加上近年来农资价格不断上涨，导致农业种植养殖成本激增，收益空间下降。从脱贫产业发展上看，脱贫攻坚时期毕节许多贫困乡村实现了农村产业从无到有的突破，带动了广大贫困群体的有效脱贫，但在进入推动脱贫人口增收阶段农村产业发展后劲乏力，例如产业发

展在技术、资金、人才和市场等方面的支撑力不强，产业基础不牢固，可持续发展能力还有待培养和提升；农村"三产"融合程度较低，难以带动脱贫农户分享更多产业增值收益；新型农业经营主体发育不足，对脱贫农户的带动能力有限；产业扶贫的机制设计考虑脱贫人口的发展能力和发展需求不足，没有赋予其充分发挥主体性作用的空间，造成产业政策供给没有被脱贫人口接收和享受、扶贫效应外溢等。这些短板和不足共同造成了目前毕节农村产业发展难以满足脱贫人口稳定增收的需要，不利于脱贫人口生产经营性收入的增加和提升在总收入中的比重。

（五）脱贫人口工资性收入受宏观经济环境影响较大，稳定性较差

2022年，受宏观经济环境下行及新冠肺炎疫情放开后续影响，省内外就业岗位稳定性较差，尤其是提供就业岗位较多的第三产业等行业受到疫情放开的较大冲击，导致部分脱贫劳动力外出务工和搬迁进城劳动力就业不稳定，对其收入增长造成了较大影响。同时毕节农业产业化水平不高、工业化主导不明显、产业结构较为单一、缺乏带动就业的龙头企业，本地就业的吸纳能力极为有限，导致脱贫人口就地就业岗位不足。

三、毕节推动脱贫人口稳定增收的政策建议

（一）以扩大就业和脱贫人口内生动力提升带动工资性收入稳定增长

1. 实施扩大就业发展战略，带动脱贫人口工资性收入增长

工资性收入作为毕节脱贫人口最主要的收入来源，短期内仍然是推动脱贫人口稳定增收的重要动力，同时毕节作为人口大市，脱贫人口规模也较大，因此要继续实施扩大就业的发展战略，充分利用好省内省外两个就业市场，推动脱贫人口工资性收入稳定增长。一是要大力推动毕节新型工业化、新型城镇化、农业现代化、旅游产业化发展，以"四化"带动脱贫人口实现就地就近转移。在产业发展上要优先发展劳动密集型产业，加大对劳动密集型企业的政策扶持和金融支持力度；要大力推动县域经济发展，支持毕节县域中心城镇发展劳动密集程度高、对劳动力素质要求弹性较大的第三产业，以城镇化发展助推

第三产业发展。二是要积极引导并大力扶持外出农民工返乡创业,通过出台土地流转、金融税收、创业培训等方面的优惠政策,不断优化创业环境,以"创业"带"就业"的方式进一步推动脱贫人口在本地实现就业。三是要继续巩固拓展东西部劳务协作关系,不断拓宽劳务输出渠道,进一步提升农村劳动力外出务工组织化程度,进一步加大对脱贫群体外出务工协助,发挥好省外劳动力市场对毕节脱贫人口增收的带动作用。

2. 增强脱贫人口发展内生动力,带动就业竞争力提升

推动脱贫人口稳定增收,要从根本上提升脱贫群众发展的积极性和自我发展的能力,要充分发挥毕节建设贯彻新发展理念示范区的政策优势,将毕节脱贫人口群体整体纳入人力资源开发体系,提升脱贫人口发展的内生动力。一要大力推动乡村基础教育质量提升,加大农村基础教育投入力度,改善农村教育条件,实现优势教育资源向农村倾斜。二要继续深入实施职业教育攻坚、职业技能提升、智汇毕节、人才强企、乡村人才振兴、人口素质提升"六大行动",大力发展职业技术教育。三要针对有意愿、有条件的脱贫人口和监测对象,建立培训需求清单,分层次、多方式精准开展职业技能培训,大力推广订单就业等培训实践模式,提高培训的就业转化率,拓展脱贫人口的收入来源渠道,同时推动"毕节鲁班""毕节织工""毕节乡厨""毕节康护""毕节农技"五大品牌吸纳更多脱贫人口就业。四要帮助脱贫人口转变思想观念,摆脱脱贫群众在产业发展、外出务工等方面"等靠要"思想,变"要我发展"为"我要发展",促进脱贫人口积极参与劳动技能培训、掌握就业技能,增强权益意识、争取平等就业机会,不断提升人力资本层面的能力积累。

(二)以乡村产业振兴带动生产经营性收入加快增长

可持续的农民增收长效机制,应该建立在拥有坚实的农村产业支撑上,而不应以依靠农业农村之外的城市产业作为支撑,这也是乡村产业振兴的题中应有之义。毕节推动脱贫人口持续稳定增长,要通过农村产业发展带动脱贫人口生产经营性收入不断提升,逐渐降低脱贫人口对工资性收入增长的过度依赖,形成良好且可持续增长的收入结构。

一是要将脱贫攻坚时期已经形成的特色产业进一步培育成为具备比较优势的乡村产业,紧扣"粮头食尾""农头工尾",以农产品加工业为重点打造农业全产业链，推动种养业前后端延伸、上下游拓展，由卖"原字号"向卖制成品转变，推动产品增值、产业增效，促进脱贫农户增加收益。

二要大力提升一、二、三产业融合发展程度，促进不同产业间生产要素的合理流动，不断探索"三产"融合的新动力，推动农村产业延长产业链、提升附加值。要积极引导多元市场主体进入"三产"融合发展领域，放宽社会资本准入限制，平衡兼顾各方利益，以保障农民增加收入和实现农村产业兴旺、乡村振兴为出发点，引导各类市场主体与农户建立稳固的利益联结机制，形成利益共享、风险共担的命运共同体。

三要建立更加有利于脱贫人口稳定增收的利益联结机制，大力扶持农业企业、农业专业合作社、家庭农场等新型农业经营主体发展，尤其要注重培育农业龙头企业，充分发挥龙头企业对小农户尤其是脱贫农户的带动能力，大力推广"保底收益+按股分红"、订单带动、二次返利等有效保障农民利益的分配方式，可探索建立以生产参与为前提的利益联结分享机制。

四要充分挖掘毕节山地特色高效农业的多维功能，以种植业和养殖业为基础，以乡村休闲旅游业为重点，利用好稻田、茶园、花海、养殖池塘、湖泊水库等田园风光，大力发展生态观光、农事体验、户外拓展、自驾旅居等业态，充分开发乡宿、乡游、乡食、乡购、乡娱等综合体验项目，推动脱贫农户进入乡村产业多元价值链条获取增值收益。

五要在大力发展数字农业、智慧农业，充分发挥"互联网+"模式在农产品产销对接上的作用，缩短产品供应链和市场需求反馈链的时空距离，通过电子商务、直播带货、村播等方式拓展农产品销售新途径，不断加强农户尤其是脱贫农户的信息技术教育和培训，推动脱贫农户更深度参与数字农业的生产和销售体系，直接分享农产品销售环节的利润增值。

（三）以深化改革为动力带动财产性收入持续增长

中国农村改革的巨大成功始终贯穿了一条红线，就是在经济上保障农民的物质利益，在政治上尊重农民的民主权利，不断解放和发展生产力。毕节要以深化农村改革作为突破口，在坚持农村基本经营制度的基础上，充分尊重农民尤其是脱贫农户在实施乡村振兴战略中的主体地位，以改革为动力带动脱贫人口财产性收入增长。要继续深化农村土地制度改革，维护和实现农民土地财产权益，推动城乡土地"同权同价"和农地"增值归农"；要以农村集体经营性建设用地入市改革为契机，推动毕节农村集体经营性建设用地入市路径方式探索和土地增值收益合理分配的机制建设；要继续深化农村"三变改革"，引导支持脱贫地区农村盘活闲置土地、林地、荒地、草地、水域等资源，增强集体经济的发展活力，带动脱贫农户财产性收入增加；要强化确权到村的经营性扶贫项目资产的运营管理，加强扶贫资产项目的管护，收益分配要向脱贫人口倾斜支持。

（四）落实帮扶政策带动转移性收入稳定增长

在脱贫攻坚时期，转移性收入的增加为毕节贫困人口的有效脱贫发挥了重要作用。在现阶段巩固拓展脱贫攻坚成果、推动脱贫人口稳定增收时期也仍然可以发挥其缩小收入差距、保障低收入群体巩固脱贫成果的独特作用。一是要进一步落实好中央各项惠农补贴政策，提高补贴政策指向性和精准性，继续加大财政支农力度，推动公共财政向农村倾斜，切实加大财政对"三农"工作的投入力度。二是要不断提升农村公共服务水平，继续加大对脱贫地区的医疗、教育、基础设施的投入力度，促进城乡就业、教育、卫生等公共资源实现均衡配置。大力推动信息化、数字化技术在村级医疗、教育等公共服务领域的融合应用，实现优质医疗教育资源的开放共享。三是继续健全农村救助体系，突出农村低收入群体帮扶，通过发展生产带动一批、转移支付扶持一批、社会参与资助一批、社会保障兜底一批，落实精准帮扶政策，稳定易返贫脱贫人口收入。

参考文献

[1] 魏后凯. 2020年后中国减贫的新战略 [J]. 中州学刊, 2018 (09).

[2] 汪三贵, 黄奕杰, 马兰. 西部地区脱贫人口内生动力的特征变化、治理实践与巩固拓展路径 [J]. 华南师范大学学报（社会科学版）, 2022 (03).

[3] 李明贤, 刘宸璠. 农村一二三产业融合利益联结机制带动农民增收研究——以农民专业合作社带动型产业融合为例 [J]. 湖南社会科学, 2019 (03).

[4] 中共毕节市委、毕节市人民政府关于印发《毕节市建设乡村振兴新典

范实施方案》《毕节市建设绿色发展样板区实施方案》《毕节市建设人力资源开发培育基地实施方案》《毕节市建设体制机制创新先行区实施方案》的通知（毕党发〔2022〕22号）[EB/OL].

[5] 中共毕节市委乡村振兴领导小组关于印发毕节市建设乡村振兴新典范2023年工作要点的通知（毕乡振领〔2023〕2号）[EB/OL].

[6] 中共毕节市委 毕节市人民政府印发《关于加快推进农业高质量发展建设 现代山地特色高效农业强市的实施方案》的通知（毕党发〔2022〕19号）[EB/OL].

作者简介：陈昊毅，贵州省社会科学院农村发展研究所助理研究员。

毕节试验区实现跨越式发展的实践与思考
——基于后发优势理论的视角

金 禹 谭礼连

摘 要: 1988年6月,国务院批准建立毕节"开发扶贫、生态建设"试验区,翻开了毕节改革发展新篇章。毕节试验区建立30多年来,取得了重大成就,人民生活实现了从普遍贫困到基本小康、生态环境实现了从不断恶化到明显改善、人口实现了从控制数量为主到更加重视人力资源开发三个重大跨越,在西部后发赶超进程中超常规崛起。文章基于后发优势理论视角,从制度优势、资源优势、人口优势几方面阐述毕节实现跨越式发展的条件优势,最后思考毕节试验区推动高质量发展存在的潜在挑战,并从巩固拓展脱贫攻坚成果、发挥政治优势、推动人力资源开发、坚持绿色发展几个方面发力,提出推动毕节试验区高质量发展的建议。

关键词: 毕节试验区;跨越式;后发优势理论;潜在挑战;高质量发展

毕节试验区于1988年6月成立,在党中央、国务院的关心下,一场以"开发扶贫、生态建设"为主题的改革试验在毕节开展起来。建区以来,在党中央坚强领导下,在中央统战部、全国工商联和各民主党派的倾情帮扶下,社会各方面大力支持下,毕节试验区的发展迎来了翻天覆地的变化。2018年7月,习近平总书记对毕节试验区工作作出重要指示,要求确保按时打赢脱贫攻坚战,做好同2020年后乡村振兴战略的衔接,着力推动绿色发展、人力资源开发、体制机制创新,努力把毕节试验区建设成为贯彻新发展理念的示范区。五年来,毕节试验区牢记嘱托,感恩奋进,充分贯彻落实习近平总书记的重要指示批示精神,紧扣新三大主题,锚定目标真抓实干,通过思路转换、模式转换、动能转换和优劣势转换，探究高质量发展之路，实现从普遍贫困到全面小康的跨越式发展。因此，总结梳理毕节试验区发展的路径历程、经验及潜在症结并提出针对性的政策建议，对推动毕节试验区高质量发展并为其他地区选择完善后发赶超路径提供参考都具有重要理论和现实意义。

一、后发优势理论的来源与阐释

亚历山大·格申克龙（1962）最早创立后发优势论。他认为相对经济落后能够助推国家经济实现爆发性增长，证实了相对落后国家实现后发赶超、弯道超车的理论可能性。在此基础上，陆德明（1999）将后发主体概括为"后发经济体"，将主体范围由国家拓展至区域、部门、企业等中微观层面。综上，后发优势理论是指后发主体的相对落后发展地位使其具备生产要素、资源配置等方面的潜在有利形式，在具备特殊有利条件的情况下，可以通过技术学习、制度模仿等途径加快经济发展并完成对先发主体的赶超。后发优势理论的内涵包括技术和制度两个层面。技术方面的后发优势重要，制度安排方面的后发优势同样不可忽视。后发优势与跨越式发展是紧密相关的，发挥后发优势是实现跨越式发展的条件和基础，后发国家和地区只有通过超常规的跨越式发展才能实现经济的赶超，摆脱落后地位。在世界经济发展史上，后发优势理论已经被一些后进国家和地区的经济增长过程所验证。

二、毕节试验区选择后发赶超路径原因探析

毕节是长江和珠江上游生态屏障重点地区，是贵州金三角的重要组成部分，毕节处在乌蒙山腹地，虽地形破碎、交通崎岖，却是川、滇、黔三省的交汇处，同时也是扼滇楚之咽喉、控制巴蜀之门，人口众多、资源富集，发展有巨大潜力，具备了走后发赶超的相关条件。

（一）政策层面积极推动毕节试验区发展

1988年毕节试验区建立，标致着毕节的发展进入一个新的历史阶段，自毕节试验区建立以来，党中央、国务院积极助力推动毕节试验区发展，陆续出台

多项相关政策及指导文件。毕节试验区跟随党中央规划方向，奋力向前发展，毕节试验区发展正当时。

表1 支持毕节试验区发展政策发布概况

时间	发布文件
2012年1月	《关于进一步促进贵州经济社会又好又快发展的若干意见》（国发〔2012〕2号文件）
2013年2月	《深入推进毕节试验区改革发展规划（2013—2020年）》（国办函〔2013〕35号）
2022年2月	《国务院关于支持贵州在新时代西部大开发上闯新路的意见》（国发〔2022〕2号文件）
2022年7月	《推动毕节高质量发展规划》的通知（发改地区〔2022〕1060号）
2022年6月	《推动毕节高质量发展规划》（国函〔2022〕65号）

（二）自身发展基础条件的再认识

1. 转型发展的必然选择

毕节试验区位于贵州省西北部，是一块深藏在乌蒙高原中的土地，曾因山高谷深，交通不便，地少人多，成了我国贫困面最广、贫困程度最深的集中连片特困区之一。也因极度贫困被联合国称为"不宜于人类生存的区域"，特殊的市情迫使毕节不得不找寻一条发展新路。从毕节本地特色与发展现状来看，毕节传统工业为资源开发式发展，人口数量和生态污染成为制约毕节发展的主要问题，正面临发展困境。因此，面对新发展理念的提出，毕节转变发展方式进而实现弯道超车具有迫切性和可行性。

2. 后发优势的天然机遇

（1）制度优势。作为落后者，其最大优势在于可以充分地借鉴和学习先发或先进地区的经验、制度与技术资源为己所用。因此，毕节经济发展的"落后"实际上为其带来区别于其他地区的机遇。毕节试验区于1988年建立，彼时，中国的民主政治进程日益正常化和不断加速，各民主党派和各界志士仁人对中国共产党"一个中心、两个基本点"基本路线的认同和拥护日益增强。早在1980年，中国民主建国会中央和全国工商联共同倡议，要发挥优势服务于经济社会建设。这一倡议得到了党中央、国务院的充分肯定。其后，各民主党派及社会各界日益加快了通过智力支持推动边远落后地区发展的步伐。1986年、1987年，各民主党派汇聚贵州省举办"智力工作会议"，提出要选择相应区域开展智力帮扶，受到了贵州省委、省政府的高度关注。1988年4月，胡锦涛同志在京邀请中共中央统战部、各民主党派中央、全国工商联负责人座谈，介绍建立毕节试验区的紧迫性、可行性，并代表贵州省委、省政府，邀请他们对毕节开展智力支边工作，指导毕节的改革试验与发展。在中央统战部倡导组织下，一个由各党派知名专家学者组成的帮扶毕节发展的智囊团，开展智力支边工作，指导毕节的改革试验与发展。通过一段时间走村串户，实地考察，并把调研毕节的情况向国务院作了汇报，终于经国务院批准，毕节试验区于1988年6月9日正式建立。由此可见，毕节后发优势凸显，赶上了改革的春风，搭上了智力支边的快车。

（2）始发优势。始发优势是指后发地区处于经济发展的初级阶段，上一时期发展方式遗留下来的惯性"较小，遵循新的发展道路顾虑和阻力更小。具体来说：毕节具备自然资源型后发优势，即通过运用更先进的技术以提高自然资源的开发利用效率，避免重复先发地区"先污染，后治理"的老路；同时，毕节实验区享有丰富的自然资源，包括矿产资源、水资源和生态环境等，这为实验区提供了数字化转型所需的能源和环境支持。

三、毕节试验区后发赶超实现跨越式发展的经验分析

（一）立足政治优势，充分用活制度

根据毕节试验区模式，从政治优势的角度来分析，毕节具备了利用制度优势实现后发赶超式发展的政治保障，35载筚路蓝缕，披荆斩棘，在党中央坚强领导下，在社会各界尤其是统一战线的积极助力下，作为中国第一个农村改革试验区，毕节试验区建立后，在全国统一战线、各民主党派中央、全国工商联、东西部对口帮扶城市等各级各界的倾力帮扶下，毕节试验区充分利用政治优势，充分用活制度，紧紧围绕在开发中扶贫、在扶贫中开发的要求，齐心协力汇聚一切可以团结的力量，千方百计补齐基础设施短板、因地制宜发展特色优势产业、想方设法推进各项民生事业，在社会各界力量的帮助下，毕节试验

区经济社会发展取得了显著成就。数据显示，党的十八大以来，中央统战部、各民主党派中央、全国工商联及全国统一战线各级组织，在毕节共实施帮扶项目2400多个，协调推动重大项目237个，涉及资金超14亿元。毕节试验区累计减少贫困人口630.9万人，贫困发生率从56%下降到5.45%，森林覆盖率由14.9%上升至56.1%。据统计，35年来，统一战线在毕节实施帮扶项目3773个，投入资金24.61亿元；统一战线专家学者1600批20027人次赴毕节指导，培训人次53.15万人。2018年7月18日以来，统一战线在毕节实施帮扶项目1945个，投入资金6.18亿元；统一战线专家学者519批7322人次赴毕节指导，培训人次25.6万人。

在政治优势转化上，毕节继新国发2号文件、《推动毕节高质量发展规划》出台后，贵州省委、省政府出台47条政策支持推动毕节高质量发展，全方位争资争项、高质量转化落实上下功夫。目前，毕节市已制定《毕节市2023年"大统战+大招商"工作方案》及"四个100"工作措施和年度工作目标，并组织召开"大统战+大招商"工作调度会、专题会、推进会36次，开展外出招商54次，举办专场招商推介会5次。各招商分队立足自身资源优势，精准选择招商引资项目和目标企业，认真制订工作计划，细化工作举措，加强与对应省统一战线招商分队的对接汇报，强化与目标企业的沟通联系，以及与省、市、县三级统一战线的联动，并组团到广东、深圳、福建、珠海等发达城市开展外出招商推介，大力邀商赴毕开展投资考察。截至目前，已开展外出招商54次，邀商赴毕考察52次，达成合作意向项目33个，签约项目29个，签约资金79.55亿元；已落地建设项目18个，到位资金12.42亿元。推动"大统战+大招商"见行见效。

（二）立足政策优势，充分用好资源

从政策优势的角度来分析，毕节具备了利用政策优势实现后发赶超式发展的资源条件。特别是《国务院关于支持贵州在新时代西部大开发上闯新路的意见》（新国发〔2022〕2号文件）和《推动毕节高质量发展规划》的出台迎来了重大发展机遇。区域重大战略、区域协调发展战略深入实施，有利于毕节用好政策红利、加快融入新发展格局。国际国内产业分工深度调整，东部地区产业加快向中西部地区转移，为毕节发挥比较优势扩大开放合作，承接产业转移,引进优势资源创造了有利条件。统一战线长期支持、广泛参与,广州、深圳等发达地区对口帮扶协作,为推动毕节高质量发展提供了有力支撑。在新时期新形势下,毕节全力突出特色制度优势、充分挖掘多民族文化资源优势,合理开发与利用人力资源优势、注重保护和建设重大生态环境资源优势,真正走出一条符合自身实际和时代要求的毕节试验区的后发赶超之路。人不负青山,青山定不负人,优良生态环境是毕节最大的发展优势和竞争优势。"守好发展和生态两条底线",这是习近平总书记对贵州改革发展提出的明确要求。毕节试验区始终牢记习近平总书记的要求,深入践行"两山"理论,打造了"绿水青山就是金山银山"的化屋版本。自2021年以来,化屋村累计接待游客70多万人次,旅游综合收入超3亿元,村民人均年收入达到1.9万余元,化屋村实现了幸福的变迁。

(三)立足人口优势,充分用力发展

从人口优势的角度来分析,毕节具备了利用人力资源开发实现后发赶超式发展的条件。创新之道,唯在得人。毕节试验区紧扣绿色发展、体制机制创新和人力资源开发三大主题,不断健全完善人才薪酬待遇、医疗等保障措施,多渠道引才聚才。除新国发〔2022〕2号文件和《推动毕节高质量发展规划》出台以及《关于统一战线"地域+领域"组团式帮扶毕节的工作方案》高位推动毕节的人力资源开发工作外,省委十三届三次全会和毕节市委三届六次全会均为人才的引育和人力资源的开发制定了目标、路径和措施。2018年以来,全职引进各类高层次急需紧缺人才1734人。据统计,目前毕节市人才资源的总量已增长到96万人,"人口压力"转为"人口红利",为毕节的经济发展注入强劲动力,人力资源优势正在转变为经济发展优势。5年来,毕节试验区始终把人才作为"第一资源",通过多措并举,在"引育用留"上做足文章,为乡村振兴提供源源不断的人才支撑。数据显示,自2022年以来,全市选派2660名农技人员和492名乡村科技特派员,深入基层一线,着力开展农技咨询、技术辅导及服务群众工作。同时,充分依托东西部协作机制,围绕群众就业问题,加大本土人才技能培训力度,扩大就业容量和就业渠道,培育打造"七星康养""织金绣娘""草海陪护""毕节建筑工"等一大批劳务技能品牌,完成农民培训21.76万人次。

四、毕节试验区进一步发挥后发优势推动高质量发展的思考

贯彻新发展理念是新时代我国发展壮大的必由之路。习近平总书记对毕节试验区的重要批示精神指出，要"闯出新路子、探索新经验"。可见，毕节试验区建设任重道远，不仅要成为多党合作改革发展实践的试验田，还应该承担起进一步发挥后发优势推动高质量发展的重大责任。因此，必须提高政治站位，持续推进建设贯彻新发展理念示范区迈向纵深，总结好五年艰苦奋斗的经验的同时，继续发挥后发优势，为推动毕节实现高质量发展提供有力支撑。

（一）保持后发冲劲，不断巩固拓展好脱贫攻坚成果

2018年以来，毕节在习近平总书记的亲切关怀和党中央领导下，实现了从"试验区"到"示范区"的转变，开启了治山治水、治穷治愚探索实践的新征程。脱贫攻坚以来，在全市干部与群众勠力同心，撸起袖子加油干的结果下，毕节市207.04万农村贫困人口全部脱贫，脱贫人口数位居全国第一，成为贫困地区脱贫攻坚的一个生动典型。现阶段取得的成效是值得肯定的，但还没到能放松的时候。毕节脱贫不稳定户和边缘易致贫户多，防止规模性返贫致贫任务重。所以高质量发展的前提是围绕群众持续稳步增收等重点、难点问题继续攻坚，保持后发优势，全力做好支持重点乡镇重点村、粤桂东西部协作、产业发展、乡村建设、乡村治理等各项工作，全力让毕节试验区的工作再上新台阶。同时，建设巩固拓展脱贫攻坚成果样板区，不断走前列，做表率，开创一条具有毕节特色的乡村振兴之路。

（二）继续发挥政治优势，深入实施"聚力行动"

全力推动政治优势转化为发展动能，推动高质量发展取得新突破。趁着新国发〔2022〕2号文件、《推动毕节高质量发展规划》的出台和省委、省政府推动毕节高质量发展大会召开的东风，着力在精准化研究谋划、全方位争资争项、高质量转化落实上下功夫，推动习近平总书记对毕节工作的重要指示批示精神落地生根、开花结果。一是用好"统战+"力量，聚力构建"大招商"格

局，聚焦毕节市深入实施"市场换产业、资源换投资"战略部署，统战部门牵头创新谋划开展统一战线"聚力行动"，发挥统一战线人才荟萃、智力密集、联系广泛的优势，凝聚民企力量，推动经济毕节社会高质量发展实现突破。二是利用好《中央统战部办公厅印发〈关于统一战线"地域+领域"组团式帮扶毕节的工作方案〉的通知》（统办发〔2023〕7号文件），积极在统一战线参与毕节改革发展实践中探索新路径，推动统一战线立足定点（对口）帮扶县区的同时充分发挥界别优势，将优势资源辐射毕节全域，实现统一战线地域帮扶不断深化、领域帮扶更加精准、常态化帮扶工作机制进一步完善，形成一批典型经验和示范亮点，打造一批多党合作品牌，推动毕节成为统一战线助力地方改革发展实践的展示窗口，汇聚优强资源和力量助推毕节高质量发展。

（三）继续提高人力资源开发水平，把人口压力变成人口红利

就目前的情况来看，劳动年龄人口平均受教育年限远低于全国水平，毕节人力资源开发水平还有很大的提升空间。一是聚焦建成西部重要的人力资源开发培育基地这一目标，重点抓好教育"转换器"，高质量办好各级各类教育，特别是扩大职业教育招生比例，有针对性地培养与市场需求适配的人才，培养造就高素质劳动者，打造"毕节技工"品牌，实现人才强市。二是着力利用城镇"引力场"，充分发挥人口规模优势，不断推进城镇化建设，快速提升城镇化水平，不断优化城镇规划、提升城镇品质、做大城镇产业、做强城镇经济、做活城镇市场，提升城镇公共服务能力，打造品质城镇生活，吸引群英汇聚，为各类人才搭建施展才华的舞台；三是全力提升文明这一"软实力"，持续推进全国文明城市创建，从城市到乡村，全市一盘棋，一竿子插到底，大力培育和弘扬中华民族传统美德，让良好家风、淳朴民风、文明乡风在全市范围内蔚然成风，以群众喜闻乐见的方式，不断开展丰富多彩的活动，丰富群众的精神世界，塑造文明和谐的人文环境，潜移默化全面提升毕节公民道德素养和社会文明水平。多方位、多层次发力，真正把"人口压力"变成"人口红利"。

（四）始终坚持"两山"理论，为高质量发展绘就生态底色

生态环境就是民生，也是高质量发展的重要衡量标志。毕节在为生态美誉自豪的同时，也曾为千山万壑所困扰：属典型喀斯特地形地貌，生态脆弱，面

临着发展不足,质量不高的困境。山多土瘠的毕节,如何守护好山好水这一"绿色家底",在后发赶超中迈向高质量发展呢?习近平总书记指出,"绿水青山就是金山银山,要牢牢守住发展和生态两条底线"。所以毕节高质量发展也必须守牢发展和生态两条底线,坚持生态优先、绿色发展,进一步完善生态环境保护目标责任制,用法律制度明文限制开发、禁止开发的区域。强化发展的底线思维,严守生态保护红线、环境质量底线、资源利用上线三条红线。在发展的同时,也让自然生态休养生息,竭尽全力守护好生态底色,不断做好绿水青山就是金山银山这篇大文章,努力闯出一条经济发展势头强劲,生态环境持续向好的高质量发展新路,为开创百姓富、生态美的多彩贵州新未来贡献毕节力量。

参考文献

[1] 陆德明. 中国经济发展动因分析 [M]. 太原:山西经济出版社,1999.

[2] 李若楠. 后发优势理论视角下贵州深化数字经济发展的路径研究 [J]. 生产力研究,2020(4).

[3] 黄懋,王娅. 发挥党派优势助推毕节贯彻新发展理念示范区高质量发展探讨——以民建中央带领各级组织帮扶黔西市为例 [J]. 贵州社会主义学院学报,2023(5).

[4] 史开国. 充分发挥资源优势实现贵州山区后发赶超——以毕节试验区为例 [J]. 贵州师范大学学报(社会科学版),2013(5).

[5] 赵德虎. 多党合作服务改革发展的毕节实践 [J]. 贵州社会主义学院学报,2019(3).

[6] 刘克仁,吴建洪,曹咏梅,等. 推进毕节试验区贯彻新发展理念示范区研究 [J]. 贵州社会主义学院学报,2021(1).

[7] 张学立,谢忠文,高刚,等. 感恩奋进蝶变之路——贵州省毕节市建设贯彻新发展理念示范区的实践及启示 [N]. 光明日报,2023(007).

[8] 王星. 共画更大同心圆 乌蒙破茧展翅飞 [N]. 贵州日报,2022(009).

[9] 高兆勇. 发挥制度后发优势 推动毕节试验区实现跨越式发展 [J]. 毕节研究,2010(191-197).

[10] 潘文富. 统一战线赋能毕节新发展理念的战略思考——基层地方实践与观察 [J]. 贵州社会主义学院报, 2023 (S1).

[11] 包俊洪. 同心共建贯彻新发展理念示范区 [J]. 中国政协, 2018 (20).

[12] 高大涛. 牢记嘱托谱写奋进之歌 勇担使命开启全新篇章 [N]. 毕节日报, 2022 (001).

[13] 谢朝政. 毕节 当好改革试验田 勇做创新领跑者 [N]. 贵州日报, 2023 (02).

[14] 翟培声. 毕节全力打造人力资源开发培育基地 [N]. 贵州日报, 2022 (005).

[15] 国家发改委. 推动毕节高质量发展规划 [N]. 贵州日报, 2022 (005).

作者简介：金禹，中共毕节市委党校，党史党建教研部地方党史研究室副主任，讲师；谭礼连，中共毕节市委党校，公共管理教研部副主任，讲师。

区域公用品牌引领高原特色农业高质量发展的"云南模式"

陈晓未

摘　要：持续提升"绿色云品"的品牌影响力和品牌溢价率，是云南推进高原特色农业高质量发展、建设特色农业强省的重要抓手。2018年以来，省委、省政府高位推动，逐步建立品牌形象标识及管理办法、"绿色云品"品牌目录制度、品牌化政策支持体系、"绿色云品"营销体系，"绿色云品"已经具备全品类、全省域公用品牌的基本特征和必要条件，其做法和经验在全国具有典型性和启发性意义。

关键词：区域公用品牌；农业现代化；品牌帮扶

打造区域公用品牌是增强脱贫地区和脱贫群众内生发展动力、带动产业高质量发展的重要引擎，是实现联农带农促进农民增收的有力抓手，也是促进特色产业可持续发展、提高农产品竞争力、资源禀赋文化价值和市场价值变现的重要支撑。习近平总书记指出脱贫地区产业帮扶还要继续补上技术、设施、营销等短板，促进产业提挡升级。2023年中央一号文件首次提出要支持脱贫地区打造区域公用品牌，强调品牌帮扶对于增加脱贫群众收入、促进脱贫县加快发展具有重要意义。为贯彻落实2023年中央一号文件精神，加大脱贫地区区域公用品牌建设力度，促进实现巩固拓展脱贫攻坚成果同乡村振兴有效衔接，2023年4月农业农村部办公厅印发《支持脱贫地区打造区域公用品牌实施方案（2023—2025年）》，明确脱贫地区打造区域公用品牌的指导思想、实施原则、主要目标、重点任务和组织保障，重点任务涉及壮大主导产业、提升供给质量、做好品牌战略布局、壮大品牌主体、促进渠道对接，强化营销推广等方面,旨在提升脱贫地区品牌打造能力,品牌产品市场占有率、溢价能力,品牌引领提升产业质量效益和竞争力作用明显加强。可见,区域公用品牌是脱贫地区全面推进乡村振兴、加快农业农村高质量发展的重要支撑。

早在2015年1月,习近平总书记考察云南期间,就要求立足多样性资源这个独特基础,打好高原特色农业这张牌。2020年1月,习近平总书记再次考察云南,对高原特色农业发展成效予以充分肯定,强调要大力发展高原特色农业,推进农业供给侧结构性改革,为丰富全国重要农产品供给作出更大贡献。牢记嘱托,云南省委、省政府充分结合省情农情实际,提出打造特色农业强省目标,同时明确充分发挥高原特色农业优势,提升"绿色云品"品牌影响力,加快打造"区域品牌+企业品牌+产品品牌"的"绿色云品"矩阵。2018年以来,云南省的茶叶、花卉、蔬菜、水果、坚果、咖啡、中药材、肉牛等"绿色云品"8个重点产业的综合产值,保持年均16%的增长率;花卉、小浆果等产业初步呈现一流气象,云南农产品出口连续多年居全国第二、西部省区第一。云南省委、省政府将"绿色云品"打造成全省域全品类的省域公用品牌,其做法和经验在全国具有典型性和启发性意义。

一、打造全省域、全品类区域公用品牌——绿色云品

2018年以来,云南省委、省政府集全省之力,高位推动,不断建立健全品牌发展的制度框架和政策支撑体系,品牌管理、运行日益规范,品牌建设水平不断提升,最终使云南"绿色云品"逐步成为全省域、全品类的区域公用品牌,形成了"区域品牌+企业品牌+产品品牌"的"绿色云品"矩阵。

(一)明晰品牌形象标识

2020年7月,云南省打造世界一流"绿色食品牌"工作领导小组正式向社会公开征集"绿色食品牌"Logo形象广告和8个重点产业宣传口令的创意和素材,以加强对"绿色食品牌"的形象策划和品牌宣传。[1]邀请国内外知名农业品牌专家及农业系统专业人士,对云南"绿色食品牌"的品牌定位、形象塑造和传播形式等进行策划和设计,并面向国内外公开推出,广为宣传。以"七彩云南地·有机食品源"为主题,围绕"天下普洱、花开云南、菌秀山河、四季

蔬菜、彩云坚果、小粒咖啡、地道药材、云岭肉牛"等专门品牌进行策划和推广宣传。促使云南"绿色食品牌"整体品牌形象在国内外具有较高的知名度和影响力，体现了品牌价值，助推了产业发展，带动了农民增收。

（二）制定形象标识管理办法

2021年1月10日，为打造云南省"绿色食品牌"公共品牌形象，为了共同塑造和维护好云南"绿色食品牌"公共品牌形象，规范使用和管理云南省"绿色食品牌"形象标识，云南省绿色食品发展中心制定公布了《云南省绿色食品牌形象标识管理办法（试行）》（下称《形象标识办法》）。《形象标识办法》明确，云南省"绿色食品牌"形象标识（下称"形象标识"）由云南省绿色食品发展中心（下称"中心"）依法申请全类（45个类别）商标注册，受法律保护。该中心负责形象标识使用授权及日常监督管理工作。形象标识由使用主体向中心提出申请，经审核同意后，使用主体与中心签订形象标识授权使用协议，形象标识使用权不得买卖或转让。如果出现产地环境受污染、产品质量不合格；云南省"绿色食品牌"相关表彰称号被取消、"一县一业"示范创建考核评价中被淘汰或云南省"绿色食品牌"产业基地被取消认定等情况，将不得继续使用该标识。三类主体可优先获得标识使用授权：获得云南省"绿色食品牌"名品名企表彰的生产经营主体；云南省"一县一业"示范县、特色县人民政府及其相关部门；获得云南省"绿色食品牌"产业基地认定的生产经营主体。

（三）建立品牌目录制度

为贯彻落实国家质量兴农战略，发挥品牌对农业高质量发展的引领作用，加快云南农业品牌建设，云南省农业农村厅在总结2018年以来"10大名品"评选工作经验的基础上，借鉴江苏、广东等省做法，建立了"绿色云品"品牌目录制度，将云南安全优质的农产品品牌统一纳入省级目录管理，2021年和2022年连续两年开展品牌目录遴选，把具有一定影响力的区域公用品牌、企业品牌和产品品牌形成目录，由政府统一组织发布，动态管理。

2021年7月22日，出台《云南省"绿色食品牌"品牌目录管理办法》（以下简称《目录办法》），首次建立起"绿色食品牌"品牌目录制度。《目录办法》明确了品牌目录的征集范围、申报条件、认定程序、监督管理、扶持培育等内容，共计十八条。《目录办法》把具有一定影响力的区域公用品牌、企业品牌和产品品牌形成目录，由政府统一组织发布，鼓励引导各类农业龙头企业、农民合作社、家庭农场等新型农业经营主体做大品牌，做响品牌，推动云南省农业品牌建设管理的规范化、集群化发展。构建完善的品牌知识产权保护体系，综合运用法律、行政等手段打击各种冒用、滥用"绿色食品牌"行为，营造良好品牌保护管理环境。《目录办法》明确规定，品牌目录实行动态管理，接受社会各界监督，凡是出现品牌产品停产一年以上、违规使用云南省"绿色食品牌"形象标识，消费者投诉较多，主体、品牌或产品发生变化不再符合申报条件等情形，均将予以退出目录处理，并由省农业农村厅向社会通告，三年内不得再次申报。

2021年，云南省农业农村厅、云南省绿色食品发展中心联合第三方评选服务机构——浙江永续农业品牌研究院对申报的"绿色食品牌"进行认真审核，通过申报平台接入企查查，开展相关合法合规性查询，并基于国家知识产权局商标局中国商标网、国家市场监督管理总局全国认证认可信息公共服务平台，对申报主体的商标注册、认证认可信息进行查询与确认，有545个品牌纳入初选建议名单。8月6日，云南省农业农村厅组织邀请了茶业、花卉、蔬菜、水果、坚果、咖啡、中药材、畜牧、粮油、渔业等产业专家，按照《云南省"绿色食品牌"品牌目录评选管理办法》相关要求，对第三方审核提出的2021年云南省"绿色食品牌"品牌目录入选名单进行推选确认。"10强企业"和"20佳创新企业"围绕精制茶及茶产品制造业、鲜花制品及制糖业、果蔬及坚果加工业、咖啡制造业、酒及饮料制造业、营养及功能性食品制造业（包括以中药材为原料的保健食品）、肉类食品加工业及其他"绿色食品牌"重点产业开展评选，不区分产业领域，依据评选办法分别采用不同的评选指标，评选出云南省绿色食品"10强企业"10户、"20佳创新企业"20户；而"10大名品"评选主要围绕产品质量、市场影响力、企业效益和品牌建设等方面进一步完善评价指标，最终《2021年云南省"绿色食品牌"品牌目录》共收录543个品牌，其中企业和产品品牌517个，区域公用品牌26个。入选品牌目录的品牌主体，将在政策制定、项目建设、资金安排等方面获得优先支持，可使用云南省"绿色食品牌"统一形象标识，可进入云南省"绿色食品牌"官方授权渠道进行产品展示和销售，参加省级及以上农业展会、品牌推介和产销对接等品牌宣传推介活动中也将获得相关支持。

2022年，按照《云南省"绿色食品牌"品牌目录管理办法》规定，经主体自愿申报，县农业农村部门初审，州（市）农业农村部门推荐，第三方机构核查，省农业农村厅组织相关专家和业务部门推选等程序，提出2022年云南省"绿色云品"品牌目录名单（含524个企业和产品品牌、20个区域公用品牌）。

（四）建立品牌奖惩机制

2018年以来，云南建立了名品名企评选、宣传、推介常态化机制，持续表彰一批名品、名企，树起"绿色云品"行业标杆，推动形成云南"绿色云品"集群发展的良好态势。截至2022年底，云南省连续5年开展"10大名品"和绿色食品"10强企业""20佳创新企业"评选，对实力较强、发展较好的企业进行表彰，进一步扩大其市场美誉度；省财政连续5年对受到表彰的"10大名品"和绿色食品"10强企业""20佳创新企业"予以奖励。评选表彰活动推出了一批云南农产品金字招牌，推动我省农业品牌发展取得长足进步，形成了重视品牌培育、强化品牌保护、突出品牌拓展的浓厚氛围。

（五）构建品牌化政策支持体系

整合政策资金支持，相继制定鼓励投资、绿色发展、冷链物流、金融支持、品牌建设等方面的政策20余项，基本构建了包容开放和不断完善的政策支持体系。

打造以县为基础的绿色产业集群。2018年8月，云南省制定《关于创新体制机制推进农业绿色发展的实施意见》，将绿色有机发展确定为推动农业转型升级的战略方向；2019年4月，出台《关于创建"一县一业"示范县加快打造世界一流"绿色食品牌"的指导意见》，明确把以县为基础的产业集群发展作为打造世界一流"绿色食品牌"的重要载体。2019年8月，云南省公布了首批20个"一县一业"示范县和20个"一县一业"特色县，省级财政资金每年投入6亿元扶持"一县一业"示范县创建，给予20个示范县每县每年3000万元的资金支持，连续支持3年，同时建立动态调整机制。

强化经营主体政策激励。2018年8月，云南省出台《培育绿色食品产业龙头企业鼓励投资办法》，对投资 8 大重点产业的企业投资额达 10 亿元、5 亿元以上的，分别给予 10%、5% 的一次性奖励。2020 年 6 月，为确保《绿色食品产业龙头企业鼓励投资办法》尽快落地，根据运行情况调整奖励标准，将固定资产投资规模标准由 10 亿元、5 亿元统一调整为 1 亿元，奖励标准统一上调为 10%，成为全国农业领域奖励标准最高的鼓励投资办法。将奖补对象调整为投资茶叶、花卉、水果、蔬菜、坚果等重点产业的企业，并对企业新增种植、养殖、加工、冷链等资产性投资 1 亿元以上的，按 10% 给予一次性奖励。2020 年 7 月，支持基地冷藏初加工设施建设，实际投资额在 200 万元以上的，按照实际投资额的 20% 给予一次性奖补；支持集配型冷链物流设施建设，实际投资额在 1 亿元以上的，按照实际投资额的 10% 给予一次性奖补等。[2]

不断改善营商环境。通过建立健全省级部门合作机制，合力稳外资，提升涉企服务水平，营造安商便商稳商的营商环境。针对涉农企业贷款难的问题，启动"一部手机云企贷"数字化平台试点，累计为全省 1.75 万户农企农户授信 88.22 亿元、累计投放贷款 84.17 亿元、贷款余额 42.96 亿元。2021 年，为进一步强化对名品名企的金融支持，省农业农村厅、省财政厅、建行云南省分行、省农业融资担保有限公司在前期"一部手机云企贷"试点成功经验的基础上，开发"绿色食品牌"招商引资重点企业服务平台。截至 2022 年 8 月，入驻平台企业 150 户、涉及项目 156 个，协议总金额 982.61 亿元，累计落地金额 280.7 亿元。紧盯用地、用水、用电、用工难等关键问题，着力增强服务意识、提升服务能力、提高服务质量，充分激发经营主体在市场竞争中的能动性，畅通供应渠道、重构供应链，快速走出疫情影响、猪周期波动等冲击，实现政策激励与市场运作双向同频发力。[2]

（六）建立"绿色云品"营销体系

以"云南抚仙湖绿色农业论坛"为载体，打造具有世界影响力的绿色农业发展和农产品绿色品牌论坛会。论坛立足全国，面向世界，致力于推进形成系统化、社会化、专业化、品牌化的绿色食品全产业链服务体系，发挥开放、创新、高效的综合平台服务作用，促进绿色食品的品牌营销、产品开发、精深加工、延伸产业链、整合供应链，打造云南绿色食品生产、加工、流通与销售等全产业链生态圈，交流各地农产品品牌建设方法与经验，研讨品牌农业的发展趋势与热点难题，助推我省农产品品牌健康发展，助力广大农民增收脱贫。

积极拓展国内外市场。注重国内市场开发，深入实施农商互联，加强产销对接，不断提高订单农业、产销一体、股权合作等长期稳定流通模式在农产品流通中的比重；积极参与上海、北京的专业博览会，广泛联络绿色食品销售公司，把绿色食品共同推向北京、上海、广州、深圳、香港等国内市场。多措并举开拓国外市场，通过龙头企业或贸易公司，将绿色食品打入中东、欧洲、美洲等国际市场；争取云南与国外结对友好城市的关系，争取实现双方间市场承认认证；积极进行欧盟、日本、美国等国际认证机构的认证，积极参与国家有机产品博览会、洽谈会等，与外资企业、外商等建立贸易联系，逐步把有机产品推向国际市场，不断提高市场占有率。

创新品牌农产品营销方式。充分发挥各类展销会以及新闻媒体的作用，特别是微信、微博、微视频、移动客户端等"三微一端"新媒体传播平台的作用，广泛开展绿色食品牌整体形象宣传。积极组织云南品牌评比活动，扩大品牌农产品美誉度和影响力，提高社会对云南绿色食品牌的认可度。充分利用各种媒体媒介做好品牌公关，借助商品交易博览会、农博览会、农贸会、展销会等渠道，充分利用电商平台、线上线下融合、"互联网+"等各种新兴手段，讲好品牌故事，传播品牌价值，扩大品牌的影响力和传播力。采取市场化方式，相继在昆明、大理、丽江、西双版纳等机场开设"10大名品"展示销售中心，推进普洱茶、果蔬抖音生鲜基地建设，打造"绿色云品"市场化宣传推介平台。相继举办"四季云品·产地云南"系列宣传推介活动，品牌效应持续增强。与省政府驻北京、上海、广东办事处协调联动，建设云南绿色食品展示展销中心，常态化开展展销和推介。

二、绿色云品引领高原特色农业高质量发展

云南省委、省政府通过持续打造"区域品牌+企业品牌+产品品牌"的"绿色云品"矩阵，为推动云南省农业品牌建设管理的规范化、集群化发展营造了良好的品牌保护环境，同时为各级党委政府政策扶持提供精准靶向，将进入品牌目录作为享受有关政策和服务的前置条件，引导全省农业生产方式向绿色有机高质量发展转变；有利于全省统一宣传，提升"绿色云品"整体影响

力。绿色发展成为云南农业最鲜明的底色，品牌集群建设效应逐步显现，品牌经营主体健康平稳发展。

（一）绿色食品产业初具规模

2018年以来，云南省的茶叶、花卉、蔬菜、水果、坚果、咖啡、中药材、肉牛8个"绿色食品牌"重点产业的综合产值，保持年均16%的高速增长；花卉、小浆果等产业初步呈现一流气象，云南农产品出口连续多年居全国第二、西部省区第一。截至2022年底，云南建设国家级优势特色产业集群4个，国家级现代农业产业园5个，国家级产业强镇43个，全国"一村一品"示范村镇127个、国家农业绿色发展先行区6个，茶叶入选全国全产业链重点链，蒙自市、文山市分别以石榴、三七入选全国全产业链典型县，7个乡镇获2022年"全国乡村特色产业十亿元镇"称号、13个村获2022年"全国乡村特色产业亿元村"称号。初步形成"功能区+产业集群+产业园+一县一业+产业强镇+一村一品"大中小结合的产业发展格局。[3]

一是产业集群发展态势明显加快。依托产业基地和"一县一业"建设，实现聚焦一个优势特色品种并突出重点县市，全产业链开发、全价值链提升，打造综合竞争力强的现代农业产业经济带，实现"小特产业"向"大产业"转变。一方面，产业基地标准化发展趋势明显。按照有经营主体、有适度规模、有生产规范、有目标市场、有品质保障、有品牌引领、有科技支撑、有专业服务"8有标准"，云南首批认定产业基地1888个，其中，省级产业基地200个，开发了产业基地"一库两平台"（产业基地数据库和业务管理平台、服务应用平台），应用信息化手段，推动产品落在品牌上、品牌落在企业上。另一方面，推进"一县一业"建设成效初显。云南用好3年共计18亿省级财政资金，创新投融资方式，吸引更多金融资本、社会资本、民间资本投入"一县一业"；细化项目清单，强化项目的服务、保障、管理和动态监测评价，实施末位淘汰，激励形成争先创优的良好氛围；3年时间打造了集规模化、组织化、专业化、绿色化、市场化为一体的20个"一县一业"示范县和20个特色县，形成产业发展示范，并指导其他各县（市、区）选准主导产业、制定建设方案，针对产业发展中的薄弱环节，全省范围内推进"一县一业"建设。组织产业工作组和专家组，定人定责定任务，紧盯项目进度、资金管理、作用发挥等关键环节、强化一线检查、指导、督促、帮扶,确保项目落得下去、资金发挥效益、产业持续发展。此外,积极推进"一村一品"、产业强镇、现代农业产业园、乡村振兴示范园(区)等建设,打造产业发展的示范标杆。[2] 咖啡、花卉、蔬菜、肉牛4个产业入选农业农村部和财政部优势特色产业集群名单。

二是特色产业优势明显增强。2021年,云南烟叶、茶叶、橡胶、花卉、坚果、咖啡、中药材、野生食用菌等产业规模已居全国第一,蔬菜、水果、蔗糖、牛羊、生猪等产业规模居全国前列。[2] 其中,蔬菜产量达到2748.9万吨,近七成销往全国150多个大中城市、40多个国家和地区,成为全国重要的"南菜北运"和"西菜东调"优质基地和西南最大的蔬菜出口基地;肉类总产量487万吨,全国排位由第12位提高到第5位,供应量位居全国前列;茶叶面积2021年达到740万亩,实现"千亿云茶"发展目标,有机茶园认证面积跃居全国第1位,普洱茶已成为云南响亮的"名片";花卉面积和产值增速全球第一,产值突破千亿元大关,2021年鲜切花产量162.2亿枝,在全国80多个大中城市中占据70%的市场份额,斗南花卉成为亚洲乃至世界鲜切花风向标,被誉为中国花卉价格"晴雨表";水果产量增加至1200万吨,柑橘、香蕉、葡萄、草莓、蓝莓等果品实现全年时鲜供应;咖啡种植面积、产量、产值均占全国98%以上,天然橡胶、核桃、澳洲坚果、中药材种植面积和产量保持全国第1位。云南多年来出口总额排名西部第一、全国前列,2021年全省农产品出口额为43.2亿美元,占全省出口额的15.8%,产品远销港澳台及中东地区,出口规模优势扩大,具有较强资源优势的水果、蔬菜、烟草、咖啡、茶叶、精油、花卉等大类重点农产品,占全省农产品出口总额的85%以上。[4]

(二)绿色品质优势彰显

绿色环境基础不断夯实。云南将品质作为打造"绿色云品"的第一要义,将绿色有机发展固化为全省农业转型升级的战略方向,大力推进病虫害绿色防控统防统治,持续推进农药化肥减量行动,全面打好农业面源污染防治攻坚战,全省化肥和农药使用量连续5年负增长,农作物秸秆综合利用率、农膜回收率、畜禽粪污综合利用率分别超过88%、80%和76%。[5]

绿色产品供给能力得到极大提升。率先在茶产业上对绿色有机基地建设和产品认证实施奖补,积极引进国际国内认证机构落户云南,发挥绿色有机联盟、协会作用，促进绿色有机生产技术、标准、规程的推广运用。进一步增加绿色有机产品的抽查检查频次，加大制假贩假等违规、违法行为的查处力度，净化市场环境，营造良好秩序。2021年，云南新增绿色食品、有机产品和农产品地理标志1528个，有机产品有效证书达1781张，全省绿色食品有效获证产品数由2017年的全国第11位升至2021年的第7位，有机农产品有效认证数由全国的第8位升至2021年的第2位，获证市场主体数由全国第8位跃升为第1位。普洱祖祥、自然之星、芸岭鲜生、云南农垦等一大批企业已在茶叶、蔬菜、水果、粮食等产业深耕绿色有机，成为产业高质量发展的引领。[6]

绿色科技支撑不断增强。2021年，全省农作物综合机械化水平达到50%以上，主要农作物良种覆盖率达96%，全省农业科技进步贡献率达60%。全省重点产业农产品加工产值与农业总产值之比达到1.9∶1，农村一、二、三产业比例达到28∶50∶22。建成17个规模大、装备好、效率高的冷链设施产业集群，生鲜农产品进城"最先一公里"有效解决。全省已建冷库6500余座，库容约620余万立方米，营运冷链运输车1620辆，初步形成以蔬菜、水果、花卉生产基地为基础，以区域性和综合性冷链物流市场为依托，以大型冷链物流项目为支撑的冷链物流设施网络。[7]

（三）品牌集群矩阵效应明显

围绕茶叶、花卉、水果、蔬菜、坚果、咖啡、中药材、肉牛等产业，加强支持绿色食品、有机农产品、地理标志农产品和森林生态标志产品等的申请认证和扩展。实施"区域品牌+企业品牌+产品品牌"战略，依托特优区创建，加强传统品牌的整合，集中建设一批影响巨大、效应明显的区域公用品牌作为特优区的"地域名片"，打造一批国内外知名的农产品品牌，形成"绿色云品"品牌集群效应。经过多年持续培育，斗南花卉成为全国乃至亚洲地区鲜切花交易价格风向标，"普洱茶"成为全国"最具品牌资源力"茶叶品牌，阳光玫瑰、褚橙、蓝莓等成为全国高端水果的代表。文山三七、蒙自石榴、昭通苹果、宣威火腿、丘北辣椒等区域公用品牌影响力和市场认可度不断提升。普洱茶、保山小粒咖啡、文山三七、宣威火腿等10个产品入选中欧地理标志协定保护名录，成为驰名中外、备受好评的名品。

（四）品牌经营主体健康稳定发展

农业龙头企业是打造云南"绿色云品"、打造万亿级高原特色现代农业的领军力量。在云南"绿色云品"系列政策措施的高位推动下，在政策激励与市场机制共同发力下，特色产业市场竞争力得到全面提升，育强龙头企业竞争力得到显著增强，带动发展能力有效提升。

一是省级以上农业龙头企业和农民专业合作社示范社竞争力显著增强。全省农业龙头企业由2017年的3796户增加至2021年底的5221户，省级以上龙头企业成为高原特色现代农业发展的主力军，农业市场主体实现数量和质量"双提升"，基本形成大型行业龙头企业为引领、中型行业先进企业为主体、农民专业合作社为基础的发展雏形。[7]

二是农业市场主体已成为促进高原特色农业发展的强大引擎。截至2021年底，规上农产品加工企业超过1300家，其中规上食品加工企业达1026家、是2012年的3倍。骨干龙头企业持续做强做优，其中营业收入亿元以上食品企业从2012年的不足90户增长到2021年的362户，增长4倍。截至2021年底，培育了涉农加工的省级专精特新"小巨人"企业100余家，培育绿色食品"10强企业"13家、"20佳创新企业"48家。2021年食品行业研发投入支出17.9亿元，规上企业研发强度高于全国平均水平，一批国家级企业技术中心、院士工作站、食品制造中试平台相继建成，产业链创新支撑有效强化。[7]

三是大批国内外知名企业纷纷落户云南，并健康稳定发展。云南聚集了美国卓莓、澳大利亚科思达、英国爱寺恩、西班牙百锐蓝等全球小浆果龙头企业，聚集了荷兰迪瑞特、荷兰安祖花卉、荷兰海盛花卉、荷兰方德波尔格、澳大利亚林奇等全球知名花企。美国卓莓、荷兰方德波尔格、英国海盛、澳大利亚林奇等知名国际企业，参与评选并入选云南省"10大名品"。

未来云南将继续以"绿色云品"省域IP为引领，把品牌建设放在突出位置，加快实施品牌强农战略，大力建设云南全域绿色有机高端农产品生产加工服务输出基地，不断提高规模化、标准化、品牌化水平，加快农业现代化，提升农业产业化和农业科技水平，推进高原特色农业高质量发展。针对打造云南"绿色云品"新优势面临的短板弱项和瓶颈制约，加快打造"区域品牌+企业品牌+产品品牌"的"绿色云品"矩阵，逐步让"四季云品·产地云南"成为家喻户晓和占领消费者心智认知的云南农业品牌鲜明印记。

参考文献

[1] 邰晋亮. 高原特色农业勇攀世界农业之"滇"[N]. 农民日报, 2021-05-28.

[2] 云南建设"现代农业强省"的着力点[EB/OL]. 云南网, 2022-06-29.

[3] 木胜玉. 2022年云南省第一产业增加值达4012亿元[EB/OL]. 人民网-云南频道, 2023-02-11.

[4] 云南这十年: 高原特色农业强势崛起[EB/OL]. 云南经济新闻, 2022-08-24.

[5] 王淑娟. 高原特色农业黄金十年步履铿锵[N]. 云南日报, 2022-10-19(9).

[6] 郑义. 2021年, 云南农业农村工作呈现"八大亮点"[N]. 中国县域经济报, 2022-01-23.

[7] 云南省人民政府. 新闻发布会 云南高原特色农业的不凡十年[EB/OL]. 云南省人民政府, 2022-08-24.

作者简介: 陈晓未, 云南省社会科学院农村发展研究所副所长、副研究员。

关于促进云南和西部地区高质量发展的十大对策建议

胡庆忠

摘 要：在世界经济科技链、价值链重塑和产业链、供应链重构的背景下，云南和西部地区产业发展存在科技获取成本高、生产成本高、商品交易成本高、"三高一小"的实际情况，高质量发展和市场要素保障之间缺乏强力支撑，无法与其他地区形成竞争优势，容易受到市场"挤出效应"的排斥和淘汰。云南和西部地区必须"过三关斩十将"，才能实现高质量跨越式发展。

关键词：西部地区；高质量发展；对策举措

深入贯彻落实习近平新时代中国特色社会主义思想和考察云南重要讲话精神，全面认清进入新发展阶段的时代方位，牢牢把握贯彻新发展理念的指导原则，积极探索服务构建新发展格局的有效路径，比照新时代高质量发展的内涵和外延，针对云南和西部地区发展的实际情况，在世界经济科技链、价值链重塑和产业链、供应链重构的背景下，尊重市场经济规律，从构建产业链、供应链的角度分析，云南和西部地区的发展存在"三高一小"，无法与其他地区形成竞争优势，容易受到市场"挤出效应"的排斥和淘汰，越是市场化，越边缘化，落实高质量发展和要素保障之间缺乏强力支撑的问题。我认为，云南和西部地区实现高质量跨越式发展要"过三关斩十将"，以下是我提出的"三关九策"，希望云南和西部地区最终实现华丽转身、修成正果。

一、第一关：必须过认识真理关，即要深刻理解和准确把握高质量发展内涵和外延的实质和要求

高质量发展的内涵和外延，从提出到目前有了重大的变化，内涵更加丰富，外延更加广阔。习近平总书记2021年3月7日下午在参加十三届全国人大四次会议青海代表团审议时强调："高质量发展不只是一个经济要求，而是对经济社会发展方方面面的总要求；不是只对经济发达地区的要求，而是所有地区发展都必须贯彻的要求；不是一时一事的要求，而是必须长期坚持的要求。"习近平总书记要求各地要根据自身条件和可能，善于用辩证思维来处理好发展方向与历史方位、安全和发展、生态环境保护和经济发展、总体谋划和久久为功、传承历史与开拓创新、保证质量与提高速度、维护公平与讲求效率、区域协同与区域差异、整体推进和重点突破、发展过程与发展效果等方面的矛盾有机统一体关系，来谋划好高质量发展的途径和举措。

从统筹推进"五位一体"总体布局和协调推进"四个全面"战略布局以及云南"三大定位"来看，从昆明出发，同心共建一个美丽的地球家园，向世界各国展示了中国生物多样性保护成就，展示了云南生物多样性保护成果，生态文明建设走在全国前列；云南民族文化在铸牢中华民族共同体意识的前提下，呈现"多、古、奇、丰、融"的特色；云南社会建设创造了我国民族团结进步的"云南经验"；云南是"党的光辉照边疆，边疆人民心向党"的典范。云南最大的短板就是"经济短板"，云南最大的落后就是"经济落后"，云南最大的欠账就是"经济欠帐"。云南"三大定位"支撑上最不充分的就是"我国面向南亚东南亚辐射中心"。综合上述分析，我们认为，在保障"安全"的前提下，在满足高质量要求的前提下，云南的发展"能快则快"，必须实现"更好更快"地发展，既要"中高速"，更要"中高端"。

云南和东部地区相比，"最大的差距是思维的差距，最大的短板是能力的短板"。云南在推进高质量发展上还存在认识不到位、急于求成和准备不充分的问题。目前，政府和企业都在面临着安全问题和高质量发展问题等多重综合考验。推动高质量发展要过认识真理关，特别是云南产业发展面临"三高一小"问题：一是科学技术获取的成本高。由于云南人才总量少，人才整体素质

偏低，人才结构不合理和人才对外交流合作少等因素，导致云南科学技术获取的成本偏高，在全国缺乏竞争力。二是生产成本高，或者说科学技术商品化的成本高。由于云南主导型产业主要是资源型产业，产业链条短，产业聚集程度低，产业配套不合理以及要素成本高，导致云南产业生产转型升级的成本偏高，不具有竞争力。三是商品交易的成本高。由于云南交通运输网络不完善，物流运营管理不完善，对内对外各种合作机制不畅，各种制度体制不健全，导致云南商品进出的成本较高。四是市场规模小。由于云南仍是末梢，尚未变成前沿，大通道"通而不畅"，桥头堡联动机制尚未形成，口岸经济、通道经济、园区经济和资源经济如何联动发展，还没有形成竞争优势，辐射中心缺乏实质性辐射内容。经过"三高一小"的筛选，云南产业的"微笑曲线"仅仅表现为资源导向型产业，而在市场导向型、加工制造导向型、开放导向型和科技导向型四大类型产业发展中则都表现为"哭泣曲线"。

从发展模式上讲，云南产业向市场导向型、加工制造导向型、开放导向型和科技导向型转变转型的过程中，如果云南再加入中低端生产行业，资本、技术、市场都已被别人占领了，云南没有发展机会。云南没有别的选择，只有跳过中低端，直接进入高端行列，这是云南产业转型升级的唯一路径。但是，云南产业转型发展面临四大核心问题：一是市场小（向市场导向型转变过程中面临的问题）；二是交易成本高（向开放导向型转变过程中面临的问题）；三是人才短缺（向科技导向型转变过程中面临的问题）；四是产业链条短（向加工制造导向型转变过程中面临的问题）。这四大问题都是无法依靠市场机制来解决的问题。这四大问题越是市场化，云南越边缘化，云南产业链条越短，云南的交易成本越高，云南的人才越短缺。解决这四大问题需要发挥政府的作用，提供"市场、人才、技术、资本为核心"的制度供给。如何通过改革创新，在"有为政府和有效市场"之间找到平衡，破解云南"市场小、交易成本高、人才短缺、产业链条短"四大难题，这才是云南人的智慧和方案。为此，从高质量发展的实施主体而言，建议调动一切可以调动的积极性，团结一切可以团结的力量来推动云南实现高质量跨越式发展。具体实现途径是：将"有为政府、有效市场和有序社会"三者有机统一，缺一不可。

（一）对策一：有为政府发动"人民群众"和使用好国家资本，进行人民战争，只有以人民为中心，才能赢得这场胜利

党的百年历史告诉我们，"人民群众"彻底战胜了"资本主义资本"。中国共产党领导的新民主主义革命的胜利就是"人民"战胜"资本"的胜利，就是社会主义战胜资本主义的胜利。今天，我国在云南瑞丽只花一月时间建成500千米的隔离墙，并且此墙还运用了许多新兴技术。2006年，美国联邦政府就通过了《安全围栏法》，授权在美墨边境建造700英里的围栏。2019年，美国总统特朗普还特意参观了美墨边境修筑的边境墙，不断强调其实用性，花费了四年时间只造了20千米。以及2020年中国人民战胜新冠肺炎疫情等，这些都是"金钱"和"资本"所不能做到的。这是新时代"人民"战胜"资本"的典型范例。面向未来，高质量发展要求是"君子爱财，取之有道"。这与社会主义国家资本和有良知、有事业心资本的性质是一致的，与亿万人民群众的呼声和期盼是一致的，而与资本主义资本和唯利是图资本的本质（剥削、赌博、欺诈和掠夺）是相悖的。资本主义资本具有搭便车、劣币驱逐良币和负溢出的效应。因此，只有充分发挥社会主义制度的显著优势，依靠广大人民群众的磅礴伟力，只有"人民群众"+"社会主义资本"，才能够实现高质量跨越式发展。

构建"人民群众"+"社会主义制度"+"资本"协调一致机制，走好中国式现代化之路。中国式现代化是"人民群众""物质资本"和"社会主义制度"相统一的现代化，既是过程，又是目的；既是手段，又是结果；既是方法，又是成效。依靠广大人民群众的磅礴伟力，将英雄、模范、楷模的力量转化成为千千万万个人民群众的榜样力量，将精神的力量转化成为生产的力量；依靠资本的物质力量，通过明确规则、划出底线，设置好"红绿灯"，夯实反垄断和防止资本无序扩张的法治基础，将物质资本的力量转化成为市场经济的动力、活力和发展力；统筹两个大局，充分发挥党的统一领导和集中力量办大事的社会主义制度显著优势，切实增强"成绩不讲跑不了，问题不说不得了"的问题意识、忧患意识，像成立"河长制""链长制"一样，成立"问题长制""战略长制"，推动领导干部到一线解决问题、到基层解决问题、到工厂解决问题、到人民群众中解决问题，少说多干或者

不说光干，切实改变工作作风，将人民群众的积极性、资本要素的黏合性、扩张性和社会主义制度的优越性有机统一起来，调动一切可以调动的积极性，团结一切可以团结的力量，挖掘一切可以挖掘的潜能，走好中国式现代化之路；并且这三种力量在推动"人民群众"的现代化、"物质资本"的现代化和"社会主义制度"的现代化过程中，推动自身的现代化建设，才能谱写好中国式现代化篇章。

（二）对策二：有效市场激发社会资本的热情，没有社会资本的参与，我们要赢得这场胜利，也是十分艰难的

根据边际技术替代率递减规律，劳动力可以替代资本，但是，劳动力不可以取代资本，并且替代能力越来越弱。并且高质量发展是致力于提高质量标准，加强全面质量管理，推动质量变革、效率变革、动力变革的发展。具体而言，高质量发展是讲求效率、效益和效果的发展，重点就是通过产业链的"关键原材料、关键零部件、关键元器件和关键软件源代码系统""数字通讯技术变革"和"碳中和技术变革"，从而实现换道超车。数字经济等科学技术是打破"质量、成本、时间"黄金三角不可能定理的更高经济形态。数据显示，2021年上海企业运用云计算、大数据等新一代数字技术赋能企业经营，质量提升了7.7%，成本降低了15.1%，效率提高了7.7%（打破了"质量、成本、时间"黄金三角不可能定理）。这表明，在数字经济时代，数字技术已经成为建设社会主义现代化国家不可或缺的物质技术基础。所以，要认真贯彻落实国务院印发的《关于创新重点领域投融资机制鼓励社会投资的指导意见》（以下简称《意见》），深化社会主义市场经济体制机制改革，实行统一市场准入，创造平等投资机会；创新投资运营机制，扩大社会资本投资途径；优化政府投资使用方向和方式，发挥引导带动作用；创新融资方式，拓宽融资渠道；完善价格形成机制，发挥价格杠杆作用等五个方面下功夫，建立产业发展基金，坚持"要素跟着项目走，政府跟着市场走"，特别是国家级重大项目和省级重大项目，特别是世界500强企业和中国500强企业，抓住全产业链的关键环节，培育自己的"隐形冠军"企业，创造更加有效的市场环境，从而激发社会资本投资的积极性和建设热情。

（三）对策三：有序社会调动人民群众的积极性，资本的积极性和社会各个界别的积极性，形成新时代人人有责、人人尽责、人人为国家作贡献的精神和氛围

高质量发展，就是能够很好满足人民日益增长的美好生活需要的发展，每个社会成员都是主体，均有参与的责任与义务。为此，我们要深刻认识和正确把握高质量发展人人有责、人人尽责、人人享有的深刻内涵，扎实推进人人有责、人人尽责、人人享有的高质量发展。习近平总书记指出："新时代属于每一个人，每一个人都是新时代的见证者、开创者、建设者。"这一重要论述告诉我们，高质量发展是属于大家的，每一个人都是高质量发展的建设者，每一个人都是历史合力的实践者。高质量发展没有旁观者，谁都不是局外人。习近平总书记指出，实现中国梦必须凝聚中国力量。"大厦之成，非一木之材也；大海之阔，非一流之归也。"强调每个人都要积极向上、主动努力、发奋有为。习近平总书记指出，"人民对美好生活的向往就是我们的奋斗目标""生活在我们伟大祖国和伟大时代的中国人民，共同享有人生出彩的机会，共同享有梦想成真的机会，共同享有同祖国和时代一起成长与进步的机会"。这凸显了高质量发展一切为了人民、一切依靠人民的重要思想。也只有形成新时代人人有责、人人尽责、人人为国家作贡献的精神和氛围，云南高质量发展才有希望。

二、第二关：必须过谋划系统关，即要围绕高质量发展来谋划重大政策、重大举措和重大项目

事实上，我们省、州（市）、县（市、区）规划中，上和下，理论和实践，理念和重大政策、重大改革举措以及重大项目之间都还不同程度上存在两张皮的问题，缺乏扎扎实实的有理有据的背后逻辑联系和逻辑支撑。规划的内在逻辑和思想主线不清晰、不明确、无特色，与高质量发展要求和实际的短板、弱项，实际的大事、难事、急事，实际的社会主义市场经济有为政府、有效市场和有序社会建设还有较大的差距。因此，理论联系实际、密切联系群众、实事求是地建立"十四五"规划动态评价、调整和实施机制，必须做好和

高质量发展要求的对接，必须做好和重大发展战略的对接，必须做好和实际发展情况的对接，必须做好重大政策、重大改革举措与重大项目自身的可行性评估评价的对接。

（一）对策四：建议将"开放"与"改革和创新"并列为云南"十四五"规划发展的主线，把开放作为引领云南改革和创新发展的总抓手，把云南建设成为我国面向南亚东南亚和环印度洋地区开放的大通道、桥头堡和辐射中心

一是以大开放促进大革新、促进大发展，不仅是我国经济持续增长的基本经验，也是我国现代化建设不断取得新成就的关键一招。从进出口总额来看，2020年，云南为389.5亿美元，占全国的0.8%，这与云南沿边开放大省极不相称。2020年，广东进出口总额为10236.3亿美元，占全国的比重为22.0%，是云南的27.5倍。从实际利用外资情况来看，云南实际利用外资只有7.6亿美元，占全国的0.5%。从外贸依存度来看，2020年，云南省外贸依存度仅为10.9%，与全国平均水平相差20.7个百分点，云南是典型的内循环经济。因此，将"开放"与"改革和创新"并列为云南"十四五"规划发展的主线，既是贯彻习近平总书记关于云南建成我国面向南亚东南亚和环印度洋地区开放的大通道、桥头堡和辐射中心的要求，又是符合云南实际情况的。增强"四个意识"绝不是形式主义、官僚主义，而是要"理论联系实际，密切联系群众，实事求是"。避免工作中的创新做法既要有制度依据，又要有案例支撑的"因循守旧"的思维。

二是加快补齐"孟中印缅经济走廊"建设的短板，落实好"一带一路"倡议。孟中印缅经济走廊是我国走向印度洋的重大战略依托，是海上丝路与陆上丝路的重要交汇点，也是"一带一路"倡议"六条走廊"中建设和发展最滞后的一条经济走廊，成为"一带一路"倡议和共建命运共同体的一块短板，根本制约在于印度的积极性不高。首要的是，应以面向未来的宽阔胸襟，从共同建设"亚洲世纪"的美好前景出发，与印方建立双边或多边友好关系。其次是，以成都、重庆、贵阳、南宁为起点，昆明为中心，曼德勒、达卡和加尔各答等重要城市为节点，推动我国与南亚东南亚和环印度洋地区的国际交通大骨架建设和"五通机制"建设，补齐短板和弱项，先期建设从"瑞丽出境，沿缅

甸北部，经曼德勒、马圭、孟都，接到孟加拉的吉大港、达卡，到印度加尔各答，接上印度交通网的交通干线"的中路通道，建立孟中印缅经济走廊合作机制，有效沟通南亚东南亚，建设大市场、构建大平台、促进大贸易、发展大产业，推动大发展。再次是，发扬好用好藏粮于邻的地理优势，构建中国（云南）与孟加拉、印度、缅甸等南亚东南亚国家的粮食贸易大通道，发展耐储藏的水陆两用稻品种，建设外向型粮食产业基地，构建中国（云南）与南亚东南亚国家的粮食命运共同体。最后是，构建中国与中东国家多元化的能源贸易新通道，与亚、非、欧国家多元化的重要商品贸易新通道。

三是加快推动"4+1"为重点的相关领域项目与合作机制建设，落实西部陆海新通道战略。 推动形成陆海内外联动、东西双向互济的全面开放新格局，西部陆海新通道建设还比较滞后，主要是西部陆路新通道存在境外通道建设和境内通道建设不相匹配，产业链供应链和新通道发展不相匹配，制度政策落实力度和新通道建设要求不相匹配等问题。其中，交通骨骼系统不健全是根本制约，主要表现在境外交通建设远远滞后于境内交通建设，沿线城镇之间、城乡之间、园区之间的微循环交通设施建设远远滞后于经济社会发展需要两个方面，境外大骨架和域内微循环"一外一内、一宏一微、一大一小"两端的滞后严重制约了西部陆海新通道建设。从"一带一路"设施联通系统来看，综合立体交通网络尚未成形，境外域外大市场、大资源尚未充分利用，域内小市场、小资源尚未有效配置，严重制约着政府政策导向和市场经济激励机制以及居民自主流动的效力、效率和效果，尚未形成大开大合的开放优势。因此，建议中央责令有关部委和地方抓紧落实涉及西部陆海新通道对内对外交通、物流、商贸、产业深度融合与合作机制衔接"4+1"为重点的相关领域项目与合作机制。

四是支持各地构建利益共享和指标分享机制，大力发展"飞地经济"来促进和推动区域协调发展。 区域发展严重失衡仍然是当前我国区域发展面临的突出问题，区域发展的实质性差距没有明显缩小、反而在逐渐加大，中西部、东北部地区的经济类型和产业结构与东南部地区也产生了很大差异，行政藩篱的"部落经济"、产业上下游相互隔离的"孤岛经济"、缺乏平台支撑的"散沙经济"、重复建设的"套娃经济"、市场发展的"尾巴经济"现象仍然比较严重，不发达地区利用土地和优惠政策招商引资、作为促使本地经济发展的"资源换增长"方式不可持续，产业结构、技术、人才、市场、交易成本等对外部资金的吸引力不强，造血功能不足。其根本原因在于各地行政区划和经济区域一体化缺乏有效衔接，竞争大于合作，区域大联动、大合作、大发展的局面尚未形成。因此，建议中央支持各地构建利益共享和指标分享机制，通过大力发展"飞地经济"来促进产业的分工与合作，来促进资源、资本、技术、人才、信息的自由流动，来促进环境的治理与自然生态、人文资源保护，来促进共同的行为规则和标准的制定，打破地方保护主义、行政壁垒和恶性竞争，让"飞地经济"为中国式现代化插上腾飞的"翅膀"，形成"1+1>2"的发展格局，推动区域协调发展。把开放作为引领云南现代化的总抓手。健全与 RCEP 协定对表的体制机制，搭建与举办 RCEP 投资贸易博览会，建设区域供应链管理中心，打造服务贸易运营中心。大力发展"飞地经济"，让"飞地经济"为云南现代化插上腾飞的"翅膀"。

（二）对策五：建议将重大区域战略布局和重大产业战略布局纳入法治化轨道，以"功成不必在我"的境界和"功成必定有我"的担当，以做到塑造重大格局不变形，拧住重大产业不放手，确保取得良好成效

习近平总书记强调，规划科学是最大的效益、规划失误是最大的浪费、规划折腾是最大的忌讳。要真正做到一张好的蓝图一干到底，切实干出成效来，具体体现在四个方面：一是瞄准重大目标不偏移；二是推进重大战略不松劲；三是塑造重大格局不变形；四是拧住重大产业不放手。按照这样四个标准要求来透视云南省"五年规划"，我们认为，云南省在塑造重大格局不变形和拧住重大产业不放手两个方面明显存在不足，云南省"十二五"提出，建设"1167"（一个城市经济圈、一个沿边对外开放带、6个城市群、7条对外对内开放经济走廊）区域协调发展格局；云南省"十三五"提出，推动形成"1123"（一核一廊两带三区）的空间战略格局；云南省"十四五"提出，形成"滇中崛起、沿边开放、滇东北开发、滇西一体化"区域协调发展新格局。21 世纪以来，云南支柱产业选择和发展，从投资 10 万亿，建设新云南，打造五个万亿产业；到八大重点产业，再到"两型三化"，又到世界一流"三张牌"，产业政策不断跟着变化，产业发展难以扎根、发芽、开花和结果。这两个方面的多变制约了云南的发展。认真贯彻落实《中共云南省委 云南省人民政府关于贯彻新发展理念推动各州市高质量跨越式发展的指导意见》，让 16 个

州（市）吃下定心丸。

（三）对策六：建议按照高质量发展要求，结合实际发展中的短板、弱项、实际存在的大事、难事、急事，实际形成的体制机制差距，认真做好重大项目、重大政策与重大改革举措自身的可行性评价，然后再组织实施

一是针对云南有色金属产业。关键原材料、关键零部件、关键元器件和关键软件源代码是云南有色金属产业全产业链构建的"四大关键"环节，也是云南有色金属产业的四大短板和弱项，同时，这也是云南百年锡业存在和发展的根由。云锡具有世界定价权的根本在于云锡是世界锡材料质量的标杆和代名词并且产量占世界产量的三分之一弱，具有牵一发而动全身的世界影响力。构建云南有色金属产业全产业链和推动云南有色金属产业集群发展最大的痛点、难点和堵点就在这"四大关键"环节上。围绕锡、铟、铜、铅、锌、铝等有色金属产业，从资源、勘探、采矿、分选、冶炼、加工、制造、设计、研发、销售"十大环节"，市场、客户、产品、质量、品牌、标准、价格、资金、人才、技术"十大要素"和产业链、价值链、供给链、创新链、科技链、资金链、人才链、资源链、制度政策链、消费链"十链合一"的角度进行系统设计，全面深化体制机制改革，发扬百年锡都"以人为本、崇尚科技、注重长远、精益求精"的"工匠精神"，形成有利于打造关键原材料、关键零部件、关键元器件和关键软件源代码系统的产业支持政策和重大项目，才能形成产业优势，才能形成全产业链招商引资的聚集力，才能打造云南有色金属产业增长极。

二是打造"中国风光产品"研发中心、制造中心、集散中心、贸易中心和消费中心，落实好西部大开发战略。"胡焕庸线"画出了两个迥然不同的自然和人文地域，成为研究和决策的重要参考依据。线西北部地区是推动中国式现代化最为艰巨的地区，构建现代化经济体系，特别是制造业体系是西部地区当前和今后一段时期最为突出的问题。建议中央支持西部地区将资源优势转化成为产业优势、竞争优势和经济优势，推动西部地区大力发展"中国风光+产业带"，打造中国风光水储新能源及其装备制造业基地、风光特色农产品及其加工业基地、风光独特民族文化旅游服务业及其旅游产品加工业基地，大力培育集星空观测、星空摄影、休闲娱乐、科普教育于一体的中国独具特色的星空产业示范基地，打造"中国风光产品"研发中心、制造中心、集散中心、贸易中心和消费中心，促进西部大开发战略见实效、见好效、见大效。

三是打造"金沙江高峡出平湖生态文明旅游示范区"，落实好长江经济带建设战略。云南、四川、青海、西藏和重庆是长江生态安全的核心屏障，是确保母亲河"一江清水向东流"的关键上游，是呵护长江上游森林湖泊之绿、留住长江生态之美、破解绿色发展之匙的关键区域，然而金沙江干热河谷区光、热、土、劳动力资源极其丰富，山下金沙江水滚滚流淌、白白流逝，却因为山上缺水干旱导致扶贫攻坚极其艰巨、生态环境极度脆弱，并且泥沙横流极大侵蚀和破坏白鹤滩、乌东德、溪洛渡、向家坝4座巨型电站和金安桥、龙开口、鲁地拉、观音岩4座大型电站的使用寿命。"靠山不能吃山，靠水不能用水"成为干热河谷地区人民长久的痛。过去，因为国力不足，没有能力解决这些难题；新时代，经过几十年的研究、实践和论证，解决水利基础设施已经不是难题，而且水利基础设施建设是干热河谷地区生态效益、经济效益和社会效益最佳的投资项目，是一本万利，利在当代、功在千秋的大事业。通过对多个提灌工程项目比较分析和测算，充分利用丰水期水电或者弃风弃光的新能源（电网只能承受15%的不稳定电源，超过部分要舍弃或者储存），实施金沙江提灌工程和干热河谷地区山顶蓄水蓄能工程，解决干热河谷地区高海拔干旱缺水——"工程型缺水"这一世界难题，推动贫瘠生态修复再造和土地的开发整合，探索形成"绿色能源、绿色资源、绿色生态、绿色产业"融合发展新模式，至少具有投资10个亿，灌溉10万亩，亩产从1000元提高到1万元或者从3000元提高到2万元，具有1∶1的当年投资当年回收的短期收益和1∶N的一次投入终身受益的长期收益。新时代，大力实施金沙江干热河谷水利建设工程，推动光山荒山变成绿水青山就是贯彻落实党的二十大精神，坚定不移走好"三生和谐"文明发展道路的政治自觉。建议中央支持云南、四川、青海、西藏和重庆等省（区、市），共同打造"金沙江高峡出平湖生态文明旅游示范区"，加快水利、交通、码头等基础设施建设，探索建立一个"生态脆弱、干旱缺水、刀耕火种、靠天吃饭"地区跨越式发展新模式，将金沙江干热河谷区"光山荒山变成绿水青山，变成花山果山，变成金山银山"。

三、第三关：必须过要素保障关，即要落实要素保障的新思路、新出路、新举措

云南高质量发展需要清洁的淡水、土地等资源，资金、人才、技术、信息等各种要素的保障，特别是在新时代的背景下，要素保障需要新思路、新出路和新举措，具体体现为三个方面，一是"云南斩掉自私，胜在战略"；二是"云南斩掉骄傲，胜在开放"；三是"云南斩掉保守，胜在改革创新"。变"行不通"为"行得通"，不仅需要"活"的思路，更要有"钻"的劲头、"争"的意识。

（一）对策七：云南胜在战略，努力构建国内大循环的重要节点，争取大投资

要素保障在一定程度上，表现为投融资能力，表现为资源，表现为资产，更表现为资金和资本。从资本市场成熟度和融资能力来看，云南企业上市规模十分有限、体量非常薄弱。发债实力所限，利率成本居高；云南债券发行总量偏小，且结构上偏重于政府债和城投债；企业债、公司债偿债表现不尽如人意，业界信誉度不高。云南省的基金发展缓慢，公募基金管理人在滇注册数为0，私募基金和规模在全国占比都不到1%，存在数量少、规模小的特点。总体来看，云南资本市场成熟度低，融资能力有限。从间接融资来看，云南存贷比已经达到最高限，增加间接融资的空间不大。从全国地方政府债务余额来看，政府专项债的空间还很大。加之，2018年国税、地税又重新合并，全部税收上缴中央；2021年5月21日，财政部、自然资源部、税务总局、人民银行四个部门联合发布《关于将国有土地使用权出让收入、矿产资源专项收入、海域使用金、无居民海岛使用金四项政府非税收入划转税务部门征收有关问题的通知》（财综〔2021〕19号），决定将由自然资源部门征收的上述四项非税收入，全部划转给税务部门负责征收。其中从河北、上海等七地开始试点，2022年1月1日起在全国全面实施这项征管划转工作。从投资主体来看，国家投资空间最大。因此说，云南胜在战略，云南唯有践行国家定位、承担国家使命、完成国家任务，承接国家项目，建设国家工程，打造国家平台，成为国家"基本生

产要素基地（清洁能源和石化能源、水资源产业、电力资源）、基本原材料基地、基础设施建设的主战场"和国家面向南亚东南亚和环印度洋地区命运共同体的引领者，才能为国家、为南亚东南亚和环印度洋地区、为世界作出应有贡献，云南也才能争取更大的要素保障，也才能获得更大的发展。

（二）对策八：云南胜在开放，努力成为中国连接南亚东南亚双循环的战略纽带，争取巧投资

打破贸易依赖交通的偏见。建设面向南亚东南亚和环印度洋地区的人才教育和职业培训中心，加快建设面向南亚东南亚和环印度洋地区的医疗健康服务中心，加快建设面向南亚东南亚和环印度洋地区的北斗卫星信息系统开发应用中心，加快开辟面向南亚东南亚和环印度洋地区的国际传媒平台，加快建设面向南亚东南亚的独立电力体系，谋划面向南亚东南亚和环印度洋地区的成品油运输管道，谋划面向南亚东南亚和环印度洋地区的高效的水利网，大力发展服务业贸易，争取省内外、国内外的投资。云南对外开放实施"三步走"和"三位同建"战略："三步走"即第一步，发挥平台和通道的作用，促进贸易大发展，特别是服务贸易的大发展；第二步，以大贸易带动大产业和促进大产业的构建；第三步，建成辐射中心。"三位同建"即大通道、桥头堡和辐射中心同步建设。

（三）对策九：云南胜在改革创新，始终在"内外双向发力"中做文章，争取高效投资

无论是在构建国内大循环的重要节点上，还是在构建中国连接南亚东南亚和环印度洋地区双循环的战略纽带上，都必须改革创新。特别是形成以国内大循环为主体，需要构建全国统一大市场，需要依托高度发达的市场机制，才能争取高效投资。构建全国统一大市场，必然需要依托全国一体化的发展，全国一体化发展需要依托区域一体化发展为重点，区域一体化发展需要依托新型城镇化为载体。因此，加快推动新一轮都市圈与城市群建设。

产业体系是经济体系生产环节中的重要内容。其中，实体经济是发展的主体和基础，科技创新是引领发展的第一动力，现代金融是经济的核心和血脉，人力资源是发展的第一资源。以上数者是充分提高劳动、资本、技术三要素的

协同投入，注重实体经济的质量和效率，实现实体经济、科技创新、现代金融、人力资源"1+3"四位协调、同步、融合、互动发展。这是贯彻新发展理念的首要任务，也是现代产业体系的显著特征，是提升产业国际竞争力、壮大国家经济实力的根本举措，更为构建现代化经济体系奠定了基础。

作者简介：胡庆忠，云南省社会科学院经济所副所长、研究员。